MANUEL ELEMENTAIRE

DE

DROIT INTERNATIONAL PUBLIC

A L'USAGE DES ÉTUDIANTS EN DROIT

ET DES CANDIDATS AUX CARRIÈRES DIPLOMATIQUE ET CONSULAIRE

SUIVI

D'un résumé en tableaux synoptiques
et d'un
recueil méthodique des principales questions d'examen

PAR

RENÉ FOIGNET

Docteur en Droit

———

TREIZIÈME ÉDITION

Revue, augmentée et mise au courant des faits les plus récents

———

PARIS

LIBRAIRIE ARTHUR ROUSSEAU

ROUSSEAU et Cie

ÉDITEURS

14, RUE SOUFFLOT ET RUE TOULLIER, 13

——

1926

MANUEL ÉLÉMENTAIRE

DE

DROIT INTERNATIONAL PUBLIC

OUVRAGES DE M. René FOIGNET

Manuel élémentaire de droit civil, *conforme au programme en vigueur*, 10ᵉ et 13ᵉ édition, 1925, 3 vol. in-16 . . . . 36 fr.
Chaque volume se vend séparément . . . . 12 fr.
Manuel élémentaire de droit administratif, *suivi d'un résumé en tableaux synoptiques et d'un recueil méthodique des principales questions d'examen*, 16ᵉ édition, 1926, 1 vol. in-16 . . . . . . 12 fr.
Manuel élémentaire de droit constitutionnel, *suivi d'un résumé en tableaux synoptiques et d'un recueil des principales questions d'examen*, 13ᵉ édition, 1925, 1 volume in-16. . . . . 12 fr.
Manuel élémentaire d'économie politique, *à l'usage des étudiants de 1ʳᵉ et 2ᵉ années avec tableaux synoptiques*, 9ᵉ et 10ᵉ édition, 1924-1925, 2 volumes, chacun. . . . . 12 fr.
Manuel élémentaire d'histoire du droit français, *suivi d'un résumé en tableaux synoptiques et d'un recueil méthodique des principales questions d'examen*, 12ᵉ édition, 1926, 1 vol. in-16 . . . . . . 12 fr.
Manuel élémentaire de droit international privé, *suivi d'un résumé en tableaux synoptiques*, 7ᵉ édition, 1923, 1 vol. in-16. . . 12 fr.
Manuel élémentaire de procédure civile, *suivi d'un résumé en tableaux synoptiques et d'un recueil méthodique des principales questions d'examen*, 10ᵉ édition, 1923, 1 vol. in-16 . . . . 12 fr.
Manuel élémentaire de procédure des voies d'exécution, *suivi d'un résumé en tableaux synoptiques et d'un recueil méthodique des principales questions d'examen*, 5ᵉ édition, 1926, 1 vol. in-16 . 12 fr.
Manuel élémentaire de droit romain, *suivi d'un résumé en tableaux synoptiques et d'un recueil méthodique des principales questions d'examen*, 9ᵉ édition, 1925, 1 vol. in-16. . . . . 12 fr.
Manuel élémentaire de législation coloniale, *suivi d'un résumé en tableaux synoptiques*, 1925, 1 vol. in-16. . . . . 12 fr.
L'A. B. C. des contrats en droit français, Ch. Delagrave, éditeur, 1924, 1 vol. cart.. . . . . 4 fr.

DU MÊME AUTEUR
En collaboration avec M. E. Dupont, docteur en droit

Manuel élémentaire de droit criminel, *suivi d'un résumé en tableaux synoptiques*, 9ᵉ édition, 1925, 1 vol. in-16. . . . . . . 12 fr.
Manuel élémentaire de législation industrielle, *suivi d'un résumé en tableaux synoptiques*, 5ᵉ édition, 1925, 1 vol. in-16. . . . 12 fr.
Manuel élémentaire de législation financière, *suivi d'un résumé en tableaux synoptiques*, 2ᵉ édition, 1926, 1 vol. . . . . . . 12 fr.

DU MÊME AUTEUR
en collaboration avec M. J. BOITEL, directeur de l'Ecole J.-B. Say.

Manuel élémentaire de droit commercial terrestre, *suivi d'un résumé en tableaux synoptiques et d'un recueil des principales questions d'examen*, 8ᵉ édition, 1925. Rousseau et Cie et Ch. Delagrave, éditeurs . . . . 12 fr.
Manuel élémentaire de droit commercial maritime, *suivi d'un résumé en tableaux synoptiques et d'un recueil méthodique des principales questions d'examen*, 1926, 5ᵉ édition. A Rousseau et Ch. Delagrave, éditeurs . . . . 12 fr.
Synthèse de droit, *ouvrage utile aux étudiants en droit des trois années de licence*, 1921, 1 vol. cartonné. . . . . 12 fr.
Notions de droit commercial, *ouvrage utile aux étudiants en droit de troisième année*, 1919, Ch. Delagrave, éditeur, 1 vol. cart. . 7 fr.

MANUEL ÉLÉMENTAIRE

DE

DROIT INTERNATIONAL PUBLIC

A L'USAGE DES ÉTUDIANTS EN DROIT

ET DES CANDIDATS AUX CARRIÈRES DIPLOMATIQUE ET CONSULAIRE

SUIVI

D'un résumé en tableaux synoptiques
et d'un
recueil méthodique des principales questions d'examen

PAR

RENÉ FOIGNET

Docteur en Droit

TREIZIÈME ÉDITION

Revue, augmentée et mise au courant des faits les plus récents

---

PARIS

LIBRAIRIE ARTHUR ROUSSEAU

ROUSSEAU et Cie

ÉDITEURS

14, RUE SOUFFLOT ET RUE TOULLIER, 13

1926

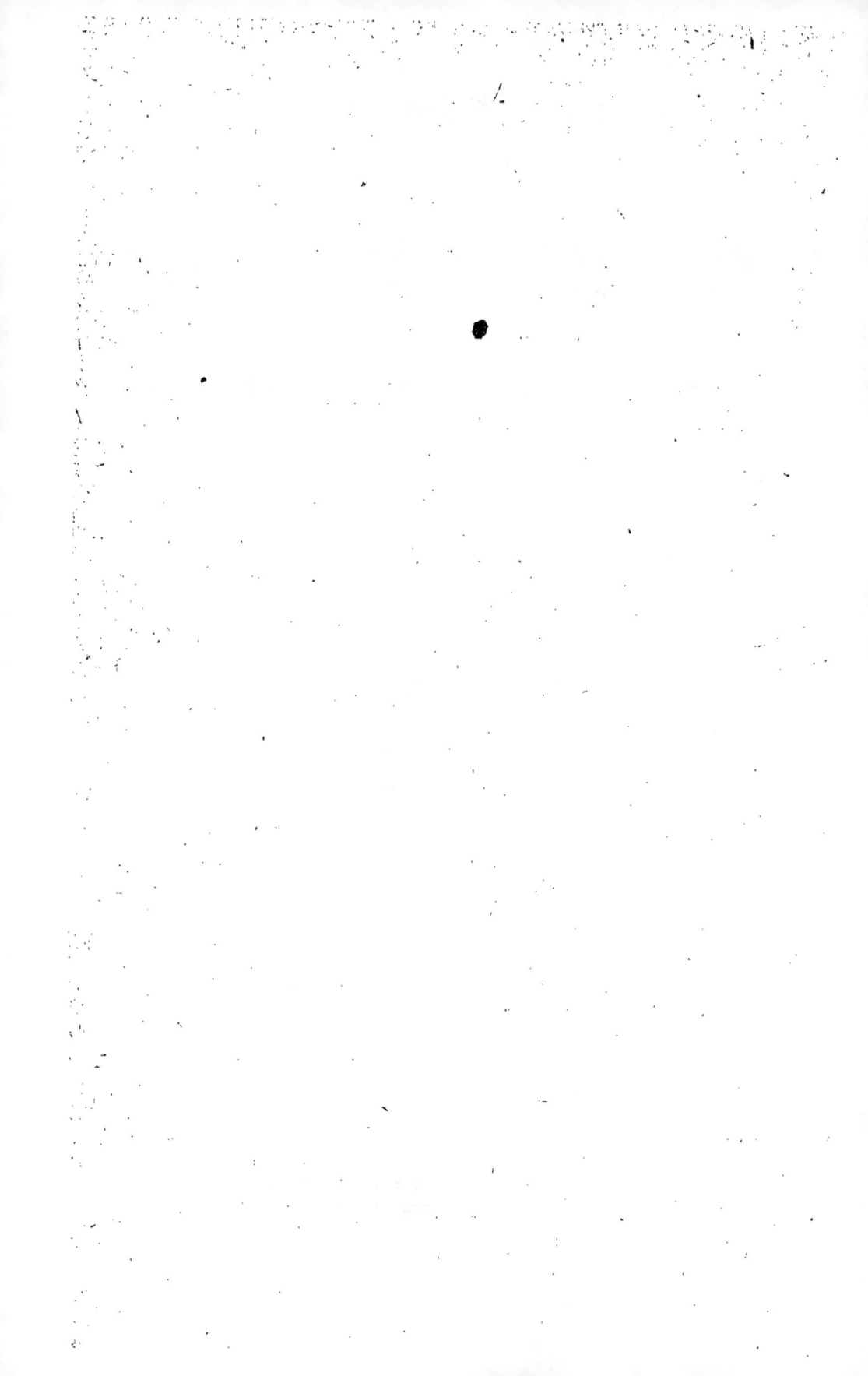

DROIT INTERNATIONAL PUBLIC

INTRODUCTION

Divisions et définitions. — *Droit interne et droit international.* — Le droit se divise en droit interne et en droit externe ou international (1).

Le droit interne est celui qui s'applique sur le territoire de chaque Etat aux sujets ressortissant de chacun d'eux.

Le droit externe ou international est celui qui s'applique aux relations des Etats ou des sujets des divers Etats entre eux.

Droit international public ou droit des gens et droit international privé. — Comme le droit interne, le droit international se subdivise en droit public et en droit privé.

Le droit international public, appelé communément droit des gens (2), est cette branche du droit qui détermine les droits et les devoirs respectifs des Etats dans leurs relations mutuelles.

---

(1) En tête de ce manuel nous recommandons à nos lecteurs, pour une étude plus approfondie de la matière, de consulter le magistral traité de M. Paul Fauchille en trois volumes, dont deux volumes seulement sont actuellement publiés.

(2) L'expression moderne « droit des gens » ne correspond nullement à l'expression latine « *jus gentium* » employée par les jurisconsultes romains. Le *jus gentium* des Romains était l'ensemble des institutions du droit privé, communes à la plupart des peuples civilisés, qui étaient accessibles aux pérégrins : on l'opposait au « *jus civile* », qui était l'ensemble des institutions propres au peuple romain et dont les citoyens romains seuls pouvaient user. Encore aujourd'hui, dans le droit français, la jurisprudence et quelques auteurs se servent de l'expression « droit des gens » dans le sens qu'il avait en droit romain, par opposition au « droit civil », pour régler, par une distinction analogue, la situation des étrangers en France sous le rapport de l'exercice des droits privés (Aubry et Rau, *Cours de droit civil français*, I, § 78).

Le droit international privé est cette branche du droit qui a pour but principal de résoudre les conflits de lois, c'est-à-dire de déterminer quelle loi est applicable aux actes juridiques passés par les sujets d'un Etat, soit avec les sujets d'un autre Etat, soit sur le territoire d'un autre Etat.

Domaine respectif du droit international public et du droit international privé. — Déterminer les éléments constitutifs des Etats, montrer comment ils se forment et comment ils disparaissent, formuler leurs droits et leurs devoirs réciproques, étudier les conditions dans lesquelles les divers Etats entrent en relations, les traités qu'ils concluent, enfin comment les litiges naissent à la suite de ces relations et comment ils se dénouent par la conciliation ou par l'emploi de la violence, voilà le domaine du droit international public.

Le droit international privé, au contraire, s'occupe non des Etats en eux-mêmes, mais des particuliers qui composent les divers Etats. Il pose les règles de la nationalité, — indiquant qui est Français, qui est étranger, comment on peut devenir Français ou cesser de l'être, — il détermine la condition des étrangers en France, énumérant les droits dont ils ont l'exercice et ceux dont ils sont privés, — enfin, il règle le *conflit des lois*, c'est-à-dire qu'il fait connaître quelle loi, française ou étrangère, doit s'appliquer à un acte juridique passé par un étranger en France ou par un Français à l'étranger.

On s'est demandé si le *conflit des lois criminelles* est du domaine du droit international public ou du droit international privé. Supposons, par exemple, qu'un Français, après avoir commis un crime à l'étranger, vienne en France ; pourra-t-on le poursuivre ? Il y a conflit entre la loi criminelle française et la loi criminelle de l'Etat sur le territoire duquel le crime a été commis. Pour nous, le conflit des lois criminelles est du domaine du droit international public (1) : car les lois criminelles font partie du droit public de chaque Etat. Cette opinion est cependant combattue par beaucoup d'auteurs (2).

_____

(1) Renault, *Introduction à l'étude du droit international* (Paris, 1897, p. 26).

(2) Lainé, *Introduction au droit international privé*, p. 12. Certains auteurs sont d'avis que le conflit des lois crimi-

Droit des gens positif et droit des gens naturel. —
On entend par droit des gens *positif* (1) l'ensemble
des règles du droit des gens qui sont pratiquées par les
Etats dans les rapports qu'ils ont entre eux, soit en
vertu de coutumes internationales admises par tous,
soit en vertu de traités formels.

Le droit des gens positif est à la communauté internationale ce que sont les lois pour les habitants de
chaque Etat.

Le droit des gens *naturel* (2) est, au contraire, un
ensemble de règles idéales, formulées par les jurisconsultes, et qu'ils voudraient voir pratiquer dans les
rapports entre les Etats comme leur paraissant les
plus conformes à l'état des mœurs, ou à l'idée qu'ils
se font de la justice.

**Différences fondamentales entre le droit des gens et
le droit interne.** — Plusieurs différences fondamentales
séparent le droit des gens du droit interne :

1° Le droit interne s'applique à l'intérieur de chaque
Etat ; le droit des gens, au contraire, s'applique aux
relations extérieures de chaque Etat avec les autres
Etats.

2° Le droit interne a pour sujets les individus dont
chaque Etat est composé, tous soumis à une autorité
supérieure commune ; les sujets du droit des gens sont
les Etats eux-mêmes, considérés comme corps politiques, indépendants et souverains.

Le droit interne réglemente les droits privés des
individus dans leurs relations quotidiennes, famille,
propriété, contrats, et il leur procure le droit d'agir
en justice et de faire ainsi sanctionner leurs droits
méconnus ou violés. En droit international, au contraire, l'Etat apparaît comme le seul sujet de droit,
lui seul contracte, lui seul plaide devant la justice
internationale. En sorte que, quand un particulier est
lésé dans ses droits individuels par la conduite d'un

---

nelles ne rentre ni dans le droit international public, ni
dans le droit international privé, mais forme une « branche
toute spéciale du droit qu'ils appellent *Droit international
criminel* »; Weiss, *Traité élémentaire de droit international
privé*, p. 35.

(1) On l'appelle aussi droit des gens *réel* ou *pratique*.
(2) On l'appelle aussi droit des gens *théorique*.

autre Etat, il ne peut pas agir par lui-même pour obtenir la réparation qui lui est due ; il est obligé de s'adresser à l'Etat dont il relève pour faire reconnaître son droit et pour le faire sanctionner.

3° Dans l'intérieur de chaque Etat, il y a une autorité chargée de faire des lois, une autorité chargée de trancher les conflits d'intérêt qui s'élèvent entre les particuliers, et enfin une autorité chargée d'assurer l'exécution des décisions rendues. Il n'en est pas de même en ce qui concerne le droit des gens, puisqu'à raison de leur indépendance respective, il ne saurait y avoir au-dessus des Etats une autorité supérieure à laquelle ils soient tenus d'obéir. Ce sont les Etats eux-mêmes qui posent les règles de leur droit des gens, soit à l'aide des usages qu'ils suivent, soit à l'aide des traités qu'ils passent. Et il n'y a au-dessus d'eux ni une autorité judiciaire pour veiller à l'observation du droit des gens, ni un pouvoir exécutif chargé d'assurer l'exécution des décisions rendues.

La justice internationale est représentée par des tribunaux d'arbitrage auxquels les Etats ne sont pas tenus de s'adresser et dont les sentences ne sont pourvues d'aucune force exécutoire.

4° Le droit interne est uniforme en ce sens que, sur une même portion de territoire, les mêmes lois et les mêmes coutumes s'appliquent à tous les sujets de l'Etat, sans distinction entre eux. Le droit des gens est au contraire variable (1) ; il varie suivant le degré de civilisation, les institutions et les mœurs des peuples qui entrent en relations. Il est bien certain, par exemple, que le droit des gens que les Européens pratiquent entre eux n'est pas celui qu'ils pratiquent dans leurs rapports avec les Etats d'Extrême-Orient ou les tribus sauvages de l'Afrique. Bien mieux, entre peuples parvenus au même degré de civilisation, ayant les mêmes institutions et les mêmes mœurs, le droit des gens peut varier par suite des traités intervenus. Ainsi,

_____

(1) Il est cependant certains principes du droit des gens qui toujours doivent être observés ; ce sont ceux qui sont relatifs au respect de l'existence des peuples. Malheureusement ils ont été et sont encore trop souvent méconnus et violés par les Etats européens dans leurs relations avec les indigènes des pays qu'ils découvrent.

nous verrons que dans une guerre entre la France et l'Allemagne, par exemple, la France ne pourrait pratiquer la course, à laquelle ces deux puissances ont renoncé par la déclaration de Paris de 1856 ; tandis qu'elle pourrait s'en servir dans une guerre contre les États qui n'ont pas voulu adhérer à la déclaration de 1856.

Droit des gens européen. — On entendait autrefois par droit des gens européen l'ensemble des principes qui servent de base aux relations des États européens et des Républiques américaines d'origine européenne, et établissent entre eux une sorte de société et de communauté internationales. La Turquie a été admise au bénéfice du droit public européen par le traité de Paris de 1856.

Cette expression est aujourd'hui dénuée de toute valeur. Les règles du droit des gens sont aujourd'hui les mêmes pour tous les États sans distinction de latitude. C'est ainsi que la Conférence de La Haye de 1889 a fait participer à ses travaux les États asiatiques à côté de ceux des autres pays du monde. Il en a été de même de la conférence de La Haye de 1907. Le même fait s'est reproduit à la Conférence de la Paix réunie à Paris le 18 janvier 1919. La communauté internationale s'est élargie et englobe aujourd'hui tous les États du monde entier.

Sanction du droit des gens. — A la différence du droit interne, le droit des gens ne comporte pas une sanction extérieure mise au service d'une autorité supérieure. On ne peut, en effet, voir dans la guerre la sanction du droit des gens, car la guerre assure le triomphe de la force et non celui du droit.

Il serait cependant exagéré de soutenir que le droit des gens est complètement dépourvu de toute sanction. Il en comporte une comme la morale et, si son action est lente et incertaine, quand elle se produit, elle agit avec une force que rien ne peut dominer. C'est ce que vont établir clairement les deux observations suivantes :

1° Le respect scrupuleux de la parole donnée fait qu'on accorde confiance à un individu comme à un État. Quelle confiance au contraire un État peut-il inspirer aux autres États, lorsqu'il considère qu'un traité est un « chiffon de papier » (1), « que nécessité n'a pas de loi », « qu'on s'en tire comme on peut » (2) ? Voilà une première sanction du droit des gens qui est de nature à amener un gouvernement à l'observation rigoureuse du droit pour conserver vis-à-vis du monde le crédit de l'Etat qu'il représente.

2° Lorsqu'un Etat abuse de sa force au mépris du droit des gens pour dominer et asservir des Etats plus faibles que lui, il ne tarde pas à provoquer une révolte de ces Etats, et alors la coalition des Etats menacés dans leur liberté, dans leur intégrité ou dans leur existence finit par abattre et par anéantir la puissance insurgée contre le droit. La force morale apparaît alors supérieure à la force matérielle, pour si formidable qu'elle soit. Témoins dans le passé Louis XIV, Napoléon Ier. Témoin dans le présent l'Allemagne, contre laquelle le monde presque entier s'est coalisé pour réprimer les abus qu'elle voulait faire de ses forces militaires à l'encontre du droit des gens.

Si l'Allemagne n'avait pas violé la neutralité belge, qu'elle s'était engagée à respecter, l'Angleterre ne lui aurait pas déclaré la guerre. Et ce qui a déterminé l'intervention à nos côtés des Etats-Unis d'Amérique, c'est l'horreur provoquée par les torpillages sans merci des sous-marins allemands au mépris de toutes les règles du droit et de l'humanité (3).

Rapports du droit des gens et du droit interne. — Malgré les différences capitales que nous avons signa-

---

(1) Paroles du chancelier allemand M. de Bethmann-Hollweg à l'ambassadeur anglais concernant la neutralité de la Belgique (*Livre bleu anglais*, août 1914, n° 160).

(2) Discours de M. de Bethmann-Hollweg, au Reichstag, le 3 août 1914, pour justifier la violation de la neutralité de la Belgique.

(3) Wilson a dit : « Nous sommes entrés dans cette guerre parce que des violations du droit nous touchaient au vif et rendaient la vie de notre peuple impossible, à moins qu'elles ne fussent réparées et que le monde ne fût une fois pour toutes assuré contre leur retour... Tous les peuples du monde sont en effet solidaires... et... nous voyons très clairement qu'à moins que justice ne soit faite aux autres, elle ne nous sera pas faite à nous. »

lées entre le droit des gens et le droit interne, il existe cependant entre ces deux branches du droit certains rapports qu'il est important de noter :

1° De même qu'à l'intérieur de chaque Etat les individus forment une société, de même dans le domaine international les Etats constituent une communauté ou une société soumise à des règles spéciales.

2° En droit interne comme en droit international, l'Etat n'est pas un but, mais un moyen destiné à garantir à l'individu le libre exercice de ses facultés naturelles.

3° Certaines dispositions concernant le droit des gens sont comprises dans la législation intérieure de chaque pays ; en sorte que la connaissance du droit interne est souvent indispensable pour la pratique du droit des gens. Ainsi, c'est la législation intérieure des Etats qui organise le personnel des agents diplomatiques chargés de les représenter à l'étranger, qui détermine l'étendue des pouvoirs qui leur sont conférés pour négocier avec le gouvernement auprès duquel ils sont accrédités, qui indique quelle est l'autorité chargée de déclarer la guerre et de faire la paix, etc...

Sources du droit des gens positif. — Il ne peut être question, nous le savons, ni de Code, ni de lois internationales. Les sources du droit des gens sont :

1° Les traités ;

2° Les coutumes ;

3° Les lois et la jurisprudence des Etats.

Elles présentent ce caractère essentiel qu'elles sont le produit de la volonté des Etats qu'elles sont appelées à régir.

1° **Les traités.** — C'est la source la plus sûre du droit des gens ; on pourrait l'appeler le *droit des gens écrit*, par opposition aux coutumes qui composent le *droit des gens non écrit* ou *coutumier* (1).

On peut dire qu'il existe trois types principaux de traités, en prenant ce mot dans son sens le plus large.

---

(1) Nous préférons éviter la distinction faite par quelques auteurs entre le droit des gens *conventionnel* et le droit des gens *coutumier*, parce qu'elle serait de nature à faire entendre que le droit *coutumier* n'a pas pour base le consentement réciproque des Etats, comme les traités.

Les uns, qu'on appelle quelquefois des *traités-contrats*, ont pour but de trancher entre deux Etats certaines questions d'ordre politique ou commercial ; tels sont les traités de paix, les traités de commerce, etc. Les autres, présentant un certain caractère impersonnel, tendent à consacrer l'application d'une règle nouvelle de droit : tels sont la déclaration de Paris de 1856, la convention de Genève de 1865, la déclaration de Saint-Pétersbourg de 1868, l'acte général de Berlin de 1885, l'acte général de Bruxelles de 1890 et les actes diplomatiques de la Conférence de La Haye dont nous aurons à parler en détail plus loin.

Ces deux sortes de traités ont ce caractère commun qu'ils ne sont obligatoires que pour les Etats contractants. Mais nous verrons que la *clause d'accession*, souvent insérée dans les traités de la seconde espèce, permet d'étendre à un grand nombre d'Etats les droits et les obligations qui y sont stipulés.

Enfin, on peut supposer que deux Etats passent un traité dans le seul but de fixer par écrit une coutume préexistante. Dans ce cas, les règles contenues dans ce traité conservent leur caractère antérieur de règles coutumières ; elles continuent à régir tous les Etats comme précédemment, et non pas seulement les Etats signataires du dit traité.

Recueils des traités. — Les recueils de traités les plus importants sont (1) :

1° Le recueil de traités de *G.-Fr. de Martens*, comprenant tous les traités conclus par les Etats d'Europe, soit entre eux, soit avec les Etats des autres parties du globe, depuis 1761. Ce recueil a été continué, en 1876, par MM. Samwer et Hoff, sous le titre : « Nouveau recueil général de traités et autres actes relatifs aux rapports de droit international ». En 1875 et en 1876, deux tables des matières ont été publiées, l'une chronologique, l'autre alphabétique par puissances.

---

(1) Pour l'étude des questions contemporaines de droit international public, nous ne pouvons mieux faire que de recommander à nos lecteurs une revue née pendant la guerre, l'*Europe Nouvelle*, hebdomadaire, qui publie les documents officiels les plus intéressants et toujours inédits sur les questions d'actualité concernant les événements diplomatiques.

2° Le répertoire des traités de paix, de commerce, d'alliance, etc., conclus entre toutes les puissances du globe, de 1493 à 1866, par M. *Tétot*, archiviste au ministère des affaires étrangères en France. Il comprend deux tableaux, dont l'un indique les documents, par ordre alphabétique, des puissances qui ont conclu les traités, et l'autre le volume et la page.

3° Le recueil des traités de la France, publié par M. *de Clercq* et continué par son fils, depuis l'année 1743 jusqu'en 1904, dans l'ordre chronologique.

4° Le recueil international de traités du xxe siècle publié par MM. Edouard Descamps et Louis Renault, et des mêmes auteurs le recueil international des traités du xxe siècle.

5° Le recueil des traités enregistrés par le Secrétariat de la Société des nations formant vingt-deux volumes au 31 décembre 1924

Documents officiels. — La plupart des gouvernements ont l'habitude de publier, d'une façon périodique, des recueils de documents officiels, contenant la correspondance diplomatique échangée sur une ou plusieurs questions, avec les représentants d'un autre Etat.

Cette publication est destinée à tenir le Parlement au courant des négociations entreprises sur les questions dont il s'agit.

Ces recueils sont désignés par la couleur de leur couverture : livre jaune, en France ; livre vert, en Italie ; livre bleu, en Angleterre ; livre blanc, en Allemagne ; livre orange en Russie avant la révolution de 1917, etc...

Enfin, nous dirons plus loin que le Pacte de la Société des nations, dans son art. 18, a organisé un système d'enregistrement des traités par les soins de son secrétariat général.

2° **La coutume.** — C'est de beaucoup la source du droit des gens la plus féconde ; mais c'est aussi la plus indécise et la plus variable. Elle est le résultat des usages suivis par les Etats dans leurs relations extérieures ; elle tire sa force obligatoire du consentement tacite des Etats. Elle oblige même les Etats dont la formation est postérieure à l'établissement des règles qu'elle consacre ; les Etats nouveaux, en entrant dans la société internationale, sont censés les accepter tacitement.

La coutume est constatée par les actes diplomatiques, tels que les circulaires ou les notes du gouvernement, les procès-verbaux des congrès ou des conférences, ou encore par l'histoire générale ou par l'histoire des traités. C'est à l'aide de tous ces documents qu'on peut dégager, des faits qu'ils rapportent, les usages que les Etats observent dans leurs relations extérieures et formuler ces usages en règles de droit.

3° **Lois et décisions des tribunaux.** — Nous avons vu que sur certaines matières le droit des gens empruntait ses règles aux lois de chaque Etat ; c'est ce qui concerne la représentation à l'étranger et le droit de négociation.

Quant à la jurisprudence, elle n'est une source du droit des gens que pour les *prises maritimes* dont le jugement est confié à des tribunaux organisés par chaque Etat. L'autorité des décisions judiciaires est différente suivant la législation des Etats : en Angleterre, par exemple, elles ont une force obligatoire comme la loi ; en France, au contraire, elles n'ont qu'une valeur purement doctrinale, en dehors des parties en cause et de l'objet en litige.

Tentative de codification progressive du droit international. — La Société des nations, dans son assemblée générale du mois de septembre 1924, a décidé, sur l'initiative de la Suède, de désigner un Comité d'experts représentant les grandes formes de civilisation et les principaux systèmes juridiques du monde en vue d'établir une liste des questions de droit international qui ont atteint un degré de maturité suffisant pour faire l'objet d'une entente internationale. Ce Comité a été désigné par le Conseil de la Société des nations dans sa séance du 12 décembre 1924. Il comporte dix-sept membres parmi lesquels figurent un représentant de l'Allemagne et un représentant des Etats-Unis, quoiqu'ils ne fassent pas partie de la Société des nations. Ce Comité a tenu sa première session à Genève du 1er au 8 avril 1925. Il a décidé de dresser une liste provisoire des matières de droit international (1) dont la solution par entente international·e·paraît la plus désirable. Elle a créé à cet effet dix commissions qui devront présenter leur rapport avant le 15 octobre 1925.

Sources du droit des gens théorique. — *Doctrine des jurisconsultes.* — Le rôle des jurisconsultes (2) est très important en matière de droit des gens. Il consiste à interpréter les clauses obscures des traités, à constater la coutume internationale, et enfin à faire connaître les progrès qu'il serait bon d'apporter aux usages mis en pratique par les Etats dans leurs relations extérieures.

L'autorité qui s'attache aux ouvrages des jurisconsultes dépend de la science personnelle de chacun d'eux et aussi des circonstances dans lesquelles ils ont écrit.

Il est certain, par exemple, qu'une opinion émise sur une question qui divise deux Etats, avant que le

---

(1) Ces questions sont : 1º la nationalité ; 2º les eaux territoriales ; 3º les privilèges et les immunités diplomatiques ; 4º le statut juridique des navires d'Etat affectés à des opérations de commerce ; 5º extradition et compétence criminelle des Etats à raison des infractions commises en dehors de leur territoire ; 6º responsabilité des Etats pour les dommages causés sur leur territoire à la personne ou aux biens des étrangers ; 7º procédure des conférences internationales et conclusion et rédaction des traités ; 8º répression de la piraterie ; 9º prescription ; 10º exploitation des richesses de la mer. Une onzième sous-commission est chargée de dresser une liste de questions de droit international privé (*Résumé mensuel des travaux de la Société des nations*, avril 1925, p. 109).

(2) « Nos grands maîtres du droit des gens, depuis Grotius jusqu'à nos jours, sont plus que de simples autorités théoriques. Expression de la plus haute conception du droit de leur temps, leurs enseignements ont pénétré dans les traités et les usages, dans la pratique des peuples. Cette puissance morale de la science du droit des gens et des enseignements, leur propagation et leur intime union avec la pratique sont doublement salutaires dans un domaine où la supériorité physique et l'arbitraire prétendent trop souvent régner. » Neumann, *Eléments du droit des gens moderne européen*, traduit par Riedmatten.

conflit ait pris naissance, doit avoir plus de poids que l'opinion qui est émise à l'occasion du conflit lui-même.

Il faut, d'autre part, distinguer : les *jurisconsultes officiels* qui existent dans certains pays, — comme, en Angleterre, les avocats conseillers de la couronne, les membres du comité consultatif du contentieux au ministère des affaires étrangères, en Italie et en France — et les *jurisconsultes non officiels*. L'opinion émise par ces derniers dans leurs ouvrages paraît seule faire autorité dans la science du droit.

Enfin, il faut tenir compte de l'influence que la nationalité peut exercer sur les théories des auteurs. Ainsi l'opinion des jurisconsultes anglais est toujours dominée par la puissance maritime de l'Angleterre ; les jurisconsultes italiens, au contraire, sont influencés par la manière dont s'est formée l'unité de leur patrie ; la théorie des nationalités est pour eux un véritable dogme.

Associations de jurisconsultes. — Des associations se sont formées dans tous les pays entre les jurisconsultes, dans le but de consacrer leurs efforts à l'étude des législations comparées et du droit international.

1° Nous citerons d'abord l'*Institut de droit international*, fondé à Gand en 1873, sur l'initiative du jurisconsulte belge Rolin-Jacquemins, et comprenant d'éminents jurisconsultes de l'un et de l'autre monde. Il se recrute par voie d'élection, chaque pays ne pouvant y avoir qu'un certain nombre de membres. Il tient tous les ans, dans une ville désignée à l'avance, une session, où sont discutés les rapports et les propositions préparés par des commissions. L'Institut de droit international est une association exclusivement *scientifique* et sans caractère *officiel*. Il a pour but de favoriser les progrès du droit international, de formuler les principes généraux de la science, ainsi que les règles qui en dérivent, d'en répandre la connaissance et d'en assurer l'observation en temps de guerre. Le français est sa langue officielle. Il publie : 1° une revue périodique, connue sous le nom de *Revue de droit international et de législation comparée*, qui paraît à Gand ; 2° un *Annuaire* qui relate les événements internationaux les plus remarquables de chaque année.

L'Institut, qui n'avait pu se réunir pendant la guerre, a tenu une session extraordinaire le 13 mai 1917 dans la salle des actes de la faculté de droit de l'Université de Paris. Une trentaine de membres appartenant à la France, aux nations alliées et aux États neutres y assistaient. Il s'est occupé de questions administratives, il a décidé de se réunir à Washington en octobre 1920, sous la présidence de M. Elihu Root, enfin vingt-deux de ses membres ont signé une déclaration pour protester contre la violation de la neutralité de la Belgique et du grand-duché du Luxembourg, ainsi que contre la violation des traités, règlements et usages concernant la conduite de la guerre et des lois de l'humanité et pour réprouver la théorie de la nécessité par laquelle on a prétendu justifier tous ces actes. En fait, c'est à Rome, au mois d'octobre 1921, que l'Institut a réuni pour la première fois après la guerre tous ses membres, alliés, neutres et ennemis. L'Institut a chargé une Commission d'une étude critique sur le statut de la Cour permanente de justice internationale et une autre Commission de préparer une déclaration des droits et des devoirs des États.

2º En France existe la *Société de législation comparée*, ayant son siège à Paris, qui publie un bulletin mensuel et deux annuaires : l'un de législation française, l'autre de législation étrangère. A côté de ces recueils publiés en France, nous devons citer le *Journal de droit international privé* dirigé par M. Edouard Clunet, qui rend de grands services à la science (1).

Citons encore la création toute récente à Paris (avril 1925) d'un Comité français d'études sur la Société des nations. Son but est : 1º d'extraire des documents réunis à Genève des règles claires et des principes facilement accessibles en textes immédiatement coordonnés ; 2º de faire subir à ces règles et à ces principes l'épreuve de la critique, en recherchant : si la

_____

(1) En France, la loi du 26 décembre 1908 (art. 46) a érigé en établissement public l'office de la législation étrangère et de droit international dépendant du ministère de la Justice. Il a pour objet principal de centraliser et de mettre à la disposition du public les actes et documents législatifs des pays étrangers, de conserver, entretenir et accroître la collection des ouvrages de droit international et de droit comparé et étranger existant au ministère de la Justice. Cette loi a été complétée par le décret du 21 juillet 1910.

règle posée est juste dans son principe ; si elle l'est dans le détail ; si elle n'est pas prématurée ; enfin de quel progrès elle est susceptible (*Europe Nouvelle*, 2 mai 1925, p. 582, article de M. A. de Lapradelle).

3° En Italie s'est formé, à Milan, l'*Institut juridique international* qui publie en plusieurs langues le résultat de ses études.

4ª En Angleterre, une association pour la *réforme et la codification du droit des gens* s'est constituée dans le but de rédiger un Code de droit international.

5° En Amérique, à la fin de l'année 1915, s'est formé l'*Institut américain de droit international*, composé des jurisconsultes des 21 Etats de l'Amérique du Nord et de l'Amérique du Sud, avec comme président le Dr James Brown Scott et comme secrétaire général Alejandro Alvarez du Chili. « Pour programme, il a non seulement l'étude des grands problèmes spéciaux au nouveau Continent, mais la préparation du plan d'action internationale à développer par l'Amérique aux futures conférences de La Haye » (1). Alors que l'Institut mondial de droit international, largement composé de belligérants, s'était tu au milieu du fracas des combats acharnés, l'Institut américain, formé de neutres, s'est attaché à faire entendre la voix du droit en s'élevant contre les violations du droit des nations et des lois de la guerre. En conséquence, dans sa première session tenue à Washington le 6 janvier 1916, il a adopté six articles contenant sa déclaration des droits et devoirs des nations : droit à l'existence ; droit à l'indépendance ; droit d'égalité ; droit de souveraineté sur son territoire ; droit au respect mutuel ; caractère national et international du droit international. Comme l'Institut de Gand, il a adopté le français comme langue officielle.

6° Au cours de l'élaboration des préliminaires de paix, à Paris, en février 1919, s'est constituée entre jurisconsultes appartenant aux Etats devant composer la Société des nations une « **union juridique internationale** » comprenant 40 des plus éminents jurisconsultes des deux mondes. Plus restreinte, comme nombre, que l'Institut de droit international, elle se propose comme but de fixer, de coordonner et, s'il se

(1) De Lapradelle, *Revue politique et parlementaire* du 10 mars 1916, p. 327.

peut, de codifier les règles du droit des gens, d'après les conditions actuelles de la vie internationale et les inspirations progressives de la conscience universelle. Elle se propose aussi de travailler au progrès du droit des gens et de préparer des lois pour la Société des nations.

7° Le 19 avril 1921, a été inauguré à Paris l'Institut des hautes études internationales fondé et dirigé par MM. Alejandro Alvarez, Paul Fauchille et Geouffre de Lapradelle. Son but est de développer et de répandre l'étude du droit international.

8° Enfin, le 14 juillet 1923, a été instituée l'Académie de droit international de La Haye dont la fondation avait été décidée dès le début de 1914. Aux termes de ses statuts l'Académie constitue un centre de hautes études de droit international public et privé et des sciences connexes, pour faciliter l'examen approfondi et impartial des questions se rattachant aux rapports juridiques internationaux. L'enseignement y est donné en langue française. Il a lieu à l'époque des vacances scolaires, du mois de juillet au mois d'octobre de chaque année.

Valeur relative des diverses sources du droit international. — Les diverses sources du droit international n'ont pas toutes la même portée. Ainsi, lorsqu'une difficulté s'élève entre deux Etats, pour la trancher, il faut d'abord interroger les traités. A défaut de traité, on doit rechercher quel est en cette matière l'usage consacré par la pratique des Etats. Et si cette source est muette, il faut agir d'après les règles du droit des gens naturel, tracées par les écrits des jurisconsultes.

Histoire du droit des gens.

Division en cinq grandes périodes. — L'histoire du droit des gens peut être divisée en cinq grandes périodes :

La première période embrasse l'antiquité grecque et romaine ;

La deuxième période comprend le moyen âge et prend fin à la paix de Westphalie (1648) ;

La troisième période s'étend de la paix de West-phalie à la Révolution française ;

La quatrième période va de la Révolution française jusqu'à 1815 ;

La cinquième période est la période contemporaine de 1815 à nos jours.

1re Période : Antiquité grecque et romaine. — Dans l'antiquité grecque et romaine, le droit international est resté à l'état rudimentaire. Et il ne pouvait en être autrement. Pour que ce droit se forme, en effet, il faut qu'il y ait en présence des Etats souverains et égaux en droits entrant en relations avec le sentiment de leurs devoirs réciproques. Or, les Grecs comme les Romains considéraient les peuples étrangers comme des barbares n'ayant d'autres droits que ceux que des traités avaient pu leur concéder. Bien mieux, il arriva un moment où tous les peuples connus furent conquis par Rome et soumis à ses lois. Dans ces conditions, il n'y avait pas place pour un droit international pro-prement dit. Tout au plus, peut-on citer dans cet ordre d'idées un certain nombre d'usages dont la force des choses imposa la reconnaissance : l'immunité des am-bassadeurs, le respect des traités, l'observation de certaines règles particulières pour les déclarations de guerre, etc.

2e Période : Le moyen âge. — *L'unité religieuse. Les croisades.* — Au moyen âge, on voit apparaître pour la première fois la notion d'une communauté internationale. Seulement, il s'agit avant tout d'une société religieuse, unissant tous les Etats de l'Europe occidentale sous l'autorité du pape, arbitre suprême du monde. Ce caractère est nettement affirmé par l'événement considérable des croisades, qui liguent les peuples chrétiens contre le monde musulman.

Aux croisades on peut rattacher deux faits très importants pour l'histoire du droit international :

1° Le développement du commerce entre l'Orient et l'Occident crée deux centres commerciaux très actifs : la ligue hanséatique au nord et les villes ita-liennes de la Méditerranée au sud. D'où l'établissement d'usages commerciaux uniformes consacrés par les Rôles d'Oléron pour l'Atlantique et le Consulat de la mer pour la Méditerranée.

2° L'institution de comptoirs en pays étranger donne naissance à la pratique des Consulats.

La Réforme et la Renaissance aux XVᵉ et XVIᵉ siècles. — C'est au XVᵉ siècle que commence le travail de sécularisation qui, en écartant l'idée religieuse des relations des Etats, va permettre l'établissement du droit des gens moderne ; deux faits surtout provoquent ce résultat : la Réforme et la Renaissance.

La Réforme brisa l'unité religieuse de l'Europe et, en même temps, elle fit disparaître les conceptions théocratiques de la communauté internationale. La foi catholique ne pouvant plus servir de trait d'union entre les Etats, il fallut donner un fondement nouveau à la société des Etats. Ce fut l'œuvre de la Renaissance; à l'ancienne conception, purement religieuse, elle substitua un principe exclusivement laïque et juridique, la solidarité des intérêts.

Découverte de l'Amérique. — Vers la même époque, la découverte de l'Amérique (12 octobre 1492) eut pour conséquence de poser des problèmes auxquels on n'avait pas songé jusque-là ; la question de la liberté des mers fut soulevée. Un jurisconsulte hollandais, Grotius (1583-1645), soutint, dans un écrit resté célèbre sous le titre *Mare liberum*, que la mer est ouverte à tous et que ses compatriotes ont le droit de naviguer aux Indes. La thèse contraire fut développée par un Anglais, Selden, qui fit paraître en 1635 un écrit intitulé *Mare clausum* (1).

3ᵉ Période : De la paix de Westphalie (1648) à la Révolution française (1789). — *Idée générale.* — Cette période est dominée par une théorie, celle de l'équilibre européen, et marquée par des traités d'une importance considérable, qui sont le point de départ du

---

(1) Un autre ouvrage de Grotius eut un grand retentissement. C'est le *de Jure belli et pacis* dédié à Louis XIII, en 1625. Il fut considéré comme un véritable Code du droit international et traduit dans toutes les langues. A citer deux autres ouvrages de la même époque : l'un, d'un Italien, Albéric Gentilis, *de Jure belli* (1583), l'autre d'un jésuite espagnol, François Suarez, *de Legibus* (1612). Ce dernier ouvrage est surtout remarquable en ce qu'il contient la notion d'une société des nations fondée sur le droit.

droit des gens moderne : traité de Westphalie, traité des Pyrénées, traité d'Utrecht.

Théorie de l'équilibre européen. — Cette théorie apparaît au XVIᵉ siècle, et est mise en pratique par François Iᵉʳ, dans sa lutte contre Charles-Quint. Mais c'est au XVIIᵉ siècle qu'elle est dans tout son éclat. A ce moment, de grands Etats se sont formés ; chez chacun d'eux, le sentiment de la nationalité, du droit de la nation à vivre et à se développer librement s'affermit. Aussi, lorsqu'il y aura une puissance assez forte pour menacer l'indépendance des autres Etats, ceux-ci se grouperont contre elle pour la combattre. C'est cette idée d'équilibre qui est tout le secret de la politique de Richelieu contre la puissante Maison d'Autriche. C'est elle qui formera, sous Louis XIV, les coalitions des Etats de l'Europe contre la France.

Traités de Westphalie. — Les traités de Westphalie se composent de deux traités conclus : l'un à Munster, l'autre à Osnabruck. Les négociations qui amenèrent la conclusion de ces traités sont importantes à noter. C'est, en effet, le premier congrès qui réunissait les représentants des Etats de l'Europe pour discuter leurs intérêts communs.

Les résultats de ces traités, au point de vue du droit des gens, ont été :

1° *La proclamation de la liberté religieuse* dans les relations internationales. Les protestants, tenus en dehors du droit des gens, entrent dans le droit des gens, sur le pied d'égalité avec les catholiques. Des légations permanentes s'établissent pour assurer les relations régulières entre les Etats.

2° Par voie de conséquence, la *papauté est déchue* de la situation prépondérante qu'elle occupait au moyen âge. Elle ne peut plus prétendre au rôle d'arbitre suprême et de médiateur entre les peuples.

3° *L'indépendance des Provinces Unies et de la Suisse* est reconnue ; la *Maison de Brandebourg*, germe de la Prusse future, commence à s'agrandir.

Notons encore que c'est par ce traité que l'Alsace est réunie à la France.

Traité des Pyrénées. — Le traité des Pyrénées, du 7 novembre 1659, est encore aujourd'hui la base des relations territoriales entre l'Espagne et la France.

Ce traité réglait le mariage du roi de France Louis XIV et de l'infante d'Espagne, Marie-Thérèse, avec cette clause, que le roi renonçait à l'avance au droit que sa femme pourrait avoir à la couronne d'Espagne. Le traité stipulait la détermination de frontières entre les deux Etats ; il n'y a été procédé que longtemps après, en vertu d'un traité spécial de limites devenu définitif à la date du 26 mai 1866.

Enfin, ce traité attribuait à la France le pays de la Sarre. Un peu plus tard, en 1697, le traité de Ryswick reconnaissait à la France la possession entière de l'Alsace, à l'exception de Mulhouse, ville libre qui devait se donner à la France un siècle plus tard.

Traité d'Utrecht. — Le traité d'Utrecht, en 1714, égale en importance les traités de Westphalie. Il consacre de notables changements territoriaux.

La Belgique est enlevée à l'Espagne et attribuée à l'Autriche. L'Angleterre acquiert définitivement Gibraltar ; l'électeur de Brandebourg est reconnu officiellement comme roi de Prusse. La France perd l'Acadie et Terre-Neuve ; mais elle conserve, sur cette dernière possession, un droit de pêche dont l'exercice était hier encore l'objet de conflits quotidiens (1).

Enfin, notons l'insertion dans le traité, au nom de l'équilibre européen, de cette clause que la couronne de France et celle d'Espagne ne pourront se trouver réunies sur la même tête.

---

(1) D'après ce traité, modifié en 1763, après la guerre de Sept ans, et en 1815, la France avait le monopole de la pêche, d'établissement et de séchage à terre sur 800 kilomètres de côtes, à l'Ouest et au Nord et sur une largeur d'un mille. Une convention passée par la France avec l'Angleterre, le 8 avril 1904, consacre l'abandon de nos droits exclusifs sur le French Shore. Désormais les Français pourront pêcher au French Shore dans les mêmes conditions que les habitants de Terre-Neuve, en restant soumis aux règlements locaux en vigueur. En échange de cet abandon, la France obtient les îles de Los sur la côte de Guinée, en face de Conakry, un point de débarquement sur la Gambie et une rectification de frontière entre le Niger et le Tchad. Cette convention, très vigoureusement combattue à la Chambre des députés, notamment par M. Deschanel (voir l'*Officiel* des 4, 9, 11 novembre 1904), a été ratifiée le 9 décembre 1904. La même convention réglait le sort de l'Egypte et du Maroc.

Evénements importants survenus depuis le traité d'Utrecht. — Depuis le traité d'Utrecht jusqu'à la Révolution française, on peut signaler comme événements importants :

1° L'apparition de la *Russie* comme puissance européenne par le traité de Kainardji, qui lui donnait la Crimée (1774) ;

2° *L'agrandissement continu de la Prusse,* parvenue à son apogée sous le grand Frédéric (1712 à 1786) ;

3° L'abaissement de la *Suède,* de l'*Espagne* et de la *Hollande,* qui deviennent puissances de second ordre ;

4° La proclamation de l'indépendance des *Etats-Unis d'Amérique,* le 4 juillet 1776, reconnue par la France en 1778.

Mouvement des idées. — Pendant cette période, de nombreuses questions furent soulevées et débattues : liberté des mers, liberté de la pêche maritime, droit de visite, blocus, intervention, etc... Comme principaux auteurs de droit international, on peut citer : Puffendorf (1632 à 1694), avec son principal ouvrage *Jus naturæ et gentium,* libri VIII (1) ; Bynkershoek (1673 à 1743), avec différents ouvrages dont les *Quœstiones juris publici* ; et Vattel (1714 à 1767), conseiller privé du roi de Pologne, électeur de Saxe, qui publia en 1758 un traité du droit des gens, ou principes de la loi naturelle appliquée à la conduite et aux affaires des nations et des Etats, qui eut un grand retentissement et qui fut traduit dans toutes les langues.

4e Période : De la Révolution française à 1815. — La Révolution française exerça une salutaire influence sur le droit des gens. Le principe de la souveraineté nationale, proclamé par l'Assemblée constituante au point de vue interne, produit dans l'ordre international le droit pour les groupes sociaux de s'organiser politiquement comme ils l'entendent, le consentement des populations comme condition d'acquisition légitime

---

(1) Une édition a été publiée en français à Lyon en 1771, par les soins de Jean Barbeyrac, professeur en droit dans l'Université de Groningue et membre de la Société royale des Sciences à Berlin, sous le titre suivant : « Le droit de la nature et des gens ou système général des principes les plus importants de la morale, de la jurisprudence et de la politique. »

d'un territoire, et plus tard la théorie des nationalités (1).

5e Période : De 1815 à nos jours. — *Congrès de Vienne* (1815). — Le traité de Vienne de 1815 réorganise l'Europe sur de nouvelles bases. L'idée qui a *présidé* à cette réorganisation a été une *idée d'équilibre* entre les Etats, sans *préoccupation des aspirations des peuples*.

Désormais, il y eut en Europe une ébauche de société internationale, composée d'une *pentarchie* : l'Angleterre, l'Autriche, la France, la Prusse et la Russie.

Par ce traité, la France était réduite à ses limites de 1790, avec une frontière désormais ouverte aux invasions par la trouée des Ardennes ; l'Autriche acquérait la Lombardie et la Vénétie ; la Hollande et la Belgique étaient réunies ; la Suisse était proclamée perpétuellement neutre ; la Savoie est rendue à la

_____

(1) Cependant ce principe des nationalités a subi une atteinte grave à l'égard du malheureux royaume de Pologne, dont trois Etats se sont partagé les lambeaux : la Prusse, l'Autriche et la Russie. Il y a eu trois partages successifs de la Pologne : le premier eut lieu en 1772, entre Marie-Thérèse d'Autriche, Frédéric II de Prusse et Catherine II de Russie. Le second partage fut opéré en 1793 et le troisième et dernier en 1795. Un moment reconstituée en partie par Napoléon Ier, en 1807, au profit du roi de Saxe, sous le nom de Grand-Duché de Varsovie, puis après le traité de Vienne de 1815, sous forme de royaume placé sous l'autorité de la Russie, la Pologne a vu disparaître les derniers vestiges de son autonomie après la révolte de 1830, réprimée avec la dernière rigueur. En 1863, une nouvelle révolte éclata en Pologne russe, qui n'eut pas plus de succès que la précédente. Au début de la guerre européenne, le 15 août 1914, le généralissime russe, le grand-duc Nicolas, adressa aux populations polonaises de Russie, d'Allemagne et d'Autriche-Hongrie une proclamation annonçant l'intention de la Russie de reconstituer l'autonomie de la Pologne sous le sceptre du tsar russe. Le triomphe définitif des puissances alliées contre le militarisme allemand a eu pour résultat heureux la libération définitive du malheureux peuple polonais. Consulter de Georges Bienaimé l'intéressante brochure intitulée « Ce qu'il faut savoir de la question polonaise », novembre 1918.

Sardaigne, mais elle est déclarée neutre. Enfin, la Prusse, considérablement agrandie, était portée sur les deux rives du Rhin comme une sentinelle avancée chargée, disait-on, de contenir les Français.

De 1815 à 1856. — Jusqu'au Congrès de Paris, on peut signaler comme faits importants : 1° la reconstitution de la Grèce en Etat indépendant (1829) ; 2° la séparation de la Belgique d'avec la Hollande (1830).

Congrès de Paris (1856). — Le Congrès de Paris, en 1856, mit fin à la guerre de Crimée entre la France et l'Angleterre, d'une part, la Russie d'autre part. Ce Congrès a une importance capitale dans le droit des gens, à raison des deux actes diplomatiques auxquels il a donné naissance :

1° Le traité de Paris du 30 mars 1856, qui fixe les conditions de la paix entre les belligérants.

2° La célèbre déclaration du 16 avril 1856, qui pose les principes du droit maritime. Ces principes, que nous étudierons dans la suite, sont ainsi formulés :

a) La course est et demeure abolie ;

b) Le pavillon neutre couvre la marchandise ennemie, à l'exception de la contrebande de guerre ;

c) La marchandise neutre, à l'exception de la contrebande de guerre, n'est pas saisissable sous pavillon ennemi ;

d) Les blocus, pour être obligatoires, doivent être effectifs, c'est-à-dire maintenus par une force suffisante pour interdire réellement l'accès du littoral de l'ennemi.

Rappelons enfin que c'est en vertu du Traité de Paris du 30 mars 1856 que la Turquie a été admise à la jouissance du droit public européen.

** Principaux événements depuis 1856. — Depuis le traité de Paris, les principaux événements que nous devons rappeler sont :

1° En 1859, la création du royaume d'Italie, qui transforme la *pentarchie* en *exarchie.*

2° En 1866, la lutte entre la Prusse et l'Autriche, qui aboutit à l'écrasement de l'Autriche à Sadowa. L'ancienne confédération germanique est détruite ; l'Autriche est exclue de l'Allemagne, qui est séparée en deux tronçons : au nord, la confédération des Etats du nord, sous la présidence de la Prusse ; au midi, les États du sud, qui restent indépendants, en théorie du moins.

3º En 1870, la guerre franco-allemande, qui se termine par le *traité de Francfort* du 10 mai 1871, faisant perdre à la France vaincue deux provinces, et amenant la constitution de l'empire allemand, par le groupement de tous les États du nord et du sud sous la présidence du roi de Prusse, qui a le titre d'*empereur allemand*.

4º En 1878, le *Traité de Berlin*, qui met fin à la guerre entre la Russie et la Turquie, reconnaît l'indépendance de deux États vassaux de la Porte, la Roumanie, la Serbie et consacre celle du Monténégro.

La Russie acquiert une partie de la Bessarabie. L'Angleterre se fait céder Chypre.

La Bulgarie devient une principauté autonome, placée sous la suzeraineté de la Turquie. Elle doit être gouvernée par un prince élu par la population et confirmée par la Turquie avec l'assentiment des puissances.

La Roumélie Orientale, au sud des Balkans, forme une province directement placée sous l'autorité du Sultan.

Enfin, la Bosnie et l'Herzégovine « seront occupées par l'Autriche-Hongrie », dit l'article 25. Le Sandjak de Novi-Bazar reste soumis à l'administration ottomane ; mais l'Autriche se réserve le droit d'y tenir garnison.

5º En 1879 est conclue l'alliance entre l'Allemagne et l'Autriche-Hongrie. En 1882, l'Italie adhère à l'alliance par ressentiment contre la France pour son établissement à Tunis en 1881. C'est ainsi que fut formée la Triple-Alliance, qui menaçait la France d'écrasement et troublait profondément l'équilibre des puissances en Europe. Cette triple alliance fut renouvelée en 1885 d'abord, puis en 1891. C'est pour y faire contre-poids que fut conclu le rapprochement de la France et de la Russie, qualifié d'abord d'entente cordiale, le 24 juillet 1891, puis d'alliance formelle lors de la signature de la convention militaire du mois d'août 1892, ratifiée en décembre et janvier 1894.

6º En 1899, du mois de mai au mois de juillet, une conférence tenue à La Haye, dans laquelle se trouvent réunis les représentants des principaux États d'Europe, d'Amérique et d'Asie, pose un ensemble de règles pour la conduite des hostilités dans la guerre continentale et pour l'organisation de l'arbitrage international.

7° Peu après, en octobre 1899, éclate la guerre Sud-Africaine. Après une lutte longue et meurtrière, la Grande-Bretagne annexe les deux Républiques du Transvaal et de l'Etat d'Orange (31 mai 1902).

8° En 1900, des massacres ont lieu en Chine ; des chrétiens sont assassinés par des brigands, appelés Boxers ; le ministre d'Allemagne à Pékin est tué et les légations sont assiégées. Alors les Grands Etats européens et les Etats-Unis interviennent pour demander réparation ; le 15 août 1900, les armées réunies pénètrent à Pékin et délivrent les légations. Le 7 septembre 1901, la Chine s'engage à payer une indemnité aux puissances.

9° En février 1904, la guerre éclate entre la Russie et le Japon au sujet de la possession de la Mandchourie et de la Corée.

Signalons, à la même époque, l'orientation nouvelle de la politique extérieure de la France dans le sens d'un rapprochement avec l'Angleterre, se manifestant par « l'entente cordiale » entre les deux grandes puissances sans amener cependant la dénonciation de notre traité d'alliance défensive avec la Russie. Ce rapprochement a permis aux deux puissances de solutionner des questions en litige par d'importants accords, signés le 8 avril 1904, relativement à l'Egypte, au Maroc, à Terre-Neuve, à l'Afrique, au Siam, à Madagascar et aux Nouvelles-Hébrides.

10° Aux mois de mars et d'avril 1906, une conférence se tient à Algésiras, où sont représentées les grandes puissances d'Europe et d'Amérique, pour régler la question du Maroc. Elle se termine par la signature d'un acte général à la date du 7 avril 1906.

11° Le 14 juin 1907, ont commencé à La Haye les travaux de la seconde conférence internationale de la paix, où quarante-quatre Etats se sont fait représenter.

12° Au mois d'août 1907, des Français ayant été massacrés au Maroc, la France dut envoyer un corps d'occupation à Casablanca pour châtier les coupables et essayer de ramener l'ordre dans le pays, avec l'aide d'un détachement espagnol, en exécution de l'acte d'Algésiras.

Vers la même époque, le 31 août 1907, une convention entre la Russie et l'Angleterre délimite les sphères d'influence des deux États en Perse. Cette convention, inspirée par le profond esprit politique d'Édouard VII, marque une époque importante du groupement des grandes puissances en Europe. A partir de ce moment, l'entente cordiale entre l'Angleterre et la France se transforme en triple entente de l'Angleterre, de la France et de la Russie, faisant utile contre-poids à la triple alliance de l'Allemagne, de l'Autriche-Hongrie et de l'Italie.

13° Au mois d'octobre 1908, l'Autriche-Hongrie et la Bulgarie profitent des difficultés intérieures au milieu desquelles se débat le gouvernement turc pour déchirer ouvertement le traité de Berlin. Le 5 octobre, le prince Ferdinand de Bulgarie proclame à Tirnovo l'indépendance de la Bulgarie et son érection en royaume. Cette indépendance est reconnue par l'Europe le 26 avril 1909.

De son côté, l'Autriche-Hongrie déclare annexer la Bosnie et l'Herzégovine le 8 octobre. Après de longs pourparlers, cette annexion est acceptée par la Turquie, 26 février 1909, à la condition par l'Autriche de verser à la Turquie une somme de 54 millions de couronnes et de rétrocéder le Sandjak de Novi-Bazar.

14° Du 4 décembre 1908 au 26 février 1909 se tient à Londres une conférence pour régler les principales questions du droit des gens au point de vue de la guerre maritime. Elle donne naissance à la déclaration de Londres du 26 février 1909, dont nous indiquerons les règles plus loin.

15° Les affaires du Maroc provoquent une série d'actes ou de négociations que nous étudions plus bas :

Le 25 septembre 1908, l'affaire des déserteurs de Casablanca, terminée par un arbitrage, à La Haye, le 22 mai 1909 ;

Le 9 février 1909, un traité avec l'Allemagne ;

Au mois d'avril 1911, une expédition française aboutissant à l'occupation de la ville de Fez par nos troupes ;

Le 1er juillet 1911, l'envoi par l'Allemagne du navire de guerre *Panther* à Agadir ;

De juillet à novembre 1911, une longue négociation entre l'Allemagne et la France amenant la conclusion du traité du 4 novembre 1911 et l'établissement du protectorat français au Maroc par traité du 30 mars 1912.

16° Enfin, le 29 septembre 1911, l'Italie déclare la guerre à la Turquie, en vue de l'occupation de la Tripolitaine, où peu après ses troupes débarquent. Cette guerre est l'occasion de divers incidents avec la France, en raison de l'arrestation effectuée coup sur coup de trois navires français par des torpilleurs italiens : *Carthage*, *Manouba* et *Tavignano*. Cette saisie a été soumise au jugement d'un tribunal arbitral.

Cette guerre s'est terminée par un traité signé à Lausanne, le 18 octobre 1912, cédant la Tripolitaine et la Cyrénaïque à l'Italie.

17° Peu de temps après, la Turquie avait à subir une nouvelle attaque des puissances balkaniques : Bulgarie, Serbie, Grèce et Monténégro. La Turquie fut battue et, par le traité de Londres du 30 mai 1913, elle consentit à céder aux puissances alliées tous les territoires qu'elle possédait en Europe, à l'ouest d'une ligne allant de Enos, sur la mer Egée, à Midia, sur la mer Noire, moins l'Albanie, érigée en puissance autonome sous le contrôle des grandes puissances. L'île de Crète était cédée aux Etats balkaniques ; les autres îles de la mer Egée et la presqu'île du mont Athos étaient remises aux mains des grandes puissances. Mais le partage des provinces abandonnées par la Turquie amena la discorde entre les alliés, par suite des prétentions excessives de la Bulgarie, qui attaqua ses anciens alliés et qui fut vaincue par eux avec l'appui de la Roumanie. La Turquie en profita pour reprendre Andrinople et d'autres territoires que les Bulgares lui avaient enlevés. Après de longues négociations, la paix fut rétablie par une série de traités :

Traité de Bucarest entre la Serbie, la Grèce, le Monténégro, la Roumanie et la Bulgarie, le 10 août 1913 ;

Traité de Constantinople, entre la Bulgarie et la Turquie, le 29 septembre 1913 ;

Traité d'Athènes, entre la Turquie et la Grèce, le 1er-21 novembre 1913 ;

Traité de Stamboul, entre la Turquie et la Serbie, le 1er-21 mars 1914.

*** Conflit européen en 1914. — *Origine du conflit* (1). — Le mois de juillet 1914 a vu le commence-

_____

(1) Lire à l'*Officiel* du 7 août 1914 l'exposé fait aux Chambres françaises par M. Viviani, président du Conseil

ment d'un conflit destiné à mettre l'Europe en feu. L'incident qui a déclanché cette lutte tragique à été l'assassinat de l'archiduc François-Ferdinand, héritier de la couronne d'Autriche-Hongrie, et de sa femme, la duchesse de Hohenburg, commis le 28 juin 1914, à Sarajevo, capitale de la Bosnie-Herzégovine. Cet assassinat avait eu pour auteur principal un lycéen serbe, nommé Prinzip. Le gouvernement autrichien vit dans cet attentat le résultat d'une campagne organisée avec la complicité plus ou moins déguisée des sphères officielles serbes, en vue de détacher de la monarchie autrichienne des territoires soumis à son autorité. En conséquence, le 23 juillet, une note comminatoire était remise par le ministre d'Autriche-Hongrie à Belgrade, exigeant du gouvernement serbe des satisfactions dont la plupart portaient indiscutablement atteinte aux droits d'un État souverain. Malgré tout, en vue de garantir le maintien de la paix, sur le conseil de l'Angleterre, de la France et de la Russie, le gouvernement serbe accepta les propositions autrichiennes, sauf quelques réserves de détail sans importance. Le gouvernement d'Autriche-Hongrie trouva cette réponse insuffisante et déclara la guerre à la Serbie le 28 juillet. La Russie ne pouvait laisser sans défense un État de race slave. Après avoir épuisé toutes les tentatives d'arrangement pacifique suggérées par l'Angleterre, de concert avec la France, en présence de la mauvaise volonté évidente de l'Allemagne, refusant de tenter la moindre démarche auprès du gouvernement autrichien dans le sens d'une solution pacifique, en raison des préparatifs militaires de l'Allemagne signalés par les consuls dès le 26 juillet, l'Autriche ayant déclaré la guerre à la Serbie le 28 juillet et ayant mobilisé partiellement contre la Russie le 29 juillet, la Russie ordonna, le 30 juillet, la mobilisation de 4 arrondissements du Sud, suivie le 31 juillet de la mobilisation générale, mesure de simple sauvegarde,

---

des ministres ; consultez en outre le Livre bleu anglais, le Livre gris belge et le Livre jaune français. Consultez également un ouvrage du plus haut intérêt de Charles Seymour, de l'Université d'Yale (Connectitut), sur les antécédents diplomatiques de la guerre, traduit avec beaucoup de talent par M. Eugène Raïga, le distingué Directeur à la préfecture de la Seine.

nullement agressive pour personne, puisque la Russie se montrait en même temps prête à écouter toutes les suggestions de l'Angleterre et de la France en vue d'éviter un conflit et puisque, le 29 juillet, à 8 heures du soir, le Czar Nicolas II adressait au Kaiser Guillaume II une dépêche lui proposant de soumettre le conflit à l'arbitrage de La Haye, dépêche à laquelle il ne fut jamais répondu.

Cette mesure fournit à l'Allemagne un prétexte pour déclarer la guerre à la Russie, le 1er août à sept heures du soir. Déjà, depuis le 31 juillet, le gouvernement allemand avait proclamé l'état de menace de guerre « Kriegsgefahrzustand », en vertu de l'article 68 de la Constitution de l'empire, coupant toutes les communications entre l'Allemagne et le reste de l'Europe, se donnant ainsi toute liberté de poursuivre contre la France, dans un secret absolu, des préparatifs militaires que rien ne pouvait justifier. La France répondit à cette menace en ordonnant la mobilisation générale, le 1er août, à quatre heures de l'après-midi. Immédiatement après, sans déclaration de guerre préalable, l'ambassadeur d'Allemagne étant toujours à son poste à Paris, l'Allemagne commettait plusieurs coups de force : d'une part, violant la neutralité perpétuelle du Grand-Duché de Luxembourg, elle y faisait entrer un certain nombre de trains blindés avec des troupes et des munitions ; d'autre part, ses troupes commettaient en pleine paix, le 2 août, des violations du territoire français en quatre endroits différents à la fois, alors que le gouvernement en France donnait l'ordre à ses troupes de couverture de se tenir à dix kilomètres de la frontière, pour éviter tout incident regrettable. Le 3 août, à cinq heures quarante-cinq du soir, l'Allemagne déclarait la guerre à la France, en invoquant comme prétextes de prétendus actes d'hostilité commis par des aviateurs français, dans la région de l'Eiffel et sur le chemin de fer de Carlsrhue à Nuremberg, qui ont depuis été reconnus faux par les autorités militaires allemandes (1).

---

(1) Lire à ce sujet l'ouvrage publié en 1915 par un Allemand sous le titre « J'accuse » et l'article du *Temps* du 12 novembre 1916, en réponse au discours prononcé par le chancelier de Bethmann-Hollweg devant la Commission

Extension du conflit. — Le même jour, l'Allemagne sommait la Belgique de livrer passage à ses troupes et, sur son refus, elle lui déclarait la guerre, le 4 août, à huit heures trente du soir, malgré la neutralité perpétuelle qu'elle avait solennellement garantie par le traité de Londres du 15 novembre 1831, qui n'était plus aux yeux de son gouvernement qu'un « chiffon de papier » (1).

Quelques instants après, le même jour, à onze heures du soir, l'Angleterre déclarait à son tour la guerre à l'Allemagne, pour sauvegarder la neutralité perpétuelle de la Belgique. Le 6 août, eut lieu la déclaration de guerre de l'Autriche-Hongrie à la Russie.

Le 12 août, l'Angleterre et la France se déclaraient en état de guerre avec l'Autriche-Hongrie.

Le 23 août, le Japon, comme allié de l'Angleterre, déclarait la guerre à l'Allemagne.

Le 31 octobre, l'Angleterre, la France et la Russie déclaraient la guerre à la Turquie, qui, sous l'influence de l'Allemagne, s'était livrée à des actes d'hostilité à l'égard de la Russie.

Depuis lors, le conflit n'a fait que s'étendre successivement en 1915, 1916, 1917 : l'Italie, la Roumanie, les Etats-Unis, la Grèce, le Brésil, d'autres Etats encore sont entrés à nos côtés dans la lutte. En sorte que bientôt le monde civilisé presque tout entier, à l'exception de quelques rares Etats restés neutres (Espagne, Hollande, Suède, Norvège, Danemark), se dressait contre les Empires centraux et leurs complices, Turquie et Bulgarie, pour mettre obstacle à leur projet d'hégémonie mondiale, pour leur imposer le respect du droit des gens et pour libérer les populations qu'ils tenaient contre leur gré sous un véritable régime de servitude, intolérable au xxe siècle.

Cause véritable de la guerre. — La véritable instigatrice de cette guerre effroyable est l'Allemagne, qui l'a préparée pendant quarante-quatre ans avec une ténacité digne d'une meilleure cause. Elle a cru le

---

du Reichstag le 10 novembre 1916, pour essayer de rejeter la responsabilité de la guerre sur les alliés.

(1) Expression employée par M. de Bethmann-Hollweg, chancelier de l'empire allemand, dans sa conversation avec l'ambassadeur anglais (*Livre bleu anglais*, n° 160).

moment favorable venu pour elle d'employer sa formidable puissance militaire pour anéantir et démembrer la France et pour étendre sa domination sur
toute l'Europe. Son plan cynique, avoué par ses représentants officiels (1), était, en passant par la Belgique,
d'envahir la France, avant que sa mobilisation fût
terminée, en vue de l'empêcher de réussir, d'occuper
Paris et d'imposer au gouvernement français une
paix séparée, sous la menace d'une destruction complète de sa capitale et de l'extermination de sa population civile ; puis, cela fait, de se retourner contre la
Russie avec l'ensemble de ses forces disponibles et
de l'accabler à son tour.

Issue de la guerre. — Ce plan astucieux a été heureusement déjoué par un splendide concours de circonstances : l'héroïque résistance de la Belgique, qui
a tenu en échec l'armée allemande devant les forts de
Liège assez longtemps pour permettre à l'armée française de terminer sa mobilisation et sa concentration (2);

(1) On peut lire à ce sujet : le memorandum du prince
Lichnowski, ancien ambassadeur allemand à Londres, le
discours de Guillaume II à l'occasion du 30ᵉ anniversaire
de son avènement et les révélations faites à Constantinople
au mois d'août 1914 par l'ambassadeur allemand Wan-
genheim à son collègue M. Morgenthau, le dernier ambassadeur des Etats-Unis auprès de la Turquie, sur le conseil
de guerre tenu à Potsdam le 5 juillet 1914 et où la guerre
aurait été décidée. Lire également le numéro du journal
Le Temps du 12 novembre 1916 où sont accumulés les
arguments qui démontrent d'une façon éclatante l'écra-
sante responsabilité des empires centraux dans la guerre
actuelle et qui sont résumés sous les rubriques suivantes :
Préméditation de la guerre ; préparation de la guerre ; attitude de la Russie, de la France et de l'Angleterre au moment du conflit et déclarations de guerre émanées toutes
de Vienne et de Berlin. Lire enfin la discussion instituée sur
la question des responsabilités de la guerre devant la Chambre des députés, séances des 5, 6 et 7 juillet 1922.

(2) Statistique de la guerre d'après le Bureau international du travail (*Le Temps,* du 13 janvier 1925) :

I. — *Nombre de mobilisés.*

Pour l'ensemble des belligérants : 70 millions en chiffres
ronds.

La victoire de la Marne, qui a sauvé Paris, en arrêtant la marche triomphale de l'armée allemande et en l'obligeant à une retraite vers l'Oise, d'abord, puis sur l'Aisne et sur la Somme, en attendant le jour où elle devait être refoulée au delà de la ~~Meuse et du Rhin~~;

Les belles victoires russes, en particulier celle de la Vistule, qui ont permis aux immenses troupes de notre alliée d'entreprendre l'envahissement de l'Allemagne et de l'Autriche-Hongrie ;

Enfin, l'étroite union des trois grandes puissances, qui ont signé un accord solennel, le 6 septembre 1914, aux termes duquel les puissances alliées s'engageaient à ne pas conclure de paix séparée avec l'Allemagne.

Un moment, ces magnifiques résultats ont semblé sur le point d'être compromis à la suite de la trahison russe consacrée sous le gouvernement dictatorial de Lénine, par le honteux traité de Brest-Litowsk du mois de mars 1918, et des malheurs qui ont accablé

Russie : 15 millions.

Allemagne : 15 millions, 39,6 % de la population masculine.

Autriche-Hongrie : 9 millions	34,6 %	—
France : 7.935.000	40,8 %	—
Grande-Bretagne : 5.704.000	24,2 %	—
Italie : 5.615.000	31,5 %	—
Etats-Unis : 4.272.000	13,2 %	—

II. — *Nombre de tués et disparus.*

Allemagne : 2 millions 9,8 % de la population masculine.

Russie : 1.700.000		
Autriche-Hongrie : 1.542.000	9,5 %	—
France : 1.400.000	10,5 %	—
Italie : 750.000	6,2 %	—
Grande-Bretagne : 744.000	5,2 %	—
Etats-Unis : 68.000	0,2 %	—

III. — *Nombre de mutilés.*

Allemagne : 1.537.000	7,5 %	—
France : 1.500.000	11,2 %	—
Grande-Bretagne : 900.000	6,6 %	—
Italie : 800.000		
Russie : 775.000		
Etats-Unis : 157.000	0,5 %	—

l'héroïque nation roumaine, acculée à l'humiliation du traité de Bucarest du mois de mai 1918, qui consommait sa ruine politique, économique et financière. La suppression du front oriental permit aux empires centraux de concentrer toutes leurs forces sur le front occidental et d'entreprendre le 21 mars contre les troupes britanniques et le 27 mai contre les troupes françaises une offensive formidable qui faillit un moment faire craindre pour la sécurité de Paris. Fort heureusement ce danger a été conjuré sous l'empire de deux causes essentielles : d'une part, l'unité de commandement réalisée entre les mains de l'illustre généralissime français, le maréchal Foch ; d'autre part, l'admirable concours des Etats-Unis permettant de rétablir l'équilibre des forces en présence. Non seulement l'offensive ennemie du 15 juillet 1918 était arrêtée, mais elle se transformait dès le 18 juillet en une situation nettement défensive pour les Allemands à la suite de la seconde victoire de la Marne, aussi brillante que la première et suivie de nombreux succès, tant sur le front occidental que sur le front oriental, qui amenèrent successivement :

La capitulation de la Bulgarie (25 septembre 1918) ; puis celle de la Turquie (31 octobre 1918) ; puis celle de l'Autriche-Hongrie (4 novembre 1918) ; enfin celle de l'Allemagne, consacrée par l'armistice du 11 novembre 1918 (1), qui mettait les empires centraux dans

---

(1) Cet armistice a été imposé à l'Entente par des sentiments d'humanité impérieux. Mais il a été une faute grave au point de vue politique. On s'en rend bien compte aujourd'hui. Sans lui, l'Allemagne eût été contrainte à une capitulation sur le champ de bataille, qui l'eût désarmée pour toujours et qui, en humiliant le parti militaire, eût donné le coup de grâce définitif au militarisme prussien. Grâce à lui, au contraire, le parti militaire en Allemagne a pu prétendre que l'armée allemande n'avait pas été battue militairement ; les troupes allemandes ont pu rentrer en Allemagne, avec leurs armes, acclamées par les populations et couvertes de fleurs ; le parti militaire, un moment abattu, n'a pas tardé à relever la tête et, depuis bientôt sept ans que les hostilités ont pris fin, on n'a pu encore obtenir le désarmement complet de l'Allemagne, malgré toutes les pressions exercées sur elle par les alliés.

l'impossibilité de reprendre les armes contre l'Entente et qui a donné ouverture aux travaux de la Conférence de la Paix.

Conférence de la Paix : 18 janvier 1919. — *Lieu de réunion.* — La Conférence, réunie en vue de fixer les conditions de la paix, a ouvert ses séances à Paris le 18 janvier 1919.

Importance. — Cette Conférence a eu une importance considérable ; elle n'a pas eu seulement pour objet de mettre fin à la guerre et d'imposer aux États vaincus les restitutions, les réparations et les garanties légitimes. Elle a en outre remanié toute la carte de l'Europe, en rendant l'indépendance aux peuples opprimés : Polonais, Yougo-Slaves, Tchéco-Slovaques et Roumains, en prenant pour base de ces remaniements territoriaux le droit des peuples de disposer d'eux-mêmes. Enfin, elle a cherché à empêcher, dans la mesure du possible, les guerres dans l'avenir, soit en désarmant l'Allemagne, soit en organisant la Société des Nations.

On peut dire qu'elle forme l'antithèse du Congrès de Vienne de 1815, dont elle s'est attachée à réviser les principales dispositions. A Vienne, en 1815, la France était considérée comme la puissance conquérante et belliqueuse, dont il fallait limiter la force offensive. C'est contre elle qu'on dressa la Prusse en l'établissant sur les deux rives du Rhin comme une sentinelle avancée de l'Europe. A Versailles, la situation fut renversée. C'est contre l'Allemagne envahissante que le monde entier se dressa pour l'empêcher de déchaîner à nouveau les horreurs et les atrocités qu'elle avait commises du mois d'août 1914 au mois de novembre 1918.

Composition. — La Conférence de la Paix comprenait quatre groupes d'États :

Les cinq grandes puissances belligérantes à intérêts généraux (États-Unis d'Amérique, Empire britannique, France, Italie, Japon), formant une sorte de directoire appelé à résoudre toutes les questions et prenant part à toutes les séances ;

Les 24 puissances belligérantes à intérêts particuliers (Belgique, Brésil, Dominions britanniques et Indes, Chine, Cuba, Grèce, Guatémala, Haïti, Hedjaz, Honduras, Libéria, Nicaragua, Panama, Pologne, Portugal, Roumanie, Etat serbe, croate et slovène, Siam, République tchéco-slovaque), ne prenant part qu'aux séances où étaient discutées les questions les concernant ;

Les puissances en état de rupture diplomatique avec les puissances ennemies (Bolivie, Equateur, Pérou, Uruguay) ;

Enfin, les représentants neutres et les Etats en formation qui devaient être entendus sur convocation des puissances à intérêts généraux, aux séances consacrées spécialement à l'examen des questions les visant directement.

Fonctionnement. — Pour faciliter le travail de la Conférence, cinq Commissions avaient été constituées de la façon suivante :

1° Commission de la Société des Nations ;

2° Commission des responsabilités de la guerre ;

3° Commission des réparations ;

4° Commission du régime des ports, des voies fluviales et ferrées.

Résultats de la Conférence. — La Conférence de la Paix a abouti à un grand nombre d'instruments diplomatiques dont les principaux (1) sont :

_____

(1) En outre, ont été signés les accords suivants :

1° Arrangement entre les Etats-Unis, la Belgique, l'Empire britannique, la France et l'Allemagne concernant l'occupation des territoires rhénans, le 28 juin 1919.

2° Arrangement relatif au compte des réparations en ce qui concerne l'Italie (10 septembre 1919).

3° Arrangement concernant la contribution aux dépenses de libération des territoires de l'ancienne monarchie austro-hongroise (10 septembre 1919).

4° Convention relative au contrôle du commerce des armes et des munitions (10 septembre 1919).

5° Convention sur le régime de spiritueux en Afrique (10 septembre 1919).

6° Convention portant révision de l'acte général de Berlin du 26 février 1885 et de l'acte général de la déclaration de Bruxelles du 2 juillet 1890.

7° Convention portant réglementation de la navigation aérienne (13 octobre 1919).

8° Traités entre les principales puissances alliées et associées et la Pologne (28 juin 1919) ; l'Etat tchécoslovaque (10 septembre 1919) ; l'Etat serbe-croate-slo-

1° Le traité de Versailles signé dans cette ville le 28 juin 1919, dans la même galerie des Glaces où, le 10 mai 1871, avait été proclamé l'empire allemand ;

2° Le traité de Saint-Germain, signé avec l'Autriche le 10 septembre 1919 ;

3° Le traité de Neuilly, signé avec la Bulgarie le 27 novembre 1919 ;

4° Le traité de Trianon, signé avec la Hongrie le 4 juin 1920 ;

5° Le traité de Sèvres, signé avec la Turquie au mois d'août 1920, non ratifié par elle et remplacé par le traité de Lausanne du 24 juillet 1923.

Etude du traité de Versailles. — Son aspect extérieur. — Le traité de Versailles a été rédigé en anglais et en français, en un seul exemplaire original qui a été déposé dans les archives du ministère des Affaires étrangères de France.

Il comprend 440 articles et est divisé en quinze parties, subdivisées elles-mêmes pour la plupart en sections, lesquelles comportent parfois plusieurs chapitres ou des annexes (1).

---

vène (10 septembre 1919) ; et enfin la Roumanie (9 décembre 1919).

(1) Voici les titres des quinze parties du traité de Versailles :

Partie I. — Pacte de la Société des Nations (art. 1 à 26).
Partie II. — Frontières d'Allemagne (art. 27 à 30).
Partie III. — Clauses politiques européennes (art. 31 à 117).
Partie IV. — Droits et intérêts allemands hors d'Allemagne (art. 118 à 158).
Partie V. — Clauses militaires, navales et aériennes (art. 159 à 213).
Partie VI. — Prisonniers de guerre et sépultures (art. 214 à 226).
Partie VII. — Sanctions (art. 227 à 230).
Partie VIII. — Réparations (art. 231 à 247).
Partie IX. — Clauses financières (art. 248 à 263).
Partie X. — Clauses économiques (art. 264 à 312).
Partie XI. — Navigation aérienne (art. 313 à 320).
Partie XII. — Ports, voies d'eau et voies ferrées (art. 321

Son contenu. — Il est impossible, dans cet ouvrage élémentaire, de faire une analyse complète d'un instrument diplomatique aussi considérable. Mais on en fournira une synthèse suffisante en disant qu'il est dominé par une œuvre essentielle : la Société des Nations, à laquelle nous consacrerons une étude spéciale, en raison de son importance, et qu'en outre il contient : pour le passé : des clauses territoriales, des restitutions, des réparations, des sanctions ; pour l'avenir : des garanties, que nous ferons connaître sommairement.

Sa caractéristique. — C'est une paix de justice et de droit :

Par la consécration de la Société des Nations ;

Par la résurrection de la Pologne reconstituée dans son indépendance ;

Par le retour de l'Alsace-Lorraine à la France ;

Par la libération des peuples asservis, à l'aide de la création d'Etats nouveaux, Pologne, Etat tchéco-slovaque, Etat des Serbes, Croates, Slovènes, etc. (1) ;

Par la protection assurée aux minorités dans les nouveaux Etats créés ou dans les anciens Etats agrandis. Nous y reviendrons dans notre seconde partie ;

Par la punition promise aux chefs d'Etats, gouvernants et officiers allemands, coupables des plus grands crimes contre l'humanité que l'histoire ait enregistrés.

Elle diffère encore sur un point du traité de Vienne de 1815. En 1815, on s'était uniquement préoccupé d'assurer l'équilibre des forces matérielles des Etats, sans s'inquiéter des aspirations morales de leurs peuples. Le traité de Versailles, au contraire, a été tout entier inspiré par le principe essentiel moderne du droit des peuples de disposer d'eux-mêmes.

Clauses territoriales. — *Alsace-Lorraine.* — Elles

à 386).

Partie XIII. — Travail (art. 387 à 427).

Partie XIV. — Garanties d'exécution (art. 428 à 433).

Partie XV. — Clauses diverses (art. 434 à 440).

(1) Lire la Constitution du royaume des Serbes, Croates et Slovènes du 12 mai 1921 dans l'*Europe Nouvelle* des 30 juillet et 6 août 1921.

reviennent à la France avec leurs frontières de 1871, libres de toutes charges juridiques, financières ou économiques, quittes de toutes dettes publiques. Tous les biens (y compris les chemins de fer) sont transférés à la France, sans indemnité. Les ponts sur le Rhin lui appartiennent. La force hydraulique du Rhin lui est réservée.

Bassin de la Sarre. — La propriété, entière et absolue, franche et quitte de toutes dettes, des mines du bassin de la Sarre est transférée à la France, en compensation de la destruction des mines de charbon du Nord et à valoir sur le montant de la réparation des dommages de guerre dus par l'Allemagne (art. 45 à 50).

Le territoire du bassin de la Sarre est administré par une Commission représentant la Société des Nations. Cette Commission comprend 5 membres nommés par le Conseil de la Société des Nations, dont un membre français, un membre non français originaire et habitant du territoire du bassin de la Sarre et trois autres membres ressortissants à trois pays autres que la France et l'Allemagne. Ils sont nommés pour un an et leur mandat est renouvelable. Ils peuvent être révoqués par le Conseil de la Société des Nations. Le président de la Commission désigné par ledit Conseil pour un an, avec pouvoir renouvelable, remplit les fonctions d'agent exécutif de la Commission (annexe, chapitre 11).

Au bout de 15 ans de ce régime, la population sera appelée à faire connaître sa volonté sur l'une des trois alternatives suivantes : maintien du régime instauré par le traité, union à la France, union à l'Allemagne. La Société des Nations décidera.

Pologne. — L'Allemagne reconnaît la complète indépendance de la Pologne et renonce en sa faveur aux territoires déterminés par l'article 87. La ville de Dantzig est constituée en ville libre et placée sous la protection de la Société des Nations. Une partie de la Haute-Silésie et de la Prusse orientale aura à décider de son sort futur par voie de plébiscite (art. 88). Nous dirons plus loin quel en a été le résultat (1).

Slesvig Nord. — C'est dans des conditions analogues

---

(1) Lire l'*Europe Nouvelle* du 13 juin 1925 consacrée tout entière à la Pologne moderne.

que les populations de ce pays arrachées au Danemark par la Prusse en 1864 ont eu à se prononcer sur
leur destinée (art. 109 à 114).

Colonies allemandes. — Elles sont enlevées à l'Allemagne pour être attribuées aux principales puissances
alliées ou associées (art. 119 à 127).

Restitutions. — L'Allemagne s'engage à restituer
tous les objets mobiliers, animaux, machines, valeurs,
mobiliers, espèces qui ont été volés en France pendant
la guerre.

Réparations. — L'Allemagne reconnaît qu'elle et
ses alliés sont responsables de toutes les pertes et
de tous les dommages subis par les gouvernements
alliés et associés pendant la guerre. En conséquence,
elle s'engage à les réparer dans la mesure de ses moyens
et pour une somme qui sera fixée par une Commission
de réparations.

Elle s'engage, en outre, à livrer à la France pendant
dix ans une certaine quantité de charbon déterminée
par l'annexe V pour compenser la perte que la France
a subie par suite de la destruction systématique des
mines du Nord et du Pas-de-Calais.

Cependant, les dépenses de guerre ne sont pas réclamées à l'Allemagne ; ce qui aurait cependant été conforme au plus élémentaire sentiment de justice. En
outre, aucune indemnité de guerre ne lui est imposée.

Sanctions pénales. — Cette partie du traité est
remarquable à la fois par sa nouveauté et par sa haute
portée morale. Par l'article 227, les puissances alliées et
associées mettent en accusation publique Guillaume II
pour offense suprême contre la morale internationale et l'autorité sacrée des traités. Il doit être jugé par
un tribunal de cinq juges nommés par les cinq grandes
puissances : Etats-Unis, Grande-Bretagne, France,
Italie et Japon. La peine doit être fixée par le tribunal lui-même.

Doivent être également jugées, mais par des tribunaux militaires de chaque Etat intéressé, les personnes
accusées d'avoir commis des actes contraires aux lois
et coutumes de la guerre (art. 228 et 229).

Une pareille mesure, qui devait être d'un salutaire
exemple pour l'avenir, est malheureusement restée

lettre morte en pratique par suite de la résistance de l'Allemagne et de la faiblesse des alliés.

Garanties pour l'avenir. — Pour éviter autant que possible, dans l'avenir, le retour d'une agression de l'Allemagne contre la France, le traité contient les clauses principales suivantes :

1º Réduction de l'armée allemande à 100.000 hommes dont 4.000 officiers. Recrutement volontaire, suppression du service militaire obligatoire.

2º Limitation du matériel de guerre et des usines qui le fabriquent.

3º Suppression du grand état-major, des grandes manœuvres et des organes de mobilisation.

4º Suppression de toute aviation militaire.

5º Réduction de la flotte de guerre.

6º Démilitarisation de la rive gauche du Rhin et de la rive droite jusqu'à 50 kilomètres du fleuve.

7º Occupation de la rive gauche du Rhin pendant 15 ans, avec réduction de cinq ans au fur et à mesure de l'exécution du traité.

8º Suppression de la neutralité belge, le Luxembourg libéré de l'influence allemande, l'Autriche ne pouvant s'unir à l'Allemagne qu'avec l'autorisation de la Société des Nations.

Enfin, un traité fut signé le 28 juin 1919 par lequel les Etats-Unis et la Grande-Bretagne s'engageaient à prêter leur assistance à la France en cas d'attaque non provoquée de la part de l'Allemagne.

Ce traité, qui avait été offert par MM. Wilson et Lloyd Georges à la France en compensation de l'occupation définitive de la rive gauche du Rhin, que le gouvernement français avait réclamée comme mesure de sauvegarde contre une nouvelle invasion germanique, est resté à l'état de simple projet, le Sénat américain ayant refusé de le ratifier et le gouvernement britannique se considérant comme dégagé de sa promesse par l'attitude des Etats-Unis.

Appréciation critique du traité de Versailles. — Le traité de Versailles n'a satisfait personne, ni vainqueurs ni vaincus.

L'Allemagne, inconsolable de sa défaite, n'a cessé de protester contre ce qu'avec une mauvaise foi insigne elle persiste à appeler une paix de violence et de vengeance ; elle ne l'a signée que sous la menace de la dénonciation de l'armistice après démission du ministère Scheideman, le 28 juin 1919. C'est sous la même menace qu'elle a consenti à l'échange des ratifications le 10 janvier 1920. Et elle ne l'a signé qu'avec l'arrière-pensée de ne pas l'exécuter et d'obtenir sa révision prochaine. Et cependant, parmi les vaincus, c'est elle, la grande coupable, la principale instigatrice de la guerre, qui a été la plus ménagée. On lui a laissé la rive gauche du Rhin, attribuée à la Prusse en 1815 au mépris des droits historiques de la France ; on n'a pas porté atteinte à son unité nationale, qu'elle s'est appliquée à renforcer dans sa nouvelle constitution ; dans la reconstitution de la Pologne, on s'est efforcé de lui faire grief le moins possible, en faisant de Dantzig une ville libre, au lieu de l'attribuer purement et simplement aux Polonais, afin de leur assurer un libre accès à la mer, suivant la promesse formelle du Président Wilson, et en organisant le plébiscite en Prusse orientale et dans la haute Silésie. On ne lui a imposé aucune indemnité de guerre ; on l'a même dispensée de rembourser aux alliés leurs frais de guerre (1), on s'est borné à mettre à sa charge l'obligation de réparer les dévastations commises par elle en France et en Belgique.

Avec beaucoup plus de raison la France peut se plaindre d'avoir été sacrifiée. Elle a sauvé le monde en 1914 en arrêtant l'invasion germanique sur la Marne ; elle a lutté pendant 5 ans de toutes ses forces, elle a eu 1.500.000 hommes tués, un nombre infini d'infirmes et de malades ; elle reste épuisée pour longtemps avec dix de ses plus riches départements dévastés, ses

---

(1) On évalue à 800 milliards environ les dépenses de guerre des alliés, dont 169 milliards pour la France, 298 milliards 700 millions pour la Grande-Bretagne et ses dominions et 161 milliards 300 millions pour les Etats-Unis, tandis que pour l'Allemagne et ses alliés les frais de la guerre ressortiraient seulement à 380 milliards 100 millions en raison des ressources qu'ils ont tirées des territoires occupés en France, en Belgique, en Russie, en Serbie et en Roumanie (Rapport de M. Pierre Perreau-Pradier à la Commission des Comptes définitifs et des Economies. Voir Le Temps du 8 mars 1924, éditorial).

mines et ses industries les plus prospères ruinées, une dette de 300 milliards à solder. Et jusqu'ici elle n'a guère retiré de sa victoire qu'une seule satisfaction réelle, la reprise de l'Alsace et de la Lorraine. Et n'ayant pu encore obtenir le désarmement de l'Allemagne et sa mise hors d'état de nuire, elle est obligée d'entretenir une armée puissante pour assurer sa sauvegarde (1).

La seule puissance qui peut se féliciter des résultats du traité de Versailles, c'est l'Angleterre. Elle a eu l'habileté de faire écarter des discussions de la Conférence de la Paix toute question relative à la liberté des mers, faisant admettre par les alliés que la maîtrise de la flotte britannique sur mer, qui avait été un des éléments de la victoire, était indispensable à la sécurité du monde ; elle a obtenu la destruction de la flotte militaire et de la flotte de commerce de l'Allemagne; elle n'a plus à craindre sa puissance industrielle, si redoutable pour elle avant la guerre, ni sa puissance coloniale, qui a été réduite à néant. Elle n'a plus à lutter contre l'influence de la Russie en Orient. Enfin, dans le partage de la Turquie, elle vient encore de s'attribuer la part du lion, en étendant sa domination sur la Mésopotamie et sur la Palestine, après s'être assuré sur la Perse une sorte de protectorat pour garder les avenues de ses riches possessions de l'Inde. En un mot, elle sort de la guerre avec une puissance considérablement accrue. Ce qui a fait dire à quelques-uns que la paix qu'on avait signée n'était ni une paix allemande, ni une paix française, mais une paix anglaise.

Echange des ratifications, 10 janvier 1920. — L'é-

---

(1) Ce qui n'a pas empêché le Président Wilson, dans sa fameuse lettre du 8 mars 1920 au sénateur Hitchcock, de faire allusion aux « ambitions militantes et aux visées impérialistes » de la France, et un auteur anglais, M. John M. Maynard Keynes, d'accuser la France d'avoir imposé à l'Allemagne « une paix carthaginoise ». Lire à ce sujet les articles de M. Germain Martin dans l'*Europe nouvelle* des 24 avril et 1er mai 1920 et la vigoureuse réplique de M. G. de Lapradelle dans la *Revue politique et parlementaire* du 10 juin 1920, et de M. Raphaël-Georges Lévy.

change des ratifications entraînant la mise en vigueur du traité de Versailles a eu lieu le 10 janvier 1920, à Paris, au ministère des Affaires étrangères, dans le même salon de l'Horloge où s'était tenu en 1856 le Congrès de Paris qui mit fin à la guerre de Crimée, 14 mois environ après l'armistice (11 novembre 1918) et près de sept mois après la signature du traité (28 juin 1919).

Notons que le traité de Versailles n'a pas été ratifié par le gouvernement des Etats-Unis en raison de l'opposition (1) qu'il a soulevée devant le Sénat américain.

Les Etats-Unis ont fait une paix séparée avec l'Allemagne le 25 août 1921. Ce document diplomatique est très court. Il ne contient que 3 articles. L'art. 1er porte que les Etats-Unis auront la possession et la jouissance de tous les droits, privilèges, indemnités, réparations ou avantages stipulés au profit des Etats-Unis dans le traité de Versailles et dont les Etats-Unis doivent jouir pleinement nonobstant le fait ce traité n'a pas été ratifié par les Etats-Unis. Donc les Etats-Unis entendent profiter de tous les avantages du traité de Versailles, mais n'en assumer aucune charge, notamment pour tout ce qui concerne le pacte de la Société des Nations et les engagements qu'il comporte.

Conséquences pratiques de la mise en vigueur du traité de Versailles. — La mise en vigueur du traité de Versailles a entraîné entre autres conséquences :

1º La naissance de la Société des Nations, dont la première réunion a eu lieu le 16 janvier 1920 à Paris, au ministère des Affaires étrangères (salle de l'Horloge).

2º La demande d'extradition de Guillaume II remise le 16 janvier 1920 à la Hollande, qui a refusé de l'accorder (note du 23 janvier).

3º La constitution de la Commission des réparations, chargée de fixer le montant de la dette de l'Allemagne envers les alliés (24 janvier).

4º La remise au gouvernement allemand de la liste des coupables que l'Allemagne s'est engagée à livrer (art. 228 du traité), sans d'ailleurs accorder satisfaction aux alliés.

_____

(1) Lire le texte des 15 réserves élevées par le Sénat américain dans l'*Europe nouvelle* du 1er mai 1920, p. 567.

5° L'organisation administrative de la ville de Dantzig et des territoires soumis à plébiscite (Allenstein, Marienwerder, Haute Silésie, Eupen, Malmédy, Sleswig Nord, Teschen), et l'organisation de la consultation des habitants.

6° La réunion de la Conférence des ambassadeurs devant fonctionner désormais, à côté du Conseil suprême, pour le règlement•des questions de politique internationale soulevées par la mise en vigueur des traités de paix.

De la Commission des réparations. — *Définition.* — C'est un organe d'exécution du traité de Versailles créé par l'art. 233 de ce traité pour s'occuper de tout ce qui concerne la réparation des dommages causés par la guerre.

Composition. — Elle comprend des délégués nommés par les cinq grandes puissances alliées ou associées, par la Belgique et par l'Etat serbe-croate-slovène. Les délégués des Etats-Unis (1), de la Grande-Bretagne, de la France et de l'Italie ont toujours le droit de siéger d'une façon constante ; celui du Japon, seulement pour les affaires qui l'intéressent directement, ainsi que celui de l'Etat serbe-croate-slovène, tandis que le délégué de la Belgique a le droit d'intervenir dans toutes les autres questions. Enfin, les autres puissances contractantes peuvent envoyer des délégués pour les questions qui les intéressent, mais sans droit de vote (Annexe II à l'art. 244).

En aucun cas, les délégués de plus de cinq puissances n'auront le droit de prendre part aux débats de la Commission et d'émettre des votes.

En principe, les questions sont résolues par un vote à la majorité, la voix du président étant prépondérante en cas de partage. Cependant, sur six points énumérés limitativement, l'unanimité est nécessaire. Il en est ainsi notamment en ce qui concerne la remise totale ou partielle de la dette ou des obligations de l'Allemagne, et tout report total ou partiel, au delà de

_____

(1) En fait, les Etats-Unis, n'ayant pas ratifié le traité de Versailles, ne sont représentés à la Commission des réparations que par un délégué officieux, simple observateur qui ne prend pas part au vote.

l'année 1930, des paiements venant à échéance entre le
1er mai 1921 et la fin de 1926 incluse.

Le gouvernement allemand a le droit de se faire
entendre par la Commission ; mais il ne peut prendre
aucune part, quelle qu'elle soit, aux décisions de la
Commission qu'elle s'oblige à exécuter (Annexe, p. 10).

Attributions. — Elles sont considérables. Elle a
notamment pour mission :

1° De fixer le montant des dommages pour lesquels
réparation est due par l'Allemagne, qui devait être
notifié au gouvernement allemand au plus tard le 1er
mai 1921 et d'établir concurremment un état de paiements en prévoyant les époques et les modalités de
l'acquittement par l'Allemagne de l'intégralité de sa
dette dans une période de trente ans à dater du 1er
mai 1921 (art. 233).

2° De prolonger la période ci-dessus indiquée et de
modifier le taux d'intérêt en considération des ressources et des capacités de l'Allemagne (art. 234, et
Annexe II, p. 61).

3° D'interpréter et d'appliquer les dispositions en
vertu desquelles les ressources économiques de l'Allemagne sont directement affectées aux réparations
(Annexes III, IV, V et VI, art. 236).

4° D'exiger tous renseignements nécessaires sur la
situation et les opérations financières et sur les biens,
la capacité de production, les approvisionnements et
la production courante des matières premières et
objets manufacturés de l'Allemagne et de ses ressortissants (art. 240).

5° De s'assurer que tous les revenus de l'Allemagne,
y compris les revenus destinés au service ou à l'acquittement de tout emprunt extérieur, soient affectés
par privilège au paiement des sommes dues par elle
à titre de réparation et qu'en général le système fiscal
allemand est tout à fait aussi lourd proportionnellement que celui d'une quelconque des puissances représentées à la Commission (Annexe II, p. 12).

6° D'exiger du gouvernement allemand la promulgation de toute législation, tous règlements et décrets
qui pourraient être nécessaires pour assurer la complète exécution des clauses financières du traité (art.
241).

Règle à suivre. — Dans l'exercice de ses attributions,
la Commission n'est liée par aucune législation ni

par aucun Code particuliers ; elle doit être guidée par la justice, l'équité et la bonne foi (Annexe II, p. 11).

Garantie. — Un privilège de premier rang est établi sur tous les biens et ressources de l'empire et des États allemands pour le règlement des réparations et autres charges résultant du traité ou des arrangements conclus avec l'Allemagne.

Sanction. — Les mesures que les puissances alliées ou associées ont le droit de prendre en cas de manquement volontaire par l'Allemagne et que l'Allemagne s'engage à ne pas considérer comme des actes d'hostilités, peuvent comprendre des actes de prohibition et de représailles économiques et financières et en général telles autres mesures que les gouvernements respectifs pourront estimer nécessitées par les circonstances (Annexe II, p. 18).

Difficultés relatives à l'exécution par l'Allemagne du traité de Versailles. — *Conférences interalliées* (1). — L'Allemagne, qui n'avait signé le traité de Versailles que sous la menace de l'invasion de son territoire, a montré la plus grande mauvaise volonté pour en exécuter les clauses, soit quant à la destruction du matériel de guerre, soit quant à la réduction de ses effectifs, soit quant à la fourniture du charbon, soit quant à la livraison et au jugement des coupables, soit quant à la réparation des dommages causés.

Sur ce dernier point, pour éluder ses obligations, elle n'a pas hésité à adopter une politique financière ruineuse, augmentant les traitements de ses fonctionnaires, accordant des subventions énormes à son industrie et à son commerce, et en même temps ménageant ses contribuables, émettant du papier-monnaie indéfiniment au point de produire l'avilissement continu de sa monnaie, ne reculant pas devant la banqueroute, comme un commerçant malhonnête, pour se libérer envers ses créanciers en se retranchant derrière son impossibilité de payer (2). Malheureusement,

---

(1) Lire à ce sujet les discours de M. Poincaré à l'*Officiel* des 17 et 24 novembre 1923.

(2) Lire à ce sujet la note du Président Poincaré à M. Dubois, président de la Commission des réparations, le 22 juillet 1922.

dans cette résistance à la France, grâce à une habile propagande qui s'efforçait d'accréditer dans le monde la ridicule légende de l'impérialisme français, elle se sentait soutenue par l'attitude de certaines puissances, même des alliés de la France, et notamment de l'Angleterre !

L'Angleterre, depuis la fin de la guerre, et surtout depuis 1920 et 1921, souffre d'un malaise intense au point de vue commercial, industriel, financier et social. En raison de la hausse de la livre sterling, tous les débouchés se ferment à ses marchandises, que ni l'Allemagne, ni la Russie, ni l'Europe centrale ne peuvent plus acheter. D'où une crise fatale pour ses industries, condamnant au chômage des millions de travailleurs que le trésor anglais est obligé de secourir. Ce sont là, disent les Anglais, nos départements dévastés. D'où une tendance à dénoncer la France comme une puissance insupportable par ses exigences, et à s'opposer à ses réclamations même les plus fondées, dans l'espoir chimérique qu'en faisant à l'Allemagne des concessions qui ne lui coûtent rien elle ramènerait en Europe la paix, la tranquillité et la confiance qui sont les conditions indispensables à la renaissance de son commerce dans le monde.

Il ne nous est pas possible, dans cet ouvrage élémentaire, de faire l'histoire détaillée de toutes les tractations, de toutes les conférences, de toutes les résolutions qui sont intervenues pour vaincre la résistance de l'Allemagne.

Il nous suffira d'en noter les principales étapes par des dates de la façon suivante :

Conférence de Londres (avril 1920) ; Conférence de San Remo (mai 1920) ; Conférence de Hyte et de Boulogne (juin 1920) ; Conférence de Spa (juillet 1920 ; Conférence de Genève (novembre 1920) ; Conférence de Bruxelles (décembre 1920) ; Conférence de Paris (janvier et février 1921) ; Conférence de Londres (mars 1921) ; occupation par les alliés de Dusseldorf, Duisbourg, Ruhrort et prise de sanctions économiques (établissement d'un cordon de douanes sur le Rhin et prélèvement sur les prix de vente des marchandises allemandes) (mars 1921) ; fixation de la dette allemande par la Commission des réparations (27 avril 1921) ; Conférence de Paris pour trancher la question du partage de la Haute Silésie entre l'Allemagne et la Pologne (9 au 13 août 1921) ; accord Loucheur-Rathenau, de Wiesbaden, du 6 octobre 1921, pour les réparations en nature.

Notons simplement :

1° Qu'à Spa, le 16 juillet 1920, un arrangement a été conclu entre les alliés pour répartir les sommes reçues de l'Allemagne au titre des réparations suivant les proportions ci-après :

Empire britannique 22 % ; France 52 % ; Italie 10 % ; Japon 0,75 % ; Portugal 0,75 % ; les 6 ½ % restant sont réservés pour la Grèce, la Roumanie, l'Etat serbe-croate-slovène et les autres puissances non signataires de la présente convention et ayant droit aux réparations.

2° Que, le 27 avril 1921, la Commission des réparations a fixé à 132 milliards le montant de la dette allemande et dressé un état des paiements à faire en 1922.

3° Qu'en 1922, à plusieurs reprises, la Commission des réparations a accordé à l'Allemagne une réduction sur l'état des paiements et un moratorium, notamment le 12 janvier et le 21 mars 1922, en subordonnant ces concessions à certaines conditions que le gouvernement allemand devait avoir remplies avant le 31 mai suivant.

Occupation de la Ruhr (1). — Après l'échec de la conférence de Cannes (janvier 1922), de la conférence de Londres (août et décembre 1922) et de la conférence de Paris (janvier 1923), en présence de la mauvaise volonté évidente du gouvernement allemand à tenir ses engagements, malgré la nouvelle réduction qui lui avait été concédée sur l'état de paiement le 21 mars 1922, sur sa déclaration d'impuissance de continuer, non seulement les versements en espèces, mais les prestations en nature, la Commission des réparations **dut** constater officiellement le manquement volontaire de l'Allemagne à ses obligations par 3 voix sur 4, le représentant de l'Angleterre s'étant abstenu (9 janvier 1923). Alors, la France et la Belgique occupèrent le bassin de la Ruhr (11 janvier 1923), non dans une

---

(1) Lire à ce sujet le Livre jaune publié par le gouvernement français au mois d'août 1923 et le magistral discours de M. Poincaré à la Chambre des députés, le 16 novembre 1923.

pensée impérialiste d'annexion, mais à titre de gage
et de pression, pour intéresser l'Allemagne à s'acquitter
et pour créer, chez elle, la volonté de payer par une
gêne et une coercition proportionnées à sa résistance.
Mesure légitime ! justifiée par les alinéas 17 et 18 de
l'annexe II et par l'art. 248 du traité de Versailles,
ainsi que le gouvernement britannique en la personne
de M. Lloyd George l'avait maintes fois reconnu,
notamment dans le protocole de Spa, dans l'ordre du
jour du 5 mai 1921 et par des déclarations réitérées
faites en 1923. Mesure utile tant au point de vue
réparations qu'au point de vue sécurité ; car par la
Ruhr, on tient le centre de la production métallur-
giste, minière et militaire de l'Allemagne, sa veine
jugulaire, suivant l'expression de M. Bonar Law. Cette
mesure eût été décisive et aurait fait capituler l'Allemagne aussitôt, si les Alliés avaient été d'accord.
Mais l'opposition nettement hostile de l'Angleterre,
en la personne de Lord Curzon, et l'attitude indécise de
l'Italie encouragèrent la résistance de l'Allemagne (1),
qui mit tout en œuvre pour faire échec à l'entreprise
franco-belge : chômage imposé aux fonctionnaires et
aux cheminots, fermeture des établissements métall-
lurgiques et des mines, peines édictées contre les
Allemands qui nous prêtaient leur concours, sabo-
tages organisés pour détruire les chemins de fer et les
canaux, faire sauter les trains et les ouvrages d'art.

----

(1) Comme le dit très justement M. Marcel Ray, dans
l'*Europe Nouvelle* du 23 août 1924, p. 1074, « la France et
l'Allemagne sont les seules nations qui aient un intérêt
majeur, l'une à se faire payer, l'autre à ne pas payer, et
il va sans dire que les autres pays, pour qui les réparations
ne représentent qu'un intérêt mineur, un intérêt nul ou
même une menace, ont une tendance à se grouper non pas
autour de la France exigeante, mais autour de l'Allemagne
résistante ou passive ». Il écrit aussi plus haut ces lignes
très exactes : « Pour la Grande-Bretagne, le problème des
réparations est d'importance secondaire... Le problème
essentiel pour la politique anglaise est double : reconstitution du commerce britannique, et, par voie de conséquence,
guérison de la maladie du chômage, reconstitution d'un
équilibre continental limitant la puissance française et
permettant à l'Angleterre de veiller en toute sécurité à ses
intérêts d'outre-mer. »

Cette résistance, dite passive, n'a pris fin, en apparence au mois de septembre, en réalité aux mois de novembre et de décembre 1923, qu'après l'épuisement des ressources financières du Reich et devant la résolution plusieurs fois manifestée par les gouvernements belge et français qu'ils n'évacueraient la Ruhr qu'à mesure et en proportion des paiements reçus et qu'ils ne se dessaisiraient définitivement de leurs gages qu'après règlement total.

Le Comité des experts. Le plan Dawes. La Conférence de Londres. — En vue de refaire l'unité de front des Alliés, que l'occupation de la Ruhr avait compromise, la France prit, le 30 novembre 1923, l'initiative de la constitution d'un Comité d'experts financiers chargés d'évaluer la capacité de paiement de l'Allemagne et d'élaborer tout un plan pour l'amener enfin à acquitter sa dette de réparation. Ce Comité, présidé par le représentant des États-Unis, le général Dawes, se mit à l'œuvre le 13 janvier 1924 et le 9 avril suivant livra son rapport à la Commission des réparations qui l'approuva. Le plan Dawes (1) fut adopté par les Alliés et accepté par l'Allemagne, et la Conférence de Londres (2) (du 16 juillet au 16 août 1924), fut tenue dans le but d'en assurer la mise à exécution. Date mémorable dans l'histoire d'après guerre par la rentrée en scène des États-Unis qui y furent représentés officiellement.

Le plan Dawes consacré par le protocole de Londres du 30 août 1924 comporte : 1º la création en Allemagne d'une nouvelle banque d'émission contrôlée par les Alliés, en vue de stabiliser la monnaie allemande ; 2º la remise des chemins de fer à une Société anonyme fonctionnant sous la surveillance des alliés ; 3º le versement de certaines sommes en capital sous forme de titres négociables (11 milliards d'obligations hypothécaires de 1er rang des chemins de fer et 5 milliards d'obligations industrielles produisant 5 % d'intérêts plus 1 % pour l'amortissement) ; 4º l'orga-

---

(1) Consulter dans l'*Europe Nouvelle* de 1924, p. 476 et suiv., les documents officiels relatifs au plan Dawes.
(2) Lire à ce sujet l'*Europe Nouvelle* du 23 août 1924 (p. 1070 à 1096).

nisation de paiements annuels (1) garantis par trois sources de revenus (prélèvement sur le budget ordinaire (2), les chemins de fer et les obligations industrielles).

Le montant des annuités sera levé en marks-or et versé à la Banque (3).

Les créanciers de l'Allemagne utiliseront ces sommes en Allemagne pour le paiement des prestations en nature qu'elle est obligée de faire de certains produits (charbon, coke, lignite, matières colorantes) ou les convertiront en monnaie étrangère. Un Comité des transferts devra parer au danger que présenteraient, pour la stabilité, des transferts de fonds exagérés.

L'organisation particulière constituée par le plan Dawes comprend :

a) Un trustee pour les obligations de chemins de fer et les obligations industrielles ;

b) Trois commissaires : pour les chemins de fer, la Banque et les revenus ;

c) Un agent pour les paiements de réparations chargé de coordonner les travaux du trustee et des commissaires et de présider le Comité des transferts.

Comme conséquence de l'entrée en vigueur du plan Dawes, la France et la Belgique durent évacuer le territoire de la Ruhr au point de vue économique

---

(1) Lire dans l'*Europe Nouvelle* du 11 juillet 1925, p. 894, le rapport adressé par l'agent général des paiements à la Commission des réparations le 30 mai 1925 sur les résultats déjà obtenus par la mise en œuvre du plan Dawes. Or, ces résultats sont pleinement satisfaisants. « Le plan a réalisé ses deux fins préliminaires et essentielles : 1° L'équilibre budgétaire ; 2° Stabilisation de la monnaie. Ses progrès ultérieurs dépendront en grande partie du maintien de l'atmosphère de bonne foi et de confiance qui a rendu possible un début satisfaisant. »

(2) Sont affectés aux réparations les produits suivants : alcool, tabac, bière, sucre, douanes.

(3) « Avec le plan Dawes, dit M. Louis Dubois, député, ancien président de la Commission des réparations, l'Allemagne aura à payer non plus 132 milliards de marks-or, mais au maximum une valeur actuelle de 40 milliards de marks-or ; tout compte fait, il peut revenir à la France en vertu du plan Dawes, 15 milliards de marks-or en 37 années. » (Discours à la Chambre le 28 janvier 1925.)

(suppression du cordon douanier sur le Rhin, remise des chemins de fer à la nouvelle Compagnie internationale, restitution des mines, cokeries, usines et forêts exploitées par les autorités d'occupation) au plus tard le 22 octobre 1924. Elles se sont engagées à évacuer la Ruhr militairement au plus tard dans un délai d'un an à partir du 16 août 1924. Cette évacuation a été en voie d'exécution dès le mois de juillet 1925 et est achevée actuellement (septembre 1925).

Si des manquements dans l'exécution du plan Dawes viennent à se produire, qui aura qualité pour les constater ? (1). Ce pouvoir est toujours reconnu à la Commission des réparations où siégera désormais un délégué des Etats-Unis. Mais, si sa décision n'est prise qu'à la majorité, on pourra en appeler à une Commission arbitrale dont les membres doivent être nommés par la Commission des réparations à l'unanimité, sinon, par le président en exercice de la Cour permanente de justice internationale.

Une fois le manquement constaté, il appartiendra aux gouvernements signataires de se concerter en vue des sanctions à appliquer à l'Allemagne. En cas de conflit entre eux, le différend sera soumis à la Cour permanente de justice internationale.

Que penser du plan Dawes ? Si imparfait soit-il, « c'est la seule formule dans le cadre du traité de paix qui pouvait amener l'Amérique à collaborer à l'œuvre de reconstruction économique de l'Europe. A tort ou à raison cette considération a prévalu sur toutes les autres, parce qu'on est convaincu que l'œuvre de reconstruction est impossible à réaliser sans le concours américain » (*Le Temps* du 13 octobre 1924) (2).

---

(1) D'après M. Germain Martin, cette exécution dépend avant tout de la volonté de l'Allemagne de payer, volonté qui ne pourra être obtenue que par la pression que les Alliés pourront exercer à son égard. « Si par malheur cette entente cordiale ne se réalisait pas, le plan Dawes n'aura été qu'une sorte de camouflage de la suppression complète de notre créance » (*Les finances publiques de la France et la fortune privée*, p. 336).

(2) Dans le discours très documenté qu'il a fait à la Chambre dans la 1re séance du 28 janvier 1925, M. Louis Dubois, ancien député, président de la Commission des

La Conférence de Londres a été complétée par la Conférence financière interalliée de Paris, qui s'est terminée par l'accord du 15 janvier 1925 ayant pour but de déterminer les bases de la répartition des annuités du plan Dawes et du produit des opérations de la Ruhr. Là encore la France a dû consentir à des sacrifices pécuniaires. Mais on doit considérer comme un important succès moral d'avoir décidé les Etats-Unis à participer désormais au paiement des réparations et d'avoir rétabli l'entente étroite avec la Grande-Bretagne (1).

Le désarmement de l'Allemagne. — Sur cette question, qui est aussi vitale pour la France que la question des réparations, l'Allemagne s'est dérobée aux engagements pris à Versailles. L'Allemagne a tout fait pour entraver l'œuvre des Commissions de contrôle interalliées qui ont dû suspendre tout travail depuis le mois de mars 1922 pour le reprendre seulement au mois de septembre 1924. Quoi qu'il en soit, il est un fait certain, c'est que l'Allemagne n'a désarmé ni matériellement ni moralement. Matériellement : car les faits établis sont suffisamment probants : constitution à côté de l'armée de 100.000 hommes qu'elle est autorisée à posséder d'une autre armée de 150.000 hommes sous le nom de Schutzpolizei, qui est répartie sur le front occidental comme une véritable armée de couverture ; reconstitution du grand état-major sous la direction du général von Seckt et d'un ministre de la guerre, M. Gessler, à peu près inamovible, ayant survécu à huit gouvernements successifs ; organisation militaire du réseau ferré ; instruction de cadres de

---

réparations, a constaté ceci : Au 31 août 1924 nous avions reçu de l'Allemagne 1.733.857.000 marks-or. Mais de cette somme il faut défalquer : les avances en espèces que nous avons dû lui faire comme avance de Spa, 238.771.000 marks-or. Il en faut également défalquer les 300 millions qu'en vertu de l'accord financier du 11 mars 1922 nous avons consenti à considérer comme ayant été reçus par nous comme représentant la valeur des mines de la Sarre. « De sorte que, conclut-il, en réalité, nous n'avons pas reçu un sou au titre des réparations et nous sommes en déficit de 200 millions de marks-or sur nos frais d'occupation. »

(1) Consulter l'*Europe Nouvelle* du 24 janvier 1925, p. 114 à 131 et *Le Temps* des 15 et 23 janvier 1925.

réserve ; organisation d'un système d'engagements à court terme ; développement des sociétés secrètes-patriotiques, etc. Moralement : car en Allemagne, on n'entend que paroles de haine contre la France et menaces de revanche contre la défaite de 1918.

C'est pourquoi, en conformité des articles 428 et 429 du traité de Versailles, les Alliés ont signifié aux Allemands le 27 décembre 1924 et le 5 janvier 1925 qu'ils n'évacueraient pas la zone de Cologne le 10 janvier 1925, cette évacuation anticipée, au bout de cinq années, ne devant avoir lieu que « si les conditions du présent traité sont fidèlement observées par l'Allemagne », condition non remplie par l'Allemagne (1).

En outre, par une note collective remise au gouvernement allemand le 4 juin 1925, les gouvernements alliés lui ont fait connaître la liste détaillée des redressements qui devraient être opérés pour que les clauses militaires du traité de Versailles puissent être considérées comme remplies d'une manière satisfaisante et pour que la zone de Cologne puisse être évacuée. A l'heure où nous écrivons (6 septembre 1925), le gouvernement allemand n'a pas encore répondu à cette note.

Garanties de sécurité de la France. — Ayant été envahie par l'Allemagne quatre fois en 120 ans, la France veut la garantie de ses frontières dans l'avenir. Or, nous l'avons déjà dit, elle n'a pu obtenir à cet effet : ni la possession à titre définitif de la rive gauche du Rhin ; ni le pacte de garantie tripartite proposé en 1919 par MM. Lloyd George et Wilson. D'autre part, le pacte de garantie Lloyd George-Briand du 11 janvier 1922 n'a pu aboutir, pas plus que le projet de traité franco-britannique préparé par M. Poincaré le 23 janvier 1922. Enfin, le projet de traité d'assistance et de garantie mutuelles (2) soumis en 1923 par la Société des Nations à tous les gouvernements n'a été accepté ni par la Grande-Bretagne, ni par les Etats-Unis, ni par l'Allemagne.

Restait le protocole élaboré à Genève par la Société des Nations au cours de l'assemblée générale de sep-

_____

(1) Lire à ce sujet les discours de M. Jean Fabry et de M. Herriot, président du Conseil, à la Chambre des députés, les 27 et 28 janvier 1925.

(2) Lire le texte de tous ces traités de garantie dans l'*Europe Nouvelle* du 23 août 1924, p. 1103 à 1112.

tembre 1924 (1). Ce protocole, inspiré par le beau discours prononcé par M. Herriot, président du Conseil
des ministres, le 5 septembre, tendait à résoudre le
problème de la paix par la réalisation de ces trois
termes : arbitrage, sécurité, désarmement. Le protocole proclamait que la guerre d'agression constitue
une infraction à la solidarité qui unit les membres de
la Commission internationale et un crime international. Désormais tout litige international devait
nécessairement aboutir à une solution pacifique soit
par un arrêt de la Cour permanente de justice internationale, soit par une sentence d'un Comité d'arbitres, soit par une décision unanime du Conseil de la
Société des Nations. L'État qui refuserait de s'y conformer serait considéré comme agresseur. Contre lui
tous les autres États devraient se dresser pour lui
appliquer des sanctions économiques, financières et
militaires, arrêtées en commun. En raison de la garantie de sécurité que le protocole aurait donnée au
monde, on pensait pouvoir arriver à une réduction
des armements. Ce devait être l'objet d'une Conférence
spéciale devant se réunir dans le courant de l'année
1925. De toutes les grandes puissances la France fut
seule à signer le protocole sur l'heure sous réserve de
ratification ultérieure (2).

En même temps qu'elle établissait ce protocole, la
Société des Nations organisait les moyens d'investigation devant être appliqués sous son contrôle en vertu
des traités de Versailles, de Saint-Germain, de Trianon
et de Neuilly à la place des Commissions interalliées
de contrôle militaire (3). Ce contrôle « sera impartial,
puisque la composition des Commissions sera réglée

(1) *Europe Nouvelle* du 11 octobre 1924, p. 1378, ensemble le rapport de M. Politis, p. 1369 et celui de M. Bénès,
p. 1374. Le protocole de Genève par le Commandant A. L.
dans la *Revue politique et parlementaire* de 1924, p. 193.
Résumé mensuel S. D. N., mars 1925, les débats du Conseil
des 12 et 13 mars 1925 avec les discours de M. Austen
Chamberlain et de M. Briand, p. 88 et suiv.

(2) Neuf autres États l'ont également signé : l'Albanie,
la Bulgarie, l'Esthonie, la Grèce, la Lettonie, la Pologne, le
Portugal, le Royaume des Serbes, Croates et Slovènes et
la Tchécoslovaquie.

(3) *Europe Nouvelle* du 11 octobre 1924, p. 1380.

par la S. D. N. Il sera efficace, puisque les recherches pourront s'exercer d'une manière inopinée » (1).

Mais le protocole a été rejeté par l'Angleterre sous le ministère conservateur Baldwin (2), comme le pacte d'assistance et de garantie mutuelles l'avait été précédemment sous le ministère travailliste Mac Donald.

Voici maintenant à l'étude un pacte de sécurité à cinq qui serait conclu par les Alliés avec l'Allemagne. L'origine de ce pacte remonte à une proposition du gouvernement allemand du 9 février 1925 tendant à la conclusion d'un accord « qui garantirait formellement le *statu quo* territorial actuel sur le Rhin » (3). Proposition faite sans nul doute par Berlin avec le secret espoir soit d'amener un désaccord entre les Alliés, soit d'en tirer quelque profit : évacuation immédiate de la rive gauche du Rhin ou suppression du couloir polonais, ou rectification de frontière en Silésie, ou annexion de l'Autriche. Grâce à l'habileté diplomatique de M. Briand, ministre des Affaires étrangères, ces calculs ont été déjoués. L'unité de front interallié a été maintenue et même renforcée et consolidée. Par un mémorandum en date du 28 mai 1925, l'Angleterre renouvelle ses engagements quant au Covenant ; elle s'engage formellement à garantir la frontière occidentale de l'Allemagne telle qu'elle est tracée par le traité de Versailles en s'associant avec la France, la Belgique et l'Allemagne à un pacte de garantie mutuelle auquel pourrait participer l'Italie. En ce qui concerne la frontière orientale de l'Allemagne, l'Angleterre, invoquant son caractère d'Etat non continental, ne prend pas l'engagement de la faire respecter militairement, tout en affirmant qu'elle remplirait au besoin les obligations que le Covenant

---

(1) Georges Bonnet, *Europe Nouvelle*, 1924, p. 1355.

(2) Ce rejet a été consommé au cours de la session du Conseil des nations à Genève le 13 mars sous forme de renvoi de la discussion du protocole à la sixième assemblée générale du mois de septembre 1925. Lire dans l'article de M. Barthélemy l'ensemble des raisons qui ont déterminé cet échec de la part de l'Angleterre, p. 493 à 499 de la *Revue politique et parlementaire* de mars 1925.

(3) Lire dans l'*Europe Nouvelle* du 27 juin 1925 tous les documents officiels relatifs à ce pacte.

met à sa charge. Mais elle accepte que la France garde à cet égard sa liberté d'action telle que le Covenant la définit, c'est-à-dire que le gouvernement britannique lui reconnaît le droit de traverser le territoire du Reich pour courir au secours de la Pologne si elle était attaquée par l'Allemagne.

Et c'est en plein accord avec ses alliés que le gouvernement français a adressé au gouvernement allemand le 16 juin 1925 (1) sa réponse à la note du 9 février précédent pour préciser les conditions dans lesquelles il accepterait de conclure avec elle un pacte de garantie :

Entrée de l'Allemagne dans la Société des Nations dans les conditions spécifiées par la lettre du Conseil en date du 13 mars 1925 ; ni novation, ni révision, ni modification, mais bien au contraire renforcement du traité de Versailles. Conclusion éventuelle de traités d'arbitrage entre l'Allemagne et ses voisins de l'Est, dont les Alliés pourraient se constituer garants.

L'Allemagne ayant fait connaître son adhésion de principe à la note de la France, un comité de juristes s'est réuni à Londres en vue d'élaborer un texte pouvant servir de base aux négociations à intervenir ultérieurement entre les gouvernements intéressés (fin août 1925).

Relations douanières franco-allemandes. — Les clauses économiques contenues dans le traité de Versailles ont pris fin le 10 janvier 1925. La France s'est efforcée d'arriver à une entente avec l'Allemagne pour l'avenir. Mais elle s'est heurtée jusqu'ici sur ce point encore à une mauvaise volonté manifeste, en sorte qu'à l'heure actuelle encore (juillet 1925) c'est le tarif général des douanes, c'est-à-dire le tarif maximum, qui s'applique des deux côtés de la frontière, au plus grand dommage des deux pays. Cette situation est particulièrement onéreuse pour l'Alsace-Lorraine, dont la

(1) « Ce n'est plus un mystère pour personne, dit l'_Europe Nouvelle_ dans son éditorial du 4 juillet 1925, p. 879, que la réponse française du 16 juin a déçu à Berlin ; et cette déception nous inquiète. L'initiative de M. Stresemann avait-elle donc pour but d'assurer à son pays une liberté de mouvement destructive de l'ordre européen ? Beaucoup qui refusaient de le croire commencent à le penser. »

plupart des exportations se faisaient à destination de l'Allemagne (1).

La question des dettes interalliées. — La France est débitrice vis-à-vis des Etats-Unis et de l'Angleterre d'une somme évaluée à 26 milliards 872 millions de marks-or. Elle est créancière d'autre part pour des sommes diverses de l'Italie, de la Belgique, de la Roumanie, de la Yougoslavie et de la Tchécoslovaquie. Toutes ces sommes ont été empruntées au cours des hostilités, pour la conduite de la guerre.

L'équité la plus élémentaire conduirait à leur annulation :

1° Parce que ces dettes ont été contractées pour le salut commun de tous ;

2° Parce qu'on a dispensé l'Allemagne de toute contribution de guerre ;

3° Parce que, soit au moment des négociations du traité de Versailles, soit dans les multiples conférences qui ont suivi, les gouvernements américain et britannique ont travaillé de concert à réduire la créance de réparations de la France à l'égard de l'Allemagne ;

4° Enfin, parce que la France, épuisée dans sa population et dans ses départements envahis, est dans une situation financière des plus précaires (2).

C'est au moment des négociations de la paix que cette question aurait dû être réglée. Avec un peu d'habileté et de ténacité, il eût été plus facile à nos diplomates de faire entendre raison à nos alliés qu'aujourd'hui où l'égoïsme sacré (*sacra auri fames*) a repris le dessus.

_____

(1) « Ce qui domine cette négociation, dit l'*Europe Nouvelle* dans le même article cité plus haut, c'est la ferme volonté de l'Allemagne de laisser traîner les choses en longueur, l'abus de la tactique qui remet en question le lendemain l'accord intervenu la veille, les voyages à Berlin du principal délégué qui s'éclipse et qui ne reparaît que pour désavouer le travail accompli en son absence. »

(2) Lire à ce sujet l'admirable discours prononcé par M. Louis Marin à la séance de la Chambre des députés du 21 janvier 1925 ainsi que le discours très documenté de M. Louis Dubois, ancien président de la Commission des réparations, à la première séance de la Chambre du 28 janvier 1925.

Quoi qu'il en soit, à l'heure actuelle (juillet 1925), le gouvernement des Etats-Unis a adressé un rappel à ses débiteurs européens en vue d'un règlement définitif et la Trésorerie britannique a agi de même vis-à-vis des puissances débitrices de la Grande-Bretagne. La question du règlement des dettes interalliées va donc se trouver au premier plan des négociations internationales.

Traité de paix de Saint-Germain avec l'Autriche, du 10 septembre 1919. — *Texte.* — Ce traité a été rédigé en trois langues : en Français, en Anglais et en Italien. En cas de divergence, le texte français fera foi, excepté pour la partie I (Société des Nations) et pour la partie XIII (travail) communes à ce traité et au traité avec l'Allemagne, pour lesquelles les textes français et anglais auront la même valeur.

Il comporte 381 articles.

Stipulations principales du traité. — Il est impossible, dans cet ouvrage élémentaire, de donner une analyse détaillée d'un document diplomatique de cette importance. Nous nous bornerons à en marquer les traits caractéristiques et essentiels :

1º Ce traité consacre définitivement la dissolution de l'empire d'Autriche-Hongrie (1).

2º L'Autriche se trouve désormais séparée de la Hongrie.

3º Les territoires enlevés à l'Autriche ont servi à constituer l'Etat tchéco-slovaque, l'Etat serbe-croate-slovène également dénommé Yougo-Slavie, la Pologne, enfin à compléter l'unité nationale de l'Italie et de la Roumanie.

4º La dette publique de l'ancien empire austro-hongrois est répartie entre les différents Etats qui lui ont succédé.

5º Interdiction est faite au nouvel Etat d'Autriche de s'unir à l'Allemagne, à moins d'en avoir reçu l'autorisation de la Société des Nations.

Détresse de l'Autriche. — L'Autriche est dans un état de détresse extrême dû en partie aux dures, quoique

_____

(1) L'Autriche, qui comprenait auparavant 28.600.000 habitants, n'en comprend plus que 6.500.000, dont 3.500.000 dans la capitale (Rapport Margaine, *Officiel* du 27 mai 1920, p. 1628).

justes, conditions qui lui ont été imposées et à la politique imprudente de son gouvernement, gaspillant les fonds publics en dépenses somptuaires, abusant de l'inflation monétaire au point d'entraîner l'effondrement de la couronne autrichienne. Pour empêcher que dans un acte de désespoir elle ne se jette dans les bras de l'Allemagne, les Alliés ont dû, dans un but purement politique, venir à son secours, en lui accordant des crédits pour atténuer les effets de la crise. C'est ainsi que le gouvernement français a été autorisé par le Parlement à consentir à l'Autriche un prêt de cinquante millions.

Nous indiquerons plus loin comment la Société des Nations est intervenue de son côté très heureusement et a travaillé à la reconstitution économique de ce malheureux pays.

Traité de paix de Neuilly avec la Bulgarie. — *Texte et date.* — Ce traité, signé à Neuilly-sur-Seine le 27 novembre 1919, comporte 295 articles. Il a été rédigé en trois langues : en français, en anglais et en italien.

Stipulations principales. — Les clauses essentielles du traité sont :

L'abandon de la Thrace par la Bulgarie ;

La cession de la bande de la Stroumitza et d'une bande de territoire à la frontière serbe du Nord-Ouest ;

La réduction de l'armée bulgare à 20.000 hommes ;

Le paiement de 2 milliards 250 millions à titre de réparations, etc.

Protection accordée aux minorités. — Indépendamment de ce traité, les plénipotentiaires grecs et bulgares ont signé une convention relative à la liberté d'émigration de la part des populations composant la minorité sur les territoires abandonnés ou cédés.

Cette convention en 16 articles donne de part et d'autre, durant un délai de deux ans, des facilités et des garanties aux habitants qui désirent émigrer.

Traité de paix avec la Turquie. — *Historique :* de *Sèvres à Lausanne.* — Les Alliés avaient imposé à la Turquie un traité signé à Sèvres le 10 août 1920. Ce traité consacrait le partage tant de fois annoncé et retardé de l'empire ottoman. Ce qui restait à la Turquie était bien peu de chose : Constantinople et une bande de territoire à partir des lignes de Tchataldja en Europe, et une mince bande de territoire en Asie.

Ses détroits étaient internationalisés. L'effectif des forces turques était réduit à 50.000 hommes et la marine de guerre était supprimée.

On sait comment ce traité, accepté par le gouvernement nominal du sultan de Constantinople, prisonnier des Anglais, fut répudié par le gouvernement national de Moustapha Kemal pacha, siégeant à Angora. La lutte continua entre les Turcs et les Grecs, soutenus plus ou moins ouvertement par l'Angleterre. Elle aboutit à la défaite des Grecs et à la paix de Lausanne.

Traité de Lausanne. — Le traité de Lausanne (1) a été le résultat d'une longue suite de négociations. Ouverte à Lausanne, le 21 novembre 1922, puis ajournée au début de février 1923, pour être reprise le 23 avril, la conférence s'est terminée par la signature de la paix avec la Turquie, le 24 juillet suivant. A la différence de la paix de Sèvres et de la paix de Versailles qui avait été « dictée », la paix de Lausanne est une paix « négociée » sur un pied d'égalité entre les hautes puissances contractantes. On a dit aussi (2) que c'était pour les Alliés une paix de « lassitude et de résignation ». Le grand vainqueur de cette lutte diplomatique, c'est le Turc, grâce à la souplesse de ses négociateurs Ismet Pacha et Rira Nour Bey, grâce aussi à la volonté ferme et inflexible du chef du gouvernement d'Angora, Mustapha Kemal. L'Homme

---

(1) Consulter les documents publiés par l'*Europe Nouvelle* les 24 février et 10 mars 1922, 4 août 1923 et 18 janvier 1923 ; dans l'*Europe Nouvelle* du 7 juillet 1923, un article non signé « A Lausanne vers le dénouement » ; dans la même revue du 4 août 1923 « Les leçons de Lausanne » sans signature.

(2) M. Joseph Barthélemy, *Revue politique et parlementaire* du 10 août 1923, p. 304. Les difficultés auxquelles a donné lieu le traité de paix avec la Turquie se révèlent dans la forme matérielle du traité et l'accord entre les parties qui affectent cinq formes différentes : 1° le traité proprement dit en 63 articles ; 2° les conventions annexes notamment sur les détroits ; 3° les déclarations spéciales hors du traité ; 4° accords inscrits au procès-verbal ; 5° échange de lettres (A. Mestre, *Revue politique et parlementaire*, 1923, p. 191).

malade en sort plus vivant que jamais, malgré les sacrifices territoriaux qu'il a dû subir, en Syrie, en Palestine et en Mésopotamie.

Un traité en 63 articles, quatre conventions, six déclarations et six protocoles, tels sont les documents qui ont été rédigés. Il n'est possible que d'en donner un très rapide aperçu.

1° Au point de vue territorial, le traité de Lausanne rend à la Turquie Smyrne et la Thrace orientale avec Karagatch et maintient sous son autorité l'Arménie et les Arméniens.

2° Au point de vue politique, la Turquie est affranchie de la lourde tutelle que les grandes puissances exerçaient sur elle avant la guerre. Elle devient un Etat national égal en tous points aux autres Etats de l'Europe ; elle recouvre au point de vue des effectifs militaires la liberté que le traité de Sèvres avait supprimée ; c'est de plus un Etat laïque et démocratique, acceptant le principe de la souveraineté nationale, avec une assemblée représentative, ayant répudié le pouvoir absolu et religieux des anciens sultans, ayant transféré la capitale et le siège des pouvoirs publics de Constantinople à Angora.

3° Par voie de conséquence le régime des capitulations est aboli. Désormais les autorités administratives et judiciaires turques exercent un pouvoir égal tant sur l'étranger que sur le national ; le Turc est proclamé l'égal du Français, de l'Anglais ou de l'Italien. Aucune garantie n'est accordée aux écoles ou aux établissements religieux.

4° Le régime des détroits (Dardanelles, mer de Marmara et Bosphore) forme l'objet d'une convention spéciale en 20 articles.

Le principe est la liberté du passage des détroits, même pour les navires de guerre, en temps de paix comme en temps de guerre, sauf à l'égard des navires ennemis, si la Turquie est belligérante.

Pour garantir le respect de ce principe, sont démilitarisées les zones et les îles désignées à l'article 4.

Enfin, une Commission internationale des détroits, opérant sous les auspices de la Société des Nations, a pour mission de s'assurer que sont dûment observées les dispositions concernant le passage des bâtiments de guerre et des aéronefs militaires.

« La grande leçon de Lausanne, dit M. Barthélemy,

c'est toujours la nécessité de l'union des Alliés. L'Angleterre a voulu faire son jeu contre nous et elle a été vaincue avec nous. Elle a prétendu exercer sur nous une pression générale, en Orient comme sur le Rhin. Qu'elle comprenne, avant qu'il soit trop tard, le risque qu'elle court, par esprit de rivalité contre nous, de se faire battre par l'Allemagne, comme elle vient de se faire battre par la Turquie. »

La France a ratifié le traité le 30 août 1924. Le texte du traité et de ses annexes a été inséré au *Journal officiel* du 31 août 1924, p. 8034.

Traité de Trianon avec la Hongrie. — Le traité imposé par les Alliés à la Hongrie, signé au Trianon de Versailles, consacre d'abord la reconnaissance par la Hongrie des concessions territoriales faites à son détriment à l'Italie, à l'Etat serbe-croate-slovène, à la Roumanie et à l'Etat tchéco-slovaque. Il assure la protection des minorités. Il supprime le service militaire obligatoire et réduit l'armée hongroise à 35.000 hommes.

La superficie de l'ancienne Hongrie comprenait 325.000 kilomètres carrés ; elle comprenait plus de 20 millions d'habitants. Désormais, la Hongrie est réduite à 85.000 kilomètres carrés et à un peu plus de 7 millions d'habitants.

Enfin il déclare le Danube international depuis Ulm.

Telles sont succinctement résumées les clauses de ce traité.

Ce traité a été complété par la Convention franco-hongroise du 7 avril 1921.

Situation du Monténégro. — *Historique.* — Le Monténégro (ainsi désigné d'un mot italien qui veut dire montagne noire, appelée en langue serbe Zéta ou Tzrna Gora, du nom d'un ancien gospodar Tzrno iavitch) est la province slave la plus méridionale, dont la population est de nationalité serbe. On le cite communément comme ayant été un Etat vassal de la Turquie, à côté de la Serbie, de la Bulgarie et de la Roumanie, jusqu'au traité de Berlin 1878. Nous-même avions adopté cette manière de voir dans notre précédente édition. Mais nous sommes obligé d'abandonner ce point de vue, après avoir lu les développements que M. Pierre Chotch a consacrés à cette question dans sa belle étude sur le nationalisme serbe (notamment

p. 89 à 98). Le Monténégro n'a jamais été vassal de la Turquie. Il est toujours resté un Etat indépendant et souverain, même au temps où son territoire se resserrait étroitement aux pieds du mont Lovtchen. C'est là que la liberté serbe a conservé son dernier refuge, après le désastre de Kossovo (1389), qui asservit les autres Serbes à la Turquie. En sorte que l'art. 26 du traité de Berlin, en proclamant l'indépendance du Monténégro, a eu pour effet de reconnaître et de consolider un état de choses préexistant et non de créer une situation nouvelle.

Le Monténégro avait été érigé en royaume le 29 août 1910.

Son attitude dans la grande guerre. — Dès le début, le Monténégro s'est rangé au côté des Alliés, en déclarant la guerre à l'Autriche-Hongrie et à l'Allemagne dès le mois d'août 1914 ; son armée s'est soudée à l'armée serbe, dont elle formait en quelque sorte l'aile gauche, et qu'elle a réussi à sauver en partie lors de la catastrophe de novembre 1915. Envahi à son tour au début de 1916, le Monténégro dut capituler et son gouvernement émigrer en France, à Neuilly-sur-Seine, où il résida jusqu'à sa disparition.

Situation actuelle. — Depuis l'armistice, le Monténégro a été occupé militairement par les troupes serbes et annexé par un coup de force par l'Etat des Serbes, Croates et Slovènes. Le gouvernement monténégrin n'a cessé de protester auprès des Alliés contre cet acte de violence en invoquant les promesses solennelles qui lui ont été faites à maintes reprises pour la restauration de l'indépendance du Monténégro, notamment par M. Briand, président du conseil des ministres de France, le 16 janvier 1917, et par le président Wilson dans son discours au Congrès américain, le 8 janvier 1918.

Notons que, le 1er mars 1922, le roi Nicolas de Monténégro est décédé à Antibes.

Quoi qu'il en soit, au mois de décembre 1920, la France a consacré la fin du royaume de Monténégro en notifiant au gouvernement yougo-slave qu'il avait supprimé le poste de représentant diplomatique auprès du gouvernement de l'ex-roi Nicolas de Monténégro.

Situation de la Russie. — *Au point de vue intérieur.* — La Russie est toujours au pouvoir des Bolchevistes. La persistance du régime communiste a eu pour conséquence, avec la suppression de la propriété privée et des institutions de crédit, la désorganisation des transports, la misère, la famine et les épidémies de toutes sortes. La seule institution qui survive est l'armée, la fameuse armée rouge, sans laquelle depuis longtemps le régime se serait effondré. (Lire dans l'*Europe Nouvelle* du 17 décembre 1921: *Cinq semaines à Moscou* et le courageux discours de M. Charles Spinasse du 26 janvier 1925 à la Chambre des députés, et dans l'*Europe Nouvelle* du 1er novembre 1924, p. 1474: *Une description politique de la S. S. S. R.*).

Au point de vue extérieur. — La Russie a conclu un certain nombre de traités avec ses voisins :

Traité de Riga du 18 mars avec la Pologne mettant fin à l'état de guerre ;

Traité de paix avec l'Allemagne du 6 mai 1921 ;

Traité avec la Perse du 26 février 1921 ;

Traité avec l'Afghanistan du 28 février 1921.

Accord germano-russe de Rapallo du 17 avril 1921, posant les bases d'une entente économique et politique entre les deux pays.

D'autre part, le gouvernement soviétique a réussi à obtenir sa reconnaissance *de jure* par le gouvernement britannique le 1er février 1924, par le gouvernement italien le 7 février suivant, et enfin par le gouvernement français le 29 octobre de la même année. Mais jusqu'ici les relations diplomatiques ont été des plus difficiles avec un gouvernement qui est en réalité la doublure de l'Internationale communiste de Moscou, qui s'intitule officiellement « Comité central exécutif de l'union des Républiques socialistes soviétiques », sans aucune allusion à la nation russe dont elle est censée être le représentant officiel, n'ayant d'autre drapeau que le drapeau révolutionnaire rouge, d'autre hymne national que l'hymne révolutionnaire de l'Internationale, d'autre programme politique que de répandre ses principes dissolvants chez les autres nations et d'y préparer la révolution par une propagande effrénée et à l'aide de nombreux agents à sa solde. « Son but avoué reste l'organisation de la révolution universelle, la domination du monde entier par le pouvoir soviétique dont Moscou serait le centre tout-puissant. Pour atteindre ce but, la IIIe Internationale sous le couvert du gouvernement des Soviets est résolue à exploiter toutes les crises nationales et internationales, à dresser systématiquement les peuples les uns contre les autres. » (*Le Temps* du 1er février 1925).

La Petite Entente. — Par opposition à l'entente des grandes puissances, on désigne sous le nom de Petite Entente une alliance défensive conclue entre les petites puissances de l'Europe danubienne, Tchéco-Slovaquie, Yougoslavie et Roumanie. Le but de cette alliance est d'assurer la paix et la prospérité de l'Europe danubienne sur la base des traités de Versailles, de Trianon et de Saint-Germain (1). C'est une sorte de contrat d'assurance mutuelle pour se garantir réciproquement contre le retour offensif des anciens empires centraux et contre toute tentative de reprise des territoires dont ils ont été dépossédés à Versailles. L'agent le plus actif de cette association est M. Bénès, celui que très justement on appelle le « Cavour Tchéco-Slovaque ».

Cette Petite Entente a fait sentir son influence une première fois lors de la dernière équipée de Charles IV (29 mars 1922) pour essayer de reconquérir sa couronne, et en second lieu au cours de la Conférence de Gênes, où elle agit de concert avec la Pologne (2) et où, sans le demander, elle a été admise à délibérer sur un pied d'égalité avec les grandes puissances européennes.

Cette Petite Entente, qui représente une population d'au moins cinquante millions d'âmes, est un groupement politique dont l'avenir est considérable et dont l'influence sera capitale tant pour le maintien de la paix que pour la reconstitution de l'Europe (3).

A ce système d'alliances destinées à assurer le *statu quo* en Europe en général et tout particulièrement dans l'Europe centrale on peut rattacher :

_____

(1) *Europe Nouvelle* du 28 novembre 1920 ; Convention du 14 août 1920 entre la Tchéco-Slovaquie et la Yougoslavie. *Europe Nouvelle* du 2 septembre 1922.

(2) Notons l'accord entre la Pologne et la Roumanie du 10 juillet 1921 et entre la Pologne et la Tchéco-Slovaquie du 6 novembre 1921. Lire dans l'*Europe Nouvelle* du 30 juillet 1921 « La Roumanie et la Petite Entente ».

(3) Lire dans l'*Europe Nouvelle* du 29 avril 1922 « La Petite Entente et la Conférence ». Lire dans *Le Temps* du 11 mai 1925 un article relatif à la Conférence de la Petite Entente tenue au mois de mai 1925 à Bucarest.

L'accord militaire conclu entre la France et la Belgique le 7 septembre 1920 pour assurer la défense des deux pays contre une nouvelle agression allemande;

Le traité d'alliance signé le 2 février 1924 par la France et la Tchéco-Slovaquie (1) ;

Le traité d'alliance signé par la France avec la Pologne ;

Enfin les trois traités signés au printemps 1925 entre la Pologne et la Tchéco-Slovaquie ; de ces trois traités l'un assure la protection des minorités ; l'autre est un traité de commerce basé sur la clause de la nation la plus favorisée ; le troisième est un traité d'arbitrage conçu dans l'esprit du protocole de Genève (2).

Indication sommaire d'autres événements. — *Traité de Rapallo.* — Il a été signé le 12 novembre 1920 entre l'Italie et l'Etat serbe-croate-slovène. Ce traité règle : 1° le tracé de la frontière entre les deux Etats ; 2° le statut territorial de l'Etat de Fiume, *corpus separatum*, constitué en Etat libre ; 3° l'attribution de la Dalmatie et des îles. La Dalmatie, sauf Zara, et les îles, sauf Cherso, Lubin, Lagosta et Pilagosta, sont attribuées à la Yougoslavie. L'Italie renonce ainsi aux avantages considérables du traité de Londres du 26 avril 1915. Ce traité de Rapallo a été remanié par les accords du 27 janvier 1924.

Accords italo-yougoslaves. — Ces accords du 27 janvier 1924 ont un double objet (3) :

1° Régler la question de Fiume ;

2° Etablir un pacte d'amitié.

Le port et le territoire de Fiume sont reconnus appartenir en pleine souveraineté à l'Italie. Ainsi se trouve récompensé le geste héroïque de d'Annunzio et de ses arditi. De son côté la Yougoslavie obtient la souveraineté pleine et entière sur Port Barros et le delta, et le bail pour 50 ans, au loyer de une lire or par an, dans le port de Fiume d'un bassin avec magasin. Enfin la gare de Fiume sera soumise au régime international de frontière.

Par l'art. 1er du pacte d'amitié, les parties contractantes s'engagent réciproquement à se prêter un mu-

(1) *Europe Nouvelle*, 1924, p. 154.
(2) *Europe Nouvelle*, 1925, p. 577.
(3) *Europe Nouvelle* du 2 février 1924.

tuel appui pour le maintien de l'ordre établi par les traités de paix de Trianon, de Saint-Germain et de Neuilly. Il est à remarquer que le traité de Versailles n'est pas mentionné.

Le partage de la Haute Silésie (1). — Le 20 mars 1921, il a été procédé au plébiscite en Haute Silésie, conformément à l'art. 88 du traité de Versailles. Le résultat a été le suivant : 736.300 suffrages pour l'Allemagne, dont 188.000 émigrés non domiciliés sur les territoires plébiscités, et 475.000 pour la Pologne. Réunie du 9 au 13 août 1921 pour déterminer les conséquences pratiques de ce vote, la Conférence de Paris ne put arriver à prendre une décision, aucune conciliation n'ayant pu se faire entre la thèse française et la thèse britannique. Dès lors le Conseil suprême décida de s'en remettre au Conseil de la Société des Nations. La difficulté venait de ce qu'aux termes du traité la frontière de l'Allemagne en Haute Silésie devait être tracée « en tenant compte du vœu exprimé par les habitants ainsi que de la situation géographique et économique des localités ».

Le 11 octobre 1921, le Conseil de la Société des Nations donna son avis sur le conflit silésien. Elle proposa une solution transactionnelle : Benther, Gleiwitz et Zabrze étaient attribués à l'Allemagne, Konigshutte et Kattowitz à la Pologne. Cette solution, acceptée par les Alliés, fut notifiée aux intéressés le 20 octobre. La Pologne y adhéra immédiatement, tandis que le gouvernement allemand, après avoir démissionné, en signe de protestation, finit par se soumettre à la décision des Alliés (26 octobre 1921).

Conférence de Washington. — Du 12 novembre 1921 au 6 février 1922 s'est tenue à Washington une Conférence sur la paix dans le Pacifique et sur la limitation des armements navals. M. Briand y représenta personnellement la France en qualité de président du Conseil, ministre des affaires étrangères, dans ses premières réunions et fut assez éloquent pour faire écarter toute question sur le désarmement terrestre en démontrant la nécessité qui existe pour la garantie de la paix en Europe à ce que la France disposât d'une armée puissante.

_____

(1) *Europe Nouvelle* des 2 avril, 21 et 28 mai, 2 et 16 juillet, 20 août, 3 et 17 septembre et 1er octobre 1921.

La Conférence a abouti à huit traités, à neuf résolutions et à six déclarations (1).

La France a ratifié le traité de Washington le 6 octobre 1923 (2).

Autre énumération succincte. — Nous citerons encore les événements suivants :

1° La Conférence financière de Bruxelles provoquée par le Conseil de la Société des Nations qui s'est tenue du mois de septembre au mois d'octobre 1920. Nous renvoyons aux détails que nous avons donnés à ce sujet dans notre manuel d'Economie politique, t. I et II.

2° L'Irlande est reconnue comme Etat libre par la Grande-Bretagne (16 décembre 1921). Nous insisterons sur ce point plus loin.

3° La Cour permanente de justice internationale est inaugurée à La Haye le 15 février 1922.

4° L'Egypte est proclamée indépendante et le régime du protectorat britannique est aboli (28 février 1922) ; en conséquence, le Sultan Fuad est proclamé roi de l'Egypte le 16 mars suivant.

5° La Conférence des ambassadeurs décide de rétrocéder Memel à la Lithuanie (16 février 1923), solution acceptée par le gouvernement lithuanien le 13 mars suivant.

---

(1) Voici l'énumération de ces huit traités :

1° Traité à quatre relatif au maintien du *statu quo* dans le Pacifique (13 décembre 1921) ;

2° Traité relatif à la limitation des armements navals (6 février 1922) ;

3° Traité relatif à la limitation de l'emploi des submersibles et des gaz asphyxiants (6 février) ;

4° Accord relatif à l'exclusion du Japon proprement dit de l'application du traité à quatre du 13 décembre (6 février) ;

5° Traité relatif aux principes à appliquer en Chine (6 février).

6° Traité relatif aux droits de douanes en Chine (6 février) ;

7° Traité relatif au Chantoung (4 février) ;

8° Traité relatif aux îles du Pacifique (11 février).

On trouvera le texte de ces traités dans l'*Europe Nouvelle* du 24 décembre 1921 et du 11 mars 1922.

(2) *Journal officiel* du 21 octobre 1923

6° Vilna est attribuée à la Pologne par la Conférence des ambassadeurs, qui consacre ainsi officiellement le coup de force du général Zaligowski, le 13 octobre 1920. La nouvelle frontière orientale de Pologne est arrêtée par un protocole signé au Quai d'Orsay à Paris.

7° Du 25 mars au 3 mai 1923 s'est tenue à Santiago du Chili la Conférence panaméricaine pour résoudre les grandes questions politiques et juridiques du Continent américain. Ce fut un échec complet causé par l'absence d'harmonie de vues, aggravée par la carence de trois des plus importantes républiques américaines : Mexique, Bolivie et Pérou.

8° Le 24 juillet 1923 est signé à Lausanne le traité de paix des Alliés avec la Turquie.

9° Le 7 août 1923, l'Egypte crée une légation à Paris.

10° Du 29 août au 9 septembre 1923, conflit italo-grec suivi de l'occupation de Corfou par la flotte italienne, réglé pacifiquement par la Conférence des ambassadeurs, en dehors de la Société des nations à laquelle la Grèce avait fait appel, mais que l'Italie avait récusée.

11° Le 13 septembre 1923, le général Primo di Rivera s'empare du pouvoir, institue la dictature d'un directoire militaire et dissout les Cortès le 17 septembre suivant.

12° Le 25 septembre 1923 a lieu la cessation de la résistance passive dans la Ruhr.

13° Le 18 décembre 1923 est signé au Quai d'Orsay à Paris l'accord relatif au statut de Tanger.

14° 14 janvier 1925, avènement en Angleterre du premier ministère travailliste présidé par M. Ramsay Mac Donald.

15° Du 13 janvier au 9 avril 1924, réunion du Comité d'experts pour régler la question des réparations et aboutissant à l'adoption du plan Dawes.

16° Conférence de Londres du 16 juillet au 16 août 1924 en vue de l'acceptation du plan Dawes, qui est signé à Londres le 30 août suivant par les représentants des puissances contractantes.

17° A la cinquième assemblée générale de la Société des nations, un projet de protocole est établi pour régler l'arbitrage, la sécurité et le désarmement. Ce protocole est voté le 1er octobre par l'unanimité des 47 Etats représentés à la Conférence.

18º Reconnaissance officielle *de jure* du gouvernement des Soviets par la France, le 29 octobre 1924.

19º L'Allemagne signifie à la Société des nations les conditions qu'elle met à son entrée dans le Conseil de la S. D. N.

20º Conférence interalliée de Paris du 7 au 14 janvier 1925 pour l'étude des questions financières posées par le problème des réparations.

21º Complot communiste en Bulgarie contre le roi Boris, entraînant l'assassinat du général Georgief et l'explosion d'une bombe dans la cathédrale de Sofia.

22º Élection du maréchal Hindenburg à la présidence du Reich le 26 avril 1925.

23º Réunion à Bucarest en mai 1925 de la sixième Conférence de la Petite Entente où on s'est occupé principalement de la menace de l' « anchluss », c'est-à-dire du rattachement de l'Autriche à l'Allemagne.

Plan général de l'ouvrage. — Nous diviserons l'étude du droit international en cinq parties, de la façon suivante :

Première partie : De l'État comme sujet du droit international ;

Deuxième partie : Des droits et des devoirs des États ;

Troisième partie : De l'étendue de la souveraineté des États ;

Cinquième partie : Des litiges internationaux.

PREMIÈRE PARTIE

DE L'ÉTAT COMME SUJET DU DROIT INTERNATIONAL

———

Division. — Nous diviserons la première partie en cinq chapitres de la façon suivante :

CHAPITRE PREMIER. — DES ÉLÉMENTS CONSTITUTIFS DE L'ÉTAT.

Définition de l'Etat. — Au point de vue du droit international, on peut dire que l'Etat est une communauté d'hommes, établie d'une façon permanente sur un territoire déterminé, soumise à un gouvernement, indépendante et souveraine.

* Eléments constitutifs de l'Etat. — *Enumération.* — D'après la définition que nous avons donnée de l'Etat, on voit que ses éléments constitutifs sont au nombre de quatre : 1° Il faut une communauté d'hommes ; 2° Qu'elle habite un territoire ; 3° Qu'elle soit soumise à un gouvernement ; 4° Qu'elle soit indépendante et souveraine.

1° *Communauté d'hommes.* — Le nombre peut varier et on ne peut guère indiquer de minimum. Ce qu'on peut dire, c'est qu'il faut que le cadre de la famille soit dépassé. Dans les civilisations primitives, l'Etat se compose d'un nombre d'hommes limité ; ce nombre augmente, au contraire, avec les progrès de la civilisation.

2° *Habitant un territoire déterminé.* — Une réunion d'hommes a beau être soumise au gouvernement d'un même chef, et même être gouvernée d'après les principes du droit, tant qu'elle n'aura pas choisi une demeure fixe, sur un territoire déterminé, elle ne constituera qu'une peuplade ou une horde plus ou moins organisée, plus ou moins civilisée, non un État.

Mais il n'est pas nécessaire, pour qu'un État existe, qu'il ait un territoire continu. Ainsi, personne n'a songé à contester la qualité d'État à la Grande-Bretagne ou au Japon, bien que leur territoire soit composé de plusieurs îles. Il faut noter, d'autre part, que les possessions ou colonies qui appartiennent à un État, sur le même continent ou sur un continent différent, sont considérées comme le prolongement du territoire de la métropole.

3° *Soumise à un gouvernement.* — Tant qu'un gouvernement régulier et obéi n'est pas organisé, il n'y a pas encore d'État ; dès que le gouvernement est renversé, et tant qu'il n'est pas remplacé par un gouvernement nouveau, qui maintienne l'ordre à l'intérieur et assure le respect des frontières, l'État cesse d'exister ; l'anarchie est la négation de l'État.

Il faut d'ailleurs faire remarquer immédiatement que cette dernière situation est de courte durée. Un nouveau gouvernement ne tarde pas à s'imposer, grossier ou despotique, et à forcer l'obéissance du peuple.

4° *Indépendante et souveraine.* — Indépendante, c'est-à-dire n'ayant au-dessus d'elle aucune autorité supérieure de qui elle dépende ; souveraine, c'est-à-dire douée du pouvoir de décider librement en vertu d'une autorité propre (1), sur tout ce qu'elle juge être ses intérêts.

Seulement, nous le verrons plus loin, il existe deux

---

(1) Les colonies, même autonomes, comme les dominions anglais, ne sont pas des États, mais des fractions d'État ; elles n'ont le droit de s'administrer qu'en vertu d'une concession de la métropole et non en vertu d'un droit propre. D'autre part, elles ne sont pas en possession des attributs de la souveraineté extérieure. Malgré cela, ils ont été représentés à la Conférence de la Paix et ils sont membres originaires de la Société des nations ainsi que l'Inde anglaise.

sortes de souveraineté : la souveraineté intérieure et la souveraineté extérieure.

La souveraineté extérieure est, d'une façon générale, le droit d'entrer en relations avec les autres États, notamment en vue d'exercer une protection efficace sur ses ressortissants établis à l'étranger ; elle se traduit par le droit de légation, le droit de négociation et le droit de guerre.

La souveraineté intérieure est le droit de s'organiser et de s'administrer librement dans l'intérieur de ses frontières (1).

Pour qu'une communauté d'hommes soit considérée comme personne du droit des gens, il faut qu'elle soit dotée de la souveraineté extérieure.

Ainsi, les États qui entrent dans la formation d'un État fédéral, tels que les cantons suisses, ou ceux qui concourent à former une union réelle d'États, tels que l'Autriche, la Hongrie autrefois, etc., ne sont pas des personnes du droit des gens.

Quant aux États mi-souverains, nous le verrons, ils n'ont pas l'exercice, mais ils ont la jouissance de la souveraineté extérieure. Cela suffit pour les faire considérer comme des personnes du droit des gens ; mais ce sont des personnes incapables, au même titre que les mineurs en droit civil.

Définition de la nation. — Une nation est une réu-

---

(1) Chez les auteurs allemands suivis par quelques auteurs français, ce n'est pas la souveraineté, mais l'autonomie qui est le signe caractéristique de l'État. « Souveraineté et autonomie, ce sont là deux degrés inégaux de puissance. La première implique une *potestas summa*, un comble de puissance », en ce qu'elle suppose l'absence de tout lien de dépendance et de toute limitation envers qui que ce soit ; la seconde ne va pas jusqu'à l'indépendance absolue. Mais toutes deux sont, du moins, des qualités et des indices d'une puissance de même nature en ce que l'une et l'autre supposent une puissance fondée sur la propre force de volonté et d'action de la collectivité à qui elles appartiennent, puissance qui n'est, par conséquent, ni dérivée, ni concédée par la loi d'un État supérieur, mais puissance initiale spontanée, innée chez la collectivité qui en est douée » (Carré de Malberg, article cité, **p.** 289 ; Michoud, *Théorie de la personnalité morale,* I, p. 239 et suiv., II, p. 60-61).

nion d'hommes ayant la même origine, les mêmes traditions, les mêmes mœurs, les mêmes aspirations.

D'ordinaire, les membres d'une nation parlent tous la même langue et habitent le même territoire. Il peut cependant en être différemment : ainsi, en Suisse, la même langue n'est pas en usage dans tous les cantons dont elle est formée ; on parle français à Genève, allemand à Zurich, italien dans les Grisons.

Il peut arriver aussi que les membres d'une même nation soient dispersés sur des territoires différents. On fait remarquer avec raison que dans ce cas, s'ils ne sont pas soumis au même gouvernement, ils ne tardent pas à contracter des habitudes nouvelles et à perdre leur ancienne nationalité (1).

Différence entre la nation et l'État. — De tout ce qui précède il résulte que l'État et la nation sont deux choses absolument différentes. L'État éveille l'idée d'un *lien politique*, la nation l'idée d'un *lien purement moral*. Il peut y avoir un État sans nation correspondante ; c'est ce qui existait pour l'empire d'Autriche-Hongrie, qui était un État, mais qui n'était pas une nation ; il était composé de plusieurs nations. A l'inverse, il peut y avoir une nation sans qu'il y ait un État correspondant ; par exemple, avant la guerre, la Pologne n'était plus un État, mais encore une nation ; avant 1860, l'Italie était une nation, mais n'était pas encore un État.

Des personnes du droit des gens de création artificielle. — *Définition.* — A côté des États qui forment les personnes normales du droit international, possédant cette qualité en raison de leur caractère propre, certaines institutions ont été investies de la personnalité juridique pour des raisons politiques ; elles forment ce qu'on appelle des *personnes artificielles* du droit des gens (2).

Énumération. — On peut citer comme personnes juridiques internationales de création artificielle :

_____

(1) Funck-Brentano et Sorel, p. 22.
(2) La reconnaissance de ces personnes est dite *attributive* de la personnalité internationale, parce qu'elle ne fait pas que constater l'existence d'une personnalité antérieure, mais elle la crée de toutes pièces.

1º La papauté à laquelle nous consacrerons un chapitre spécial.

2º La Société des nations que nous étudions plus loin en détail.

3º Le Bureau international du travail auquel nous réserverons un chapitre spécial.

4º La Commission européenne du Danube, dont nous parlerons en étudiant le régime des fleuves internationaux.

CHAPITRE II. — CLASSIFICATION DES ÉTATS.

Différents points de vue. — On peut classer les Etats en se plaçant au point de vue :

1º De leur composition ;
2º De leur souveraineté ;
3º De la forme du gouvernement ;
4º De leur puissance.

Chacun de ces points de vue formera l'objet d'un paragraphe spécial de notre chapitre.

*** § 1. — Des Etats d'après leur composition.

Etats simples et Etats composés. — Les Etats sont simples ou composés.

Un Etat simple est celui qui est en possession d'une unité complète, et forme un tout homogène et indivisible. Comme exemples, on peut citer la France, l'Italie, l'Espagne.

Un Etat composé est celui qui est formé par l'union, plus ou moins étroite, de deux ou plusieurs Etats.

Diverses espèces d'Etats composés. — Les Etats composés affectent diverses formes : union personnelle, union réelle, union incorporée, confédération d'Etats ou Etats confédérés, fédération d'Etats ou Etat fédéral.

*** a) Union personnelle.

Définition. — Il y a une union personnelle lorsque deux Etats se trouvent placés sous l'autorité suprême d'un même souverain, pour un temps déterminé, pour la durée de son règne ou de sa dynastie, tout en conservant une personnalité distincte, tant à l'intérieur qu'à l'extérieur.

Caractères de l'union personnelle. — L'union personnelle est caractérisée, d'après la définition que nous venons d'en donner, par deux traits principaux :

1° Elle constitue une *situation temporaire*. A la fin du règne, ou à la fin de la dynastie pour laquelle elle a été établie, elle cesse d'exister.

2° Elle laisse subsister la *personnalité distincte* de chacun des Etats, tant au point de vue de sa *constitution interne* qu'au point de vue des *relations extérieures*. Chaque Etat a son gouvernement propre et ses représentants diplomatiques à l'étranger. Il n'y a qu'un point commun, le souverain. Et le souverain peut être un monarque constitutionnel pour l'un des Etats, la Belgique, par exemple, et souverain absolu pour l'autre, comme le Congo, avant sa transformation en colonie belge.

Exemples d'union personnelle. — L'Angleterre et le Hanovre (de 1714 à 1837), la Hollande et le Grand-Duché de Luxembourg (de 1815 à 1890) ont fourni deux exemples d'union personnelle. En 1837 et en 1890, cette situation prit fin, parce qu'à ce moment une femme monta sur le trône en Angleterre et en Hollande, ce qui était contraire à la loi salique, en vigueur au Hanovre et dans le Luxembourg (1). Il n'existait plus qu'un seul exemple d'union personnelle, celui de la Belgique et de l'Etat libre du Congo. En 1885 (30 avril), le roi des Belges Léopold II avait été autorisé à devenir le souverain du Congo (2). Cette union ne devait durer que jusqu'à sa mort. Par une loi du 20 octobre 1908, l'annexion du Congo à la Belgique a été décidée. Le Congo n'est plus un Etat,

---

(1) En 1907 un nouveau statut successoral a attribué e trône à la fille aînée du grand-duc Guillaume, la princesse Marie-Adélaïde, à laquelle a succédé en 1918 la princesse Charlotte, par suite de l'abdication de sa sœur.

(2) D'après certains auteurs, le Congo belge ne s'est vu reconnaître le caractère d'Etat véritable que par une pure fiction. En réalité, c'était une simple colonie belge ; on eut recours à cette fiction d'un Etat réuni à la Belgique par

mais une colonie belge. Ce dernier échantillon d'union personnelle a disparu à son tour.

Valeur de cette forme d'Etat. — Cette forme d'Etat appartient au passé. Elle est un anachronisme dans le droit moderne, en ce qu'elle confond la souveraineté avec la patrimonialité, au lieu de le faire reposer sur la conscience et sur la volonté du peuple.

*** b) *Union réelle.*

Définition. — Deux Etats forment une union réelle lorsque, d'une façon définitive, ils sont placés sous l'autorité suprême d'un même souverain et que, tout en conservant au point de vue intérieur une personnalité distincte, avec une constitution et un gouvernement propres, ils ne forment plus qu'un seul Etat au point de vue des relations extérieures.

Caractères de l'union réelle. — **Différences avec l'union personnelle.** — 1° L'union réelle est *perpétuelle*, à la différence de l'union personnelle, qui est *temporaire* ;
2° L'union réelle laisse bien subsister la personnalité propre de chacun des Etats de l'union, au *point de vue interne*, comme l'union personnelle ; mais elle ne laisse subsister qu'une seule personnalité, celle de l'union, au *point de vue extérieur*, à la différence de l'union personnelle.
En d'autres termes, au cas d'union personnelle, il y a réellement deux Etats distincts, à l'intérieur et à l'extérieur ; tandis qu'au cas d'union réelle, à l'intérieur il y a bien deux Etats, mais il n'y en a qu'un seul au point de vue des relations extérieures.

Exemple d'union réelle. — *Autriche-Hongrie.* — Le seul exemple d'union réelle qui existait encore était celui de l'Autriche-Hongrie. Il a disparu en 1918. L'empire d'Autriche-Hongrie s'est effondré dans la défaite et ses débris ont servi à constituer différents Etats : l'Autriche allemande, la Hongrie, l'Etat tchéco-

---

un lien personnel, parce qu'on aurait pu contester à la Belgique le droit de posséder une colonie en raison de sa neutralité perpétuelle.

slovaque, l'Etat serbe-croate-slovène, la Pologne, et à agrandir l'Italie et la Roumanie.

Suède et Norvège. — Il en a été de même pour la Suède et la Norvège jusqu'en 1905. A cette dernière époque, l'union des deux Etats a pris fin ; la Suède et la Norvège forment désormais deux Etats distincts. La séparation des deux Etats a été consacrée par le traité de Stockholm du 26 octobre 1905 (1).

Valeur de l'union réelle. — L'union réelle convient aux Etats d'égale puissance ; ils y trouvent un moyen de protection mutuelle. Mais précisément parce qu'ils sont de puissance égale, ils ont une tendance à se séparer.

c) *Union incorporée.*

Définition. — Deux ou plusieurs Etats forment une union incorporée lorsque la personnalité de chacun d'eux, interne et externe, est absorbée par une personnalité qui appartient à l'union elle-même.

Caractères de l'union incorporée. — Elle constitue entre les Etats un lien plus intime encore que l'union réelle. Il y a absorption des Etats au profit de l'union, au point de vue interne et au point de vue externe. Chaque Etat ne conserve une certaine individualité que quant à son administration et à sa législation civile.

Aussi certains auteurs rejettent cette distinction et assimilent l'union incorporée à l'Etat unitaire.

Exemple d'union incorporée. — La Grande-Bretagne offre un exemple d'union incorporée des trois royaumes d'Angleterre, d'Ecosse et d'Irlande.

Tendance de la Commonwealth britannique vers le fédéralisme. — *Deux causes.* — L'unité de l'empire

---

(1) La séparation a été provoquée par la question des consulats. La représentation extérieure étant exercée par la Suède, seule elle avait des consuls à l'étranger. La Norvège voulut avoir des consuls norvégiens pour défendre les intérêts de sa marine marchande. Ce fut la cause de la rupture.

britannique est sur le point de disparaître et de se muer en une sorte de fédéralisme par suite de l'entrée des dominions dans le Conseil de l'empire et de la reconnaissance de l'Irlande comme Etat libre et indépendant (1).

La question des dominions. — Pendant la guerre et après la guerre, pour la négociation du traité de paix, les dominions anglais (Australie, Canada, Nouvelle-Zélande, Afrique du Sud et l'Inde) ont fait figure d'Etats souverains. Ils ont signé au traité de Versailles et ils ont été reconnus comme membres originaires de la Société des nations (2). Dans ces conditions, il était naturel qu'ils réclamassent de la métropole une part de collaboration au gouvernement de l'empire. « La seule possibilité de continuation de l'empire britannique, a dit Lord Milner, repose sur la base d'un absolu et égal partenariat entre le Royaume uni et les dominions sans aucune réserve... L'empire est une association volontaire de nations égales. » C'est ainsi

----

(1) D'après M. Georges Barthélemy (*Revue politique et parlementaire* du 10 mars 1925, p. 496) « l'Empire britannique a cessé d'être un Etat au sens juridique international de l'expression. Les dominions ont une personnalité internationale propre, ils ont une représentation particulière. Le Canada a une véritable ambassade à Washingtno et il tend à avoir une représentation permanente à Genève ; les dominions négocient des traités ; l'Etat libre d'Irlande a fait enregistrer à Genève son traité avec l'Angleterre ; le Canada a fait également enregistrer directement son traité avec les Etats-Unis, relativement aux pêcheries. L'unité de l'empire britannique n'existe plus en dépit de quelques efforts pour sauver la face. La mère patrie en faisant donner une représentation spéciale à ses dominions dans l'assemblée de Genève a préparé cette dislocation.

(2) Au Congrès de l'Union postale universelle tenu au mois d'août 1924 à Stockholm, les colonies anglaises ont été assimilées à de véritables Etats sur un pied d'égalité avec leur propre métropole. Et dans les actes diplomatiques qui ont clôturé le Congrès elles ont signé non pas à la suite de leur métropole, comme les colonies françaises par exemple, mais à leur rang alphabétique comme de véritables Etats.

qu'au mois de juin 1921 s'est tenue à Londres, sous la présidence de M. Lloyd George, premier anglais, une Conférence des premiers ministres de tous les dominions où ont été agités tous les problèmes intéressant l'empire britannique dans le monde. De cette Conférence il est sorti peu de solutions positives, mais un élargissement, un affermissement de cette fédération, dont la liberté est l'âme, dont l'élasticité est la force et qu'on a définie d'une façon très heureuse « une alliance lâche d'Etats souverains » (1).

Quoi qu'il en soit, à partir de ce moment, un organisme nouveau était créé, la conférence impériale britannique, composée des chefs de gouvernement des cinq parties de l'Empire où chaque année doivent être discutées les questions politiques de la plus haute importance.

A la conférence tenue à Londres en 1923, du 1er octobre au 9 novembre, il a été décidé que les dominions pourraient signer des traités avec d'autres pays, lorsque les obligations envisagées ne concernent qu'eux-mêmes. Comme précédent, on peut citer le cas du traité des pêcheries de Halibut signé à Washington entre le gouvernement des Etats-Unis et le Canada en avril 1923.

Et, au moment où nous écrivons (2 février 1925), le gouvernement britannique est en correspondance avec les gouvernements des divers dominions au sujet de la décision à prendre par l'Empire britannique en ce qui concerne le protocole de Genève du 27 septembre 1924.

La question irlandaise. — *Raisons de sa difficulté.* — La solution de la question irlandaise est difficile :

1º Parce qu'il existe deux Irlande inconciliables ;

2º Parce que l'indépendance absolue de l'Irlande pourrait devenir une menace pour la puissance britannique.

Au Nord-Est de l'Irlande est l'Ulster, où domine une minorité protestante, province riche, essentiellement industrielle, avec Belfast pour capitale, qui repousse toute idée de séparation avec l'Angleterre

---

(1) Paul Hamelle, Un conseil de famille à Londres, dans la *Revue politique et parlementaire* du mois de juin 1921.

et tout projet d'unité politique avec le reste de l'Irlande (1).

Le reste de l'Irlande ayant pour capitale Dublin, formant les trois quarts environ de l'île, est catholique, séparatiste et unitaire. Il réclame sa reconnaissance comme Etat indépendant en vertu du principe moderne, consacré par le traité de Versailles du 28 juin 1919, du droit des peuples de disposer d'eux-mêmes.

Solutions envisagées. — Un premier projet de Home rule assurant l'autonomie à l'Irlande dut être abandonné par Gladstone sur l'opposition de l'Ulster, qui réussit également en 1914 à faire échec à un bill définitivement voté dans le même sens par le Parlement anglais. C'est alors que M. Lloyd George, après la guerre, fit voter une loi qui dote les deux Irlande de deux parlements et de deux gouvernements, avec un organe commun analogue aux anciennes délégations austro-hongroises, dans lesquelles les six comtés de l'Ulster avaient la même part que les vingt-six comtés catholiques.

Situation de fait jusqu'en juin 1921. — L'Ulster s'était incliné devant la loi. Il avait son parlement et son gouvernement distincts, siégeant à Belfast. L'Irlande catholique avait refusé de se soumettre. Elle était en révolte ouverte et violente avec l'Angleterre. Elle s'était proclamée république indépendante avec un parlement, le Dail Eireann, un président, M. de Valera (2), une armée et une police et, jusqu'au mois de juin 1921; elle a été en guerre avec le reste du Royaume-Uni. A cette dernière époque, une trêve est intervenue. Des entrevues ont eu lieu entre le premier ministre anglais et MM. de Valera, Collins, Arthur Griffith et Craig, les trois premiers sinn-feiners, le dernier représentant de l'Ulster. Après de nombreuses péripéties qu'il ne nous est pas possible de reproduire en détail, un traité de paix a été signé le 6 décembre

---

(1) Dans l'Ulster même il existe 890.880 protestants contre 5.690.816 catholiques, et dans toute l'île le nombre des protestants est de 1.147.549 contre 8.242.670.

(2) Il est à noter que M. de Valera est citoyen américain né d'un Espagnol de l'Amérique du Sud et d'une mère irlandaise.

Dr. int. pub. 6

1921 entre l'Angleterre et l'Irlande reconnaissant la liberté de l'Irlande (1).

Reconnaissance de l'Etat libre d'Irlande. — Le traité du 6 décembre 1921 reconnaît l'Irlande comme un Etat libre au sein de l'Empire britannique. L'Irlande reçoit la même autonomie politique et économique que l'Australie, l'Afrique du nord, le Canada et la Nouvelle-Zélande ; elle a droit comme les dominions de prendre part à la direction politique et étrangère de l'Empire britannique. Mais comme eux aussi elle doit prêter serment d'allégeance au Roi.

Quant à l'Ulster, il conserve un parlement séparé pour le nord de l'Irlande, avec un mécanisme de coordination entre ce parlement et celui de l'Irlande du sud.

Il semble cette fois que ce soit désormais la paix en Irlande. Pas encore tout à fait. Le gouvernement de l'Etat libre doit encore compter avec l'opposition irréductible de M. de Valera et de ses fidèles, farouches partisans de la République irlandaise, sans lien désormais avec l'Angleterre (2) et avec les orangistes de Belfast, qui ne veulent à aucun prix de la séparation d'avec l'Angleterre.

Cette opposition des orangistes s'est manifestée à l'occasion de la détermination des frontières entre l'Ulster et l'Etat libre qui, d'après l'article 12 du traité de 1921, devait être fixée d'après le vœu des populations par une commission composée d'un président anglais et de deux membres nommés respectivement par les gouvernements de Dublin et de Belfast. Devant le refus de faire cette désignation, on dut faire modifier la composition de ladite commission par les parlements respectifs de la Grande-Bretagne et de l'Etat libre (2, 9, 15 et 17 octobre 1924).

Que fera maintenant la commission ? Se bornera-t-elle à une simple rectification de frontières comme le

---

(1) Lire sur cette question l'article de Paul Hamelle : La paix anglo-irlandaise, dans la *Revue politique et parlementaire* du 10 avril 1922, et l'article de George Glasgow : L'Irlande et l'empire britannique, dans l'*Europe Nouvelle* du 24 juin 1922.

(2) C'est ainsi que la moitié environ des députés du Dail Eireann a refusé de siéger pour n'avoir pas à prêter serment au roi d'Angleterre.

demandent les orangistes, ou bien prendra-t-elle une décision basée sur les vœux des populations de la région frontière comme le réclame l'Etat libre conformément aux termes de l'article 12 du traité de 1921 ? Là est la difficulté de demain (1).

Notons enfin que le 10 septembre 1923 a eu lieu l'admission de l'Etat libre d'Irlande dans la Société des nations.

Constitution de l'Etat libre d'Irlande, 1922. — Elle pose ce principe démocratique que dans le peuple d'Irlande est la source de tous les pouvoirs du gouvernement et de toute autorité législative, exécutive et judiciaire.

Le pouvoir législatif appartient à un parlement (oireachtas) composé d'une Chambre des députés (Dail Eireann) et d'un Sénat (Seanad Eireann) dont les membres sont élus au suffrage universel. Sont électeurs et éligibles à la Chambre les citoyens des deux sexes âgés de 21 ans ; au Sénat, les électeurs doivent avoir 30 ans et les éligibles 35 ans.

Le Sénat est composé de 60 membres élus pour 12 ans avec renouvellement partiel tous les trois ans. Le parlement établit une liste de candidats contenant trois fois plus de noms qu'il n'y a de sièges à pourvoir : deux tiers sont proposés par la Chambre des députés et l'autre tiers par le Sénat ; de telle sorte que les grands intérêts et institutions du pays soient représentés au Sénat. Les députés sont élus pour quatre ans suivant un système de représentation proportionnelle.

Notons enfin que, sur la demande d'un vingtième des électeurs ou des trois cinquièmes du Sénat, un referendum peut être organisé pour faire prononcer par l'électorat tout entier sur l'adoption ou le rejet d'une loi votée. En outre le parlement est obligé d'examiner toute proposition de loi ou d'amendement à la Constitution qui est présentée par une pétition de 75.000 électeurs.

Le pouvoir exécutif appartient au roi représenté par le gouverneur général et au conseil exécutif. Le conseil exécutif comprend cinq ministres au moins et sept au plus. Il est responsable devant le Dail suivant les règles du gouvernement parlementaire.

------

(1) *Le Temps* du 10 août et du 11 novembre 1924.

d) *Confédération d'États et État fédéral.*

Définition. — La confédération d'États et l'État fédéral constituent deux sortes d'associations politiques entre plusieurs États pour la défense d'intérêts qui leur sont communs (1).

Caractères distinctifs de la confédération d'États. — La confédération d'États présente les caractères suivants :

1° Chacun des États qui la composent conserve sa souveraineté intérieure et sa souveraineté extérieure ; il peut, notamment, avoir à l'étranger une représentation diplomatique propre et conclure des traités ;

2° Il n'y a pas un *gouvernement de la confédération superposé* au gouvernement de chacun des États et ayant pour mission l'exécution du pacte fédéral, dans l'intérieur des États, ou au point de vue des relations extérieures. Les affaires qui forment l'objet de la *confédération* sont traitées dans une diète ou un congrès, qui constitue, non une *assemblée législative*, mais une *réunion diplomatique*, composée des représentants des États de la confédération. Les décisions prises dans la diète ou le congrès doivent l'être à l'unanimité des voix, comme dans toute réunion diplomatique. Enfin,

---

(1) *Différences entre l'alliance et la confédération.* — L'alliance ressemble à la confédération ; mais elle en diffère à trois points de vue : 1° le but de l'alliance est de se défendre contre les attaques d'autres États ; le but de la confédération est plus étendu ; 2° l'alliance, contractée pour une certaine situation, a une durée limitée ; au contraire, la confédération, qui est censée répondre à des besoins permanents, est conclue pour toujours ; 3° l'alliance ne fait naître aucun organe nouveau destiné à en assurer la mise en œuvre ; au contraire, dans la confédération, il existe un organe permanent, diète ou congrès.

Différences entre l'union d'États et la confédération. — 1° L'union n'existe qu'entre deux États ; la confédération est un groupement de plus de deux États ; 2° l'union n'existe qu'entre deux monarchies ; la confédération peut comprendre des monarchies et des républiques ; 3° l'union de deux États tend à leur séparation ; la confédération tend vers l'État fédéral.

ses décisions ne sont pas obligatoires directement dans les Etats de la confédération ; elles ne peuvent être ramenées à exécution que par l'intermédiaire du gouvernement.

Caractères distinctifs de l'Etat fédéral. — L'Etat fédéral constitue un *lien plus étroit* que la confédération d'Etats. Il présente les deux caractères suivants :

1º *Au point de vue extérieur*, les membres de l'Etat fédéral perdent leur souveraineté ; ils sont absorbés par la personnalité de l'Etat fédéral qui les représente tous à l'égard des Etats étrangers.

Au point de vue intérieur, chacun des Etats conserve sa souveraineté ; mais elle est amoindrie, dans une certaine mesure, pour permettre l'exécution du pacte fédéral ;

2º L'Etat fédéral a un *gouvernement propre*, superposé au gouvernement de chacun des Etats. Ce gouvernement est chargé de représenter l'Etat fédéral au dehors et à l'intérieur ; il règle toutes les matières qui rentrent dans ses attributions, d'après le pacte fédéral. Les décisions que prend le gouvernement fédéral sont obligatoires directement sur le territoire de chacun des Etats. C'est en ce dernier point que sa souveraineté intérieure est amoindrie.

Tendances des Confédérations d'Etats. — La tendance constante des Confédérations d'Etats a été de se transformer en Etat fédéral ; c'est ce que nous allons voir en étudiant l'organisation des principaux Etats fédéraux actuels : les Etats-Unis, la Suisse et l'Allemagne (1).

*** 1º *Etats-Unis.*

Historique. — Deux périodes distinctes doivent être observées dans l'histoire des Etats-Unis d'Amérique.

Dans la première période, qui s'étend de 1776, date de la proclamation de leur indépendance, jusqu'en 1787, les Etats-Unis forment une *confédération d'Etats.* En 1787, la Constitution a été révisée et, depuis

---

(1) Comme autres Etats fédéraux, on peut citer : le Mexique, le Brésil, la République Argentine, le Vénézuéla.

cette époque, les Etats-Unis forment le type le plus parfait de l'*Etat fédéral.*

La constitution qui régit encore actuellement les Etats-Unis est du 17 septembre 1787. Elle comprend sept articles. Elle a été complétée par des amendements dont les douze premiers ont été votés en 1791 et 1804, d'autres sont postérieurs à la guerre de Sécession, entre 1865 et 1870 ; d'autres sont plus récents.

Nous allons faire connaître rapidement l'organisation des Etats-Unis telle qu'elle résulte de l'ensemble de ces textes.

Organisation actuelle d'après la Constitution de 1787. — Les Etats-Unis d'Amérique se composent de 48 Etats, liés entre eux par un acte fédéral (1).

Chacun de ces Etats a, dans l'intérieur de la fédération, une autonomie propre, avec ses lois, son budget, son gouvernement (2).

Mais, au-dessus de tous ces Etats individuels, il y a l'Etat fédéral et, superposé à chaque gouvernement particulier, le gouvernement fédéral, qui préside aux relations extérieures et qui dirige les affaires générales intéressant tous les Etats, dans les limites de la Constitution fédérale.

Composition du gouvernement fédéral. — Le gouvernement fédéral comprend le pouvoir exécutif, le pouvoir législatif et le pouvoir judiciaire.

Le *pouvoir exécutif* appartient au *Président de la République.* Le Président est élu pour quatre ans par une élection à deux degrés. On désigne dans chaque Etat, par le suffrage universel, un nombre d'électeurs égal au nombre de sénateurs et représentants envoyés par l'Etat au Congrès ; ce sont ces électeurs qui nomment le Président. Le nombre des électeurs est actuellement de 476.

Le *pouvoir législatif* est confié à deux Chambres : la *Chambre des représentants* et le *Sénat.*

(1) Le nombre de ces Etats se retrouve dans le drapeau étoilé de l'Union américaine ; il y a autant d'étoiles que d'Etats ; donc, actuellement 48 étoiles.

(2) Cependant, ils restent soumis au gouvernement fédéral pour certains points : monnaie, certains impôts, commerce, etc.

La *Chambre des représentants* est élue pour deux ans par le suffrage universel direct. Elle est l'émanation du peuple des Etats-Unis.

Le *Sénat* est également élu, depuis 1914, par le suffrage universel direct (1) à raison de deux par Etat, pour six ans. Il représente les Etats.

Outre son rôle législatif, le Sénat a certaines attributions importantes au point de vue des relations internationales. Il forme une sorte de *grand Conseil de gouvernement*. Son assentiment est nécessaire pour la nomination des ministres, des agents diplomatiques et des hauts fonctionnaires. Les traités sont négociés par le Président de la République, mais ils doivent être approuvés par le Sénat, à la majorité des deux tiers de ses membres.

Enfin le *pouvoir judiciaire* est exercé par une *Cour suprême* composée de juges nommés à vie par le Président. Elle s'occupe des intérêts généraux des Etats dans leurs rapports entre eux et avec les puissances étrangères. Elle peut annuler tout acte inconstitutionnel.

*** 2° *Suisse*.

Historique. — Jusqu'en 1848, la Suisse apparaît comme une confédération d'Etats. Depuis 1848, elle forme un Etat fédéral. La Constitution du 12 septembre 1848 a été révisée et développée par la Constitution du 29 mai 1874.

Organisation actuelle de la Suisse d'après la Constitution de 1874. — La Suisse est un Etat fédéral composé de 22 cantons.

Chaque canton a son gouvernement et ses lois propres et il est souverain, en tant que sa souveraineté n'est pas limitée par la Constitution fédérale.

A l'extérieur, ces divers cantons ne forment qu'un seul Etat par leur réunion, et, au-dessus du gouvernement de tous les cantons, est établi le gouvernement fédéral, siégeant à Berne.

---

(1) En vertu du 17e amendement à la Constitution. Précédemment, il était élu par les Chambres législatives de chacun des Etats.

Composition du gouvernement fédéral. — Le gouvernement fédéral comprend : le pouvoir législatif, le pouvoir exécutif et le pouvoir judiciaire.

Le *pouvoir législatif* est confié à une diète, composée de deux chambres : le *Conseil national* et le *Conseil des Etats*.

Le *Conseil national* est élu pour trois ans, par les électeurs de chaque canton, au suffrage universel direct. Le *Conseil des Etats* est élu pour cinq ans par l'Assemblée du peuple dans chaque canton, à raison de deux membres par canton.

Le *pouvoir exécutif* appartient au *Conseil fédéral*, composé de sept membres nommés pour trois ans par la diète. Le président du Conseil fédéral, élu pour un an et non rééligible l'année suivante, est le président de la fédération.

Le *pouvoir judiciaire* est exercé par le *tribunal fédéral*, dont le siège est à Lausanne. Il statue sur les différends entre les cantons, entre la confédération et les cantons et aussi entre particuliers, et enfin sur l'extradition.

Attributions du gouvernement fédéral. — Le gouvernement fédéral a dans ses attributions les relations de la Suisse avec les autres Etats ; il a seul le droit de déclarer la guerre et de conclure la paix (1), ainsi que de faire des traités avec les Etats étrangers, notamment des traités de commerce et de douanes (art. 8).

Au point de vue intérieur, le gouvernement fédéral a le droit de légiférer sur un nombre — assez restreint — de matières énumérées dans la Constitution.

On s'est demandé, à l'occasion d'une convention passée entre la Suisse et la France, le 30 juin 1864, concernant la propriété littéraire et artistique, si le gouvernement fédéral avait le droit de conclure des traités sur des matières pour lesquelles il n'avait pas le droit de légiférer à l'intérieur. La solution affirmative fut admise.

Quant aux cantons, ils peuvent conclure avec les Etats étrangers des traités sur des objets concernant l'économie politique, les rapports de voisinage et de police, par l'intermédiaire du gouvernement fédéral,

---

(1) En raison de la neutralité perpétuelle dont la Suisse est affectée, cela ne peut se présenter qu'en cas de violation de cette neutralité. Voir *infrà*.

pourvu qu'ils ne contiennent rien de contraire aux droits de l'Etat fédéral et des autres cantons.

*** 3o *Allemagne.*

Historique. — L'Allemagne a subi quatre transformations successives dans le cours du XIXe et du XXe siècles. Les traités de 1815 avaient organisé la Confédération germanique ; elle fut dissoute en 1866 et fit place à la Confédération de l'Allemagne du Nord, qui a disparu à son tour en 1871 et a été remplacée par l'Empire allemand actuel. Enfin, l'empire allemand, œuvre de Bismarck, a disparu dans la révolution du mois de novembre 1918 comme conséquence de la défaite de l'Allemagne sur les champs de bataille.

1o Confédération germanique organisée par les traités de 1815. — La Confédération germanique, organisée par les traités de 1815, était composée de 39 Etats souverains, savoir : un empire, l'Autriche, cinq royaumes, sept grands-duchés, dix duchés, onze principautés et quatre villes libres.

Certains de ces Etats n'entraient dans la Confédération que pour une portion de leur territoire seulement. Ainsi, l'empereur d'Autriche restait étranger à la Confédération pour ses Etats italiens et pour la Hongrie. Les Pays-Bas n'en faisaient partie que pour le Luxembourg et le Limbourg ; l'Angleterre, jusqu'en 1837, pour le Hanovre ; le Danemark, jusqu'en 1864, pour les duchés de l'Elbe, le Slesvig, le Holstein et le Lauenbourg. La présidence perpétuelle de la Confédération appartenait à l'Autriche.

La Confédération était représentée par une *diète* siégeant à Francfort-sur-le-Mein. Dans sa forme ordinaire, elle était composée de 17 membres désignés, non par une élection populaire, mais par le choix des gouvernements confédérés. Les petits Etats étaient groupés, et plusieurs d'entre eux réunis n'avaient qu'une voix.

Cette diète était, non une assemblée politique, mais une *assemblée diplomatique* composée de plénipotentiaires des Etats confédérés.

Les décisions qu'elles prenaient liaient le gouvernement de chaque Etat, qui devait en assurer l'exécution ; mais, pour qu'elles fussent obligatoires pour la population sur le territoire de chaque Etat, il fallait que ses décisions fussent régulièrement promulguées par le gouvernement de l'Etat.

Quant aux Etats confédérés, ils conservaient leur indépendance souveraine ; ils pouvaient avoir une armée, des représentants auprès des Etats étrangers ; mais ils ne pouvaient pas contracter d'alliance contraire au pacte fédéral et à la sûreté de la Confédération.

Ebranlée par le mouvement révolutionnaire de 1848, entamée ensuite par la lutte de la Prusse et de l'Autriche contre le Danemark, qui eut pour résultat d'enlever à cette dernière puissance les duchés de l'Elbe, du Slesvig, du Holstein et du Lauenbourg, la Confédération germanique fut dissoute, après l'écrasement de l'Autriche à Sadowa, par le *Traité de Prague* (24 août 1866).

2° **Confédération de l'Allemagne du Nord** (1867). — La nouvelle Confédération groupait tous les Etats situés au nord du Mein, sous l'hégémonie de la Prusse. L'Autriche était exclue entièrement de l'Allemagne. La Confédération de l'Allemagne du Nord était plus étroite que l'ancienne Confédération germanique.

Elle avait comme organe central deux assemblées : le *Conseil fédéral*, constituant, comme l'ancienne diète germanique, une assemblée diplomatique et composée de 43 membres, dont 17 à la Prusse ; et le *Reichstag*, assemblée représentative, élue au suffrage universel, par la population de la Confédération.

La *présidence de la Confédération* appartenait à la *Prusse*, qui était chargée de la représentation extérieure.

Quant aux Etats situés au sud du Mein (Hesse, Bade, Wurtemberg et Bavière), ils étaient, *en droit*, souverains et indépendants. Mais leur souveraineté n'était qu'apparente ; car la Prusse les avait amenés à conclure avec elle une alliance offensive et défensive qui mettait leurs forces militaires sous ses ordres.

3° **Empire allemand de 1871**. — *Historique*. — Depuis les événements de 1870-1871, l'unité allemande était établie d'une façon définitive au profit de la Prusse, dont le roi, sous le nom de Guillaume Ier, fut proclamé *empereur allemand* à Versailles, le 18 janvier 1871.

Achevée le 16 avril 1871, la Constitution de l'empire allemand s'occupait : 1º du territoire fédéral ; 2º de la présidence de la Confédération ; 3º du chancelier de l'empire ; 4º du Conseil fédéral ; 5º du Reichstag.

1º *Territoire fédéral*. — Aux termes de la Constitution, l'empire allemand comprenait tous les États de l'Allemagne, plus l'Alsace-Lorraine. Le territoire annexé se trouvait, en effet, dans une situation particulière. Il ne formait pas un État distinct, mais un simple territoire d'empire, Reichsland, administré par un gouverneur nommé par l'empereur, envoyant des députés au Reichstag, mais non représenté au Conseil fédéral. Cette situation avait pris fin récemment. L'Alsace-Lorraine avait été dotée d'une constitution particulière qui lui assurait une certaine autonomie. Elle avait désormais trois voix au Conseil fédéral, deux Chambres, l'une élue au suffrage universel, l'autre nommée par l'empereur, qui nommait toujours son gouvernement.

2º *Présidence de la Confédération*. — La présidence de la Confédération appartenait au roi de Prusse, qui portait le titre d'*empereur allemand* ; elle se transmettait avec la couronne de Prusse, suivant les règles du droit public de la Prusse.

L'empereur représentait l'empire dans les relations extérieures, nommait les ambassadeurs et recevait ceux des États étrangers, enfin passait des traités avec les autres puissances, sous réserve pour certains cas de la ratification du Conseil fédéral.

Il promulguait les lois de l'empire et veillait à leur exécution.

3º *Le chancelier de l'Empire*. — Le chancelier de l'Empire était l'auxiliaire immédiat de l'empereur. Il était investi de pouvoirs étendus. Il était président du Conseil fédéral, président du Conseil des ministres de Prusse. Il contresignait tous les actes de l'empereur et en supportait toute la responsabilité.

4º *Conseil fédéral*. — Le Conseil fédéral ou Bundesrat, présidé, ainsi que nous l'avons dit, par le chancelier de l'Empire, était composé de représentants diplomatiques désignés par les gouvernements confédérés. Chacun avait au moins une voix, certains en avaient davantage ; ainsi la Prusse disposait de 17 voix et la Bavière de 6 voix sur 61.

Il avait des attributions nombreuses et variées :

1° Il était une *chambre haute*, concourant avec le Reichstag à la confection des lois ;

2° Il était *conseil de gouvernement*, intervenant pour déclarer la guerre, réglementer l'exécution des lois, etc. ;

3° Enfin, il était un *tribunal* connaissant des litiges entre les Etats confédérés.

5° *Reichstag.* — Le Reichstag était une assemblée politique composée de députés, nommés par la population allemande au suffrage universel direct, à raison d'un député par 100.000 habitants (en fait, 397 membres dont 236 pour la Prusse).

Ses attributions étaient purement législatives : il votait le budget et les lois de l'empire.

4° **L'Etat allemand de 1919.** — *Cause de la révolution.* — La révolution a été amenée par la défaite militaire des armées allemandes consacrée par l'armistice du 11 novembre 1918. Le régime monarchique a été aboli à la fois dans l'empire et dans les Etats particuliers de l'empire.

Constitution actuelle. — La constitution définitive de l'Allemagne a été votée par l'Assemblée constituante siégeant à Weimar et est devenue définitive le 11 août 1919 (1).

Elle comporte 181 articles.

Caractères du nouvel Etat allemand. — Le nouvel Etat allemand, Reich, est un Etat fédéral (2) comme l'ancien, mais avec les deux caractères suivants :

---

(1) Consulter le texte de cette constitution traduit en français par M. Schreider-Fabre avec une préface de M. Paul Fauchille (Rousseau et Cie, éditeurs) et l'*Allemagne contemporaine*, de Ed. Vermeil.

(2) Cette opinion est combattue par M. Carré de Malberg (*Bulletin de la Société de législation comparée*, 1924, p. 285 à 325). D'après le savant professeur, les Pays (Laender) ont cessé d'être de véritables Etats, parce qu'ils ne sont plus doués d'autonomie. Cela résulte d'après lui de l'art. 76 de la Constitution de 1919 aux termes duquel la constitution de l'empire peut être modifiée sans le consentement et même malgré l'opposition de l'assemblée représentative des Pays du Reichsrath. « La situation actuelle des Laender

1° Les tendances particularistes ont été comprimées et l'unitarisme a été renforcé. Les Etats, qui ne sont plus désignés que sous le nom de « Pays » (*Laender*), sont représentés par un collège qui s'appelle « Reichsrath ». Tandis que le Bundesrat ou Conseil fédéral, auquel il succède, était avec l'empereur le pouvoir politique le plus important, le nouveau Reichsrath n'est plus qu'une assemblée secondaire exerçant simplement un droit de veto suspensif sur les lois votées par l'assemblée nationale ou Reichstag.

La compétence du Reich s'étend à une foule de matières qui échappent désormais à la connaissance des Etats particuliers : relations extérieures, armée, postes, télégraphes, téléphones, chemins de fer, navigation, énergie électrique, mines, assurances, propriété intellectuelle, etc. (art. 6 à 13).

2° La prédominance de la Prusse a été, sinon supprimée, du moins amoindrie. En effet, au sein du Reichsrath, aucun Pays ne pourra réunir plus des deux cinquièmes des voix, tandis que d'après la Constitution de 1871 la Prusse s'était assurée de la majorité dans le Bundesrat (art. 61).

Caractères du gouvernement du nouvel Etat allemand. — Le gouvernement du Reich présente les caractères suivants :

1° C'est un gouvernement républicain, un « empire » républicain, d'après l'article 1er de la Constitution.

2° C'est un gouvernement parlementaire (art. 54).

3° C'est un gouvernement démocratique, comportant l'usage du referendum comme en Suisse.

Tous ces caractères se dégagent de l'étude des organes du nouveau gouvernement.

----

dans l'Empire ne dépend plus de leur libre volonté ; non seulement elle a été établie et réglée par une constitution qui se présente comme l'œuvre unilatérale du Reich, mais encore elle est susceptible d'être changée en partie ou en totalité, par l'effet d'une organisation constitutionnelle nouvelle que le Reich a le pouvoir de substituer à celle de 1919... Si les Pays allemands ont perdu l'autonomie qui faisait d'eux naguère des Etats, il en résulte que l'Empire, en cessant d'être un Etat fédéral, a cessé en outre d'être un Etat composé. Il se ramène à un Etat unitaire. » Consulter également l'étude de M. Chavegrin dans l'*Annuaire de législation étrangère*, 1920, p. 306.

Des organes du gouvernement. — Le pouvoir exécutif appartient au Président de la République. Il est élu pour 7 ans au suffrage universel direct.

Pour être élu Président, il faut être Allemand au moins depuis dix ans et être âgé de trente-cinq ans.

Le Président peut être déposé par un vote du peuple provoqué par une décision de l'Assemblée nationale prise à la majorité des deux tiers.

Le Président exerce son pouvoir par des ministres qu'il nomme et qu'il peut choisir en dehors de l'Assemblée nationale.

Les ministres sont responsables devant le Reichstag et obligés de se retirer devant un vote hostile de cette Assemblée

Le pouvoir législatif appartient à une chambre unique, appelée Assemblée nationale ou Reichstag, élue pour 4 ans au suffrage universel, par les hommes et les femmes ayant plus de vingt ans, avec représentation proportionnelle de la minorité. Le Reichstag se réunit de plein droit le premier mercredi de novembre. Il doit, en outre, être convoqué si le tiers de ses membres le demande.

Le Conseil des Pays ou Reichsrath est formé des représentants des différents Etats dont se compose l'Allemagne. Chaque Pays a droit à un représentant par un million d'habitants, sans qu'aucun d'eux puisse avoir plus des deux cinquièmes des voix. Il est présidé par un membre du gouvernement fédéral. Le rôle de cette assemblée est tout à fait secondaire. Il peut s'opposer à la mise en vigueur d'une loi votée par le Reichstag. Mais ce veto peut être écarté : soit par un vote du Reichstag, à la majorité des deux tiers, soit par un vote populaire, à la suite d'un referendum provoqué par le Président de la République.

§ 2. — Des Etats d'après leur souveraineté.

Enumération. — Au point de vue de la souveraineté, les Etats se divisent en Etats souverains et Etats mi-souverains. Nous n'avons à parler ici que des Etats mi-souverains qui forment l'exception.

Etats mi-souverains. — *Définition.* — On entend par Etats mi-souverains des Etats qui n'ont pas le libre exercice de leur souveraineté, surtout au point de vue extérieur.

Caractères distinctifs. — L'Etat mi-souverain ne doit pas être confondu avec l'Etat engagé dans un groupement fédéral. A la différence de ce dernier, qui n'a ni l'exercice ni la jouissance de la souveraineté extérieure et qui a cessé d'être une personne du droit des gens, l'Etat mi-souverain conserve sa personnalité juridique ; il a toujours la jouissance de la souveraineté, mais, comme une sorte d'incapable, il est privé, en tout ou en partie, de l'exercice de cette souveraineté.

Cette incapacité est plus ou moins étendue. Tantôt l'Etat mi-souverain peut entrer en relations avec les autres Etats, sauf à obtenir l'autorisation ou l'approbation ultérieure de l'Etat duquel il relève.

On peut alors le comparer à un mineur émancipé.

Tantôt l'Etat mi-souverain ne peut accomplir aucun acte international que par l'intermédiaire de l'Etat dont il est le vassal. Il est représenté par les agents diplomatiques de ce dernier et c'est par leur intermédiaire qu'il exerce le droit de négociation.

Sa situation est comparable à celle d'un mineur non émancipé.

Différentes variétés d'Etats mi-souverains. — On distingue deux espèces d'Etats mi-souverains : 1° les Etats ex-vassaux de la Turquie ; 2° les Etats protégés ; 3° les Etats sous mandat de la Société des nations.

a) Etats ex-vassaux de la Turquie.

Définition. — C'étaient d'anciennes provinces qui s'étaient émancipées de l'Etat auquel elles appartenaient et qui avaient acquis une certaine autonomie. C'était une situation intermédiaire, une situation d'attente vers la souveraineté.

Différence avec l'Etat protégé. — On peut dire qu'entre les deux sortes d'Etats mi-souverains existe cette différence que l'Etat vassal est un Etat qui va vers la souveraineté, tandis que l'Etat protégé est en général un ancien Etat souverain qui a renoncé à son autonomie. Nous verrons cependant que l'Egypte était vassale de la Turquie avant d'être soumise au protectorat de l'Angleterre et qu'elle vient de conquérir son indépendance.

Principales applications. — Historiquement, on peut citer la Valachie et la Moldavie, la Serbie, la Bulgarie et jusqu'à ces derniers jours encore l'Egypte, sous réserve d'une controverse.

1º **Valachie et Moldavie.** — L'histoire de ces deux provinces est assez confuse. A la fin du xviiie siècle, la Russie entreprit de les enlever à la Turquie et de les placer sous son protectorat.

Elle y réussit un moment, de 1829 à 1849. A cette dernière époque, par le traité de Balta-Liban, les deux provinces durent subir à la fois la souveraineté de la Turquie et le protectorat de la Russie. En 1854, se produit la guerre de Crimée. Les deux provinces en profitent pour s'agiter de nouveau. Le traité de Paris de 1856 met fin au protectorat russe. La convention de Paris du 19 août 1858 affaiblit l'autorité du Sultan, et en 1859 les Moldo-Valaques peuvent réaliser leur rêve d'unité nationale en élisant un seul Hospodar pour les deux principautés. Le lien se resserre encore en 1861 par l'établissement d'une chambre unique siégeant à Bucarest. En 1867, fut élu Hospodar le prince Charles de Hohenzollern.

A la suite de la guerre russo-turque (1877), la Moldo-Valachie perdit la Bessarabie, qu'elle dut rétrocéder à la Russie en échange de la Dobroudja, mais son indépendance fut reconnue au Congrès de Berlin (1878). Trois ans après (1881), la principauté fut érigée en royaume, le royaume de Roumanie actuel.

La Roumanie sort considérablement agrandie de la dernière guerre. Elle acquiert : la Bessarabie, la Bucovine, la Transylvanie, la Dobroudja, dont les populations sont en majorité roumaines.

2º **Serbie.** — La Serbie, longtemps soumise à la souveraineté de la Turquie comme la Moldo-Valachie, a vu comme elle son indépendance proclamée au traité de Berlin de 1878, et elle a été reconnue comme royaume en 1882. Elle forme aujourd'hui le royaume des Serbes, des Croates et des Slovènes.

3º **Bulgarie.** — Le traité de Berlin de 1878 avait

constitué la Bulgarie en principauté vassale de la Turquie, de simple province qu'elle était auparavant.

Au point de vue intérieur, la souveraineté de la Bulgarie était à peu près complète, sauf en ce qui concerne le choix de son gouvernement. Le prince élu par le pays devait être agréé par le Sultan, après approbation des puissances signataires, et il ne devait pas être pris parmi les membres des familles régnantes desdites puissances.

Au point de vue extérieur, la Bulgarie était frappée d'une incapacité partielle. Elle avait le droit de recevoir des agents diplomatiques et consulaires, mais elle ne pouvait en accréditer elle-même auprès des autres États ; elle ne pouvait faire aucun traité politique sans l'intermédiaire et le contrôle de la Turquie. Enfin, une déclaration de guerre ne pouvait être faite par la Bulgarie ou lui être faite que par l'intermédiaire de la Turquie.

Roumélie orientale. — Le traité de Berlin avait séparé de la Bulgarie la Roumélie orientale pour lui conserver le caractère de province turque ; elle était placée sous l'autorité d'un gouverneur chrétien désigné par la Turquie avec l'assentiment des États signataires. Cette combinaison a été détruite par la révolution du 18 septembre 1885, à la suite de laquelle la Roumélie orientale s'est réunie à la Bulgarie.

Tendance de la Bulgarie. — Depuis cette époque, la Bulgarie avait suivi une politique très habile en vue d'obtenir une indépendance complète. Elle était parvenue à se faire représenter, d'abord discrètement, puis ouvertement, auprès des principaux États et elle était arrivée à conclure directement plusieurs traités de commerce ou des conventions de moindre importance.

Proclamation de son indépendance. — La souveraineté de la Turquie sur la Bulgarie n'était plus qu'une fiction diplomatique.

Cette fiction a pris fin au mois d'octobre 1908. Le 5 octobre, le prince Ferdinand proclama l'indépendance de la Bulgarie, qui fut reconnue officiellement par l'Europe le 26 avril 1909.

Agrandie par les traités de Bucarest et de Constantinople en 1913, la Bulgarie a eu son territoire diminué au profit de la Grèce, de la Roumanie et du royaume des Serbes, Croates et Slovènes, par le traité de Neuilly-sur-Seine du 27 novembre 1919.

Dr. int. pub. 7

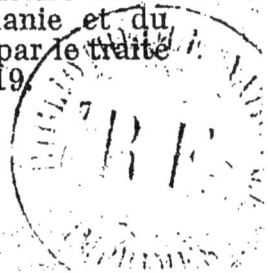

4° Egypte. — *Textes.* — La condition juridique de l'Egypte est déterminée : 1° par la convention de Londres, conclue le 15 juillet 1840 entre la Porte, d'une part, et, d'autre part, l'Angleterre, l'Autriche, la Prusse et la Russie, à laquelle la France était obligée d'adhérer en 1841 ; 2° par les firmans par lesquels le sultan investit chaque nouveau khédive.

Convention de Londres de 1840. — D'après cette convention, le khédive gouverne au nom du sultan ; l'armée et la flotte égyptiennes font partie des forces militaires turques ; les monnaies portent, d'un côté, l'effigie du khédive, et, de l'autre, celle du sultan ; l'Egypte paie un tribut en argent à la Turquie ; l'Egypte ne peut communiquer avec les autres puissances que par l'intermédiaire du gouvernement turc ; enfin les traités conclus par la Turquie sont obligatoires pour le khédive.

Firmans de 1866. — *Autonomie plus grande.* — Depuis 1866, de nombreux firmans augmentèrent l'autonomie de l'Egypte, en particulier celui du 27 mai 1866, confirmé le 8 juin 1873 : le khédive obtenait du sultan l'autorisation de faire des emprunts, de fixer l'effectif de l'armée et de la marine, de conclure ou de renouveler sans contrôle des conventions sur les douanes, le commerce, l'industrie et d'entrer en négociations directes sur tous ces points avec les consuls généraux établis au Caire, auxquels les puissances reconnaissaient le caractère diplomatique.

En 1875, une atténuation au régime des Capitulations fut concédée à l'Egypte par les puissances intéressées par l'établissement des tribunaux mixtes composés de juges indigènes et de juges étrangers.

Restrictions aux pouvoirs du khédive. — Mais Ismaïl Pacha abusa des pouvoirs qui lui avaient été concédés. Il contracta des dettes énormes de plus de deux milliards 260 millions. L'Egypte faillit faire banqueroute. Les puissances intervinrent ; une commission internationale de la dette égyptienne fut créée en 1876 pour sauvegarder les intérêts des créanciers d'Europe ; le khédive vendit à l'Angleterre toutes ses actions et les droits qu'il avait sur le canal de Suez. A la suite de ces événements, Ismaïl Pacha fut déposé en 1879 et remplacé par son fils Tewfick Pacha. Le sultan revint sur les concessions antérieures par deux firmans du 2 août 1879 et du 27 mars 1892. Le khédive perdait le droit de contracter des emprunts, sauf en ce qui concerne le règlement de la situation financière existante ; la monnaie était frappée au nom du sultan ; le tribut annuel était fixé à 750.000 livres. Le khédive ne conservait le pouvoir de négocier que sous le contrôle du sultan.

Caractère juridique de l'Egypte. — Maintenant, si on voulait déterminer le caractère juridique de l'Egypte en droit international, on se trouvait en présence d'une controverse.

Dans une première opinion, on décidait que l'Egypte n'était pas autre chose qu'une province turque avec un régime particulier et de grands privilèges, comme certaines colonies anglaises.

Dans une deuxième opinion, on considérait l'Egypte comme un Etat mi-souverain, placé sous la suzeraineté de la Turquie (1).

Situation de fait. — Province turque ou Etat mi-souverain, l'Egypte n'avait pas cessé de subir l'intervention constante de l'Europe dans ses affaires intérieures au cours de ces dernières années, notamment par la création et le fonctionnement de tribunaux mixtes, ayant une compétence exclusive à l'égard des étrangers, par l'établissement d'une commission de liquidation internationale de la dette égyptienne, par la nomination de contrôleurs généraux, anglais et français. Depuis 1882, à la suite de la révolte d'Arabi pacha, l'Angleterre occupait l'Egypte militairement et exerçait sur son territoire une sorte de protectorat. Cette situation était tout à fait anormale ; elle portait atteinte à l'intégrité de l'empire ottoman, consacrée par le traité de Paris de 1856 et le traité de Berlin de 1878, et elle violait directement les dispositions de la convention de Londres de 1840.

En 1899, l'Angleterre établit officiellement son protectorat sur le Soudan égyptien par deux conventions, l'une du 19 janvier 1899 avec le gouvernement égyptien, l'autre du 21 mars 1899 avec la France.

Par la convention du 8 avril 1904, la France a pris, envers l'Angleterre, l'engagement de lui laisser le champ libre en Egypte et de renoncer à réclamer d'elle l'évacuation. En échange de cet abandon, l'Angleterre consent à s'effacer et à nous laisser étendre notre in-

_____

(1) Bonfils, *op. cit.*, n° 189.

fluence au Maroc. Cette convention devait préparer l'établissement définitif du protectorat anglais sur l'Egypte (1).

Protectorat anglais sur l'Egypte. — La situation de fait fut transformée en situation de droit. Le 18 décembre 1914, l'Angleterre a proclamé son protectorat sur l'Egypte ; elle a rompu le dernier lien de subordination qui reliait l'Egypte à la Turquie ; elle a déposé le Khédive Abbas Hilmi et l'a remplacé par son oncle Hussein Kamel, en lui conférant le titre de Sultan, pour bien indiquer l'indépendance de l'Egypte vis-à-vis de la Turquie.

Cette mesure a été la conséquence logique de la guerre entreprise par la Turquie contre la triple entente avec l'appui du khédive Abbas Hilmi.

L'Angleterre a décidé d'ajourner jusqu'après la guerre la révision du régime des capitulations. Quant aux tribunaux et aux cours mixtes, dont la période quinquennale en cours expirait le 31 janvier 1915, ils ont eu leur mandat prolongé.

Par le traité de paix de Versailles du 28 juin 1919, l'Allemagne déclare reconnaître le protectorat anglais sur l'Egypte et renoncer au régime des capitulations (art. 147 à 154).

Reconnaissance de l'indépendance de l'Egypte par l'Angleterre. — Le 28 février 1922, le gouvernement britannique a adressé au sultan d'Egypte une déclaration disant : « Le protectorat prend fin ; l'Egypte est un Etat souverain et indépendant. » Mais elle ajoutait « qu'en attendant le moment où sera possible la libre discussion d'accords relatifs aux matières suivantes, elles seront entièrement réservées à la discrétion du gouvernement britannique. Ce sont : la sécurité des communications de l'empire britannique vers l'Inde, et notamment le Canal de Suez, la défense de l'Egypte contre toute agression ou ingérence directe ou indirecte, la protection des intérêts étrangers et celle des minorités, enfin le Soudan. »

Le 15 mars suivant, le Sultan Fuad prenait le titre

---

(1) Consulter l'*Officiel* des 4, 9 et 11 novembre 1904. Cette convention laissait subsister : le service français des antiquités égyptiennes et l'Ecole française du Caire, rattachée à l'Université de Paris.

de roi et de majesté, « qui est à la fois, disait-il, une affirmation de la personnalité de notre pays en tant qu'État indépendant et une satisfaction à notre dignité nationale ».

Tel est l'aboutissant actuel du mouvement nationaliste qui se déchaîna avec violence au mois de mars 1919 sous l'impulsion du grand nationaliste égyptien Zagloul pacha et d'une longue suite de négociations commencées pendant l'été 1920, reprises en juillet 1921, qui ont abouti à un projet de convention que la délégation égyptienne avait refusé d'accepter. Indépendance purement nominale, tant que le droit d'occupation militaire et le pouvoir de contrôle continueront à être réservés au gouvernement britannique ! (1)

Echec des négociations. L'assassinat du Sirdar. — Les négociations entamées entre le gouvernement britannique et le gouvernement égyptien sur les quatre points réservés dans la déclaration d'indépendance au mois d'août 1924 à Londres ne purent aboutir. Le 20 novembre suivant, le Sir Lee Stack Sirdar, c'est-à-dire commandant en chef des troupes britanniques en Egypte et au Soudan, était assassiné au Caire. Ce fut l'occasion pour le gouvernement britannique de M. Baldwin d'adresser au gouvernement égyptien un ultimatum très dur et d'exiger le retrait des troupes égyptiennes du Soudan, où l'occupation par les troupes britanniques est renforcée et consolidée (2). C'est en vain que l'Egypte s'adressa en cette circonstance à la Société des nations. Sa voix n'y rencontra aucun écho. C'est un recul malheureux pour la solution de la question égyptienne. Triste résultat des crimes politiques qui mènent au Panthéon les chefs de parti qui en sont victimes ou qui font le malheur de tout un peuple !

b) *Etats protégés.*

Définition. — **Caractère.** — Le protectorat est un lien de dépendance qui unit un Etat à un autre Etat.

(1) Lire sur cette question « Les négociations anglo-égyptiennes et le statut politique de l'Egypte », dans la *Revue politique et parlementaire* du 10 avril 1922.

(2) Consulter la *Revue politique et parlementaire* de 1924. p. 526 et l'*Europe Nouvelle* de 1924, p. 1585 et 1603.

Les effets qu'il produit sont très différents, suivant la force respective des deux États et suivant la politique de l'État protecteur. Tantôt le lien est si étroit qu'il diffère peu d'une incorporation proprement dite ; tantôt, au contraire, il est si relâché qu'il équivaut presque à l'indépendance de l'État protégé.

Avantages. — Le système du protectorat offre de *grands avantages* qui le font préférer souvent à l'annexion proprement dite. Il est d'abord plus facilement accepté par la population, puisqu'elle conserve ses lois, ses coutumes, son administration nationale. Et puis, il est plus facile d'agir sur les populations par les autorités indigènes que par des administrateurs ignorant souvent la langue, le caractère et les usages du pays.

Enfin, le protectorat est moins coûteux que l'annexion, en ce qu'il exige le concours d'un petit nombre de fonctionnaires.

Conditions d'un bon protectorat. — Pour qu'un protectorat soit établi rationnellement, il faut :

1º Que l'État protégé, assimilé à un État vassal et frappé d'incapacité au point de vue extérieur, ne puisse entrer en relations avec les autres puissances que par l'intermédiaire de l'État protecteur ;

2º Que l'État protecteur se réserve un droit d'occupation militaire sur le territoire protégé ;

3º Que l'État protecteur ait le droit d'établir des tribunaux pour les procès intéressant les Européens ;

4º Enfin, que l'État protecteur ait sur place un agent chargé du contrôle de l'administration de l'État protégé, à la fois administrateur et diplomate.

Protectorats français. — La France actuellement exerce son protectorat : sur la Régence de Tunis, sur l'Annam et le Tonkin, sur le royaume du Cambodge et sur le Maroc.

1º Régence de Tunis. — *Historique.* — La Régence de Tunis a été placée sous le protectorat de la France par le *traité du Bardo*, signé le 12 mai 1881 par le général Bréart, représentant la France, et par le bey de Tunis en personne. Ce traité a été complété par le *traité de la Marsa* du 8 juin 1883, qui a augmenté encore l'autorité de la France sur la Tunisie.

Pour bien comprendre la situation actuelle de la Tunisie, il ne faut pas perdre de vue qu'elle constitue une personne du droit des gens, distincte de la France, et dont la souveraineté a été seulement *amoindrie*, au profit de cette dernière puissance, soit à l'extérieur, soit à l'intérieur.

Condition de la Tunisie au point de vue des relations extérieures. — Désormais, la France est l'intermédiaire nécessaire de la Tunisie dans ses relations avec les autres Etats. Elle a près du bey de Tunis un représentant qui a le titre de *résident général* et qui est en même temps le ministre des Affaires étrangères en Tunisie.

Le bey ne peut pas accréditer des agents diplomatiques à l'étranger ; il a perdu le droit de *légation active*. Les intérêts tunisiens sont sauvegardés au dehors par les agents diplomatiques français. Mais le bey de Tunis peut recevoir des agents diplomatiques étrangers ; il a conservé le *droit de légation passive*.

Administration intérieure de la Tunisie. — A l'intérieur, la France exerce son autorité en Tunisie par son armée, par ses finances, par la justice et par le contrôle exercé sur les fonctionnaires indigènes.

La France a le droit d'occuper militairement certains points du territoire de la Régence. Cette occupation, d'après le traité, doit cesser lorsque, d'un commun accord, les autorités militaires et tunisiennes le décideront. Cela veut dire qu'elle doit durer toujours. Le commandant en chef des troupes a été nommé par le bey *ministre de la guerre de la Régence*.

Au point de vue financier, la France s'est débarrassée de l'ingérence des puissances étrangères, qui, en 1868, avaient institué une commission financière internationale, par la conversion de la dette tunisienne. A cet effet, elle émit, sous sa propre garantie, un emprunt autorisé par la loi du 9 avril 1884, qui amena la dissolution de la commission internationale.

Au point de vue de l'administration de la justice, à raison des *capitulations* qui liaient le bey de Tunis aux puissances étrangères, les consuls avaient, sur le territoire de la Régence, un pouvoir de juridiction à l'égard de leurs nationaux.

La France, par une loi du 27 mars 1883, avait organisé un tribunal de première instance à Tunis et des justices de paix sur les points importants du territoire tunisien. Mais, pour que cette loi reçût son entière application, elle dut négocier avec les États étrangers pour faire abroger les capitulations. Elle parvint facilement à obtenir l'adhésion de la plupart des États européens : l'Italie seule résista quelque temps ; elle finit cependant par céder à son tour, en janvier 1884.

Depuis cette époque, la juridiction des juges français s'étend : 1° aux procès entre étrangers ; 2° aux procès entre étrangers et Tunisiens.

Quant aux procès entre Tunisiens, ils sont de la compétence des tribunaux de la Régence.

Enfin, au point de vue purement administratif, les fonctionnaires tunisiens ou caïds sont surveillés et dirigés par des fonctionnaires français appelés contrôleurs civils.

Réformes libérales de l'organisation administrative de la Tunisie. — *Différents Conseils superposés.* — L'organisation administrative de la Tunisie a été réorganisée en vue d'associer, dans une pensée libérale, l'élément indigène à l'élément français dans les Conseils du protectorat. Au centre est placé un grand Conseil de la Tunisie et une Commission arbitrale du grand Conseil : au-dessous sont institués cinq Conseils de région et au-dessous des Conseils de Caïdat.

Le grand Conseil de la Tunisie. — Il comporte deux sections, l'une française et l'autre indigène.

La section française comprend 44 membres : 21 représentants des grands intérêts économiques de Tunisie, agriculture, industrie, commerce, mines : 23 représentants de la colonie française.

La section indigène comprend 18 membres : deux représentants des Conseils de région, deux représentants de la Chambre agricole indigène, deux représentants de la Chambre commerciale indigène, deux notables israélites et deux représentants de territoires militaires choisis parmi les notables musulmans.

En principe, ces deux sections délibèrent séparément. Elles peuvent être appelées à délibérer en commun sur la demande du Résident général ou de dix membres de l'une des deux sections.

La principale fonction du Conseil est l'examen du budget. En outre, il peut émettre des vœux dont le caractère ne doit être ni constitutionnel ni politique. Aucun emprunt ne peut être émis sans l'avis favorable des deux sections. Il ne peut être passé outre à un avis émis par les deux sections en matière budgétaire.

Commission arbitrale du grand Conseil. — Composée de cinq membres français et de cinq membres indigènes du grand Conseil élus dans son sein, délibérant en commun sous la présidence du résident général, elle a pour mission de délibérer sur les avis contraires émis par les deux sections du grand Conseil.

Conseils de région. — Un Conseil de région est établi dans chacune des cinq villes suivantes : Bizerte, Tunis, le Kef, Sousse et Sfax. Ils se composent de représentants des Conseils de Caïdat, des Conseils municipaux, des Chambres d'agriculture, de commerce et des Chambres mixtes.

Ces Conseils de région donnent leur avis sur les programmes de travaux projetés par les municipalités, étudient les besoins économiques de la région et délibèrent au sujet des avis des Conseils de Caïdat.

Conseils de Caïdat. — Le Conseil de Caïdat est composé de membres élus par les délégués des Cheikhats, eux-mêmes désignés par les notables locaux. Il est présidé par le contrôleur civil.

Il discute les besoins économiques du Caïdat et donne son avis sur toutes les questions intéressant le Caïdat et à lui soumises par le gouvernement.

Municipalités. — Leur réorganisation est à l'étude et ne tardera pas à paraître.

Textes en vigueur. — Toutes ces réformes se trouvent consacrées dans les textes suivants :

1o Un décret beylical du 11 juillet 1922 relatif à la Constitution des Conseils de région en territoire de contrôle civil ;

2o Un décret beylical en date du 12 juillet 1922, relatif à la constitution et aux attributions du grand Conseil de la Tunisie ;

3o Un décret beylical en date du 12 juillet 1922, relatif au fonctionnement du grand Conseil de la Tunisie ;

4o Un arrêté résidentiel en date du 13 juillet 1922, fixant le mode de désignation et la composition de la section française du grand Conseil de la Tunisie ;

5o Un arrêté résidentiel en date du 15 juillet 1922, organisant la Chambre des intérêts miniers de la Tunisie.

Difficultés de la France en Tunisie. — Malgré la politique libérale exercée par la France en Tunisie, elle y rencontre actuellement de graves difficultés.

Nous avons à compter : 1° avec un parti destourien menant une campagne pour la révision de la Constitution (destour) inspiré et soutenu par le parti communiste international qui reçoit son mot d'ordre et peut-être des subsides de Moscou ; 2° avec le danger italien. L'Italie ne se console pas de nous voir installés en Tunisie, où ses nationaux sont si nombreux. Contre 2 millions d'indigènes, il y a en Tunisie 90.000 Italiens et seulement de 55 à 60.000 français. Là est le vrai danger pour nous. En vue d'y parer une loi du 20 décembre 1923 a facilité et même imposé la nationalité française dans certaines conditions. Cette loi a soulevé des réclamations de la part de l'Angleterre pour ses sujets Maltais qui se trouvaient atteints. Après intervention de la Société des nations et décision du tribunal international de la Haye, un accord est intervenu sur ce point avec le gouvernement britannique au mois de mai 1924. On peut espérer qu'une semblable entente sera possible à cet égard avec le gouvernement italien. Quoi qu'il en soit le gouvernement français songe à attirer les colons français en Tunisie pour combattre l'influence des éléments italiens qui pourrait devenir inquiétante si on n'y prenait par garde (1).

2° **Annam.** — Le protectorat français a été établi sur le *royaume d'Annam* pour la première fois par le traité du 15 mars 1874. Ce traité ayant été violé par le roi d'Annam, la France dut entreprendre une expédition militaire qui aboutit au traité du 14 *mai* 1884, confirmé l'année suivante par le traité du 9 *juin* 1885.

Le traité de 1884 place définitivement le *royaume d'Annam* sous la protection de la France. Le roi d'Annam s'engage à conformer sa politique étrangère à celle de la France et à n'entrer en relations avec les autres Etats que par l'intermédiaire de nos agents diplomatiques.

La France, de son côté, s'oblige à protéger le royaume annamite contre tous les périls qui peuvent le menacer, soit au dehors, soit à l'intérieur de ses frontières. En conséquence, elle a le droit d'occuper militairement tout ou partie de son territoire.

---

(1) Consulter sur cette question les débats qui ont eu lieu à la Chambre des députés dans la 1re séance du 20 janvier 1925 (*Officiel* du 21 et *Le Temps* du 15 mai 1925).

Au point de vue intérieur, le royaume d'Annam est administré par son roi qui tient résidence à Hué, et par des fonctionnaires nommés par le roi. Mais un *résident général français est placé* près la Cour de Hué, avec pouvoir de contrôler les actes du gouvernement annamite. Le territoire n'est accessible aux étrangers que sur certains points du littoral, pour les ports qui leur ont été ouverts en 1874.

La France a le droit général d'occupation militaire et le pouvoir de juridiction à l'égard de tous les habitants autres que les indigènes.

Les fonctionnaires annamites sont soumis au contrôle des résidents français. Enfin, la France s'est réservé la perception des impôts, l'administration des douanes, les travaux publics, et, en général, tous les services publics qui nécessitent une direction unique ou l'emploi d'ingénieurs ou d'agents européens.

3o. **Tonkin.** — Le *Tonkin* est plus intimement lié que le reste du royaume à la France. Les autorités annamites ont bien conservé leurs pouvoirs dans leurs districts respectifs ; mais elles sont soumises étroitement au contrôle des résidents français. D'autre part, la province est entièrement ouverte aux étrangers.

4o **Cambodge.** — Quant au *royaume de Cambodge*, il se trouve sous le protectorat de la France en vertu du traité du 11 août 1863, confirmé par le traité du 17 juin 1884. La France entretient auprès du roi du Cambodge un *résident général.*

L'autorité du roi sur ses sujets est purement nominale. Le gouvernement français peut, en effet, lui imposer toutes les réformes judiciaires ou administratives qu'il juge utiles.

5o **Ile de Madagascar.** — En vertu du traité du 1er octobre 1885, l'île de Madagascar a été placée sous le protectorat de la France ; mais en juillet 1897 le protectorat a pris fin pour faire place à une annexion proprement dite.

6o **Le Maroc.** — *Historique.* — Les relations des puissances européennes avec le Maroc remontent au XVIIe siècle. La France a passé deux traités avec cette puissance le 17 septembre 1631 et le 28 mai 1767.

Mais c'est dans ces dernières années qu'elles ont pris une activité particulière. Deux Etats, la France et l'Espagne, avaient des intérêts politiques de premier ordre à sauvegarder, sur cette partie du territoire africain, en raison de leur situation de voisinage ; mais, dans la réalisation de leurs ambitions territoriales, ils devaient se heurter à des prétentions rivales des autres puissances, notamment de l'Angleterre et de l'Allemagne, au moins dans le domaine économique. De là une série d'arrangements entre les Etats intéressés :

Convention de Madrid du 3 juillet 1880 signée par le Maroc et douze puissances pour régler la condition des sujets marocains qui, sous le nom de « protégés », sont au service de ces puissances ;

Convention du 8 avril 1904 entre la France et la Grande-Bretagne réglant un grand nombre de points litigieux, par laquelle la Grande-Bretagne consent à la France toute liberté d'action au Maroc, en échange de l'abandon de toute réclamation sur l'Egypte (1) ;

Convention du 3 octobre 1904 entre la France et l'Espagne déterminant les zones respectives d'influence que ces deux pays se reconnaissaient au Maroc.

L'Allemagne s'émut de l'accord intervenu entre la Grande-Bretagne et la France. Guillaume II se livra à une manifestation bruyante et théâtrale en débarquant à Tanger, le 31 mars 1905, où il affirma l'indépendance du Sultan du Maroc. A la suite de ce voyage, une Conférence européenne se tint, du 15 janvier au 7 avril 1906, à Algésiras, pour régler la situation du Maroc avec les puissances. Cette Conférence aboutit à un acte diplomatique en cent vingt-trois articles. Cet acte proclamait deux principes essentiels : 1° la souveraineté du Sultan ; 2° le principe de l'égalité absolue des Etats au Maroc, au point de vue économique. Il chargeait la France et l'Espagne du service de la police, soit séparément, soit ensemble, suivant les régions.

_____

(1) La Grande-Bretagne est la seule puissance européenne qui ait renoncé jusqu'ici à fermer ses tribunaux consulaires. Consulter sur le statut diplomatique du Maroc tous les documents officiels publiés par l'*Europe Nouvelle* du 20 juin 1925, p. 834 à 841.

Malgré cela, l'opposition de l'Allemagne continuait à se faire sentir contre la France au Maroc, se manifestant notamment le 25 septembre 1908 par l'incident des déserteurs de Casablanca, heureusement terminé par un arbitrage à la Haye, le 22 mai 1909. Pour vaincre cette résistance, la France signait avec l'Allemagne, le 9 janvier 1909, un traité par lequel l'Allemagne reconnaissait notre prépondérance au Maroc au point de vue politique, moyennant certaines concessions que la France accordait à l'Allemagne au point de vue économique. Tout n'était pas terminé cependant. Au mois d'avril 1911, des troubles éclatent au Maroc, mettant en péril la vie des sujets des différentes nations dans la capitale même, à Fez. La France se porte à leur secours ; ses troupes prennent possession de la ville. L'Allemagne proteste ; l'Espagne en profite pour étendre ses opérations militaires en occupant Larrache et El-Ksar.

Le 1er juillet suivant, l'Allemagne envoie une canonnière, la Panther, à Agadir, sous le vague prétexte de défendre ses nationaux menacés, en réalité pour essayer d'intimider la France. Alors commence une longue période de négociations, du mois de juillet au mois de novembre 1911, qui ont abouti au traité franco-allemand du 4 novembre 1911, établissant notre protectorat au Maroc.

Traité du 4 novembre 1911. — L'accord franco-allemand du 4 novembre 1911 se compose, en réalité, de deux conventions : l'une relative au Maroc, l'autre relative au Congo.

Relativement au Maroc, l'Allemagne s'engage à laisser toute liberté à la France, en vue de l'établissement de son protectorat, sous deux réserves principales :

1º Que la France sauvegardera au Maroc l'égalité économique entre les nations (1) ;

2º Qu'il ne sera porté aucune entrave aux droits

---

(1) C'est par là que notre protectorat au Maroc est moins avantageux pour la France que notre protectorat en Tunisie. En Tunisie, nous avons reconnu aux étrangers l'égalité juridique. Au Maroc, nous leur avons promis l'égalité juridique et économique. Nous ne pouvons donc pas frapper les marchandises étrangères de droits de douanes, dont seraient exonérés les produits français.

et actions de la Banque d'Etat tels qu'ils sont définis par l'acte d'Algésiras (1).

En compensation de la concession faite par l'Allemagne à la France au Maroc, la France cède à l'Allemagne une partie de ses possessions du Congo. La superficie des territoires cédés dépasse 250.000 kilomètres carrés, avec une population de douze cent mille âmes.

La France a repris possession de ces territoires au début de la guerre de 1914.

Traité de Fez du 30 mars 1912. — Ce traité, signé par la France avec le Maroc, établit le protectorat français au Maroc. Il a été rédigé sur le modèle des traités du Bardo et de la Marsa pour la Tunisie.

1° Il proclame pour le gouvernement français le droit de faire toutes les réformes administratives, judiciaires, scolaires, économiques, financières et militaires que le gouvernement français jugera utile d'introduire sur le territoire marocain (art. 1er).

Ces réformes seront édictées par Sa Majesté chérifienne sur la proposition du gouvernement français (art. 4).

2° Le gouvernement français est représenté au Maroc par un résident général dépositaire de tous les pouvoirs de la République française au Maroc. Il a le pouvoir d'approuver et de promulguer tous les décrets rendus par Sa Majesté chérifienne (art. 5).

3° Au point de vue militaire, le gouvernement français est autorisé, dès maintenant, aux occupations du territoire marocain qu'il jugera nécessaires au maintien de l'ordre et de la sécurité des transactions (art. 2).

4° Au point de vue financier, le sultan du Maroc s'interdit de contracter aucun emprunt et d'accorder

---

(1) Consulter sur cette question la remarquable thèse de M. P. Bonnet, Toulouse, 1912. La Banque du Maroc a été créée par la Conférence d'Algésiras pour faciliter la réorganisation financière du pays. C'est une banque d'émission et le trésorier-payeur général du Maroc. Elle a un caractère international, par son capital et par sa direction. La France y possède une part d'action et un nombre d'administrateurs trois fois supérieur à ceux des autres puissances.

aucune concession, sous une forme quelconque, sans l'autorisation du gouvernement français.

5° Au point de vue international, le Résident général est le seul intermédiaire du Sultan auprès des représentants étrangers et dans les rapports que ces représentants entretiennent avec le gouvernement marocain. D'autre part, les agents diplomatiques et consulaires de la France sont chargés de la représentation et de la protection des sujets et des intérêts marocains à l'étranger. Le sultan s'engage à ne conclure aucun acte ayant un caractère international sans l'assentiment préalable de la France. Ce traité va plus loin que le traité du Bardo, qui ne reconnaît pas au résident général d'être le seul intermédiaire du gouvernement indigène vis-à-vis des représentants étrangers.

6° La France prend l'engagement de prêter son constant appui au sultan contre tout danger qui menacerait sa personne ou ses Etats (art. 3).

Limites du protectorat français au Maroc. — Le protectorat français est limité, au Maroc, à trois points de vue :

1° Par la zone d'influence réservée à l'Espagne sur le Nord du Maroc. C'est la France qui a été chargée de négocier sur ce point avec l'Espagne, de concert avec l'Angleterre, pour définir l'autorité que l'Espagne exercera sur cette partie du territoire marocain. Des négociations entamées à ce sujet depuis le mois de novembre 1911 ont abouti au traité franco-espagnol du 27 novembre 1912, dont nous dirons plus loin quelques mots.

2° Par la situation particulière de la ville de Tanger. Cette ville a été dotée par l'acte d'Algésiras d'un régime international comprenant un grand nombre d'organismes (Comité des douanes, Comité des travaux publics, Conseil sanitaire, Commission d'hygiène) qui entretiennent l'anarchie, tout en favorisant les manœuvres des intrigants.

Ce régime a été remplacé par le statut de Tanger dont nous parlons plus bas.

3° Par la situation des « protégés » réglementée par la Convention de Madrid du 3 juillet 1880. Ce sont des sujets marocains pris comme employés par les chefs de poste consulaire et qui relèvent, comme les étrangers résidant au Maroc, des tribunaux consulaires des États qui les emploient. La France, par une série de négociations avec les puissances intéressées, est arrivée à obtenir la suppression du pouvoir de juridiction des consuls et la disparition de ce régime de protection, ainsi que la reconnaissance des tribunaux français établis au Maroc.

Traité franco-espagnol du 27 novembre 1912. — Ce traité a eu pour but de déterminer le statut de la zone espagnole. Ce statut est d'une complexité particulière. Car on a voulu combiner une autonomie interne absolue avec le maintien de l'unité politique du Maroc sous le protectorat de la France (1). La zone espagnole est administrée par un haut commissaire espagnol résidant à Tétouan. Il n'est pas en rapport direct avec le sultan, mais avec un délégué du sultan portant le titre de Khalifa, qui réside à Tétouan. Les traités passés par la France au nom du sultan du Maroc ne sont applicables à la zone espagnole qu'avec l'assentiment du roi d'Espagne.

Traité de Versailles de 1919. — Par ce traité, l'Allemagne déclare renoncer à tous les droits que les accords antérieurs (acte d'Algésiras du 7 avril 1906, convention du 9 février 1909 et 4 novembre 1911) lui avaient conférés au Maroc. Elle renonce au régime des capitulations, au régime des protégés, ainsi qu'à sa part d'influence dans la Banque du Maroc (art. 411 à 416).

Le statut de Tanger. — Le statut de Tanger résulte d'une Convention signée à Paris le 18 décembre 1923 entre la France, l'Angleterre et l'Espagne, à laquelle est annexé un règlement de la gendarmerie de la zone (2).

L'art. 1er de cette convention pose le principe de la souveraineté du Sultan du Maroc sur la zone des Tanger. Il y est représenté par un Menboud qui préside l'assemblée législative, promulgue les textes législatifs et administre directement la population indigène.

---

(1) Consulter à ce sujet la remarquable étude de M. Basdevant dans la *Revue de droit international public* de 1915.

(2) Voir le texte de cette convention dans l'*Europe Nouvelle* du 5 janvier 1924, p. 22 et suiv. La cérémonie officielle de l'instauration du nouveau statut de Tanger a eu lieu le 1er juin 1925. Le Menboud procéda à l'installation solennelle du tribunal mixte et de l'assemblée législative.

L'administration des colonies étrangères appartient à un administrateur français assisté pour l'hygiène et l'assistance d'un administrateur adjoint espagnol et pour les finances d'un administrateur adjoint britannique (art. 35).

Les travaux publics d'Etat sont confiés à un ingénieur français et les travaux municipaux à un ingénieur espagnol.

L'ordre public est assuré par une gendarmerie indigène de 250 hommes sous le commandement d'un officier belge assisté de cadres français et espagnols (art. 47).

Le pouvoir législatif appartient à une assemblée composée de : 4 membres français, 4 espagnols, 3 britanniques, 2 italiens, 1 américain, 1 belge, 1 hollandais, 1 portugais désignés par leurs consuls respectifs, 6 sujets musulmans et 6 sujets israélites désignés par le Menbout (art. 34). Les actes de cette assemblée législative sont soumis à l'approbation d'un Comité de contrôle qui est composé des consuls de carrière des Puissances signataires de l'acte d'Algésiras (art. 30).

Le pouvoir judiciaire appartient à un Tribunal mixte franco-hispano-britannique. Des Codes devront être rédigés pour assurer le fonctionnement régulier de ce tribunal (art. 48).

L'arabe, l'espagnol et le français sont les seules langues officielles dans la zone de Tanger. Les textes législatifs et réglementaires doivent être publiés dans ces trois langues (art. 51).

Notons encore que la zone de Tanger est placée sous le régime de la neutralité permanente. Toutefois, les convois de ravitaillement et les troupes à destination ou en provenance des zones française et espagnole pourront, après avis préalable à l'administrateur de la zone de Tanger, utiliser le port de Tanger et les voies de communication le reliant à leur zone respective à l'entrée et à la sortie pendant un délai maximum de quarante-huit heures (art. 3).

On est arrivé en somme à une formule éclectique et transactionnelle qui donne satisfaction à l'Espagne, à l'Angleterre et à la France sans qu'aucune d'elles puisse être considérée comme sacrifiée (1).

_____

(1) M. Georges Barthélemy, *Revue politique et parlementaire*, 10 janvier 1924, p. 180.

Complication nouvelle au Maroc. — A peine réglée la question de Tanger, voici surgir une nouvelle difficulté provoquée par l'évacuation du Riff par l'Espagne après le désastre d'Annoual, abandonnant aux Riffains 40.000 fusils à tir rapide et des munitions considérables. Enhardi par un tel succès, Abd el Krim se proclame sultan du Riff au mépris des droits du sultan véritable Mouley Youssef, déclare la guerre sainte et lance une offensive contre nos postes militaires en vue de s'emparer de Fez, soutenu dans cette lutte par l'action combinée de Moscou et de Berlin et par l'appui moral des communistes français. Tout danger dès maintenant est conjuré. Mais la lutte sera dure et longue. Au moment où nous écrivons (septembre 1925), grâce à la coopération espagnole, la rébellion d'Abd el Krim est en bonne voie d'être châtiée, et on peut espérer qu'avant peu la paix sera rétablie sur tout le territoire marocain (1).

c) Etats sous le régime du mandat.

Origine historique. — Le régime du mandat est une création originale du traité de Versailles (art. 22). Ce régime a été appliqué aux colonies et territoires qui, à la suite de la guerre, ont cessé d'être sous la souveraineté des Etats qui les gouvernaient précédemment et qui sont habités par des peuples non encore capables de se diriger eux-mêmes.

Pour assurer le bien-être et le développement de ces peuples, il a paru opportun de les placer sous la tutelle des nations développées qui, en raison de leurs ressources, de leur expérience ou de leur position géographique, sont le mieux à même d'assumer cette responsabilité. Elles exercent cette mission en qualité de mandataires et au nom de la Société des Nations.

Différentes variétés de mandat. — Le caractère et l'étendue du mandat varient nécessairement suivant le degré de développement du peuple, la situation géographique du territoire, ses conditions économiques et toutes autres circonstances analogues.

---

(1) Lire l'article de M. Robert Raynaud dans la *Revue politique et parlementaire* du 10 janvier 1925, p. 90 et celui de M. F. Charles Roux, dans la même revue, du 10 juin 1925, p. 390.

L'art. 22 fait à cet égard une distinction très nette en trois catégories :

1° Les anciennes communautés soumises autrefois à l'empire ottoman, telles que la Syrie, la Palestine et la Mésopotamie (Mandat A).

2° Les possessions de l'Afrique centrale (Mandat B).

3° Les territoires du Sud-Ouest africain et certaines îles du Pacifique austral (Mandat C).

Anciennes communautés ottomanes. — *Indépendance sous tutelle.* — Les anciennes communautés qui appartenaient autrefois à l'empire ottoman ont atteint un tel degré de développement que leur existence comme nation indépendante peut être reconnue provisoirement, à la condition que les conseils et l'aide d'un mandataire guident leur administration jusqu'au moment où elles seront capables de se conduire seules.

Rapprochement avec le régime du protectorat (1). — Le régime du mandat se rapproche dans ce cas du régime du protectorat. Aux nationaux dans les deux cas revient le soin de gouverner et d'administrer ; au mandataire comme au protecteur le soin de suggérer, de conseiller, de surveiller et même au besoin de redresser. Mais le régime du mandat est plus libéral et il offre plus de garanties aux nationaux pour deux raisons :

1° Parce que, dans le protectorat, l'Etat protecteur se réserve toutes les hautes charges qui doivent être au contraire accessibles aux nationaux les plus dignes sous le régime du mandat.

2° Parce que l'Etat protecteur ne relève que de lui-même, tandis que le mandataire doit rendre compte chaque année de sa mission à la Société des Nations dont il tient ses pouvoirs.

Possessions de l'Afrique centrale. — Le peu de développement des populations de ces territoires exige que le mandataire y assume l'administration elle-même. Cependant son pouvoir d'administration est limité par certaines règles qu'il est tenu d'observer :

---

(1) Consulter l'article du lieutenant-colonel Catroux sur le mandat français en Syrie, dans la *Revue politique et parlementaire* du 10 février 1922.

1º Il doit prohiber les abus tels que la traite des esclaves, le trafic des armes et celui de l'alcool ;

2º Il doit garantir la liberté de conscience et de religion ;

3º Il ne doit pas établir de fortifications ni de bases militaires ou navales, ni donner aux indigènes une instruction militaire si ce n'est pour la police ou la défense du territoire ;

4º Il doit assurer aux autres membres de la société des conditions d'égalité pour les échanges et le commerce.

Sud-Ouest africain et certaines îles du Pacifique austral. — Ces territoires sont administrés sous les lois du mandataire, comme une portion intégrante de son territoire, sous la seule réserve des garanties prévues plus haut dans l'intérêt de la population indigène.

Il en est ainsi : en raison de la faible densité de la population, de la superficie restreinte du territoire, de son éloignement des centres de civilisation et de sa contiguïté géographique au territoire du mandataire.

Règle commune aux trois cas de mandat. — Le mandat, de quelque nature qu'il soit, est exercé sous le contrôle de la Société des Nations.

C'est son Conseil qui détermine le degré d'autorité, de contrôle ou d'administration à exercer par le mandataire, s'il n'y a pas eu de convention antérieure à ce sujet entre les membres de la Société.

Tous les ans, le mandataire doit envoyer au Conseil un rapport annuel concernant les territoires dont il a la charge.

Une Commission permanente est chargée de recevoir et d'examiner les rapports annuels des mandataires et de donner au Conseil son avis sur toutes les questions relatives à l'exécution des mandats.

Situation particulière de la République d'Andorre. — La République d'Andorre, située entre la France et l'Espagne, est placée sous la *protection indivise* de la France et de l'*évêque d'Urgel*. Elle compte 12.000 habitants et a une superficie de 460 kilomètres.

Les pouvoirs publics sont représentés par un *Con-*

seil de vingt-quatre membres, élus à vie par les électeurs et par un *syndic* élu à vie aussi par le Conseil.

La justice est administrée : 1º par un *juge civil*, nommé alternativement par la France et par l'évêque d'Urgel ; 2º par *deux viguiers*, dont l'un est nommé par la France pour une durée illimitée — il doit être natif du département de l'Ariège — et dont l'autre est nommé par l'évêque d'Urgel, pour une période de trois ans, parmi les Andorrans. La République d'Andorre paie un tribut annuel de 960 francs à la France et de 840 francs à l'évêque d'Urgel.

Principauté de Monaco. — La principauté de Monaco (1), placée sous le protectorat de la France de 1641 à 1792, annexée par elle sous la Révolution, mise ensuite, par les traités de 1815, sous la protection du royaume de Sardaigne, constitue, depuis 1860, un *État indépendant.*

Le prince de Monaco peut recevoir et envoyer des agents diplomatiques et conclure des traités. C'est ainsi qu'en 1861 il a cédé à la France, pour la somme de 4 millions, Menton et Roquebrune, bien que, depuis 1818, ces deux bourgs fussent réunis en fait au Piémont. En réalité, par l'effet de diverses Conventions, la principauté de Monaco se trouve placée sous une certaine dépendance vis-à-vis de la France au point de vue des postes, des douanes et de l'administration sanitaire ; de plus, la France s'est fait consentir pour ses troupes le passage au travers du territoire de la principauté.

Notons, à titre de curiosité, que le prince Albert Ier a doté son pays d'une constitution le 5 janvier 1911. Elle a été élaborée par trois Français, MM. Louis Renault, André Weiss et Jules Roche.

§ 3. — Des États d'après la forme du gouvernement.

Deux types principaux. — Les diverses formes de gouvernements peuvent être ramenées à deux types principaux : la monarchie et la république.

La *monarchie* est le système de gouvernement dans

_____

(1) Sa superficie est de 2.160 hectares et sa population de 13.000 habitants.

lequel le pouvoir suprême réside sur la tête d'un seul homme, qu'il s'appelle roi, empereur ou prince. La monarchie peut affecter deux caractères différents : elle peut être *absolue* ou *constitutionnelle*.

La monarchie est *absolue* lorsque le souverain dispose sans limite et sans réserve du gouvernement de l'Etat.

La monarchie est *constitutionnelle* lorsque les pouvoirs du souverain sont déterminés par une charte ou par la coutume traditionnelle et tempérés par le fonctionnement d'institutions politiques, telles qu'un parlement, qui concourt avec le souverain au gouvernement général de l'Etat.

La *république* est le système de gouvernement dans lequel le pouvoir réside dans le peuple, qui l'exerce, soit directement, soit par ses délégués.

La république est dite *aristocratique* lorsque les hautes magistratures dans l'Etat sont réservées à une classe de nobles et de privilégiés. Elle est dite *démocratique*, lorsque toutes les fonctions sont accessibles à tous les citoyens.

Dans l'Europe contemporaine, la *Russie* était, jusqu'à la révolution de 1917, le seul Etat où la monarchie absolue ait pu subsister ; la *France*, la *Suisse* et le *Portugal* sont en république. La république a été substituée au régime monarchique en Allemagne dans tous les Etats allemands, en Autriche et en Hongrie, après la capitulation militaire de ces Etats en novembre 1918.

§ 4. — Des Etats d'après leur puissance.

Grandes puissances et Etats secondaires. — D'après leur puissance, les Etats se distinguent en *grandes puissances* et en *Etats secondaires*.

Cette distinction a eu, à un certain moment, une importance considérable. On sait en effet que, le 26 septembre 1815, la Russie, la Prusse et l'Autriche avaient conclu le traité de la Sainte Alliance, par lequel elles s'arrogeaient le droit de régler toutes les affaires européennes, même en ce qui concernait la politique intérieure du gouvernement des Etats. La France fut admise dans la Sainte Alliance au congrès d'Aix-la-Chapelle, en 1818. Ainsi fut formée la *pen-*

tarchie, par l'accord de ces quatre grandes puissances et de l'Angleterre.

Le *concert européen* n'existe plus aujourd'hui : il n'y a donc plus aucun intérêt pratique à déterminer quelles sont les grandes puissances. Cette distinction a cependant survécu en théorie.

Seulement, la *pentarchie* a fait place aujourd'hui à l'*exarchie*, par suite de la reconnaissance de l'*Italie* comme sixième grande puissance. En cette qualité, l'Italie a été admise au *Congrès de Londres*, en 1867, pour le règlement de l'affaire du Luxembourg et, en 1878, au *Congrès de Berlin*.

Malgré ses efforts, l'Espagne n'a pas obtenu la satisfaction d'amour-propre accordée à l'Italie. On s'est borné à la faire intervenir, ainsi que les Pays-Bas, à la signature de la Convention concernant le canal de Suez, en 1888.

En dehors des six grands États européens, il faut citer les Etats-Unis et le Japon comme puissances de premier ordre ; les Etats-Unis ont été reconnus comme tels depuis 1898, et le Japon à partir de 1905.

Application de cette distinction dans la Conférence de la Paix. — Cette distinction a trouvé une application intéressante dans la Conférence réunie à Paris en 1919 pour fixer les conditions de la paix. Les cinq grandes puissances alliées ou associées (Etats-Unis d'Amérique, Empire britannique, France, Italie et Japon), désignées sous le nom de puissances à intérêts généraux, ont constitué une sorte de directoire, prenant part à toutes les séances et représentées dans toutes les commissions. Quant aux 19 autres Etats belligérants, considérés comme puissances à intérêts particuliers, ils n'ont eu accès qu'aux séances consacrées aux questions les concernant.

Par contre, à la Conférence de Gênes (avril-mai 1922), grandes et petites puissances ont délibéré dans des conditions d'égalité parfaite (1).

_____

(1) Voir plus loin la Société des Nations et les petits Etats.

CHAPITRE III. — DE LA FORMATION, DE L'AGRAN-
DISSEMENT ET DE LA FIN DES ÉTATS.

Des trois phases de l'existence des Etats. — Comme
les personnes physiques, l'Etat, personne juridique,
naît, grandit et meurt.

Nous allons, dans trois paragraphes, étudier :

§ 1. — Comment l'Etat se forme, grandit et meurt ;

§ 2. — Les théories qui président à la formation,
à l'agrandissement et à la mort des Etats ;

§ 3. — Les conséquences juridiques de la formation, de l'agrandissement et de la mort des Etats.

§ 1. — Comment l'Etat se forme, grandit et meurt.

Division. — Nous nous occuperons successivement
de ces trois faits :

a) Formation.

b) Agrandissement.

c) Fin de l'Etat.

** a) *Formation de l'Etat.*

Deux modes de formation d'un Etat nouveau. —
Un Etat nouveau peut se former de deux façons différentes :

1° Il peut résulter de modifications, plus ou moins
profondes, apportées à la composition des Etats
anciens, au détriment de ces Etats ;

2° Il peut se constituer de toutes pièces avec des
éléments entièrement nouveaux, sans léser aucun des
Etats existants, par l'organisation politique de territoires jusque-là inhabités, ou occupés par des peuplades sauvages.

1ᵉʳ Mode de formation. — **Etat nouveau se formant
au détriment d'Etats anciens.** — C'est aujourd'hui
l'hypothèse la plus fréquente. Elle se présente dans
plusieurs cas, que nous allons parcourir.

1ᵉʳ cas : *Une province ou une colonie se soulève et
s'organise en Etat indépendant.* C'est ce qu'on appelle
la sécession ou séparation.

Exemples historiques. — On peut citer : les *États-Unis d'Amérique du Nord*, qui se sont séparés de l'Angleterre, en 1776, et ont proclamé leur indépendance ; la *Grèce*, qui secoue le joug de la Turquie et forme un État souverain, dès 1829 ; la *Belgique*, unie à la Hollande par les traités de 1815, qui se sépare d'elle en 1830 ; enfin les *colonies espagnoles et portugaises de l'Amérique du Sud*, qui s'émancipent, de 1820 à 1826, et forment les États du *Mexique*, du *Brésil*, du *Pérou*, etc... C'est encore le cas de Cuba en 1908, qui se proclame indépendant de l'Espagne.

Dans les circonstances actuelles, c'est le cas de la *Pologne*, qui s'est reconstituée à l'aide d'éléments enlevés à la Russie, à l'Allemagne et à l'Autriche-Hongrie ; c'est aussi le cas de la *République tchéco-slovaque* formée de territoires détachés de l'Autriche.

2e cas : *Un État mi-souverain acquiert sa souveraineté.*

Exemples historiques. — On peut citer la formation, en États indépendants, du *royaume de Serbie*, du *royaume de Roumanie*, du *royaume de Bulgarie*, qui étaient des principautés vassales de la Porte ottomane.

3e cas : *Une confédération nouvelle se forme sur les ruines d'une confédération dissoute.*

Dans ce cas, un double phénomène se produit : un ancien État disparaît et un nouveau se forme.

Exemples historiques. — L'*Allemagne* a offert, dans les temps modernes, deux exemples de ce phénomène.

En 1866, la *Confédération germanique*, organisée par les traités de Vienne, est dissoute ; elle est remplacée par la *Confédération de l'Allemagne du Nord*. En 1871, la Confédération de l'Allemagne du Nord disparaît à son tour, et, à sa place, s'établit l'*empire allemand*, remplacé en 1919 par l'empire républicain actuel.

4e cas : *Plusieurs États séparés s'unissent pour former un seul État.*

Dans ce cas, la formation de l'État nouveau peut affecter trois formes différentes :

a) Il peut y avoir *fusion complète, en un État simple*, de plusieurs États séparés qui s'unissent. On peut citer, comme exemple, le *royaume d'Italie*, formé par la réunion successive des divers Etats qui partageaient la péninsule italique (1).

Un double phénomène inverse se produit alors, comme au cas précédent : d'une part, la création d'un Etat nouveau ; d'autre part, la fin des Etats, dont la fusion sert à former l'Etat nouveau.

b) Il peut y avoir *simple juxtaposition de deux Etats*, qui, au point de vue de la souveraineté extérieure, ne formeront plus qu'un seul Etat.

Comme exemple, on peut citer la formation de l'*Autriche et de la Hongrie* en 1867.

c) Il peut y avoir *simple superposition d'un Etat nouveau aux Etats anciens*, par la formation d'un Etat fédéral. On peut citer comme exemple la Bavière, le Wurtemberg, le Grand-duché de Bade, unis aux Etats de l'Allemagne du Nord, en 1871, pour former l'empire allemand.

5e cas : *Deux Etats formant une union réelle se séparent.* — C'est ce qui s'est produit pour la Suède et la Norvège au mois de juin 1905. L'union a pris fin ; la Suède et la Norvège ont repris leur autonomie au point de vue extérieur.

C'est ce qui s'est produit en 1918 pour l'Autriche et la Hongrie, qui se sont séparées.

2e Mode de formation. — **Etat nouveau se formant d'éléments nouveaux, par l'organisation politique de territoires inhabités ou occupés par des peuplades sauvages.** — Cette seconde hypothèse est aujourd'hui très rare. Il y a cependant, dans le siècle dernier, deux exemples remarquables d'un pareil fait : ils nous sont offerts par la République de Libéria et par l'Etat du Congo.

La *République de Libéria*, située sur la côte occidentale d'Afrique, a été fondée par une colonie de nègres affranchis, amenés des Etats-Unis sous les auspices d'une société établie pour l'émancipation des nègres. Elle se développa si bien qu'en 1847 les Etats-Unis reconnurent son indépendance et sa souveraineté.

_____

(1) Ce n'est pas cependant la théorie du gouvernement italien, d'après lequel l'Italie serait formée, non par la fusion des différents Etats de la péninsule italique, mais par l'absorption dans le royaume du Piémont des duchés de Modène, Parme, Toscane, et du royaume de Naples.

L'*Etat indépendant du Congo* tire son origine de l'*Association internationale africaine*, fondée par le roi des Belges, Léopold II, en 1876. D'abord formée, en apparence du moins, dans un but purement scientifique, cette association se comporta bientôt en *personne du droit des gens*, ayant un pavillon, faisant des alliances, des traités d'amitié ou de protection avec les rois nègres.

En 1884, l'Etat du Congo fut formellement reconnu par les Etats-Unis ; en 1885, il était admis, sur le même rang que les autres Etats, à accéder à l'acte général de la Conférence de Berlin.

Enfin, vers la fin de la même année, le roi des Belges était autorisé par les Chambres belges à accepter le titre de souverain du Congo.

La Belgique et l'Etat du Congo formaient une union personnelle, pour toute la durée du règne du roi Léopold II.

L'Etat du Congo a disparu par son incorporation à la Belgique, en octobre 1908.

De la reconnaissance d'un Etat nouveau. → *Définition.* — La reconnaissance est l'acte par lequel la formation de l'Etat nouveau est acceptée solennellement par les Etats anciens (1).

A quel moment la reconnaissance d'un Etat nouveau peut intervenir. — Les Etats anciens sont maîtres, dans leur souveraineté, de reconnaître l'Etat nouveau quand bon leur semble ; il y a là un acte purement politique, qui dépend entièrement de l'appréciation du gouvernement.

Voici cependant quelques règles, desquelles on devra s'inspirer : 1° *Il y a un moment où la reconnaissance d'un Etat nouveau ne peut avoir lieu.* — C'est lorsque la lutte dure encore entre la nation soulevée et l'Etat dont elle veut s'affranchir.

Un acte de reconnaissance à ce moment serait plutôt une intervention dans les affaires intérieures d'un

---

(1) Ne pas confondre la reconnaissance d'un Etat nouveau avec la reconnaissance comme belligérants et comme insurgés dont il sera question plus tard à propos de la guerre.

autre Etat en faveur de la nation qui combat pour son indépendance.

L'Etat qui agirait ainsi s'exposerait à une déclaration de guerre de la part de l'Etat au détriment duquel il interviendrait. C'est ce qui se produisit, lorsqu'en 1778, le 1er février, la France reconnut les Etats-Unis, en faisant avec eux un traité de commerce et d'amitié. L'Angleterre déclara la guerre à la France (1).

2° *Il y a un moment où un Etat nouveau peut être reconnu*, sans que cette reconnaissance soit un devoir pour les Etats anciens.

C'est lorsque toute lutte a cessé entre l'Etat nouveau et l'Etat duquel il procède, sans que cependant ce dernier ait renoncé à ses prétentions et sans qu'il soit certain non plus que la situation nouvelle ne prendra pas fin un jour (2).

3° Enfin, *il y a un moment où il est du devoir des Etats anciens de reconnaître l'Etat nouveau* (3) : c'est lorsque l'Etat nouveau est parvenu à constituer un gouvernement, obéi à l'intérieur et capable de faire respecter ses frontières au dehors.

Un Etat qui se refuserait à faire une semblable reconnaissance pourrait s'exposer à de graves dan-

---

(1) D'après les Américains eux-mêmes, cette reconnaissance était prématurée. Pour eux, la date précise de leur indépendance est celle du 19 octobre 1781, date de la capitulation de Yorktown. L'Angleterre ne l'a reconnue qu'en 1783.

(2) C'est ainsi que le parlement anglais a toujours refusé de reconnaître, pendant la guerre de Sécession américaine, les confédérés du Sud comme formant un Etat distinct, parce que, malgré les succès remportés par eux, la situation n'avait pas un caractère de solidité et de fixité suffisant.

(3) Cette opinion n'est pas admise par M. Bonfils (*op. cit.*, n° 201) ; d'après le savant auteur, il n'existe pas d'obligation de ce genre. Quand une entité d'ordre politique réunit et présente tous les caractères constitutifs d'un Etat, elle a l'aptitude nécessaire pour être reconnue ; mais cette aptitude n'engendre pas une obligation à la charge des autres Etats. Ceux-ci peuvent refuser la reconnaissance à leurs risques et périls.

gers de la part de l'Etat dont il aurait méconnu l'existence (1).

Forme de la reconnaissance. — La reconnaissance d'un Etat nouveau peut faire l'objet d'une déclaration collective des puissances à la suite d'un congrès ou d'une conférence réunie à l'effet de poser les bases de la formation de cet Etat. Il en a été ainsi pour la *Grèce* en 1829 (Traité d'Andrinople) et pour la *Belgique* (Conférence de Londres de 1830). Elle peut, au contraire, faire l'objet d'une déclaration individuelle d'un Etat ancien.

Elle peut être *tacite* et résulter de ce fait qu'un Etat ancien consent à entrer en relations avec l'Etat nouveau, en recevant ses agents diplomatiques ou en accréditant des agents diplomatiques auprès de son gouvernement ou en entrant en négociations avec cet Etat.

Caractère juridique de la reconnaissance. — La reconnaissance est un acte déclaratif et non un acte constitutif. Elle constate qu'un nouveau groupement politique s'est formé, présentant tous les caractères juridiques d'un Etat. Mais elle ne crée pas une situation nouvelle. Conséquence : elle opère rétroactivement. Ses effets remontent au jour où la formation de l'Etat a été un fait accompli.

Clauses insérées dans l'acte de reconnaissance. — *Sanction.* — La reconnaissance d'un Etat nouveau peut être subordonnée à certaines conditions particulières telles que le respect des croyances religieuses (traité de Berlin de 1878 pour les Etats balkaniques), ou la liberté commerciale (acte de Berlin de 1885 pour l'Etat du Congo). En pareil cas, la sanction du respect de ces clauses ne consiste pas dans la déchéance de la reconnaissance. L'Etat lésé usera de son autorité pour

---

(1) C'est ainsi que l'Espagne a mis 75 ans à reconnaître l'indépendance du Pérou. Les Etats-Unis, proclamés indépendants en 1776, ne sont reconnus par l'Angleterre qu'en 1783 ; la Grèce séparée de la Turquie en 1829 n'est reconnue par elle qu'en 1832 ; la Belgique déclarée indépendante en 1831 n'est reconnue par la Hollande qu'en 1839. En revanche l'Etat de Panama se sépare de la Colombie le 3 novembre 1903 ; il est reconnu le 23 novembre par les Etats-Unis avec qui il signe un traité le 15 novembre.

assurer le respect des clauses du traité de reconnaissance.

b) *Agrandissement de l'Etat.*

Deux hypothèses. — L'agrandissement d'un Etat peut avoir lieu de deux façons différentes :

1º Par l'incorporation ou l'absorption d'un Etat étranger ;

2º Par l'annexion d'un territoire.

Première hypothèse : *Incorporation ou absorption d'un Etat étranger.* — L'incorporation ou l'absorption d'un Etat étranger par un autre Etat produit un double phénomène : un agrandissement pour l'Etat qui en profite, et la mort de l'Etat qui en est frappé. C'est ainsi qu'en 1866, la *Prusse* s'est incorporé le *Hanovre*, la *Hesse électorale*, le *duché de Nassau* et la *ville libre de Francfort*. En 1870, l'*Italie* s'est incorporé les *Etats pontificaux*. En 1908, la *Belgique* a incorporé l'Etat du Congo.

Deuxième hypothèse : *Annexion d'un territoire appartenant à un autre Etat.* — Elle produit l'agrandissement de l'Etat qui procède à l'annexion, sans cependant porter atteinte à l'existence ou à l'identité de l'Etat démembré.

C'est ainsi qu'en 1860, la *France* a annexé le *comté de Nice* et la *Savoie*, et l'*Allemagne*, l'*Alsace* et la *Lorraine* en 1871.

c) *Fin de l'Etat.*

Diverses causes. — Nous avons vu que certains événements, qui sont la cause de la formation ou de l'agrandissement de certains Etats, sont pour d'autres une cause d'extinction.

Il nous suffit de les rappeler ici. Ce sont :

1º La dissolution d'une Confédération d'Etats ;

2º La réunion de plusieurs Etats en un seul ;

3º L'incorporation d'un Etat à un autre Etat.

§ 2. — Théories qui président à la formation, à l'agrandissement et à la mort des Etats.

Trois théories principales. — Trois théories (1) ont

_____

(1) Nous laissons de côté le principe de la légitimité

présidé, dans les temps modernes, aux transformations subies par les Etats : la théorie de l'équilibre
européen, le principe des nationalités, le droit des
peuples de disposer d'eux-mêmes.

1° **Théorie de l'équilibre européen.** — *Définition.*
— C'est une théorie d'après laquelle le rapport des
forces des Etats européens doit être établi d'une façon
suffisamment égale pour qu'aucun d'eux ne puisse
dominer les autres et leur imposer, par la force, ses
volontés.

Cette théorie ne se préoccupe nullement des aspirations des peuples, mais seulement de la sauvegarde
des gouvernements ; elle est moins une *théorie juridique* qu'une *doctrine de gouvernement.*

Applications historiques. — Cette théorie a surtout
été mise en pratique, nous l'avons vu, dans l'histoire
du droit des gens au cours du XVIIe siècle. C'est elle
qui a inspiré la politique de Richelieu contre la maison
d'Autriche et, plus tard, contre Louis XIV devenu
trop puissant, la coalition de l'Europe. C'est au nom
de l'équilibre européen que, dans le traité des Pyrénées, en 1659, l'infante Marie-Thérèse dut renoncer
à tout droit éventuel sur la couronne d'Espagne et
que, dans le traité d'Utrecht de 1714, on renouvela la
prohibition de la réunion sur la même tête des couronnes de France et d'Espagne.

C'est la même pensée qui arma l'Europe entière
contre Napoléon Ier et qui présida, sans qu'on eût
égard aux sentiments des peuples, aux négociations
des traités de Vienne.

Applications actuelles. — C'est cette même théorie
qui a assuré l'existence de l'empire ottoman, parce
qu'aucune puissance européenne ne consentirait à
laisser un autre Etat s'établir à Constantinople (1).

---

dérivant du droit féodal, d'après lequel le roi, ayant un
véritable droit de domaine éminent sur le territoire de
l'Etat qu'il gouverne, peut disposer de ses sujets par succession ou par contrat, comme s'ils étaient des objets de
propriété individuelle.

(1) Cette théorie a abouti dans la politique contemporaine au *système des compensations,* d'après lequel, lorsqu'un Etat parvient à obtenir un avantage territorial, un
autre Etat se croit en droit d'en réclamer un d'égale im-

C'est elle qui a jeté la Russie dans les bras de la France pour tenir tête à la triple alliance de l'Allemagne, de l'Italie et de l'Autriche-Hongrie.

C'est elle qui a amené, un peu plus tard, la triple entente de l'Angleterre, de la France et de la Russie. C'est elle enfin qui a formé la coalition du monde contre l'Allemagne et l'Autriche-Hongrie dans la guerre de 1914.

En opposition avec cette théorie, on peut opposer la « Weltpolitik » ou politique mondiale, pratiquée par l'Allemagne avant 1914 en vue d'étendre sa domination sur tout le monde.

*** 2ᵒ Principe des nationalités. — *Définition.* — C'est le principe en vertu duquel les Etats doivent correspondre aux nationalités, c'est-à-dire être formés de groupements d'individus rapprochés par la communauté de race, de mœurs et de langue.

Origine. — Ce principe est de création moderne. Il est contenu en germe dans les doctrines nouvelles de la Révolution française. Mais c'est surtout dans la seconde moitié de ce siècle qu'il s'est développé et a été mis en pratique.

C'est un italien, *Mancini,* professeur de droit et l'un des chefs du mouvement unitaire en Italie, qui eut le premier l'honneur de formuler ce principe en corps de doctrine. Il le fit dans une leçon d'ouverture de son cours de droit des gens à l'Université de Turin, le 22 janvier 1851.

Eléments constitutifs de la nationalité. — On a indiqué comme éléments constitutifs de la nationalité : les frontières naturelles, la communauté de race, la communauté de mœurs et de langage ; mais ils ne suffisent pas à constituer les fondements de la souveraineté des Etats.

Les *frontières naturelles* sont une base incertaine et arbitraire. Chaque Etat, en effet, place ses frontières

---

portance. Ce système fut appliqué au Congrès de Berlin en 1878 ; la Bosnie et l'Herzégovine furent confiées à l'Autriche-Hongrie, la Grèce obtint une rectification de frontières, l'Angleterre se fit céder la possession de Chypre, et la France eut l'assurance que ses projets sur la Tunisie ne seraient pas entravés. Bonfils, *op. cit.,* nᵒ 250.

naturelles là où son intérêt le commande. La France considère le Rhin comme sa frontière naturelle, tandis que l'Allemagne voudrait s'étendre jusqu'aux Vosges. Cet élément a d'ailleurs bien moins d'importance aujourd'hui avec la rapidité et la faculté des communications.

La *communauté de race* est un élément dont il faut certainement tenir compte ; mais il ne suffit pas à former la nationalité. On a vu des peuples de races diverses, comme les Suisses, vivre heureux et unis ; et au contraire des peuples de même race lutter les uns contre les autres comme les Polonais et les Russes. D'ailleurs, si l'on décidait que les peuples de même race doivent être groupés ensemble et former des Etats distincts, on aboutirait au bouleversement général de l'Europe. Que serait devenu, en effet, depuis longtemps, avec un pareil système, l'empire d'Autriche-Hongrie composé de peuples appartenant à des races si diverses ? La France devrait empiéter sur la Belgique et la Suisse être partagée entre la France, l'Italie et l'Allemagne.

Au surplus, rien de plus obscur que cette question de races ; sous l'influence des guerres, des invasions et des immigrations, les races se sont juxtaposées, mélangées, confondues au point qu'il est difficile de discerner la race véritable et originaire des individus qui composent chaque nation. C'est le cas notamment pour la France, qui est l'exemple de la nation la plus cohérente qui existe et qui est le produit de plusieurs races harmonieusement fondues ensemble : races celtique, germanique et latine. Surtout n'oublions pas que c'est en s'appuyant sur la question de races que l'Allemagne a développé sa thèse du pangermanisme qui tend à réunir sous son hégémonie tous les rameaux de la race germanique disséminés dans les divers groupements politiques voisins.

Il en serait de même, s'il fallait unir sous le même gouvernement les populations en prenant pour base la *communauté de langue* ou la *communauté de mœurs*. A ce point de vue encore, la Suisse et la Belgique se trouveraient bouleversées, morcelées entre divers Etats ; les Etats-Unis de l'Amérique du Nord devraient rentrer sous l'autorité de l'Angleterre et les Républiques de l'Amérique du Sud retourner à l'Espagne et au Portugal.

Dr. int. pub.   9

Application du principe des nationalités. — Nous avons dit que le principe des nationalités est de création moderne. Il n'a reçu aucune satisfaction dans les traités de Vienne de 1815. Ces traités ont été inspirés uniquement par la pensée d'assurer le maintien du pouvoir absolu et d'établir l'équilibre européen ; on ne s'est nullement préoccupé des aspirations nationales des populations.

Ainsi, les Grecs et les Slaves du Nord étaient soumis à la Turquie, les Belges à la Hollande, les Allemands du Holstein au Danemark, les Hongrois à l'Autriche ; enfin, l'Allemagne et l'Italie se trouvaient morcelées en une multitude d'Etats.

Au contraire, depuis 1815, toutes les transformations politiques ont été déterminées par le principe nouveau des nationalités.

C'est d'abord la *Grèce*, qui, au nom du sentiment national, se soulève et parvient, en 1829, à conquérir son indépendance ; puis, en 1830, c'est la *Belgique* qui se sépare de la Hollande. En 1864, le *Holstein* a été enlevé au Danemark ; mais on lui a pris en même temps le Sleswig, qui est danois, pour le rattacher à la Prusse. En 1859, l'Italie s'est formée ; l'unité allemande, commencée en 1867, a été achevée en 1871. Enfin, les principautés slaves des Balkans ont secoué le joug ottoman et fondé les royaumes de Roumanie, de Serbie, de Bulgarie et la principauté du Monténégro.

Seuls, les Polonais restaient partagés entre la Russie, la Prusse et l'Autriche.

3° Droit des peuples de disposer d'eux-mêmes. — *Enoncé du principe.* — D'après cette troisième théorie, qui tend à l'emporter actuellement et qui trouve sa consécration dans le traité de paix de 1919, ce qui forme la base essentielle de la nation et de l'Etat, c'est la volonté commune ; c'est le consentement des populations. Les peuples sont libres de leur destinée et c'est à eux qu'il appartient de disposer d'eux-mêmes en exprimant librement leur volonté de vivre sous tel régime politique et de se rattacher à tel Etat déterminé.

Cette théorie est également connue sous le nom de plébiscite international, parce qu'elle donne lieu à un vote populaire sous forme de plébiscite.

Origine historique. — Ce principe trouve son origine lointaine dans la philosophie du XVIIIe siècle et dans la théorie du contrat social. Il est consacré par les doctrines de la Révolution française, qui proclama le droit imprescriptible des nations de disposer d'elles-mêmes.

Application. — Mais ni le gouvernement révolutionnaire ni le premier Empire n'ont cherché à appliquer ce principe aux conquêtes territoriales qu'ils ont réalisées en Europe. Et nous avons déjà constaté plus haut que ce principe était resté entièrement étranger aux préoccupations des plénipotentiaires réunis au Congrès de Vienne en 1814 et en 1815. C'est seulement dans la seconde moitié du XIXe siècle qu'on en trouve les premières applications sous le second Empire. A cette époque, toute révision de la constitution intérieure de l'État était soumise au vote populaire, par voie de plébiscite. Il parut logique d'étendre cette pratique au cas d'annexion de territoire. C'est ainsi que Nice et la Savoie n'ont été réunis à la France en vertu du traité de Turin, le 24 mars 1860, qu'en conformité du vote de la population.

Plus récemment, c'est avec le consentement de la population que l'île Saint-Barthélemy a été cédée par la Suède à la France le 10 août 1876.

Ce principe a été au contraire violé par deux fois par la Prusse et par l'Allemagne : par la Prusse pour l'annexion du Sleswig Nord, malgré les clauses du traité de Prague du 24 août 1866, qui, à la demande de la France, réservaient le droit des populations qui ne furent jamais consultées ; par l'Allemagne, en ce qui concerne l'Alsace et la Lorraine, qui furent annexées à l'empire en dépit des protestations formelles de leurs habitants.

Conférence de la paix de 1919. — Le principe du plébiscite international a été proclamé à plusieurs reprises par le Président Wilson dans de nombreux messages. C'est au nom de ce principe qu'ont été opérés les remaniements territoriaux consacrés par le traité de paix : restauration de la Pologne ; création d'un État yougo-slave, formé par la réunion des Serbes, Croates et Slovènes, d'un État tchéco-slovaque ; restitution à la France de l'Alsace-Lorraine ; achèvement de l'unité italienne ; agrandissement de la Grèce et de la Roumanie.

C'est d'après ce procédé, nous l'avons vu, qu'a été décidé le sort d'une partie de la Haute-Silésie et de la Prusse orientale, du Sleswig Nord, et enfin ce procédé s'appliquera au territoire du bassin de la Sarre, au bout de la quinzième année d'occupation par la France.

C'est au nom du droit des peuples de disposer d'eux-mêmes qu'a été proclamée l'indépendance de l'Irlande (1921) et de l'Egypte (1922).

§ 3. — Conséquences juridiques de la formation, [de l'agrandissement et de la mort des Etats.

Divers points de vue à examiner. — Les conséquences juridiques qui résultent de la formation, de l'agrandissement et de la mort des Etats peuvent être étudiées aux divers points de vue suivants :

1º De la dette publique ;
2º Des traités ;
3º Des institutions politiques ;
4º Du domaine public ;
5º De l'exécution des jugements ;
6º De la poursuite des crimes et délits ;
7º De la nationalité des habitants.

Nous allons les examiner successivement.

1º Conséquences sur la dette publique. — Il faut distinguer trois hypothèses :

Première hypothèse : *Un Etat se forme par la réunion de plusieurs autres Etats.*

L'Etat nouveau qui se forme succède à toutes les obligations des Etats anciens, et doit les supporter en entier. C'est ce qui a lieu pour l'Italie, en 1859.

Deuxième hypothèse : *Un Etat s'incorpore un autre Etat.*

Cette hypothèse est résolue de la même façon que la précédente. La dette publique de l'Etat incorporé s'impose à l'Etat qui a opéré l'incorporation.

Cette règle a été fidèlement observée par la Prusse, lorsqu'elle a absorbé, en 1866, divers Etats allemands.

C'est cette règle qui a été appliquée par la Belgique à la suite de l'annexion du Congo. La dette de l'ancien Etat du Congo est retombée à la charge de la Belgique. Sans doute la loi d'annexion porte que l'actif et le passif de la Belgique demeuraient séparés, mais ce serait une erreur d'en conclure que le service de la dette congolaise reste exclusivement à la charge de la Colonie. Le texte ajoute d'ailleurs un correctif qui détruit la portée de la disposition précédente, en disant « à moins qu'une loi n'en décide autrement ». Or, cette loi interviendra toujours en pratique, lorsque ce sera nécessaire.

Troisième hypothèse : *Un Etat est démembré, soit qu'une province s'en détache pour constituer un Etat nouveau, soit qu'une portion de son territoire ait été annexée par un autre Etat.*

Un point certain, c'est que l'Etat ainsi démembré reste tenu de sa dette, comme auparavant. La perte d'une portion de son territoire ne saurait l'en exonérer, pas plus qu'un débiteur n'est libéré par la perte de tout ou partie de ses biens.

Un autre point, généralement admis aussi, c'est que l'Etat qui s'est formé ou qui s'est agrandi par le démembrement d'un autre Etat doit participer dans une certaine mesure au paiement de la dette publique de cet Etat. C'est là une solution très équitable. Les dettes de l'Etat sont contractées dans l'intérêt général de l'Etat ; toutes les parties de son territoire en profitent ; il est juste qu'elles en supportent le fardeau.

Mais la question délicate à résoudre est celle de savoir *dans quelle proportion* la dette sera répartie entre les deux Etats. Cette question est controversée. Nous nous bornons à faire connaître les principales opinions qui ont été émises :

Première opinion. — La répartition de la dette doit avoir *pour base le territoire* : la dette doit être partagée entre les deux Etats, d'après le rapport de superficie qui existe entre le territoire annexé et celui de l'Etat démembré.

Cette opinion doit être écartée ; la répartition qui sera faite sur les bases qu'elle indique ne serait pas équitable toujours. Car le territoire, dont a été privé l'Etat démembré, peut être dépourvu d'habitants, de constructions, etc...

Deuxième opinion. — La répartition de la dette doit avoir *pour base le chiffre de la population.*

Cette opinion est plus équitable que la précédente ; mais elle peut se trouver quelquefois aussi en défaut. Il peut se faire, tandis que la population du territoire annexé est pauvre, que la population du territoire de l'Etat démembré soit riche. En cas de partage proportionnel au nombre des habitants, l'une des parties sera surchargée de dettes au delà de ses forces, et l'autre allégée considérablement au grand détriment des créanciers.

Troisième opinion. — La répartition de la dette entre les deux Etats doit avoir pour base le chiffre de l'impôt supporté par le territoire annexé pour le paiement de la dette publique (1).

Cette dernière opinion nous paraît la meilleure (2).

Applications pratiques. — *Précédents historiques.* — La question du paiement de la dette publique est en général tranchée par un acte international. Il est à remarquer que, lorsqu'un Etat est assez puissant pour annexer un territoire, il n'assume pas la responsabilité de la dette qui pesait antérieurement sur ce territoire.

C'est ainsi qu'en 1871, en vertu du traité de Francfort, l'Allemagne a acquis l'Alsace-Lorraine, franche de toute dette.

De même, les Etats-Unis ont refusé d'admettre que Cuba fût tenu de supporter les dettes antérieures existant à la charge de l'Espagne et même de l'île (traité du 10 décembre 1898).

Il y a au contraire répartition de la dette, lorsque la cession de territoire a lieu à l'amiable, ou lorsqu'elle est réglementée par l'accord des puissances.

Ainsi, lorsque la Belgique s'est séparée de la Hollande, en 1830, les puissances européennes ont déterminé la part que la Belgique devait supporter dans la

----

(1) Bluntchsli, *op. cit.*, art. 59, fait une distinction entre les dettes hypothécaires et les autres dettes ; les dettes hypothécaires devraient être laissées à la charge de l'Etat sur le territoire duquel se trouvent situés les immeubles hypothéqués ; les dettes chirographaires partagées conformément à la troisième opinion.

(2) Dans ce sens, Bonfils (*op. cit.*, n° 226). Le savant auteur fait remarquer avec raison que les dettes personnelles des provinces annexées ou séparées relatives à des *intérêts locaux* doivent rester à la charge de ces provinces et être acquittées par l'Etat annexant ou par l'Etat nouvellement formé.

dette publique du royaume des Pays-Bas. Elle fut fixée à une somme égale à celle qu'elle avait acquittée pendant deux années consécutives.

En 1859, lorsque le Piémont annexa une partie de la Lombardie, il dut supporter les trois cinquièmes de la dette lombarde.

De même, quand l'Italie occupa les Etats pontificaux, en 1866, un traité détermina, en prenant pour base le *chiffre de la population*, la part de la dette qui devait rester à sa charge.

En 1878, la Bulgarie, la Serbie et le Monténégro ont dû assumer une partie de la dette turque proportionnellement à leur territoire.

Notons enfin que ni les Etats-Unis ni la Grèce ne consentirent à supporter une part quelconque de la dette publique des Etats dont ils s'étaient séparés.

Le traité de Versailles de 1919 décide que l'Alsace-Lorraine fait retour à la France franche et quitte de toutes dettes, en considération du fait que l'Allemagne en 1871 avait refusé de supporter une partie de la dette française (art. 55).

Traité avec l'Autriche du 10 septembre 1919. — Ce traité applique la distinction proposée par Bluntschli et indiquée à la note 1 page 134 entre la dette gagée et la dette non gagée.

La dette gagée est répartie entre les différents Etats attributaires des territoires de l'ancienne monarchie austro-hongroise en proportion des terres, chemins de fer, mines de sel et autres biens servant de gage aux emprunts qui leur ont été transférés.

La dette non gagée, au contraire, est mise à leur charge en proportion des facultés contributives respectives des territoires partagés entre les différents Etats, en prenant pour base la moyenne des trois années financières 1911, 1912 et 1913, suivant l'avis de la Commission des réparations (art. 203).

Une solution analogue se trouve dans l'article 186 du Traité de Trianon pour la Hongrie (1).

Dette ottomane. — L'accord s'est fait à Lausanne sur la répartition de cette dette entre les divers Etats successeurs, chacun de ceux-ci assumant des obligations proportionnelles à la part de revenus qu'ils fournissaient sous l'ancien régime. Cette répartition

_____

(1) Voir dans le *Temps* du 26 janvier 1923, la réparti-

englobe : la Grèce, la Serbie, l'Albanie, la Bulgarie, la Syrie, la Palestine, la Mésopotamie, le Hedjaz et la Turquie. La commission de la dette ottomane chargée de cette répartition a statué ; mais, sa décision ayant été contestée, un arbitre a été désigné par le Conseil de la Société des Nations pour trancher le différend. Sa sentence a été rendue le 18 avril 1925 (1).

** 2° Conséquences sur les traités. — Il faut distinguer plusieurs hypothèses :

Première hypothèse : *Un Etat nouveau se forme au détriment d'un autre Etat.* — C'est, par exemple, une province ou une colonie qui s'organise en Etat indépendant. Cet Etat nouveau ne peut ni invoquer, ni se voir opposer les traités conclus par l'Etat au détriment duquel il s'est formé à l'exception des conventions relatives au territoire (2).

Quant à l'Etat qui se trouve amoindri par la constitution du nouvel Etat, il est évident qu'à son égard, les traités qu'il a conclus avec d'autres Etats ne sont nullement atteints par le nouvel ordre de choses.

Cette solution a été notamment appliquée aux Etats-Unis en 1776, à la Grèce en 1829, à la Belgique en 1830. Au contraire, en 1878, le traité de Berlin maintint en vigueur pour la Bulgarie, la Serbie et la Roumanie, les capitulations et conventions de commerce et de navigation conclues par la Turquie.

Deuxième hypothèse : *Un Etat nouveau se forme par la fusion de plusieurs Etats séparés.*

---

tion effectuée par la C. D. R., en application des art. 203 et 186 susvisés.

(1) *Recueil mensuel*, mai 1925, p. 118.

(2) Cette solution est combattue par deux groupes d'auteurs. Les uns soutiennent que l'Etat nouveau doit assurer le respect des traités passés par l'Etat dont il s'est séparé. Ces traités constituent pour les Etats qui les ont signés des droits acquis que l'Etat nouveau ne peut supprimer.

D'autres auteurs distinguent entre les traités politiques que l'Etat nouveau peut récuser et les traités non politiques qu'il est tenu de respecter. On ajoute qu'en s'engageant à respecter les traités antérieurs, l'Etat nouveau obtiendra plus facilement sa reconnaissance des autres Etats. Son intérêt est donc d'en promettre le maintien.

En principe, les traités conclus par les Etats séparés qui cessent d'exister ne sont pas obligatoires pour l'Etat nouveau qui se forme par leur fusion.

Il n'y a d'exception que pour les traités relatifs à la délimitation du territoire ou à l'exercice de servitudes.

L'Etat nouveau est obligé de les subir, parce que, comme un acquéreur à titre particulier, il ne peut acquérir le territoire que grevé des charges réelles existant antérieurement.

Cette solution aurait dû s'appliquer à l'Italie ; mais il en fût résulté de grands inconvénients ; le nouveau royaume se serait trouvé sans régime conventionnel au lendemain de sa naissance. Pour éviter ce résultat, le gouvernement italien fit admettre que l'Italie s'était formée, non par voie de fusion, mais par voie d'agrandissement du royaume de Sardaigne, à la suite de l'annexion des duchés italiens et du royaume de Naples.

De cette façon, les traités conclus par le royaume de Sardaigne étaient maintenus ; ils étaient même étendus aux pays annexés, en même temps que prenaient fin ceux conclus par ces derniers.

Troisième hypothèse : *Un Etat est démembré par l'effet d'une annexion de territoire opérée à son détriment par un autre Etat.*

Les traités conclus par l'Etat démembré demeurent intacts, sauf en ce qui concerne la portion dont il est privé.

Quant au territoire annexé, il cesse, entre les mains de l'annexant, d'être soumis aux traités passés par l'Etat démembré — sauf en ce qui concerne la délimitation et les servitudes, suivant ce que nous avons dit plus haut ; — et il est désormais soumis à l'application des traités conclus par l'Etat qui l'annexe.

Quatrième hypothèse : *Un Etat disparaît incorporé à un autre Etat.* — Cette hypothèse doit être régie par la même règle que la précédente.

3° **Conséquences sur les institutions politiques.** — Deux hypothèses peuvent se présenter :

Première hypothèse : *Un Etat nouveau se forme.*

En général, il peut se donner les institutions politiques qu'il juge convenables. C'est ce qui a eu lieu pour les Etats-Unis d'Amérique, qui, librement, ont organisé la Constitution du pays.

Parfois, cependant, les autres puissances interviennent pour déterminer la forme du gouvernement du nouvel État et même limiter le choix de son souverain.

C'est ce qui s'est produit pour la *Grèce*, en 1829, pour la *Belgique*, en 1830. Enfin, le *traité de Berlin* de 1878 s'est occupé de l'organisation politique des États dont il a proclamé l'indépendance.

Deuxième hypothèse : *Un État s'incorpore à un autre État ou annexe une portion du territoire d'un autre État.*

L'État qui s'agrandit ainsi peut ou bien laisser au pays ses institutions politiques propres, ou bien l'assimiler entièrement aux autres portions de son territoire. C'est cette dernière ligne de conduite qui est de plus en plus suivie.

C'est celle que la *France* a observée en 1860, à l'égard de la *Savoie* et de *Nice*.

Le pays annexé peut aussi être soumis à un régime intermédiaire. C'est la situation imposée en 1871 à l'*Alsace-Lorraine*, qui faisait partie de l'Allemagne comme « *pays d'empire* ». Elle envoyait des députés au Reichstag, mais elle n'était pas représentée au Conseil fédéral. Depuis 1912, l'Alsace-Lorraine avait obtenu trois voix au Conseil fédéral.

4° **Conséquences sur le domaine public** (1). — Supposons qu'un État annexe une portion du territoire d'un autre État, l'État annexant acquiert les biens du domaine public existant sur le territoire annexé.

On applique la même règle aux établissements publics, aux fondations pieuses et charitables, aux hospices, etc. Cependant, l'État annexant devrait indemniser les autres provinces, restées soumises à l'État démembré au cas où ces établissements devraient aussi pourvoir à leurs besoins.

Les objets mobiliers suivent le sort des immeubles dans lesquels ils se trouvent.

En ce qui concerne les chemins de fer, une distinction s'impose : ceux qui étaient exploités par l'État démembré sont acquis sans indemnité par l'État annexant ; ceux qui étaient exploités par une Compagnie concessionnaire ne peuvent lui être enlevés par l'État annexant que moyennant indemnité. C'est la

---

(1) Bonfils, *op. cit.*, n°s 220 et 230.

solution qui fut appliquée en 1871, pour la portion du chemin de fer de l'Est cédée à l'Allemagne.

Traité de Versailles de 1919. — Il porte que tous les biens d'empire des Etats allemands, de la couronne, des ex-souverains, etc., en Alsace-Lorraine sont transférés à la France sans indemnité. Il en est de même pour les chemins de fer (art. 56 et 67).

5° **Conséquences sur l'exécution des jugements.** — Plaçons-nous dans le cas le plus simple, le cas où un territoire est annexé par un Etat :

Première hypothèse : *Un jugement a été rendu par un tribunal du pays annexé avant l'annexion* : sera-t-il exécutoire de plein droit sur le territoire de l'Etat qui opère l'annexion ? Non, parce que, au moment où le jugement a été rendu, le tribunal était soumis à la souveraineté d'un Etat étranger.

Exemple : Les jugements rendus par les tribunaux de Savoie avant l'annexion n'ont pas été de plein droit exécutoires en France.

Deuxième hypothèse : *Un jugement a été rendu par un tribunal du pays annexant, avant l'annexion* : sera-t-il de plein droit exécutoire sur le territoire annexé ? Bien évidemment, puisque ce territoire est désormais soumis à la même souveraineté que le pays qui a opéré l'annexion.

Exemple : Les jugements rendus en France avant l'annexion de la Savoie ont été de plein droit exécutoires en Savoie, après son annexion à la France.

Troisième hypothèse : *Un jugement a été rendu par un tribunal du pays, avant l'annexion* : sera-t-il exécutoire de plein droit après l'annexion, sur le territoire de l'Etat qui a subi l'annexion ? Oui, parce que le tribunal qui a rendu le jugement était placé sous l'autorité du même souverain que celui qui commande sur le territoire où on veut l'exécuter.

Exemple : Un jugement rendu en Savoie, avant l'annexion, a été de plein droit exécutoire, après l'annexion, à Gênes et à Turin.

Quatrième hypothèse : *Un jugement a été rendu par un tribunal de l'Etat qui a subi l'annexion* : sera-t-il exécutoire de plein droit, après l'annexion, sur le territoire annexé ? Non, parce que désormais le territoire annexé est territoire étranger pour l'Etat qui a subi l'annexion.

Exemple : Un jugement rendu par un tribunal de Gênes ou de Turin avant l'annexion ne serait pas de plein droit exécutoire après l'annexion, en Savoie.

Cette question est souvent résolue dans le traité qui consacre l'annexion. Ainsi, les conventions additionnelles au *traité de Francfort* du 11 décembre 1871 (art. 3) décident que tout jugement rendu par un tribunal français entre Français, et ayant obtenu force de chose jugée avant le 20 mai 1871, sera exécutoire de plein droit en Alsace-Lorraine.

D'après le traité de Versailles de 1919, les jugements rendus en matière civile et commerciale depuis le 3 août 1914 par les tribunaux d'Alsace-Lorraine entre Alsaciens-Lorrains ou entre Alsaciens-Lorrains et étrangers ou entre étrangers, qui auront acquis autorité de chose jugée avant le 11 novembre 1918, seront exécutoires de plein droit. Les jugements rendus entre Alsaciens-Lorrains et Allemands ou sujets de puissances alliées de l'Allemagne devront être rendus exécutoires par le nouveau tribunal du territoire réintégré (art. 78).

6° Conséquences sur la poursuite des crimes et délits. — Plaçons-nous encore dans le cas d'annexion d'un territoire : nous aurons à appliquer des règles analogues à celles que nous avons appliquées pour l'exécution des jugements.

Première hypothèse : *Un individu commet un crime en Savoie et se réfugie à Gênes avant l'annexion.* — Pourra-t-il être saisi et poursuivi directement, après l'annexion, par les autorités judiciaires de Savoie ? Non évidemment, il faudra recourir à l'extradition, puisque désormais la Savoie est un territoire étranger par rapport à Gênes.

Deuxième hypothèse : *Un individu commet un crime en France et se réfugie en Savoie avant l'annexion.* — Il pourra, après l'annexion, être arrêté et poursuivi sur le territoire de la Savoie, sans qu'il y ait besoin de recourir aux formalités de l'extradition.

D'après le traité de Versailles de 1919, tous les jugements rendus depuis le 3 août 1914 contre des Alsaciens-Lorrains pour crimes et délits politiques par des juridictions allemandes sont réputés nuls (art. 78).

*** 7° Conséquences sur la nationalité des habi-

tants. — Il y a des cas où les transformations que subissent les États n'apportent aucune modification à la nationalité des habitants ; il y en a d'autres au contraire où la nationalité des habitants est modifiée.

1er cas : Transformation des États qui ne modifient pas la nationalité des habitants. — 1° *Un État fédéral se forme par la réunion de plusieurs États indépendants.*

Comme l'État fédéral est simplement *superposé* aux États qui le composent, sans les absorber et leur enlever leur existence propre, les habitants de ces États conservent leur nationalité antérieure ; ils acquièrent seulement, en outre, la nationalité qui résulte de la formation de l'État fédéral.

Exemple : Lorsqu'en 1871, la Bavière, le Grand-Duché de Bade, le Wurtemberg se sont unis aux États du Nord de l'Allemagne, pour former l'empire allemand, les habitants de ces États sont restés Bavarois, Badois, Wurtembergeois. Mais ils sont de plus devenus Allemands.

2° *Une union soit personnelle, soit réelle, se forme entre deux États.*

Les habitants des États qui s'unissent conservent leur nationalité propre ; car il y a simple *juxtaposition d'États.*

Exemple : L'union de la *Suède* et de la *Norvège*, de l'*Autriche* et de la *Hongrie*, des *Pays-Bas* et du *Luxembourg* avait laissé intacte la nationalité de leurs habitants.

3° *Enfin, lorsqu'un État se place sous le protectorat d'un État plus puissant.*

Les habitants de l'État protégé conservent leur ancienne nationalité.

Exemple : Les habitants de la Tunisie, de l'Annam, du Maroc sont restés, après l'établissement du protectorat français, Tunisiens, Annamites, Marocains, etc...

2e cas : Transformation des États qui modifient la nationalité des habitants. — 1° *Un État nouveau se forme par la fusion de plusieurs petits États en un seul.*

Les habitants de ces États perdent leur nationalité primitive et acquièrent la nationalité du nouvel État.

Exemples : Les Toscans, les Napolitains, les Piémontais sont devenus Italiens par la formation de l'Italie.

2° *Un Etat est incorporé par un autre Etat.*

Les habitants de l'Etat incorporé perdent leur nationalité antérieure et acquièrent la nationalité de l'Etat qui opère l'incorporation.

Cependant, un délai est en général laissé aux habitants qui ne veulent pas acquérir cette nationalité pour y échapper, en transportant leur domicile ailleurs.

Exemple : Dans un traité intervenu le 17 avril 1789 entre la République française et la République de Gênes, il est dit que tout Génois deviendra Français, sauf ceux qui, dans le délai de trois ans, transporteront leur domicile ailleurs.

*** 3° *Un Etat annexe une portion du territoire d'un autre Etat.*

L'effet immédiat de l'annexion est de faire perdre aux habitants du territoire annexé leur ancienne nationalité, et de leur faire acquérir la nationalité de l'Etat annexant. Autrement, cet Etat n'exercerait qu'une souveraineté matérielle et nominale sur le territoire annexé, et ses droits seraient le plus souvent réduits à l'impuissance, en présence d'habitants obéissant à un gouvernement étranger et à des lois étrangères (1). Seulement, comme on ne peut pas imposer à un individu une nationalité dont il ne veut pas, on laisse aux habitants la faculté d'opter pour leur ancienne nationalité.

Voici, dès lors, les trois questions délicates que soulève l'annexion d'un territoire, au point de vue de la nationalité des habitants :

1re question : Quelles personnes sont atteintes dans leur nationalité par l'effet de l'annexion ?

2e question : A quelles conditions les personnes ayant perdu leur nationalité par l'effet de l'annexion pourront-elles la recouvrer ?

3e question : Toute personne, ayant perdu son ancienne nationalité par suite de l'annexion, peut-elle la recouvrer par voie d'option, sans différence d'âge ni de sexe ?

_____

(1) Weiss, *Traité élémentaire de droit international privé,* p. 213.

1re question : Quelles personnes sont atteintes dans leur nationalité par l'effet de l'annexion ? — Il faut écarter, évidemment, les sujets d'une puissance étrangère domiciliés ou résidant, au moment de l'annexion, sur le territoire annexé. Il ne peut être question que des sujets de l'Etat qui subit l'annexion.

Mais, parmi ces derniers, quels sont ceux qui perdront leur nationalité ? Quatre systèmes principaux ont été proposés :

Le premier système se rattache au *domicile* ; perdent leur nationalité les sujets de l'Etat démembré qui, au moment de l'annexion, ont leur domicile sur le territoire annexé (1).

C'est ce système qui, en théorie, réunit le plus de suffrages (2). Pour le soutenir, on dit : pour que la souveraineté de l'Etat annexant s'affirme d'une façon puissante sur le territoire annexé, il faut conférer sa nationalité à tous ceux qui sont établis d'une façon fixe sur le territoire, quel que soit le lieu de leur naissance ou leur filiation. On ajoute que le domicile est dans notre droit le lien juridique le plus solide par lequel l'homme se rattache au sol : c'est là qu'il exerce tous ses droits. Enfin, on fait observer que le domicile a une importance considérable pour l'acquisition de la nationalité. Pour se faire naturaliser, l'étranger doit d'abord transporter son domicile en France ; et

_____

(1) Dans ce sens, art. 30 du traité de Lausanne du 24 juillet 1923. Perdent leur nationalité « les ressortissants turcs *établis* sur les territoires qui... sont détachés de la Turquie », sous réserve d'une option à porter dans les deux ans (art. 31).

(2) Weiss, *op. cit.*, p. 214 et suivantes : « Quel avantage aura-t-il (l'Etat annexant) à avoir pour nationaux les individus qui, depuis longtemps, ont abandonné le pays où ils sont nés, qui n'y sont pas revenus pour s'y fixer et ont manifesté ainsi de façon significative qu'entre eux et ces pays il n'y aurait aucun lien. Au contraire, on comprend fort bien que l'Etat annexant revendique comme siens ceux qui, quelle que puisse être leur origine, ont uni leur vie de chaque jour avec le sol où ils ont leurs intérêts agricoles, commerciaux, industriels, où ils ont noué des relations durables d'affection ou d'amitié, où les retient enfin le lien le plus puissant de tous, l'habitude » (*Le Traité de Francfort*, par Gaston May, p. 145).

la loi du 26 juin 1889 sur la nationalité décide que la naissance sur le sol français, jointe à cette circonstance qu'au moment de sa majorité l'individu a son domicile en France, lui confère la qualité de Français.

Un deuxième système se rattache à *l'origine* ; perdent leur nationalité les sujets de l'Etat démembré nés sur le territoire annexé, quel que soit leur domicile au moment de l'annexion.

D'après un troisième système, il faudrait le *concours du domicile et de l'origine*.

Perdent leur nationalité antérieure les sujets de l'Etat démembré qui ont leur domicile, au moment de l'annexion, sur le territoire annexé et qui sont nés sur ce territoire.

Enfin, un quatrième système (1) se contente de *l'une ou de l'autre* de ces deux circonstances, le *domicile* ou *l'origine*.

Perdent leur nationalité antérieure les sujets de l'Etat démembré, *ou bien* qui ont leur domicile au moment de l'annexion sur le territoire annexé ou bien qui sont nés sur ce territoire.

Applications pratiques. — 1° *Traité franco-sarde du 24 mars 1860. Annexion de la Savoie et du Comté de Nice à la France.* — Le traité franco-sarde du 24 mars 1860, consacrant l'annexion à la France de la Savoie et du Comté de Nice, a appliqué le quatrième système. Il a conféré la nationalité française, sous réserve d'un droit d'option, aux sujets sardes *originaires de* « la Savoie et de l'arrondissement de Nice, ou domiciliés actuellement dans ces provinces » (art. 6).

2° *Traité de Francfort du 10 mai 1871. Annexion de l'Alsace-Lorraine à l'empire allemand.* — Le traité de Francfort du 10 mai 1871 qui a cédé l'Alsace-Lorraine à l'Allemagne s'exprime ainsi : « Les sujets français, originaires des territoires cédés, domiciliés actuellement sur ces territoires... » (art. 2).

---

(1) M. Cauwès a proposé un cinquième système (en note d'un arrêt de Paris, 25 janvier 1874, S. 75.2.225). Lorsque le territoire cédé dépend d'un Etat unitaire comme la France, il faudrait s'attacher au domicile ; lorsque le territoire cédé fait partie d'un Etat composé de souverainetés locales différentes, comme un Etat fédéral, la Suisse, par exemple, il faudrait s'attacher à l'origine.

Interprétation littérale. — A prendre à la lettre les termes de ce traité, il faudrait admettre que c'est le troisième système qu'on a suivi, et que ne sont devenus Allemands que les Français qui étaient à la fois originaires des territoires cédés et domiciliés au moment de l'annexion sur ces territoires.

Interprétation donnée par une convention additionnelle du 11 décembre 1871. — Cependant, une convention additionnelle du 11 décembre 1871 a interprété différemment le traité ; elle s'attache uniquement à l'origine et considère comme Allemands les Français originaires de l'Alsace-Lorraine, quel que soit leur domicile au moment de l'annexion, sans en être originaires (2ᵉ système).

Interprétation abusive donnée par le gouvernement allemand. — Cette interprétation large du traité n'a pas suffi au gouvernement allemand, qui a considéré comme étant devenus Allemands par le fait de l'annexion, non seulement les Français simplement *originaires* d'Alsace-Lorraine sans y être domiciliés, mais en outre les Français, simplement *domiciliés* en Alsace-Lorraine, au moment de l'annexion, sans en être originaires.

Le gouvernement français a refusé d'accepter une interprétation aussi abusive. En sorte que les Français *domiciliés* en Alsace-Lorraine, mais *non originaires de ce pays*, qui n'ont pas eu soin d'opter pour la France, étaient Français en France, Allemands en Allemagne ; conflit qui était plein d'inconvénients à cause du service militaire.

Traité de Versailles du 28 juin 1919. — Le traité de Versailles a consacré en thèse générale le système du domicile (1).

Il en est ainsi : 1º Pour les cercles d'Eupen et de Malmédy transférés à la Belgique (art. 37) ;

2º Pour les territoires reconnus comme faisant partie de l'Etat tchéco-slovaque (art. 84) ;

3º Pour Dantzig (art. 105) ;

_____

(1) On peut regretter la diversité des expressions employées par les différents articles pour indiquer cette solution. L'art. 105 seul se sert du terme « domiciliés ». Les autres parlent des ressortissants allemands « établis » sur le territoire cédé (art. 37 et 84) ; d'autres des « habitants » du territoire (art. 112).

4° Pour la partie du Sleswig transférée au Dane-mark (art. 112). Toutefois il est fait une concession au système de l'origine par l'art. 113 qui décide que toute personne âgée de 18 ans, née dans les territoires faisant retour au Danemark, non domiciliée dans cette région et ayant la nationalité allemande, aura la faculté d'opter pour le Danemark.

Au contraire les traités avec la Pologne, avec l'Etat serbe-croate-slovène et avec la Roumanie du 28 juin 1919 (art. 3 et 4) consacrent le système de l'origine combiné avec celui du domicile (1).

2e question : A quelles conditions les personnes ayant perdu leur nationalité par l'effet de l'annexion pour-ront-elles la recouvrer ? — Les personnes atteintes dans leur nationalité par l'effet de l'annexion pourront la recouvrer en optant pour leur ancienne patrie. L'exercice de ce droit d'option peut être subordonné à deux conditions : 1° à l'émigration hors du territoire annexé ; 2° à une déclaration formelle ou à la condi-tion d'émigration seulement.

Applications pratiques. — 1° *Traité franco-sarde de 1860.* — Le traité franco-sarde subordonne l'exercice du droit d'option à une double condition :

1° Déclaration faite, dans le délai d'un an à partir de l'échange des ratifications, à l'autorité compétente, c'est-à-dire, sur le sol italien, à la municipalité de la résidence de l'optant ; en pays étranger, à l'agent consulaire accrédité par le gouvernement sarde.

2° Transfert du domicile sur le sol italien.

2° *Traité de Francfort de* 1871. — En combinant les termes du traité, de la convention additionnelle et de la jurisprudence du gouvernement allemand, on arrive aux trois situations suivantes :

1° Individus nés et domiciliés en Alsace-Lorraine.

---

(1) L'art. 4 du traité avec la Pologne porte : « La Po-logne reconnaît comme ressortissants polonais... les per-sonnes de nationalité allemande, autrichienne, hongroise ou russe, qui sont nées sur le territoire de parents qui y sont domiciliés, encore qu'à la date de la mise en vigueur du présent traité elles n'y soient pas elles-mêmes domi-ciliées. »

— Ils doivent : 1° faire leur déclaration d'option, avant le 1ᵉʳ octobre 1872, sur le sol allemand, devant le directeur du cercle ; en France, devant le maire de leur résidence ; à l'étranger, devant les agents diplomatiques ou consulaires français ; 2° transporter leur domicile en France.

2° Individus nés et non domiciliés en Alsace-Lorraine. — La déclaration d'option dans les formes indiquées suffit.

3° Individus domiciliés et non originaires. — Il suffit qu'ils transportent leur domicile en France.

Traité de Versailles du 28 juin 1919. — Le traité de Versailles accorde un délai de deux ans aux personnes frappées dans leur nationalité antérieure, à l'effet de la conserver. Il ajoute que les personnes qui ont exercé leur droit d'option devront, dans les douze mois qui suivront, transférer leur domicile dans l'Etat en faveur duquel elles auront opté. Elles seront libres de conserver les biens immobiliers qu'elles possèdent sur le territoire de l'autre Etat, où elles auraient eu leur domicile antérieurement à l'option. Elles pourront emporter leurs biens meubles de toute nature, sans avoir à payer de ce chef aucun droit, soit de sortie, soit d'entrée (art. 85, 106, 112) (1). Des dispositions analogues se rencontrent dans les traités avec la Pologne, l'Etat serbe-croate-slovène et avec la Roumanie (art. 3 et 4).

3ᵉ question : Toute personne ayant perdu son ancienne nationalité par suite de l'annexion peut-elle la recouvrer par voie d'option sans différence ni de sexe ni d'âge ? — Cette question vise la situation de la femme mariée et du mineur. L'opinion qui domine, en théorie, est qu'il faut reconnaître à la femme mariée et au mineur un droit d'option personnel. La femme l'exercera avec l'autorisation de son mari ; le mineur l'exercera par lui-même, dans l'année qui suivra sa majorité.

Applications pratiques. — 1° *Traité franco-sarde de 1860.* — Le traité franco-sarde accorde à la femme le droit d'opter avec l'assistance de son mari.

_____

(1) Notons cependant que l'art. 37 relatif à Eupen et à Malmédy garde le silence quant au transfert du domicile.

Il ne parle pas du mineur. Ce silence a été interprété différemment. La jurisprudence française l'a interprété en ce sens que le mineur suivait la condition de son père (Cour de Chambéry, 22 décembre 1862, D. 63. 2.97). La jurisprudence italienne, au contraire, a reconnu au mineur un droit d'option personnel, qu'il peut exercer dans l'année qui suit sa majorité (Cour de Turin, 14 janvier 1874).

2° *Traité de Francfort de* 1871. — Le traité lui-même ne parle ni de la femme ni du mineur ; la situation de l'un et de l'autre incapables est réglée par la jurisprudence ; et nous allons voir que la jurisprudence française n'était pas d'accord avec la jurisprudence allemande.

La jurisprudence française reconnaissait à la femme un droit d'option personnel, qu'elle pouvait exercer avec le concours de son mari. La jurisprudence allemande, au contraire, le lui refusait, et liait son sort à celui de son mari. Si le mari optait pour la France, elle redevenait Française avec lui ; s'il gardait le silence, elle restait Allemande comme lui.

Quant au mineur, la jurisprudence allemande distinguait trois cas :

1er cas : le mineur était domicilié en Alsace-Lorraine, sans en être originaire.

S'il était émancipé, il pouvait opter personnellement; s'il était non émancipé, il suivait la condition de son père.

2e cas : le mineur était né en Alsace-Lorraine, ou ailleurs, d'Alsaciens-Lorrains non domiciliés.

Le mineur suivait encore, dans ce cas, la condition de son père.

3e cas : le mineur était né en Alsace-Lorraine, de parents domiciliés, mais non originaires d'Alsace-Lorraine.

La même solution était donnée.

Au contraire, la jurisprudence française reconnaissait dans tous les cas aux mineurs la faculté d'opter d'une façon personnelle, avec l'assistance de leur tuteur ou curateur. D'autre part, dans le deuxième cas cité plus haut, elle décidait que le mineur qui était né, hors d'Alsace-Lorraine, d'Alsaciens-Lorrains non domiciliés, ne perdait pas sa nationalité antérieure par l'effet de l'annexion (1).

---

(1) M. Weiss cite comme un modèle du genre la rétro-

3º *Traité de Versailles du* 28 *juin* 1919. — Le traité de Versailles accorde personnellement le droit d'option aux personnes âgées de plus de 18 ans. Mais il la refuse soit à la femme mariée, qui suit le sort de son mari, soit aux enfants de moins de 18 ans, qui suivent la condition de leurs parents (art. 37, 38, 106 et 113).

Des solutions analogues se rencontrent dans le traité avec la Pologne, avec l'État serbe-croate-slovène, avec la Roumanie (art. 4) et avec la Turquie (art. 34) (1).

Retour de l'Alsace-Lorraine à la France par le traité de Versailles du 28 juin 1919. — *Position de la question.* — Le retour de l'Alsace-Lorraine à la France ne pouvant être considéré comme une annexion, mais comme une désannexion, la question de la nationalité de ses habitants n'a pu être résolue d'après les principes qui sont en usage pour le cas d'annexion de territoire.

Distinctions faites par le traité de Versailles. — Le traité de Versailles distingue trois catégories d'individus : 1º ceux qui sont réintégrés de plein droit dans la nationalité française ; 2º ceux qui peuvent réclamer la nationalité française ; 3º ceux qui ne peuvent obtenir la nationalité française que par la naturalisation.

Ces règles sont développées dans l'annexe à l'art. 79 du traité. Un décret du 11 janvier 1920 (publié au *Journal officiel* du 12) en fait connaître les modalités

---

cession de l'île Saint-Barthélemy par la Suède à la France le 10 août 1876. Ce traité s'attache au domicile et non à l'origine, et il réserve aux mineurs le droit d'option dans l'année qui suit leur majorité s'ils veulent conserver leur nationalité antérieure (*Manuel de droit international privé,* p. 186).

(1) Tous ces textes parlent de personnes âgées de moins de dix-huit ans ou de plus de dix-huit ans. Mais que décider de celles qui ont exactement dix-huit ans ? Nous serions disposé, dans le silence des textes, à les faire bénéficier de la solution la plus libérale, qui en cas de doute doit toujours être préférée, en leur reconnaissant un droit d'option personnel.

suivant lesquelles sont constatées les réintégrations de droit et les conditions dans lesquelles il est statué sur les réclamations de la nationalité française.

1° *Sont réintégrés de plein droit dans la nationalité française.* — 1° Les personnes qui ont perdu la nationalité française par application du traité franco-allemand du 10 mai 1871 et n'ont pas acquis depuis lors une nationalité autre que la nationalité allemande ;

2° Les descendants légitimes ou naturels des personnes visées au paragraphe précédent, à l'exception de ceux ayant, parmi leurs ascendants en ligne paternelle, un Allemand immigré en Alsace-Lorraine postérieurement au 15 juillet 1870 ;

3° Tout individu né en Alsace-Lorraine de parents inconnus ou dont la nationalité est inconnue.

2° *Peuvent réclamer la nationalité française dans l'année de la mise en vigueur du traité.* — 1° Toute personne non réintégrée aux termes du paragraphe 1er et qui a parmi ses ascendants un Français ou une Française ayant perdu la nationalité française dans les conditions prévues au dit paragraphe ;

2° Tout étranger, non ressortissant d'un Etat allemand, qui a acquis l'indigénat alsacien-lorrain avant le 3 août 1914 ;

3° Tout Allemand, domicilié en Alsace-Lorraine, s'il y est domicilié depuis une époque antérieure au 15 juillet 1870, ou si un de ses ascendants était, à cette date, domicilié en Alsace-Lorraine ;

4° Tout Allemand né ou domicilié en Alsace-Lorraine qui a servi dans les rangs des armées alliées ou associées pendant la guerre actuelle ainsi que ses descendants ;

5° Toute personne née en Alsace-Lorraine avant le 10 mai 1871 de parents étrangers, ainsi que ses descendants ;

6° Le conjoint de toute personne, soit réintégrée en vertu du paragraphe 1er, soit réclamant et obtenant la nationalité française aux termes des dispositions précédentes.

Le représentant légal du mineur exerce au nom de ce mineur le droit de réclamer la nationalité française, et si ce droit n'a pas été exercé, le mineur pourra réclamer la nationalité française dans l'année qui suivra sa majorité.

La réclamation de nationalité pourra faire l'objet

d'une décision individuelle de refus de l'autorité française, sauf dans le cas du n° 6.

3° *N'obtiennent la nationalité française que par voie de naturalisation* : les Allemands nés ou domiciliés en Alsace-Lorraine, même s'ils ont l'indigénat alsacien-lorrain. Et encore, deux conditions sont requises pour cela : 1° qu'ils soient domiciliés en Alsace-Lorraine depuis une date antérieure au 3 août 1914 ; 2° qu'ils justifient d'une résidence non interrompue sur le territoire réintégré pendant trois années à compter du 11 novembre 1918.

Des traités qui accompagnent les annexions de territoires. — Il arrive souvent que, pour ménager les sentiments des habitants du territoire annexé et pour leur rendre plus supportable la nouvelle situation qui leur est faite par l'annexion, des clauses avantageuses sont pour eux insérées dans le traité qui consacre l'annexion.

Ces clauses soulèvent deux questions délicates :

D'abord, on se demande si ces clauses seront toujours observées. On décide, en général, qu'elles ne le seront que tant que la fusion du territoire cédé avec l'Etat annexant ne sera pas opérée, mais qu'elles cesseront d'être appliquées, le jour où cette fusion sera complète et définitive. Car, dès ce moment, elles n'auront plus de raison d'être.

D'autre part, supposons qu'une de ces clauses ne soit pas observée, qui pourra élever une réclamation ? Ce sera ou bien l'Etat qui a subi l'annexion, ou bien les Etats garants de l'exécution du traité.

Mais l'intervention d'un Etat étranger, sollicitée par les habitants du territoire annexé, sera de nature à éveiller les susceptibilités de l'Etat annexant.

Du changement de gouvernement et de ses conséquences au point de vue du droit des gens. — *Part du droit constitutionnel et du droit des gens.* — Le changement de gouvernement intéresse le droit constitutionnel et le droit des gens, à des points de vue différents.

C'est tout d'abord une question de droit constitutionnel, puisqu'il s'agit d'une modification dans l'organisation intérieure de l'Etat ; — c'est ensuite une question de droit des gens, car il faut que le gouvernement nouveau soit reconnu par les gouvernements des autres Etats, pour entretenir des relations avec eux.

De la reconnaissance des gouvernements nouveaux.
— On suit, pour la reconnaissance des gouvernements nouveaux, les mêmes règles que pour la reconnaissance des Etats nouveaux.

Tant que le nouveau gouvernement n'est pas constitué à l'intérieur d'une façon définitive, tant qu'il y a encore lutte entre les partis politiques adverses qui se disputent le pouvoir, la reconnaissance ne doit pas avoir lieu, parce qu'elle serait un véritable acte d'intervention dans les affaires intérieures d'un autre Etat.

Au contraire, lorsque le nouveau gouvernement est accepté par la majorité des citoyens et qu'il est assez fort pour assurer le maintien de l'ordre à l'intérieur, il doit être reconnu par les autres Etats. Un refus pourrait être considéré comme un acte d'hostilité et servir de cause à la guerre.

C'est ainsi que la France et ses alliés ont longtemps refusé de reconnaître le gouvernement bolcheviste de Lénine et de Trowsky, sans autorité réelle dans le pays, s'appuyant sur une minorité agissante, et qui ne se maintenaient au pouvoir qu'à la faveur de l'anarchie qu'ils avaient créée et entretenue en Russie et grâce à un régime de terreur qui n'avait aucun rapport avec le fonctionnement d'un gouvernement régulier (1).

Nous avons dit plus haut que la Grande-Bretagne, la France et l'Italie avaient fini par accorder la reconnaissance *de jure* au gouvernement des Soviets en 1924.

Forme de la reconnaissance. — Les gouvernements nouveaux sont reconnus dans la même forme que les Etats nouveaux : soit d'une manière expresse, soit d'une manière tacite ; *expressément*, par une déclaration formelle ; *tacitement*, par l'envoi ou la réception d'agents diplomatiques, ou par la conclusion d'un traité d'alliance, d'amitié ou de commerce, ou par

---

(1) On a également reproché au gouvernement bolcheviste d'avoir répudié les obligations régulièrement contractées par les gouvernements antérieurs envers les capitalistes étrangers et notamment envers la France et de faire une propagande révolutionnaire inadmissible à l'intérieur des autres Etats.

l'entrée en négociations avec les représentants du gouvernement nouveau (1).

Effets de la reconnaissance. — Reconnaître le gouvernement d'un pays, c'est accepter d'entrer en relations diplomatiques avec ce pays, consentir à négocier et à conclure des traités de commerce ou autres. Mais ce n'est en aucune façon faire siennes, pour en assurer l'exécution sur son territoire, les mœurs et les lois de la nation dirigée par le gouvernement reconnu lorsque ces mœurs et ces lois sont en opposition directe et manifeste avec les principes essentiels de l'ordre social des pays civilisés.

Cette règle a été affirmée et appliquée par le tribunal de commerce de Marseille dans un jugement, reproduit par *Le Temps* du 10 mai 1925, qui a été rendu au sujet de l'affaire de la Ropit. La Ropit est une compagnie de navigation russe dont quelques navires s'étaient réfugiés dans le port de Marseille après la révolution bolcheviste. Le gouvernement russe en réclama la restitution en vertu du décret du 26 janvier 1918 qui a proclamé la nationalisation de la flotte marchande russe. Le tribunal de Marseille a rejeté cette demande. « Attendu, dit ce jugement, que ce décret... n'est en réalité qu'un acte de spoliation ; que, pour rappeler les termes d'une décision de justice récente, il constitue un acte d'usurpation et de violence réunissant tous les éléments juridiques de la soustraction frauduleuse de la chose d'autrui. »

Conséquences qui résultent du changement de gouvernement. — Le changement de gouvernement est sans influence sur les traités conclus par les gouvernements antérieurs. Le gouvernement nouveau doit les respecter à son égard.

C'est cependant un usage assez suivi en pratique

---

(1) C'est ainsi qu'en acceptant d'entrer en pourparlers avec les représentants des Soviets russes en mars et avril 1922 à Gênes et aux mois de juin et juillet à La Haye, qu'ils le veuillent ou non, les Etats qui ont participé à ces deux conférences ont tacitement reconnu les Soviets (Dans ce sens J. Barthélemy, *Revue politique et parlementaire*, juin 1922, p. 499).

que les gouvernements nouveaux déclarent solennellement qu'ils garantissent le respect des traités existants. Une pareille déclaration a été faite notamment par Napoléon III, à son avènement, et par le gouvernement de la République française en 1870. Cette déclaration n'a pas d'autre but que de s'attirer les sympathies des autres gouvernements et de les amener à faire leur reconnaissance le plus tôt possible.

CHAPITRE IV. — LA SOCIÉTÉ DES NATIONS.

Définition. — La Société des Nations est un groupement formé entre un nombre d'Etats déterminé pour développer la coopération entre les nations civilisées, assurer le règne du droit et de la justice dans le monde, et pour garantir aux Etats la paix et la sécurité (1).

Toute la première partie du traité de Versailles lui est consacrée (art. 1er à 26) ; et sa réglementation figure en tête de tous les autres traités qui sont sortis de la conférence de la paix sous le nom de pacte de la Société des Nations ou « covenant of the league of nations ».

Caractère juridique. — 1° C'est un organisme international.

2° C'est une personne morale de création artificielle, ayant des organes de délibération et d'exécution, ayant un budget, douée du pouvoir de décision, susceptible d'avoir une force armée pour assurer le respect de ses décisions.

Division du chapitre IV. — Nous diviserons l'étude de la Société des Nations en quatre paragraphes :

§ 1. Des règles constitutives de la Société des Nations.

§ 2. De la mise en œuvre et du fonctionnement de la Société des Nations (2).

_____

(1) On en trouve une première idée dans l'ouvrage de Watel : il assignait à la Société des Nations comme obligation générale que « chaque nation doit contribuer au bonheur et à la perfection des autres dans tout ce qui est en son pouvoir », I, p. 93.

(2) Sur toute cette question il faut consulter le résumé

§ 3. Coup d'œil d'ensemble sur l'œuvre accomplie par la Société des Nations.

§ 4. Des institutions créées par la Société des Nations.

Composition. — *Distinction*. — Elle comprend : 1° des membres originaires ; 2° des membres admis postérieurement.

Sont membres originaires : 1° les vingt-sept Etats signataires du traité de Versailles, y compris les quatre dominions britanniques et la colonie des Indes; 2° treize Etats nommés dans l'Annexe, à condition qu'ils notifient leur adhésion au pacte dans les deux mois de sa mise en vigueur.

Peut devenir membre de la Société tout Etat, dominion ou colonie, qui se gouverne librement, à deux conditions :

1° Que son admission soit prononcée par les deux tiers des membres de l'assemblée ;

2° Qu'il donne des garanties effectives de son intention sincère d'observer ses engagements internationaux, et qu'il accepte le règlement établi par la Société en ce qui concerne ses forces et ses armements militaires et navals.

Les Etats qui ont été admis dans la Société par les première et deuxième assemblées sont : l'Albanie, l'Autriche, la Bulgarie, la République de Costa-Rica, l'Esthonie, la Finlande, la Lettonie, la Lithuanie et le Luxembourg, sans son caractère d'Etat neutre.

Au contraire, n'ont pas été admises : l'Arménie, la Géorgie, l'Azerbaïdjan et l'Ukraine, pour cette raison qu'ils ne sont pas encore reconnus comme Etats indépendants, que leur existence et leurs frontières sont incertaines ; le Lichtenstein, parce que c'est un trop petit Etat (1).

---

mensuel des travaux de la Société des Nations, publié par la section d'informations de la dite Société et tout particulièrement le supplément au numéro du mois de février 1922. Lire également sur la question l'article de M. G. Scelle dans la *Revue politique et parlementaire* du mois de mars 1920.

(1) En ce qui concerne les petits Etats, la Société a décidé, dans son assemblée générale du mois de septembre 1921, qu'on pourrait les admettre provisoirement à titre

La question de l'admission de l'Allemagne a été posée lors de la première assemblée tenue au mois de novembre 1920, non par l'Allemagne elle-même, trop habile pour cela, mais par quelques-uns de ses bons amis, de l'Argentine et de la Suisse. Elle a été écartée très heureusement pour la France, à la suite d'une éloquente intervention de M. Viviani. Une semblable prétention était en effet inadmissible, parce que prématurée. Que l'Allemagne exécute d'abord de bonne foi les obligations qu'elle a contractées dans le traité de Versailles. Ensuite on pourra lui faire une place dans une société où la théorie du « chiffon de papier » ne peut être tolérée !

Cette question a été soulevée de nouveau au cours de l'assemblée générale du mois de septembre 1924 ; et le 12 décembre suivant, l'Allemagne a signifié à la Société des Nations les conditions auxquelles elle consentirait à en faire partie : 1° avoir un siège permanent au Conseil ; 2° être dispensée de mettre des forces militaires à la disposition de la Société au cas où l'un de ses membres serait victime d'une agression injuste, vu son état de désarmement. Cette dernière condition a été jugée inadmissible. On veut bien admettre l'Allemagne dans la Société des Nations, mais en subissant la loi commune et sans aucun privilège à son profit (1).

En résumé, actuellement la Société des Nations comprend 55 Etats. Trois grandes puissances sont encore en dehors d'elle : Allemagne, Etats-Unis et Russie (2).

---

d'associés à collaborer aux travaux de la Société avant d'y être admis comme membres.

(1) Lire dans le Résumé mensuel de la Société de décembre 1924 : la note du gouvernement allemand au secrétaire général et le memorandum aux Etats représentés dans le conseil de la Société. Lire la réponse du Conseil de la Société des Nations dans le résumé mensuel de mars 1925.

(2) Le Sénat américain a mis comme condition de sa ratification l'interprétation suivante de l'art. 1er : Au cas où les Etats-Unis notifieraient leur retrait de la Société des Nations, ils entendent être seuls juges dans s la question de savoir si leurs obligations internationales et toutes leurs obligations découlant dudit pacte ont été remplies. Cependant, les Etats-Unis ont pris part aux travaux de confé-

Retrait de la Société. — Tout membre peut se retirer de la Société après un préavis de deux ans, à condition d'avoir rempli à ce moment toutes ses obligations internationales, y compris celle du pacte (art. 1er) (1).

En outre, cesse de faire partie de la Société des Nations tout membre qui refuse d'accepter les amendements apportés au pacte (art. 26).

Exclusion de la Société. — Peut être exclu de la Société tout membre qui s'est rendu coupable de la violation d'un des engagements résultant du pacte. L'exclusion est prononcée par tous les autres membres de la Société représentés au Conseil (art. 16).

Organes de la Société. — *Enumération.* — La Société des nations se compose de quatre organes essentiels.

Deux organes d'ordre politique : l'Assemblée générale et le Conseil ;

Un organe administratif : le Secrétariat général ;

Un organe juridique : la Cour permanente de justice internationale.

En outre, elle possède des Commissions et des organisations techniques.

Nous ne parlerons pour le moment que des trois premiers organes.

Assemblée. — L'Assemblée se compose de représentants des membres de la Société.

Chaque membre ne peut avoir plus de trois représentants et ne dispose que d'une voix.

L'Assemblée se réunit à des époques fixées et à tout autre moment si les circonstances le demandent, au siège de la Société ou dans tout autre lieu qui pourrait être désigné.

Conseil. — Le Conseil se compose théoriquement de onze membres, mais pratiquement de dix membres par suite de l'abstention des Etats-Unis. Ce sont : 1° les représentants des quatre grandes puissances (big five), membres permanents : Grande-Bretagne, France,

---

rences et de commissions et la Russie s'est fait représenter au Comité d'hygiène et à la Commission permanente consultative pour l'étude du désarmement.

(1) Conformément à l'art. 1er du pacte, la République de Costa-Rica a fait savoir à la Société des Nations, le 24 décembre 1924, qu'elle entendait cesser de faire partie de la S. D. N. à partir du 1er janvier 1927.

Italie, Japon ; 2° les représentants des six (1) autres membres de la Société désignés librement par l'Assemblée. Ce sont actuellement : la Belgique, le Brésil, l'Espagne, la Suède, la Tchécoslovaquie et l'Uruguay.

Avec l'approbation de la majorité de l'Assemblée, le Conseil peut désigner d'autres membres dont la représentation sera désormais permanente au Conseil.

Tout membre de la Société qui n'est pas représenté au Conseil est invité à y envoyer siéger un représentant lorsqu'une question qui l'intéresse particulièrement est portée devant le Conseil.

Chacun des membres du Conseil exerce la présidence à tour de rôle, en suivant l'ordre alphabétique des États représentés au Conseil.

Chaque membre représenté au Conseil ne dispose que d'une voix et n'a qu'un représentant.

Le Conseil se réunit au moins une fois par an au siège de la Société où dans tout autre lieu qui pourra être désigné.

Règle commune à l'Assemblée et au Conseil. — En principe leurs décisions sont prises à l'unanimité des membres représentés à la réunion.

Cependant, les questions de procédure, y compris la désignation des commissions chargées d'enquêter sur des points particuliers, sont décidées à la majorité des membres représentés (art. 5).

Secrétariat général. — Un secrétariat permanent est établi au siège de la Société. Il comprend : un secrétaire général, assisté d'un secrétaire général adjoint et de deux sous-secrétaires généraux.

Le premier secrétaire général a été désigné par le traité. C'est sir James Eric Drummond, secrétaire privé du Ministre des Affaires étrangères de Grande-Bretagne. Par la suite il sera nommé par le Conseil avec l'approbation de la majorité de l'Assemblée.

Le secrétaire général nomme les secrétaires et le personnel du secrétariat avec l'approbation du Conseil (art. 6).

Bureaux internationaux. — Tous les bureaux internationaux antérieurement établis par les différentes unions sont placés sous l'autorité de la Société (art. 24).

---

(1) Le nombre de 4 a été porté à 6 par décision de la 3ᵉ assemblée générale (septembre 1922).

Rôle respectif des différents organes de la Société. — Le rôle du Secrétariat général est très net. Il est l'auxiliaire et comme l'agent exécutif du Conseil et de l'Assemblée. C'est lui qui rédige les procès-verbaux des séances et qui exécute les besognes d'administration. C'est lui qui prépare le travail des futures sessions et qui suit l'exécution des décisions prises ; enfin, il sert d'intermédiaire entre l'Assemblée et le Conseil, comme entre la Société et les membres ou les Etats restés en dehors de la Société.

Pour remplir sa mission, le Secrétariat est composé de dix sections (1).

Moins nette est la situation respective du Conseil et de l'Assemblée générale, le Covenant étant muet à cet égard. La première assemblée générale, tenue à Genève au mois de novembre 1920, avait chargé sa première commission d'étudier et de résoudre cette question. Elle définit ainsi les différents organes de la Société. Les membres de la Société constituent l'origine et la source même de l'organisation tout entière ; l'assemblée est un pouvoir souverain, mais intermittent ; le Conseil forme un parlement permanent et le secrétaire général l'organe exécutif permanent.

En outre, cette commission avait proposé à l'assemblée d'adopter les résolutions suivantes :

1º Le conseil et l'assemblée ont chacun des pouvoirs et des devoirs spéciaux. Aucun de ces organes n'a le droit de trancher aucune des questions que les traités et le pacte réservent à l'autre.

2º L'assemblée n'a aucun pouvoir de réformation et de modification sur une décision qui relève de la compétence exclusive de l'assemblée.

3º Aux termes du pacte, les membres du conseil et de l'assemblée émettent leurs décisions à titre de

_____

(1) Ainsi réparties : 1º Section des Commissions administratives (Sarre et Dantzig) et des minorités ; Norvégien, directeur ; 2º Section économique et financière ; Anglais, directeur ; 3º Section juridique ; Hollandais, directeur ; 4º Section politique ; Français, directeur ; 5º Section du désarmement ; Italien, directeur ; 6º Section des mandats ; Suisse, directeur ; 7º Section d'hygiène ; Polonais, directeur ; 8º Section des transports ; Italien, directeur ; 9º Section des informations ; Français, directeur ; 10º Section des questions sociales, dirigée par une Anglaise.

représentants de leurs Etats respectifs et leur vote ne saurait avoir d'autre signification.

4° Le conseil présentera chaque année à l'assemblée un rapport sur l'œuvre accomplie.

M. Politis (Grèce) ayant demandé de supprimer le mot « exclusive » dans la seconde résolution, M. Viviani (France) s'y était opposé en disant qu'il y aurait là une modification au pacte. On confia le soin aux rapporteurs de régler le point en litige dans un entretien amical. Finalement, on décida de supprimer tout le paragraphe dans son entier (7 décembre 1920) et d'adopter les trois autres résolutions. De cette façon la compétence concurrente des deux organes de la Société demeure toujours en suspens.

Siège. — Le siège de la Société est à Genève. Choix assez bizarre, proposé par l'Italie, à un moment où la Suisse n'était pas encore membre de la Société des Nations. Bruxelles eût été un meilleur choix, comme l'avait demandé la France. C'eût été une juste récompense de l'héroïsme de la Belgique au mois d'août 1914.

D'ailleurs, le Conseil peut à tout moment décider d'établir le siège de la Société en tout autre lieu (art. 7).

Rôle dévolu à la Société des Nations. — *Deux conceptions extrêmes.* — Deux conceptions extrêmes de la Société des Nations ont été envisagées au cours des négociations de paix. Dans un premier projet, la Société des Nations apparaissait comme une grande alliance permanente où les Etats associés, conservant leurs droits souverains, se promettaient simplement leur assistance contre quiconque enfreindrait les règlements internationaux établis par eux.

Un autre projet, au contraire, faisait de la Société des Nations un Etat supra-national, placé au-dessus des Etats associés, ayant un pouvoir législatif, un pouvoir exécutif appuyé par une armée internationale, doué d'une véritable souveraineté, capable d'édicter une législation internationale et d'assurer vis-à-vis de chaque Etat associé l'exécution des mesures arrêtées en commun ; ce qui aboutissait à une sorte d'abdication de la souveraineté de chaque Etat particulier.

Entre ces deux conceptions, le traité de Versailles a adopté une solution intermédiaire, empruntant des éléments à l'un et à l'autre système.

Conformément à la seconde conception, la Société des Nations constitue un organisme politique et une personne juridique internationale. Sa mission est non seulement de garantir le maintien de la paix dans le monde, à l'aide de mesures appropriées, mais encore de faire régner la justice, d'assurer le respect des traités, d'exercer une tutelle sur les populations non encore capables de se gouverner elles-mêmes, de prendre sous sa protection certaines questions d'intérêt primordial, enfin d'exécuter les nombreuses missions qui lui sont confiées par le traité de Versailles.

En même temps, on a consacré le maintien de la souveraineté des Etats associés, suivant les idées du premier système. Sans doute, ces Etats sont tenus de se conformer à certaines règles édictées par la Société. Mais, nous le verrons, il y a là un engagement purement moral, et aucune force internationale permanente n'est chargée de le faire respecter.

Mesures propres à garantir la paix. — *Trois sortes.* — Elles sont de trois sortes : limitation des armements ; engagement de respect et de garantie mutuels ; règlement pacifique des conflits.

1° *Limitation des armements.* — Les armements nationaux doivent être réduits au minimum compatible avec la sécurité nationale, en tenant compte de la situation géographique de chaque Etat (art. 8) (1). Le programme de ces réductions est établi par le Conseil et soumis à l'examen et à la décision des divers gouvernements. Après son adoption par ces gouvernements, il ne peut être dépassé sans le consentement du Conseil, sauf révision tous les dix ans.

En ce qui concerne la fabrication privée des munitions et du matériel de guerre, le Conseil est chargé d'aviser aux mesures propres à en éviter les fâcheux effets, en tenant compte des besoins des membres de

---

(1) Cet article a fait naître une réserve de la part du Sénat américain. Aucun plan pour la limitation des armements, proposé par le Conseil de la Société des Nations, ne peut lier les Etats-Unis tant que ce plan n'aura pas été accepté par le Congrès, qui reste maître d'augmenter les armements toutes les fois qu'il le jugera nécessaire à la sécurité du pays.

la Société qui ne peuvent pas fabriquer les munitions et le matériel de guerre nécessaires à leur sûreté.

Les membres de la Société s'engagent à échanger, de la manière la plus franche et la plus complète, tous renseignements relatifs à l'échelle de leurs armements, à leurs programmes militaires et navals et à la condition de leurs industries susceptibles d'être utilisées pour la guerre.

Une Commission permanente est formée pour donner au Conseil son avis sur l'exécution des dispositions qui précèdent et, d'une façon générale, sur les questions militaires et navales (art. 9).

Une conférence pour le contrôle du commerce des armes a été convoquée par le Conseil de la Société des Nations et s'est réunie à Genève le 4 mai 1925. Elle a abouti à un projet de convention.

2° *Engagement de respect et de garantie mutuels.* — Les membres de la Société s'engagent à respecter et à maintenir contre toute agression extérieure l'intégrité territoriale et l'indépendance politique présente de tous les membres de la Société. En cas d'agression, de menace ou de danger d'agression, le Conseil avise aux moyens d'assurer l'exécution de cette obligation (art. 10) (1).

3° *Règlement pacifique des conflits.* — Trois cas sont à envisager :

1er cas : guerre ou menace de guerre ; 2e cas : différend entre deux membres de la Société ; 3e cas : différend entre un membre de la Société et un Etat tiers ou entre deux Etats tiers.

1er cas : Guerre ou menace de guerre. — Il est expressément déclaré que toute guerre ou menace de guerre, qu'elle affecte directement ou non l'un des membres de la Société, intéresse la Société tout entière, qui doit prendre les mesures propres à assurer la paix des nations. En pareil cas, le secrétaire général con-

---

(1) Cet article 10 a soulevé la plus vive opposition de la part du Sénat américain. Il n'a pu admettre que les Etats-Unis assurent l'obligation de préserver l'intégrité territoriale ou l'indépendance politique d'un pays quelconque, à moins que dans un cas particulier le Congrès, qui a seul le pouvoir de déclarer la guerre, n'en ait décidé ainsi, en toute liberté d'action.

voque immédiatement le Conseil, à la demande de tout membre de la Société (art. 11).

2e cas : Différend entre deux membres de la Société. — Tout différend survenant entre les membres de la Société doit être soumis soit à l'arbitrage, dont les sentences seront exécutées de bonne foi, soit à l'examen du Conseil. En aucun cas il ne sera recouru à la guerre avant l'expiration d'un délai de trois mois après la sentence des arbitres ou le rapport du Conseil.

Les cas susceptibles d'arbitrage sont notamment : l'interprétation d'un traité, une question de droit international, la constatation d'un fait qui, s'il était établi, constituerait la rupture d'un engagement international, la détermination de l'étendue ou de la nature de la réparation due pour une telle rupture.

A défaut d'arbitrage, le Conseil fonctionne et rédige un rapport sur le différend. Si le rapport est accepté à l'unanimité, les membres de la Société s'engagent à ne pas recourir à la guerre contre aucune partie qui se conforme aux conclusions du rapport.

A défaut d'unanimité, chaque membre de la Société reste libre de son action. Si l'une des parties prétend et si le Conseil reconnaît que le différend porte sur une question que le droit international laisse à la compétence exclusive de cette partie, le Conseil le constatera dans un rapport, mais sans recommander aucune solution.

Le Conseil peut à son tour porter le différend devant l'Assemblée qui fonctionne dans les mêmes conditions (art. 12, 13, 15).

En vue du règlement des litiges par voie d'arbitrage, le Conseil est chargé de préparer un projet de Cour permanente de justice internationale qui connaîtrait de toutes les questions qui lui seraient soumises (art.14).

Si un membre de la Société recourait à la guerre contrairement aux dispositions ci-dessus énoncées, il serait *ipso facto* considéré comme ayant commis un acte de guerre contre tous les membres de la Société.

En pareil cas, d'après l'art. 16 du pacte, les membres de la Société des Nations devraient recourir à l'arme économique et au besoin à la force armée pour assurer le respect des engagements de la Société.

Mais, dans sa session de septembre-octobre 1921, l'Assemblée générale de la Société des Nations a voté un amendement à l'art. 16 du Pacte qui écarte l'emploi de la force armée (1).

3e cas : Différend entre deux Etats dont un seul est membre de la Société ou dont aucun n'en fait partie. — Ces Etats sont invités à se soumettre à la procédure que nous avons décrite. S'ils acceptent, on l'applique. S'ils refusent, le Conseil peut prendre toutes les mesures propres à assurer la fin du conflit (art. 17).

Insuffisance des mesures édictées. — Les mesures édictées par le pacte ont été démontrées insuffisantes tant en ce qui concerne la limitation des armements qu'en ce qui concerne le mode de règlement des conflits (2).

En ce qui concerne la réduction des armements, l'article 8 du traité n'en fait pas une obligation stricte pour les membres de la Société, qui sont libres d'accepter ou de refuser le plan proposé par le Conseil sans encourir aucune sanction. En outre, si un gouvernement, qui a accepté cette réduction, s'y dérobe en fait et par des moyens détournés, aucune mesure n'est prévue pour constater cette violation et la faire cesser.

Au surplus la difficulté que les Alliés éprouvent à faire exécuter par l'Allemagne les clauses précises du traité de Versailles relatives au désarmement, malgré les Commissions de contrôle établies sur place et les moyens énergiques dont elles disposent, montre qu'il y a là une entreprise à peu près irréalisable en pratique.

En ce qui concerne le règlement des conflits, on ne peut pas dire que le recours aux armes soit prohibé. A condition d'observer les délais de procédure imposés par l'article 12, un Etat peut déclarer la guerre valablement à un autre Etat.

En outre, lorsqu'une affaire est soumise à l'examen du Conseil, le recours aux armes n'est interdit que s'il y a unanimité, éventualité qui se présentera rarement en fait. En dehors de là, chacun des Etats reprend sa liberté ; la guerre devient possible et le système des alliances peut continuer à jouer comme précédemment.

(1) L'art. 16 est également modifié sur le point suivant : Pour la rupture des relations entre personnes relevant de l'Etat fautif et personnes relevant des autres membres de la Société, le critère sera désormais la résidence et non pas la nationalité.

(2) Lire à ce sujet le discours magistral de M. Léon Bourgeois à la séance plénière du 28 avril 1919.

Amendements proposés par la France. — C'est pour combler cette lacune que la délégation française a proposé, par la bouche de M. Léon Bourgeois, deux amendements aux articles 8 et 9, ainsi conçus :

« Art. 8. — Les H. P. C., résolues à se donner franche et pleine connaissance mutuelle de l'échelle de leurs armements et de leurs programmes militaires et navals, ainsi que des conditions de leurs industries susceptibles de s'adapter à la guerre, institueront une Commission chargée des constatations nécessaires.

Art. 9. — Un organe permanent sera constitué pour prévoir et préparer les moyens militaires et navals d'exécution des obligations que la présente convention impose aux H. P. C. et pour en assurer l'efficacité immédiate dans tous les cas d'urgence. »

Par le premier, on entendait assurer la limitation réelle, effective, permanente des armements. Par le second, on voulait préparer dès le temps de paix les mesures de défense à prendre d'urgence au cas où la sécurité d'un Etat faible et pacifique serait mise en péril par une attaque brusquée d'un puissant voisin. C'était tout à fait conforme à la pensée exprimée par le Président Wilson dans son discours du 27 janvier 1917. « Il sera absolument nécessaire, disait-il, qu'une force soit créée garantissant la permanence de l'accord, une force tellement supérieure à celle de toutes les nations actuellement engagées ou de toutes les alliances jusqu'ici formées ou projetées, que pas une nation, pas une combinaison probable de nations ne puisse l'affronter ni lui résister. »

Il est regrettable que ces deux amendements aient été rejetés.

Emploi de l'arme économique. — Dans sa session de septembre-octobre 1921, l'Assemblée générale de la Société des Nations, sous forme d'amendement à l'art. 16 du pacte, a recommandé et réglementé l'emploi de l'arme économique en vue d'éviter le recours aux armes.

Au cas de rupture de pacte ou de danger d'une telle rupture, le Secrétaire général en avertira tous les membres du Conseil. Le Conseil se réunira aussitôt et convoquera les Etats en conflit et tous les Etats intéressés. Si le Conseil est d'avis qu'il y a rupture du pacte, tous les membres de la Société en seront avisés et invités à appliquer les sanctions économiques de l'art. 16. Le Conseil recommandera la date à laquelle il convient d'appliquer la pression économique visée à l'art. 16 et notifiera cette date à tous les membres de la Société. Il appartiendra au Conseil de recommander aux Etats membres un plan d'action commune. La rupture des relations diplomatiques pourra être limitée au rappel des chefs de mission. Les relations consulaires pourront être éventuellement conservées. Si le blocus économique se prolongeait on pourrait recourir à la suppression du ravitaillement de la population civile comme moyen extrême. Cependant les relations humanitaires seront continuées. Enfin, si le blocus de mer était nécessaire, certains membres de la Société pourraient être chargés de l'établir (1).

Le protocole de Genève du 27 septembre 1924. — Enfin, le protocole de Genève du 27 septembre 1924 a fait un pas décisif dans la voie de la paix, ainsi que nous l'avons déjà dit plus haut, en prohibant comme un crime de droit des gens la guerre agressive et en associant ensemble l'arbitrage, la sécurité et le désarmement. Nous expliquerons le mécanisme de ce protocole dans le titre préliminaire de notre cinquième partie. Malheureusement, ce protocole est destiné à rester une manifestation purement platonique par suite du refus des grandes puissances, et particulièrement de l'Angleterre, de le ratifier.

Mesures édictées en ce qui concerne les engagements internationaux. — A cet égard trois règles sont édictées :

1º A l'avenir, tout traité ou engagement international conclu par un membre de la Société devra être immédiatement enregistré par le secrétariat et publié par lui aussitôt que possible. Aucun de ces actes ne sera obligatoire avant d'être enregistré (art. 18). A cet égard, la Société des Nations apparaît comme un organe très utile pour la conservation et la publication des accords internationaux. Par là aussi se trouve condamnée toute pratique de la diplomatie secrète.

2º L'Assemblée des membres de la Société des Nations peut de temps à autre inviter ses membres à

---

(1) Lire le texte de la résolution dans le Bulletin mensuel de la Société des Nations d'octobre 1921, p. 134.

procéder à un nouvel examen des traités devenus inapplicables, ainsi que des situations internationales dont le maintien pourrait mettre en péril la paix du monde (art. 19). A ce point de vue, la Société des Nations forme un organe de révision des traités. Il est à craindre que ce ne soit un moyen pour un Etat intrigant et astucieux de rejeter les clauses d'un traité qui lui paraîtra trop pénible à exécuter.

3° Toutes les obligations ou ententes antérieures, incompatibles avec les clauses du pacte, sont abrogées. On a soin d'ajouter que les traités d'arbitrage ou les ententes régionales, comme la doctrine de Monroe, qui assurent le maintien de la paix, ne sont pas considérés comme incompatibles avec le pacte (art. 20 et 21). Cette dernière réserve a paru indispensable au Président Wilson pour assurer la ratification du pacte par le Sénat américain. Nous avons vu que cela n'avait pas suffi à vaincre sa résistance.

Tutelle exercée par la Société des Nations sur les populations arriérées et régime du mandat international. — Les territoires et colonies qui, à la suite de la guerre, ont cessé d'être sous la souveraineté des Etats qui les gouvernaient précédemment et sont habités par des peuples non encore capables de se diriger eux-mêmes sont placés sous la tutelle de la Société des Nations. Celle-ci ne les administre pas elle-même directement ; elle confie le soin (1) de les administrer, sous le régime du mandat international, à l'Etat le mieux placé pour cela en raison de sa position géographique et de son expérience. Le mandataire enverra chaque année au Conseil un rapport qui sera examiné par une Commission permanente. Il est bien entendu que le caractère et l'étendue du mandat doivent différer suivant le degré de développement de chaque peuple et ses conditions particulières (art. 22).

---

(1) Ces mandats sont de trois sortes. Les mandats A sont ceux qui s'appliquent aux territoires de l'ancien empire ottoman ; les mandats B s'appliquent aux colonies allemandes qui doivent être administrées par une puissance alliée sous le contrôle de la Société des Nations ; les mandats C s'appliquent à d'anciennes colonies allemandes qui sont incorporées aux pays limitrophes, pays qui dépendent de l'une des puissances alliées.

Questions soumises à la surveillance de la Société des Nations. — Enfin, la Société des Nations est chargée de surveiller : ·

Les conditions du travail, le traitement des populations indigènes, le trafic de l'opium et autres drogues nuisibles, le commerce des armes et munitions, la liberté des communications et du transit, la lutte contre les maladies, le développement des organisations de la Croix-Rouge (art. 21 et 25).

Rôle de la Société des Nations dans l'exécution du traité de Versailles. — Enfin, la Société des Nations a un rôle considérable à jouer dans l'exécution du traité de Versailles. Nombreuses, importantes et délicates sont les questions dont la solution lui a été confiée. On en a fait comme la pierre angulaire de ce monument diplomatique. Il nous suffira de citer à titre d'exemples : l'article 102 qui place la ville libre de Dantzig sous la protection de la Société des Nations ; l'article 213 reconnaissant à la Société des Nations un droit d'investigation en Allemagne pour contrôler l'exécution des clauses militaires et navales du traité ; les articles 376, 377 et 378 sur le jugement des litiges et la révision des clauses permanentes du traité ; l'article 338 et l'article 342 en ce qui concerne le régime des eaux, etc.

§ 2. — De la mise en œuvre et du fonctionnement de la Société des Nations.

Inauguration de la Société des Nations. — La Société des Nations a tenu sa première séance inaugurale à Paris le 16 janvier 1920. Les convocations en vue de cette réunion ont été faites par le Président Wilson, bien que les Etats-Unis n'en fissent pas encore partie, faute d'avoir ratifié le traité de Versailles.

Cette inauguration a consisté dans la tenue de la première session du Conseil de la Société des Nations. Nous avons dit plus haut quelle était la composition du Conseil.

Fonctionnement du Conseil. — Jusqu'à l'heure où nous écrivons, le Conseil de la Société des Nations a déjà tenu un grand nombre de sessions. Les premières sessions ont eu lieu à Paris, Londres, Rome, Saint-Sébastien et Bruxelles. Mais, depuis 1921, il se réunit géné-ralement à Genève, tous les trois mois.

Tenue de l'assemblée générale. — Nous avons dit plus haut que l'assemblée générale devait se tenir à époque fixe au siège même de la Société ou en tel autre lieu qui pourra être désigné.

En fait, cinq assemblées générales ont déjà été tenues jusqu'à ce jour et la première assemblée a décidé que désormais les réunions auraient lieu chaque année à Genève le premier lundi de septembre.

Première assemblée générale. — *Date.* — *Composition.* — L'assemblée générale de la Société des Nations convoquée par le Président des Etats-Unis, en application de l'art. 5 du Covenant, s'est ouverte à Genève le 13 novembre 1920 et a siégé jusqu'au 18 décembre suivant. Quarante et un Etats y étaient représentés. Elle a tenu 28 séances plénières. La présidence a été confiée à M. Hymans, représentant de la Belgique.

Organisation du travail. — Pour faciliter le travail de l'assemblée, il a été décidé de nommer six commissions entre lesquelles ont été distribuées les questions à l'ordre du jour. En outre, on a résolu de donner à l'assemblée 12 vice-présidents, chargés de suppléer le président dans ses fonctions. Six de ces vice-présidents sont de droit les présidents des commissions et les six autres sont désignés par l'assemblée elle-même au scrutin secret.

Notons la définition que dans son allocution inaugurale le président de l'assemblée, M. Paul Hymans, a donnée de la Société des Nations. Ce n'est pas, dit-il, « un super Etat tendant à absorber les souverainetés ou à les réduire en tutelle. Elle cherche à établir entre Etats indépendants des relations fréquentes et amicales. La Société aidera puissamment à rapprocher les nations les unes des autres ; par la création d'une juridiction internationale régulière et permanente et par les multiples organes qui, se plaçant au point de vue international, étudieront les problèmes financiers, économiques et commerciaux, les conditions de la vie ouvrière, les questions d'hygiène, etc., la Société pourra contribuer à prévenir des crises inquiétantes ».

Objet des six commissions désignées. — Voici quel a été l'objet des six commissions désignées :

Commission n° 1. — Questions constitutionnelles.

Commission n° 2. — Organisations techniques.

Commission n° 3. — Cour permanente de justice internationale.

Commission n° 4. — Organisation du secrétariat et des finances de la Société.

Commission n° 5. — Admission de nouveaux membres dans la Société.

Commission n° 6. — Armements. Arme économique. Mandats.

L'assemblée décide que les commissions tiendront un registre des délibérations et un procès-verbal qui sera publié aussitôt que possible et pourra être toujours consulté par un membre de l'assemblée.

A cet effet un journal de la première assemblée de la Société des Nations a été imprimé par les soins du secrétariat général. Il comporte 34 numéros parus pendant toute sa durée. Ce journal n'a pas été mis en vente dans le public. Il est d'ailleurs à noter que les procès-verbaux de la commission n° 4 relatifs aux finances de la Société n'y ont pas été insérés. Ils auraient cependant été très édifiants pour les contribuables français.

Résolutions prises. — Il nous est impossible de passer en revue toutes les questions étudiées et résolues par cette première assemblée générale ; nous nous bornerons à citer quelques-unes d'entre elles :

Les relations du conseil et de l'assemblée ; l'emploi de l'arme économique ; la réduction des armements ; l'admission de nouveaux Etats dans la Société des Nations ; enfin la Cour permanente de justice internationale.

Deuxième assemblée générale. — *Date. Composition.* — La deuxième assemblée générale s'est réunie à Genève le 5 septembre 1921 sous la présidence de M. Van Karnebek, ministre des affaires étrangères de Hollande.

45 Etats étaient représentés sur les 51 dont se composait alors la Société des Nations. L'Argentine notamment n'y avait pas envoyé de délégué.

Organisation du travail. — Pour faciliter le travail, six commissions furent désignées :

Commission nº 1. — Questions constitutionnelles et juridiques.

Commission nº 2. — Organisations techniques de la Société des Nations.

Commission nº 3. — Réduction des armements et blocus.

Commission nº 4. — Finances et budget.

Commission nº 5. — Questions humanitaires et organisation internationale du travail intellectuel.

Commission nº 6. — Questions politiques.

Résolutions prises. — L'assemblée a élu les juges de la Cour permanente de justice internationale, approuvé les travaux de l'organisation technique pour les communications et le transit, de l'organisation financière et économique, et de celle de l'hygiène ; elle a suggéré certains amendements au pacte, admis trois nouveaux membres dans la Société et approuvé l'organisation du secrétariat et du bureau international du travail, ainsi que le budget de 1922. Elle a voté d'importantes résolutions relatives à la réduction des armements, aux mandats, au différend polono-lithuanien, au différend de la Bolivie et du Chili, au statut de l'Albanie, à l'Arménie, à la Galicie orientale, à la famine en Russie, à la suppression du trafic de l'opium, de la traite des blanches et des enfants et aux déportations en Asie Mineure.

Troisième assemblée générale. — *Date. Composition.* — La troisième assemblée générale a siégé à Genève du 4 au 30 septembre 1922. 45 des 51 Etats qui à ce moment étaient membres de la Société s'étaient fait représenter. S'étaient abstenus : l'Argentine, la Bolivie, le Honduras, le Nicaragua, le Pérou et le Salvador. L'assemblée a élu comme président M. Augustin Edwards, représentant du Chili.

Organisation du travail. — Le travail de l'assemblée a été comme précédemment réparti entre six commissions.

Résolutions prises. — Nombreuses sont les questions sur lesquelles l'assemblée générale a eu à délibérer. On en trouvera les détails complets dans le résumé mensuel de la Société des Nations du mois de septembre 1922 (p. 228 à 246).

Nous nous bornerons à signaler :

1º La nouvelle composition du Conseil dont les

membres non permanents sont portés de 4 à 6, avec cette clause que deux d'entre eux seraient remplacés chaque année ;

2° L'admission de la Hongrie dans la Société des Nations ;

3° La préparation du protocole relatif à la reconstitution financière qui se poursuivait au Conseil concurremment à la tenue de l'assemblée générale et qui fut signé le 4 octobre suivant.

Quatrième assemblée générale. — *Date. Composition.* — La quatrième assemblée générale s'est tenue à Genève du 3 au 29 septembre 1923. Quarante-sept États sur cinquante-deux États membres de la Société y ont été représentés. N'y figuraient pas : l'Argentine, la Bolivie, le Guatémala, le Nicaragua et le Pérou.

L'assemblée élut comme président le représentant de Cuba, M. Cosme delle Torriente y Peraza.

Organisation du travail. — Six commissions comme précédemment ont été chargées de préparer le travail de l'assemblée.

Résolutions prises. — Cette quatrième assemblée (1) a été dominée par l'émotion provoquée par l'incident italo-grec : un délégué italien de la Conférence des ambassadeurs à la Commission de délimitation des frontières d'Albanie tué en territoire grec dans un guet-apens ; d'où ultimatum à la Grèce et occupation de Corfou par la flotte italienne à titre de gage. La Société des Nations, saisie de la question par la Grèce, n'osa passer outre à l'opposition de l'Italie. Moment tragique ! Heureusement tout finit par s'arranger grâce au concours de la Conférence des ambassadeurs, devant laquelle le Conseil de la Société des Nations s'était effacé, la Grèce ayant d'ailleurs accordé satisfaction en tous points aux réclamations de l'Italie.

C'est au cours de cette session que l'État libre d'Irlande et l'Éthiopie ont été admis dans la Société des Nations et que l'assemblée donna son adhésion au projet de traité d'assistance mutuelle et de réduction des armements qui, nous l'avons dit plus haut, n'a été accepté que par la Belgique et la France sous certaines réserves.

---

(1) *Europe Nouvelle*, 1923, p. 1194 à 1228.

Cinquième assemblée générale. — *Date. Composition.*
— Elle a siégé à Genève du 1er septembre au 2 octobre
1924. Y assistaient 49 Etats sur les 54 membres de la
Société ; étaient absents : l'Argentine, la Bolivie,
le Honduras, le Guatémala et le Pérou.

Organisation du travail. — L'assemblée a constitué
comme précédemment six commissions pour étudier
les questions portées à son ordre du jour.

Elle a admis la République dominicaine, ce qui porte
à 55 le nombre de ses membres.

Elle a été honorée de la présence des premiers
ministres de France de Grande-Bretagne, de Belgique
et de Danemark. Son œuvre capitale est, nous l'avons
déjà dit, l'établissement d'un protocole pour le règlement pacifique des différends internationaux et d'un
protocole relatif à la juridiction obligatoire de la Cour
de justice, que la France a été seule à signer de toutes
les grandes puissances.

Organismes auxiliaires. — *Enumération.* — Dans
l'accomplissement de leur œuvre, le Conseil et l'assemblée générale sont assistés par des commissions, par
des organisations techniques et par des organes administratifs.

Commissions. — Les commissions ont pour mission
générale de donner aux organes de la Société tous avis
et renseignements et de faire des rapports qui leur
sont demandés en vue de préparer les résolutions à
prendre.

Certaines de ces commissions sont permanentes :
telles la Commission pour l'étude des questions militaires, navales et aériennes ; la Commission permanente consultative pour la répression de la traite des
femmes et des enfants ; la Commission consultative
de l'opium et des stupéfiants.

D'autres sont temporaires ; elles cessent d'exister
dès qu'elles ont terminé leur travail d'investigation
et déposé leur rapport. Telles : la Commission du
blocus, la Commission des amendements au pacte ; et
la Commission temporaire mixte pour la réduction des
armements, la Commission de coopération intellectuelle, la Commission pour la protection des femmes
et des enfants dans le proche Orient, le Haut-Commissariat pour les réfugiés russes.

Organisations techniques. — La Société possède différents organes techniques qui lui permettent d'accomplir les services qui lui sont imposés par le pacte (art. 23, c et f) ou dont elle estime devoir se charger.

Il existe actuellement trois organisations techniques:

1° Celle des communications et du transit, qui étudie les questions intéressant la liberté du transit et des communications dans les différents pays du monde ;

2° L'organisation économique et financière, qui s'occupe des questions de crédit, des changes et de l'abaissement du prix de la vie ;

3° L'organisation provisoire de l'hygiène, qui est chargée de coordonner les efforts des différentes organisations internationales actuellement existantes, de mettre en contact plus étroit les services d'hygiène des différents pays et de collaborer avec le Bureau international du travail, la Croix-Rouge et autres associations (1).

Organes administratifs. — Les organes administratifs sont au nombre de trois :

1° La Commission administrative du bassin de la Sarre, nommée par le Conseil et chargée d'administrer le territoire de la Sarre pendant 15 ans jusqu'au plébiscite qui doit en 1933 décider de son sort.

2° Le Haut-Commissariat de la ville libre de Dantzig. Sa tâche principale est de régler les différends qui peuvent s'élever entre la ville libre et la Pologne. Il est désigné par le Conseil de la Société.

3° Le Commissariat général à Vienne, nommé en vertu du protocole de Genève du 4 octobre 1922, pour veiller à l'exécution du plan de reconstitution financière de l'Autriche.

§ 3. — Coup d'œil d'ensemble sur l'œuvre accomplie par la Société des Nations.

Distinction. — Il y a lieu de distinguer : l'action

_____

(1) A cet ordre d'idées se rattachent les deux conférences de l'opium, qui ont pris fin l'une le 11 février 1925, par la signature d'un accord sur la suppression graduelle de l'opium à fumer, et l'autre le 19 février suivant, par la conclusion d'une convention sur les stupéfiants manufacturés. Lire dans la *Revue politique et parlementaire*, juin 1925, p. 440, La conférence de l'opium, par Maurice Besson.

politique de la Société ; son œuvre administrative, son œuvre économique et son action humanitaire.

I. Action politique de la Société. — *Questions soumises à la Société.* — La Société des Nations a eu à s'occuper de la question de la Haute-Silésie, des îles d'Aland, de la question de Vilna, de la question d'Albanie et enfin de la question du désarmement. Elle a été assez heureuse pour résoudre les deux premières question définitivement.

La question de la Haute-Silésie. — Nous avons dit plus haut que le Conseil suprême, n'ayant pu se mettre d'accord sur les conclusions à tirer des résultats du plébiscite auquel il avait été procédé en Haute-Silésie, avait décidé de demander au Conseil de la Société des Nations de faire une recommandation à ce sujet. Le Conseil avait accepté cette invitation. Il a été assez heureux, nous l'avons vu, pour faire adopter sa recommandation non seulement par la Conférence des ambassadeurs, qui l'a transformée en une décision exécutoire, mais par les intéressés. En même temps qu'il délimitait la ligne frontière, il recommandait l'adoption par la Pologne et par l'Allemagne d'un certain nombre de garanties économiques qu'il considérait comme vitales dans l'intérêt de la population. C'est sous la présidence de M. Calonder, l'ancien président de la Confédération suisse, que les négociations économiques suggérées ont été entreprises et menées à bien.

Ainsi, grâce à l'autorité morale de la Société des Nations, un grave conflit qui menaçait de s'éterniser et de compromettre de nouveau la paix a été apaisé.

La question des îles d'Aland. — Les îles d'Aland étaient revendiquées par la Suède, qui invoquait le vœu de la population qui s'était manifesté à plusieurs reprises depuis 1918, et par la Finlande, comme faisant partie intégrante de son territoire.

Le différend fut soumis à la Société des Nations sur l'initiative de la Grande-Bretagne en vertu de l'art. 11, paragraphe 2 du pacte, qui reconnaît à tout membre de la Société « le droit, à titre amical, d'appeler l'attention de l'assemblée ou du Conseil sur toute circonstance de nature à affecter les relations internationales et qui menace, par suite, de troubler la paix ou la bonne entente entre nations, dont la paix dépend ».

Le Conseil décida que la souveraineté des îles d'Aland

appartiendrait à la Finlande. Mais, dans l'intérêt de la paix générale, pour l'avenir des relations cordiales entre la Finlande et la Suède, et en vue d'assurer la prospérité et le bonheur des îles elles-mêmes, le Conseil ajouta qu'il y avait lieu de donner des garanties nouvelles à la population des îles et d'assurer par un accord international la neutralisation et la non-fortification de l'archipel.

Cet accord a été conclu sous la forme d'une convention diplomatique placée sous la garantie du Conseil de la Société des Nations, qui est chargé d'en surveiller l'observation.

La question de Wilna. — Le territoire de Wilna est disputé par la Lithuanie et par la Pologne. La Lithuanie le réclame au nom de son droit historique. Wilna fut de tout temps la capitale du pays. A quoi les Polonais répondent que la ville de Wilna comporte 56 % de Polonais et seulement 10 % de Lithuaniens et la province de Wilna 83 % de Polonais et 10 % de Lithuaniens. Donc cette ville et ce pays sont purement polonais. Le 5 septembre 1920, la Pologne a porté le litige devant le Conseil de la Société des Nations. Entre temps, le 7 octobre 1921, le général polonais Zeligowski, désavoué par son gouvernement, prenait possession de Wilna à la tête de ses troupes. Le Conseil de la Société des Nations a réussi à prévenir les hostilités, mais non à faire accepter par les intéressés le projet d'accord préparé par la commission présidée par M. Hymans. Le 20 février 1922, le Sjem a voté l'incorporation de la ville et de la terre de Wilna à la Pologne. Cette solution est consacrée par une décision de la Conférence des ambassadeurs (1).

La question d'Albanie. — Des différends s'étant élevés entre l'Albanie et l'Etat serbe-croate-slovène au sujet de leur frontière respective, une délimitation fut arrêtée en 1921, par la Conférence des ambassadeurs, que les Etats intéressés se sont engagés à respecter. La Société des Nations a nommé une commission pour suivre les événements sur place.

II. Œuvre administrative. — *Enumération.* — L'œu-

---

(1) Lire sur la question de Wilna l'article très documenté de M. Michel Merlay dans la *Revue politique et parlementaire* du 10 avril 1922.

vre administrative de la Société des Nations concerne la ville libre de Dantzig et le bassin de la Sarre, confiés tous deux à la vigilance de la Société, par le traité de Versailles, la protection des minorités, l'Arménie et les mandats.

Ville libre de Dantzig. — Citons comme actes importants :

1° L'accord du 24 octobre 1921, conclu entre la ville de Dantzig et la Pologne.

2° Le règlement du régime des chemins de fer arrêté par le haut commissaire anglais.

3° L'institution d'un conseil du port de Dantzig composé en parties égales de membres dantzigois et de membres polonais sous la présidence d'un Suisse.

Le territoire de la Sarre. — La Commission de gouvernement de la Société y poursuit la tâche qu'elle y a assumée. Des rapports sont adressés périodiquement à la Société.

Protection des minorités. — La Société des Nations a dans sa mission de protéger les minorités religieuses linguistiques ou ethniques qui sont actuellement isolées au milieu de majorités étrangères dans l'Europe centrale et orientale.

Dès qu'une pétition qui a pour objet la protection des minorités est reçue au secrétariat, tous les membres du Conseil en sont informés. L'Etat intéressé reçoit communication de la pétition et présente, le cas échéant, ses observations à ce sujet. Le Conseil une fois saisi d'une requête donne telles instructions qui lui paraissent appropriées et efficaces. Il peut, par exemple, décider d'envoyer une commission d'enquête sur les lieux.

Ainsi, le Conseil a eu l'occasion d'apaiser un différend entre la Pologne et l'Autriche, au sujet des Juifs venus de la Galicie orientale en Autriche et qui étaient menacés d'expulsion par cette dernière puissance. Il a obtenu que des garanties leur fussent accordées par les deux gouvernements intéressés.

Il est également intervenu au sujet de l'émigration des minorités bulgares de Grèce en Bulgarie et inversement.

L'Arménie. — On sait que les Etats-Unis n'ont pas accepté le mandat que la Société des Nations leur avait offert à l'égard de l'Arménie. Elle ne se désintéresse pas pour cela du sort de ce malheureux pays.

Dr. int. pub. 12

La deuxième assemblée générale a invité le Conseil à insister auprès des principales puissances alliées sur la nécessité de prendre des mesures pour sauvegarder l'avenir de l'Arménie et en particulier de donner aux Arméniens un foyer national entièrement indépendant de la domination ottomane.

Les mandats. — Nous avons dit plus haut ce qu'il fallait entendre par le régime des mandats organisé par le pacte dans son article 23. Le Conseil doit recevoir chaque année un rapport des Etats mandataires. A cet effet, une commission des mandats a été nommée qui s'est réunie pour la première fois au mois d'octobre 1921.

III. Œuvre économique. — En dehors des Conférences du travail dont nous parlerons plus loin, l'œuvre économique de la Société des Nations a été marquée par la réunion de la Conférence de Bruxelles, la reconstitution financière de l'Autriche et la Conférence de Barcelone.

Conférence de Bruxelles. — Cette Conférence, convoquée au mois de septembre 1920, à Bruxelles, a eu pour but d'étudier les problèmes de reconstitution économique et financière du monde. Elle a posé une série de principes propres à hâter le rétablissement des rapports économiques normaux entre les peuples.

Reconstitution financière de l'Autriche et de la Hongrie. — La Société des Nations a mis sur pied un projet de réformes devant amener la restauration financière de l'Autriche et de la Hongrie (Protocoles du 4 octobre 1922 et du 14 mars 1924) (1).

Conférence de Barcelone. — La Conférence de Barcelone, provoquée par la Société des Nations, a abouti à deux conventions : l'une sur les transports en transit dont elle stipule la complète liberté, l'autre sur le régime des voies navigables d'intérêt international dont elle organise la liberté absolue de navigation, avec traitement égal pour tous les pavillons.

La convention sur la liberté du transit porte la date du 20 avril 1921. Elle a été ratifiée par la France le 16 mai 1924 (*Officiel* du 19 mai).

---

(1) Résumé mensuel du 15 janvier 1924, p. 294, et le supplément au Résumé mensuel de mai 1924.

La Commission de coopération intellectuelle. — Cette Commission a été créée en 1923 sur l'initiative du Conseil de la Société des Nations. « Provoquer les contacts et les échanges intellectuels ; pour y parvenir, favoriser la diffusion des grandes œuvres classiques ou modernes, riches de pensée humaine en même temps que fortement marquées du génie national ; organiser les services, si précieux, de documentation générale qui évitent la dispersion des efforts qui s'ignorent ; améliorer les conditions juridiques et commerciales des relations intellectuelles entre les peuples ; en un mot, éclairer la vraie physionomie morale de chaque nation » (1). Tel est le programme de cette Commission.

En vue d'en assurer une réalisation plus certaine, un institut international de coopération intellectuelle doit être créé à Paris. Le gouvernement français en a facilité la fondation en offrant, le 24 juillet 1924, un crédit annuel de deux millions et un local. En cela, il n'a fait que se conformer aux idées généreuses de l'abbé de Saint-Pierre et de Condorcet, ainsi qu'à l'initiative de la Convention nationale organisant par la loi du 25 octobre 1795 l'Institut national de France en y introduisant des correspondants étrangers (2).

IV. Action humanitaire. — *Enumération.* — L'action humanitaire de la Société a porté : sur la lutte contre le typhus, sur le rapatriement des prisonniers de guerre, sur les réfugiés russes, sur la lutte contre l'opium, sur la déportation des femmes et des enfants en Asie Mineure, sur la traite des femmes et des enfants.

Nous dirons un mot sur ce dernier point.

Traite des femmes et des enfants. — La Société des Nations a préparé une convention pour la répression de cette traite, pour laquelle la deuxième assemblée a décidé d'ouvrir un protocole de signatures.

Conclusion. — Que penser de cette Société des Nations ?

---

(1) *Europe Nouvelle* du 6 juin 1925, p. 736.
(2) Rapport de M. F. Faure au Sénat et article de M. Gaston Deschamps, *Revue politique et parlementaire* du 10 avril 1925, p. 23.

Très critiquée par les uns (1), elle a été acclamée par les autres (2). Dans notre précédente édition, nous disions : « Le plus sage est de réserver son jugement. L'expérience seule pourra nous apprendre ce qu'il faut en attendre comme moyen d'assurer le maintien de la paix dans l'avenir. Bornons-nous à constater que c'est là une tentative expérimentale intéressante à laquelle la France devait accorder une adhésion sans réserve et qui honore grandement l'éminent homme d'Etat qui en a été le promoteur et l'apôtre éloquent. »

Nous pouvons ajouter dans la présente édition que, depuis sa fondation, la Société des Nations a déjà rendu de grands services à la cause de la justice et à celle de la paix. Par le travail en commun des diverses nations, elle tend à créer le véritable esprit international qui facilite les règlements des litiges et écarte les occasions de conflits violents. Enfin pour les peuples opprimés, pour l'humanité souffrante, elle est un port de refuge vers lequel les malheureux ont désormais l'espoir de faire entendre utilement leurs plaintes et leurs revendications.

Remarque finale. — La Société des Nations et le Bolchevisme. — La Société des Nations s'est attachée,

---

(1) « Essayer d'établir un sur-Etat, c'est une pure chimère et, pour pouvoir par ce moyen procurer le bonheur universel, on risque de troubler profondément les ressorts mêmes des Etats et faire naître une quantité de conflits nouveaux. Les utopies du genre de la Société des Nations devraient rester confinées à la littérature humanitaire ; elles ont leur place d'élection dans les Congrès : qu'elles y restent, et précisément la Société paraît sur la voie de revenir à la forme académique de son existence, la seule forme qui lui convienne. » Pillet, *Le Traité de Versailles*, Conférences faites au Collège libre des Sciences sociales.

(2) « Il ne faut pas critiquer âprement l'œuvre accomplie. Elle est insuffisante, imparfaite, par certains côtés dangereuse. Elle est semblable à toutes les institutions humaines. Mais elle contient les germes du développement futur d'une vie internationale pacifique, organisée, juridique ; il faut l'étudier, la comprendre, l'améliorer, avec foi, avec affection et non pas l'assaillir de faciles attaques ou d'épigrammes malfaisants. » Georges Scelle, *Revue politique et parlementaire* du 10 décembre 1919, p. 311.

par tous les moyens en son pouvoir, commissions internationales, comités d'experts, enquêtes, conférences, etc., de lutter contre les fléaux qui menacent l'humanité : guerre entre nations, traite des noirs, traite des blanches, épidémies, opium, stupéfiants, etc. Mais actuellement il est un danger, bien plus grand que tous ceux-là, auquel est exposé le monde entier, dans le vieux continent comme dans le nouveau, c'est le bolchevisme. Exploitant les sentiments les plus bas qui existent dans le cœur de l'homme, il s'attache à dissocier chez tous les peuples les fondements essentiels de toute communauté reconnue : famille, propriété, liberté, érigeant en principe de gouvernement l'assassinat et le vol. Il menace de jeter à bas la civilisation moderne, réalisée au prix de tant de générations, et de nous replonger dans la barbarie des premiers âges. Danger autrement grand que les fléaux que la S. D. N. cherche à combattre. Car que deviendraient tous les progrès réalisés dans les différents domaines si, par malheur, le fléau du bolchevisme, déferlant sur le monde, sortait vainqueur dans cette lutte contre le monde entier ? A notre avis donc, il est urgent que la S. D. N. crée dès aujourd'hui une Commission du bolchevisme, qu'elle étudie le mal et qu'elle cherche les moyens d'en préserver le monde. Il n'est que temps d'aviser au remède à opposer à ce virus qui, plus grave que la syphilis, la maladie du sommeil, l'opium et l'alcool ou autres stupéfiants, risque de faire sombrer dans une effroyable anarchie la civilisation contemporaine. C'est bien de s'attaquer à faire régner la paix entre les nations, à combattre la guerre entre les peuples ; mais ce serait mieux encore de s'attaquer à la guerre civile et à la lutte des classes dont chaque nation à l'intérieur est menacée à l'instigation de la 3e internationale de Moscou, agissant sous le couvert et avec la complicité occulte du gouvernement des Soviets. A quand la croisade contre le Bolchevisme organisée par la S. D. N. ?

§ 4. — Institutions issues de la Société des Nations.

Enumération. — La Société des Nations a donné naissance à deux institutions destinées à jouer un rôle considérable au point de vue international :

1° La Cour permanente de justice internationale

2° Le bureau d'enregistrement et de publication des traités.

Nous allons les étudier successivement.

a) *De la Cour permanente de justice internationale.*

Textes. — L'existence de cet organe de justice est prévue par l'art. 14 du traité de Versailles, qui charge le Conseil de la Société des Nations d'en préparer la constitution. Elle est en outre visée par plusieurs articles du même traité, qui lui attribuent compétence pour juger certains différends : art. 336, 337. Conflits relatifs aux fleuves internationaux (Elbe, Oder, Niémen, Danube) ; art. 386 (Canal de Kiel) ; art. 415 à 420 et 423 (régime du travail).

Précédent historique. — Il se trouve dans la Cour permanente d'arbitrage créée par la Conférence de la Haye de 1899, confirmée par celle de 1907. Mais entre ces deux institutions, qui, loin de s'exclure, se juxtaposeront et se compléteront, il y a lieu de signaler deux différences :

1° La Cour de la Haye n'est pas à proprement parler un tribunal tout constitué, siégeant en permanence. C'est simplement une liste de noms de jurisconsultes des différentes parties du monde que les États en conflit peuvent désigner comme arbitres. Au contraire, la Cour permanente de justice internationale que l'on travaille à faire vivre serait bien réellement un tribunal permanent, accessible en tout temps, toujours prêt à recevoir les réclamations qu'on voudrait lui soumettre.

2° La Cour de la Haye est une Cour d'arbitrage, dont les sentences, toutes diplomatiques, s'inspirent des circonstances politiques en même temps que des principes d'ordre juridique. Le nouvel organe à créer serait au contraire une Cour de justice, qui dirait le droit pur et simple et fixerait les règles du droit international.

Commission désignée. — A cet effet le Conseil de la Société a désigné dans sa deuxième session du mois de février 1920 une Commission de douze membres, pris parmi les jurisconsultes les plus réputés de droit international, avec mandat de fixer les statuts du nouvel organe judiciaire. Cette Commission s'est réunie le 16 juin 1920, à la Haye.

Elle a arrêté un projet qui a été approuvé par le Conseil et que l'assemblée de la Société des Nations a accepté à l'unanimité dans sa séance du 13 décembre 1920.

A l'heure actuelle, quarante-cinq Etats ont signé le protocole contenant le statut de la Cour et trente Etats ont effectué le dépôt des instruments de ratification.

Organisation de la Cour. — *Siège.* — Le siège de la Cour est fixé à La Haye (art. 22). Le président et le greffier résident au siège de la Cour.

Nombre de juges. — La Cour comprend quinze membres : onze juges titulaires et quatre juges suppléants.

Le nombre peut être porté par l'assemblée sur proposition du Conseil à quinze juges titulaires et six suppléants (art. 3).

Mode de désignation. — Les juges sont désignés par l'assemblée et le Conseil procédant indépendamment l'un de l'autre. Pour être élu, il faut réunir la majorité absolue des voix dans l'assemblée et le Conseil (art. 8 à 12).

Sont éligibles toutes les personnes inscrites sur une liste de candidats dressée par chaque groupe national (art. 4 à 7).

Durée des fonctions. — Les membres de la Cour sont élus pour neuf ans. Ils sont rééligibles (art. 13).

Président. — *Vice-président.* — *Greffier.* — La Cour élit pour trois ans son président et son vice-président. Ils sont rééligibles (1).

Elle nomme son greffier (art. 21).

Sessions de la Cour. — La Cour tient une session par an. Cette session commence le 15 juin et continue jusqu'à épuisement du rôle.

La Cour peut être appelée à siéger en session extraordinaire sur convocation du président (art. 23).

Tenue des audiences. — En principe, la Cour siège

_____

(1) Le premier président M. Loder (Pays-Bas) a été remplacé pour 3 ans en 1925 par M. Max Huber (Suisse). M. Weiss (France) a été réélu vice-président pour 3 ans.

composée de onze juges. Cependant, si onze juges ne sont pas disponibles, le quorum de neuf suffit (art. 25).

Bien mieux, en vue de la prompte expédition des affaires, la Cour compose annuellement une chambre de trois juges, appelée à statuer en procédure sommaire lorsque les parties le demandent (art. 29).

Chambres spéciales. — Le statut prévoit la constitution de chambres spéciales pour les affaires concernant le travail, le transit, les transports, etc. (art. 26 à 28).

Compétence de la Cour. — *Deux questions.* — La compétence de la Cour soulève deux questions :

1° Qui peut saisir la Cour ?

2° La compétence de la Cour est-elle obligatoire ou facultative ?

1° *Qui peut saisir la Cour ?* — En principe, seuls les Etats membres de la Société des Nations ont qualité pour se présenter devant la Cour (art. 34).

On reconnaît le même droit aux Etats qui sont mentionnés à l'annexe du pacte.

Quant aux autres Etats ils n'ont accès à la Cour que dans les conditions qui sont fixées par le Conseil et à charge de contribuer aux frais de la Cour (art. 35).

2° *Compétence facultative.* — Le Comité des juristes de la Haye avait admis le caractère obligatoire de la compétence de la Cour. Mais il a été écarté par la Commission et par l'assemblée afin de rallier l'unanimité des suffrages.

Pour rendre obligatoire la compétence de la Cour, une convention spéciale est nécessaire, avec ou sans réciprocité, et encore seulement en ce qui concerne les différends d'ordre juridique ayant pour objet :

1° L'interprétation d'un traité ;

2° Un point quelconque de droit international

3° La nature ou l'étendue de la réparation due pour la rupture d'un engagement international.

Compétence nouvelle résultant du protocole de Londres du 30 août 1924. — Les attributions conférées à la Cour par le protocole de Londres du 30 août 1924 sont au nombre de trois :

1° Le président de la Cour est chargé de désigner, au cas où la C. D. R. n'y parviendrait pas par un vote unanime, un citoyen des Etats-Unis chargé de prendre part à ses délibérations, lorsqu'elle aura à statuer sur une demande en constatation de manquement de l'Allemagne ;

2º Le président de la Cour est chargé de désigner les arbitres pour trancher en dernier ressort certaines catégories d'affaires lorsque les organismes chargés de ces désignations ne peuvent y arriver par un vote unanime. Il y a sept cas de ce genre ;

3º La Cour est chargée de certains différends soit entre le gouvernement allemand et l'un des gouvernements alliés, soit entre les gouvernements alliés.

Procédure. — *Langue.* — Les langues officielles sont le français et l'anglais. Mais la Cour peut, à la requête des parties, autoriser une autre langue (art. 39).

Marche du procès. — La demande est introduite sous forme de requête déposée au greffe et transmise par ses soins au défendeur. La procédure elle-même est à la fois écrite et orale. Les débats oraux ont lieu en principe en public (art. 40 à 52).

La Cour peut ordonner une enquête ou une expertise. Les délibérations sont secrètes (art. 54).

Les décisions sont prises à la majorité. En cas de partage, la voix du président est prépondérante (art. 55)

L'arrêt doit être motivé (art. 56).

Voie de recours. — L'arrêt est sans appel (art. 60). Cependant le recours en révision devant la Cour elle-même est possible au cas de découverte d'un fait nouveau (art. 61).

Dépens. — S'il n'en est autrement décidé par la Cour, chaque partie supporte ses frais de procédure, contrairement à la règle usuelle qui veut que le perdant soit condamné aux dépens (art. 64).

Pouvoir consultatif de la Cour. — Notons en terminant qu'indépendamment de son pouvoir de décision dans les litiges dont elle peut être saisie, la Cour a un pouvoir consultatif. En effet, d'après l'art. 14 du pacte, elle est appelée à donner des avis consultatifs sur tout différend ou tout point dont la saisit le Conseil ou l'assemblée de la Société des Nations.

Installation de la Cour permanente de justice international. — L'assemblée et le Conseil de la Société des Nations ont procédé le 14 septembre 1921 à l'élection des juges et la Cour a tenu sa session prélimi-

naire à la Haye le 30 janvier 1922 (1),et sa séance inaugurale le 15 février 1922. Au cours de cette session,
elle a désigné des organes directeurs, élaboré son règlement et constitué ses Chambres spéciales : Chambre
de procédure sommaire, Chambre de travail, Chambre du transit et des communications.

La première session ordinaire de la Cour s'est ouverte le 15 juin 1922.

Principales affaires jugées. — La Cour a eu à traiter
en 1923 des affaires touchant à des intérêts nationaux
considérables :

Affaire des décrets de nationalité en Tunisie et au
Maroc entre France et Grande-Bretagne ; affaire de la
Carélie orientale entre Finlande et Russie ; affaire des
minorités de race allemande entre Pologne et Allemagne ; affaire de Javoryna entre Pologne et Tchécoslovaquie, enfin affaire de Wimbledon et du canal
de Kiel entre un Etat non membre de la Société des
Nations (l'Allemagne) et les Etats représentés à la
Conférence des ambassadeurs.

Dans sa session ordinaire de juin 1924, elle a eu à
s'occuper de l'affaire Mavromatis entre Grande-Bretagne et Grèce, le différend gréco-bulgare sur l'interprétation de certaines clauses du traité de Neuilly et
la question du monastère de Saint-Naoum, entre
Albanie et Yougoslavie.

En 1925, la Cour s'est occupée : de l'affaire des
Grecs établis à Constantinople ; des questions relatives
au service postal polonais à Dantzig ; d'une affaire relative à certains intérêts allemands en Haute-Silésie.

b) *Bureau d'enregistrement et de publication des traités.*

Principe posé par l'art. 18 du pacte. — L'art. 18 du

---

(1) La Cour est ainsi composée quant à la nationalité
de ses membres : Juges titulaires : 1 Français, 1 Anglais,
1 Espagnol, 1 Italien, 1 Brésilien ,1 Cubain, 1 Suisse, 1 Hollandais, 1 Américain, 1 Danois, 1 Japonais. — Juges suppléants : 1 Norvégien, 1 Roumain, 1 Chinois, 1 Yougo-
Slave. Remarquons que l'Amérique est représentée à la
Cour de la Haye quoiqu'elle n'ait pas ratifié le traité de
Versailles et ne fasse pas partie de la Société des Nations.

pacte pose en principe que tout accord international passé par un membre de la Société des Nations doit être immédiatement enregistré par le secrétariat et publié aussitôt que possible. Aucun accord ne sera obligatoire avant d'être enregistré.

Utilité pratique. — Elle a été mise en relief dans le memorandum du Conseil en date du 19 mai 1920.

1º La publicité s'est montrée depuis longtemps comme une des sources de force morale dans l'application des lois de chaque pays ; il en sera de même pour les traités.

2º Elle encourage le contrôle du public.

3º Elle éveille l'intérêt public et fait disparaître les causes de défiance et de conflit.

4º Elle permet de constituer un système clair et indiscutable de droit international.

Organisation pratique. — Par application dudit article 18, le secrétariat général a constitué le bureau d'enregistrement des traités au mois de juin 1920. Deux sortes de registres y sont consacrés : sur l'un le traité est copié in extenso, en sorte que c'est plutôt une transcription qu'un simple enregistrement, pour nous servir des expressions de droit civil ; sur l'autre une page est consacrée à chaque traité, où sont indiquées les ratifications, adhésions, notifications ou dénonciations.

Des extraits de ce registre peuvent être délivrés aux Etats, aux tribunaux ou aux particuliers.

En outre, les traités sont après enregistrement publiés dans une section spéciale du journal officiel de la Société des Nations. Le bulletin mensuel des travaux de la Société fait également mention des traités enregistrés. Enfin la S. D. N. publie un recueil des traités enregistrés par elle, formant la matière de XXII volumes au 31 décembre 1924.

Extension autorisée. — Le Conseil a autorisé le secrétariat général à enregistrer et à publier les traités conclus entre pays qui ne font pas partie de la Société des Nations lorsqu'ils lui en feraient la demande.

CHAPITRE V. — LE BUREAU INTERNATIONAL
DU TRAVAIL.

Définition. — Le bureau international du travail est un organisme permanent créé par le traité de Versailles dans le but d'assurer à l'intérieur des membres de la Société des Nations l'observation des principes généraux de l'organisation du travail que le traité a proclamés comme étant d'une importance particulière et urgents.

Il en est question dans la partie XIII du traité, qui est divisée en deux sections et qui comporte les art. 387 à 427.

Son siège. — Il a son siège au siège de la Société des Nations, c'est-à-dire à Genève ; il fait partie de l'ensemble des institutions de ladite Société (art. 392).

Composition. — *Deux éléments* : Il comprend :
1° Un directeur ;
2° Un conseil d'administration.
Du directeur. — Il est nommé par le conseil d'administration, de qui il reçoit ses instructions et vis-à-vis de qui il est responsable de la bonne marche du bureau, ainsi que de l'exécution de toutes les tâches qui lui sont confiées (art. 394).
Du conseil d'administration. — Sa composition a été modifiée à la 4e Conférence générale (octobre-novembre 1922). Il comprend désormais 32 personnes : seize représentent les gouvernements, huit représentent les patrons et huit représentent les ouvriers.

Sur les seize représentants des gouvernements, six sont nommés par les six grandes puissances (Allemagne, Etats-Unis, France, Grande-Bretagne, Italie et Japon) ; les dix autres sont désignés par les membres choisis dans ce but par tous les délégués gouvernementaux à la Conférence, dont quatre doivent être des Etats extra-européens.

Les personnes représentant les patrons et les ouvriers sont élues respectivement par les délégués patronaux et ouvriers à la Conférence, deux patrons et deux ouvriers devant appartenir à des Etats extra-européens.

La durée du mandat est de trois ans. Le conseil élit dans son sein un président.

Fonctions du bureau international. — Elles comprennent :

1º La centralisation et la distribution de toutes informations concernant la réglementation internationale de la condition des travailleurs.;

2º L'exécution des enquêtes spéciales prescrites ;

3º La préparation de l'ordre du jour des sessions de la Conférence (art. 396).

De la Conférence générale du travail. — *Composition.* — Elle comprend quatre représentants pour chacun des membres de la Société des Nations, dont deux sont des délégués des gouvernements et deux sont délégués des patrons d'une part et des salariés d'autre part. Ils peuvent être accompagnés de délégués techniques au nombre de deux pour chaque question inscrite à l'ordre du jour.

Fonctionnement. — La Conférence tient ses sessions au siège de la Société des Nations, ou dans tout autre lieu qu'elle aura désigné (art. 391).

L'ordre du jour en est arrêté en principe par le conseil d'administration du bureau international.

Résultats possibles. — La Conférence peut aboutir soit à une recommandation à soumettre à l'examen des Etats membres de la Société des Nations, en vue de lui faire porter effet sous forme d'une loi nationale, ou autrement, soit d'un projet de convention internationale devant être ratifiée par chacun des Etats.

Les projets de recommandation ou de convention doivent être examinés, discutés et votés à la majorité simple dans une première session de préparation. Ils sont adoptés définitivement dans une autre session dite de décision à la majorité des deux tiers des voix des délégués présents (art. 405 ainsi modifié à la Conférence d'octobre-novembre 1922).

Portée pratique du vote de la Conférence. — Les résolutions prises par la Conférence obligent seulement les gouvernements à saisir les autorités compétentes, soit de la recommandation, soit de la ratification de la convention projetée. Mais si les autorités décident qu'il n'y a pas lieu de tenir compte de la recommandation ou de ratifier la convention, aucun reproche ne peut être adressé à l'Etat dont elles ressortissent. De sorte que c'est à ces autorités que le dernier mot est réservé.

La souveraineté des États est donc sauvegardée (art. 405).

Garanties d'exécution d'une convention ratifiée. — Toute convention ratifiée sera enregistrée au secrétariat général de la Société des Nations (art. 406).

L'exécution de cette convention est placée sous le contrôle du bureau international. A cet effet, au cas de manquement aux clauses de cette convention signalé par un intéressé, il peut y avoir réunion d'une commission d'enquête dont les conclusions peuvent être déférées à la Cour permanente de justice internationale de la Société des Nations.

Le respect des décisions soit de la commission d'enquête, soit de la Cour de justice, est assuré par mesures d'ordre économique prises contre l'Etat contrevenant.

Première Conférence (Washington, 1919). — La première Conférence internationale du travail s'est tenue à Washington en octobre-novembre 1919. Elle a constitué le bureau international du travail en organisant son conseil d'administration qui a désigné son directeur. Elle a arrêté six projets de convention et formulé six recommandations.

Les six projets de convention sont relatifs :

1º à la limitation des heures de travail ;

2º au chômage ;

3º à l'emploi des femmes avant et après les couches ;

4º au travail de nuit des femmes ;

5º à l'âge minimum d'admission des enfants aux travaux industriels ;

6º au travail de nuit des enfants.

Les six recommandations concernent :

1º le chômage ;

2º la réciprocité de travailleurs étrangers ;

3º la prévention du charbon ;

4º la protection des femmes et des enfants contre le saturnisme ;

5º la création d'un service public d'hygiène ;

6º l'interdiction de l'emploi du phosphore blanc dans l'industrie des allumettes.

Deuxième Conférence (Gênes). — Elle s'est réunie au mois de juin 1920 pour s'occuper du travail des marins.

Vingt-huit Etats y ont été représentés parmi lesquels figurait l'Allemagne.

La Conférence a abouti à plusieurs projets de conventions, à plusieurs recommandations et à quelques résolutions.

Les projets de convention sont relatifs : à l'indemnité de chômage en cas de perte par naufrage ; au placement des marins ; à l'âge minimum d'admission des enfants au travail maritime.

Les recommandations concernent : l'assistance des marins contre le chômage ; l'établissement de statuts nationaux des marins ; la limitation des heures de travail dans l'industrie de la pêche ; la limitation des heures de travail dans la navigation intérieure.

Les résolutions ont trait : à des projets d'étude et à l'établissement d'un statut international des marins.

Quant au projet de convention tendant à limiter la durée du travail à bord des navires, il a été rejeté, n'ayant pu réunir la majorité des deux tiers indispensable.

Il est à noter que la Grande-Bretagne s'est jusqu'ici refusée à prendre aucun engagement international quant à l'application de la journée de huit heures tant dans l'industrie que dans la marine.

Troisième Conférence (Genève, 1921). — La troisième Conférence internationale du travail s'est réunie à Genève au mois d'octobre 1921. Elle a siégé du 25 octobre au 19 novembre. Quarante pays y étaient représentés. Cette Conférence a été tout entière consacrée aux travailleurs agricoles.

Le bureau international du travail est-il compétent pour s'occuper de ce qui touche à l'agriculture ? La question a été débattue devant la Chambre des députés française à l'occasion d'une interpellation adressée au gouvernement dans les séances des 25 novembre, 2 et 22 décembre 1921. Pour écarter la compétence du bureau, on s'est appuyé sur deux arguments : 1° sur les termes des art. 393 et 405 qui parlent « d'importance industrielle », « d'organisation industrielle », « des conditions de l'industrie », terme qui sont exclusifs de l'agriculture ; 2° sur le fait que les délégués désignés pour représenter les Etats à la Conférence du travail sont pris en dehors du monde agricole.

En sens contraire on argumentait : 1° du terme

« travailleurs » employé dans le préambule de la section 1re de la partie XIII, ce qui vise tous les salariés sans distinction ; 2° des travaux préparatoires du traité qui ne laissent aucun doute à ce sujet.

Quoi qu'il en soit, le gouvernement français a réussi à faire écarter des travaux de la Conférence la première question que le bureau avait portée à l'ordre du jour de la Conférence relative à la durée du travail. Elle saisit la Cour permanente de justice internationale de la question de savoir si les questions agricoles relevaient du bureau international du travail. La Cour s'est prononcée dans le sens de l'affirmative (12 août 1922).

La Conférence a abouti à des projets de conventions, à des recommandations et à des résolutions.

A. *Projets de conventions.* — Sept projets ont été approuvés à la majorité des deux tiers requise par les règlements :

Trois sont relatifs à l'agriculture : le premier vise le travail des enfants âgés de moins de 14 ans qui ne pourront être employés dans les entreprises agricoles qu'en dehors des heures de présence obligatoire à l'école et à condition que les travaux exécutés ne portent pas préjudice à leur assiduité. Le deuxième se rapporte aux droits d'association et de coalition qui doivent être reconnus aux ouvriers agricoles dans les mêmes conditions qu'aux ouvriers de l'industrie. Enfin, le troisième a pour but d'étendre à l'agriculture la législation sur les accidents du travail.

Les 4e et 5e concernent le travail des marins. L'un fixe à 18 ans l'âge d'admission au travail en qualité de soutier ou chauffeur, l'autre décide que les jeunes gens de moins de 18 ans employés à bord des navires devront, avant d'être embauchés et, par la suite, annuellement, être soumis à une visite médicale.

Enfin les 6e et 7e visent l'un le repos hebdomadaire dans les établissements industriels et l'autre l'emploi de la céruse.

B. *Projets de recommandation.* — Sur huit projets de recommandations adoptés, sept concernent *l'agriculture* et sont relatifs aux questions suivantes : 1° moyens de prévenir le chômage dans l'agriculture ; 2° protection et assistance aux femmes avant et après l'accouchement ; 3° travail de nuit en général, et

4° travail des enfants et des adolescents ; 5° développement de l'enseignement technique agricole ; 6° logement et couchage des ouvriers ; 7° extension à l'agriculture des diverses assurances sociales.

Enfin la 8e recommandation est relative au repos hebdomadaire dans les établissements commerciaux.

C. *Autres résolutions.* — La Conférence a enfin adopté un certain nombre de résolutions parmi lesquelles nous citerons les suivantes : inscription à l'ordre du jour de la prochaine Conférence de la durée du travail dans l'agriculture ; mise à l'étude par le B. I. T. du problème de la répartition des matières premières ; convocation d'une Conférence ayant pour objet d'étudier, pour lutter contre le chômage, des mesures ayant un caractère international ; institution d'une commission paritaire agricole chargée d'étudier les moyens de développer la production agricole ; réforme du B. I. T., etc...

Quatrième Conférence (Genève, 1922). — *Composition.* — La 4e session de la Conférence internationale s'est tenue à Genève du 18 octobre au 3 novembre 1922. Sur cinquante-cinq Etats, 39 seulement étaient représentés et 22 avec une délégation complète.

Objet. — Cette Conférence a été presque entièrement consacrée à la révision du règlement du Bureau international dont nous avons fait connaître les éléments plus haut ainsi qu'à l'élection des nouveaux membres du Conseil d'administration (V. *Bulletin* du ministère du Travail de 1923, p. 78). Elle s'est bornée en outre à voter une recommandation sur les statistiques de l'émigration et une modification à l'enquête sur le chômage confiée au Bureau.

Cinquième Conférence (Genève, 1923). — Elle comprenait 42 Etats, dont 17 n'avaient envoyé que des délégués gouvernementaux. La session a été très courte, du 18 au 22 octobre, et n'a porté que sur l'inspection du travail. Elle a abouti à une recommandation adressée aux Etats où se trouvent résumés les principes directeurs de toute organisation rationnelle de ce service (1).

_____

(1) G. Scelle, dans l'*Europe Nouvelle* du 10 novembre 1923, p. 1456 ; *Bulletin* de 1923, p. 462.

Dr. int. pub.   13

Sixième Conférence (Genève, 1924). — Elle s'est tenue à Genève du 16 juin au 5 juillet 1924. Elle comprenait 39 Etats représentés par 124 délégués et 160 conseillers techniques environ. 24 délégations étaient complètes.

La question de la ratification de la Convention de Washington sur les huit heures a donné lieu à un débat important (1). Elle a, en outre, adopté à titre définitif différents textes : 1° sur le chômage ; 2° sur l'utilisation des loisirs des ouvriers ; 3° sur la préservation des ouvriers du textile contre la maladie du charbon ; et, sous réserve d'un vote ultérieur, des résolutions : 1° sur l'égalité de traitement des travailleurs étrangers et nationaux victimes d'accidents ; 2° sur l'arrêt hebdomadaire de 24 heures dans les verreries à bassins ; 3° sur le travail de nuit dans les boulangeries (2).

Septième Conférence (Genève, 1925). — Le septième Conférence du travail s'est tenue à Genève à partir du 19 mai 1925. Quarante-deux Etats y étaient représentés. Elle s'est occupée des questions suivantes :

Réparation des accidents du travail ; égalité de traitement pour les travailleurs nationaux et étrangers victimes d'accidents du travail ; arrêt hebdomadaire de 24 heures dans les verreries à bassins ; interdiction du travail de nuit dans les boulangeries.

L'œuvre capitale de cette Conférence a été de poser ce principe que le patron doit être soumis à la même loi que l'ouvrier, notamment pour le travail de nuit dans la boulangerie, tous les fois que cela est nécessaire pour donner à la loi toute son efficacité (3).

Conclusion. — Que penser du Bureau international du Travail ? Comme la Société des Nations, il a ses partisans enthousiastes et ses détracteurs non moins

---

(1) En outre, une conférence a été tenue à ce sujet à Berne le 8 et le 9 septembre 1924 à laquelle assistaient les quatre ministres du Travail d'Allemagne, de Belgique, de France et de Grande-Bretagne, qui a abouti à l'échange de bonnes paroles et de bonnes promesses.

(2) Consulter le Bulletin M. T., juillet-septembre 1924, p. 283 et suiv.

(3) *Europe Nouvelle* du 20 juin 1925, p. 821.

ardents. Pour M. G. Scelle, l'organisation internationale du travail est un « dérivatif juridique et diplomatique de la révolution sociale ». Le patronat ferait fausse route « en refusant de faire confiance aux organismes de Genève pour se réserver la possibilité d'un retour à l'arbitraire dans ses rapports avec le salariat et d'un recours aux procédés brutaux de la concurrence massive dans ses rapports avec l'industrie étrangère » (1). D'après M. Pierre Waline, au contraire, la Conférence internationale du travail est avant tout pour les syndicalistes une occasion périodique de propagande à grand rayon d'action. En fait, la Conférence reproduit aujourd'hui, amplifiés par la lutte des classes et les rivalités nationales, les défauts de certaines mœurs parlementaires sans avoir fait œuvre acceptable et durable. Et faisant allusion aux 16 projets de conventions élaborés par la Conférence et que pas un grand Etat industriel n'a consenti encore à ratifier, il ajoute : « Etrange société que cette organisation internationale du travail dont les produits s'accumulent en stocks non vendus et qui s'entête à fabriquer sans cesse » (2).

---

(1) *Europe Nouvelle* du 10 novembre 1923, p. 1457.
(2) *Revue politique et parlementaire* de 1922, p. 321. Cependant, le conseil du B. I. T. constatait le 9 janvier 1925 que le nombre des conventions du travail enregistré par la S. D. N. s'élevait à 142 et celui des conventions recommandées par les gouvernements aux parlements à 130.

DEUXIÈME PARTIE

DES DROITS ET DES DEVOIRS DES ÉTATS

Caractère juridique de l'Etat. — Au point de vue international, comme au point de vue interne, l'Etat constitue une personne morale. Il est la personnification juridique de la nation ou des nations dont il est formé.

La personnalité de chaque Etat se manifeste par le nom qu'il porte, par son drapeau, par ses titres ou par ses emblèmes.

Etant une personne morale, l'Etat a des droits à exercer et des devoirs à remplir ; il a un domaine propre ; il peut entrer en relations avec les autres Etats et contracter des obligations en faisant avec eux des traités.

Distinction à faire entre les droits et les devoirs des Etats. — On peut distinguer deux espèces de droits et de devoirs pour les Etats :

1º Les droits et les devoirs *naturels*, *absolus* ou *fondamentaux*. Ce sont ceux qui découlent de l'existence même de l'Etat ;

2º Les droits et les devoirs *accidentels*, *relatifs* ou *conventionnels*. Ce sont ceux qui résultent des stipulations d'un traité.

Nous ne nous occupons ici que des droits et des devoirs absolus ou fondamentaux de l'Etat.

Division de la IIe partie. — Nous divisons notre deuxième partie en cinq chapitres :

Chapitre Ier. — Des droits absolus des Etats.
Chapitre II. — Des devoirs absolus des Etats.
Chapitre III. — Théorie de l'intervention.
Chapitre IV. — De la neutralité perpétuelle.
Chapitre V. — De la papauté en droit international.

CHAPITRE Ier. — DES DROITS ABSOLUS DES ÉTATS.

Enumération et division du chapitre. — Les droits absolus des Etats sont (1) :
1º Le droit de souveraineté et d'indépendance ;
2º Le droit de conservation, de défense et de développement ;
3º Le droit d'égalité ;
4º Le droit de commerce ;
5º Le droit de respect mutuel.
L'étude de chacun de ces droits fera l'objet d'un paragraphe distinct.

§ 1. — Droit de souveraineté et d'indépendance.

Définition. — La souveraineté est le droit qui appartient à l'Etat d'agir librement, à l'intérieur et à l'extérieur.
L'indépendance est le droit qui appartient à tout Etat d'écarter l'immixtion d'un autre Etat dans ses affaires intérieures et dans ses relations extérieures.
L'indépendance exprime la même idée que la souveraineté sous un aspect différent.
La souveraineté est intérieure ou extérieure : intérieure, lorsqu'on envisage l'action de l'Etat dans les limites de son territoire ; extérieure, lorsqu'on envisage l'action de l'Etat dans ses relations avec les autres Etats.

a) *Souveraineté intérieure.*

Conséquences résultant de la souveraineté intérieure. — Les conséquences résultant de la souveraineté intérieure des Etats peuvent être étudiées :
1º Au point de vue constitutionnel et politique ;
2º Au point de vue de l'application des lois pénales;
3º Au point de vue de l'application des lois civiles ;

(1) L'ensemble de ces droits est nettement affirmé par l'Institut américain de droit international dans la déclaration des droits et devoirs des nations proclamée par cette association dans sa session du 6 janvier 1916. Antérieurement, une semblable déclaration du droit des gens avait été faite à la Convention nationale, le 18 juin 1793, par Grégoire, évêque constitutionnel.

4° Au point de vue de l'exécution des jugements émanant des tribunaux étrangers ;

5° Au point de vue de l'immunité de juridiction des Etats.

1° Conséquences de la souveraineté au point de vue constitutionnel et politique. — Chaque Etat peut librement choisir sa constitution politique, déterminer la forme de son gouvernement, organiser son administration comme il lui convient, sans se préoccuper de l'opinion des autres puissances.

Il a le droit de faire des lois, des décrets ou des règlements obligatoires pour tous ceux qui habitent son territoire. Par ses lois, il peut prohiber les actes qui lui paraissent contraires à la morale publique ; mais il ne peut pas contraindre les Etats voisins à édicter des mesures pareilles sur leur propre territoire. Ainsi, le gouvernement français peut bien interdire la tenue de maisons de jeu en France, mais il ne peut forcer la principauté de Monaco, qui constitue un Etat souverain et indépendant, à en faire de même sur son territoire.

Il appartient à chaque Etat de déterminer les conditions auxquelles la nationalité est acquise ou perdue. Il peut en résulter entre les lois des divers Etats des conflits concernant la nationalité de leurs ressortissants.

Supposez, par exemple, qu'un enfant naisse au Vénézuéla de parents français. D'après la législation du Vénézuéla, cet enfant est Vénézuélien, mais, d'après la législation française, il est Français. De là naît un conflit. Pour le trancher, les Etats doivent faire des conventions.

2° Conséquences de la souveraineté au point de vue de l'application des lois pénales. — L'Etat a le droit d'édicter des lois pénales pour assurer, dans l'intérêt de l'ordre et de la sécurité, la répression des crimes et des délits.

Les lois pénales s'appliquent indistinctement à tous les habitants du territoire de l'Etat, aux nationaux et aux étrangers. C'est ce que dit le Code civil français en son article 3 : « Les lois de police et de sûreté obligent tous ceux qui habitent le territoire. »

En conséquence, lorsqu'un étranger commet en

France une infraction au Code pénal, il peut être poursuivi et condamné conformément à la loi française.

Mais si le coupable, français ou étranger, après avoir commis un crime ou un délit en France, parvient à s'échapper et se réfugie sur le territoire d'un Etat voisin, les autorités françaises pourront-elles l'y poursuivre ? Non, parce que la souveraineté de chaque Etat finit à sa frontière. Pour se rendre maître du coupable, le gouvernement français sera dans la nécessité de demander son *extradition* à l'Etat sur le territoire duquel il aura cherché un asile ; et cet Etat, dans sa souveraineté, lui accordera ou lui refusera, suivant les circonstances, la remise du délinquant.

Une troisième hypothèse peut être prévue : il peut arriver qu'un Français commette un crime à l'étranger, puis rentre en France. Il ne pourra pas être poursuivi en France par les autorités de la force publique étrangère, d'après ce que nous venons de dire. D'autre part, il ne peut être livré à ces autorités par voie d'extradition ; on sait, en effet, que l'extradition ne s'applique pas aux nationaux. Le crime de ce Français sera-t-il impuni ? Non : il pourra être poursuivi en France et jugé par les tribunaux français, conformément aux articles 5, 6 et 7 du Code d'instruction criminelle, tels qu'ils ont été modifiés par la loi du 27 juin 1866 et par les lois du 3 avril 1903 et du 26 février 1910 (1).

3° **Conséquences de la souveraineté au point de vue de l'application des lois civiles.** — *Place faite à l'application des lois étrangères.* — Il semble, au premier abord, qu'une des conséquences de la souveraineté de l'Etat devrait être que les lois civiles de cet Etat fussent seules applicables sur son territoire, à l'exclusion de toute loi étrangère ; et qu'à l'inverse, ces lois ne pussent avoir aucune portée, en dehors des frontières de l'Etat, sur ses sujets qui résident à l'étranger.

Ainsi, le Code civil français serait seul applicable en France à l'égard des Français et des étrangers ; et quant aux Français qui se trouvent hors de France, ils seraient régis, non d'après la loi française, mais d'après la loi locale étrangère.

Ce système aurait le grand avantage d'être très sim-

---

(1) Voir *Manuel de droit criminel*, Foignet et Dupont, p. 29.

ple et de supprimer tout conflit entre les législations, souvent si différentes, des divers Etats. Mais il présenterait des inconvénients très graves, qui l'ont fait écarter. Avec un pareil système en effet, le même individu pourrait voir son état et sa capacité modifiés suivant les pays dans lesquels il séjournerait et accomplirait un acte juridique. Ainsi, d'après la loi espagnole, la majorité est fixée à 25 ans, tandis que, d'après le Code civil français, elle est fixée à l'âge de 21 ans. Il suffirait à un Espagnol ou à un Français de passer la frontière de son pays pour que l'un devînt capable et l'autre incapable. Ce qui est inadmissible. L'Etat et la capacité des personnes ne peuvent pas se modifier avec les divers pays qu'elles traversent. Elles doivent rester soumises aux mêmes règles, d'une manière invariable.

Il y a donc des cas où les lois étrangères sont applicables sur le territoire d'un autre Etat.

C'est au droit international privé qu'il appartient de déterminer dans quelle mesure les lois étrangères doivent recevoir leur application.

Conciliation de l'application des lois étrangères et du principe de la souveraineté territoriale. — Au surplus, l'application des lois étrangères n'a rien d'incompatible avec le respect dû à la souveraineté territoriale des Etats. En effet, lorsqu'un Etat consent à ce qu'une loi étrangère s'applique sur son territoire aux nationaux d'un autre Etat, il agit au nom de sa souveraineté même ; il s'approprie les solutions de la loi étrangère comme répondant le mieux à la bonne administration de la justice. Et ses tribunaux, en appliquant la loi étrangère, agissent au nom de sa propre souveraineté et non au nom du souverain étranger.

4° Conséquences de la souveraineté au point de vue de l'exécution des jugements émanant des tribunaux étrangers. — *Position de la question.* — On sait que les jugements rendus par des tribunaux français produisent en France les trois effets suivants :

1° Force exécutoire ;

2° Hypothèque judiciaire ;

3° Autorité de chose jugée.

En est-il de même des jugements rendus par des tribunaux étrangers ?

1° *Force exécutoire.* — Les jugements rendus par

des tribunaux étrangers *ne sont pas de plein droit exécutoires* en France. C'est là une conséquence de la souveraineté et de l'indépendance réciproque des Etats. L'autorité judiciaire étrangère ne peut pas, en effet, adresser d'injonctions aux agents de la force publique en France et les sommer d'assurer le respect de leurs décisions.

2° *Hypothèque judiciaire.* — Ils ne peuvent pas davantage emporter de plein droit *hypothèque judiciaire*, parce que cette hypothèque est une garantie de l'exécution des jugements.

Pour que les jugements rendus par des tribunaux étrangers soient exécutoires en France et produisent hypothèque judiciaire, il faut qu'ils soient revêtus de *l'exequatur* par un tribunal français (art. 2123, C. civ., art. 546, C. proc.).

3° *Autorité de chose jugée.* — Quant au point de savoir si les jugements étrangers ont *autorité de chose jugée* en France, la question est controversée. Cette question se présente en pratique, lorsqu'on demande aux tribunaux français de rendre exécutoire un jugement étranger. Si ce jugement a autorité de chose jugée en France, les tribunaux français ne pourront pas le réviser ; si, au contraire, le jugement n'a pas autorité de chose jugée, ils peuvent examiner s'il a été bien rendu, en fait et en droit, et au cas où ils penseraient qu'une erreur a été commise, ils ont qualité pour le remplacer par un autre jugement.

Nous renvoyons le développement de cette question au cours de droit international privé (1).

5° Conséquences de la souveraineté au point de vue de l'immunité de juridiction des Etats. — *Distinction.* — Enfin, une dernière conséquence de la souveraineté consiste en ce qu'un Etat ne peut pas être traduit devant les tribunaux d'un autre Etat. Il faut cependant distinguer deux hypothèses, suivant la nature de l'acte à raison duquel l'Etat étranger est assigné.

Actes d'autorité. — Un Etat étranger est traduit devant un tribunal français, à raison d'un *acte d'autorité et de gouvernement* qui a lésé un Français. Tout le monde est d'accord pour décider que, dans

_____

(1) Voir notre *Manuel*, p. 343 et suivantes.

ce cas, le tribunal français doit se déclarer incompétent. Ce serait, en effet, porter atteinte à l'indépendance et à la souveraineté d'un Etat étranger que de soumettre les actes faits par son gouvernement à l'appréciation d'un tribunal français.

Actes de gestion. — Un Etat étranger est traduit devant un tribunal français pour *l'exécution d'un contrat* qu'il a passé avec un Français, tel, par exemple, qu'un emprunt, un marché de fournitures, un marché de travaux publics, etc.

Certains auteurs (1) sont d'avis que, dans ce cas, les tribunaux français doivent se déclarer compétents, parce que, disent-ils, ce n'est plus en tant que personne de droit des gens et souveraine que l'Etat étranger est assigné en justice, mais comme personne morale et pour l'exécution d'un contrat conclu par un simple particulier. La question que le tribunal aura à examiner ne touche en rien à la politique ni au gouvernement de l'Etat. C'est une question *d'ordre privé.*

Au contraire, les tribunaux français (2), même dans ce second cas, se déclarent incompétents. Nous pensons que c'est avec juste raison.

D'abord, on peut dire, *a priori*, que la distinction qu'on propose de faire entre la qualité de l'Etat, personne souveraine, et l'Etat, personne morale passant des contrats, comme un simple particulier, peut bien se faire dans l'intérieur de chaque Etat et au point de vue de la législation interne ; mais elle n'est point admissible au point de vue des relations internationales. Dans ses rapports avec les autres Etats, l'Etat étranger apparaît nécessairement avec son caractère

---

(1) Weiss, *op. cit.*, p. 736 ; Bonfils, *De la compétence des tribunaux français à l'égard des étrangers*, n° 27 ; Surville et Arthuys, *Cours élémentaire de droit international privé*, p. 421.

(2) Tribunal de la Seine, 25 août 1870, D. 71.2.9 ; Cassation, 22 janvier 1849, D. 49.1.7. Voir cependant en sens contraire un jugement du tribunal de commerce de Marseille du 12 février 1924 rendu à l'occasion d'une saisie-arrêt qu'un commerçant avait été autorisé à pratiquer contre l'Etat roumain aux mains de différentes banques pour paiement de marchandises qu'il lui avait vendues (*Rec. hebd. Dalloz*, 1924, p. 260).

de souveraineté et d'indépendance. Or rien ne serait plus contraire à la souveraineté et à l'indépendance d'un Etat que de le courber devant les tribunaux d'un autre Etat.

La juridiction est l'un des attributs principaux de la souveraineté : elle s'étend sur les sujets de l'Etat et sur les étrangers qui habitent son territoire : mais un Etat ne peut l'exercer sur les autres Etats qui ne lui doivent aucune obéissance et auxquels il n'a pas le droit de commander.

Et puis, comment pourrait-on reconnaître à nos tribunaux le droit d'apprécier si le gouvernement étranger se trouve, d'après ses lois et ses règles administratives, régulièrement engagé par l'intervention de tels ou tels agents qui peut être une usurpation d'attributions ? Les tribunaux judiciaires français doivent se déclarer incompétents, à raison du caractère des questions soulevées par le procès, si l'on vient demander compte devant eux de l'exécution de marchés de fournitures passés par le gouvernement français ; on ne peut admettre qu'ils puissent statuer sur de pareilles questions, lorsque c'est un Etat étranger qui est défendeur, et qu'ils auraient à examiner des règles administratives ou des principes constitutionnels qui leur sont inconnus.

On peut ajouter que l'opinion contraire pourrait fournir le moyen à un Etat de nuire à un autre Etat en le privant de sommes qu'il destine au fonctionnement de ses services publics. Supposons, par exemple, qu'un Etat ait de l'argent déposé dans une banque française ; cet Etat, assigné par un particulier, en exécution d'une obligation contractée envers lui, est condamné par un tribunal français. En vertu de ce jugement, une saisie-arrêt pourra être pratiquée entre les mains du banquier, et ainsi l'Etat étranger sera privé de fonds qu'il destinait peut-être au paiement de ses fonctionnaires. Or, c'est un principe incontestable que les deniers appartenant à un Etat sont insaisissables, parce qu'ils ont une destination publique, dont ils ne peuvent être détournés.

Mais, s'il n'est pas permis de demander compte à un Etat étranger de l'exécution de ses engagements devant les tribunaux français, quel moyen un particulier a-t-il pour se faire rendre justice ? Le seul moyen est de s'adresser au gouvernement de son pays, lequel communiquera sa réclamation à l'Etat étranger, par *la voie diplomatique*. Ce procédé présente évidemment peu de garantie, parce que l'Etat étranger peut se refuser à s'exécuter ; mais c'est là une conséquence de sa souveraineté et de son indépendance.

Exception à l'immunité de juridiction. — Par exception, un Etat étranger sera justiciable des tribunaux d'un autre Etat, pour les actions réelles relatives aux immeubles qu'il possède sur le territoire de cet Etat. En acquérant, en effet, un immeuble hors de son territoire, il se soumet volontairement, pour ce qui le concerne, à la juridiction locale.

b) *Souveraineté extérieure*.

Définition. — La souveraineté extérieure de l'Etat, avons-nous dit, est le droit qui lui appartient d'agir librement dans ses relations avec les autres Etats.

Conséquences. — Les droits qui résultent pour chaque Etat de sa souveraineté extérieure sont :

1º Le *droit de légation*, soit *active*, soit *passive*. Le droit de *légation active* consiste à accréditer des représentants diplomatiques auprès des autres Etats ; le droit de *légation passive* consiste à recevoir les représentants diplomatiques accrédités par les autres Etats.

2º Le droit de conclure des traités avec les autres Etats.

3º Le droit de faire la guerre.

Différences entre la souveraineté intérieure et la souveraineté extérieure. — 1º *La souveraineté intérieure* et la *souveraineté extérieure* n'existent pas toujours également. Certains Etats jouissent de la souveraineté intérieure, mais ils sont privés, en tout ou en partie, de la souveraineté extérieure. Il en est ainsi, nous l'avons vu, des Etats à union réelle, de la Confédération d'Etats, de l'Etat fédéral et des Etats protégés.

2º La *souveraineté intérieure* d'un Etat nouveau existe de plein droit, dès que le gouvernement a été organisé et est assez fort pour assurer le maintien de l'ordre à l'intérieur et le respect des frontières. Au contraire, la *souveraineté extérieure* d'un Etat nouveau n'existe que lorsque cet Etat a été reconnu par les autres Etats.

A ce sujet, Calvo (1) fait remarquer avec raison que la souveraineté intérieure des Etats-Unis d'Amérique date de la proclamation solennelle de leur indépendance (4 juillet 1776) : tandis que la souveraineté extérieure n'existe que du jour où, successivement, l'Etat nouveau a été reconnu par les Etats européens.

Des restrictions au droit d'indépendance et de souveraineté des Etats. — Des restrictions au droit d'indépendance et de souveraineté des Etats résultent :

1. *De l'exterritorialité et des immunités de juridiction.*

1° Nous verrons plus loin que les navires de guerre, ancrés dans les ports d'un Etat étranger, jouissent du *privilège d'exterritorialité* qui les met à l'abri de la juridiction locale.

2° Les souverains et les agents diplomatiques, qui séjournent à l'étranger, sont investis de *prérogatives* et *d'immunités* qui les font échapper, eux et leur personnel, à la juridiction des tribunaux civils et criminels.

Quant aux consuls, ils ont, dans les pays hors chrétienté, une situation toute particulière : ils exercent un véritable droit de juridiction sur leurs nationaux au détriment des autorités locales.

3° L'immunité de juridiction existe aussi au profit des corps de troupes qui, en temps de paix, se trouvent sur le territoire d'un Etat étranger (comme gage d'exécution d'un traité ou par suite de l'exercice d'une servitude de passage). Les tribunaux locaux sont incompétents, pour les contrats passés par les chefs militaires, pour les infractions commises par les soldats, même à l'égard d'un national du pays occupé, et pour les infractions commises contre le corps d'occupation par un national du pays.

2. *De la neutralité perpétuelle imposée à un Etat.*

3. *Des servitudes internationales.*

Nous étudierons, dans notre chapitre III, la neutralité perpétuelle et, dans notre troisième partie, les servitudes internationales.

Restriction à la souveraineté résultant de la Société des Nations. — *Interdépendance des Etats.* — Ainsi que

---

(1) *Droit international théorique et pratique,* I, p. 235, n° 81.

nous avons pu le constater plus haut, l'entrée d'un Etat dans la Société des Nations a, dans une certaine mesure, pour conséquence de restreindre la souveraineté de cet Etat, soit au point de vue de la limitation des armements, soit au point de vue du droit de faire la guerre. A l'ancienne conception de la souveraineté absolue tend à se substituer le principe moderne de l'interdépendance des Etats (1).

Nous renvoyons à ce que nous avons dit précédemment.

Des restrictions à la souveraineté résultant de la protection des minorités. — *Position de la question.* — Les remaniements que la grande guerre a entraînés après elle ont eu pour conséquence de constituer des Etats nouveaux ou d'amener dans certains Etats anciens des remaniements territoriaux, tels que dans certaines régions il existera des populations différentes de celle qui détient le pouvoir par la race, par la langue, par la religion, par les mœurs.

Il en est ainsi en Pologne, en Tchéco-Slovaquie, dans le royaume des Serbes, Croates, Slovènes, en Roumanie, enfin en Turquie. La paix de Versailles n'aurait pas été une véritable paix de justice si on n'avait pas pris des mesures pour garantir ces minorités ethniques contre tout danger d'oppression. Rien n'eût été changé en Europe, que la nationalité des oppresseurs et des opprimés, si le traité n'avait pas prévu et résolu la question.

Textes. — La protection des minorités est posée en principe à l'égard de l'Etat tchéco-slovaque par l'art. 86 et à l'égard de la Pologne par l'art. 93 du traité de Versailles. Puis sont intervenus des traités spéciaux qui en ont tiré les conséquences particulières. Ces traités ont été passés par les principales puissances alliées et associées :

1° avec la Pologne le 28 juin 1919 (art. 7 à 12) ;

2° avec l'Etat tchéco-slovaque le 10 septembre 1919 (art. 7 à 9), à St-Germain ;

(1) Une évolution semblable a pu être constatée dans le droit privé. La notion de droit absolu assignée par le Code civil à la propriété individuelle dans son art. 544 tend à disparaître pour faire place à une notion de droit mitigé par des considérations sociales et humanitaires.

3° avec l'Etat serbe-croate-slovène le 10 septembre 1919 (art. 7 à 11), à St-Germain ;

4° avec la Roumanie le 9 décembre 1919 (art. 8 à 12), à Paris.

Garanties accordées aux minorités : Voici quelles sont les garanties accordées aux minorités :

1° Egalité au point de vue civil et politique, sans distinction de race, de langue et de religion.

2° Admission aux fonctions publiques et aux professions ou industries, sans distinction de religion, de croyance ou de confession.

3° Interdiction d'édicter aucune restriction dans l'usage de la langue, soit dans les réunions privées ou de commerce, soit en matière de religion, de presse ou de publication de toute nature, soit dans les réunions publiques ou devant les tribunaux, malgré l'établissement d'une langue officielle.

4° Egal droit de créer, diriger ou contrôler des institutions charitables religieuses, sociales, dans leur langue et dans leur religion.

5° Dans les écoles publiques, facilités pour donner aux enfants l'enseignement dans leur propre langue.

6° Là où réside une proportion considérable de dissidents, attribution d'une part des sommes affectées dans le budget aux institutions d'éducation, de religion et de charité.

Protection spéciale accordée aux juifs en Pologne (art. 10 et 11) :

1° Institution de comités scolaires désignés par les communautés juives pour répartir les fonds publics entre les écoles juives.

2° Respect du jour du Sabbat à l'égard des juifs. Aucune élection générale ou locale, aucune inscription électorale n'aura lieu un samedi.

Protection spéciale accordée aux Ruthènes dans l'Etat tchéco-slovaque : 1° Le territoire des Ruthènes au sud des Carpathes sera doué d'une unité autonome.

2° Il sera doté d'une diète autonome exerçant le pouvoir législatif notamment en matière de langue, d'instruction et de religion et pour les questions d'administration locale.

3° Les fonctionnaires du territoire des Ruthènes seront choisis autant que possible parmi les habitants de ce territoire.

Protection spéciale des musulmans dans l'Etat serbe-

croate-slovène : 1° Respect du statut familial ou personnel selon les usages musulmans et dans ce but institution d'un Reïss-ul-Uléma.

2° Protection aux mosquées, cimetières et autres établissements religieux musulmans.

Sanction des règles précédentes. — Les obligations contractées par les nouveaux Etats ont le caractère d'obligations d'intérêt international et sont placées sous la garantie de la Société des Nations, qui pourra toujours intervenir pour en assurer le respect. En cas de conflit, l'affaire devra être portée devant la Cour permanente de justice internationale.

§ 2. — Droit de conservation, de défense et de développement.

Conséquences du droit de conservation et de défense. — L'Etat, en sa qualité de personne du droit des gens, a, comme tout être vivant, le droit de prendre toutes les mesures qu'il juge utiles pour assurer sa conservation et sa défense.

Pour se préserver contre les ennemis de l'intérieur, il établit des lois pénales, organise des tribunaux répressifs, entretient des agents de la force publique, a des prisons ; il peut expulser les étrangers dont la présence sur son territoire fait courir un danger à l'ordre public ; en cas d'émeute ou de révolte, il peut prendre les mesures exceptionnelles que nécessitent les circonstances pour ramener le calme et la tranquillité au sein de la vie sociale et assurer le respect de la constitution.

Contre les ennemis du dehors, il peut, le long des frontières, élever des forts, assurer la défense de ses côtes par une ligne de torpilleurs et de sous-marins, armer des navires de guerre, enfin enrôler sous les drapeaux tous les hommes valides de la nation.

Du projet de désarmement général. — *Difficultés du problème.* — Les Etats de l'Europe s'occupent, avec un soin tout particulier, de leur sûreté, de leur conservation. A cet effet, ils épuisent leurs ressources en armements coûteux. On a essayé de porter un remède à cet état de choses en proposant le *désarmement général*. Ce projet aurait le grand avantage de dégrever le budget de la guerre, qui pèse lourdement sur les Etats

Dr. int. pub,   14

d'Europe ; mais il y a un grave inconvénient, c'est de se heurter à des difficultés pratiques à peu près insurmontables.

La première difficulté est de le faire accepter par les Etats démembrés qui n'ont qu'un but, qu'un désir : reconquérir par la force le territoire qui leur a été pris par la force. Pour qu'ils consentent à désarmer, il faudrait que le vainqueur veuille leur rendre sa conquête ; ce qui n'est pas admissible, puisque c'est lui qui, en général, proposera le désarmement, précisément pour n'avoir plus à craindre d'être dépossédé du domaine dont il a accru son territoire.

Ce n'est pas tout. En admettant que tous les Etats consentent à désarmer, reste une question délicate : par qui le désarmement va-t-il commencer ? Celui qui déposerait le premier les armes serait bien imprudent, car il s'exposerait à un retour offensif des autres Etats.

Opérera-t-on d'abord un désarmement partiel, ainsi qu'on l'a proposé, pour arriver ensuite au désarmement intégral ? Une autre difficulté se présenterait : celle de déterminer les forces que chaque Etat serait autorisé à maintenir sous les armes suivant les besoins de chacun d'eux, car ces besoins peuvent être plus ou moins considérables et de nature diverse, suivant l'étendue du territoire. Il serait difficile de régler ces questions entre Etats souverains et indépendants sans soulever des conflits qui ne pourraient se résoudre que par la guerre.

C'est pourquoi le désarmement général a été considéré comme un rêve aussi chimérique que le projet de paix perpétuelle.

Tentative antérieure. — La tentative faite par l'empereur de Russie, Nicolas II, en réunissant la Conférence de La Haye, en mai 1899, a échoué lamentablement. Les travaux de la conférence venaient à peine de finir que la guerre éclatait entre l'Angleterre et les républiques sud-africaines du Transvaal et de l'Orange (octobre 1899), suivie de près par l'expédition des Etats européens en Chine pour châtier les massacres commis par les Boxers sur les étrangers (août 1900).

Le tsar en a éprouvé directement l'inanité. Car il fut obligé de mettre son armée sur pied de guerre pour repousser l'invasion de la Mandchourie par les troupes japonaises, et de soutenir contre le Japon une guerre longue et meurtrière (1904-1905).

Une nouvelle conférence de la paix s'est réunie à La Haye le 14 juin 1907, sur l'initiative des États-Unis. La question du désarmement a été formellement écartée du programme de la conférence.

La Grande-Bretagne, les États-Unis et la France se déclaraient prêts à la discuter. Mais la Russie, l'Allemagne et l'Autriche s'y sont opposées (1).

La question du désarmement et l'après-guerre. — Depuis que l'Allemagne a été vaincue dans cette effroyable guerre, des esprits généreux parlent de nouveau de désarmement général. La paix armée coûte cher. Et désormais, dit-on, elle est inutile si tout le monde désarme en même temps. Avec M. Pillet, dans un courageux article qu'il a fait paraître sur la question (2), nous estimons que ce serait là une erreur qui pourrait coûter cher à notre pays. Comment savoir si un État a désarmé réellement ? Comment faire confiance sur ce point à l'Allemagne, dont la parole et la signature sont sans valeur, à la Prusse, qui nous a déjà trompés après Iéna et qui est toujours prête à renier ses engagements ? Alors que l'Angleterre entend maintenir sa maîtrise des mers, alors que les États-Unis travaillent à se constituer une flotte de guerre de premier ordre, la France ne peut laisser sa frontière sans défense, ouverte à de nouvelles invasions. « Que l'on ne parle pas de désarmement ! dit avec raison le savant professeur. Le mot seul dans une bouche française prend un accent d'impiété. Désarmer alors que nous pourrons être attaqués, alors que très certainement nos adversaires de tout temps penseront à nous attaquer, alors qu'ils y pensent déjà, quelle folie ! »

L'acharnement qu'apporte le gouvernement allemand à éluder l'application des clauses si précises du traité de paix au point de vue du désarmement, les manœuvres qu'il emploie pour déjouer l'action des commissions de contrôle des alliés prouvent mieux que tous les raisonnements le bien fondé des observations qui précèdent. Il faut toujours avoir présentes à l'es-

_____

(1) Consulter sur cette question un article de M. Scelle dans la *Revue politique et parlementaire* du 10 novembre 1911.

(2) *Revue politique et parlementaire* d'avril 1919.

prit ces paroles de bon sens de notre grand La Fon-
taine dans sa fable des loups et des brebis :

> La paix est fort bonne en soi,
> J'en conviens ; mais de quoi sert-elle
> Avec des ennemis sans foi ?

La question du désarmement et le covenant. — Nous
avons vu plus haut que l'organisation de la Société
des Nations tend à réaliser le désarmement au moins
partiel des Etats qui entrent dans sa composition.
Mais nous avons également fait observer d'une part
qu'il y avait là un engagement purement moral, ne
comportant pas de sanction pratique, et d'autre part
que, par suite du rejet des amendements présentés
au nom de la délégation française par M. Léon Bourgeois, il y avait là un engagement qu'un Etat peu
scrupuleux pourrait facilement éluder par des procédés
de camouflage qu'il serait impossible de démasquer.

**Efforts tentés par la Société des Nations en vue de
la réduction des armements.** — *Sur terre.* — Dès son
origine, la Société des Nations s'est efforcée d'obtenir
des résultats dans la voie sinon du désarmement total,
du moins de la réduction des armements. C'est ainsi
qu'elle a constitué une commission temporaire mixte
qui a pour objet de s'occuper spécialement de cette
question, en dehors de sa commission permanente
consultative.

Depuis cette époque, les deux commissions n'ont
cessé de travailler concurremment. Les résultats de ces
travaux ont été, nous l'avons dit :

1º Le protocole sur le règlement pacifique des conflits internationaux ;

2º L'organisation spéciale sur l'exercice du droit
d'investigation sur les armements de l'Allemagne, de
l'Autriche, de la Bulgarie et de la Hongrie, qui doit,
d'après les traités d'après-guerre, remplacer le contrôle
militaire interallié ;

3º Un projet de contrôle du trafic des armes, munitions et matériel de guerre ;

4º Un projet de convention destinée à réglementer
la manufacture privée des armes.

En vue de faire aboutir tous ces projets, une Conférence spéciale a été réunie à Genève au mois de mai
1925, où ont été invités les Etats membres ou non
membres de la S. D. N., et à laquelle quarante-trois

Etats ont été représentés, parmi lesquels les États-Unis, l'Allemagne, la Turquie et l'Egypte, quoique ne faisant pas encore partie de la Société des Nations.

, Ainsi un progrès intéressant pourrait peut-être être réalisé, au moins théoriquement, dans la voie d'un désarmement terrestre.

Résolutions prises par la Conférence de Washington. — *Sur le désarmement naval.* — Nous avons dit qu'une Conférence s'était réunie à Washington pour régler la paix dans le Pacifique et pour réaliser le désarmement naval. Nous avons dit que la question du désarmement terrestre avait été écartée à la demande de la France. La Conférence a abouti, au point de vue du désarmement naval, à deux traités :

L'un sur la limitation des armements navals ;

L'autre sur la limitation de l'emploi des submersibles et des gaz asphyxiants. Tous deux portent la date du 6 février 1922.

Limitation des armements navals. — Il nous est impossible de fournir une analyse, même résumée, de ce document diplomatique très développé (1). Qu'il nous suffise de signaler deux des plus importants articles : l'art. 4 et l'art. 5.

L'art. 4 porte que le tonnage total des navires de ligne de remplacement, calculé d'après le déplacement type, ne dépassera pas pour chacune des puissances contractantes les chiffres suivants : pour les Etats-Unis : 525.000 tonnes (533.400 tonnes métriques) ; pour l'Empire britannique : 525.000 tonnes (533.400 tonnes métriques) ; pour la France : 175.000 tonnes (177.800 tonnes métriques) ; pour l'Italie : 175.000 tonnes (177.800 tonnes métriques) ; pour le Japon : 315.000 tonnes (320.040 tonnes métriques).

L'art. 5 ajoute que les puissances contractantes s'engagent à ne pas acquérir, à ne pas construire et à ne pas faire construire de navire de ligne d'un déplacement type supérieur à 35.000 tonnes (35.560 tonnes métriques) et à ne pas en permettre la construction dans le ressort de leur autorité.

---

(1) On en trouvera le texte complet dans l'*Europe Nouvelle* du 11 mars 1922. La France a ratifié le traité de Washington le 12 octobre 1923 (*Journal officiel* du 21 octobre 1923).

Traité sur les submersibles et les gaz asphyxiants. —
Le traité pose les règles suivantes :

1º Un navire de commerce ne peut être attaqué
que si, après mise en demeure, il refuse de s'arrêter.

2º Un navire de commerce ne peut être détruit que
lorsque l'équipage et les passagers ont été mis en
sûreté.

Ces règles s'imposent aux sous-marins.

3º Les puissances contractantes s'engagent à reconnaître comme incorporée au droit des gens l'interdiction d'employer les sous-marins à la destruction du commerce ennemi.

4º Les puissances contractantes déclarent contraire
au droit des gens l'emploi des gaz asphyxiants toxiques ou similaires, ainsi que de tous liquides, matières
ou procédés analogues.

Les puissances non signataires ont été invitées à
adhérer à la convention.

Limites du droit de conservation et de défense. —
Le droit de conservation et de défense de chaque
Etat a pour limite le droit égal qui appartient aux
autres Etats. Ainsi, un Etat ne doit pas chercher à
sauver sa situation compromise à l'intérieur, en déclarant la guerre à ses voisins, pour détourner l'attention
publique et pour faire une *diversion*.

Un Etat ne doit pas se débarrasser de ses criminels
en leur infligeant la peine du *bannissement* qui les
oblige à chercher un refuge sur le territoire étranger.
Le bannissement doit être réservé aux crimes ou délits
politiques, dont les auteurs sont moins dangereux pour
la sécurité publique hors de leur pays. Ainsi, on a
critiqué le gouvernement provisoire qui, en 1848,
prononça le bannissement contre les Français qui
avaient acheté ou vendu des esclaves.

Enfin un Etat ne peut pas, sous prétexte d'assurer
sa défense contre les ennemis du dehors, s'agrandir au
détriment d'un Etat voisin, ou bien affaiblir un Etat
dont il redoute une attaque ou dont la force peut, à
un moment donné, lui porter ombrage. Ce *droit de
nécessité*, comme l'appelaient nos anciens auteurs,
serait considéré aujourd'hui comme un abus de la
force.

Du droit de développement. — Le droit de développement est le corollaire naturel du droit de conservation et de défense. Il consiste dans la faculté, pour chaque Etat, de s'accroître sans pouvoir en être empêché par l'action d'un autre Etat, pourvu que cet accroissement soit légitime. Doit être considéré comme tel : l'augmentation de puissance acquise par un Etat au point de vue industriel et commercial, sans modification de son territoire, ainsi que l'agrandissement du territoire obtenu par la fondation de colonies dans les pays restés en dehors de l'activité économique des Etats civilisés. Serait au contraire illégitime un accroissement territorial réalisé par voie de conquête au détriment d'un autre Etat.

§ 3. — Droit d'égalité.

De l'égalité de droit. — Les Etats sont égaux devant le droit des gens, comme les citoyens d'un même Etat le sont devant la loi interne de cet Etat. Cela veut dire que, sans tenir compte de l'étendue ou de la puissance respective des Etats, ils ont tous, *en principe*, les mêmes droits et sont tous soumis aux mêmes obligations.

Cette règle est nettement formulée dans la déclaration suivante, faite au Sénat américain par M. Sumner le 23 mars 1871 : « L'égalité des peuples est un principe de droit international, au même titre que l'égalité de citoyens est un axiome de notre déclaration d'indépendance ; on ne doit pas faire à un peuple petit et faible ce qu'on ne ferait pas à un peuple grand et puissant, ou ce que nous ne souffririons pas, si cela était contre nous-mêmes (1) ».

Cependant, le droit d'égalité n'existe qu'à l'égard des Etats civilisés, parvenus au même degré de développement intellectuel et moral et possédant une conception identique des règles qui doivent présider à leurs relations mutuelles. Il ne saurait être reconnu au profit de certains Etats d'Orient ou d'Extrême-Orient qui se font de leurs droits et de leurs devoirs

---

(1) Cette théorie est combattue par la doctrine allemande de la Weltpolitik, qui tend à dénier aux petits Etats le droit à une existence indépendante et reconnaît le droit pour les grandes puissances de les absorber.

envers les autres Etats une conception bien différente de celle qui est admise par les Etats civilisés d'Europe ou d'Amérique (1).

De l'inégalité de fait entre les Etats. — De même que, dans l'intérieur des Etats, l'égalité devant la loi n'exclut pas l'inégalité des conditions, de même le principe de l'égalité des Etats n'empêche pas *l'inégalité de fait* entre eux, résultant de leur étendue, de leurs ressources industrielles et agricoles, et de leur force militaire. C'est ainsi que nous avons distingué les grandes puissances et les puissances de second ordre.

Conséquences de l'inégalité de fait des Etats. — L'inégalité de fait des Etats s'est traduite par certaines conséquences pratiques :

1° Seules les grandes puissances se font représenter par des agents diplomatiques ayant rang d'ambassadeurs (2).

2° Dans la Cour internationale des prises organisées à La Haye en 1907, les juges désignés par les grandes puissances sont toujours appelés à siéger, tandis que les juges désignés par les Etats secondaires ne siègent qu'à tour de rôle d'après un tableau annexé à la Convention.

3° Dans la Conférence de la Paix tenue à Paris en 1919, nous avons vu plus haut comment avait été réglée la question de la représentation des grands Etats et des Etats de second ordre.

4° Enfin, nous verrons que dans le Conseil de la Société des Nations seules les grandes puissances y ont un représentant. Les nations de second ordre n'y figurent que par l'intermédiaire de six d'entre elles qui sont désignées par l'Assemblée.

§ 4. — Droit de commerce.

Définition. — Le droit de commerce consiste pour chaque Etat à pouvoir entretenir des relations avec

----

(1) Bonfils, *op. cit.*, n° 372.
(2) A l'exception cependant de la Suisse qui, nous le dirons plus loin, a récemment érigé sa légation à Paris en ambassade. Il en est de même de la Belgique.

les autres Etats pour l'échange réciproque de leurs produits, et à se servir, dans ce but, des voies naturelles de communication, telles que fleuves et surfaces maritimes. Il entraîne, en outre, la faculté, pour les nationaux de chaque Etat, d'immigrer et de s'établir sur le territoire des autres Etats.

De là il suit qu'un Etat ne peut pas, sans se mettre en dehors du droit des gens, fermer systématiquement ses frontières aux nationaux et aux marchandises des autres Etats, comme l'ont fait, jusqu'à ces dernières années, le Japon et la Chine. Il y a un minimum de relations, sans lequel un Etat cesserait de faire partie de la communauté internationale (1).

Limites. — Mais le droit de commerce n'est pas absolu. Il est limité par le droit de conservation et par le principe de la souveraineté.

C'est ainsi qu'un Etat peut frapper les marchandises étrangères de droits de douanes, pour la protection de son industrie ; il peut interdire l'importation de certaines marchandises, soit à titre temporaire, soit même d'une façon permanente ; il peut aussi se réserver le monopole exclusif du commerce avec certaines parties de son territoire, comme la France l'a fait par le pacte colonial établi par Colbert et supprimé en 1866, d'après lequel les colonies françaises ne pouvaient commercer qu'avec la Métropole. Enfin un Etat peut soumettre au même traitement les produits de tous les autres Etats ou, au contraire, accorder certains avantages à un Etat et les refuser aux autres.

Au point de vue de l'immigration, il peut subordonner le séjour des étrangers sur son territoire à des conditions particulières, telles que la nécessité de passeports ou des déclarations aux autorités administratives.

---

(1) A cette question se rattache celle du libre transit à travers le territoire. Une convention a été signée à Barcelone à ce sujet le 20 avril 1921 sous les auspices de la Société des Nations en exécution de l'art. 23 du Pacte (Consulter pour les détails de cette convention P. Fauchille, *op. cit.*, I, n° 2876).

§ 5. — Droit de respect mutuel.

En quoi il consiste. — Il consiste dans les égards
que chaque Etat a le droit d'exiger des autres Etats,
en ce qui concerne sa personnalité physique ou politique et sa dignité morale.

En ce qui concerne sa personnalité physique, l'Etat
a droit au respect de ses frontières. Il peut empêcher
qu'un autre Etat ne commette un empiétement quelconque sur son territoire, soit en déplaçant matériellement les bornes qui marquent la limite séparative
des deux Etats, soit en y faisant manœuvrer ses troupes, ou de toute autre manière. Enfin, tout Etat puise
dans le droit de respect mutuel la faculté de se développer librement et d'augmenter les conditions de son
existence et de son bien-être, par le commerce, par le
travail et par la mise en œuvre des ressources nationales.

En ce qui concerne sa personnalité juridique, tout
Etat a droit au respect de sa constitution, des principes qu'elle pose, des institutions qu'elle organise et,
d'une façon générale, de tout ce qui touche au fonctionnement de ses services publics.

Ainsi, c'est manquer aux égards qui sont dus à un
Etat que de manifester ouvertement des sentiments
d'hostilité ou de marquer son dédain et sa répugnance
pour la forme de gouvernement sous laquelle il vit ;
ou encore d'exciter les citoyens d'un Etat contre les
pouvoirs organisés de cet Etat.

Cependant, le droit de respect mutuel ne va pas
jusqu'à défendre à un Etat étranger de faire ce qui est
permis aux sujets mêmes de l'Etat. Il n'est pas contraire à ce droit de reproduire par la voie de la presse
les nouvelles concernant les événements politiques
qui se produisent dans l'intérieur d'un autre Etat, de
les commenter et de les discuter, pourvu que ce soit
sans parti-pris et de bonne foi. On ne peut pas non
plus interdire à la presse et aux Etats étrangers eux-
mêmes de blâmer une action contraire à l'humanité et
au droit des gens, commise par un autre Etat.

En ce qui concerne sa dignité morale, l'Etat a droit
au respect de ses insignes et de ses emblèmes, de ses
armes et de son drapeau. Il peut exiger qu'on lui rende
les honneurs conventionnels dus à son rang, et qu'on
traite, avec les égards convenables, son souverain et

les représentants diplomatiques ou consulaires qu'il envoie à l'étranger.

CHAPITRE II. — DES DEVOIRS ABSOLUS DES ÉTATS.

Division du chapitre. — Nous diviserons ce chapitre en deux paragraphes : 1° des devoirs absolus des Etats ; 2° de la responsabilité des Etats.

§ 1. — Des devoirs absolus des Etats (1).

En quoi ils consistent. — D'une façon générale, on peut dire que les devoirs des Etats sont corrélatifs à leurs droits. Ils consistent dans l'obligation stricte qui incombe à chaque Etat de respecter les droits absolus des autres Etats.

Cette simple indication pourrait suffire, à la rigueur, et nous n'aurions qu'à renvoyer aux développements que nous avons donnés dans le chapitre précédent. Nous croyons, cependant, utile d'éclairer nos explications en montrant par quelques exemples, à l'occasion de chacun des droits que nous avons étudiés, la corrélation qui existe entre ces droits et les devoirs des Etats.

1° **Devoirs résultant pour chaque Etat du droit de souveraineté et d'indépendance des autres Etats.** — Chaque Etat doit s'abstenir de faire aucun acte d'autorité sur le territoire d'un autre Etat. Si un criminel

_____

(1) En dehors de ces devoirs qui créent de véritables obligations juridiques pour les Etats, il existe des devoirs purement moraux, analogues à ceux qui existent entre les simples particuliers, qui ne relèvent pas directement du *droit.* Ils peuvent être groupés sous la dénomination générale de *Devoir d'assistance mutuelle*, qui entraîne un certain nombre de conséquences : obligation pour les Etats de se secourir en cas de sinistres (famine, inondation, etc.) ; obligation pour un Etat de recevoir dans ses ports les navires étrangers qui cherchent un refuge contre la tempête ; obligation pour les Etats de s'entr'aider pour l'administration de la justice (extradition, commissions rogatoires, etc.). Consulter sur ce point Watel, *op. cit.,* I, p. 320 et suiv., et Bonfils, *op. cit.,* n°ˢ 238, 292 et suivants.

se réfugie sur le territoire voisin, les agents de la force publique ne doivent pas l'y poursuivre pour procéder à son arrestation.

Un Etat peut bien, nous l'avons vu, interdire sur son territoire un fait qu'il considère comme immoral, tel que l'organisation de jeux de hasard, des loteries, etc. ; mais il ne doit pas exiger d'un autre Etat qu'il fasse la même prohibition sur son territoire. Une semblable prétention a été cependant émise dans divers pays, en Angleterre, en Italie, et même en France, à l'égard de la principauté de Monaco. Une interpellation fut adressée à ce sujet au gouvernement, le 2 mars 1891, par un membre du Sénat, pour l'inviter à la fermeture des maisons de jeu de roulette. Cette interpellation ne pouvait aboutir. La principauté de Monaco, étant un Etat souverain et indépendant, peut librement autoriser sur son territoire la tenue de maisons de jeu et la France avait le devoir de ne pas porter atteinte à ses droits souverains en décrétant leur suppression.

2º Devoirs résultant pour chaque Etat du droit de conservation et de défense des autres Etats. — Un Etat ne doit pas favoriser la formation, sur son territoire, d'associations révolutionnaires dirigées contre le gouvernement d'un autre Etat, ni permettre aux réfugiés politiques auxquels il donne un asile de former des rassemblements en armes et de préparer la lutte contre le gouvernement de leur pays. C'est ainsi que la France avait raison, pendant la Révolution, de protester contre les menées des émigrés auxquels les Etats voisins prêtaient les mains, et le gouvernement français n'a fait que son devoir en ordonnant l'internement des carlistes espagnols réfugiés sur son territoire.

D'autre part, un Etat ne peut pas empêcher un autre Etat de prendre des mesures pour la défense de ses frontières et de ses côtes, en construisant des forts ou en augmentant l'effectif de ses troupes. Bien souvent il est arrivé qu'un Etat a contraint un autre Etat à cesser ses armements sous la menace d'une guerre ; mais un pareil procédé doit être considéré comme un abus de la force.

Il faut ajouter aussi que, sous prétexte de se défendre contre l'ennemi du dehors, un Etat ne doit pas recourir à des mesures qui pourraient présenter un caractère menaçant pour les Etats voisins, en mobilisant, par exemple, sur la frontière des troupes dont le nombre dépasserait les besoins de la défense.

3° Devoirs résultant pour chaque Etat du droit de commerce appartenant aux autres Etats. — Le droit de commerce mutuel des Etats impose à tous les Etats le devoir de ne porter aucun trouble aux relations commerciales qui peuvent exister entre deux autres Etats.

4° Devoirs résultant pour chaque Etat du droit d'égalité appartenant aux autres Etats. — L'égalité de droit qui existe entre les Etats leur fait un devoir réciproque de se comporter les uns à l'égard des autres de la même façon loyale et franche sans s'inspirer, pour leur conduite à tenir, de la puissance de l'Etat avec lequel ils ont affaire. C'est ce que M. Sumner, dans la déclaration qu'il fit au Sénat américain en 1871, exprimait en disant qu'on ne doit pas faire à un Etat petit et faible ce qu'on ne ferait pas à un Etat grand et puissant.

5° Devoirs résultant pour chaque Etat du droit de respect mutuel appartenant aux autres Etats. — Chaque Etat a le devoir de respecter la personnalité physique et juridique des autres Etats et de ne porter aucune atteinte à leur dignité morale. Il doit même imposer ce devoir de respect à ses ressortissants et punir tout manquement qui serait commis par l'un d'eux.

Ce devoir de respect doit-il aller jusqu'à faire considérer comme nul, par les tribunaux d'un Etat, un contrat formé par les sujets de cet Etat, pour se livrer à la contrebande au détriment d'un Etat étranger ? Certains auteurs donnent à cette question une solution affirmative. Ce n'est cependant pas dans ce sens que se prononce la jurisprudence en France.

Situation particulière de l'Union des Républiques socialistes soviétiques. — A tous les points de vue que nous venons de développer dans ce paragraphe, la Russie actuelle, qualifiée officiellement Union des Républiques socialistes soviétiques, présente une situation tout à fait anormale. Malgré tous les démentis officiels, il est un point hors de toute contestation sérieuse : c'est que le gouvernement de Moscou n'est pas le gouvernement d'un pays, d'une nation déterminée ; c'est l'émanation d'un parti révolutionnaire, l'Internationale communiste. Il est sous la dépendance du comité exécutif de ce parti, qui contrôle son activité au pouvoir, qui lui impose ses décisions et auquel il doit fournir les moyens de développer son influence. Or, le but avoué de ce parti révolutionnaire est le bouleversement de l'ordre social et politique chez tous les peuples civilisés. Et pour y arriver, il a un service de propagande admirablement organisé, ayant des émissaires dans tous les pays étrangers, avec pour mot d'ordre de tirer parti de toutes les occasions de mécontentement pour provoquer le désordre, les émeutes et, si possible, la révolution en tous lieux. Exemples : les événements tragiques de Bulgarie du 20 avril 1925 (1) ; l'appui accordé à Abd el Krim au Maroc contre le sultan légitime et contre la France ; l'agitation entretenue en Tunisie contre le Protectorat français, dans l'Inde et en Chine, notamment à Shanghaï, où est déclanché un violent mouvement xénophobe. Tous ces événements sont l'œuvre de l'organisation centrale de l'Internationale communiste, toute puissante à Moscou et qui de là, sous le couvert et avec la complicité plus ou moins déguisée du gouvernement soviétique, travaille à déclancher la révolution et la guerre civile dans les autres pays (2).

Une pareille situation est inadmissible et il est vraiment paradoxal que les autres puissances consentent à entretenir des relations officielles avec un gouvernement qui méconnaît à ce point les devoirs les plus élémentaires du droit international des peuples civilisés.

§ 2. — De la responsabilité des Etats.

Du principe de la responsabilité des Etats. — On a

---

(1) Attentat contre le roi Boris, assassinat du général Georgief et explosion d'une bombe dans la cathédrale de Sofia au moment où tout le gouvernement y était réuni. (Lire dans *Le Temps* du 17 mai 1925 le bulletin du jour consacré à la politique des Soviets.)

(2) Lire à la séance du Sénat du 2 juillet 1925 les détails fournis à cet égard par M. Henry Chéron.

prétendu que les Etats, étant des personnes souveraines et indépendantes, ne sauraient être responsables de leurs actes. Comment, a-t-on dit, pourrait-on comprendre une semblable responsabilité, puisqu'au-dessus des Etats, il n'existe aucune juridiction devant laquelle ils ont à répondre de leurs actes ?

Cette opinion n'est pas exacte ; précisément parce que les Etats sont souverains et indépendants, ils sont responsables lorsqu'ils commettent un manquement à leurs devoirs ; absolument comme l'homme est responsable de ses actes, parce qu'il est en possession de son libre arbitre.

Seulement la responsabilité des Etats n'a pas de sanction directe, puisqu'aucun moyen de contrainte ne peut être mis en œuvre contre eux. Mais nous savons qu'il en est ainsi de toutes les règles du droit des gens ; ce qui n'empêche pas le droit des gens de constituer une branche véritable du droit.

Etendue de la responsabilité des Etats. — *Distinction*. — La responsabilité des Etats varie suivant que les actes incriminés ont été commis par ses fonctionnaires, par de simples particuliers, ou sont le résultat d'une émeute.

Actes commis par les agents de l'Etat. — L'Etat est toujours responsable des violations du droit des gens *commises par ses agents*. Il doit procurer en conséquence à l'Etat qui est lésé, soit une réparation, soit une satisfaction : une *réparation*, c'est-à-dire une indemnité, lorsqu'il y a eu dommage pécuniaire ; une *satisfaction*, c'est-à-dire une compensation morale, lorsqu'il y a eu atteinte à la dignité ou à l'honneur d'un autre Etat. Cette satisfaction peut consister dans la révocation de l'agent ou dans son déplacement ou dans des excuses présentées, suivant la gravité de l'acte.

Exemples : Incidents de frontière — Comme exemples d'actes pouvant ainsi entraîner la responsabilité de l'Etat du fait de ses agents, on peut citer les deux incidents de frontière qui se sont produits coup sur coup en 1887 et qui ont failli amener la guerre entre la France et l'Allemagne.

Le 20 avril 1887, le commissaire de police de Pagny-sur-Moselle, M. Schnœbelé, invité par le commissaire de police allemand à venir conférer avec lui pour affaires de service, franchissait la frontière allemande lorsque des agents de police, embusqués dans un champ, s'élancent sur lui et cherchent à l'arrêter en vertu d'un mandat judiciaire dont ils étaient porteurs. M. Schnœbelé se dégage, regagne la frontière française ; il y est poursuivi par les agents allemands, qui parviennent à le maintenir et l'emmènent prisonnier à Metz, où il fut écroué. A la suite des réclamations du gouvernement français, le gouvernement allemand, par une note du prince de Bismarck en date du 28 avril 1887, dut reconnaître l'illégalité de l'arrestation et le commissaire français fut remis en liberté (1).

Quelque temps après, un nouvel incident de frontière faillit troubler la paix européenne. Des chasseurs se tenaient sur le territoire français, non loin de la frontière allemande, lorsqu'un soldat allemand déchargea contre eux son arme. Le garde, qui accompagnait les chasseurs, fut tué, et un de ces chasseurs, officier dans l'armée française, grièvement blessé. La France réclama une réparation pour la violation de frontière dont elle avait été victime. Le gouvernement allemand fit savoir, le 7 octobre, que le coupable serait puni et, en attendant, il remit un chèque pour subvenir aux besoins de la famille du garde. L'officier blessé refusa toute indemnité.

Actes commis par de simples particuliers. — En règle générale, l'Etat ne saurait être déclaré responsable des actes commis par ses nationaux, simples particuliers, à l'encontre d'un Etat, soit à l'intérieur, soit au dehors.

Par exception, l'Etat peut être déclaré responsable lorsque l'acte dont on se plaint a été commis grâce à la complicité de l'administration ou grâce à sa négligence.

C'est ainsi que les pays d'Extrême-Orient ont été souvent considérés comme responsables des pillages et des massacres commis sur leur territoire au préjudice des nationaux des Etats européens.

Emeutes : Insurrections. — Enfin, on peut se demander si un Etat est responsable des dommages qui

---

(1) Consulter sur cette affaire une dissertation très intéressante publiée par M. Edouard Clunet dans le journal *Le Droit* des 29 et 30 avril et des 4, 9, 10 et 11 mai 1887.

résultent d'émeutes ou d'insurrections pour les sujets d'un autre Etat établis sur son territoire. On décide en général que non. Il y a dans ce cas un événement de force majeure, subi par l'Etat lui-même qui ne saurait être tenu d'indemniser les particuliers qui en sont à leur tour victimes. On peut ajouter que les Etats refusent tout droit à indemnité à leurs propres nationaux et que les étrangers seraient mal venus à réclamer un traitement plus favorable.

Cependant, il est d'usage, en pratique, que l'Etat accorde, à *titre gracieux, une indemnité* à ceux qui ont subi un préjudice par suite d'une émeute ou d'une guerre civile sur son territoire.

L'insuffisance de la législation interne peut-elle servir à écarter la responsabilité de l'Etat ? — Une dernière question peut être posée : celle de savoir si un Etat peut, en invoquant l'état de sa législation interne, se décharger de toute responsabilité pour les actes contraires au droit des gens qui ont été commis par ses ressortissants.

Cette question a été soulevée à l'occasion d'une affaire célèbre, l'*Affaire de l'Alabama*. Pendant la guerre de sécession en Amérique, des navires construits et armés dans les ports de l'Angleterre firent subir des pertes considérables aux Etats-Unis du Nord ; le navire l'*Alabama* se signala parmi les plus redoutables. Les Etats-Unis réclamèrent à l'Angleterre une indemnité. Devant le tribunal arbitral, auquel les deux parties avaient remis le soin de trancher le conflit, l'Angleterre invoqua comme moyen de défense que ses lois ne lui donnaient aucun pouvoir d'empêcher une pareille violation de la neutralité. Le tribunal arbitral n'en condamna pas moins l'Angleterre à payer aux Etats-Unis une indemnité très forte. L'Angleterre fut déclarée avec raison responsable de l'insuffisance de sa législation interne. Elle s'empressa, en conséquence, de la compléter, en édictant en 1870 une loi sur la neutralité.

*** CHAPITRE III. — THÉORIE DE L'INTERVENTION.

Définition. — L'intervention est le fait par un Etat de s'immiscer, de sa propre autorité, dans les affaires d'un autre Etat indépendant pour lui imposer sa manière de voir sur une question concernant sa politique intérieure ou extérieure.

Eléments constitutifs de l'intervention. — Pour qu'il y ait intervention proprement dite, il faut la réunion de trois conditions :

1° Il faut qu'il y ait immixtion dans les affaires d'un autre Etat pleinement indépendant et souverain.

Si elle est la conséquence d'un lien d'association ou de dépendance, il n'y a pas intervention. C'est ce qui a lieu à l'égard des Etats fédéraux. L'intégrité du territoire et le maintien de la constitution sont assurés à chacun des Etats fédérés par le gouvernement fédéral. Dans le cas, où soit le territoire, soit la constitution d'un Etat fédéré est menacé, l'intervention est non pas seulement un droit, mais constitue un devoir pour le gouvernement fédéral.

Il en est de même au cas où il est porté atteinte à la neutralité d'un Etat qui a été garanti par les autres Etats. Les Etats garants ont le droit et le devoir d'intervenir pour faire respecter la neutralité, lorsqu'elle est menacée ou violée.

2° Il faut que l'immixtion ait lieu par la seule volonté de l'Etat de qui elle émane.

Il n'y a pas intervention si l'immixtion d'un Etat a eu lieu sur la demande même de l'Etat à l'égard duquel elle se produit ou de son plein gré.

3° Il faut que l'immixtion ait pour but d'imposer à un autre Etat une certaine manière de voir ou une certaine solution dans une affaire déterminée. S'il y a simple conseil donné, en laissant le gouvernement libre de s'y conformer ou de s'en écarter, il n'y a pas intervention.

Formes de l'intervention. — L'intervention peut avoir lieu sous différentes formes ; elle peut être individuelle ou collective, diplomatique ou armée.

L'intervention diplomatique peut être officielle ou officieuse.

Un exemple d'intervention purement officieuse se produisit en 1851 de la part de la Prusse et de l'Autriche auprès du roi du Piémont Victor-Emmanuel. Ces deux puissances lui envoyèrent un agent officieux avec mission de lui transmettre leurs idées sur la façon de gouverner, de lui faire remarquer qu'en agissant ainsi il mécontentait les souverains prussien et autrichien et de le prier en conséquence de changer son système de gouvernement. Victor-Emmanuel refusa de tenir aucun compte de cette observation.

En 1856, au contraire, il y eut intervention officielle de la France et de l'Angleterre auprès du gouvernement de Naples pour l'amener à modifier sa manière d'administrer, qui déplaisait à ces deux puissances. Le gouvernement napolitain opposa une fin de non-recevoir à cette invitation. Alors la France et l'Angleterre rappelèrent leurs ambasseurs.

En pratique, l'intervention diplomatique n'est que le prélude de l'intervention armée. L'Etat intervenant essaie d'abord les moyens pacifiques ; puis, lorsqu'ils sont reconnus insuffisants, il a recours à la force armée.

Division de la matière. — Nous étudierons la théorie de l'intervention en trois paragraphes :

§ 1. — De l'intervention au point de vue des principes juridiques ;

§ 2. — De l'intervention au point de vue historique ;

§ 3. — De l'intervention des puissances européennes dans les affaires de la Turquie.

§ 1. — De l'intervention au point de vue juridique.

Principe général de non-intervention. — En principe, on ne doit pas admettre que l'intervention soit un droit pour un Etat à l'égard d'un autre Etat, car elle constitue une atteinte à l'indépendance et à la souveraineté, qui est le droit fondamental de tous les Etats.

C'est ce qu'on exprime en disant qu'il n'existe pas de droit d'intervention : mais plutôt un *devoir de non-intervention* pour les Etats.

Raison de ce principe. — Il appartient à chaque Etat de régler librement ses affaires intérieures et d'orienter, comme il convient à son gouvernement, sa politique étrangère. Permettre à un Etat d'imposer à un autre Etat ses lois, ses mœurs, sa politique serait lui reconnaître le droit de violer sa liberté et son indépendance. On ne saurait l'admettre. D'ailleurs, les

mêmes institutions ne sont pas également bonnes
pour tous les peuples. Celles qui rendent telle nation
heureuse peuvent ne pas être acceptées par les sujets
d'un autre Etat. Cela dépend des mœurs, des habitudes, des traditions, du climat. Et un gouvernement
étranger est généralement mal placé pour apprécier
ces circonstances. Enfin on peut ajouter que l'histoire fournit encore un argument à notre principe en
montrant les conséquences fâcheuses de la politique
d'intervention.

Ou bien, en effet, l'intervenant n'est pas assez fort
pour faire triompher la cause qu'il défend, et alors
les passions, un moment comprimées, ne connaissent
plus de bornes et atteignent au paroxysme, comme la
Révolution française. Ou bien l'intervenant est vainqueur ; alors, tant qu'il est le plus fort, il peut imposer sa volonté ; mais dès que l'opposition cesse, le
développement des peuples reprend son cours, après
avoir été un moment contenu ; à moins que l'État
qui intervient n'abuse de sa victoire jusqu'à supprimer l'indépendance de l'autre Etat.

Souvent aussi, l'Etat intervenant fait naître contre lui des haines implacables de la part de la nation
dont il aide à réprimer l'insurrection, sans s'attirer la
reconnaissance sur laquelle il avait cru pouvoir compter ; témoins la France, dans son intervention en
Espagne, en 1823, et la Russie dans son intervention
en Hongrie, en 1849.

Essai de justification de l'intervention. — On a
essayé de justifier le droit d'intervention en invoquant la légitime défense : une insurrection se produit sur le territoire voisin d'un Etat ; cet Etat peut
craindre que l'insurrection ne gagne son territoire ; de
là pour lui le droit de travailler avec son voisin à la
comprimer et à la vaincre ; absolument comme lorsqu'une maison voisine brûle, en prévision du danger
qui menace notre propriété, nous avons bien le droit
de prendre toutes les mesures pour nous préserver
et nous garantir.

Réfutation. — C'est là un pur sophisme. Certainement un Etat a le droit de prendre toutes les mesures
nécessaires pour assurer sa conservation et sa défense ;
mais ces mesures, il doit les prendre sur son territoire

et dans les limites de sa souveraineté ; il ne doit pas, pour conjurer le péril qui le menace, porter atteinte à l'indépendance d'un autre Etat. Autrement, en mettant en pratique le système que nous combattons, l'intervention serait continuelle, aucun Etat ne conserverait sa liberté et se trouverait à la merci de l'étranger ; l'indépendance et la souveraineté des Etats disparaîtraient.

Des exceptions au devoir de non-intervention. — *En existe-t-il ?* — Ce principe de non-intervention est-il absolu ou bien comporte-t-il certaines limites ? Ce point est discuté entre les auteurs.

Solution négative. — Pour les uns, l'intervention ne peut jamais être autorisée, quel que soit le motif invoqué, parce qu'elle est contraire à l'indépendance des Etats.

Solution affirmative. — D'autres auteurs, au contraire, enseignent que l'intervention est légitime par exception pour certaines causes déterminées.

Mais les partisans de cette seconde théorie sont loin d'être d'accord lorsqu'il s'agit de déterminer les exceptions au principe.

Quelques-uns soutiennent que l'intervention est permise lorsqu'elle est motivée par des raisons d'humanité, par exemple, pour mettre fin à des massacres, pour protéger les sujets d'un Etat, pour assurer la liberté de conscience, etc...

D'autres n'admettent la légitimité de l'intervention que lorsqu'elle est l'œuvre collective des grandes puissances.

Enfin, d'autres auteurs n'admettent le droit pour un Etat d'intervenir dans les affaires d'un autre Etat que dans l'intérêt de sa propre conservation.

Pour justifier cette dernière solution, on dit que, dans la société internationale, le droit d'indépendance de chaque Etat est limité par le droit respectif de conservation des autres Etats. Si, par sa politique intérieure ou extérieure, un Etat porte atteinte au droit de conservation d'un autre Etat, il est juste que ce dernier puisse prendre les mesures nécessaires à la sauvegarde de ses intérêts, même par voie d'intervention.

Le droit d'intervention et la Société des Nations. —

Ainsi que nous l'avons vu plus haut (page 161), le pacte qui organise la Société des Nations lui reconnaît formellement le droit d'intervention dans la politique soit intérieure, soit extérieure des Etats qui la composent pour toutes les questions qui entrent dans la sphère de ce pacte.

§ 2. — De l'intervention au point de vue historique.

Classement des interventions. — L'histoire du XIXe siècle offre de nombreux cas d'intervention. Tantôt l'ingérence d'un Etat concerne la souveraineté intérieure, tantôt elle concerne la souveraineté extérieure d'un autre Etat.

I. Intervention dans les affaires intérieures. — *Distinction.* — L'intervention dans les affaires intérieures d'un Etat peut avoir pour objet des questions d'ordre constitutionnel, d'ordre financier ou d'ordre purement administratif.

a) *Intervention en matière constitutionnelle.* — L'intervention en matière constitutionnelle a pour but d'imposer à un Etat un gouvernement déterminé ou l'observation de certains principes dans sa constitution politique.

C'est ainsi que l'Europe monarchique intervint pour étouffer dans son germe la Révolution naissante. Rien n'était plus contagieux que les nouvelles théories émises par la Révolution. Il fallait la combattre de peur qu'elle ne gagnât les autres Etats et ne mît en péril les autres trônes ; de là la célèbre déclaration de Pilnitz du 27 août 1791, émanée de l'empereur d'Allemagne, Léopold II, et du roi de Prusse, Frédéric-Guillaume II, et plus tard, le 23 juillet 1792, le non moins fameux manifeste du duc de Brunswick, généralissime des forces coalisées.

Ensuite, c'est la Révolution triomphante qui profite du succès de ses armées pour appliquer aux pays conquis ses nouveaux principes de gouvernement. Le 19 novembre 1792, la Convention nationale rendait un décret par lequel elle promettait secours et fraternité aux peuples qui voudraient recouvrer leur liberté.

Enfin, l'intervention en matière constitutionnelle apparaît dans le *traité de la Sainte Alliance*, signé le 29 septembre 1815 entre l'empereur d'Autriche, l'empereur de Russie et le roi de Prusse, auquel la France accéda au Congrès d'Aix-la-Chapelle, le 30 décembre 1818. Ce traité consacrait le droit d'intervention pour la défense des princes légitimes. Ce droit fut formellement reconnu au *congrès de Troppau* (octobre 1820) et au *congrès de Laybach* (janvier 1821), par les souverains de Russie, d'Autriche et de Prusse ; et en conséquence, l'Autriche intervint par les armes au profit du roi Ferdinand. Il fut affirmé de nouveau, dans un troisième congrès réuni à Vérone l'année suivante (octobre 1822), à l'occasion de la révolution qui avait éclaté en Espagne. La France fut chargée d'intervenir pour remettre Ferdinand XII sur le trône.

Citons encore en 1830 l'intervention de la France en Belgique pour soutenir les Belges révoltés et pour les aider à conquérir leur indépendance ; en 1832, l'intervention de la France et de l'Autriche en Italie ; en 1849, l'intervention de la Russie en Autriche pour aider cette dernière puissance à réprimer l'insurrection de la Hongrie.

b) *Intervention en matière financière.* — Un Etat fait un emprunt, puis se trouve dans l'impossibilité de faire face à ses engagements vis-à-vis de ses créanciers. Dans ces conditions, il est arrivé fréquemment, dans le cours de ces dernières années, que les Etats sont intervenus pour protéger les intérêts de leurs nationaux à l'égard de l'Etat débiteur. Cette intervention a été plus ou moins énergique suivant les cas. Tantôt, elle a consisté dans une simple pression exercée par la voie diplomatique à l'égard de l'Etat débiteur, notamment, en 1894, de la part de la France et de l'Allemagne, vis-à-vis du Portugal. Tantôt elle s'est produite par l'établissement d'une commission internationale exerçant son contrôle sur les finances de l'Etat débiteur, comme en Egypte, en Tunisie pendant quelque temps, en Grèce et en Turquie. La légitimité de cette sorte d'intervention est discutée. Les uns la contestent au nom de l'indépendance des Etats. D'autres l'admettent en se basant sur le droit de conservation des Etats intervenants ; ils interviennent pour défendre leur propre fortune mise en péril, en même temps que celle de leurs nationaux, par la faillite de l'Etat débiteur.

c) *Intervention en matière administrative.* — L'intervention en matière administrative a pour objet de contraindre un Etat à introduire des réformes dans son organisation administrative pour la sauvegarde des droits individuels de ses sujets. C'est surtout à l'égard de la Turquie que ce genre d'intervention s'est manifesté : aussi, nous en renvoyons l'étude à notre troisième paragraphe.

On peut faire rentrer dans cet ordre d'idées l'intervention des grandes puissances au Maroc et la signature de l'Acte d'Algésiras du 7 avril 1906, motivée par la nécessité d'organiser la police dans ce pays pour la protection des Européens qui y séjournaient et y faisaient du commerce.

II. **Intervention dans les affaires extérieures.** — *Exemple tiré de la Chine et du Japon.* — Un exemple d'intervention dans les affaires extérieures d'un autre Etat a eu lieu en 1894. A la suite de la guerre entre la Chine et le Japon, le Japon victorieux s'était fait consentir l'abandon d'une portion du territoire chinois comme condition de la paix. Les puissances européennes intéressées, France, Russie et Allemagne, s'émurent en raison, soit de leurs possessions, soit de leurs relations commerciales en Chine ; elles obligèrent le Japon à renoncer à toute acquisition de territoire et à se contenter d'une indemnité pécuniaire.

Exemple tiré de la guerre de 1914. — Dans la guerre de 1914, nous trouvons deux exemples d'intervention motivée à la fois par des causes d'ordre intérieur et par des causes de politique étrangère. Nous citerons d'abord l'intervention des puissances protectrices de la Grèce à Athènes pour déposer, au mois de juin 1917, le roi Constantin, qui n'avait cessé depuis le début de la guerre de gouverner contre le sentiment national sous l'influence de la reine Sophie, sœur du Kaiser, et de son entourage germanophile, et qui avait la responsabilité du sang de nos marins versé dans le guet-apens du 1er décembre 1916. Nous voulons parler ensuite de l'intervention des Alliés en Russie en septembre 1918 pour libérer de malheureux paysans en même temps de l'anarchie des Bolcheviks et de la domination allemande.

*** Doctrine du président James Monroe. — *Défini-*

tion. — On entend par là une doctrine exprimée par le président James Monroe dans un message adressé par lui le 2 décembre 1823 au Congrès des États-Unis sur la ligne de conduite qu'il y avait lieu de suivre dans les rapports de l'Amérique avec les Etats européens (1).

Circonstance du message. — A ce moment, les Etats-Unis, qui ne comptaient encore que vingt-quatre Etats, se trouvaient aux prises avec deux ordres de difficultés :

1º En 1821, l'empereur de Russie, Alexandre 1er, revendiquait la possession d'une partie de la côte de l'Océan Pacifique ;

2º En 1823, les colonies espagnoles de l'Amérique du Sud s'étaient révoltées contre leur métropole et avaient proclamé leur indépendance, tandis que l'Espagne s'efforçait d'amener la Sainte Alliance à intervenir pour mettre fin à ce mouvement insurrectionnel.

Qu'allaient faire les Etats-Unis en présence de ce double conflit ? C'est à cette question que répond le message du président James Monroe.

Contenu du message. — Le message du Président est très long. Il contient trois idées essentielles qu'il importe de retenir et de souligner :

1º Les continents américains par la constitution libre et indépendante qu'ils ont conquise et qu'ils maintiennent ne doivent plus être considérés comme susceptibles de colonisation par aucune puissance européenne, comme l'Asie et l'Afrique.

2º Les Etats-Unis n'interviendront pas dans le conflit des colonies espagnoles et de leur métropole, pour se conformer à la politique traditionnelle de Washington (2). Mais en même temps ils s'opposeront à toute

_____

(1) Consulter sur cette question l'ouvrage du Dr José Léon Suarez, professeur à la faculté de droit de Buenos-Aires, *Diplomacia universitaria americana Argentina en ez Brasil*, et l'article de M. le Dr Zeballos dans la *Revue politique et parlementaire* de septembre 1920.

(2) Dans son adresse d'adieu en 1797, il l'a ainsi définie : « Ne pas intervenir dans les questions européennes, ne pas se laisser impliquer dans les brouilles d'Europe, rester isolés, n'avoir avec l'Europe d'autres relations que celles

intervention de l'Europe pour combattre le mouvement d'indépendance.

3° A cette époque, l'Europe est gouvernée par le pacte de la Sainte Alliance dans l'intérêt de la monarchie et du despotisme. Les Etats-Unis se dressent contre l'Europe, au nom du principe de liberté qui est l'essence de son gouvernement.

Explication de la doctrine de Monroe. — D'après la plupart des auteurs européens, la doctrine de Monroe, en énonçant le principe de non-intervention de l'Europe dans les affaires américaines, constitue un acte d'intervention formelle de la part de l'Amérique. C'est par un abus de langage, a-t-on dit, que cette déclaration a pu être considérée comme énonçant le principe de non-intervention (1).

D'après d'autres auteurs, au contraire, en prenant fait et cause pour les colonies espagnoles contre l'Europe, l'Amérique faisait acte d'alliance et non d'intervention. Ce qu'il y a au fond de la doctrine de Monroe, c'est l'affirmation du principe d'égalité et d'indépendance du continent américain par rapport au continent européen. L'Amérique n'intervient pas en Europe, par voie de réciprocité et d'égalité l'Europe ne doit pas non plus intervenir en Amérique.

Extension donnée à la doctrine de Monroe. — La

---

du commerce, mais aucune en ce qui concerne la politique, et pendant que les nations d'Europe se battraient les laisser à leurs querelles particulières, se contenter de profiter de la guerre des autres pour étendre son propre commerce. »

(1) Voilà plus de cent ans maintenant que cette célèbre doctrine a été proclamée et la force de la tradition est telle qu'elle inspire encore au Sénat américain la politique de ceux qu'on appelle les « irréconciliables » ou les « isolationnistes », et « chaque fois que le président des Etats-Unis ou son secrétaire d'Etat risquent un effort vers cette collaboration si souhaitée, à l'instant, les partisans de l'isolement s'en vont réveiller les cendres de Washington sous la tombe couverte de lierre de Mount-Vernon, au bord du Potomac, et font surgir le fantôme de l'homme débonnaire que fut Monroe pour épouvanter ceux qui portent la responsabilité de la politique étrangère américaine » (Lettre humoristique de M. Nicholas Roosevelt, *Le Temps* du 28 décembre 1923).

doctrine de Monroe a reçu depuis une portée considérable. Elle n'a pas cessé d'être invoquée par les Etats-Unis pour lui permettre d'intervenir dans les affaires de l'Amérique à chaque occasion qui s'est présentée au cours de ces dernières années. C'est en s'appuyant sur elle qu'en 1898 les Etats-Unis ont pris la défense de Cuba insurgée contre la métropole et qu'ils ont livré à l'Espagne la guerre qui prit fin par l'écrasement de la marine espagnole et la perte de ses plus belles possessions, Cuba, Porto-Rico et les îles Philippines.

On trouve également l'affirmation de cette doctrine dans les conférences panaméricaines de Washington en 1896, de Mexico en 1901-1902, de Rio de Janeiro en 1906, de Buenos-Aires en 1910, et sur le terrain financier dans la reprise et l'achèvement du canal de Panama, l'achat des Antilles danoises, le contrôle exercé à l'égard de Saint-Domingue, d'Haïti et du Nicaragua.

Dans les différends que les grandes puissances ont eu à résoudre avec les Etats de l'Amérique du Sud, et notamment avec le Vénézuéla, elles ont été obligées de tenir compte de la doctrine de Monroe et de s'assurer de l'adhésion des Etats-Unis pour faire triompher leurs réclamations par l'emploi de la force. C'est ce qui est arrivé à l'Allemagne, à l'Angleterre et à l'Italie en 1902 et à la France en 1908.

La doctrine américaine jugée par les Américains du Sud. — Pour les Américains du Sud, la doctrine de Monroe peut être considérée comme formant la base du droit public américain. Elle se ramènerait aux cinq principes suivants, les trois premiers originaires et les deux autres admis en 1823 ou postérieurement :

1º Les Etats américains ont un droit acquis à leur indépendance ;

2º Les Etats de l'Europe ne peuvent pas les coloniser ;

3º Les Etats de l'Europe ne peuvent pas non plus intervenir dans les affaires intérieures ou extérieures des Etats américains ;

4º L'Amérique ne doit pas intervenir dans les affaires des puissances européennes qui les concernent elles seules.

Ce qui implique la distinction, la séparation des deux continents, mais nullement leur isolement et

encore moins leur opposition et ce qui n'exclut nullement leur étroite union pour les progrès du droit et
de la civilisation.

5° Les Etats de l'Europe ne peuvent ni acquérir à
quelque titre que ce soit, ni occuper d'une façon
plus ou moins permanente une portion quelconque du
continent américain.

Mais ce que les Etats de l'Amérique du Sud considèrent comme une dénaturation, inacceptable pour eux,
de la doctrine de Monroe, c'est que : 1° les Etats-
Unis puissent la considérer comme « une politique
personnelle » à eux, « qu'ils se réservent le droit
d'interpréter et d'appliquer sans être liés sur cette
question par leurs propres précédents », comme le
déclarait le secrétaire d'Etat Hughes dans son discours
du 30 août 1923 à Minneapolis ; 2° c'est que les Etats-
Unis puissent l'invoquer « pour justifier tous les
actes d'hégémonie ou de suprématie qu'ils exercent
sur certains pays du continent américain se trouvant le
plus près d'eux » (1).

*Application de la doctrine de Monroe dans la guerre
de 1914.* — Une application intéressante de la doctrine de Monroe a été faite pendant la guerre de 1914.
L'Angleterre et la France, ayant eu à se plaindre de
violation de neutralité de la part de la Colombie et de
l'Equateur au profit de l'Allemagne, avaient cru devoir appeler l'attention des Etats-Unis sur ces manquements. Le gouvernement de Washington a répon-
pu qu'il n'avait pas l'intention de se charger de la
police de l'Amérique latine ; qu'il n'élèverait aucune
objection contre le débarquement de marins anglais
et français en territoire latino-américain pour détruire
des stations de télégraphie sans fil ou autres installa-

---

(1) « Le point de vue de l'Amérique latine » par le savant
professeur chilien Alvarez dans *Le Temps* du 8 décembre
1923. M. Georges G. Toudouze de son côté montre comment
la doctrine de Monroe a fait l'hégémonie des Etats-Unis.
« A l'heure présente, les Etats-Unis, appuyés sur leurs cent
et quelques millions d'habitants, sur une réserve d'or
égale à 37 % de l'or répandu dans le monde, sur leur blé,
leur maïs, leur coton, leur pétrole, leur charbon, leurs usines,
le canal de Panama, une flotte de guerre et de commerce
et une aviation, sont l'Etat chef sur la terre » (*Le Petit
Var* du 4 février 1924).

tions favorisant l'ennemi et que la doctrine de Monroe ne serait en danger que si ces actions séparées étaient suivies d'une occupation permanente.

Conciliation de la doctrine de Monroe et de l'entrée des Etats-Unis dans la guerre européenne. — Au premier abord, l'intervention des Etats-Unis dans la guerre européenne peut paraître en opposition avec la doctrine de Monroe. Elle s'explique cependant : 1° par le souci du danger auquel l'Amérique elle-même aurait été exposée si la France et la Grande-Bretagne avaient succombé sous les coups des Allemands ; danger ressenti en Amérique même par les manœuvres criminelles organisées par l'ambassadeur allemand Comte Bernstorf, aidé de ses complices von Papen et Boy Ed, avec l'appui de certains Germano-Américains notoires ; 2° par la pensée, conforme aux idées développées par le président Jefferson et par Washington lui-même, qu'en s'opposant aux projets de domination des empires de proie, ils luttaient pour le salut et pour le règne de la liberté dans le monde.

Il est d'ailleurs à noter que les Etats-Unis ne se sont jamais liés envers les puissances européennes par un traité d'alliance formelle, et ils n'ont à aucun moment déclaré adhérer au pacte de Londres du 6 septembre 1914. Ils se sont toujours qualifiés de puissance « associée » et non de puissance « alliée » à la France, à la Grande-Bretagne et aux autres Etats en guerre avec l'Allemagne.

« Dès que l'Amérique jugea que cette association n'avait plus un caractère de nécessité réelle, elle s'est retirée, laissant par sa retraite derrière elle ... la désillusion, le désappointement, le désordre ».

La doctrine de Monroe et la Société des Nations. — La Ligue des Nations, telle qu'elle avait été conçue dans le « covenant » élaboré sous l'inspiration du président Wilson par les grandes puissances à la Conférence de la Paix et telle qu'elle a été exposée à la séance plénière du 14 février 1919, a rencontré une vive opposition de la part d'une grande partie du Sénat américain. On y a vu une grave atteinte à la doctrine de Monroe en ce qu'en signant cette convention, l'Amérique assumerait de lourdes responsabilités en Europe, tout en permettant à l'Europe de se mêler des affaires américaines. C'est pourquoi le projet primitif du pacte a été révisé au mois d'avril 1919 et dans son texte définitif, que nous avons analysé plus haut, la doctrine de Monroe est formellement reconnue comme compatible avec le pacte (art. 21). D'où il suit que, si les Etats-Unis se reconnaissent le droit d'intervenir dans le règlement des questions européennes, ils s'opposent, en revanche, à l'intervention de l'Europe dans les affaires américaines. On sait que, malgré cette réserve, le Sénat américain a refusé de ratifier le traité de Versailles.

La doctrine de Drago. — *Définition.* — C'est une doctrine qui a pour objet d'interdire à un Etat d'employer la force armée pour obliger un autre Etat à acquitter régulièrement et intégralement ses dettes publiques (1).

Origine historique. — Elle a été émise par M. Louis Drago, ministre des affaires étrangères de la République Argentine, dans une note par lui adressée, le 29 décembre 1902, au représentant de la République Argentine à Washington. A ce moment le Vénézuéla était sous le coup de mesures de coercition violentes (captures de navires, bombardement de ports, etc.), employées par l'Angleterre, l'Allemagne et l'Italie en vue de contraindre le Vénézuéla à acquitter des dettes d'ordre divers envers leurs nationaux.

Caractère originaire. — Dans la pensée de son auteur, c'était là, non l'énoncé d'une théorie doctrinale, mais un acte politique. Il tendait à empêcher les Etats européens d'occuper un territoire américain, en prenant pour prétexte le recouvrement des dettes comme ils l'avaient fait en Turquie et en Egypte. C'était une conséquence logique de la doctrine de Monroe; comme elle, la doctrine de Drago visait à soustraire le continent américain à la colonisation européenne.

La doctrine de Drago et la conférence de La Haye de 1907. — Quoi qu'il en soit, cette doctrine a eu un grand retentissement dans le monde entier. En sorte qu'à la conférence de La Haye de 1907 la question du recouvrement coercitif des dettes des Etats fut posée

_____

(1) Consulter à ce sujet l'article de M. Drago dans la *Revue générale de droit international public* de 1907 et celui de M. Moulin dans le même volume.

par le représentant des Etats-Unis, le général Porter.
On aboutit à la signature de la deuxième convention,
aux termes de laquelle « les puissances contractantes
sont convenues de ne pas avoir recours à la force
armée pour le recouvrement des dettes contractuelles
réclamées au gouvernement d'un pays par le gouvernement d'un autre pays comme dues à ses nationaux.
Toutefois cette stipulation ne pourra être appliquée
quand l'Etat débiteur refuse ou laisse sans réponse
une offre d'arbitrage, ou, en cas d'acceptation, rend
impossible l'établissement du compromis ou, après
l'arbitrage, manque de se conformer à la sentence
rendue ».

Cette convention n'a été signée par M. Drago,
représentant la République Argentine, que sous deux
réserves, à savoir notamment « que les emprunts
publics avec émission de bons constituant la dette
nationale ne pourront donner lieu en aucun cas à
l'action militaire ni à l'occupation matérielle du sol
des nations américaines ».

§ 3. — De l'intervention des puissances européennes dans les affaires de Turquie.

Situation particulière de la Turquie. — Au point de
vue du devoir de non-intervention, la Turquie se
trouvait avant la guerre dans une situation toute
particulière. Les grandes puissances européennes s'é-
taient, en effet, reconnu le droit d'ingérence dans les
affaires intérieures et extérieures de l'empire ottoman.
Ce droit d'intervention était une des règles du droit
des gens contemporain. Il s'était manifesté à diverses époques, au point de vue religieux et au point de
vue financier ; depuis le traité de Berlin, il s'était
affirmé au point de vue de l'administration et de la
constitution intérieures du pays dans un but d'humanité : en sorte qu'on pouvait dire avant la guerre de
1914 que la Turquie avait perdu le droit de s'organiser
librement, droit qui, nous l'avons vu, constitue un
des attributs les plus importants de la souveraineté
des Etats. Elle présentait le spectacle d'un Etat tenu
par l'Europe en *tutelle*, pour assurer le maintien de
l'équilibre entre les autres Etats.

Nous allons rapidement passer en revue les diverses
interventions qui se sont produites en Turquie au

cours du siècle dernier, pour montrer comment, successivement, elle était arrivée à la situation qui lui était faite.

Histoire de l'intervention de l'Europe dans les affaires de la Turquie. — 1re *intervention : Indépendance de la Grèce : 1827-1830.* — En 1827, une partie de la Grèce s'insurge contre la Turquie et revendique son indépendance. La France, l'Angleterre et la Russie décident de soutenir d'un commun accord les demandes des insurgés et, à cet effet, signent le *traité de Londres*, dont le préambule, rédigé sur la demande de la France, explique longuement les raisons de l'intervention. La Turquie refusa la médiation des puissances européennes, et appela à son secours le pacha d'Egypte. Mais la flotte des alliés barra la route aux navires de ce dernier, et par un « malentendu » eut lieu la *bataille de Navarin*, qui détruisit les flottes turque et égyptienne (20 octobre 1827). Les troupes françaises entreprirent une expédition en Morée, les Russes envahirent la Turquie. Ce qui amena le sultan à reconnaître l'indépendance de la Grèce dans le *traité d'Andrinople*, du 14 septembre 1829.

2e *intervention : Lutte du pacha d'Egypte Mehemet Ali contre le sultan.* — Peu de temps après l'émancipation de la Grèce, le pacha d'Egypte Mehemet Ali se soulève contre son suzerain, le sultan de Turquie Mahmoud, et essaie de conquérir son indépendance. Les puissances européennes interviennent en faveur de la Turquie contre Mehemet Ali, et signent le *traité de la Quadruple Alliance*, du 15 juillet 1840.

La France seule reste en dehors du concert des puissances et protège le pacha. Cependant, le pacha est vaincu par les armées turques soutenues par les puissances intervenantes ; il dut se contenter de l'Egypte héréditaire pour lui et ses descendants.

L'année suivante, la France rentrait dans le concert européen en signant avec les quatre autres puissances le *traité des Détroits*, qui fermait le Bosphore aux navires de guerre de toutes les puissances, 13 juillet 1841.

3e *intervention : Guerre de Crimée (1854 à 1856) : Congrès de Paris de 1856.* — La guerre de Crimée, entreprise par l'Angleterre et la France, unies par un traité d'alliance offensive et défensive, contre la Russie, a eu pour prétexte la lutte entre des moines latins de Palestine, protégés par la France, et des moines grecs, protégés par la Russie, pour la possession des églises de Bethléem et de Jérusalem. Mais la cause véritable de cette guerre a été d'intervenir en Turquie pour empêcher la Russie de dominer l'empire ottoman, au point de vue politique et au point de vue religieux.

Elle fut terminée par le *traité de Paris* du 30 mars 1856, conclu après un Congrès tenu à Paris dès le 1er février de la même année. Ce traité contenait quatre points principaux :

1º Renonciation de la Russie à son protectorat sur les principautés danubiennes et à toute immixtion dans les affaires intérieures de ces pays ;

2º Liberté de navigation sur le Danube ;

3º Neutralisation de la mer Noire ;

4º Renonciation de la Russie au protectorat *de la Religion grecque,* qui lui servait de prétexte continuel pour intervenir en Turquie.

De plus, par un hatti shérif inséré au traité, le sultan renouvelle les privilèges religieux octroyés à ses sujets non musulmans.

4e *intervention* : *Massacres en Syrie.* — Les montagnes du Liban en Syrie sont habitées par deux populations de mœurs et de religions différentes : les Maronites, pacifiques, agricoles et chrétiens ; les Druses, guerriers, nomades et musulmans. En 1860, les Druses se soulevèrent et se jetèrent sur les villages maronites, massacrant tout sans pitié et détruisant les maisons, les récoltes, tout ce qu'ils rencontraient. Les magistrats turcs ne firent rien pour s'opposer à ces massacres. Bien mieux, les soldats turcs, emportés par le fanatisme, se mirent du côté des massacreurs. L'Europe indignée demanda l'intervention des puissances. La France fut chargée de ce soin, par un *traité du 3 août* 1860. Un corps de 6.000 soldats français vint rétablir la paix en Syrie. L'occupation dura jusqu'au 5 juin 1861. Les Druses et les Maronites furent réunis et placés sous l'autorité d'un gouvernement chrétien vassal de la Porte.

En 1866, l'*Ile de Candie ou de Crète* se soulève contre le sultan et prononce sa réunion à la Grèce ; elle fut soutenue dans cette insurrection par cette dernière puissance. Quant aux grandes puissances, elles gardèrent la neutralité, de peur de voir se rouvrir la question d'Orient, empêchèrent la Grèce de secourir les insurgés et laissèrent accabler les insulaires.

5ᵉ *intervention : Soulèvement de la Bosnie et de l'Herzégovine. Congrès et traité de Berlin* (1878). — A la suite du soulèvement des chrétiens en Bosnie et en Herzégovine, par suite des exactions et des mauvais traitements dont ils étaient l'objet (1875), les grandes puissances intervinrent en Turquie et imposèrent au sultan une constitution. Le pouvoir exécutif était confié au sultan qui l'exerçait par l'intermédiaire de ministres responsables ; le pouvoir législatif appartenait à un Sénat nommé par le sultan et à une Chambre des députés élue ; la liberté des cultes était proclamée ainsi que la liberté individuelle (1876-1877).

Cependant la Turquie résistant aux projets de réforme que l'Europe voulait lui imposer et les violences contre les chrétiens ne prenant pas fin, la Russie déclara la guerre au sultan, le 23 avril 1877. La Turquie vaincue dut accepter les dures conditions du *Traité de San-Stephano*, le 3 mars 1878.

Mais ce traité assurait des avantages trop exorbitants à la Russie, à laquelle il faisait une situation dominante en Turquie, pour que les autres puissances européennes consentissent à l'accepter. Un *Congrès* se réunit à *Berlin* sous la présidence de M. de Bismarck, le 13 juin 1878, et aboutit à la conclusion du *Traité de Berlin*, le 13 juillet suivant.

Par ce traité, les principautés danubiennes de Moldavie et de Valachie, la Serbie et le Monténégro étaient reconnus indépendants ; la Bulgarie constituait une principauté autonome administrée par un prince élu par la population et confirmé par les grandes puissances. Le pays situé au sud des Balkans formait, sous le nom de *Roumélie orientale*, une province de l'empire ottoman avec un gouverneur chrétien nommé par la Sublime Porte.

La Bosnie et l'Herzégovine doivent être occupées par l'Autriche.

La navigation du Danube était libre.

Enfin la Turquie s'engageait à introduire des réformes dans l'administration intérieure de son empire ; notamment, le sultan promettait de maintenir l'égalité des religions et d'assurer la pleine liberté de conscience à tous ses sujets ; engagement et promesses inutiles, car demander à la Turquie l'assimilation de ses sujets sans distinction de religion, c'est vouloir l'impossible.

Le traité de Berlin, en consacrant le premier démembrement de l'empire turc, a, de plus, consacré sa *déchéance morale*, en reconnaissant aux puissances européennes un droit absolu d'intervention dans ses affaires intérieures.

6° *Nouvelle intervention depuis 1878*. — Les réformes promises par la Turquie dans le traité de Berlin étant restées à l'état de lettre morte, les grandes puissances durent intervenir à plusieurs reprises pour en assurer l'exécution en 1896 : à l'occasion des massacres d'Arméniens, à l'occasion de soulèvement en Crète, et enfin à l'occasion des troubles survenus en Macédoine. Une véritable gendarmerie européenne fut instituée pour le maintien de l'ordre. Un moment, ce contrôle prit fin, lors de la révolution jeune-turque, en 1908, les grandes puissances ayant décidé de faire confiance au nouveau gouvernement. Il reprit vigueur en 1912 et s'affirma de nouveau par la note adressée le 27 septembre à la Turquie peu de temps avant la guerre dans les Balkans.

Attitude de la Turquie dans la guerre de 1914. — Dans la guerrre de 1914, la Turquie s'est rangée aux côtés des empires centraux. Dans une note officielle du 1er novembre 1916, le gouvernement ottoman se déclare dégagé des clauses du traité de Paris de 1856 et du traité de Berlin de 1878 ; il répudie toute espèce d'ingérence des puissances étrangères dans les affaires intérieures et il revendique tous les droits d'un Etat complètement indépendant.

L'avenir de la Turquie. — Ainsi que nous l'avons dit plus haut en analysant le traité de Lausanne (page 60), la Turquie est sortie de la guerre complètement rénovée. C'est désormais une république, une république nationale, une république démocratique, une république laïque (1). Enfin elle a la prétention de se conduire

_____

(1) Le Khalifat a été aboli. Le khalife et sa famille ont été expulsés le 1er mars 1924 ; les femmes turques libérées du harem circulent désormais sans voile ; les écoles religieuses ont été fermées et l'enseignement religieux a été interdit dans les écoles (Consulter l'*Europe Nouvelle* de 1924, p. 1392 ;

en Etat entièrement indépendant, désormais affranchi de la tutelle de l'Europe, tant au point de vue politique qu'au point de vue judiciaire par l'abolition des capitulations (art. 28). Et, pour marquer d'une façon saisissante cette rupture avec le passé, elle a transféré sa capitale de Constantinople à Angora.

CHAPITRE IV. — DE LA NEUTRALITÉ PERPÉTUELLE.

Division du chapitre. — Nous le diviserons en deux paragraphes :
§ 1. — Notions générales.
§ 2. — Effets de la neutralité perpétuelle.

§ 1. — Notions générales.

Définition. — La neutralité perpétuelle est la situation politique d'un Etat auquel il est *toujours* interdit de faire la guerre à un autre Etat.

Elle constitue une restriction importante à la souveraineté, puisque l'Etat perpétuellement neutre est privé de l'un de ses attributs principaux : le droit de déclarer la guerre.

Origine et cause. — La neutralité perpétuelle est une création de la diplomatie moderne. Elle est, en général, établie par l'accord des grandes puissances qui l'imposent à de petits Etats en garantissant leur neutralité.

Elle est établie : 1° pour protéger les Etats faibles dont l'existence est nécessaire à l'équilibre européen, et pour les défendre contre les empiétements et les tentatives d'incorporation de leurs puissants voisins ; 2° pour placer un obstacle naturel, une sorte de barrière entre deux puissances rivales et éviter ainsi entre elles les occasions de conflits.

C'est donc une cause de protection pour l'Etat neutralisé et pour les Etats limitrophes, en même temps qu'une sauvegarde pour la paix du monde.

Des Etats perpétuellement neutres. — Les Etats perpétuellement neutres, dans le droit des gens mo-

la *Revue politique et parlementaire* de 1924, 10 avril, p. 5, et 10 décembre, p. 449).

derne, étaient jusqu'en 1919 : la *Suisse*, la *Belgique*, le *grand-duché du Luxembourg* (1).

La neutralité perpétuelle de la *Suisse* a été reconnue par les grandes puissances dans le congrès de Vienne le 20 novembre 1815. C'était conforme au vœu du pays et à sa politique traditionnelle.

La *Belgique* a été constituée comme Etat indépendant et perpétuellement neutre par un acte des puissances européennes conclu à *Londres*, le 15 novembre 1831, complété par un traité du 17 avril 1839. Ce régime de la neutralité lui a été imposé comme condition de son indépendance, dans l'intérêt de l'équilibre européen. On avait peur que la Belgique ne fût dominée par la France et absorbée par elle.

Enfin, le *grand-duché du Luxembourg*, qui fait partie de la Confédération germanique, organisée par les traités de 1815, n'a pas été compris dans la Confédération de l'Allemagne du Nord, fondée sous la présidence de la Prusse en 1866. Il constitue, depuis le *traité de Londres* du 11 mai 1867, conclu entre les grandes puissances, un Etat perpétuellement neutre ; ses forteresses ont été démantelées, son armée licenciée.

Cette neutralisation fut faite à la demande du gouvernement français, à la suite de l'échec de sa tentative d'annexion du grand-duché, pour s'opposer aux convoitises de la Prusse. Par voie de conséquence les troupes prussiennes qui occupaient son territoire au nom de la Confédération germanique durent l'évacuer ; mais on laissa subsister l'union douanière qui existait avec l'Allemagne dans le Zollverein.

A la suite de la grande guerre, la neutralité de la Belgique et celle du Luxembourg ont cessé d'exister. Seule subsiste la neutralité perpétuelle de la Suisse.

Régime nouveau du Luxembourg d'après le traité de Versailles. — Aux termes de l'art. 40 du traité de Versailles, l'Allemagne renonce à tous les droits que les traités antérieurs lui accordaient sur le grand-duché de Luxembourg. Elle reconnaît que le grand-

_____

(1) On peut citer dans le même ordre d'idées la convention du 2 novembre 1907 par laquelle la neutralité et l'intégrité de la Norvège ont été garanties par quatre grandes puissances : l'Allemagne, l'Angleterre, la France et la Russie.

duché a cessé de faire partie du Zollverein allemand à dater du 1er janvier 1919 ; elle renonce à tous ses droits sur l'exploitation des chemins de fer et elle adhère à l'abrogation du régime de neutralité du grand-duché.

Le grand-duché a eu à se prononcer, le 28 septembre 1919, par voie de plébiscite sur son futur régime au point de vue politique et économique. Sur 125.775 électeurs des deux sexes, âgés de 21 ans, inscrits, 90.984 ont pris part au vote ; il y a donc eu 34.751 abstentions. 66.811 se sont prononcés pour le maintien de la dynastie régnante ; 16.885 pour la République ; 60.133 ont voté pour l'union économique avec la France ; et 22.242 pour l'union économique avec la Belgique (1).

La Haute-Savoie, Chablais et Faucigny. — *Neutralisation établie par le traité de Vienne.* — Le traité de Vienne du 9 juin 1815, dans son article 92, a neutralisé les provinces du Chablais et de Faucigny et tout le territoire de la Savoie au nord d'Ugines.

But de cette neutralisation. — La neutralisation de ce territoire avait été établie dans l'intérêt du royaume de Sardaigne et sur sa demande. Elle était dirigée contre la France et elle imposait des charges éventuelles à la Suisse pour en assurer le maintien.

Traité du 24 mars 1860 (art. 2). — Logiquement (2) donc, cette clause du traité aurait dû disparaître lorsque la Savoie fut cédée par le royaume de Sardaigne à la France en 1860. Il n'en fut rien ; l'article 2 du traité

---

(1) Lire au *Journal officiel* du 31 août 1924 le texte d'un traité entre la France et le Luxembourg, en vue d'établir l'égalité de traitement entre les ressortissants des deux États, en ce qui concerne les lois d'assistance.

(2) Dans un article très documenté de la *Revue politique et parlementaire* de 1924, p. 444 et suiv., M. Charles Anthonioz montre comment, en 1860, à l'instigation de la Suisse, « on donne à ce texte (l'art. 92 du traité de Vienne) une interprétation arbitraire, et la servitude, l'obligation qu'avait la Suisse de défendre la Savoie, obligation pour laquelle elle avait reçu des compensations, se transforme sournoisement en droit » avec la complicité de l'Angleterre.

a, au contraire, maintenu en vigueur cette disposition du traité de Vienne (1).

Abrogation de l'art. 92 *par le traité de Versailles* (art. 435). — L'art. 92 du traité de Vienne est déclaré abrogé par suite d'un accord intervenu entre le gouvernement français et le gouvernement suisse, comme ne correspondant plus aux circonstances actuelles.

§ 2. — Des effets de la neutralité perpétuelle.

Division. — Pour étudier les effets de la neutralité perpétuelle, nous allons déterminer : 1° quels actes sont interdits aux Etats perpétuellement neutres ; 2° quels actes ces Etats ont le droit et le devoir de faire ; 3° en quoi consiste l'obligation des puissances garantes.

1° **Actes interdits aux Etats perpétuellement neutres.** — Il est interdit aux Etats perpétuellement neutres de faire la guerre, *hors le cas de défense légitime.* Il leur est interdit également de faire aucun acte, de conclure aucun engagement, aucun traité dont l'effet pourrait amener la guerre (2).

Ainsi, un Etat perpétuellement neutre ne peut pas se porter *garant* de la neutralité d'un autre Etat, parce qu'il pourrait être poussé à soutenir une guerre pour faire respecter cette neutralité. Cette solution a été

---

(1) Au début de la guerre de 1914, la France prit soin de ne pas envoyer de militaires blessés en traitement dans les hôpitaux de la Haute-Savoie pour ne pas éveiller la susceptibilité de la Suisse. Le gouvernement helvétique fit savoir au gouvernement français que, tout en appréciant hautement le sentiment qui l'avait guidé dans cette détermination, il ne soulèverait aucune objection pour son abandon.

(2) Un Etat perpétuellement neutre peut-il posséder une colonie ? La solution négative paraît préférable. L'exploitation d'une colonie peut être une source constante de conflits qu'il est impossible de laisser assumer par un Etat perpétuellement neutre. C'est pour tourner cette difficulté que la Belgique fit reconnaître le Congo comme un Etat indépendant qui lui était rattaché par un lien personnel, longtemps avant de le traiter ouvertement comme colonie belge.

formellement donnée dans le traité du 11 mai 1867, qui a établi la neutralité du grand-duché du Luxembourg.

Un Etat perpétuellement neutre ne peut pas non plus conclure un traité d'*alliance offensive et défensive* avec une autre puissance. Mais, du moins, ne pourrait-il pas conclure avec elle un *traité d'alliance purement défensive*, dont l'objet serait exclusivement de se défendre, sans encourir lui-même la défense de son allié ? Non, un pareil traité doit lui être interdit parce qu'il a pour effet de créer un lien étroit entre l'Etat neutre et son allié, lien dont ce dernier pourrait profiter pour dominer l'Etat neutre et exercer sur lui une espèce de tutelle ; en sorte que l'équilibre européen, qu'on avait voulu assurer en établissant la neutralité perpétuelle, se trouverait ainsi rompu. C'est pour la même raison qu'il ne doit pas être permis à un Etat perpétuellement neutre de former une *union douanière* avec un autre Etat. Nous verrons en effet plus loin, en étudiant cette espèce particulière de traité, qu'elle aboutit à l'identification des intérêts économiques, et finit par amener l'union politique des pays dont les intérêts économiques sont intimement liés (1).

Par exception cependant, le *grand-duché de Luxembourg* était en état d'union douanière avec l'Allemagne. La conférence de Londres de 1867 avait décidé qu'il continuerait, quoique étant neutre, à faire partie du Zollverein allemand, auquel il avait adhéré dès 1842, parce que ses intérêts économiques étaient étroitement liés à ceux de l'Allemagne.

Le traité de Versailles a mis fin à cette situation. Le Luxembourg a cessé de faire partie du Zollverein allemand à partir du 1er janvier 1919 (art. 40).

2° Actes que les Etats perpétuellement neutres ont le droit et même le devoir de faire. — Les Etats perpétuellement neutres ont le droit de conclure des traités qui n'ont aucun rapport avec la guerre, tels que des traités *d'amitié, de commerce,* etc., etc.

Ils ont le droit et même le devoir de défendre par

---

(1) C'est ainsi qu'en 1842 Guizot avait projeté une union douanière entre la France et la Belgique. Ce projet dut être abandonné en raison de l'opposition de l'Angleterre.

les armes leur neutralité, si elle est attaquée par une autre puissance. En conséquence, ils peuvent et doivent même préparer cette défense en temps de paix en entretenant une armée suffisante et en élevant des fortifications à la limite de leur territoire. Et lorsque la guerre éclate entre deux Etats voisins, ils doivent se mettre en mesure de parer à toutes les éventualités qui pourraient se produire en mobilisant leurs troupes et les préposant à la garde de leur frontière, comme ont fait la Suisse et la Belgique en 1870.

Sur ce point encore, le *grand-duché du Luxembourg* se trouvait dans une situation toute particulière. En vertu du traité de Londres de 1867, il avait dû raser ses fortifications sans avoir le droit d'en élever d'autres sur son territoire ; il ne pouvait avoir une armée, mais seulement une *milice*, pour assurer la sécurité des personnes et des biens. Il n'était donc pas en mesure de défendre sa neutralité en cas d'attaque. Tout ce qu'on pouvait dès lors exiger de cet Etat, c'est qu'il ne fût pas complice de l'Etat qui aurait cherché à violer son territoire.

3° **De l'obligation des puissances garantes.** — Les puissances qui ont garanti la neutralité doivent tout d'abord la respecter, en s'abstenant de tout acte de nature à y porter atteinte.

En second lieu, elles doivent, si la neutralité était menacée par un autre Etat, intervenir pour empêcher cet Etat de la violer (1). Cette intervention doit avoir lieu, qu'elle soit réclamée par l'Etat neutre ou bien que ce dernier garde le silence. Car, à la différence de la garantie du droit civil à laquelle le garant peut renoncer, parce qu'elle est établie dans son seul intérêt, l'Etat perpétuellement neutre ne peut pas valablement renoncer à la garantie de sa neutralité, parce qu'elle

---

(1) C'est en cela que la garantie diffère de la reconnaissance de la neutralité. L'Etat qui a reconnu la neutralité d'un autre Etat s'engage à respecter cette neutralité. L'Etat garant s'engage en outre à la faire respecter par les autres Etats. Un Etat neutre peut reconnaître la neutralité d'un autre Etat, telle que la Belgique vis-à-vis du grand-duché du Luxembourg ; mais il ne peut pas garantir cette neutralité.

est insérée dans le traité, non pas seulement dans son intérêt, mais aussi dans celui des Etats garants.

Quant à la façon dont l'intervention des Etats garants doit se produire, elle varie suivant que la garantie stipulée au traité *est individuelle* ou *collective*.

Lorsque la garantie est individuelle, comme dans le cas de la Belgique, chaque Etat doit intervenir seul ou séparément, ou bien s'entendre avec les autres Etats, en vue d'une action commune.

Lorsque la garantie est *collective*, comme dans le cas du Luxembourg, tous doivent agir ensemble, d'un commun accord ; un seul d'entre eux ne pourrait être contraint d'agir isolément, les autres puissances se refusant d'intervenir. Mais à l'inverse, l'abstention d'un seul garant et son refus d'agir ne peuvent pas délier les autres puissances de leur obligation de garantie (1).

Dans le cas où deux puissances garantes sont en guerre l'une contre l'autre, une puissance garante, demeurée étrangère à la lutte, peut s'entendre respectivement avec chacun des belligérants, pour empêcher de la part de son adversaire la violation du territoire d'Etats perpétuellement neutres. C'est ainsi qu'en 1870, l'Angleterre avait signé deux traités distincts, avec la France et l'Allemagne, promettant à chacune d'elles son appui, au cas où l'autre puissance aurait violé la neutralité belge.

Enfin, on peut se demander si un Etat qui n'a pas formellement garanti la neutralité d'un Etat perpétuellement neutre est obligé de la respecter. Par exemple, l'Espagne n'a pas été représentée au traité dans lequel la Belgique a été déclarée neutre : pourrait-elle méconnaître sa neutralité ? On décide négativement pour cette raison que, si elle n'est pas tenue par un engagement exprès, elle l'est du moins par un engagement tacite, résultant de la coutume.

Violation de neutralité perpétuelle dans la guerre franco-allemande de 1914. — Dans la guerre de 1914, l'Allemagne a violé la neutralité perpétuelle du grand-duché de Luxembourg et de la Belgique.

---

(1) La thèse contraire a été développée à la Chambre des Communes par lord Stanley à l'égard du Luxembourg. Mais cette thèse est restée isolée.

En ce qui concerne le Luxembourg, c'est en pleine paix, avant toute déclaration de guerre à la France, que l'Allemagne a fait entrer des trains blindés remplis de troupes et de munitions pour occuper le territoire grand-ducal (2 août 1914), dont elle s'est servi pour essayer d'envahir la France.

A la Belgique, l'Allemagne adressa le 3 août 1914, le jour même de la déclaration de la guerre à la France, une sommation de livrer passage à ses troupes ; sur son refus, elle lui a déclaré la guerre le 4 août ; mais elle avait compté sans la résistance héroïque des Belges, qui tinrent l'armée allemande en échec devant Liège, en attendant les renforts envoyés par l'Angleterre et par la France (1).

Tentative de justification de la conduite de l'Allemagne à l'égard de la Belgique. — Après avoir avoué cyniquement par la voix de son chancelier au Reichstag qu'en s'attaquant à la Belgique, l'Allemagne commettait par nécessité une violation du droit des gens, l'Allemagne a cherché ensuite à revenir sur cet aveu en raison de l'effet déplorable qu'il a produit dans le monde entier et elle a fait soutenir dans des journaux officieux — tels que la *Vossische Zeitung* — que la neutralité belge n'avait pas été violée par l'Allemagne, mais par la Belgique elle-même. Voici comment : la France n'étant vulnérable que par sa frontière du Nord, dépourvue de forts, il fallait à l'Allemagne le libre passage pour ses troupes à travers le territoire belge. C'est tout ce qu'elle demandait à la Belgique, ne menaçant nullement son indépendance qu'elle s'en-

---

(1) Voici la déclaration cynique faite à ce sujet, le 4 août 1914, au Reichstag allemand, par le chancelier de l'empire, M. de Bethmann-Holweg : « *Nécessité ne connaît point de loi.* Nos troupes ont occupé le Luxembourg et peut-être déjà la Belgique. Cela est contraire au droit des gens, mais nous savons que la France était prête à l'attaque et une attaque de notre aile gauche sur le Rhin eût pu nous être fatale. C'est ainsi que nous avons dû passer outre aux protestations justifiées du Luxembourg et de la Belgique. Lorsqu'on est menacé comme nous le sommes, et lorsqu'on combat comme nous pour le bien suprême, *on s'en tire comme on peut !* »

gageait à respecter en évacuant son territoire à la fin de la guerre. C'est la Belgique qui, en s'opposant par la force au passage pacifique des armées allemandes sur son sol, a violé sa propre neutralité et usé d'une violence injuste envers l'Allemagne ; elle s'est mise par là en dehors du droit des gens et tous les malheurs qu'elle a subis ne sont que la juste sanction de son attitude coupable envers l'empire germanique.

Est-il besoin de faire remarquer qu'il y a là un pur sophisme ? Le premier devoir de l'Etat neutre est de ne favoriser en aucune façon l'un des belligérants au détriment de l'autre et notamment en ne tolérant ni le séjour, ni le passage des forces armées de l'un d'eux sur son territoire. Tous les auteurs sont unanimes à cet égard. Les conventions de la Haye de 1907 sont formelles sur ce point (5e Convention, art. 1 et 2).

La neutralité perpétuelle de la Belgique dans l'avenir. — La neutralité perpétuelle de la Belgique n'a pas survécu à la guerre. Tel était le vœu unanime des patriotes belges. « La neutralité imposée était une restriction humiliante à la souveraineté nationale dont les Belges ont failli mourir et dont ils ne veulent plus. La nation libre et seule maîtresse de ses destinées, seule juge de ses intérêts et de ses amitiés, il n'y a pas d'autre solution possible à la question belge » (1). C'est la juste récompense de l'héroïsme déployé par l'armée belge devant les forts de Liège et sur les champs de bataille de l'Yser.

L'art. 31 du traité de Versailles oblige l'Allemagne à reconnaître l'abrogation des traités du 19 avril 1839 qui fixaient avant la guerre le régime de la Belgique et à observer toutes conventions que les Alliés pourront passer pour le régler dans l'avenir.

Ajoutons d'autre part que le traité attribue à la Belgique le territoire de Moresnet ainsi que les territoires des Cercles d'Eupen et de Malmédy, sous réserve du vœu des populations et de la décision de la Société des Nations (art. 32 à 35) (2).

Enfin, la Hollande a été invitée à envoyer des repré-

---

(1) Article du *Temps* du 18 septembre 1918.
(2) Conformément au vœu de la population, ils ont été attribués à la Belgique (septembre 1920).

sentants à la Conférence de la paix en vue d'accepter la révision du traité de 1839 dans le sens de la liberté de navigation de l'Escaut assurée en tout temps à la Belgique, et de la défense de la Belgique du côté de la trouée du Limbourg. Mais jusqu'ici les négociations entre la Hollande et la Belgique n'ont pu aboutir à un accord par suite de l'opposition du gouvernement hollandais à reconnaître la souveraineté de la Belgique sur les passes de Wielingen qui commandent l'estuaire de l'Escaut maritime et qui sont dans les eaux belges (1).

La Suisse et la Société des Nations. — *Position de la question.* — Le « Covenant » de la Société des Nations invitait la Suisse à adhérer au pacte en vue d'être un membre originaire de ladite Société. Mais l'entrée dans la Société des Nations est-elle compatible avec le maintien de la neutralité perpétuelle à laquelle la Suisse ne voulait pas renoncer ? Il semble bien que non, en raison des devoirs de solidarité et de défense mutuelle que le Covenant met à la charge de tous ses membres et notamment en raison des obligations précises résultant de l'art. 10. C'est pourquoi le Conseil fédéral refusa de prendre sur ce point une décision définitive avant d'avoir à cet égard une assurance formelle du Conseil de la Société des Nations et d'être couvert par un vote populaire.

Avis du Conseil de la Société des Nations. — Invité à donner son avis sur cette question, le Conseil de la Société des Nations, dans sa session du mois de mars 1920, a déclaré que la neutralité de la Suisse était compatible avec son entrée dans la Société des Nations. Il suffit que la Suisse reconnaisse et proclame les devoirs de solidarité qui résultent pour elle du fait qu'elle sera membre de la Société des Nations, y compris le devoir de participer aux mesures commerciales et financières demandées par la Société des Nations contre un Etat en rupture du pacte et qu'elle soit prête à tous les sacrifices pour défendre elle-même son propre territoire en toutes circonstances. Elle ne sera pas tenue de parti-

---

(1) Un simple accord d'ordre économique est en voie de conclusion (avril 1925) pour régler les questions administratives relatives à l'entretien et à la navigation sur l'Escaut maritime (voir en dernière heure.)

ciper à une action militaire, ou d'admettre le passage des troupes étrangères ou la préparation d'entreprises militaires sur son territoire.

Referendum en faveur de la Société des Nations. — Dans un vote populaire qui a eu lieu le 16 mai 1920, le peuple suisse a décidé par 400.000 voix contre 300.000 en chiffres ronds et par 11 cantons ½ contre 10 l'entrée de la Suisse dans la Société des Nations. Dans l'ensemble, la Suisse allemande fournit une majorité négative de 40.000 voix et la Suisse romande une majorité affirmative de 135.000 voix.

Le Conseil fédéral a communiqué ce résultat au secrétaire général de la Société des Nations et l'a informé que l'entrée de la Suisse dans la Société des Nations était de ce fait définitive.

CHAPITRE V. — DE LA PAPAUTÉ EN DROIT INTERNATIONAL.

Division de la matière. — Nous consacrons trois paragraphes à l'étude de la papauté en droit international (1) :

§ 1. — Notions historiques.

§ 2. — De la souveraineté spirituelle du pape dans le droit contemporain.

§ 3. — Suppression de la souveraineté temporelle du pape dans le droit contemporain. Loi italienne des garanties.

§ 1. — Notions historiques.

Double souveraineté du pape. — Dans l'histoire, le pape apparaît investi d'une double souveraineté : d'une souveraineté spirituelle en sa qualité de chef suprême de l'Eglise catholique, et d'une souveraineté temporelle en tant que souverain des Etats pontificaux.

a) *Souveraineté spirituelle du pape.*

Deux périodes. — La souveraineté spirituelle du

_____

(1) Nous avons mis largement à profit pour cette étude l'ouvrage remarquable de M. Raoul Bompard, *Le pape et le droit des gens*, Paris, Arthur Rousseau, 1888.

pape a traversé deux périodes distinctes : la première embrasse tout le moyen âge, la seconde commence à la fin du moyen âge.

1re Période : La papauté au moyen âge. — *Le pape n'est pas un souverain étranger.* — Pendant toute la durée du moyen âge, la papauté ne présente pas l'aspect d'un souverain étranger, entrant en relations avec les autres Etats par l'intermédiaire d'agents diplomatiques, et passant avec eux des traités internationaux, sous le nom de concordats.

La papauté constitue un véritable pouvoir politique exerçant un véritable droit de juridiction en matière spirituelle sur le territoire de chaque Etat. A cet effet, le pape entretient à l'étranger toute une hiérarchie d'agents, dont les plus importants sont les légats et les nonces. Ils n'ont pas comme aujourd'hui le caractère de représentants diplomatiques. Ce sont, à proprement parler, des fonctionnaires et des administrateurs, chargés des affaires d'un diocèse, et ayant pour mission de faire exécuter sur son étendue les lois et les ordres du Saint-Siège.

Taxes perçues par le pape. — En dehors de l'impôt de la dîme prélevée par le clergé, certaines taxes spéciales sont perçues directement au profit du pape.

Ce sont : 1° Les annates ou revenus d'une année de bénéfices ecclésiastiques en cas de nomination d'un nouveau titulaire ;

2° Le produit des grâces expectatives ou engagements que prenait le pape vis-à-vis d'une personne de lui donner tel bénéfice lorsqu'il serait vacant.

Rôle de médiateur. — Enfin le pape apparaît comme investi d'un pouvoir supérieur auquel les rois et les peuples chrétiens doivent se soumettre. Il joue encore le rôle de médiateur et d'arbitre, adjugeant des territoires et mettant fin aux conflits auxquels donnent lieu l'occupation et la découverte de nouveaux continents. Bien plus, il se reconnaît le droit de juger les souverains, de les excommunier et de les déposer lorsqu'ils désobéissent à ses ordres, et de délier leurs sujets du serment de fidélité envers eux.

2e Période : La papauté depuis la fin du moyen âge. — *Le pape souverain étranger.* — Toute la politique des rois à l'égard du Saint-Siège depuis la fin du moyen âge consiste à rejeter le pape en dehors du droit public national et à le considérer comme un souverain étranger. Désormais, le pouvoir civil prend conscience de sa force et se montre jaloux de son droit de souveraineté ; il refuse de se soumettre à une autorité étrangère.

Les rois se déclarent indépendants du pape ; ils tiennent leur couronne de Dieu et de leur épée.

Conséquences. — A partir de ce moment, les nonces et les légats ont bien le caractère d'agents diplomatiques, ayant pour unique mission de représenter leur souverain, le Saint-Père, auprès des puissances étrangères.

C'est enfin à cette époque que se développent les négociations diplomatiques entre le Saint-Siège et les Etats et que les concordats apparaissent plus nombreux.

Le premier concordat conclu avec la France remonte à l'année 1515 : il a été signé par François Ier et Léon X ; il avait pour but de mettre fin au régime de la pragmatique sanction de Charles VII du 7 juillet 1439. Vint ensuite, longtemps après, le concordat du 15 juillet 1801, signé par le premier consul et le pape Pie VII, auquel a mis fin la loi de séparation du 9 décembre 1905.

b) *Souveraineté temporelle du pape.*

Caractère général. — Jusqu'en 1870, le pape, en dehors de sa qualité de souverain pontife, a été investi d'un droit de souveraineté temporelle, s'exerçant sur un territoire déterminé, à l'égard des sujets habitant ce territoire. Le gouvernement des Etats de l'Eglise était absolu et présentait un caractère théocratique. Aussi l'insurrection y a-t-elle motivé l'intervention constante des puissances étrangères.

Etats pontificaux. — En 1789, les Etats de l'Eglise comprenaient : Rome, la campagne de Rome, les Marches, la Romagne, les Légations, etc., en Italie ; Avignon et le Comtat Venaissin en France.

Révolution et empire. — Sous la révolution française et sous l'empire, le pape est tour à tour dépossédé, puis remis à la tête de son pouvoir temporel. On sait notamment que Pie VII fut emmené en captivité en

France et que, par décret en date du 17 mai 1809, ses Etats furent déclarés réunis à l'empire ; l'année suivante, en vertu du sénatus-consulte du 17 février 1810, le prince impérial prenait le titre de roi de Rome.

Les traités de Vienne de 1815 rendirent au pape tous ses Etats, sauf Avignon et le Comtat Venaissin définitivement réunis à la France.

De 1815 à 1870. — Depuis cette époque, l'histoire des Etats de l'Eglise est marquée par de nombreuses interventions étrangères. : en 1831 et en 1832, c'est l'Autriche qui intervient pour contenir un soulèvement des populations contre le pape Grégoire XVI. La France, ayant Casimir-Perier comme premier ministre, proteste au nom du principe de non-intervention, et fait occuper Ancône par les troupes françaises ; en 1849, nouvelle insurrection ; la République est proclamée à Rome, le pape est obligé de se réfugier à Gaete ; grâce à l'intervention de la France, le pape est ramené dans ses Etats ; mais pour prix de sa protection, l'occupation fut maintenue à Rome. Le 15 septembre 1864, une convention fut signée entre la France et l'Italie, par laquelle la France consentait à évacuer Rome en 1866, et l'Italie de son côté s'engageait à défendre les Etats du pape contre toute attaque. Mais en 1867, les troupes de Garibaldi ayant marché sur Rome, l'occupation française recommença pour durer jusqu'en 1870.

Alors, pendant la guerre franco-allemande, après le rappel de notre corps d'occupation et la chute de l'empire, les Italiens entrèrent dans Rome. En octobre 1870, cette ville fut proclamée capitale de l'Italie. Ainsi prit fin le pouvoir temporel du pape.

** § 2. — De la souveraineté spirituelle du pape dans le droit contemporain.

Le pape est-il investi d'un véritable droit de souveraineté ? — La question a été posée de savoir s'il fallait reconnaître au pape un véritable droit de souveraineté (1).

_____

(1) Cette question a été soulevée devant les tribunaux français à l'occasion de l'exécution du testament de la marquise de Plessis-Bellière, qui instituait pour légataire

Quelques auteurs, dans ces dernières années, ont soutenu la négative, en disant qu'il ne peut y avoir souveraineté là où n'existe pas une autorité exerçant sur un territoire déterminé un pouvoir de juridiction à l'égard des habitants de ce territoire.

Cependant, c'est l'opinion contraire qui est partagée par la majorité des auteurs. Elle s'appuie sur la tradition historique et sur la coutume internationale ; — sur la tradition historique : nous avons vu, en effet, que de temps immémorial le pape, en tant que chef de la religion catholique, a été traité comme un souverain véritable par tous les Etats ; — sur la coutume internationale résultant du consentement unanime de tous les Etats catholiques de l'Europe, qui continuent à reconnaître les prérogatives essentielles de la souveraineté au pape, malgré la perte de son pouvoir temporel.

Tout ce qu'on peut ajouter, c'est que c'est là une création artificielle du droit des gens et une dérogation remarquable aux règles des rapports internationaux (1).

---

universel le pape Léon XIII. Les héritiers légitimes de la défunte attaquèrent le testament en se fondant notamment sur ce que le pape, n'étant plus un souverain, n'avait pas la capacité d'acquérir à ce titre. Le tribunal de Montdidier donna tort à cette prétention par un jugement du 4 février 1892. Il reconnaissait le Saint-Siège comme jouissant en France de la personnalité civile comme les autres souverains étrangers. La Cour d'Amiens, saisie de l'affaire en appel, a réformé la décision des premiers juges et annulé le testament. Un pourvoi contre cet arrêt fut admis par la Chambre des requêtes de la Cour de cassation (4 mars 1894), et la Chambre civile allait examiner l'affaire lorsqu'un arrangement a été conclu entre le pape et les héritiers, mettant fin au procès.

(1) De ce que le pape est investi d'une souveraineté artificielle, on a tiré les conséquences suivantes :

A) La reconnaissance de cette souveraineté de la part des Etats est *attributive* et non récognitive.

B) Elle est purement *gracieuse*. Un Etat pourrait refuser d'admettre cette souveraineté sans violer les principes du droit international : c'est une pure question de politique religieuse.

c) Elle est révocable.

Conséquences de la souveraineté du pape. — De ce que le pape doit être considéré comme un souverain, il suit :

1° Qu'il a droit aux honneurs et aux immunités, qui appartiennent à tous les souverains ;

2° Qu'il peut être désigné comme arbitre et comme médiateur ;

3° Qu'il a le droit de légation passive et active ;

4° Qu'il a la capacité de conclure des traités.

Nous dirons quelques mots du droit de légation appartenant au pape et des traités qu'il conclut sous le nom de concordats.

Du droit de légation. — **1° Légation active.** — Le pape exerce le droit de légation active en envoyant des représentants auprès des Etats. Ces représentants sont : les nonces, les légats et les internonces.

Les nonces sont les représentants permanents et ordinaires du Saint-Siège.

Les légats sont des ambassadeurs extraordinaires, chargés de missions spéciales, plutôt ecclésiastiques que politiques. Ils sont choisis parmi les cardinaux, à la différence des nonces, qui ne sont jamais des cardinaux. Ils ne sont envoyés qu'auprès des puissances qui reconnaissent le pape comme chef de l'Eglise catholique. Ils sont dits *a latere*, parce que le pape est censé les détacher de son côté pour les envoyer en mission.

Les nonces et les légats sont rattachés par le règlement de Vienne du 18 mars 1815 à la première classe des agents diplomatiques ; ils ont rang d'ambassadeurs.

D'après un usage traditionnel, les puissances catholiques ont toujours accordé aux nonces et aux légats du pape le pas et le rang de préséance sur les ambassadeurs. Le règlement de Vienne confirma cet usage, en déclarant dans son article 4 qu'il n'est porté aucune atteinte aux prérogatives des envoyés du pape (1). La chute du pouvoir temporel n'a en rien fait disparaître cet usage (2).

_____

(1) Cette suprématie n'est pas reconnue par les Etats non catholiques. L'Angleterre a même formellement refusé de la reconnaître.

(2) Cependant M. Bompard (*op. cit.,* p. 38 et 39) rapporte que la question a été discutée par le corps diplo-

Les internonces sont les envoyés diplomatiques de deuxième classe. Il en existe un en Hollande. Ils n'ont aucun droit de préséance sur les agents diplomatiques de même classe des puissances catholiques.

2° Légation passive. — Le pape a le droit de recevoir des agents diplomatiques de tout rang : ambassadeurs, ministres plénipotentiaires, ministres résidents ou chargés d'affaires. Ces agents peuvent avoir à remplir une mission permanente, ou être envoyés à titre temporaire et extraordinaire. C'est ainsi qu'à leur avènement les papes exigeaient jadis des souverains catholiques une ambassade d'obédience. La dernière ambassade française de cette nature fut envoyée par Louis XIII en 1623 au pape Urbain VIII (1).

Il existe ainsi auprès du Vatican un corps diplomatique distinct de celui qui est établi auprès du Quirinal. Tandis qu'en 1914, quatorze États seulement étaient représentés auprès du Vatican, on en compte actuellement vingt-cinq, parmi lesquels de nouveaux États comme la Pologne, la Tchéco-Slovaquie, la Yougo-Slavie, la Finlande, l'Ukraine, la Lithuanie, etc., et d'anciens États, tels que la Hollande, le Portugal, le Vénézuéla, la Suisse, etc. D'autre part, l'Allemagne et le Brésil ont transformé leur légation en ambassade.

De l'ambassade française au Vatican. — *Sa suppression en 1904.* — L'ambassade française au Vatican a été supprimée le 30 juillet 1904, à la suite des incidents du voyage du président de la République Loubet à Rome et de sa visite au roi d'Italie au Quirinal. Faute grave due à une politique étroite et inspirée par un anticléricalisme farouche, oublieux de la parole si sage de Gambetta que « l'anticléricalisme n'est pas un article d'exportation ». Le résultat fâcheux était que la France n'avait personne pour défendre ses intérêts auprès du Saint-Siège ; on s'est aperçu du danger qui en résultait au moment du Conclave réuni quelque temps

---

matique de Lima, et que, malgré l'opposition de certaines puissances, notamment de la France, on a refusé au nonce le droit à la préséance ; cet honneur ne lui a été concédé qu'à titre gracieux.

(1) Bompard, *op. cit.,* p. 35.

après pour désigner le nouveau successeur de Saint Pierre ; on s'en est rendu compte aussi au cours de la dernière guerre. Il était important d'avoir auprès du chef de la chrétienté un représentant attentif à déjouer les intrigues de l'Autriche et de la Prusse. Les puissances alliées l'ont compris. Mais, le gouvernement français n'osant pas se compromettre aux yeux de la majorité anticléricale du Parlement, c'est l'Angleterre, puissance protestante, qui s'est dévouée pour la cause commune, en déléguant auprès du pape un envoyé extraordinaire.

Une discussion intéressante a eu lieu devant la Chambre des députés sur cette question le 2 juillet 1919. M. de Monzie, appuyé par M. René Viviani, réclamait le rétablissement de l'ambassade française auprès du Vatican, mais le gouvernement, en la personne de M. Pichon, ministre des affaires étrangères, y a opposé une fin de non-recevoir absolue (*J. off.* du 3 juillet 1919).

Son rétablissement. — La Chambre des députés élue en novembre 1919, n'étant pas sectaire comme celle qui l'avait précédée, accepta le rétablissement de l'ambassade auprès du Vatican le 30 novembre 1920 par 391 voix contre 179. Le Sénat se prononça dans le même sens à la suite de l'interpellation de M. Héry, le 16 décembre 1921, par 169 voix contre 123. Sans attendre d'ailleurs ce dernier vote, les relations diplomatiques étaient renouées de part et d'autre dès le 16 mai 1921.

Nouvelle suppression de l'ambassade. — Les élections du 11 mai 1924 ayant ramené à la Chambre des députés une majorité de radicaux-socialistes et de socialistes unis ensemble par un Cartel, le nouveau gouvernement se crut dans l'obligation de proposer aux Chambres l'abolition de l'ambassade, par pur esprit de parti, dussent les intérêts de la France en souffrir ! Malgré d'éloquentes paroles de MM. Aristide Briand et Georges Leygues, tous deux anciens présidents du Conseil et anciens ministres des Affaires étrangères, adjurant le premier ministre, M. Herriot, de ne pas consommer une rupture avec le Vatican que rien ne justifiait, cette suppression a été votée par la Chambre des députés le 2 février 1925 par 314 voix contre 250 (1).

_____

(1) Lire sur cette question, outre les discours prononcés à la Chambre des députés du 20 janvier au 3 février 1925,

Cependant, par une contradiction manifeste, le gouvernement faisait voter le lendemain par la Chambre un crédit de 58.000 francs pour l'envoi d'un chef de mission au Vatican chargé de l'application du concordat en Alsace-Lorraine, en invoquant comme raison que le Conseil d'Etat, consulté, avait émis un avis aux termes duquel le régime concordataire, tel qu'il résulte de la loi du 18 germinal an X, était toujours en vigueur dans les provinces recouvrées.

Ambassade maintenue. — Mais M. Briand, étant redevenu ministre des affaires étrangères dans le Cabinet Painlevé (17 avril 1925), fit décider le maintien de l'ambassade au Vatican dans le budget de 1925.

3° Des conventions internationales de la papauté ou concordats. — *Origine historique.* — Le droit de conclure des conventions internationales ou concordats est encore une conséquence de la souveraineté spirituelle. Le pape l'a exercé à toute époque. Le premier concordat remonte à l'année 1122 : il a été signé à Worms entre le pape Calixte II et l'empereur Henri V.

But. — Le concordat a pour objet de régler les rapports respectifs de l'Eglise et du pouvoir civil dans les limites du territoire de l'Etat contractant. Il contient en général des concessions faites respectivement par chacun des pouvoirs au profit de l'autre.

Caractère juridique. — Cette question a été vivement controversée dans ces dernières années.

Dans une première opinion, on soutient que le concordat ne peut être considéré comme un traité : parce que ce n'est pas un acte conclu entre deux Etats. Le concordat se rattacherait étroitement aux lois constitutionnelles de l'Etat et aurait un caractère de réglementation interne.

La conséquence qu'on en tire est que l'Etat peut dénoncer ou abroger le concordat même contre le gré du Saint-Siège sans qu'il y ait dans cet acte une atteinte portée aux devoirs internationaux et sans que

l'article de M. Achille Mestre sur le protectorat catholique de la France en Orient dans la *Revue politique et parlementaire* du 10 septembre 1924, p. 367, l'ambassade du Vatican dans l'*Europe Nouvelle* du 31 janvier 1925, et les articles du *Temps* des 4 et 5 février 1925.

les autres puissances puissent s'en montrer froissées ou alarmées.

D'autres auteurs, au contraire, reconnaissent au concordat le même caractère et la même valeur juridique qu'aux traités ordinaires. Sans doute, en effet, ce n'est pas un acte passé par les représentants de deux Etats. Mais c'est un acte conclu par deux personnes revêtues d'un caractère de souveraineté internationale, sur des questions d'ordre public. Cela suffit pour que cet acte soit considéré comme un traité véritable.

La conséquence est qu'un concordat ne peut prendre fin que de la même façon qu'un traité ordinaire.

C'est la première opinion qui a été suivie en France en 1905 pour opérer la séparation de l'Eglise et de l'Etat.

Concordats d'après-guerre. — Depuis la guerre, le Saint-Siège a conclu trois nouveaux concordats :

Un avec la Lettonie, le 30 mai 1922 ;

Un avec la Bavière, le 24 janvier 1925 ;

Un avec la Pologne, le 10 février 1925.

On trouvera le texte des deux derniers dans l'*Europe Nouvelle* du 11 avril 1925, p. 493.

* § 3. — Suppression de la souveraineté temporelle du pape dans le droit contemporain. — Loi italienne des garanties.

Origine historique. — Nous avons vu que depuis 1870 le pouvoir temporel du pape a cessé d'exister par la prise de possession de Rome par les troupes italiennes et par l'érection de cette ville en capitale de l'Italie.

Pour permettre au pape d'exercer en pleine indépendance la souveraineté spirituelle dont il reste investi, les Chambres italiennes ont voté, à la date du 13 mai 1871, une loi dite « des garanties » dont nous allons indiquer le caractère et faire connaître les principales dispositions.

Caractère de la loi italienne des garanties. — Elle ne peut constituer une convention internationale, car elle n'a pas été soumise aux puissances catholiques, ni garantie par elles. Il est bien vrai qu'en la proposant, le gouvernement italien a eu pour but de rassurer les

États catholiques ; mais il n'a pris envers eux aucun engagement d'aucune sorte.

Ce n'est pas non plus une convention entre l'Italie et le pape, car le pape s'est refusé à la reconnaître (1).

Ce n'est pas non plus une loi constitutionnelle, mais une loi ordinaire qui peut être abrogée par une autre loi, sur un vote des Chambres sanctionné par le roi.

Analyse de la loi des garanties. — La loi des garanties est divisée en deux titres :

Titre Ier : Garanties et prérogatives du Saint-Siège.

Titre II : Rapports de l'Église italienne et de l'État italien.

Le titre 1er doit seul nous occuper.

Ses dispositions peuvent être groupées sous deux ordres d'idées :

a) Garanties accordées au pape.

b) Prérogatives accordées au pape.

a) *Garanties accordées au pape.*

Enumération. — Ces garanties, destinées à lui permettre de remplir en toute indépendance et dignité sa mission spirituelle, sont :

1º Une *dotation* de 3.225.000 francs de rente annuelle sous forme de dette inscrite au grand livre à titre de rente perpétuelle et inaliénable au nom du Saint-Siège. Les arrérages de la dotation sont prescrits par 5 ans et

---

(1) Le pape a toujours refusé de renoncer à son pouvoir temporel et il proteste toujours contre la présence du gouvernement italien à Rome. Aussi refusait-il de recevoir tout souverain catholique étranger qui avait rendu visite au Quirinal avant de se présenter au Vatican. C'est, nous le savons, pour avoir protesté auprès des Chancelleries étrangères d'une façon qui a paru inacceptable pour le gouvernement français, lors du voyage du président Loubet à Rome, qu'eut lieu la rupture diplomatique avec la France. Dans son encyclique *Pacem* du 23 mai 1920, Benoît XV a autorisé les visites officielles des souverains catholiques à Rome, sans renoncer pour cela cependant aux « droits sacrés » du Saint-Siège. Lire sur cette question une lettre de Rome dans *Le Temps* de décembre 1923, et l'article de M. Ernest Lemonon, *Mussolini et le St-Siège*, dans la *Revue politique et parlementaire* de 1923, p. 223.

ne sont pas transmis aux héritiers du pape (art. 4) ;

2° La *jouissance de certains palais* et de *certains immeubles* énumérés par l'article 5 ;

3° Une *protection spéciale* pour assurer la liberté des élections pontificales, consistant dans une immunité temporaire de juridiction : *pour les cardinaux*, qu'on ne peut arrêter quand le conclave est réuni ou doit se réunir ; et *pour les lieux où le conclave est réuni* (art. 6 et 7) ;

4° Le droit d'avoir : des *administrations* dont les bureaux et les papiers sont à l'abri de toute visite, saisies ou perquisitions (art. 8) ; des *agents* qui échappent à tout contrôle de l'autorité publique pour les actes spirituels du Saint-Siège (art. 10) ; et de *communiquer* librement avec l'épiscopat et le monde entier (art. 12).

b) *Prérogatives reconnues au pape.*

Le pape a-t-il un droit de souveraineté territoriale ? — La loi des garanties ne reconnaît au pape aucun droit de souveraineté territoriale sur aucune portion du territoire de Rome. La ville de Rome, sans en exclure les palais du Vatican, est soumise à la souveraineté du gouvernement italien. Le pape a seulement un droit de jouissance sur cet immeuble, mais il ne saurait lui-même y exercer aucun droit de juridiction (1).

Prérogatives reconnues au pape. — Bien que le pape ne soit pas considéré comme un souverain territorial, la loi des garanties lui a reconnu certains attributs de la souveraineté.

1° *Inviolabilité.* — D'après l'article premier de la loi des garanties, la personne du souverain pontife est sacrée et inviolable.

En conséquence, il n'est pas responsable devant les tribunaux italiens, il ne peut être ni assigné, ni arrêté, ni jugé (2).

_____

(1) Cependant le pape a créé, en 1882, dans l'intérieur du Vatican, un tribunal chargé de juger les contestations entre les administrations pontificales et entre celles-ci et les particuliers.

(2) Ce n'est pas à dire qu'aucun recours n'existe pour

2° *Immunité de juridiction des palais et lieux de résidence habituelle ou temporaire du pape et des locaux où siège un conclave ou conseil œcuménique.* — Aucun officier de la force publique ne peut y pénétrer et y exercer un acte d'autorité à moins d'être requis par le pape, le conclave ou le concile.

3° *Droits aux honneurs royaux.* — Le pape a droit dans toute l'étendue du royaume d'Italie aux honneurs qui sont rendus aux souverains ; on lui reconnaît même la prééminence d'honneur qui lui est concédée par les États catholiques.

4° *Droits de recevoir et d'accréditer des agents diplomatiques.* — Les représentants diplomatiques des puissances auprès du Saint-Siège jouissent des mêmes immunités et prérogatives que les agents diplomatiques ordinaires ; il en est de même des représentants du Saint-Siège qui traversent le territoire italien pour se rendre à leur poste.

Le pape étant irresponsable, on s'est demandé si l'Italie ne devait pas répondre de ses actes à l'égard des autres puissances. C'est ce qu'a soutenu M. Bluntschli ; mais cette opinion ne peut être admise. Ce n'est pas en effet l'Italie qui a créé la souveraineté spirituelle du pape ; elle est l'œuvre du monde catholique tout entier ; en la reconnaissant, l'Italie n'a fait que se conformer à la tradition et souscrire aux vœux du monde chrétien.

L'entrée en guerre de l'Italie et le droit de légation passive du pape à l'égard des empires centraux. —

les dettes contractées envers les particuliers par le Vatican ; seulement, au lieu d'assigner le pape en personne, ce sont les fonctionnaires qui le représentent qui devront être assignés. C'est ainsi qu'en 1882, M. Martinucci, architecte, ayant assigné le cardinal secrétaire d'État et le préfet du sacré palais en paiement d'une somme de 15.000 fr. pour avoir instruit et dirigé les pompiers du Vatican, et d'une somme de 18.000 fr. pour les travaux exécutés, le tribunal et la Cour de Rome se déclarèrent compétents. Consulter sur cette affaire Bompard, *op. cit.*, p. 194 et suivantes, et un article de M. Anatole Leroy-Beaulieu, paru dans la *Revue des Deux-Mondes* du 15 octobre 1883 sur le Vatican et le Quirinal depuis 1878, « Le pape Léon XIII et l'Italie sous le régime de la loi des garanties ».

L'entrée en guerre de l'Italie au mois de mai 1915 a fait naître une question intéressante : qu'allaient devenir les représentants, diplomatiques accrédités par l'Autriche-Hongrie, par la Bavière et par la Prusse auprès du Vatican ? Par une déclaration de la fin du mois de mai 1915, le gouvernement italien reconnut à ces agents diplomatiques la faculté de rester à Rome et de continuer l'exercice de leur mission. Les empires centraux préférèrent refuser cette offre. et donnèrent l'ordre à leurs représentants de transporter leur légation en Suisse.

Au mois d'août 1915, le gouvernement italien ordonna la saisie du palais de Venise à Rome, siège de l'ambassade de l'Autriche-Hongrie, et le déclara propriété nationale. Il s'appuyait pour le faire sur deux raisons : le caractère italien du palais de Venise à Rome et un motif de représailles pour les dévastations contraires au droit des gens commises contre les monuments de Venise. Le pape crut devoir protester contre cette mesure. Mais elle n'avait rien que de très légitime (1).

_____

(1) Lire dans la *Revue politique et parlementaire* du mois de septembre 1922 un article très intéressant de Charles Loiseau intitulé : « Papauté, Tsarisme et Soviets ».

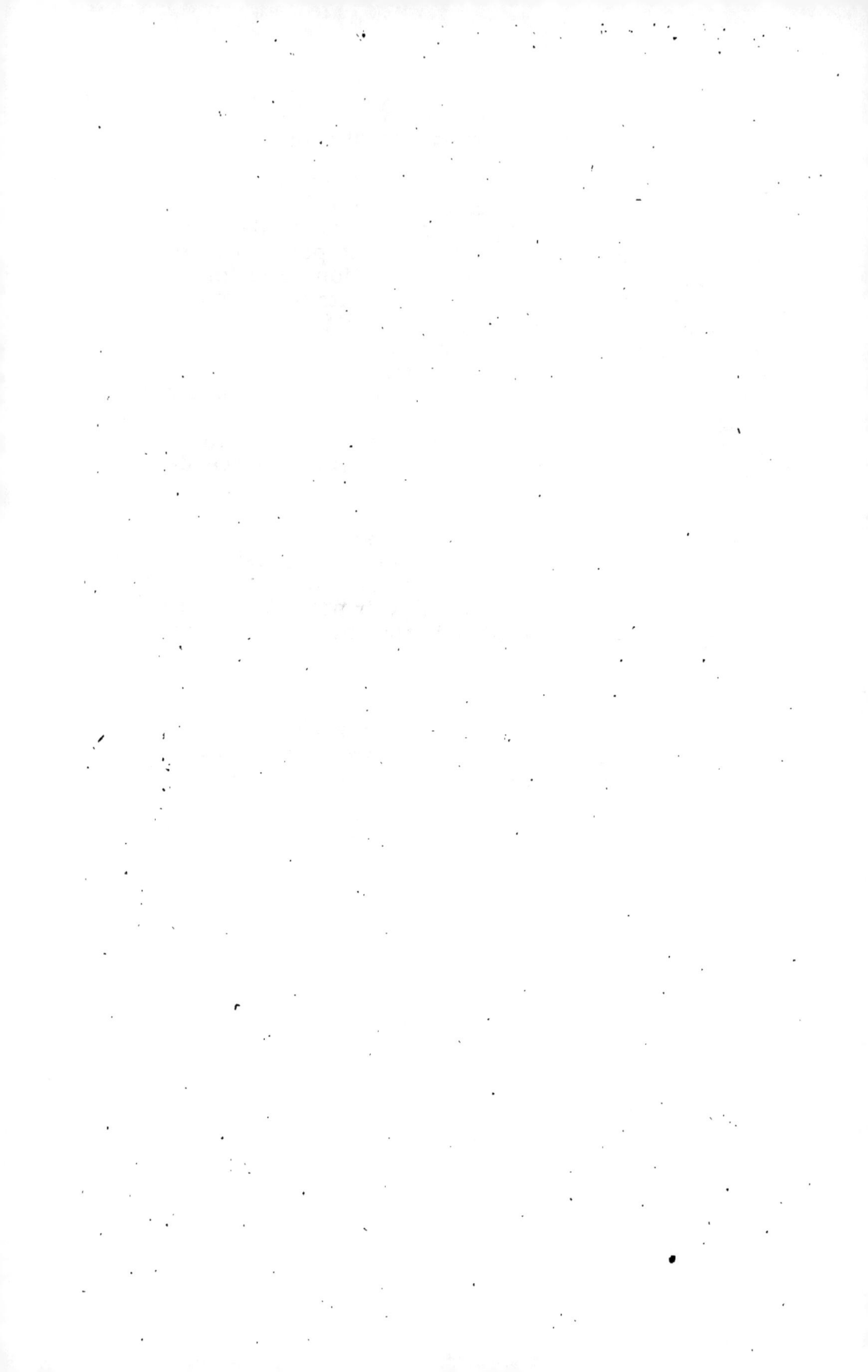

TROISIÈME PARTIE

DE L'ÉTENDUE DE LA SOUVERAINETÉ DES ÉTATS

Division de la IIIᵉ partie. — Nous diviserons la troisième partie en quatre sections, suivies de deux appendices :

SECTION I. — DU TERRITOIRE DES ÉTATS EN GÉNÉRAL

Division de la section. — Nous diviserons cette première section en trois chapitres :

CHAPITRE PREMIER. — NOTIONS GÉNÉRALES.

Définition. — Le territoire est l'espace sur lequel chaque Etat exerce sa souveraineté. Nous avons vu que c'était l'un des éléments constitutifs de l'Etat ; sans territoire, il ne peut y avoir d'Etat.

Nature juridique du droit de l'Etat sur son territoire. — L'Etat n'a sur son territoire ni un droit de propriété ni un droit de *domaine éminent*. Il a un droit de souveraineté, dont nous avons fait connaître les conséquences.

Ce droit de souveraineté est distinct du *droit de propriété* qui appartient à l'Etat sur les biens de son domaine privé, et du droit de *garde* ou de *gestion* qu'il exerce sur les dépendances de son domaine *public*.

Cependant, bien que la souveraineté de l'Etat sur son territoire ne doive pas être confondue avec la propriété, nous verrons que, sur certains points, la souveraineté est soumise à des règles analogues à la propriété. Ainsi, l'Etat est soumis pour son territoire à l'obligation du bornage, comme les simples particuliers ; il acquiert et aliène son territoire, comme on acquiert et on aliène une propriété privée ; des servitudes actives ou passives peuvent être établies par des Etats sur leur territoire respectif ; enfin il peut arriver que la souveraineté appartienne d'une façon indivise sur un même territoire à deux Etats en même temps.

Cas de souveraineté indivise appartenant à deux Etats sur le même territoire. — L'état d'indivision dans le droit privé est une situation juridique que la loi a vue avec défaveur. Cette situation est, en effet, funeste à l'administration des biens qui y sont soumis, à raison des conflits qui peuvent se produire entre les copropriétaires. Aussi la loi française a-t-elle posé le principe que nul n'était tenu de rester dans l'indivision et prohibé toute convention qui aurait pour effet de prolonger cet état au delà du délai de cinq années. Ce qui est vrai du droit privé l'est encore davantage du droit public ; et si l'indivision quant à la propriété est pleine d'inconvénients, l'indivision dans la souveraineté est une source de conflits entre les Etats. Aussi c'est une situation qui se rencontre très rarement et qui dure peu de temps (1).

Exemple historique. — En vertu du traité de Vienne du 30 octobre 1864, la Prusse et l'Autriche ont acquis du Danemark la souveraineté indivise sur les duchés

---

(1) On peut encore citer comme autre exemple le cas du territoire de Moresnet, à sept kilomètres d'Aix-la-Chapelle, qui, d'après le traité de Vienne de 1815, a été partagé entre la Prusse et les Pays-Bas et qui, jusqu'au traité de Versailles de 1919, a été soumis à l'autorité indivise de la Prusse et de la Belgique.

de Holstein, du Sleswig, etc... Cette situation fut modifiée l'année suivante, 14 août 1865, par le *traité de Gastein*, qui, tout en maintenant *en droit* l'indivision entre les deux Etats, la faisait cesser *en fait, en conférant* l'administration du duché de Holstein à l'Autriche, et à la Prusse l'administration du Sleswig.

Ce compromis dura peu ; de nouvelles difficultés surgirent sur l'interprétation du traité et l'Autriche dut renoncer, après sa défaite de Sadowa, à tous ses droits sur le Sleswig-Holstein au profit de la Prusse (*Traité de Prague* du 24 août 1866).

Fallait-il voir un état d'indivision dans la situation qui avait été faite par le *traité de Berlin* de 1878 à la Bosnie et à l'Herzégovine ? Certains auteurs l'avaient prétendu, mais il y avait là une fausse interprétation. En effet, la Bosnie et l'Herzégovine étaient, *en droit*, sous la souveraineté du sultan ; ce n'était qu'*en fait* seulement qu'elles étaient administrées par l'Autriche. Il était peut-être plus exact de dire, avec d'autres auteurs, qu'il y avait ici une sorte de dédoublement de la souveraineté, analogue à celui qu'affectait la propriété à Rome, lorsque le titre de propriétaire, sans aucun profit ni jouissance, reposait sur la tête d'une personne qu'on appelait pour cela *dominus nudus ex jure quiritium*, tandis que les avantages pratiques, la jouissance effective en appartenait à une autre personne qui, sans être propriétaire, avait la chose dans ses biens (*in bonis habere*). On aurait pu dire, en conséquence, que le sultan était *nudus dominus*, tandis que l'*in bonis habere* appartenait à l'Autriche.

Exemple actuel : l'archipel des Nouvelles-Hébrides. — Un exemple actuel de condominium existe en ce qui concerne l'archipel des Nouvelles-Hébrides. Cet archipel est placé sous l'influence commune de la Grande-Bretagne et de la France. Ce régime fait l'objet d'un accord conclu entre ces deux puissances le 6 août 1914 (Voir le texte à l'*Officiel* du 4 juin 1922).

Division du territoire. — On peut donner deux divisions du territoire des Etats :

Première division : Le territoire d'un Etat peut être divisé en territoire *continental* et territoire *colonial*.

Cette distinction offre un caractère pratique considérable en France, au point de vue des traités et des lois.

Tous les traités conclus par la métropole ne s'appliquent pas aux colonies. Il en est ainsi des traités de commerce, qui ne produisent d'effet que sur le territoire continental.

Quant aux lois, elles ne sont exécutoires aux colonies que si elles contiennent une disposition spéciale et formelle à cet égard.

Dans d'autres pays, la différence est encore plus sensible entre la métropole et ses colonies : en Angleterre, par exemple. Les colonies anglaises ne sont pas, comme les colonies françaises, soumises à un régime uniforme ; leur autonomie est plus ou moins grande. Les unes ont un parlement local et peuvent légiférer pour tout ce qui concerne leur territoire : elles peuvent refuser de reconnaître les traités conclus par la métropole ; d'autres ont le droit de s'administrer et de légiférer, mais non celui de repousser les traités passés par la mère-patrie. Cette législation est pleine d'inconvénients, surtout au point de vue des relations internationales.

Deuxième division : Le territoire, soit continental, soit colonial d'un Etat peut être divisé en : 1° *domaine terrestre* ; 2° *domaine maritime* (mer territoriale, golfes, rades, etc.) ; 3° *domaine fluvial* (fleuves et rivières) ; 4° *domaine aérien*.

Cette deuxième division est également très importante : nous verrons, en effet, que la souveraineté de l'Etat n'est pas aussi absolue sur toutes les dépendances de son territoire.

CHAPITRE II. — DES LIMITES DU TERRITOIRE.

Ce qu'on entend par limites du territoire : diverses espèces de frontières. — Comment sont déterminées les limites du territoire. — La limite du territoire d'un Etat est la ligne de démarcation entre deux Etats voisins. Il est important de bien la déterminer, puisque la souveraineté de chaque Etat commence et finit avec son territoire.

Les limites ou frontières d'un Etat sont de deux sortes : naturelles ou artificielles.

Les *frontières naturelles* consistent dans une chaîne de montagnes, un cours d'eau ou une mer servant de ligne de démarcation entre deux Etats voisins.

Les *frontières artificielles* sont celles qui, en l'absence de montagnes, de cours d'eau ou de mer, servant de ligne de démarcation entre deux États voisins, sont indiquées par des poteaux, un mur, un fossé, ou une bouée, suivant les cas.

La détermination des limites du territoire des États peut faire l'objet d'un traité spécial, ou bien résulter simplement de la coutume internationale.

Détermination des limites du territoire en vertu d'un traité. — Les traités de limites interviennent soit à la suite d'une guerre, soit à la suite d'une difficulté quelconque survenue sur la frontière des deux États.

Il faut en général distinguer trois phases dans l'opération de délimitation :

1° Le *traité politique*, qui met fin à la guerre ou qui tranche l'incident de frontière, indique dans ses grandes lignes le tracé de la frontière des deux États, en faisant connaître les points principaux par lesquels il devra passer.

2° Puis, un *traité technique* est rédigé par les soins d'une commission internationale composée d'hommes de l'art, ingénieurs, ou officiers d'état-major, nommés par les deux gouvernements intéressés. Ce traité trace dans ses moindres détails la ligne frontière ; il s'occupe aussi de résoudre de nombreuses questions que le voisinage des deux États peut soulever, telles que l'usage et l'entretien des chemins ou des ponts qui peuvent se trouver sur la limite des deux États, le signe extérieur qui sera employé pour indiquer la ligne précise de démarcation résultant du traité, etc...

3° L'exécution du *traité technique* par l'établissement de bornes ou de poteaux ou de bouées le long de la frontière.

Exemples historiques. — Le traité des Pyrénées conclu entre la France et l'Espagne, le 7 novembre 1659, avait posé les bases de la délimitation des frontières entre les deux États, s'en remettant à un accord ultérieur pour une délimitation précise sur le terrain. Cette clause du traité des Pyrénées n'a reçu son exécution que dans les dernières années du Second Empire, par un traité de limites devenu définitif le 26 mai 1866.

Le traité préliminaire de paix du 26 février 1871, qui a mis fin à la guerre franco-allemande, prévoyait, dans son article premier, une délimitation de frontières à opérer entre les deux Etats. Ce n'est qu'en 1877 que la France et l'Allemagne ont fait régler par une commission internationale la position de la ligne frontière. Ce règlement a été constaté le 26 avril 1877, dans un procès-verbal de délimitation, qui a été ratifié le 11 mai 1877, par le Président de la République française et, le 13 mai suivant, par l'empereur Guillaume. Le procès-verbal d'échange des ratifications a été clos le 31 mai 1877 à Metz.

C'est par deux conventions signées au mois d'avril 1925 que la délimitation franco-allemande telle qu'elle résulte du traité de Versailles du 28 juin 1919 a été effectuée sur le terrain par les deux gouvernements intéressés.

Détermination des limites du territoire d'après la coutume. — En l'absence d'un traité de limites, lorsqu'une difficulté s'élève pour la détermination des frontières de deux Etats, voici les règles qu'il est d'usage de suivre :

1º Lorsqu'une chaîne de montagnes sépare deux Etats, on prend comme limite l'arête supérieure et la ligne de partage des eaux.

2º Lorsque c'est un fleuve navigable qui sépare deux Etats, la limite est formée par le *thalweg*. On entend par *thalweg* le centre du courant.

Cette limite est essentiellement variable, comme le courant lui-même. Aussi est-il formellement interdit à l'un des Etats riverains de faire sur le fleuve des travaux hydrauliques qui auraient pour conséquence de modifier le thalweg.

Lorsque le fleuve abandonne son lit, ce n'est plus le thalweg qui se forme dans le nouveau lit qui sert de limite, mais le milieu de l'ancien lit abandonné.

Une difficulté particulière peut se présenter, si le fleuve à la frontière des deux Etats se divise en deux branches. Elle a surgi entre la France et la Hollande, à la Guyane. D'après le traité d'Utrecht, le fleuve le Maroni sert de délimitation entre la Guyane française et la Guyane hollandaise ; mais à ce point, le fleuve bifurque. Pour mettre fin au différend qui s'était élevé à ce sujet entre les deux Etats, une convention est intervenue le 28 décembre 1858, par laquelle l'empereur de Russie a été désigné comme arbitre. Le tsar a fait connaître sa décision au mois de juillet 1861 ; elle était défavorable aux prétentions de la France (1).

3º Lorsqu'il s'agit d'un cours d'eau non navigable ou d'un lac, c'est le milieu du lac ou du cours d'eau qui forme la limite entre les deux Etats.

4º Lorsque les deux Etats sont séparés par une mer libre, les limites de chaque Etat vont jusqu'où s'étend la mer territoriale, c'est-à-dire, nous le verrons, jusqu'à trois milles marins.

Si la mer qui les sépare est tellement étroite que la mer territoriale de l'un se confond avec la mer territoriale de l'autre, la bande de mer sur laquelle les deux territoires se prolongent doit être considérée comme commune aux deux Etats.

Une enclave espagnole en France. — Une curiosité historique assez peu connue est constituée par une petite enclave espagnole existant sur le territoire français. C'est Llivia en Cerdagne, comportant une superficie de 12 kilomètres carrés et 1.200 habitants. L'article 42 du traité des Pyrénées de 1651 attribuait à la France la vallée du Carol avec une portion de la Cerdagne comprenant en tout trente-trois villages. Lorsque le 12 novembre 1660 on traça les frontières de la France et de l'Espagne, le Commissaire espagnol obtint de conserver Llivia à l'Espagne en faisant observer qu'on ne pouvait la traiter comme un simple village, alors qu'elle avait qualité de cité et même de capitale de temps immémorial. La route qui unit Llivia et Puycerda est neutre ; elle coupe la route française de Bourg-Madame à Ur et passe sur un pont de pierre la rivière de la Rahur qui forme la ligne frontière (*La France, Géographie illustrée*, Larousse, I, p. 338).

CHAPITRE III. — MODES D'ACQUISITION DU TERRITOIRE.

Enumération des divers modes d'acquisition. — On peut ramener à quatre les divers modes d'acquisition du territoire :

1º L'occupation ;

---

(1) Consulter sur cette affaire les *Archives diplomatiques* de 1888, tome V.

2ᶜ L'accession ;
3ᵒ La convention；
4ᵒ La prescription.

Chacun de ces modes d'acquisition fera l'objet d'un paragraphe distinct.

§ 1. — De l'occupation.

Définition. — L'occupation est, d'après les règles du droit civil, un mode d'acquérir la propriété d'une chose qui n'appartient à personne par la prise de possession de cette chose.

On l'appelle *mode originaire* d'acquisition par opposition à la tradition ou à la convention, *mode dérivé*, parce que l'occupant acquiert la propriété de la chose sans la tenir de personne.

Historique. — *Conférence africaine du Congo de 1884-1885. Acte général du 26 février 1885.* — L'occupation a été de tous temps considérée par les Etats comme un mode légitime d'acquisition du territoire ; et c'est surtout aux époques primitives qu'elle est d'une application fréquente, à raison du nombre plus considérable de pays inhabités ou restant encore à découvrir. Mais, à ces époques lointaines, la notion juridique de l'occupation n'est pas encore nettement dégagée. On confond l'occupation et la *découverte*. Le navigateur, qui découvre une terre inconnue jusquelà, a la prétention, par le seul fait de sa découverte, d'en rendre maître l'Etat pour lequel l'exploitation a été faite.

C'est ainsi qu'au xvᵉ siècle les Portugais et les Espagnols s'attribuaient la possession exclusive d'un continent, parce qu'ils avaient découvert les côtes et y avaient abordé, et ils allaient jusqu'à prétendre que le premier qui avait parcouru une mer avait seul le droit de s'en servir.

Aujourd'hui les occasions pour les Etats d'acquérir des territoires, par voie d'occupation, sont certainement moins fréquentes qu'autrefois. Il reste encore, cependant, des territoires inconnus à découvrir pour les explorateurs qui parcourent le monde, en sorte qu'on peut considérer l'occupation autrement que comme un mode purement théorique d'acquisition. Actuellement, c'est le continent africain qui fait l'objet des convoitises des Etats de l'Europe et qui sert de champ aux investigations des navigateurs.

En 1876, a été fondée, sous le patronage du roi des Belges, Léopold II, l'*Association internationale africaine*, dont le but semblait être tout d'abord de faire connaître à l'Europe le « *continent mystérieux* » de l'Afrique centrale, dans un intérêt purement scientifique. Mais l'explorateur Stanley ne borna pas son ambition à la découverte de territoires jusque-là inconnus, en remontant le cours du Congo. Il conclut avec les rois nègres des traités de protectorat, et nous avons dit plus haut comment l'*Association internationale* était parvenue à se faire reconnaître par l'Europe et les États-Unis comme personne de droit des gens et comment elle avait formé jusqu'en 1908 une union personnelle avec la Belgique, ayant pour souverain le roi des Belges Léopold II.

Quoi qu'il en soit, l'Association internationale rencontra dans sa formation et dans son développement des difficultés provenant de l'ambition rivale des Etats européens. Ce fut d'abord le Portugal qui protesta contre les acquisitions faites par l'*Association internationale* qui, disait-il, violait ses droits séculaires, consacrés par la découverte au XVᵉ siècle des bouches du Congo par un navigateur portugais. Elle se trouva ensuite en conflit avec la France, dont l'explorateur, le comte Savorgnan de Brazza, avait assuré notre souveraineté sur la rive gauche du Congo en y fondant un établissement devenu depuis Brazzaville, et sur la rive droite, en se faisant céder un vaste territoire par le roi indigène Makoko.

C'est pour éviter le retour de pareilles difficultés qu'une conférence se réunit à Berlin à la fin de l'année 1884, sur l'initiative de l'Allemagne et de la France. Elle a abouti, le 26 février 1885, à l'*Acte général de Berlin* (1).

Dans ses articles 34 et 35, cet acte traite de l'occupation du territoire et pose les conditions auxquelles elle fera acquérir la souveraineté.

_____

(1) Cet acte a été abrogé par la convention signée à Saint-Germain-en-Laye le 10 septembre 1919 (*Officiel* du 24 juin 1922). Malgré cela nous croyons que les règles édictées par les art. 34 et 35 doivent continuer à être appliquées comme rentrant dans la coutume internationale.

Ces conditions sont au nombre de deux :
1º Il faut une *notification* aux puissances ;
2º Il faut une *occupation effective*.

Du protectorat. — Pour l'établissement d'un protectorat, une seule condition est requise : la notification aux puissances (art. 34). Mais l'acte de Berlin n'a pas déterminé le critérium de la distinction entre le protectorat et l'occupation proprement dite. Il en résulte, dans la pratique, que, sous forme de protectorat, une puissance peut réaliser une véritable occupation de territoire, en opérant une prise de possession *purement fictive* contrairement à l'article 35 précité.

Conditions requises dans le droit des gens moderne pour l'acquisition d'un territoire par voie d'occupation. — En combinant les règles contenues dans l'acte de Berlin avec celles qui sont exigées dans le droit privé et dont l'application au droit international est admise par tous les auteurs, on voit que les conditions requises pour l'acquisition d'un territoire par voie d'occupation sont au nombre de trois :

1º Il faut qu'il s'agisse d'un territoire *n'appartenant à personne*, constituant une *res nullius*.
2º Il faut une prise de *possession réelle et effective*.
3º Il faut une *notification* aux autres puissances.

Première condition : Il faut qu'il s'agisse d'un territoire n'appartenant à personne, constituant une res nullius. — Cette condition se trouve remplie à l'égard des îles désertes ou d'un territoire inhabité, ou bien d'un territoire abandonné par ses anciens possesseurs.

Mais les territoires inhabités et les îles désertes dont la possession est enviable sont rares. En général, les territoires qui ne sont pas occupés par des Etats sont aux mains de tribus sauvages. On ne peut dès lors considérer ces territoires comme n'appartenant à personne et permettre aux Etats civilisés de s'en emparer par la force en expulsant leurs habitants ou en les soumettant à leur autorité.

Pour occuper ces territoires et y faire pénétrer les progrès de la civilisation, on ne doit agir que par les moyens pacifiques : soit en achetant aux tribus qui les occupent les terres convoitées, soit en leur faisant accepter son protectorat.

Ces principes sont aujourd'hui reconnus comme exacts en théorie. Malheureusement ils sont bien souvent violés en pratique, et c'est encore la violence qui est employée comme le meilleur moyen de possession par les gouvernements des Etats civilisés à l'égard des peuples sauvages.

Deuxième condition : *Il faut une prise de possession réelle et effective.* — Il y a prise de *possession réelle* et *effective* d'un territoire par un Etat, lorsque cet Etat a fait des actes de *souveraineté* sur ce territoire, par exemple a perçu des impôts, et y a établi des autorités avec mission de l'administrer d'une manière permanente.

La *simple découverte* est aujourd'hui insuffisante pour faire acquérir un territoire à un Etat. Il ne suffirait pas non plus qu'un Etat ait manifesté son intention de prendre possession d'un territoire, en y plantant son drapeau.

Il arrive souvent de nos jours que des territoires soient découverts et occupés par de simples particuliers, explorateurs ou compagnies privées. Lorsqu'ils agissent par l'ordre et au nom d'un Etat, cet Etat acquiert le droit de souveraineté sur les territoires occupés par leur intermédiaire.

Au contraire, lorsqu'ils ont agi sans mandat officiel de leur gouvernement, les territoires qu'ils occupent ne tombent sous la souveraineté de l'Etat que lorsque l'Etat a ratifié cette prise de possession.

Troisième condition : *Il faut une notification aux autres puissances.* — Cette notification par la voie diplomatique est un élément nouveau qui est l'œuvre originale de l'acte de Berlin de 1885. Elle doit avoir lieu de la part du gouvernement qui a l'intention d'*occuper une région* ou d'y *établir son protectorat*.

Elle est destinée à éviter tout conflit entre les compétitions des Etats européens, dans la conquête du continent africain, en établissant d'une façon officielle la priorité de dates des occupations, relativement à chaque territoire nouvellement découvert.

** *De l'hinterland.* — On entend par hinterland, ou pays en arrière, la zone placée sous l'influence d'une puissance, et que les autres puissances sont obligées de respecter en s'abstenant d'y établir un protectorat.

Pour éviter les occasions de conflits pouvant résulter de l'exploitation de l'Afrique par les puissances européennes, des conventions ont été conclues entre l'Allemagne, l'Angleterre, la France, l'Italie et le Portugal, par lesquelles le continent africain a été divisé en un certain nombre de zones réservées à l'influence de chacun de ces États.

On a reproché à ces conventions de réaliser des partages sur le papier, sans condition d'occupation effective. Cela est inexact : le but de ces conventions est simplement de ménager à chaque puissance une zone où elle exercera un monopole de pénétration coloniale ; mais l'influence ne doit être transformée en souveraineté que par le fait d'une occupation effective.

Cas moderne d'annexion de territoire sans occupation. — Le 23 juillet 1923, par un trait de plume, la Grande-Bretagne a décrété l'annexion d'une partie du continent qui entoure le pôle antarctique. Comme ces terres polaires sont composées de blocs de glace, dont la prise de possession est d'une réalisation aussi malaisée que celle de la haute mer, on se demande comment une semblable annexion peut se concilier avec les principes du droit international en matière d'acquisition de territoires que nous venons de développer. Par là, l'Angleterre a la prétention sans doute de réglementer à son profit la pêche de la baleine qui, dans ces régions, peut rapporter, dit-on, en une seule saison, jusqu'à trois cents millions de francs (article de l'*Illustration* du 19 janvier 1924).

Annexion du Spitsberg par la Norvège. — Au contraire c'est par un traité signé à Paris le 9 février 1920 (*Officiel* du 7 janvier 1925) qu'a été reconnue la souveraineté de la Norvège sur l'archipel du Spitsberg « pour voir ces régions pourvues d'un régime équitable propre à en assurer la mise en valeur et l'utilisation pacifique ».

§ 2. — De l'accession.

Trois cas d'accession. — Le territoire d'un État peut être augmenté par voie d'accession dans trois cas : au cas d'alluvion, d'avulsion, d'îles ou d'îlots se formant dans les limites de ses frontières.

1° *Alluvion.* — L'*alluvion* est un accroissement de terrain qui a lieu d'une façon insensible (1), le long des rives d'un fleuve ou d'une rivière, par l'action d'un

---

(1) On l'appelle pour cela *incrementum latens*.

cours d'eau, ou sur les rivages de la mer par l'action du flux ou du reflux (1).

2° *Avulsion.* — L'*avulsion* se produit, lorsqu'une portion de terrain est rattachée à un territoire et transportée par le cours de l'eau le long du territoire opposé. Lorsque le phénomène de l'*alluvion* et de l'*avulsion* a lieu dans un fleuve ou une rivière qui sert de limite à deux Etats, l'Etat sur le territoire duquel cet accroissement lent et insensible s'est opéré, ou le long duquel a été transporté le terrain arraché au territoire opposé, voit son domaine s'augmenter de ce que perd l'autre Etat riverain.

Cependant, au cas d'*avulsion,* si la bande de terrain arraché est bien reconnaissable, il faut dire que l'Etat qui en a été privé conserve sur elle son droit de propriété, par application des règles du droit civil (art. 559, C. civ.).

3° *Iles ou îlots.* — Les *îles ou îlots* qui se forment dans le lit des fleuves et rivières d'un Etat ou dans les eaux de sa mer territoriale font partie de son territoire.

Lorsqu'une *île* ou un *îlot* se forme dans le lit d'un fleuve ou d'une rivière qui sert de limites à deux Etats, il fait partie du territoire de l'Etat du côté duquel il s'est formé. S'il s'est formé au milieu du fleuve ou de la rivière, il fait partie du territoire de l'un et l'autre Etat à partir de la ligne du thalweg.

§ 3. — De la convention.

Diverses sortes. — La convention ayant pour but la cession de territoire entre deux Etats peut résulter d'un traité de paix et servir de consécration à la guerre ; c'est le cas le plus fréquent. Elle peut aussi être le résultat de relations pacifiques entre deux Etats. C'est ce qui a lieu au cas de vente ou d'échange de territoire ou de cession gratuite en reconnaissance de services rendus.

Comme exemples de cette deuxième espèce de cession de territoire, nous pouvons citer la cession par l'*Italie à la France* du *Comté de Nice* et de la *Savoie* en vertu du traité *de Turin* du 24 mars 1860 ; la cession par la *Suède à la France* de l'*Ile de Saint-Barthélemy* en vertu du traité du 10 août 1877.

------

(1) Lais et relais de la mer.

Dans le courant de l'année 1916 a eu lieu la vente des Antilles danoises (groupe des Iles Saint-Thomas) aux Etats-Unis moyennant une somme de 25 millions de dollars en or. Cette vente a été précédée d'un referendum non pas dans l'île même, mais au Danemark. Les Etats-Unis les ont débaptisées et les ont appelées les « Iles Vierges ».

Conditions requises pour la validité de la cession et pour sa réalisation. — *Exposé théorique.* — La cession de territoire n'est valable que si l'Etat concessionnaire et l'Etat cédant y consentent.

Faut-il exiger en outre (1) le *vote libre de la population* ou de ses représentants ? Cette question était discutée avant la guerre de 1914. Pour écarter la consultation de la population, on a fait remarquer que cette consultation ne serait jamais libre : l'Etat qui occupe déjà en fait le territoire exercera toujours une pression très forte pour empêcher qu'un vote hostile à ses projets d'annexion soit rendu.

Mais la guerre de 1914 a fait triompher la thèse contraire grâce à l'influence puissante du Président Wilson, qui, dans tous ses messages, a constamment affirmé le principe moderne du droit des peuples de disposer d'eux-mêmes. C'est au nom de ce principe que le traité de Versailles a été conclu.

Précédents historiques. — Jusqu'ici en pratique les gouvernements n'ont consulté la population que lorsque le résultat de cette consultation semblait devoir leur être favorable. Elle a eu lieu notamment lors de l'annexion de Nice et de la Savoie, et plus récemment, de l'île de Saint-Barthélemy à la France, de la Lombardie, de la Vénétie et des autres petits Etats italiens au nouveau royaume d'Italie.

Au contraire, on s'est dispensé de consulter les populations lorsque leur sentiment était manifestement contraire à l'annexion. C'est ainsi que la clause du *Traité de Prague* du 24 août 1866, introduite dans le traité à la demande de la France, stipulant la rétro-

---

(1) Consulter sur ce point un article très intéressant de M. Rouard de Card : « Les annexions et les plébiscites, dans l'histoire contemporaine » que le savant professeur a fait paraître, réuni à d'autres articles, dans une brochure : *Etudes de droit international*, 1890, Pedone-Lauriel.

cession au Danemark du *Sleswig Nord*, si les populations consultées n'acceptaient pas leur incorporation à la Prusse, n'a point été exécutée. La Prusse s'est bien gardée de consulter la population. Il en a été de même en 1871 pour l'annexion de l'*Alsace-Lorraine* à l'Allemagne.

Application dans le traité de Versailles de 1919. — Nombreuses sont les applications qui ont été faites de la théorie du plébiscite dans le traité de Versailles de 1919. Il en est ainsi notamment pour les cercles d'Eupen et de Malmédy (art. 34), pour le territoire du bassin de la Sarre (art. 49), pour la Haute-Silésie (art. 88), pour le Sleswig (art. 109) (1). Et le traité a pris des mesures pour assurer le libre vote de la population intéressée sous la sauvegarde de la Société des Nations. (Lire à ce sujet les prescriptions contenues dans l'annexe à l'art. 88).

Au contraire le plébiscite a été écarté en ce qui concerne l'Alsace-Lorraine, malgré les réclamations intéressées de l'Allemagne. C'est que pour l'Alsace-Lorraine il y avait non pas annexion, mais désannexion, retour à la mère-patrie d'un territoire qui lui avait été arraché par la violence et contre lequel l'ensemble de la population n'avait cessé de protester pendant 44 ans. Subordonner la solution de la question de l'Alsace-Lorraine à un plébiscite, c'eût été reconnaître la légitimité de l'occupation allemande et c'est ce que la Conférence de Paris ne pouvait consentir à admettre. Au surplus, comme l'a dit le Président de la Répu-

_____

(1) Le Sleswig est divisé en trois zones : le plébiscite n'a été organisé que dans les deux premières ; et on a fait voter la seconde zone sans obliger les troupes et les autorités allemandes à évacuer la troisième zone, laissant ainsi au gouvernement allemand un moyen d'agir de la troisième zone sur les populations de la seconde zone. Le résultat a été le suivant : dans la première zone le vote des habitants a été favorable au Danemark dans la proportion de trois contre un, tandis que dans la deuxième zone, un cinquième seulement de la population s'est prononcé en faveur du retour à la mère-patrie. Ce résultat a été consacré officiellement par un traité signé à Paris le 5 juillet 1920 qui restitue au Danemark environ un tiers seulement de ce que la Prusse avait enlevé au Danemark en 1866.

blique française à Strasbourg, le plébiscite a été fait
le jour de l'entrée des troupes françaises en Alsace et
en Lorraine par l'accueil enthousiaste qui leur a été
réservé par la population, qui les a reçues comme des
sauveurs et des libérateurs.

§ 4. — De la prescription.

**La prescription doit-elle être admise comme mode
d'acquérir en droit international ?** — La prescription
doit être reconnue comme un mode d'acquérir entre
les Etats, pour les mêmes motifs qui la font admettre
dans les rapports entre simples particuliers (1).

Sans la prescription, en effet, la légitime possession
d'un territoire pourrait à toute époque être mise en
question ; et pour établir son droit, un Etat serait
obligé de remonter à l'origine de sa possession et de
démontrer qu'elle reposait sur une cause juste. Grâce à
la prescription, au contraire, il suffira qu'un Etat ait
possédé d'une façon continue et paisible un territoire,
pendant un certain temps, pour que nul autre n'ait le
droit de le lui contester.

Ce mode d'acquérir rend surtout de grands services
pour déterminer les limites entre deux Etats ; en cas
d'absence de titres, ou si les titres qui existent sont
obscurs, la prescription pourra utilement être invoquée.

Conditions requises pour la prescription. — Deux
conditions sont requises pour que la prescription soit
opérée : 1° la possession ; 2° le laps de temps.

1° *Possession.* — La possession requise pour la
prescription est la même que celle qui est exigée pour
l'occupation. Il faut qu'elle consiste dans l'exercice de
la *souveraineté* de la part de l'Etat, par exemple, dans
la perception des impôts. Il ne suffirait pas par exemple
que ses sujets aient possédé certaines portions de ce
territoire à titre de propriétaires.

La possession doit être *paisible* : des actes de violence
ne peuvent jamais, même par le laps de temps, faire
naître un droit.

Elle doit être non équivoque, c'est-à-dire *incontestée*
à l'égard des habitants du territoire occupé et à l'égard
des autres Etats.

----

(1) Voir Vattel, *op. cit.*, I, p. 407 à 415.

2° *Durée*. — La durée de la possession est indéterminée. Tout ce qu'on peut dire, c'est qu'elle doit être plus longue que celle qui est nécessaire pour l'accomplissement de la prescription d'après le droit civil.

*** SECTION II. — DE LA MER

Division de la section. — Nous diviserons notre section en trois chapitres :
Chapitre I : Du principe de la liberté des mers, son fondement et ses conséquences.
Chapitre II : De l'étendue d'application du principe.
Chapitre III : Des exceptions au principe.

CHAPITRE PREMIER. — DU PRINCIPE DE LA LIBERTÉ DES MERS, SON FONDEMENT ET SES CONSÉQUENCES.

Historique de la question de la liberté des mers. — Le principe de la liberté des mers est de date relativement récente.

Pendant très longtemps, jusqu'au xvie siècle surtout, il était loin d'être reconnu.

Jusqu'à cette époque, on voit les Etats les plus puissants prétendre avoir un droit de souveraineté sur la mer et chercher à l'exercer à l'exclusion des autres Etats.

C'est *Rome* d'abord, qui fit de la Méditerranée un lac intérieur ; ce fut ensuite *Venise*, qui prétendit dominer dans l'Adriatique.

Plus tard, les *Portugais* et les *Espagnols*, en vertu d'une bulle du pape Alexandre VI, du 4 mai 1493, se traduisant par le droit d'exiger le salut des autres navires, l'établissement de taxes de pêche et même l'interdiction du commerce, s'arrogèrent un droit de possession et de jouissance exclusives sur la route des *Indes orientales et occidentales*.

Mais c'est entre l'*Angleterre* et la *Hollande* que s'éleva le conflit le plus fameux, resté classique, concernant la liberté des mers : l'Angleterre prétendant interdire aux Hollandais de naviguer dans les eaux que sillonnaient ses navires. La prétention de l'Angleterre fut soutenue par *Selden* dans un écrit intitulé : *Mare clausum* ; celle de la Hollande par l'écrit de *Grotius*, *Mare liberum*.

Fondement du principe de la liberté des mers. — Aujourd'hui le principe de la liberté des mers est reconnu par tous les Etats.

Ce principe a pour fondement :

1° Ce motif que la mer est indispensable aux relations, au commerce et à la sécurité de tous les Etats, et qu'en conséquence, elle doit être considérée comme une chose commune à tous, extra-commerciale, dont aucun d'eux ne peut s'attribuer la possession et la jouissance exclusives. C'était l'argument essentiel de Grotius ; pour lui la mer est le patrimoine commun de tous les hommes et par conséquent de tous les Etats.

2° Cette raison, qu'elle ne se prête pas, par sa nature physique, à un acte d'appréhension pouvant servir de base à un droit de souveraineté au profit d'un Etat (1).

3° Cette considération enfin « qu'on n'a aucun « intérêt à accaparer une chose inépuisable, qui se « renouvelle sans cesse, dont tous ont un égal besoin, « et que chacun peut utiliser sans diminuer la part « d'autrui » (2).

Conséquences résultant du principe de la liberté des mers. — On peut les ramener à trois principales :

1° Droit à la navigation pour les navires de guerre comme pour les navires de commerce, en temps de paix comme en temps de guerre ;

2° Droit à la pêche ;

3° Indépendance respective des navires des divers Etats sur mer.

Nous n'insistons pas sur ce dernier point, nous le

---

(1) « La mer qui enveloppe les continents... les fleuves dont elle reçoit le tribut ne peuvent être à personne, parce que nul n'a les moyens de les enchaîner, parce que la servitude est incompatible avec leur constante mobilité. » Engelhardt, *Du régime conventionnel des fleuves internationaux*, p. 3.

(2) Engelhardt, *op. cit.*, p. 33. C'est ce qu'exprimait Vattel en disant que l'usage de la pleine mer, lequel consiste dans la navigation et la pêche, est innocent et inépuisable, c'est-à-dire que celui qui navigue ou qui pêche en pleine mer ne nuit à personne et que la mer, à ces deux égards, peut fournir aux besoins de tous les hommes (*op. cit.*, I, 309).

retrouverons en détail en étudiant d'une façon spéciale les navires.

Mesures compatibles avec la liberté des mers. — Le principe de la liberté des mers n'est nullement incompatible avec les mesures que les Etats peuvent prendre d'un commun accord pour diminuer les dangers de la navigation en mer.

On peut, dans cet ordre d'idées, citer :

1° Les règlements édictés par la France de concert avec l'Angleterre et approuvés par les autres Etats pour prévenir les abordages ;

2° L'adoption par tous les Etats d'un Code international des signaux, pour que les navires de nationalités différentes puissent correspondre entre eux ;

3° Les conventions relatives à l'établissement et à l'entretien des phares ;

4° Les conventions relatives à la protection des câbles sous-marins, à l'exercice du droit de pêche, etc. (1) ;

5° Les conventions relatives à l'assistance en mer (Convention de Bruxelles de 1910).

La liberté des mers et la guerre de 1914. — Au cours de la guerre de 1914, l'une des réclamations le plus souvent formulées par les empires centraux, comme formant l'un de leurs buts de guerre, est relative à la liberté des mers. La même revendication se retrouve dans la note du pape Benoît XV, faisant connaître,

---

(1) Une convention relative à la protection des câbles sous-marins a été signée entre de nombreux Etats, à Paris, le 14 mars 1884. La pose et l'entretien des câbles sous-marins sont placés sous la garantie des puissances. La destruction ou la détérioration d'un câble est considérée comme un délit dont la répression est confiée aux tribunaux de l'Etat auquel appartient le coupable. En cas de guerre, cette protection cesse. Citons en ce qui concerne la pêche la convention de la Haye du 6 mars 1882 réglementant la pêche dans la mer du Nord, qui est placée sous la surveillance des navires de guerre des puissances contractantes. Elle a été complétée par la convention de la Haye du 16 novembre 1896 relative à la vente des spiritueux parmi les pêcheurs de la mer du Nord et réglementant les « *cabarets flottants* ».

à la date du mois d'août 1917, les bases possibles d'un traité de paix entre les belligérants. Mais cette expression est alors prise dans un sens tout différent. Elle ne tendrait à rien moins qu'à enlever aux Alliés, en vue d'une nouvelle guerre possible dans l'avenir, l'arme du blocus qui leur a permis d'isoler complètement les empires centraux par mer et ainsi de les priver des matières premières et des objets d'alimentation qu'ils ne pouvaient pas tirer de leur propre sol. Arme du blocus qui a été la plus efficace contre les empires de proie.

Toute discussion sur ce point a été exclue par l'Angleterre des négociations de paix par une clause de l'armistice du 11 novembre 1918.

CHAPITRE II. — DE L'ÉTENDUE D'APPLICATION
DU PRINCIPE.

Etendue d'application du principe. — Le principe de la liberté des mers s'applique :

1° A la pleine mer ;

2° Aux mers intérieures communiquant avec la pleine mer ;

3° Aux détroits qui font communiquer deux mers.

Mers intérieures communiquant avec la pleine mer. — On entend par là les portions de mer s'avançant plus profondément dans les terres, et où les navires venant de la pleine mer peuvent pénétrer. En principe ces mers sont entièrement libres, comme la pleine mer elle-même.

Par exception, elles se trouvent placées sous la souveraineté de l'Etat riverain et peuvent être fermées aux navires étrangers, lorsque les deux conditions suivantes sont réunies :

1° Lorsque tout le littoral appartient au même Etat, ainsi que les deux côtés du détroit qui fait communiquer la mer intérieure avec la pleine mer ;

2° Lorsque le détroit est si resserré qu'il peut être commandé par les forces des deux rives.

Application du principe à la mer Noire. — *Historique.* — La mer Noire est une mer intérieure mise en communication avec la pleine mer par les détroits des

Dardanelles et du Bosphore. Le régime auquel elle a été soumise a été l'objet de nombreux traités que nous allons rapidement passer en revue.

Jusqu'au traité de Kaïnardji (1774), tout le littoral de la mer Noire appartient au sultan. La navigation en est interdite aux navires de tous les autres États.

Par le traité de Kaïnardji, la Russie devient riveraine de la mer Noire et, comme conséquence, elle obtient la libre navigation sur la mer Noire et le libre passage des détroits pour ses navires marchands.

Le *traité d'Andrinople* du 14 septembre 1829, qui mit fin à la lutte pour l'indépendance de la Grèce, ouvrit les détroits et la mer Noire à la libre navigation des navires de commerce de toutes les puissances, mais défendit le passage des détroits aux navires de guerre.

Ce traité fut confirmé par le célèbre traité des Détroits, du 13 juillet 1840, qui annula la convention l'*Unkiar Skelessi*, du 8 juin 1833, dans laquelle la Russie s'était fait reconnaître par la Turquie le droit à la libre navigation des détroits pour sa flotte militaire.

Le *traité de Paris* du 30 mars 1856 pose le principe de *neutralisation de la mer Noire*. Aux termes de ce traité, ni la Russie, ni la Turquie ne pouvaient avoir sur la mer Noire des navires de guerre ou des arsenaux.

Par la *convention de Paris* du même jour, il est interdit aux bâtiments de guerre des puissances étrangères d'entrer dans les détroits des Dardanelles et du Bosphore.

Situation en 1914. — Enfin par le *traité de Londres* du 13 mars 1871, confirmé par le traité de Berlin du 14 juillet 1878, dans son article 63, la *neutralisation de la mer Noire* était supprimée. La Turquie et la Russie pouvaient avoir, sans aucune limitation, des navires de guerre et des arsenaux dans la mer Noire. Mais le passage des détroits restait interdit aux navires de guerre de toutes les puissances.

En sorte que la liberté dont jouissait la mer Noire était une demi-liberté. La mer Noire était ouverte aux navires de commerce, mais était fermée aux navires de guerre venant de la haute mer (1).

_____

(1) Cependant, d'après la convention de Londres du 13 mars 1871 (art. 2) et comme compensation à la sup-

Réglementation nouvelle. — Une réglementation nouvelle de la question a été consacrée par une convention annexe du traité de Lausanne du 24 juillet 1923, dans le sens de la liberté la plus grande accordée aux navires de tous les pays. Nous l'indiquons plus loin.

Détroits naturels. — Un détroit peut faire communiquer une mer libre avec une mer fermée, ou faire communiquer deux mers libres.

Premier cas : *Détroit faisant communiquer une mer libre avec une mer fermée.*

C'était le cas du Bosphore et des Dardanelles jusqu'au traité de Kaïnardji (1774).

L'État qui domine le détroit et le littoral de la mer fermée peut interdire aux navires étrangers le passage du détroit. C'est la conséquence du droit que nous lui avons reconnu de refuser aux étrangers la libre navigation de la mer intérieure.

Deuxième cas : *Détroit faisant communiquer deux mers libres.*

Ce détroit doit être déclaré libre comme les deux mers auxquelles il sert de trait d'union. Car, s'il en était autrement, la liberté des mers ne serait d'aucune utilité.

Les États riverains du détroit ne peuvent pas en interdire l'accès aux navires des autres États, ni les soumettre au paiement d'un droit de péage. Tout ce qu'ils peuvent leur réclamer, c'est la rémunération du service rendu pour le pilotage ou pour l'entretien des phares à l'entrée des ports.

Application du principe de la liberté des détroits. — 1° *Au Bosphore et aux Dardanelles.* — Nous avons dit, en étudiant plus haut le régime de la mer Noire,

---

pression de la neutralisation de la mer Noire, la Turquie a le droit d'ouvrir en temps de paix les détroits aux navires de guerre des puissances amies ou alliées, dans le cas où la Sublime Porte le jugerait nécessaire pour sauvegarder l'exécution des stipulations du traité de Paris du 30 mars 1856, dont la convention spéciale relative aux détroits, signée le même jour, a été déclarée faire partie intégrante (art. 10).

que les détroits du Bosphore et des Dardanelles étaient ouverts aux navires de commerce, mais fermés aux navires de guerre. Nous renvoyons aux détails que nous avons donnés.

La question des détroits et la guerre de 1914. — Le statut international des détroits a été violé par l'Allemagne avec la complicité de la Turquie. Deux croiseurs allemands, le *Gœben* et le *Breslau*, pour échapper aux coups de la flotte franco-anglaise, forcèrent le passage des Dardanelles et du Bosphore, et, pour excuser cette violation du droit international, la Turquie eut recours à un argument subtil en disant qu'elle avait acheté ces navires à l'Allemagne et, de fait, ils furent maquillés en navires turcs et c'est sous le pavillon turc qu'ils naviguèrent dans la mer Noire. Les puissances alliées refusèrent de reconnaître une opération aussi frauduleuse. Mais cette controverse cessa de présenter tout intérêt pratique lorsque la Turquie fut devenue elle-même une puissance belligérante.

Convention annexe au traité de Lausanne du 24 juillet 1924. — Le régime des détroits (Dardanelles, mer de Marmara et Bosphore) forme l'objet d'une convention spéciale en 20 articles.

Le principe est la liberté du passage des détroits, même pour les navires de guerre, en temps de paix comme en temps de guerre, sauf à l'égard des navires ennemis, si la Turquie est belligérante.

Pour garantir le respect de ce principe, sont démilitarisées les zones et les îles désignées à l'article 4.

Enfin, une Commission internationale des détroits, présidée par un délégué de la Turquie et opérant sous les auspices de la Société des Nations, a pour mission de s'assurer que sont dûment observées les dispositions concernant le passage des bâtiments de guerre et les aéronefs militaires.

2° Aux détroits de la Baltique. — Pendant des siècles, le Danemark percevait à Elseneur, sur les navires qui passaient de la mer du Nord à la mer Baltique, des droits portant : l'un sur le navire, l'autre sur la cargaison. Le droit établi sur le navire représentait le prix du service rendu à la navigation pour pilotage, entretien des bouées, des feux, etc., etc. ; mais le droit établi sur la cargaison était un véritable péage, contraire à la liberté des mers. Le paiement de ces droits formait une source de revenus importants pour le Danemark, mais pesait lourdement sur la marine des autres pays. Les Etats-Unis avaient réclamé à plusieurs reprises ; enfin, après un congrès réuni à Copenhague, où étaient représentées les puissances intéressées, on put aboutir à un traité qui porte la date du 14 mars 1867.

Aux termes de ce traité, le passage des détroits qui font communiquer la mer du Nord et la mer Baltique est libre ; les Etats ne sont plus astreints au paiement d'aucun droit ; le pilotage est même facultatif. Le Danemark prend l'engagement d'entretenir les feux et les phares indispensables à la navigation. Mais, en échange du service ainsi rendu, les autres puissances s'engagent à lui payer une certaine somme, représentant le montant capitalisé des taxes des années précédentes, chacune d'elles en proportion du nombre des navires qui passent annuellement par les détroits. La fixation de cette somme a fait l'objet d'un traité spécial, à la date du 28 septembre 1867. Des arrangements particuliers sont en outre intervenus entre le Danemark et les autres Etats pour régler le paiement de cette contribution.

CHAPITRE III. — DES EXCEPTIONS AU PRINCIPE DE LA LIBERTÉ DES MERS.

Enumération. — Il y a exception au principe de la liberté des mers :

1º A l'égard des mers intérieures ne communiquant avec aucune autre mer ; 2º de la mer territoriale ; 3º des ports, havres, rades ; 4º des golfes et des baies ; 5º des détroits artificiels ou canaux maritimes.

1º Mer intérieure ne communiquant avec aucune autre mer. — C'est une mer qui se trouve enclavée dans l'intérieur des terres, sans issue au dehors. Elle peut se trouver tout entière sur le territoire d'un seul Etat, comme la mer Morte qui est située en territoire ottoman ; ou bien elle peut être comprise sur le territoire de deux Etats différents, comme la mer Caspienne dont les bords appartiennent pour une partie à la Russie et pour l'autre à la Perse.

Dans le premier cas, la mer intérieure est une portion intégrante du territoire de l'Etat. Cet Etat exerce sur elle un droit de souveraineté absolue en vertu duquel il peut interdire la navigation et la pêche aux navires étrangers.

Lors au contraire que la mer intérieure est située sur le territoire de deux Etats différents, les deux Etats riverains ont également sur cette mer le droit de navigation et de pêche ; et pour admettre les navires étrangers l'accord des deux Etats est nécessaire.

*** 2o Mer territoriale ou littorale (1). — *Définition.*

— La mer territoriale ou littorale est la portion de mer qui s'étend depuis le rivage ou la mer nationale jusqu'à la haute mer.

En sorte qu'il y a lieu de distinguer : la mer nationale constituée par les ports, havres, rades ; la mer territoriale et la haute mer.

Nature du droit de l'Etat sur la mer territoriale. — Cette question est très discutée. Elle a donné lieu à trois opinions.

D'après une première opinion, l'Etat riverain aurait sur la mer territoriale le même droit de souveraineté que sur son territoire proprement dit.

Cette thèse, autrefois soutenue par l'Angleterre, est complètement abandonnée aujourd'hui. Elle doit être écartée pour les mêmes raisons qui rendent inadmissible l'idée de souveraineté sur la haute mer.

D'après une seconde opinion, l'Etat riverain n'aurait pas plus de droit sur la mer territoriale que sur la pleine mer. Car si elle n'est susceptible ni de souveraineté ni de propriété, elle n'est pas davantage susceptible de servitudes, les servitudes étant des restrictions au droit de propriété.

Enfin, d'après une troisième opinion qui prévaut actuellement, l'Etat riverain aurait, à défaut de souveraineté, un pouvoir de police et de sûreté qui lui permet de prendre toutes les mesures convenables pour se mettre à l'abri des dangers qui peuvent le menacer du côté de la mer : protection contre les épidémies, protection contre les fraudes douanières, protection contre une attaque brusquée, protection contre les combats navals que deux Etats belligérants pourraient se livrer trop près de ses côtes (2).

---

(1) Sur cette matière consulter l'ouvrage de M. Imbart-Latour, *La mer territoriale au point de vue théorique et pratique,* Paris, 1889.

(2) C'est ce que constate un arrêt de la Chambre civile

Etendue de la mer territoriale. — Il n'y a pas de règle internationale absolue à cet égard. L'Institut de droit international dans sa session de Paris 1894 avait proposé d'étendre la limite de la mer territoriale à 6 milles en temps de paix comme en temps de guerre, avec faculté de l'étendre à 9 milles en temps de guerre.

En France, on a fixé des limites distinctes suivant les cas : pour la pêche, la mer territoriale s'étend à trois milles (1). Dans cette limite le droit de pêche est réservé aux nationaux ; sur les côtes du Maroc on l'a étendu jusqu'à 6 milles. Au point de vue de la douane, la mer territoriale s'étend à deux myriamètres d'après la loi du 11 germinal an II. Au point de vue de la neutralité, en temps de guerre, c'est la limite de 3 milles qui est adoptée. Enfin les décrets du 21 et du 26 mai 1913 déterminent la distance à observer pour le mouillage des bâtiments de guerre étrangers. Ils ne peuvent pas, par secteur, mouiller, à plus de trois, à une distance moindre de 6 milles de la basse mer. A ce point de vue, la mer territoriale s'étend jusqu'à 6 milles.

3° Ports, havres, rades (2). — Ils forment une partie

de la Cour de cassation du 26 novembre 1918, ainsi conçu : « Que... si les eaux territoriales sont soumises aux pouvoirs de police et de sûreté de l'Etat, elles ne forment pas une portion du territoire français ou colonial et ne rentrent pas dès lors dans l'étendue de l'une quelconque des circonscriptions judiciaires en lesquelles il a été divisé ». D'où elle a tiré cette conséquence que l'action en paiement des frais de l'assistance prêtée à un navire dans la mer territoriale ne peut être portée devant un tribunal d'une circonscription judiciaire touchant à la mer territoriale, mais est justiciable du tribunal du domicile du défendeur, comme action personnelle (D. P. 1923.1.108). Consulter également le décret du 26 mai 1913 portant règlement pour le temps de guerre des conditions d'accès et de séjour des navires autres que les navires de guerre français dans les mouillages et ports du littoral français et des pays de protectorat.

(1) Le mille marin est égal à 1.852 mètres et la lieue marine à 5.556 mètres, soit à trois milles marins.

(2) Un port est un lieu de refuge creusé par la main de l'homme ou naturel destiné à abriter les navires et à faciliter le chargement et le déchargement des marchandises. — Un havre est un port de mer situé à l'embou-

intégrante de l'Etat ; celui-ci exerce sur ces portions
de territoire la même souveraineté que sur le reste de
son territoire. Cependant, en raison du droit de commerce qui appartient aux autres Etats, il ne peut
interdire l'entrée de ses ports de commerce aux navires
étrangers. Quant aux ports militaires, il aurait le droit
de les fermer dans un but de conservation et de défense.
Mais, en pratique, il n'en est pas ainsi : les navires de
guerre eux-mêmes peuvent pénétrer librement dans
les ports militaires, en observant certaines règles en
ce qui concerne leur nombre et la durée de leur séjour.

4° **Golfes et baies.** — Les golfes et les baies qui n'ont
pas une étendue bien considérable sont soumis à la
souveraineté de l'Etat dans les mêmes conditions que
la mer territoriale. Il en est ainsi lorsque l'accès peut
en être défendu par le feu des canons placés sur les
deux rives opposées.

Les golfes et les baies qui ont une largeur dépassant
la double portée du canon sont au contraire soumis au
régime de la pleine mer à partir du point où cesse la
mer territoriale de l'Etat.

C'est par application des règles que nous venons
d'indiquer que la loi française du 1er mai 1888, qui
réserve aux nationaux le droit de pêche sur les côtes,
déclare que les baies où la pêche est réservée sont celles
dont la largeur n'excède pas 10 milles.

5° **Détroits artificiels ou canaux maritimes.** — Le
principe de la liberté de la mer ne s'applique pas aux
détroits artificiels ou aux canaux maritimes, qu'un
Etat creuse sur son territoire. L'Etat exerce son droit
de souveraineté sur ces canaux comme sur les autres
portions de son territoire. Il peut, en conséquence, en
accorder ou en refuser le libre accès aux navires des
Etats étrangers, comme il lui convient. Cependant le
droit d'interdire la libre navigation à travers un canal
maritime peut faire l'objet d'une renonciation de la
part de l'Etat sur le territoire duquel le canal est ouvert.
Cet Etat peut concéder la libre navigation aux autres
Etats ; son territoire est alors grevé d'une *servitude de*

_____

chure d'un fleuve. — Une rade est une étendue de mer
enfoncée dans les terres et qui sert d'abri aux navires.

passage. C'est ce qui existe pour le canal de Suez, le canal de Panama et le canal de Kiel.

** Du canal de Suez. — *Historique.* — L'œuvre du percement de l'isthme de Suez, concédée par le vice-roi d'Egypte à une compagnie internationale, dirigée par M. Ferdinand de Lesseps, le 30 novembre 1854, renouvelée le 15 janvier 1856 et ratifiée par la Porte le 22 février 1856, a été commencée le 25 avril 1859 et inaugurée solennellement le 17 novembre 1869. L'acte de concession porte que le canal projeté doit être ouvert aux navires de commerce de tous les Etats, sans exception.

Pour garantir le libre usage du canal de Suez en tous temps à tous les Etats, un traité a été conclu le 29 octobre 1888 entre les puissances européennes.

Clauses principales du traité du 29 octobre 1888. — Nous allons passer en revue rapidement les dispositions principales de ce traité sous les trois rubriques suivantes : 1° liberté de navigation et neutralisation du canal ; 2° égalité des Etats ; 3° mesures de surveillance et de contrôle destinées à assurer la liberté de navigation, la neutralisation et l'égalité de traitement entre les Etats.

1° *Liberté de navigation et neutralisation du canal.* — En temps de paix, comme en temps de guerre, le canal de Suez est libre et ouvert à tous les navires de commerce ou de guerre de tous les Etats. Les parties contractantes s'engagent, en conséquence, à ne porter aucune atteinte au canal lui-même, comme au canal d'eau douce qui l'alimente, et à respecter le matériel et les établissements qui s'y rattachent.

En temps de guerre, le canal de Suez reste ouvert comme passage libre à tous les navires, même aux navires des deux belligérants.

Cependant, le canal est, en quelque sorte (1), neutralisé. Cette neutralisation particulière produit les conséquences suivantes :

_____

(1) Nous disons *en quelque sorte*, parce que l'expression « neutralisé » peut être critiquée sans ce correctif. On peut dire qu'il n'y a pas là une véritable neutralisation ; si le canal de Suez était neutralisé, il serait fermé en temps de guerre aux navires belligérants. Il est plus exact de dire qu'il est internationalisé. Bonfils, *op. cit.*, n° 512.

1° Interdiction aux parties belligérantes de se livrer dans le canal à aucun acte d'hostilité et de prendre aucune mesure dont le but serait d'entraver la libre navigation du canal, soit dans le canal lui-même, soit dans ses ports d'accès, ainsi que dans un rayon de 3 milles marins, et cela même si l'empire ottoman est l'une des puissances belligérantes (article 4) ;

2° Interdiction de mettre le canal en état de blocus (article 1er) ;

3° Interdiction faite aux belligérants de débarquer et de prendre dans le canal et dans ses ports d'accès ni troupes, ni munitions, ni matériel de guerre ; sauf le cas d'un empêchement accidentel dans le canal, où il sera permis d'embarquer ou de débarquer dans les ports d'accès des troupes fractionnées par groupes n'excédant pas 1.000 hommes avec le matériel de guerre correspondant (art. 5) ;

4° Obligation pour les navires de guerre des belligérants d'effectuer le transit du canal dans le plus bref délai, d'après les règlements en vigueur et sans autre arrêt que celui qui résulterait des nécessités du service ; de ne pas séjourner plus de vingt-quatre heures à Port-Saïd ou dans la rade de Suez, sauf le cas de relâche forcée ; d'observer un intervalle de vingt-quatre heures entre la sortie des ports d'accès d'un navire belligérant et le départ d'un navire appartenant à la puissance ennemie (art. 4, *in fine*).

2° *Egalité entre les Etats.* — Tous les Etats sont sur le pied d'égalité, en ce qui concerne le libre usage du canal. Les parties contractantes s'engagent à ne pas se faire attribuer des avantages territoriaux ou commerciaux, ni de privilèges dans les arrangements internationaux qui pourront intervenir (art. 12).

3° *Mesures de contrôle et de surveillance.* — Le traité ne porte aucune atteinte aux droits de souveraineté du sultan et du khédive, en dehors des obligations prévues par les cas précédents (art. 13).

En conséquence, c'est au khédive qu'il incombe de prendre les mesures nécessaires à assurer l'exécution du traité. Dans le cas où il ne disposerait pas de forces suffisantes, il devra faire appel au sultan qui devra agir après avoir donné avis aux autres signataires du traité (art. 10).

Quant aux puissances étrangères, elles n'ont qu'un simple pouvoir de contrôle et de surveillance et le droit de requérir du khédive, ou, à défaut, du sultan, l'exécution des mesures destinées à assurer la libre navigation du canal. Mais elles ne peuvent jamais agir par elles-mêmes.

Le contrôle et la surveillance du canal sont confiés aux représentants que les puissances signataires du traité accréditent auprès du khédive en Egypte. Ils doivent se réunir une fois par an sous la présidence d'un commissaire spécial, nommé à cet effet par le sultan. Un commissaire khédivial pourra également prendre part à la réunion et la présider, en cas d'absence du commissaire ottoman. Ils constateront la bonne exécution du traité et réclameront la suppression de tout ouvrage ou la dispersion de tout rassemblement qui pourrait avoir pour but ou pour effet de porter atteinte à la liberté et à l'entière sécurité de la navigation.

De plus, en toute circonstance qui menacerait la sécurité ou le libre passage du canal, ils peuvent se réunir sur la convocation de trois d'entre eux, sous la présidence de leur doyen, pour procéder aux constatations nécessaires.

L'établissement du protectorat anglais sur l'Egypte entraînant la suppression de la suzeraineté de la Turquie sur ce pays a eu pour conséquence de faire disparaître l'autorité du représentant de la Turquie en ce qui concerne le canal de Suez. Cette autorité est passée aux mains du gouvernement britannique (1).

Le canal de Suez et la guerre de 1914. — Deux questions ont été soulevées relativement au canal de Suez, au cours de la guerre de 1914 : celle du séjour dans les ports du canal et celle de la défense du canal.

La convention de Constantinople de 1888 a établi l'internationalisation du canal de Suez et accordé aux navires de commerce en temps de guerre un droit de séjour dans les ports du canal. Se fondant sur ces deux règles, des navires allemands arrivés à Port-Saïd et à Suez lors de la déclaration de guerre prétendirent y séjourner indéfiniment. Prétention inacceptable, car si Port-Saïd et Suez sont ports neutres comme ports d'accès, ils n'en restent pas moins ports égyptiens et, comme tels, ne peuvent procurer un asile indéfini aux

---

(1) L'Allemagne accepte ce transfert d'autorité dans l'article 152 du traité de Versailles de 1919.

navires des puissances ennemies. En conséquence, les navires allemands furent capturés et la régularité de la prise fut soumise à la cour des prises britanniques d'Alexandrie.

Depuis que la Turquie s'était alliée à l'Allemagne et à l'Autriche, il y avait à craindre des attaques contre le canal de Suez en vue de l'obstruer et de le rendre impropre à la navigation. Pour y parer, l'Angleterre a dû débarquer des troupes et élever des fortifications tout le long du canal.

Le canal de Suez et l'indépendance de l'Egypte. — Quelle est la situation actuelle du canal de Suez depuis que l'Egypte a été reconnue par l'Angleterre comme un Etat indépendant et souverain ? C'est là, nous l'avons dit, un des points en litige entre les deux puissances intéressées, sur lequel une entente est difficile, l'Angleterre émettant la prétention d'assurer par ses propres forces la liberté de ses communications avec ses possessions de l'Océan Indien et l'Egypte trouvant naturellement qu'une semblable prétention est inconciliable avec son droit de souverain territorial.

Canal de Panama. — Le canal de Panama est destiné à faire communiquer l'Océan Atlantique et l'Océan Pacifique. Après l'échec de la Compagnie française constituée à cet effet, sous les auspices de M. Ferdinand de Lesseps (1881 à 1890), les Etats-Unis prirent en mains l'affaire en vue de la faire aboutir. Dans ce but ils signèrent avec l'Angleterre plusieurs arrangements, dont le dernier, du 18 novembre 1901, est le traité Haye-Paunceforte, ainsi appelé du nom de ses négociateurs (1). En même temps les Etats-Unis cherchaient à s'entendre avec la Colombie, sur le territoire de laquelle se trouve l'isthme qu'il s'agissait de percer. Sur ces entrefaites, le département de Panama se soulevait contre sa métropole et se constituait en Etat

----

(1) Ce traité avait pour but de libérer les Etats-Unis du malencontreux traité Clayton-Bulwer du 19 juillet 1850 qui, prévoyant l'ouverture du canal de Panama, plaçait par avance le futur canal sous le régime du contrôle commun des deux Etats signataires. Ce traité était contraire à la doctrine de Monroe, qui exclut toute ingérence européenne dans les affaires américaines.

indépendant. Les Etats-Unis s'empressaient de reconnaître le nouvel Etat et signèrent avec lui le traité Hay-Bunau Varilla, du 18 novembre 1903, qui lui a concédé le droit d'occuper une certaine zone de territoire pour la construction du canal, moyennant une indemnité de dix millions de dollars et une redevance annuelle de 250.000 dollars pendant un certain nombre d'années.

Le canal est neutralisé dans les mêmes conditions que le canal de Suez, d'après la convention précitée de 1888, et les règles de la navigation établies par les Etats-Unis doivent être conformes aux clauses du traité Haye-Paunceforte.

Les travaux d'exécution du canal ayant été poussés très activement, son ouverture a pu avoir lieu au début de l'année 1914. A cet effet, les Etats-Unis avaient édicté les règles de la circulation dans le canal par une loi du 24 août 1912, qui accordait un traitement de faveur aux navires américains, mais cette loi souleva les protestations de l'Angleterre comme contraire au traité Haye-Paunceforte. Sur la proposition du président Wilson, cette loi a été abrogée et remplacée par la loi du 16 juin 1914, établissant le régime de l'égalité des navires de toutes les puissances (1).

Canal de Kiel. — *Stipulations du traité de Versailles.* Le traité de Versailles de 1919 a consacré toute une section (art. 380 à 386) pour fixer le régime de la navigation au travers du canal de Kiel destiné à faire communiquer la mer du Nord avec la mer Baltique. C'est une véritable servitude de passage qui est par là imposée à l'Allemagne.

L'art. 380 pose le principe que le canal et ses accès seront toujours libres et ouverts sur un pied de parfaite égalité aux navires de guerre et de commerce de toutes les nations en paix avec l'Allemagne.

En conséquence, l'art. 382 ajoute qu'il ne pourra être perçu sur les navires et bateaux empruntant le

---

(1) Notons entre le régime du canal de Suez et celui du canal de Panama cette différence que les Etats-Unis peuvent élever des fortifications le long du canal pour défendre sa sécurité, tandis que des fortifications ne peuvent être élevées sur le canal de Suez.

canal ou ses accès que des taxes destinées à couvrir d'une manière équitable les frais d'entretien de la navigabilité ou de l'amélioration du canal ou de ses accès ou à dés dépenses faites dans l'intérêt de la navigation.

En cas de conflit, toute puissance intéressée pourra faire appel à la juridiction instituée dans ce cas par la Société des Nations (art. 386).

L'affaire du Wimbledon. — Les principales puissances alliées ont assigné l'Allemagne devant la Cour permanente de justice internationale pour avoir refusé le 21 mars 1921 au vapeur *Wimbledon* le libre accès du canal de Kiel. C'est le premier exemple d'une semblable assignation en justice devant un tribunal international d'un Etat souverain par d'autres Etats souverains. La Pologne est intervenue au procès (22 juin 1923). L'affaire a été plaidée le 5 juillet 1923. L'Allemagne invoquait pour sa défense que le canal de Kiel ne peut être assimilé au canal de Suez ou de Panama. C'est une voie d'eau intérieure sur laquelle l'Allemagne a conservé son droit de souveraineté. Dès lors, elle a pu valablement interdire le passage au *Wimbledon* comme conséquence de sa déclaration de neutralité dans les hostilités existant encore à ce moment entre la Pologne et la République des Soviets. Par un arrêt en date du 17 août 1923, la Cour, acceptant au contraire la thèse des puissances alliées, par 9 voix contre 3, a décidé que le canal de Kiel a cessé d'être une voie navigable intérieure dont l'usage par les navires des puissances autres que l'Etat riverain est abandonné à la discrétion de ce dernier... La règle générale établissant le libre passage est donc également applicable dans le cas de neutralité de l'Allemagne » (1).

SECTION III. — DES FLEUVES

Distinction fondamentale. — Il faut distinguer :
1º Les fleuves internationaux ou communs ;
2º Les fleuves nationaux.

Définition. — On entend par fleuves *internationaux* ou *communs* ceux qui, dans leur partie navigable, cou-

---

(1) Résumé mensuel de 1923, janvier, p. 2 ; juillet, p. 117; août, p. 139 ; septembre, p. 163.

lent sur le territoire de plusieurs Etats, soit qu'ils les séparent, soit qu'ils les traversent.

On entend par *fleuves nationaux* ceux dont la partie navigable se trouve sur le territoire d'un seul Etat.

Intérêt pratique de la distinction. — Tandis que les fleuves *internationaux* ou *communs* sont ouverts à la libre navigation de tous les Etats, l'usage des *fleuves nationaux* est réservé à l'Etat sur le territoire duquel ils coulent.

Division de la section. — Nous diviserons notre section en deux chapitres :

Chapitre Iᵉʳ : Des fleuves internationaux ou communs.

Chapitre II : Des fleuves nationaux.

*** CHAPITRE PREMIER. — DES FLEUVES INTERNATIONAUX OU COMMUNS.

Idée générale. — Les fleuves internationaux ou communs appartiennent au territoire de chacun des Etats riverains et sont soumis à sa souveraineté ; mais ce droit de souveraineté est dominé et limité par le principe de la libre navigation du fleuve.

Division du chapitre. — Nous allons étudier dans trois paragraphes :

§ 1. Le droit de souveraineté des Etats riverains ;

§ 2. Le principe de la libre navigation ;

§ 3. L'application du principe de la libre navigation à certains fleuves internationaux.

§ 1. — Droit de souveraineté des Etats riverains.

Etendue de cette souveraineté. — Les fleuves internationaux sont soumis à la souveraineté des Etats riverains :

Ceux qui séparent deux Etats jusqu'à la ligne médiane formée par le thalweg ;

Ceux qui traversent deux ou plusieurs Etats pour la partie de leur cours qui se trouve comprise sur le territoire respectif de chacun d'eux.

Conséquences qui en résultent. — On peut dire que

les Etats riverains peuvent faire, sur la portion du fleuve qui les borde ou les traverse, les mêmes actes d'autorité que sur le reste de leur territoire, pourvu qu'ils ne portent aucune atteinte à la libre navigation.

Ils peuvent s'entendre pour établir un règlement uniforme, applicable à tout le cours du fleuve, que les navires étrangers sont obligés d'observer. Les infractions au règlement de la navigation, les crimes ou les délits commis dans la traversée du fleuve sont jugés par les tribunaux locaux.

Enfin, les Etats riverains ont le droit de prendre toutes les mesures qui peuvent être nécessaires pour assurer leur défense et pour garantir l'exécution de leurs lois fiscales.

*** § 2. — Principe de la libre navigation.

Origine historique. — Pendant longtemps il fut admis que chaque Etat avait l'usage exclusif de la portion du fleuve qui coulait sur son territoire. Un décret de la Convention de 1792 a été le point de départ d'un système plus libéral, en décidant que désormais tous les *riverains* pourraient se servir du fleuve dans tout son parcours.

Le *traité de Paris* du 30 mai 1814 alla plus loin encore ; il déclara que la *navigation sur le Rhin* serait désormais libre, non seulement pour les riverains, mais pour les Etats non riverains sans exception ; et il annonçait que le futur congrès étendrait le principe de la liberté de la navigation à tous les fleuves qui séparent ou traversent plusieurs Etats.

C'est ce qui fut fait au *Congrès de Vienne* de 1815. L'article 109 du traité du 9 juin 1815 est ainsi conçu : « La navigation dans tout le cours des rivières indiquées dans l'article précédent, du point où chacune d'elles devient navigable jusqu'à leur embouchure, sera entièrement libre et ne pourra, *sous le rapport du commerce*, être interdite à personne… »

Le *traité de Paris* de 1856 appliqua ce principe au Danube, et le *traité de Berlin* de 1878 confirma cette déclaration. Le principe de liberté n'a pas été restreint aux fleuves du continent européen. Il a été adopté par certains *Etats d'Amérique* et appliqué par le Brésil et la République Argentine aux fleuves de l'*Amazone* et du *Rio de la Plata*.

Enfin, l'acte général de Berlin de 1885 l'a étendu aux fleuves de l'Afrique centrale, le *Congo* et le *Niger*.

Fondement du principe. — On donne en général pour fondement à la liberté des fleuves internationaux la liberté même de la mer, en disant qu'étant les voies naturelles qui conduisent à la mer ils doivent, comme elle, être accessibles au commerce et aux navires de tous les pays.

Cette raison est exacte ; mais elle est insuffisante, parce qu'elle est vraie également pour les fleuves nationaux dont l'usage libre n'est cependant pas reconnu.

Il faut ajouter que la libre navigation accordée aux navires étrangers est une conséquence de la nécessité où se trouve l'Etat riverain de laisser circuler les bâtiments de ses voisins dans les limites de son propre territoire. C'est une sorte de servitude qui lui est imposée pour ne pas priver les autres riverains de leur issue naturelle vers la mer. Dès lors, pour ne pas entraver les relations commerciales de ces États, il faut aussi admettre la libre circulation du fleuve au profit des nations étrangères.

On a dit, en d'autres termes, que le principe de libre navigation des fleuves internationaux était une conséquence du droit de commerce des Etats ; ce droit implique la faculté de se servir librement des fleuves internationaux parce que ce sont des voies naturelles de pénétration commerciale.

Conséquences du principe de la libre navigation. — *Distinction.* — Le principe de la navigation libre produit des droits pour tous les Etats et des obligations pour les Etats riverains.

Droits qui en résultent pour tous les Etats. — Tous les Etats ont le droit de faire circuler librement leurs navires de commerce sur tout le fleuve et ses affluents. *Le domaine commun* du fleuve s'étend du point où il devient navigable *jusqu'à la pleine mer*. Nous verrons que cette question a soulevé des difficultés en raison des termes ambigus dont le **traité** de Paris de 1814 s'était servi à l'égard du **Rhin**, mais que cette interprétation avait fini par triompher. Il est à peine besoin de remarquer que le droit de libre navigation n'entraîne nullement le *droit de pêche* qui reste réservé aux riverains.

Obligations qui en résultent pour les Etats riverains.
— Les obligations qui incombent aux Etats riverains
sont :

1° De ne pas *interdire,* d'une manière directe ou
indirecte, l'accès du fleuve aux navires des Etats non
riverains ;

2° D'*entretenir* le lit du fleuve de façon à ce qu'aucun obstacle ne soit opposé à la navigation. Chaque
riverain est donc dans la nécessité d'entretenir le chemin de halage, de faire procéder aux travaux de curage,
de construire des écluses, etc., etc. ;

3° De ne pas *entraver la circulation* par l'établissement de droits d'étape, d'échelle, de relâche forcée, etc...

Caractère de ce principe. — Le principe de la liberté
des fleuves internationaux n'est pas, comme le principe de la liberté des mers, un principe qui se suffise à
lui-même. Il faut, pour qu'il reçoive satisfaction dans
la pratique et soit appliqué, qu'il soit organisé et mis
en œuvre, à l'aide de traités passés entre les Etats
riverains et les Etats non riverains. On a exprimé cette
idée en disant que la liberté fluviale était essentiellement *conventionnelle* (1). On a dit aussi que ce principe
était *imparfait* (2). C'est ce qui explique que le régime
des fleuves internationaux n'est pas uniforme, mais
varie suivant les traités, et qu'il est plus ou moins
libéral, suivant la pensée qui a présidé à leur rédaction.

**Consécration du principe de la liberté de navigation
dans le traité de Versailles de 1919.** — Le traité de Versailles a consacré vis-à-vis de l'Allemagne le principe
de la liberté de navigation avec une ampleur remarquable. L'art. 327 porte en effet que les ressortissants
des puissances alliées et associées jouiront dans tous les
ports et sur les voies intérieures de l'Allemagne d'un
traitement égal à tous égards à celui des ressortissants
allemands.

Ainsi, les navires et bateaux de l'une quelconque des
puissances alliées ou associées sont autorisés à transporter des marchandises de toute nature et des passa-

---

(1) Engelhardt, *op. cit.*
(2) Calvo, t. I, p. 363. On appelle aussi quelquefois pour
cette raison les fleuves internationaux fleuves *conventionnels.*

gers à destination ou en provenance de tous ports ou localités situés sur le territoire de l'Allemagne auxquels des navires ou bateaux peuvent avoir accès, à des conditions qui ne seront pas plus onéreuses que celles appliquées dans le cas aux navires et bateaux nationaux. Et les chapitres III et IV (art. 331 à 362) font application de ce principe de libre navigation aux différents fleuves allemands : Elbe, Oder, Niémen, Danube, Rhin et Moselle, ainsi que nous le dirons plus loin.

§ 3. — Application du principe de la libre navigation à certains fleuves internationaux.

I. — Le Rhin.

Historique. — La liberté de navigation du Rhin a été proclamée, ainsi que nous l'avons dit plus haut, par le *traité de Paris* du 30 mai 1814, dans son article 4 ainsi conçu :

« La navigation sur le Rhin sera libre, du point où il est navigable *jusqu'à la mer* et réciproquement, de telle sorte qu'elle ne puisse être interdite à personne, et l'on s'occupera au futur congrès des principes d'après lesquels on pourra régler les droits à lever par les Etats riverains de la manière la plus égale et la plus favorable au commerce ».

Les termes employés, *jusqu'à la mer*, ont soulevé des difficultés. Dans une première interprétation, on prétendait qu'il fallait entendre par là que la liberté de navigation s'étendait sur tous les points du fleuve, mais *jusqu'à l'endroit seulement où il se jette dans la mer*. Dans une seconde interprétation, au contraire, on entendait les mots *jusqu'à la mer* dans le sens de *jusqu'à la pleine mer*, ce qui autorisait les navires venant de la haute mer à pénétrer à l'embouchure du Rhin et à en remonter le cours.

Par la *convention de Mayence* de 1831, un *modus vivendi* provisoire avait été arrêté entre les divers Etats intéressés.

Convention de Mannheim. — La *convention de Mannheim* du 17 octobre 1863 a tranché définitivement la question. Elle interprète les termes *jusqu'à la mer* dans le second sens *jusqu'à la pleine mer*, et dans son article premier elle pose le principe de la liberté de la navigation dans les termes les plus larges. Ainsi elle prohibe tous droits de péage, d'échelle, de rompre charge, etc. (art. 3, 5, 6).

Cependant, elle subordonne la faculté de navigation à des conditions telles qu'il est bien difficile aux non riverains d'en jouir.

Ces conditions sont les suivantes :

1° Il faut, pour naviguer sur le Rhin, produire un certificat constatant qu'on a la pratique de la navigation sur ce fleuve ;

2° Avoir son domicile sur les bords du Rhin ;

3° Produire un certificat établissant la solidité du navire (articles 15 et 22).

D'autre part, *certaines faveurs* sont faites aux navires des Etats riverains, à la différence de ceux des Etats non riverains.

Un règlement uniforme est établi pour la navigation sur tout le cours du fleuve : chaque Etat riverain nomme des inspecteurs de la navigation chargés de veiller à l'observation de ces règlements.

Chaque Etat doit sur son territoire assurer le service *du pilotage,* assurer le service du *chargement et déchargement* dans les ports, entretenir des chemins de halage. Mais pour tous les travaux hydrauliques qu'il exécute il doit s'entendre avec les autres Etats.

La convention établit une *commission internationale de navigation,* composée de délégués des Etats riverains, siégeant à *Mannheim.* Cette commission, sauf ce que nous dirons plus loin pour la répression des contraventions, n'a que des attributions purement consultatives. Elle propose simplement des mesures qui, pour être appliquées, doivent être acceptées par les divers Etats riverains (art. 45-46). Elle ne constitue donc pas une *autorité supérieure* commune, absorbant la souveraineté de chaque Etat riverain.

Les contraventions aux règlements établis pour la navigation du fleuve sont réprimées par des amendes de 10 francs à 300 francs (art. 32). Le tribunal compétent est celui de l'Etat dans le ressort duquel la contravention est commise. L'appel est ouvert pour les affaires d'une valeur supérieure à 50 francs. Chose étrange ! l'appel est porté, au choix de la partie, devant le *Tribunal supérieur* ou devant la *Commission internationale.*

Traité de Versailles de 1919 (art. 354 à 361). — *Main-*

tien provisoire de la convention de Mannheim. — Le traité de Versailles maintient provisoirement en vigueur la convention de Mannheim, en attendant sa révision, qui devra être entreprise dans les six mois de la mise en vigueur du traité. Il y apporte cependant un certain nombre de modifications.

Commission centrale. — D'abord, il crée une commission centrale ayant son siège à Strasbourg pour être substituée à la commission prévue par la convention de Mannheim. Elle comprend 19 membres, savoir :

2 représentants des Pays-Bas ;
2 représentants de la Suisse ;
4 représentants des Etats allemands riverains du fleuve ;
4 représentants de la France ;
2 représentants de la Grande-Bretagne ;
2 représentants de l'Italie ;
2 représentants de la Belgique.

Le président de cette commission est nommé par la France (art. 355) (1).

La commission centrale a pour fonction d'édicter des règlements en ce qui concerne le pilotage et les autres mesures de police, elle avise aux mesures propres à vérifier que les bateaux qui circulent sur le Rhin satisfont aux prescriptions du règlement général applicable à la navigation sur le Rhin ; enfin, ainsi qu'il a été dit plus haut, elle doit préparer la révision de la convention de Mannheim.

Principes de liberté et d'égalité. — Le traité consacre le principe de la liberté de la navigation sur le Rhin et proclame l'égalité des droits pour les bateaux de toutes nationalités, supprimant ainsi pour l'avenir toutes les restrictions établies par la convention de Mannheim (art. 356).

Moselle. — L'Allemagne accepte que les pouvoirs de la Commission de contrôle soient éventuellement étendus à la Moselle et à la partie du Rhin entre Bâle et le lac de Constance, sous réserve de l'approbation du Luxembourg et de la Suisse.

*** II. — *Le Danube.*

Historique. — Le principe de la liberté de navigation

_____

(1) Voir décret du 17 janvier 1920 (à l'*Officiel* du 18).

posé par le traité de *Vienne* a été appliqué au Danube par le *traité de Paris* du 30 mars 1856. Cette application a été faite d'une façon très large, sans distinguer, comme pour le Rhin, entre les riverains et les non riverains, les mettant tous sur le pied de la plus entière égalité. Les règles posées par le traité de Paris n'ont pas été toutes maintenues. Des modifications ont été apportées successivement : par le protocole de la *Conférence de Londres* du 13 mars 1871, par le *traité de Berlin* du 13 juillet 1878, par le *traité du* 10 mars 1883, par le *traité de Versailles* du 26 juin 1919 (art. 348 et 349) et par la *convention de Paris* du 23 juillet 1921.

Pour comprendre la situation du Danube, telle qu'elle résulte de ces divers actes diplomatiques, il faut prendre pour point de départ la distinction du Danube en trois parties :

1º Le *Bas-Danube* ou *Danube maritime*, qui s'étend de Braïla à la mer ;

2º Le *Danube moyen*, de Braïla aux Portes de fer ;

3º Le *Haut-Danube*, des Portes de fer jusqu'à la source.

1º Bas-Danube ou Danube maritime. — *Etendue.* — D'après le *traité de Paris*, il ne s'étendait que jusqu'à *Isaktcha* ; le *traité de Berlin* l'étendit jusqu'à *Galatz* ; enfin, il fut porté jusqu'à *Braïla* par le *traité de 1883.* Cette partie du Danube est placée sous la souveraineté d'une *commission européenne*.

De la commission européenne, son origine. — Le traité de Paris avait confié le soin de régler la navigation du Danube à deux commissions : l'une composée des représentants des *Etats signataires* du traité ; l'autre comprenant seulement les *Etats riverains* ; la première dite *Européenne*, la seconde *Riveraine*. La *commission européenne* devait surtout avoir pour mission de présider aux travaux *nécessaires pour dégager des sables* et autres obstacles les embouchures du Danube et les parties de la mer avoisinantes. La *commission riveraine* devait élaborer les règlements de navigation et de police du fleuve et ordonner toutes les mesures nécessaires pour en assurer la navigabilité. La *commission européenne* devait cesser d'exister lorsque les travaux dont elle était chargée seraient exécutés. A ce moment, elle devait passer la main à la commission riveraine, qui prendrait désormais à sa charge le soin de la navigabilité des embouchures.

Or, il arriva le contraire de ce qui avait été stipulé au traité. La *commission européenne*, qui devait être temporaire et céder la place à la commission riveraine, devint permanente et fonctionna bientôt *seule*. Ses pouvoirs qui devaient durer deux ans furent successivement prorogés : de dix ans en 1858 ; de cinq ans en 1866 ; de douze ans par le protocole de Londres en 1871. Enfin, le traité de 1883 a prorogé ses pouvoirs pour une période de vingt et un ans, à partir du 24 avril 1883 ; à l'expiration de cette période ses pouvoirs se renouvelleront de plein droit par *tacite reconduction*, de trois ans en trois ans, à moins que l'une des puissances contractantes ne les dénonce un an avant l'expiration de chaque terme.

Caractère et pouvoirs de la commission européenne. — La commission européenne constitue une *personne morale du droit international*. Elle a des biens qu'elle administre, elle fait des emprunts, elle a un pavillon.

Ses pouvoirs consistent à élaborer les règlements pour la navigation du fleuve et à faire exécuter les travaux nécessaires. Le règlement établi sur le Danube est l'*acte de navigation européenne* du 2 novembre 1865. Enfin la commission européenne a un pouvoir judiciaire. Ce sont ses agents qui connaissent en première instance des contraventions aux règlements, et elle-même statue en appel. Pour assurer l'exécution de ses décisions, la commission européenne peut avoir recours aux navires de guerre des puissances.

Règles spéciales pour la branche Kilia et ses embouchures. — Le Danube, au moment où il se jette dans la mer, se partage en trois bras : *Kilia, Soulina* et *Saint-Georges*. Le traité de Paris avait enlevé à la Russie la Bessarabie dans laquelle se trouve la branche Kilia, pour qu'elle cessât d'être riveraine, et l'avait attribuée à la Roumanie. Mais, par le traité de Berlin de 1878, la Russie recouvra la Bessarabie et devint maîtresse d'une partie de la branche Kilia.

Jusqu'en 1883, les pouvoirs de la commission européenne s'étendaient, en théorie du moins, sur les trois branches des embouchures du Danube. Mais, en fait, elle n'avait effectué de travaux que sur la branche *Soulina*. Dans la conférence de Londres en 1883, la Russie ne consentit à proroger les pouvoirs de la commission européenne qu'à la condition qu'ils ne porteraient plus sur la branche Kilia. Voici, dès lors, la modification qui fut établie par le traité de 1883. Il fut convenu que la partie de la branche Kilia qui se trouve exclusivement en Roumanie ou exclusivement en Russie échapperait au pouvoir et même au contrôle de la commission européenne. Quant à la partie mixte qui se trouve dans les deux pays, elle est placée sous la souveraineté d'une commission spéciale composée seulement de la Russie et de la Roumanie.

2º **Danube moyen.** — Le Danube moyen s'étend de *Braïla* aux *Portes de fer*. Il a été l'occasion de difficultés qui avaient pour cause le désir de l'Autriche de dominer sur cette portion du fleuve et la résistance qu'opposait la Roumanie à ses prétentions de domination.

D'après l'article 57 du *traité de Berlin*, l'Autriche est chargée d'exécuter aux Portes de fer tous les travaux nécessaires à la navigation du fleuve, et autorisée à percevoir une taxe provisoire, pour rentrer dans ses déboursés. Cette disposition du traité est étrange, puisqu'à ce point, l'Autriche n'est pas riveraine du Danube. L'article 55 du même traité charge la commission européenne d'élaborer un règlement de navigation d'accord avec les délégués des Etats riverains (Roumanie, Bulgarie et Serbie).

Le règlement a été rédigé. Mais la difficulté s'est alors élevée de décider par qui son exécution serait assurée. Un avant-projet de résolution fut proposé, en mai 1880, d'après lequel la navigation du Danube moyen serait placée sous l'autorité d'une *commission mixte*, composée des délégués des Etats riverains, *Roumanie, Bulgarie et Serbie*, sous la présidence de l'*Autriche* avec voix *prépondérante*. Ce projet souleva les vives protestations de la Roumanie, qui refusait de se soumettre à l'autorité de l'Autriche.

Pour tout concilier, on s'arrêta, dans la *Conférence de Londres* de 1883, au projet de transaction imaginé par le délégué français, *M. Barrère*. D'après ce projet, la commission mixte à laquelle était confiée la garde du Danube moyen devait comprendre, outre les délégués de la Serbie, Bulgarie, Roumanie et Autriche, un *membre de la commission européenne* siégeant pendant six mois, et fourni alternativement par chacune des puissances signataires par ordre alphabétique en dehors de celles représentées à la commission mixte.

Ce projet de transaction, accepté par la commission européenne et qui formait le titre 3 du règlement de navigation qu'elle avait rédigé, fut voté par la *Conférence de Londres* en 1883 ainsi que les deux premiers titres. Mais la Roumanie refusa son adhésion.

Dès lors, en fait, la police fluviale était exercée sur le Danube moyen par la commission européenne qui ne comprend aucun délégué des Etats riverains.

3° **Haut-Danube**. — Le Haut-Danube qui s'étend des Portes de fer jusqu'à sa source est abandonné aux Etats riverains : *Autriche-Hongrie, Bavière et Wurtemberg.*

La commission européenne pendant la guerre. — La guerre a amené la séparation de la commission européenne du Danube. Rien n'a subsisté de cette institution pendant toute la durée des hostilités.

Traité de Versailles de 1919. — *Rétablissement de la commission européenne.* — La commission européenne est rétablie sur le Danube maritime ; mais elle ne comprendra provisoirement que les représentants de la Grande-Bretagne, de la France, de l'Italie et de la Roumanie (art. 346).

L'Allemagne sera tenue vis-à-vis de la commission européenne à toutes restitutions, réparations et indemnités pour les dommages qu'elle a subis pendant la guerre (art. 352).

Régime du reste du Danube. — Le réseau du Danube depuis Ulm jusqu'à Braïla (1) est placé sous l'admi-

---

(1) Une difficulté a été soulevée par la Roumanie, qui prétend que, sur la partie du Danube comprise entre Braïla et Galatz, la Commission européenne n'a compétence qu'en ce qui concerne le pilotage et l'entretien du chenal, tandis que les infractions aux règlements de navigation relèveraient des autorités roumaines, comme avant la guerre, suivant les termes mêmes de l'article 346 du traité de Versailles. Trois des quatre membres de la Commission européenne ont saisi de la question la commission consultative de la Société des Nations (janvier 1925).

nistration d'une commission internationale composée comme suit ;

2 représentants des Etats allemands ; 1 représentant de chacun des autres Etats riverains ; 1 représentant de chacun des Etats non riverains représentés à l'avenir à la commission européenne (art. 347).

Cette commission assurera provisoirement l'administration de cette partie du fleuve jusqu'à ce qu'un statut définitif soit édicté (art. 348).

Il est mis fin au mandat donné par l'article 57 du traité de Berlin du 13 juillet 1878 à l'Autriche-Hongrie et cédé par celle-ci à l'Autriche pour l'exécution des travaux aux Portes de fer (art. 350).

Canal projeté du Rhin au Danube. — Dans le cas de la construction d'une voie navigable à grande section Rhin-Danube, l'Allemagne s'engage à appliquer à ladite voie navigable le régime de la liberté et de l'égalité (art. 353).

Convention de Paris du 23 juillet 1921 établissant le statut définitif du Danube internationalisé. — *Objet et sujets de cette convention.* — Cette convention, prévue et annoncée par le traité de Versailles (art. 348 et 349), a été signée à Paris le 23 juillet 1921 à la suite de négociations ayant demandé six mois de travail. Elle a été conclue entre douze puissances : France, Belgique, Grande-Bretagne, Grèce, Italie, Roumanie, Yougoslavie, Tchéco-Slovaquie, Allemagne, Autriche, Bulgarie et Hongrie.

L'échange des ratifications a eu lieu à Paris le 30 juin 1922 et la convention est entrée en vigueur le 1er octobre 1922 (voir le texte de la convention à l'*Officiel* du 27 septembre 1922).

Principe posé par l'art. 1er. — L'art. 1er de la convention pose le principe suivant : La navigation du Danube est libre et ouverte à tous les pavillons dans des conditions d'égalité complète sur tout le parcours navigable du fleuve, c'est-à-dire entre Ulm et la Mer Noire et tout le réseau fluvial internationalisé, tel qu'il est déterminé à l'art. 2 (1), de telle sorte qu'aucune

---

(1) « La Morava et la Thaya dans la partie de leur cours constituant la frontière entre l'Autriche et la Tchéco-Slovaquie, la Drave depuis Barcs, la Tisza depuis l'embouchure du Szamos, le Maros depuis Arad ; les canaux laté-

distinction ne soit faite, au détriment des ressortissants, des biens et du pavillon d'une puissance quelconque entre ceux-ci et les ressortissants, les biens et le pavillon de l'État riverain lui-même ou de l'État dont les ressortissants, les biens et le pavillon jouissent du traitement le plus favorable.

En fait, au moment de la guerre, malgré le principe de libre navigation que le traité de Paris de 1856 avait proclamé, les compagnies austro-hongroises, pourvues d'un puissant matériel, jouissaient d'un véritable monopole pour le transport des personnes et des marchandises. Il n'en sera plus ainsi désormais.

Nouvelle division du Danube. — Le Danube est divisé en deux secteurs :

Le Danube maritime, qui s'étend de l'embouchure jusqu'à Braïla ;

Le Danube fluvial qui va de Braïla jusqu'à Ulm, y compris le réseau fluvial déclaré international.

Toutefois des règles particulières s'appliquent à la partie du Danube comprise entre Turnu Séverin et Moldova, dénommée Portes de fer et Cataractes.

Le Danube maritime est placé sous l'autorité de la Commission européenne. Le Danube fluvial est confié à une commission internationale.

De la Commission européenne. — *Sa composition et son siège.* — Elle est composée provisoirement des représentants de la France, de la Grande-Bretagne, de l'Italie et de la Roumanie à raison d'un délégué par puissance.

Toutefois tout autre État intéressé pourra être admis à y avoir un représentant sur une décision unanime prise par les membres de la Commission (art. 4).

Le siège légal de la Commission demeure fixé à Galatz (art. 7).

Attributions. — La Commission européenne exerce les pouvoirs qu'elle avait avant la guerre.

Il n'est rien changé aux droits, attributions et immunités qu'elle tient des traités, conventions, actes

---

raux ou chenaux qui seraient établis soit pour doubler ou améliorer des sections naturellement navigables dudit réseau, soit pour réunir deux sections naturellement navigables d'un de ces mêmes cours d'eau » (art. 2).

et arrangements internationaux relatifs au Danube et à ses embouchures (art. 5).

Les pouvoirs de la Commission européenne ne pourront prendre fin que par l'effet d'un arrangement international conclu par tous les Etats représentés à la Commission (art. 7).

De la Commission internationale. — *Sa composition et son siège.* — Elle est composée :

De deux représentants des Etats allemands riverains ;

D'un représentant de chacun des autres Etats riverains ;

Et d'un représentant de chacun des Etats non riverains représentés à la Commission européenne du Danube ou qui pourraient l'être à l'avenir (art. 8).

Son siège légal est à Bratislava pour une période de cinq ans, après laquelle elle pourra le transporter dans une autre ville du Danube pour une nouvelle période quinquennale et ainsi de suite en vertu d'un roulement dont elle établira elle-même les modalités (art. 36).

Caractère juridique. — Comme la Commission européenne, la Commission internationale forme une personne morale de droit des gens. Elle a un personnel administratif, elle peut avoir des bâtiments et des bateaux sur lesquels elle a le droit d'arborer un pavillon dont elle détermine elle-même la forme et les couleurs. Elle jouit tant pour ses installations que pour la personne de ses délégués des privilèges et immunités reconnus en temps de paix comme en temps de guerre aux agents diplomatiques accrédités (art. 37).

Mais, à la différence de la Commission européenne, elle n'a pas de tribunaux pour juger les auteurs d'infractions au règlement de la navigation. Ils sont déférés aux tribunaux des différentes puissances riveraines (art. 30).

Attributions. — Elles sont très nombreuses et très variées. Elle contrôle l'établissement et l'exécution par les Etats riverains des travaux d'entretien et d'amélioration des cours d'eau ; elle détermine les taxes modérées qui pourront être levées par les Etats riverains pour couvrir les frais des dits travaux ; elle veille à ce que les ports et leur outillage soient accessibles à tous les pavillons sur le pied d'une complète égalité et à ce qu'aucune atteinte ne soit portée au caractère international que les traités ont assigné au réseau internationalisé du Danube (art. 10).

Régime spécial au secteur des Portes de fer et des Cataractes. — Le traité de Paris de 1856 avait chargé l'Autriche d'assurer les travaux des Portes de fer. L'Autriche en avait profité pour faire du Danube « un instrument de la domination pangermaniste dans la Mittel Europa » (1). Pour assurer désormais la libre navigation, sans obstacles artificiels, dans les deux sens, en aval et en amont des Portes de fer, l'art. 32 édicte les mesures suivantes : Il sera constitué de commun accord entre les deux États co-riverains (la Roumanie et la Yougo-Slavie) et la Commission internationale, des services techniques et administratifs spéciaux avec siège central à Orsova, à l'effet de maintenir et d'améliorer la navigation. La Commission décidera sur la proposition de ces services les mesures utiles à l'entretien et à l'amélioration de la navigabilité et à l'administration du secteur, ainsi que les taxes ou éventuellement toutes autres ressources destinées à y faire face. Elle fixera le fonctionnement des services, le mode de perception des taxes et la rétribution du personnel (art. 33).

III. — L'Escaut.

La liberté de navigation. — Le traité de *Westphalie*, confirmé sur ce point par le traité de *Fontainebleau* du 8 novembre 1785, fermait la navigation de l'Escaut aux provinces belges depuis Saltingen jusqu'à la mer.

Le *traité de Paris* du 30 mai 1814 décida, par un article secret, que le principe de libre navigation appliqué au Rhin serait étendu à l'Escaut. C'est ce qui fut fait par le *traité du 19 avril* 1830 qui consacra définitivement la séparation de la Hollande et de la Belgique. Par ce traité les deux États convinrent d'appliquer aux voies navigables, qui séparent ou traversent leur territoire, le principe de la liberté posé par le traité de Vienne et de soumettre la navigation de l'Escaut à la

---

(1) Discours de M. Henri Lorin à la 2ᵉ séance de la Chambre des députés du 20 juin 1922 (*Officiel* du 21 juin, p. 1895).

surveillance et à la police commune des deux riverains.
Depuis ce moment l'Escaut a été ouvert aux navires de
commerce de toutes les nations.

Les péages ou taxes de navigation que la Hollande
continuait à percevoir ont été abolis en 1863, par les
traités passés entre la Hollande et la Belgique d'une
part, entre la Belgique et les autres puissances d'autre
part.

La navigation sur l'Escaut pendant la guerre de 1914.
— D'après la thèse admise par les cabinets de Paris,
de Londres et de Bruxelles, le traité de 1839 partageait
entre l'Etat belge et la Hollande la souveraineté de
l'Escaut. En conséquence, les puissances garantes de
la neutralité belge devaient pouvoir venir par mer au
secours de l'armée belge assiégée par les Allemands
dans Anvers.

Toute autre était la manière de voir de la Hollande.
Elle a toujours prétendu avoir un droit de souveraineté
exclusif sur l'Escaut. Ce droit exposé dès 1910 par le
jonkher T. C. den Beer Portugael, affirmé par le gouvernement hollandais par la construction de la forteresse de Flessingue, a été consacré formellement par le
décret du 4 août 1914 par lequel le gouvernement de
la Haye interdit l'entrée de l'Escaut aux navires de
guerre des belligérants. En vertu de cette décision le
secours le plus puissant que l'Angleterre pût alors fournir a été écarté de la place d'Anvers dont la chute a été
ainsi facilitée à l'envahisseur. Par voie de réciprocité
les puissances alliées ont eu le droit d'exiger de la Hollande que l'Allemagne ne puisse pas utiliser Anvers
comme base de ses sous-marins en se servant à cet
effet des bouches de l'Escaut (1).

IV. — *L'Elbe, l'Oder, le Niémen.*

Avant la guerre de 1914. — L'acte de navigation de
l'Elbe dressé par une *commission mixte* des Etats riverains, le 23 juin 1721, révisé en 1814 sur des bases plus
libérales, ouvrait le fleuve aux navires de tous les
Etats sous la réserve d'un droit de péage onéreux,
perçu à *Stade* par le *Hanovre*, de temps immémorial.

----

(1) Lire l'*Echo de Paris* du 1er mai 1918. Voir en dernière heure le traité hollando-belge du 3 avril 1925.

.Cette entrave a disparu et la navigation de l'Elbe est *complètement libre* en vertu du traité conclu le 22 juin 1861 par lequel les puissances ont consenti à payer au Hanovre une indemnité de rachat.

Traité de Versailles de 1919. — *Internationalisation du fleuve.* — Le traité déclare fleuves internationaux :

L'Elbe (Labe) depuis le confluent de la Vltava (Moldau) jusque dans la pleine mer et la Vltava (Moldau) depuis Prague jusqu'à son confluent avec l'Elbe ;

L'Oder (Odra) depuis le confluent de l'Oppa ;

Le Niémen (Russtrow- Memel - Niémen) depuis Grodno ;

Le Danube depuis Ulm (art. 331) (1).

Régime de ces fleuves. — En attendant qu'une convention générale (2) ait institué, avec l'approbation de la Société des Nations, un régime général, ces fleuves seront soumis à un régime provisoire, caractérisé par les principes suivants :

Liberté de navigation et égalité de traitement ;

Limitation des taxes perçues par les Etats riverains aux frais d'entretien et d'amélioration ;

Entretien à la charge des riverains ;

Recours à la Société des Nations en cas de négligence de leur part ou de travaux préjudiciables à la navigation (art. 332 à 338).

Commissions de navigation. — L'Elbe sera placée sous l'administration d'une commission internationale de dix membres : quatre allemands ; deux tchéco-slovaques ; un britannique ; un français ; un italien et un belge (art. 340).

L'Oder sera administré par une commission de sept membres : un polonais ; un prussien ; un tchéco-slovaque ; un britannique ; un français ; un danois ; un suédois (art. 341).

---

(1) Lire sur la question du Danube la discussion qui s'est déroulée à la Chambre des députés le 26 mai 1920 au sujet de la ratification du traité de Saint-Germain avec l'Autriche (*Officiel* du 27 mai).

(2) L'Elbe a fait l'objet d'une convention conclue à Dresde le 22 février 1922 contenant acte de navigation de ce fleuve (*Officiel* du 26 juillet 1923), complétée par une convention additionnelle signée à Prague le 27 janvier 1923 (*Officiel* du 13 février 1923).

Pour le Niémen il sera créé, sur demande d'un Etat riverain, une commission internationale comprenant un représentant de chacun des Etats riverains et trois représentants d'autres Etats désignés par la commission des Etats (art. 342).

V. — *Les fleuves africains* : *Congo et Niger.*

Historique. — La navigation sur le Congo avait été déclarée libre pour les navires de toute nationalité par l'acte général de Berlin du 26 février 1885 dans son chapitre IV. Elle était confiée à une commission européenne analogue à celle qui existait pour le Danube.

La navigation du Niger était reconnue libre par le même traité dans son chapitre V. Mais, à la différence du Congo, il n'y avait pas de commission européenne ; chacun des Etats riverains (France et Grande-Bretagne) s'était réservé le droit de déterminer les règles de la navigation sur les territoires qu'il occupait.

L'acte de Berlin a été abrogé et remplacé par la convention signée à Saint-Germain-en-Laye le 10 septembre 1919 (*Officiel* du 24 juin 1922).

Convention de Saint-Germain-en-Laye du 10 septembre 1919. — Cette convention pose les règles suivantes :

1° Elle établit le principe de la liberté de navigation sur les fleuves africains et sur leurs affluents ainsi que le principe de l'égalité de traitement pour les bateaux de toute nature appartenant aux ressortissants des puissances signataires et des Etats membres de la Société des Nations qui adhéreront à la présente convention. Même principe en ce qui concerne les chemins de fer ou canaux latéraux, destinés à suppléer à l'innavigabilité ou à l'insuffisance de la voie fluviale (art. 6 et 7).

2° Chaque Etat riverain pourra établir les règlements touchant la sécurité et le contrôle de la navigation pourvu qu'ils tendent à faciliter autant que possible la circulation des navires de commerce (art. 8).

3° En cas de différend l'affaire serait portée à défaut d'entente directe devant un tribunal d'arbitrage (art. 12).

VI. — *Des fleuves américains.*

Réglementation générale. — La liberté de navigation sur les fleuves de l'Amérique du Sud a été concédée aux navires de tous les Etats soit par des traités, comme pour le Paraguay (traité de 1853), soit par un acte unilatéral du souverain territorial comme pour l'Amazone (décret de l'empereur du Brésil de 1867). Bien plus, la constitution de la République Argentine dans son art. 26 concède le droit d'accès aux fleuves qui coulent sur le territoire de la République à tous les navires sans distinction entre les fleuves nationaux et internationaux.

CHAPITRE II. — DES FLEUVES NATIONAUX.

Principe. — Les fleuves nationaux, c'est-à-dire ceux qui coulent sur le territoire d'un seul Etat, sont soumis à la pleine et entière souveraineté de cet Etat, qui peut en interdire l'accès aux navires étrangers.

Objections formulées contre ce principe. — Certains auteurs se sont élevés contre ce droit de souveraineté exclusive des Etats. Il n'y a pas de raison, a-t-on dit, de distinguer les fleuves qui traversent plusieurs Etats de ceux qui, de leur source à leur embouchure, demeurent sur le territoire du même Etat. Les divers Etats riverains d'un fleuve commun ne sont pas moins propriétaires de ce fleuve que l'Etat de ses fleuves nationaux. Pourquoi, dès lors, reconnaître à celui-ci plus de droits que les divers Etats n'en ont sur le fleuve qui coule sur leur territoire respectif ? Pourquoi admettre les étrangers aux uns et non aux autres ?

On peut expliquer la différence entre les fleuves internationaux et les fleuves nationaux. Une puissance riveraine d'un fleuve international ne peut user d'une façon exclusive de la section du cours d'eau qui fait partie de son territoire, parce qu'ainsi elle priverait d'autres riverains de leur issue naturelle vers la mer. Elle est grevée d'une servitude par la force même des choses et nous avons vu que, par voie de conséquence, la libre circulation du fleuve devait être accordée aux navires des Etats étrangers, qui veulent commercer avec les riverains.

Il en est différemment d'un fleuve national. L'Etat qui le possède exclusivement sur tout son parcours ne prive aucun riverain du bénéfice de ce fleuve, en le traitant comme une route nationale.

Assimilation des fleuves nationaux aux fleuves internationaux au point de vue de la liberté de navigation dans l'avenir. — Malgré ces raisons purement théoriques, il est à désirer que les fleuves nationaux soient ouverts au libre passage des navires de tous les Etats, comme les fleuves internationaux. Il est à prévoir que cette assimilation aura lieu dans l'avenir. Ainsi se trouverait achevée l'évolution du droit des gens en notre matière. On a commencé par poser le principe de la liberté de la mer ; puis on a étendu ce principe aux fleuves qui se jettent dans la mer, après avoir séparé ou traversé plusieurs Etats. Cette liberté fut d'abord restreinte aux riverains seuls. Le traité de Paris de 1814 et le traité de Vienne de l'année suivante l'étendirent à tous les Etats même non riverains.

« Le droit des gens ne s'arrêtera pas dans cette voie de perfectionnement en quelque sorte méthodique. Il disposera un jour des courants nationaux. Car si les libertés fluviales sont *essentiellement conventionnelles,* il n'en est pas moins évident qu'au fond elles proviennent du fait qu'un fleuve s'unit à la mer ouverte à tous, et que le monopoliser, en accaparer l'exploitation serait le détourner de sa destination normale. Or, à ce point de vue, les fleuves ne diffèrent pas entre eux, qu'ils appartiennent à un ou plusieurs Etats. Tous ont le même caractère et offrent au trafic universel la même utilité ».

Nous avons vu plus haut que ce progrès avait été réalisé par la Constitution de la République Argentine (art. 26).

SECTION IV. — DES NAVIRES

Division de la section. — Nous diviserons la section en trois chapitres :

Chapitre I. — Des navires en général.

Chapitre II. — Condition des navires en pleine mer.

Chapitre III. — Condition des navires dans les ports d'un Etat étranger.

Dr. int. pub.   21

CHAPITRE PREMIER. — DES NAVIRES EN GÉNÉRAL.

Caractère juridique du navire. — Le navire, au point de vue juridique, se présente sous un double aspect : comme une *personne* et comme une *chose*.

Il ressemble à une *personne*, en ce qu'il a un nom, une nationalité, un domicile, son port d'attache.

Il ressemble à une *chose*, en ce qu'il est susceptible de possession, de propriété, qu'il peut être grevé d'hypothèque, et qu'il peut faire l'objet de conventions relatives aux choses qui sont dans le commerce.

Du navire de guerre et du navire de commerce. — *Définitions.* — Un navire de guerre est tout navire qu'un État possède pour assurer la défense nationale ou pour le transport de ses troupes, et qui est commandé par des officiers de sa marine militaire.

Un navire de commerce est un navire appartenant à un simple particulier, pour opérer le transport des marchandises ou le transport des voyageurs, et il est commandé par des officiers ne faisant pas partie de la marine militaire de l'État.

Traits distinctifs : Signe extérieur des navires de guerre. — De ces deux définitions, il suit que les deux traits distinctifs du navire de guerre sont :

1° La *possession* du navire par l'État ;

2° Le *commandement* confié à des officiers de la marine militaire. Ainsi, on doit considérer comme navires de guerre les navires que l'État loue à des compagnies privées pour le transport de ses troupes et qui sont commandés par les officiers de sa marine.

Le signe extérieur qui sert à distinguer en mer un navire de guerre est, en dehors du pavillon national arboré à la poupe, une *flamme* placée au grand mât.

Différences théoriques entre les navires de guerre et les navires de commerce. — On peut les ramener à deux principales :

1° Un navire de guerre est une portion flottante de la *force militaire* de l'État ; un navire de commerce, au contraire, est une *propriété privée* ;

2° Le commandant et les officiers des navires de guerre sont les agents du pouvoir exécutif de l'État ;

ils ont un *caractère officiel* et sont, en quelque sorte, les représentants de la souveraineté de l'Etat auquel ils appartiennent. Au contraire, le commandant et les officiers des navires de commerce *n'ont aucun caractère officiel*. Ils sont non les représentants de l'Etat, mais les représentants de l'armateur pour lequel ils voyagent. Ils n'ont d'autorité sur les gens de l'équipage que pour les besoins de la navigation et pour mener à bien l'entreprise, autorité qui a le même caractère — tout en étant plus étendue, à raison de la situation différente — que celle qui appartient à un entrepreneur sur ses ouvriers.

Nationalité des navires. — Comme les personnes, les navires ont une nationalité. Ils doivent en avoir une, sinon ils sont considérés comme *pirates*. Mais ils ne doivent en avoir qu'une seule : un navire, pas plus qu'un particulier, ne peut relever de deux Etats différents.

Navires de guerre. — La nationalité des navires de guerre ne soulève aucune difficulté. C'est celle de l'Etat qui les arme et qui les commande.

Navires de commerce. — Il appartient à chaque Etat de déterminer les conditions auxquelles un navire sera considéré par lui comme national. On s'attache, en général, pour cela, à la *nationalité* des gens de l'équipage, à la propriété du navire, au lieu où le navire a été construit. Il serait désirable, certainement, comme l'ont proposé certains jurisconsultes, que les divers Etats s'entendissent pour réaliser l'uniformité de législation. Mais cette unité, si désirable qu'elle soit, ne peut être obtenue en pratique, parce que chaque Etat se décide d'après les conditions particulières dans lesquelles il se trouve au point de vue *économique, financier* et *maritime*. Un Etat où le système protecteur est en honneur exigera que la construction du navire ait lieu dans ses chantiers nationaux, afin de favoriser le travail national ; un Etat où les capitaux abondent et qui n'a pas besoin de faire appel aux capitaux étrangers n'accordera en conséquence la nationalité au navire que s'il appartient en toute propriété, ou du moins pour la plus grande part, à ses nationaux ; enfin, si les marins, dans un Etat, sont en nombre suffisant pour pourvoir aux besoins de la marine, on n'aura pas recours aux marins étrangers, la loi mettra comme condition à la nationalité du navire que l'équipage soit en tout ou en partie composé de nationaux.

La raison qui fait que les conditions de nationalité des navires ne sont pas les mêmes dans tous les Etats fait aussi que dans le même Etat la *législation peut varier* à diverses époques, en même temps que se modifie la *situation économique, financière* et *maritime* du pays.

Législation française. — La législation française a varié sur ce point. Actuellement, deux conditions doivent se trouver réunies pour qu'un navire soit français :

1° Il faut que le navire appartienne, pour moitié au moins, à des Français.

2° Il faut que le capitaine, les officiers et les trois quarts au moins de l'équipage soient français (1).

---

(1) *Aperçu de quelques législations étrangères.* — Voici, sur la question de la nationalité des navires, un aperçu de quelques législations étrangères :

Angleterre. — Une seule condition est exigée pour la nationalité : il faut que le navire appartienne en entier à des Anglais. Peu importe la nationalité des officiers et de l'équipage.

Etats-Unis. — Il faut : 1° que le navire appartienne entièrement à des nationaux ; 2° que les officiers et les deux tiers de l'équipage soient nationaux ; 3° que le navire ait été construit sur le territoire de l'Union.

Allemagne. — Depuis la loi du 25 octobre 1867, il n'y a plus qu'un seul drapeau national : le drapeau allemand ; les divers Etats qui composent l'empire ne peuvent plus avoir une marine distincte. Pour qu'un navire soit allemand, il suffit qu'il appartienne pour le tout à des Allemands. Quand le navire a pour propriétaire une société, il faut que la société ait son siège en Allemagne ou que tous les commandités soient Allemands (Loi du 22 juin 1899).

Belgique. — D'après la loi du 20 septembre 1903, il faut que le navire appartienne pour moitié, soit à des Belges, soit à des étrangers autorisés à fixer leur domicile en Belgique, soit à des étrangers habitant en Belgique depuis un an au moins, soit à des sociétés ayant leur siège en Belgique.

Italie. — Il faut que le navire appartienne à des Italiens ou à des étrangers domiciliés en Italie depuis cinq ans.

Marque extérieure de la nationalité. — Du pavillon.
— La nationalité du navire se manifeste extérieurement et à distance par le *pavillon* qu'il porte.

Le *pavillon* sert aussi dans certaines circonstances à exprimer les sentiments du navire : le deuil, l'allégresse, la détresse. Tout Etat a un pavillon. Il peut en avoir un pour sa marine marchande et un pour sa marine de guerre.

Les pays mi-souverains peuvent bien avoir un pavillon de commerce ; mais ils n'ont d'autre pavillon de guerre que celui de l'Etat suzerain dont ils dépendent.

Il est défendu à un navire d'arborer le pavillon d'un Etat qui lui est étranger, à moins d'une autorisation expresse de cet Etat. Une pareille autorisation sera accordée rarement, parce qu'elle engage la responsabilité de l'Etat pour les fautes qui pourraient être commises sous son pavillon. Il est surtout dangereux, pour un Etat qui n'a pas de marine ou dont la marine est peu importante, de permettre à des navires de porter son pavillon, parce qu'il lui serait impossible ou difficile de faire respecter son pavillon sur mer, soit en temps de paix, soit en temps de guerre.

Plus d'une fois, le *gouvernement suisse* a été sollicité d'accorder à ses nationaux le droit d'arborer sur mer le pavillon national ; le gouvernement a toujours refusé pour les raisons que nous avons indiquées (1).

Preuve de la nationalité du navire. — Papiers de bord.
— La nationalité d'un navire de guerre est établie par la parole du capitaine. Il est muni d'une commission qui constate son caractère officiel, mais il n'en fait usage que dans des cas très rares.

La nationalité du navire de commerce est établie par la production des *papiers de bord*. On entend par là certaines pièces que le capitaine de tout navire de commerce est tenu d'avoir à son bord. Les lois intérieures de chaque Etat en donnent l'énumération.

En France, d'après l'article 226 du Code de commerce, les papiers de bord sont :

---

(1) Il convient cependant de noter la déclaration signée à Barcelone, le 20 avril 1921, par 44 Etats représentés à la Conférence sur le transit, portant reconnaissance du droit au pavillon des Etats dépourvus de littoral maritime.

1° L'*acte de propriété* du navire ;

2° L'*acte de francisation*, ou passeport autorisant le navire à porter le pavillon national ;

3° Le *rôle de l'équipage*, contenant les noms et la nationalité des gens de l'équipage ;

4° Les *connaissements* et *chartes-parties* ;

5° Les *procès-verbaux* de visite ;

6° Les *acquits de paiement* ou les *acquits à caution* des douanes.

Le capitaine est obligé de produire ses papiers de bord lorsqu'il en est légitimement requis.

Intérêts pratiques à distinguer le navire national du navire étranger. — Il y a intérêt à pouvoir distinguer un navire national d'un navire étranger en temps de paix comme en temps de guerre.

a) *En temps de paix*, un premier intérêt existe à raison du *droit de police* que chaque Etat exerce sur ses navires en pleine mer et de la protection dont il les couvre.

Il peut y avoir un second intérêt à faire cette distinction dans les pays où il existe une *navigation réservée* : ainsi, en France, le cabotage le long des côtes ne peut être fait que par des navires français.

Pendant très longtemps, le *pacte colonial* réservait l'*intercourse coloniale* aux navires français. La loi du 19 mai 1866 a mis fin à ce pacte. Depuis cette époque, la navigation entre les colonies françaises et la métropole est librement ouverte aux navires de toutes les puissances. Cependant, une loi du 2 avril 1889, article 9, monopolise au profit des navires français la navigation entre l'Algérie et la France.

Autrefois, les navires étrangers qui entraient dans nos ports étaient soumis à des taxes spéciales qui ne pesaient pas sur les navires nationaux. Cette différence a disparu ; on se trouve aujourd'hui sous le régime de l'*assimilation des pavillons*.

b) *En temps de guerre*, il est important de connaître la nationalité des navires, pour savoir s'ils sont *belligérants* ou *neutres* ; nous verrons, en effet, plus tard, en étudiant la guerre maritime, que les navires neutres ont des droits et des devoirs qui n'existent pas pour les navires des belligérants.

CHAPITRE II. — CONDITION DES NAVIRES EN PLEINE MER.

Division du chapitre. — Nous diviserons le chapitre en deux paragraphes :

§ 1. — Principe de la matière.
§ 2. — Exceptions au principe.

*** § 1. — Principe de la matière.

Enoncé du principe. — *Navires de guerre.* — Le navire de guerre est une force militaire organisée de l'Etat dont il porte le pavillon. On le considère comme une portion flottante du territoire de cet Etat, il jouit pleinement du bénéfice de l'exterritorialité.

Navires de commerce. — Il en est autrement du navire de commerce. Il ne représente pas un élément de la puissance militaire de l'Etat. Cependant, en pleine mer comme le navire de guerre, il relève exclusivement de l'Etat dont il porte le pavillon, pour tout ce qui se passe à son bord : crimes, actes de l'état civil, testaments, etc. On exprime souvent cette idée en disant qu'il jouit de la fiction de l'exterritorialité en pleine mer. Mais cela n'est pas rigoureusement exact. Parce que, si le navire de commerce était en tous points assimilé au territoire de l'Etat dont il porte le pavillon, il serait impossible de concevoir le droit de visite soit en temps de paix, soit en temps de guerre, et il faudrait admettre que la naissance, à bord d'un navire de commerce, équivaut, au point de vue de l'acquisition de la nationalité française *jure soli*, à la naissance sur le territoire national, solution qui est écartée dans la pratique.

Conséquences du principe. — Il suit de là :

1° Que chaque Etat étend sa souveraineté pleine et entière sur ses navires en pleine mer ;

2° Qu'à l'inverse, aucun autre Etat ne peut exercer sur eux aucun acte d'autorité ; ils n'ont d'injonctions à subir d'aucun navire d'une puissance quelconque.

Cette indépendance réciproque des navires est une conséquence de ce que la mer est un domaine commun échappant à la domination des Etats.

Mesures compatibles avec le principe. — Le principe ci-dessus énoncé n'empêche pas que les navires soient tenus à observer certaines prescriptions destinées à rendre moins fréquentes les chances d'abordage.

Dans cet ordre d'idées, voici quelques règles devenues aujourd'hui obligatoires, par l'accord tacite des Etats maritimes :

1º En pleine mer les navires doivent croiser à tribord ;

2º Les navires à vapeur doivent céder la place aux navires à voiles ;

3º Pendant la nuit, les navires à voiles, soit qu'ils marchent, soit qu'ils soient mouillés dans un endroit où une rencontre est à craindre, doivent porter un fanal allumé au haut du mât. Les navires à vapeur doivent, en outre, avoir un feu vert à tribord, un feu rouge à bâbord ;

4º Lorsqu'un abordage entre deux navires survient, celui des deux navires qui en est responsable, parce qu'il n'a pas obéi aux prescriptions précédentes, doit une indemnité à l'autre.

Cérémonial maritime. — Il n'y a de cérémonial maritime qu'à l'égard des navires de guerre.

Pendant longtemps, cette question a été la cause de conflits internationaux, à raison de la prétention qu'émettaient certains Etats puissants d'imposer aux autres Etats l'obligation du salut.

Ces difficultés ont aujourd'hui disparu. Les Etats se traitent sur le pied d'une égalité absolue.

A défaut de conventions particulières, voici les règles consacrées par la coutume :

1º Les *saluts en mer* ne sont jamais obligatoires ; ce sont des *actes de pure courtoisie* ;

2º Les *saluts* se rendent *coup de canon* pour *coup de canon* ;

3º Ne pas répondre à un salut est, de la part d'un Etat, un acte d'*impolitesse* qui justifie une demande d'explication ;

4º Lorsqu'un navire de guerre rencontre une *escadre*, un *navire* commandé par un officier de grade supérieur ou ayant à son bord un souverain ou un ambassadeur, la courtoisie veut qu'il lui adresse le premier salut.

§ 2. — Exceptions au principe.

Enumération. — Il y a deux exceptions au principe d'indépendance des navires en pleine mer :

L'une résulte *de plein droit* des règles du droit des gens moderne ;

L'autre n'existe que si elle a fait l'objet d'une *convention internationale.*

La première est relative à la *piraterie*, la seconde à la *traite des noirs.*

** a) *De la piraterie.*

Distinction fondamentale : piraterie du droit des gens et piraterie réprimée par la législation interne de chaque Etat. — Il faut distinguer avec soin *la piraterie du droit des gens* de la *piraterie* telle qu'elle est considérée par la *législation interne* de chaque Etat.

La *piraterie du droit des gens seule* donne le droit aux navires de tous les Etats, sans distinction de nationalité, d'exercer sur la pleine mer un certain pouvoir de contrôle et de répression. Au contraire, il appartient à chaque Etat d'une façon exclusive de réprimer, à l'égard des navires qui portent son pavillon, les actes que sa législation interne considère comme faits de *piraterie* et dont ses navires se rendent coupables.

Ainsi la législation de l'Angleterre et des Etats-Unis attribue à la traite des nègres le caractère de *piraterie* ; nous verrons plus loin que la traite ne rentre pas dans la piraterie du droit des gens.

En France, c'est une loi du 10 avril 1825 qui s'occupe de la piraterie.

Eléments constitutifs de la piraterie du droit des gens. — Caractère juridique. — On doit considérer comme pirates les navires qui attaquent les autres navires pour s'emparer de la cargaison qu'ils transportent ou rançonner les personnes qui s'y trouvent.

La piraterie du droit des gens offre donc deux éléments constitutifs (1) :

1° Actes de *violence* ;

2° Actes de *déprédation.*

La piraterie est un crime du droit des gens que les

---

(1) On assimile à la piraterie le fait de la part d'un équipage de se révolter contre ses chefs, de se livrer sur leur personne à des actes de violence et de s'emparer ensuite du commandement du navire.

Etats civilisés ont le droit et le devoir de réprimer partout. Elle fait courir en effet à tous les Etats un danger que tous ont un égal intérêt à éviter.

Des corsaires et des pirates. — Il ne faut pas assimiler aux pirates les *corsaires*, c'est-à-dire les navires armés par les nationaux de l'un des Etats belligérants pour courir sus aux navires de l'ennemi dans la guerre maritime. Les corsaires sont, en effet, munis d'une autorisation régulière de l'Etat pour le compte duquel ils font des actes de guerre. Nous nous bornons à cette simple indication pour le moment : nous retrouverons la question de la course en traitant plus loin la guerre maritime.

Droit des navires de guerre à l'égard des pirates. — Lorsqu'un navire de guerre, à quelque Etat qu'il appartienne, rencontre en mer un navire qu'il a de graves motifs de soupçonner de piraterie, il a le droit de l'arrêter et de le visiter.

Si, après un examen du navire soupçonné, il est démontré que les soupçons n'étaient pas fondés, le capitaine de ce navire a le droit de demander une indemnité.

Si, au contraire, les soupçons de piraterie sont confirmés par la visite du navire arrêté, le navire de guerre le déclare de bonne prise et le conduit dans le port d'un Etat, en général dans un port de l'Etat auquel il appartient. Là, le navire capturé est jugé par le tribunal des prises et le sort du navire et de la cargaison, comme celui des hommes de l'équipage, est déterminé par la loi intérieure de cet Etat.

En général, le navire et la cargaison capturés sont attribués à l'Etat auquel appartient le navire capteur.

**b) *De la traite des noirs.*

Caractère juridique. — La traite des noirs peut être réprimée par la législation interne des Etats comme fait de piraterie. Mais elle ne saurait, *de plein droit*, être assimilée à la *piraterie du droit des gens*.

Il y a en effet entre la piraterie et la traite des noirs deux *différences fondamentales* :

1° Les pirates ne reconnaissent l'autorité d'aucun

Etat ; les navires négriers, au contraire, reconnaissent l'autorité de l'Etat dont ils portent le pavillon ;

2° Les pirates font courir un danger au commerce maritime de tous les Etats. Les navires négriers, au contraire, ne causent aucune entrave au libre commerce et à la libre navigation en pleine mer.

Ce n'est que par des traités passés entre les Etats que la traite des nègres peut être assimilée à la piraterie et qu'on peut reconnaître aux navires de guerre le droit de visite et aux tribunaux le pouvoir de juridiction, à l'égard des navires soupçonnés de servir à ce commerce, sans distinction de nationalité.

En dehors de tout traité, il appartient seulement aux navires de guerre et aux tribunaux de chaque Etat de réprimer, sur les navires de commerce qui portent son pavillon, l'exercice de la traite des noirs.

Historique de la question de la traite des noirs et du droit de visite. — *Jusqu'à l'acte général de Bruxelles du 2 juillet* 1890. — L'Angleterre, qui, pendant longtemps, avait favorisé la traite des nègres dans ses colonies d'Amérique, changea de politique au commencement de ce siècle, ses intérêts n'étant plus les mêmes, et elle se fit le champion de l'abolition de ce commerce barbare.

Le *traité de Paris* du 30 mai 1814 s'en occupa dans un article additionnel, et au *Congrès de Vienne*, l'année suivante, les représentants des puissances prirent l'engagement de combattre la traite par tous les moyens à leur disposition. C'est ainsi qu'en France on prit diverses mesures dans ce but et qu'une loi fut même votée, loi du 4 mars 1831, encore en vigueur aujourd'hui.

Mais ce que voulait le gouvernement anglais, c'était obtenir l'assimilation complète de la traite des noirs à la piraterie du droit des gens, de façon à ce que les navires de guerre de tous les Etats eussent le droit réciproque de visiter les navires de commerce rencontrés en mer et soupçonnés de se livrer à ce trafic illicite, à quelque nation qu'ils appartiennent.

L'Angleterre avait un intérêt politique considérable à ce qu'il en fût ainsi, parce qu'ayant une marine de guerre plus nombreuse que celle des autres Etats, elle se serait assuré une domination presque exclusive sur mer, en même temps qu'elle aurait profité des prises opérées sur les navires négriers.

Dans ce but elle réussit à conclure avec la France, en 1831, un traité, complété en 1833, par lequel les deux Etats reconnaissaient à leurs navires de guerre le *droit de visite* réciproque sur leurs navires marchands.

L'Angleterre voulut plus encore ; elle obtint l'adhésion des autres puissances, et un traité fut signé à *Londres*, le 20 décembre 1841, par lequel les Etats signataires s'accordaient le *droit de visite réciproque*, dans certaines mers qu'ils déterminaient, et reconnaissaient la compétence des tribunaux du navire soupçonné.

Le Parlement français refusa de ratifier le traité.

Enfin, en 1845, un traité fut signé entre la France et l'Angleterre pour remplacer les conventions de 1831 et 1833. Par ce traité, les deux Etats signataires renonçaient au droit de visite qu'ils s'étaient reconnu en 1831 et 1833 ; ils accordaient seulement à leurs navires de guerre le droit réciproque de *s'assurer de la nationalité des navires*, qui, sur la côte d'Afrique, naviguant sous pavillon anglais ou français, étaient soupçonnés de se livrer au trafic d'esclaves. Ce traité conclu pour dix ans n'a pas été renouvelé.

Acte général de Bruxelles du 2 juillet 1890. — Cet acte a eu pour but de mettre un terme aux crimes et aux dévastations qu'engendre la traite des noirs sur la côte orientale de l'Afrique. A cet effet il a édicté deux ordres de mesures :

1º Des mesures à prendre aux lieux d'origine pour empêcher le transport des esclaves par terre : organisation progressive de services administratifs, judiciaires, religieux et militaires ; établissement de stations fortement organisées ; construction de routes et de chemins de fer ; organisation de colonnes mobiles et d'expéditions ; enfin, restriction de la vente des armes à feu, etc.

2º Des mesures à prendre pour empêcher le transport par mer, consistant principalement dans le droit de visite limité, réciproque, accordé aux navires de guerre dans certaines zones maritimes, que la France a refusé d'ailleurs d'admettre.

Cet acte a été abrogé par la convention de Saint-Germain-en-Laye du 10 septembre 1919 (*Officiel* du 24 juin 1922).

Convention du 10 septembre 1919. — Cette convention pose trois règles dans son art. 11 :

1° Les puissances signataires continueront à veiller à la conservation des populations indigènes, ainsi qu'à l'amélioration de leurs conditions morales et matérielles ; elles s'efforceront, en particulier, d'assurer la suppression complète de l'esclavage sous toutes ses formes et de la traite des noirs, sur terre et sur mer.

2° Elles protégeront, sans distinction de nationalité ni de culte, les institutions ou entreprises religieuses qui tendront à conduire les indigènes dans la voie du progrès et de la civilisation.

3° Enfin, la liberté de conscience et le libre exercice de tous les cultes sont garantis aux ressortissants des puissances signataires.

Deux autres conventions, portant la même date, ont été signées : l'une relative au contrôle du commerce des armes et des munitions en Afrique et sur certains territoires d'Asie ; l'autre concernant le régime des spiritueux en Afrique (*Officiel* du 24 juin 1922).

CHAPITRE III. — CONDITION DES NAVIRES
DANS LES PORTS D'UN ÉTAT ÉTRANGER.

Accès dans les ports étrangers. — L'accès des ports d'un Etat est ouvert aux navires de commerce étrangers, sans restriction. Au contraire, les navires de guerre ne peuvent pénétrer librement que dans les ports de commerce de l'étranger (1).

Mais, ainsi restreinte aux seuls ports de commerce, la liberté d'accès accordée aux navires de guerre constitue une différence importante à noter entre les forces militaires de mer et celles de terre. Nous savons, en effet, qu'un corps de troupes ne peut pas pénétrer sur le territoire d'un Etat voisin sans porter atteinte à la souveraineté de cet Etat.

Distinction à établir pour déterminer la condition des navires. — Lorsqu'un navire pénètre dans les eaux territoriales d'un Etat étranger, deux souverainetés se

_____

(1) Cependant, nous avons constaté plus haut qu'en pratique les navires de guerre étaient admis dans les ports militaires en observant certaines règles en ce qui concerne leur nombre et la durée de leur séjour.

trouvent en présence : la souveraineté de l'Etat sur le territoire duquel se trouve le navire et la souveraineté de l'Etat dont le navire porte le pavillon.

Pour concilier les deux souverainetés en présence, il faut distinguer les règles concernant la police de la navigation et les règles de juridiction civile ou criminelle.

1° *Règles concernant la police de la navigation.* — Les règles concernant la police de la navigation s'appliquent à tous les navires sur la mer territoriale d'un Etat étranger, aux navires de guerre, comme aux navires de commerce. Ainsi ils sont tous tenus de se conformer aux prescriptions établies par l'Etat concernant le pilotage, les quarantaines, les signaux, le feu à bord, l'abordage au quai, etc...

2° *Juridiction civile et criminelle.* — En ce qui concerne la juridiction civile et criminelle, il faut distinguer les navires de guerre et les navires de commerce.

*** a) *Navires de guerre.*

Exterritorialité du navire de guerre. — Le navire de guerre jouit du bénéfice de l'exterritorialité ; cela veut dire que, même lorsqu'il se trouve dans un port étranger, la fiction qu'il constitue une portion flottante du territoire de l'Etat dont il porte le pavillon continue à s'appliquer ; en sorte qu'il n'est pas soumis à la souveraineté de l'Etat dans le port duquel il est ancré.

La raison de ce bénéfice est que le navire de guerre représente l'Etat dans sa force vive, et le soumettre à la juridiction d'un Etat étranger serait courber la souveraineté d'un Etat sous la souveraineté d'un autre Etat. Ce qui serait contraire à l'indépendance réciproque des Etats.

Conséquences de l'exterritorialité du navire de guerre. — 1° Le navire de guerre échappe à la juridiction civile de l'Etat étranger, pour toutes les dettes contractées à l'occasion du navire, telles par exemple qu'une *indemnité pour choc*, pour abordage.

La réclamation ne pourra pas être portée devant les tribunaux, mais elle sera transmise à l'Etat dont le navire relève, par la voie diplomatique.

2° Les *crimes* et les *délits* commis à bord du navire

de guerre, soit par un homme de l'équipage, soit par une personne étrangère au navire (1), ne peuvent pas faire l'objet d'une poursuite devant les tribunaux criminels de l'Etat territorial.

3° Le navire de guerre est *inviolable* ; les autorités locales ne peuvent pas y pénétrer pour y faire un acte quelconque de commandement.

Ainsi, lorsqu'un habitant du pays, après avoir commis un crime ou un délit, se réfugie à bord d'un navire de guerre, les agents de la force publique ne peuvent pas l'y poursuivre, pour procéder à son arrestation.

Mais à la différence de ce qui se produit au cas où le coupable se réfugie sur le territoire étranger, il n'y aura pas lieu d'employer les *formes de l'extradition* à l'égard de l'individu qui a trouvé asile à bord du navire de guerre. Les autorités locales s'adresseront directement au commandant du navire, qui procédera à une expulsion pure et simple.

Règle particulière à la désertion. — On peut signaler une *autre différence* entre le navire de guerre et le territoire étranger ; c'est en ce qui concerne la *désertion*. La désertion est un de ces délits pour lesquels l'extradition n'est jamais accordée. Cette règle ne s'applique pas aux matelots de l'équipage d'un navire ancré dans un port étranger. Il y a lieu à extradition et elle s'opère d'une façon toute particulière : le commandant du navire fera une demande directe aux autorités locales qui rechercheront le déserteur et le lui livreront. Cette exception a été admise par raison d'utilité pratique : pour qu'un navire ne soit pas empêché de continuer sa route, par suite de la défection des gens de son équipage.

Situation personnelle des officiers sur terre. — L'exterritorialité du navire de guerre n'a pas pour effet de faire échapper le commandant et les gens de l'équipage à la juridiction des tribunaux locaux. Ils ne jouissent pas des immunités qui sont reconnues aux agents diplomatiques. Ils peuvent être poursuivis pour les crimes et les délits qu'ils *commettent à terre* et ils peuvent

_____

(1) Alors même qu'elle se trouverait à bord par une circonstance fortuite et qu'elle serait un sujet de l'Etat dans les eaux duquel le navire est mouillé. Bonfils, *op. cit.*, n° 96.

être actionnés devant la juridiction civile étrangère pour les *obligations personnelles* qu'ils contractent (1).

Cérémonial maritime. — Les navires de guerre qui séjournent dans les eaux étrangères sont astreints à des règles de cérémonial dont voici les principales :

1° Ils doivent tout d'abord saluer les forteresses, à moins qu'ils ne portent des souverains ou des ambassadeurs, cas auquel ce sont les forteresses qui leur doivent le salut. Le salut est rendu coup de canon pour coup de canon ;

2° Ils doivent prendre part aux fêtes ou réjouissances de l'Etat étranger : les officiers en assistant aux cérémonies publiques qui ont lieu à cette occasion, le navire lui-même par le pavoisement.

*** b) *Navires de commerce.*

Différence avec le navire de guerre. — A la différence du navire de guerre, le navire de commerce ne jouit pas du *privilège d'exterritorialité.*

Cette différence s'explique : le navire de commerce ne représente pas la force militaire de l'Etat comme le navire de guerre ; il n'est pas, comme lui, une émanation de sa souveraineté.

Situation intermédiaire faite au navire de commerce. — Cependant le navire de commerce n'est pas soumis d'une façon absolue à la souveraineté de l'Etat dans le port duquel il est ancré. Une situation intermédiaire lui est faite.

Les autorités locales sont incompétentes pour tout ce qui concerne la *discipline intérieure du navire.* Elles sont également incompétentes pour la répression des crimes et des délits commis à bord entre gens de l'équipage lorsque la tranquillité du port n'a pas été

---

(1) Certains auteurs admettent la distinction suivante : si les personnes de l'équipage ont quitté le bord pour remplir à terre des fonctions relatives à leur service, elles échapperaient à la juridiction locale, par suite d'une renonciation tacite du souverain territorial. Si ces personnes se trouvaient à terre en dehors de leur service, la juridiction locale s'appliquerait pleinement. Bonfils, *op. cit.*, n°620.

troublée. Tous ces faits seront jugés par la juridiction nationale.

Au contraire, les autorités locales sont compétentes :

1° Lorsque l'ordre public a été troublé dans le port ;

2° Lorsque leur intervention a été sollicitée par le capitaine du navire ;

3° Lorsque le crime ou le délit a été commis entre un des gens de l'équipage et un sujet de l'Etat territorial (1).

Le navire de commerce n'échappe pas, comme le navire de guerre, aux perquisitions des autorités locales. Celles-ci peuvent y procéder à l'effet d'opérer des arrestations, absolument comme elles peuvent le faire au domicile privé des étrangers résidant sur son territoire.

Seulement le consul de l'Etat dont le navire porte le pavillon doit être averti, et il a droit d'assister à la perquisition.

APPENDICE I. — DES SERVITUDES INTERNATIONALES.

Définition. — On entend par servitudes internationales des restrictions apportées à la souveraineté territoriale d'un Etat au profit d'un autre Etat.

Classification. — Comme les servitudes du droit privé, elles consistent *in patiendo*, non *in faciendo*.

Les servitudes sont *positives* ou *négatives* : positives lorsqu'elles imposent à l'Etat qui en est grevé la nécessité de souffrir certains actes de la part d'un autre Etat ; négatives lorsqu'elles imposent la nécessité de s'abstenir de certains actes.

Exemples de servitudes positives :

1° Droit de passage sur le territoire étranger pour ses troupes ;

_____

(1) Cette distinction est admise par la jurisprudence française ; elle a été consacrée par un avis du Conseil d'Etat du 28 octobre 1806. — En Angleterre, on admet une doctrine différente ; les tribunaux du pays se déclarent compétents pour tous les crimes ou délits commis à bord des navires de commerce, même quand la tranquillité du port n'a pas été troublée et même si le navire ne séjourne pas dans les eaux anglaises, mais ne fait qu'y passer.

Dr. int. pub.

2° Droit de tenir garnison sur le territoire d'un autre Etat ;

3° Droit d'exercer la police ou la justice sur le territoire étranger.

Exemples de servitudes négatives :

1° Défense faite à un Etat d'avoir des forteresses sur un certain point donné de son territoire ou d'entretenir une armée supérieure à un chiffre déterminé d'hommes (1) ;

2° Défense d'exercer la juridiction à l'égard des nationaux d'un autre Etat, etc., etc...

Comment s'établissent les servitudes internationales ? — Les servitudes internationales étant des dérogations au droit commun de la souveraineté d'un Etat n'existent pas de plein droit, ni ne se présument.

Elles résultent :

1° De traités diplomatiques ; en général elles se trouvent consignées dans les traités de paix intervenant à la suite d'une guerre, comme condition que le vainqueur impose au vaincu ;

2° De la possession immémoriale d'où découle la reconnaissance de la servitude par l'Etat qui en subit l'exercice.

Servitudes consacrées par le traité de Versailles de 1919. — On peut citer :

1° En ce qui concerne Héligoland, l'obligation pour l'Allemagne de subir la destruction des fortifications, des établissements militaires, ports et îles d'Héligoland et des Dunes, et l'interdiction pour elle de reconstruire ni ces fortifications, ni ces établissements militaires, ni ces ports, ni aucun ouvrage analogue (art. 115). Voir aussi les articles 42 et 180 en ce qui concerne les fortifications sur le Rhin.

2° L'article 98 du traité de Versailles prévoit la conclusion d'une convention entre l'Allemagne et la Pologne à l'effet d'assurer d'une part à l'Allemagne des

---

(1) Ainsi le traité d'Utrecht de 1713 contient la défense formelle de fortifier Dunkerque du côté de la mer ; cette servitude a été abolie par le traité de Versailles de 1783. Le traité de Paris du 30 mai 1814 interdit d'ériger Anvers en port de guerre.

facilités complètes et appropriées pour communiquer par voie ferrée avec le reste de l'Allemagne et la Prusse orientale à travers le territoire polonais, et, d'autre part, à la Pologne les mêmes facilités pour ses communications avec la ville libre de Dantzig, à travers le territoire allemand qui pourra se trouver sur la rive droite de la Vistule entre la Pologne et la ville libre de Dantzig. Il s'agit là d'une véritable servitude de passage pour cause d'enclave.

3° L'article 352-2° reconnaît à la France un droit d'appui et de passage sur la rive droite du Rhin pour exécution de travaux.

4° L'art. 363 impose à l'Allemagne dans les ports de Hambourg et de Stettin de donner à bail à l'Etat tchéco-slovaque, pour une période de 99 ans, des espaces qui seront placés sous le régime général des zones franches et qui seront affectés au transit direct des marchandises en provenance ou à destination de cet Etat.

Comment s'éteignent les servitudes internationales ?
— Les servitudes internationales s'éteignent :

1° Par la renonciation de l'Etat au profit duquel elles existent, soit formellement dans un traité, soit tacitement par le non-usage pendant une génération ;

2° Par la consolidation ou réunion en un seul des deux Etats.

Extinction d'une servitude par le traité de Versailles.
— Les traités de 1815 avaient frappé la Haute-Savoie du Nord d'une double servitude : servitude militaire et servitude économique par l'établissement de zones franches. L'art. 435 du traité de Versailles a déclaré que ces servitudes « ne correspondent plus aux circonstances actuelles ».

En ce qui concerne la servitude militaire, le texte prend acte de l'accord intervenu entre le gouvernement français et le gouvernement suisse pour sa suppression.

En ce qui concerne la zone franche, le texte porte qu'il appartient à la France et à la Suisse de régler entre elles le régime de ces territoires. Après des négociations assez laborieuses, les deux États avaient abouti à un accord à la date du 7 août 1921. Cet accord fut ratifié par les Chambres fédérales en février et en mars 1922 et par les Chambres françaises sous la forme d'une loi promulguée le 16 février 1923. Tout semblait donc terminé. Mais la convention, soumise obligatoirement au referendum populaire, en exécution d'un amendement à la Constitution fédérale entré en vigueur au mois d'avril 1921, fut définitivement rejetée. Tout était donc à recommencer. Le gouvernement français s'épuisa en efforts vains pour renouer les négociations. De guerre lasse, après plus de sept mois d'attente, il se décida, par décret du 10 octobre 1923, à ordonner l'exécution de la loi du 16 février 1923 qui l'autorisait à porter le cordon douanier à la frontière politique, — mesure qui reçut son application le 10 novembre 1923. C'est alors que le gouvernement helvétique offrit de porter le différend devant la Cour permanente de la Haye ; le gouvernement français s'est empressé d'accepter cette proposition qui fut consacrée par un compromis signé le 30 octobre 1924. Avant de rendre son arrêt, la Cour devra impartir un délai aux parties intéressées pour s'entendre par voie de négociations directes. Ce n'est qu'en cas d'échec que la Cour aurait à dire en même temps son interprétation en droit de l'article 435 du traité de Versailles et à fixer le régime de fait à établir pour l'avenir (1).

APPENDICE II. — LE DOMAINE AÉRIEN.

Importance pratique. — La question de la nature et de l'étendue des droits de chaque Etat sur le volume d'air qui se trouve au-dessus de son territoire présente aujourd'hui une importance considérable, en raison de l'utilisation que les progrès de la science ont permis de faire de l'air, à un double point de vue :

1° Pour le transport des personnes et des marchandises, à l'aide des ballons libres, des dirigeables et des aéroplanes ;

2° Pour le transport de la pensée à l'aide de la télégraphie sans fil.

Nature juridique du droit de l'Etat sur l'espace aérien. — *Point discuté.* — La nature juridique du droit de

---

(1) Lire sur cette question deux articles de M. Hauser dans l'*Europe Nouvelle* du 23 avril et du 16 août 1921 et un article de M. Etienne Antonelli dans l'*Europe Nouvelle* du 22 novembre 1924, p. 1552.

l'Etat sur l'espace aérien est très discutée. Trois opinions principales ont été émises à cet égard qu'il y a lieu d'exposer rapidement.

Première opinion : Souveraineté de l'Etat. — D'après certains auteurs, l'Etat sous-jacent a le même droit de souveraineté sur l'espace aérien que sur le territoire terrestre lui-même. A l'appui de cette opinion on dit que, l'espace aérien se trouvant au-dessus du territoire terrestre, il existe entre eux un lien d'interdépendance qui conduit logiquement à les soumettre au même régime au point de vue juridique.

Deuxième opinion : Liberté de l'air, sauf le droit de conservation de l'Etat sous-jacent. — L'air est une chose commune sur laquelle l'Etat ne peut prétendre à aucun droit ni de souveraineté, ni de propriété. Mais l'usage de l'espace aérien doit être limité par les droits de conservation de l'Etat sous-jacent.

C'est dans ce sens que s'est prononcé l'Institut de droit international dans sa session de Madrid, au mois d'avril 1911 (1).

Troisième opinion : Système intermédiaire. — L'autorité de l'Etat sur l'espace aérien est comparable à celle qu'il exerce sur la mer territoriale. La mer territoriale et l'espace aérien ne sont pas des objets de souveraineté territoriale proprement dite. Dès lors, on peut dire que la souveraineté de l'Etat rayonne sur l'espace aérien qui se trouve au-dessus de son territoire, sans limite de hauteur, dans la mesure où cela est nécessaire pour assurer la plénitude de sa souveraineté sur ce territoire. C'est la formule qui nous paraît la plus exacte (2).

Conséquences des droits de l'Etat sur l'espace aérien. — Point discuté ; ceux qui admettent que l'Etat possède un véritable droit de souveraineté sur l'espace aérien, comme sur son territoire même, reconnaissent à l'Etat le pouvoir de prendre toutes les mesures qu'il lui plaira de prendre.

Ceux qui, comme nous, admettent que le droit de l'Etat sur l'espace aérien est une conséquence néces-

---

(1) Dans ce sens, Fauchille dans Bonfils, n° 531-3.
(2) Dans ce sens, Enrico Catellani, *Le droit aérien*, traduction française de Bouteloup, p. 6.

saire de la souveraineté qu'il exerce sur son territoire décident que l'Etat peut interdire, dans l'espace aérien à quelque hauteur que ce soit, tout ce qui serait de nature à menacer sa sécurité ou à restreindre sa souveraineté sur son territoire même. Au contraire, l'usage de l'air et le libre passage dans l'espace aérien doivent être reconnus en tant qu'ils ne peuvent aucunement porter atteinte à la souveraineté de l'Etat sous-jacent. Ainsi donc, un Etat ne pourrait pas mettre obstacle à l'emploi de la télégraphie sans fil ou à la navigation aérienne au-dessus de son territoire ; mais il pourrait prendre des mesures contre l'espionnage, pour la police douanière, pour la police sanitaire, pour la défense nationale.

Certains auteurs ont voulu délimiter l'espace aérien en deux zones, comme le territoire maritime : une zone qui serait soumise à l'autorité de l'Etat sous-jacent, comme la mer territoriale, et une autre zone qui serait entièrement libre comme la haute mer. Mais cette opinion doit être rejetée pour deux raisons :

1° A la différence de ce qui se passe pour la mer, l'espace aérien domine dans toute sa hauteur le territoire sous-jacent. Il n'est pas de limite à partir de laquelle le territoire sous-jacent échappe à ce lien de dépendance ;

2° Il est difficile de fixer la limite de l'espace libre et de l'espace réservé. Les avis les plus divergents ont été proposés sur ce point. Les uns ont proposé comme limite la portée du canon, d'autres la portée du fusil, d'autres 1.000 mètres. M. Fauchille, qui avait proposé la hauteur de 1.500 mètres en 1902, l'a abaissée à 500 mètres en 1910 dans son rapport à l'Institut de droit international.

Régime juridique des aéronefs. — *Définition.* — Sous le nom d'aéronefs, on désigne les divers moyens de transport aérien en usage actuellement : ballons libres, ballons dirigeables, aéroplanes et hydroplanes.

Nécessité d'une réglementation internationale. — Une réglementation internationale est indispensable pour déterminer la nationalité des aéronefs et les règles auxquelles leur circulation est soumise, au point de vue du passage au-dessus du territoire d'un Etat, au point de vue des délits commis à bord et des abordages.

Règles posées par l'Institut de droit international. —

L'Institut de droit international a posé à sa session de Madrid, en avril 1911, les principes suivants :

1° Les aéronefs se distinguent en aéronefs publics et privés ;

2° Tout aéronef doit avoir une nationalité et une seule. Cette nationalité sera celle du pays où l'aéronef aura été immatriculé ;

3° La circulation aérienne internationale est libre, sauf le droit pour les Etats sous-jacents de prendre certaines mesures à déterminer, en vue de leur propre sécurité et de celle des personnes et des biens de leurs habitants.

Convention du 13 octobre 1919 portant réglementation de la navigation aérienne. — *Précédent historique.* — Une première tentative d'accord international avait eu lieu à Paris en 1910. Une conférence s'était tenue du 18 mai au 29 juin sous la présidence de M. Louis Renault réunissant les représentants de 18 Etats. On ne put aboutir à une entente.

Convention du 13 octobre 1919 (1). — On fut plus heureux en 1919 ; on est arrivé à conclure une convention entre 27 Etats, réglementant dans tous ses détails la navigation aérienne. Cette convention très importante comporte 43 articles complétés par des annexes très développées. La France l'a ratifiée par un décret du 8 juillet 1922 inséré au *Journal officiel* du 14 juillet 1922, qui en publie le texte intégral.

Reconnaissance de la souveraineté aérienne de chaque Etat. — La convention débute en proclamant dans son art. 1er que chaque puissance a la souveraineté complète et exclusive sur l'espace atmosphérique au-dessus de son territoire. Elle consacre donc par là le 1er système que nous avons exposé ci-dessus.

Puis, après avoir posé ce principe de droit international absolu, elle proclame cette règle de droit inter-

---

(1) En outre des conventions particulières ont été signées sur la navigation aérienne : 1° entre la France et la Suisse, le 9 décembre 1919 (*Officiel* du 21 mars 1920) ; 2° entre la France et la Grande-Bretagne, le 23 novembre 1920 (*Officiel* du 11 décembre 1920). En conformité avec ces conventions, la France a promulgué la loi du 31 mai 1924 sur la circulation aérienne.

national conventionnel que les Etats signataires de ladite convention s'accordent mutuellement la liberté du passage inoffensif au-dessus de leur territoire respectif, tout en se réservant cependant d'interdire le survol de certaines zones déterminées dans un but de sécurité publique (art. 2, 3, 4).

Nationalité des aéronefs. — Elle est déterminée par la nationalité de l'Etat sur le registre duquel l'aéronef est immatriculé, chaque Etat ne pouvant immatriculer que les aéronefs appartenant en entier aux ressortissants de cet Etat (art. 6 et 7).

Aucune société ne pourra être enregistrée comme propriétaire d'un aéronef que si elle possède la nationalité de l'Etat dans lequel l'aéronef est immatriculé, si le président de la société et les deux tiers au moins des administrateurs ont cette même nationalité et si la société satisfait à toutes autres conditions qui pourraient être prescrites par les lois dudit Etat (art. 7).

Tout aéronef devra porter : une marque de nationalité, une marque d'immatriculation, le nom et le domicile du propriétaire (art. 10).

Conditions requises. — Le survol du territoire est subordonné à trois conditions :

1° Des garanties quant à l'aéronef, qui doit être pourvu d'un certificat de navigabilité délivré par l'Etat dont l'aéronef possède la nationalité (art. 11).

2° Des garanties quant au personnel navigant, qui doit être pourvu de brevets d'aptitude et de licences délivrés par l'Etat (art. 12 à 13).

Quant à la télégraphie sans fil, une licence spéciale devra être délivrée par l'Etat dont l'aéronef possède la nationalité. Elle est obligatoire à bord de tout aéronef affecté à un transport public pour plus de dix personnes (art. 14).

Réglementation du survol d'un territoire étranger. — 1° Tout aéronef d'un Etat contractant remplissant les conditions ci-dessus a le droit de survol sur le territoire des autres Etats contractants.

2° Il est obligé d'atterrir sur l'ordre des autorités du territoire survolé.

3° Il est tenu de suivre l'itinéraire fixé par l'Etat survolé.

4° Aucune voie internationale aérienne ne peut être établie sans l'assentiment de l'Etat sous-jacent (art. 15).

5° Chaque Etat contractant a le droit d'édicter, au

profit de ses aéronefs nationaux, des réserves et des restrictions pour le transport commercial de personnes et de marchandises entre deux points de son territoire (art. 16), sous réserve de réciprocité (art. 17).

6° Immunité est accordée sous caution en cas de transit ou d'atterrissage contre toute saisie pour contrefaçon de brevet, dessin ou modèle (art. 18).

Papiers de bord. — Tout comme un bâtiment de mer, un aéronef doit avoir ses papiers de bord qui sont :

1° Le certificat d'immatriculation ; 2° le certificat de navigabilité ; 3° les brevets et les licences des pilotes ; 4° la liste des passagers ; 5° les connaissements et le manifeste ; 6° le livre du bord ; 7° la licence spéciale pour la T. S. F.

Droits et obligations des aéronefs. — 1° Ils sont assujettis au droit de visite de la douane, au départ et à l'arrivée (art. 21).

2° Ils ont le droit d'atterrir sur les aérodromes avec égalité de traitement avec les aéronefs nationaux (art. 24).

3° Ils ont droit à l'assistance au cas de détresse, et à l'application des règles du droit maritime en matière de sauvetage (art. 22-23).

4° Est interdit tout transport d'explosifs, d'armes et de munitions de guerre (art. 26). Est susceptible d'être interdit ou réglementé le transport des appareils photographiques ou autres objets, avec égalité pour tous les aéronefs, étrangers ou nationaux (art. 26,28,29).

Aéronefs d'État. — Ont cette qualité :

1° Les aéronefs militaires, c'est-à-dire commandés par un militaire commissionné à cet effet (art. 30 et 31).

2° Les aéronefs exclusivement affectés à un service d'Etat, tel que : postes, douanes, police (art. 30).

Régime particulier des aéronefs d'Etat. — 1° Un aéronef militaire ne peut survoler le territoire d'un autre Etat contractant ou y atterrir qu'avec l'autorisation de cet Etat et dans ce cas il est assimilé à un navire de guerre. Hors ce cas, s'il est obligé d'atterrir, requis ou sommé de le faire, il n'aura pas droit aux immunités du navire de guerre (art. 32).

2° Pour les aéronefs de postes, de douanes et de police, des arrangements spéciaux devront intervenir (art. 33).

Règlement des conflits. — Les conflits relatifs à l'interprétation de ladite convention seront tranchés par la Cour permanente de justice internationale dès qu'elle sera constituée et jusque-là par voie d'arbitrage (art. 37).

Commission internationale de navigation aérienne. — Composée des représentants des États signataires, placée sous l'autorité de la Société des Nations, elle constitue tout à la fois un organe d'enregistrement, de centralisation des renseignements et un organe consultatif pour toutes les questions intéressant la navigation aérienne.

Adhésion. — L'adhésion des autres Etats n'est admise que sous certaines conditions indiquées par l'art. 42.

Dénonciation. — La convention ne pourra être dénoncée avant le 1er janvier 1922 et la dénonciation ne produira son effet qu'un an après sa notification au gouvernement français.

Remarque. — Cette convention a laissé en dehors de son cadre tout ce qui concerne la guerre aérienne.

Télégraphie sans fil. — Une convention radiotélégraphique a été signée à Berlin le 3 novembre 1906 entre vingt-sept Etats. Elle consacre le principe de la communication obligatoire entre les navires et les stations côtières. Une convention additionnelle, à laquelle certains Etats n'ont pas adhéré, admet la même solution pour les relations de navire à navire.

QUATRIÈME PARTIE

DES RELATIONS PACIFIQUES DES ÉTATS

Division de la IVᵉ partie. — La quatrième partie sera divisée en deux sections :

Iʳᵉ Section. — Organes des relations des Etats.
IIᵉ Section. — Traités internationaux.

SECTION I. — ORGANES DES RELATIONS DES ÉTATS

Idée générale et division. — Les organes de relations des Etats sont :

1º Les souverains ou chefs d'Etat ;
2º Les agents diplomatiques ;
3º Les consuls.

Mais il faut noter immédiatement la différence fondamentale et profonde qui sépare les consuls des souverains et des agents diplomatiques.

Les souverains et les agents diplomatiques sont les représentants des Etats à la différence des consuls, dont la mission consiste simplement à protéger les intérêts privés des nationaux à l'étranger, ainsi que nous le dirons plus loin.

CHAPITRE PREMIER. — DES SOUVERAINS OU CHEFS D'ÉTAT.

Ce qu'il faut entendre par souverain ou chef d'Etat. — Le souverain ou chef d'Etat est la personne à laquelle est confiée la direction suprême des intérêts généraux de l'Etat, que l'Etat soit une monarchie ou une république, qu'il ait le titre d'empereur, de roi, de grand-duc, de prince ou de président de la République (1).

---

(1) Tout ce que nous dirons du souverain doit être appliqué aux autres chefs d'Etat.

Du souverain au point de vue du droit constitutionnel et du droit international. — C'est au droit constitutionnel qu'il appartient de déterminer dans chaque Etat par qui sera exercé le pouvoir suprême.

Pour le droit international, celui-là doit être considéré et traité comme le souverain légitime qui a la possession de fait de l'autorité supérieure dans l'Etat, fût-il un usurpateur et eût-il violé la constitution.

Titres et prérogatives. — Cérémonial. — Les Etats étrangers sont libres, dans leur souveraineté, d'accorder ou de refuser au souverain d'un autre Etat les titres, les prérogatives, les honneurs qui lui sont accordés par la constitution et auxquels il a droit dans l'intérieur de l'Etat qu'il gouverne.

Anciennement, la reconnaissance par les autres Etats des titres d'un souverain avait une grande importance, parce que, l'Etat se confondant avec la personne du souverain, le titre que prenait le souverain était le signe de la puissance qu'avait l'Etat qu'il gouvernait. Cette question était une source de nombreux conflits entre les Etats.

Il en est différemment aujourd'hui : les titres ont beaucoup perdu de leur importance ; les contestations sont plus rares, et elles n'ont pas la guerre comme conséquence.

Quant aux honneurs à rendre aux souverains qui voyagent à l'étranger, au cérémonial à observer à leur égard, ce sont là des devoirs de courtoisie et de politesse qui sont réglés par les usages des divers pays et par les habitudes des cours.

Immunités des souverains à l'étranger. — Les souverains qui voyagent à l'étranger jouissent des mêmes immunités qui, nous le verrons, sont reconnues aux agents diplomatiques : leur personne est inviolable, ainsi que leur demeure ; ils échappent à la juridiction locale, soit criminelle, soit civile ; ils ne sont pas soumis au paiement des impôts.

Ces immunités ne se bornent pas à la seule personne du souverain ; elles s'étendent aux membres de sa famille qui voyagent avec lui et aux gens de sa suite.

Ces immunités ont pour fondement le respect même qui est dû à la souveraineté des Etats. Le souverain est la personnification vivante de l'Etat qu'il gouverne;

le soumettre à l'observation des lois d'un Etat étranger, ce serait placer l'Etat lui-même qu'il représente dans un lien de dépendance et de subordination à l'égard d'un autre Etat.

Certains auteurs emploient, pour désigner les immunités dont jouissent les souverains à l'étranger, l'expression d'« *exterritorialité* ». Cette expression est *vicieuse*, parce qu'elle tendrait, si on la prenait à la lettre, à traiter la résidence qu'occupe un souverain à l'étranger comme une portion du territoire de l'Etat qu'il représente et à lui reconnaître, dans les limites de sa résidence, la même autorité sur les gens de sa suite que celle qui lui appartient, en vertu de la constitution, dans son pays. Or ce serait là une erreur. Le souverain ne peut exercer aucun acte de commandement sur le territoire étranger où il réside ; s'il le faisait, il porterait atteinte à la souveraineté de l'Etat qui lui donne l'hospitalité.

Immunité de juridiction. — 1° *Au point de vue pénal.* — Le souverain n'est pas soumis à la juridiction criminelle étrangère pour les crimes ou les délits qu'il peut commettre sur le territoire d'un autre Etat. Mais il ne doit pas profiter de l'impunité qui lui est assurée pour fomenter des troubles et organiser des désordres. S'il agissait ainsi, on ne pourrait pas s'emparer de sa personne et lui faire l'application des lois pénales : l'Etat étranger pourrait seulement le contraindre à quitter son territoire, et, en tous cas, prendre toutes les mesures de police pour empêcher les conséquences des actes d'hostilité et d'opposition du souverain.

2° *Au point de vue civil.* — Tous les auteurs ne sont pas d'accord sur l'étendue de l'immunité dont jouit le souverain, au point de vue de la juridiction civile.

Dans une première opinion (1), on décide que, sans distinguer le caractère de l'acte qui a fait naître l'obligation en exécution de laquelle il est actionné devant les tribunaux, ceux-ci doivent se déclarer incompétents.

Dans une deuxième opinion (2), partagée par la

_____

(1) C'est dans ce sens que se prononce la jurisprudence belge. *Revue de droit international*, 1872, p. 153.

(2) Consulter dans ce sens : Paris, 23 août 1870, S. 1871. 2.6 ; Paris, 15 mars 1872, S. 1872.2.68.

jurisprudence française, on fait une distinction. Pour les actes qu'un souverain étranger a faits en sa qualité de souverain, et qui revêtent un caractère administratif ou gouvernemental, il échappe à la juridiction de nos tribunaux. Pour ce qui est au contraire des engagements privés qu'il a contractés envers un Français, en tant que particulier, nos tribunaux doivent se déclarer compétents.

Cette solution de la jurisprudence est difficilement conciliable avec celle qu'elle adopte en ce qui concerne l'immunité de juridiction des agents diplomatiques.

Quoi qu'il en soit de cette discussion, il est certainement deux cas où le souverain doit se soumettre à la décision des tribunaux étrangers :

1° C'est en ce qui concerne les immeubles qui peuvent lui appartenir sur le territoire d'un autre État ;

2° C'est lorsqu'il a introduit une action contre un particulier devant un tribunal étranger.

Dans ces deux cas, le souverain doit s'incliner devant la décision rendue, et s'il est condamné, subir la sentence et acquitter les dépens du procès.

Cas où cessent les immunités du souverain. — Les immunités du souverain cessent :

1° Lorsqu'un souverain abdique ou est détrôné par une révolution intérieure ;

2° Lorsqu'un souverain entre au service d'un État étranger. Pour tout ce qui concerne la fonction qu'il accepte, le souverain se soumet lui-même aux lois de l'État étranger, à ses autorités et à sa juridiction.

C'est ce qui arrivait dans la pratique pour les souverains des États allemands qui étaient généraux dans l'armée prussienne.

Effet de l'incognito. — Faut-il assimiler le souverain qui *voyage incognito* au souverain détrôné ou qui a abdiqué ? nous ne le croyons pas. Le souverain qui a quitté le pouvoir n'a plus droit à aucune prérogative et à aucune immunité, parce qu'il cesse de représenter l'État auquel il ne commande plus. Il n'en est pas de même du souverain qui *voyage incognito*. Le seul effet de l'incognito est de faire échapper le souverain aux ennuis des honneurs et au cérémonial auxquels sa qualité lui donnerait droit d'après l'usage des cours. Mais, malgré son incognito, le souverain conserve les immunités qui lui appartiennent comme représentant d'un Etat étranger. Si une autorité du pays où il voyage voulait, ignorant son caractère, instrumenter contre lui, il n'aurait qu'à se faire connaître pour éviter tout acte de juridiction de sa part.

CHAPITRE II. — DES AGENTS DIPLOMATIQUES.

Idée générale et division du chapitre. — Ce n'est que bien rarement et dans des circonstances exceptionnelles que les souverains entrent directement en relations au nom de l'Etat qu'ils dirigent. D'une façon normale et régulière, les relations des Etats sont entretenues par des délégués spéciaux, qu'on appelle des *agents diplomatiques*.

Pour étudier cette matière en détail, nous la diviserons en quatre paragraphes :

§ 1. — Du droit de légation et de la diplomatie en général.

§ 2. — Des diverses classes d'agents diplomatiques et du personnel des missions diplomatiques.

§ 3. — De la nomination, de l'installation des agents diplomatiques et de la fin des missions diplomatiques.

§ 4. — Des obligations, des immunités, des honneurs et du rang de préséance, des obligations des agents diplomatiques.

§ 1. — Du droit de légation et de la diplomatie en général.

Histoire du droit de légation et de la diplomatie. — Dès la plus haute antiquité, dès le jour peut-on dire où deux Etats ont été formés, le besoin s'est fait sentir pour eux d'entrer en relations, et dans ce but de s'envoyer des ambassadeurs.

Mais ces ambassadeurs avaient une mission *spéciale* et toujours *temporaire*. D'ordinaire, ils étaient chargés de déclarer la guerre, de traiter la paix ou de conclure des alliances. Ils ne restaient sur le territoire de l'Etat auprès duquel ils étaient envoyés que le temps nécessaire pour mener à bien la négociation, puis, leur mission terminée, ils s'en retournaient dans leur pays.

Cela suffisait aux relations peu fréquentes que les

Etats entretenaient et aux négociations simples qui en étaient les conséquences. Mais, plus tard, les rapports entre les Etats devinrent si constants, leurs intérêts communs si nombreux et si compliqués que chaque Etat crut utile d'avoir des représentants à poste fixe auprès des autres Etats.

C'est à *Richelieu* que l'on fait remonter le mérite d'avoir inauguré l'usage des *légations permanentes*. Les autres gouvernements suivirent cet exemple, et aujourd'hui c'est là une coutume si universelle et si bien établie que l'on considère l'envoi et le maintien des ambassadeurs comme un gage de paix, et leur rappel comme le signal de la guerre.

Du droit de légation : définition. — Le droit de légation est le droit qui appartient à un Etat d'envoyer ou de recevoir des agents diplomatiques.

Le droit d'envoyer des agents diplomatiques s'appelle plus particulièrement droit de *légation active* ; celui de recevoir des agents diplomatiques, droit de *légation passive*.

A quels Etats appartient le droit de légation ? — Le droit de légation absolu appartient aux Etats souverains et indépendants.

Quant aux Etats mi-souverains et protégés, leur situation varie suivant les liens plus ou moins étroits qui les rattachent à l'Etat souverain dont ils dépendent. On peut dire cependant, en général, que ces Etats conservent le droit de *légation passive*, mais sont privés du droit de *légation active*. Nous avons vu, par exemple, que la Tunisie ne pouvait pas entretenir des agents diplomatiques à l'étranger, ses intérêts sont placés sous la sauvegarde des représentants de la France ; mais on lui a laissé le droit de recevoir les agents diplomatiques des autres puissances.

Les Etats qui forment une union personnelle, conservant leur individualité propre, au point de vue intérieur comme au point de vue extérieur, ont l'exercice entier du droit de légation active et passive.

On ne peut en dire autant, au contraire, de l'union réelle : l'unité de l'Etat au point de vue extérieur se manifeste par l'unité de représentation diplomatique.

Dans la confédération d'Etats, le droit de légation active et passive peut être exercé par chacun des Etats confédérés pour ses intérêts particuliers, et par la confédération elle-même, pour les intérêts communs qui forment la base du pacte fédéral.

Il en est autrement dans l'Etat fédéral : chacun des Etats fédérés perd le droit de légation active et passive qui est exercé d'une manière exclusive par le gouvernement fédéral.

L'empire allemand se séparait précisément sur ce point du caractère de l'Etat fédéral en ce que certains des Etats qui le composaient, la Bavière notamment, exerçaient le droit de légation d'une manière distincte, en entretenant des chargés d'affaires auprès de certains gouvernements étrangers.

Ce que c'est que la diplomatie. — On entend par diplomatie l'ensemble des règles relatives aux relations des Etats entre eux : la connaissance exacte de ces règles constitue la *science* de la diplomatie, leur application l'*art* de la diplomatie.

Le but de la diplomatie est d'assurer le maintien de la paix et de la bonne harmonie entre les Etats, par le respect des devoirs, des droits et des intérêts de chacun d'eux, et de conduire les négociations qui interviennent entre les Etats, pour la conclusion des traités internationaux.

De la langue diplomatique. — Le français a été longtemps considéré comme la langue diplomatique. Cet usage remonte au règne de Louis XIV. Il a été observé dans maintes circonstances : au congrès de Vienne en 1815, aux négociations du traité de Francfort, au congrès de Berlin de 1878, aux conférences de la Haye de 1899 et de 1907.

Et ce privilège, notre langue l'a dû à sa clarté, à sa limpidité et à sa précision incomparables.

Cette règle a été malheureusement abandonnée pendant les négociations du traité de Versailles. L'anglais a été employé concurremment avec le français, surtout parce que le Président Wilson, n'ayant pas une pratique suffisante de notre langue, aurait pu suivre difficilement une discussion dans cette langue. Le texte original du traité de Versailles de 1919 a été rédigé en anglais et en français et il y a égalité complète entre les deux textes, qui font foi également (art. 440). Ce qui est profondément regrettable.

Les traités de Saint-Germain, de Trianon et de Sèvres ont également été rédigés en deux et même en trois langues, mais le texte français fait seul foi en cas de divergence avec le texte anglais ou italien.

Notons cependant qu'au congrès tenu à Stockholm au mois d'août 1924 par l'Union postale universelle, le français a été la seule langue employée ; c'est en français seulement que la convention du 28 août 1924 a été rédigée. Au point administratif également, le français reste la langue officielle et obligatoire de l'Union (Voir en dernière heure la Conférence de Locarno).

§ 2. — Des diverses classes d'agents diplomatiques et du personnel des légations.

*** Des quatre classes d'agents diplomatiques. — Le règlement général du Congrès de Vienne du 19 mars 1815 et celui du Congrès d'Aix-la-Chapelle du 21 novembre 1918 ont rangé les divers agents diplomatiques en quatre classes :

1º Les ambassadeurs, légats ou nonces ;
2º Les envoyés extraordinaires et les ministres plénipotentiaires ;
3º Les ministres résidents ;
4º Les chargés d'affaires.

Les *ambassadeurs* ont un caractère essentiellement *représentatif*, ils représentent la personne même du souverain (1). Le droit d'avoir des ambassadeurs est réservé en principe aux grandes puissances.

Les *légats* et les *nonces* sont revêtus du même caractère représentatif que les ambassadeurs. Les *légats* sont des ambassadeurs extraordinaires, chargés par le Saint-Siège de missions spéciales, ayant un caractère plutôt *ecclésiastique* que *politique*. Ils sont toujours choisis parmi les cardinaux.

Les *nonces*, au contraire, sont des ambassadeurs ordinaires et permanents ; ils ne sont jamais pris parmi les cardinaux.

---

(1) Il en résulte cette conséquence importante que l'ambassadeur a le droit de réclamer accès auprès du souverain de l'Etat où il est accrédité et de l'entretenir directement. Au contraire, les agents diplomatiques de 2e et 3e classes sont obligés de solliciter une audience par écrit du ministre des affaires étrangères. Bonfils, *op. cit.*, nº 670.

Les *envoyés extraordinaires* ou *ministres plénipotentiaires* (1) sont accrédités auprès du souverain et représentent l'Etat. La qualification « extraordinaire » ajoutée au titre d'envoyé, ainsi que celle de « plénipotentiaire » que portent les ministres de deuxième classe, n'ont qu'une valeur purement honorifique ; elles n'influent en rien sur le caractère de la mission, ni sur l'étendue des pouvoirs conférés à l'agent diplomatique.

Les ministres de deuxième classe du pape s'appellent *internonces*.

La classe de *ministres résidents* remonte au Congrès d'Aix-la-Chapelle de 1818, qui l'a ajoutée aux trois autres classes qu'avait organisées le traité de Vienne de 1815, en l'intercalant entre la deuxième et la troisième. Ils sont également accrédités auprès du souverain et représentent l'Etat.

Quant aux *chargés d'affaires*, ils diffèrent des autres agents diplomatiques par ce caractère essentiel : qu'ils sont accrédités non par le souverain, mais par le ministre des affaires étrangères d'un Etat, auprès du ministre des affaires étrangères d'un autre Etat, et non auprès d'un autre souverain.

Il y a deux catégories de *chargés d'affaires* :

1° Ceux qui sont chefs de postes accrédités à titre permanent ;

2° Ceux qui remplissent cette fonction par intérim, en l'absence de l'ambassadeur, de l'envoyé ou du ministre résident.

Du personnel de la légation. — Le personnel de la légation comprend des personnes officielles et des personnes non officielles.

Le *personnel officiel* se compose :

De conseillers (2),

---

(1) Certains fonctionnaires du ministère des affaires étrangères portent en France le titre de ministres plénipotentiaires.

(2) Le décret du 11 octobre 1891 a supprimé en France le grade de conseiller d'ambassade. Au fur et à mesure des vacances dans le cadre actuel, les conseillers d'ambassade sont remplacés par des secrétaires de 1re classe. Lorsqu'ils remplissent à l'étranger les fonctions de leur grade, ils

De secrétaires,
D'attachés d'ambassade,
D'attachés militaires ou navals,
D'attachés commerciaux,
De secrétaires, interprètes ou drogmans,
Du chancelier,
Des aumôniers,
Des courriers.

Le *personnel non officiel* se compose :
Des membres de la famille de l'agent diplomatique,
Des domestiques,
Des médecins, secrétaires intimes, etc...

Missions permanentes et missions spéciales. — Envoyés d'étiquette ou de cérémonie. — Un agent diplomatique peut être chargé d'une mission permanente — c'est le cas le plus fréquent — ou chargé d'une mission spéciale pour la conclusion d'une affaire particulière. Ces derniers n'ont de pouvoir que relativement à l'affaire dont la négociation leur a été confiée ; ils n'ont pas qualité pour s'occuper d'une autre affaire.

Quant aux envoyés d'étiquette ou de cérémonie, ce sont des agents que le souverain envoie pour le représenter soit aux funérailles, soit au couronnement d'un souverain. Ces envoyés ne peuvent pas s'occuper d'affaires d'Etat, à moins qu'ils n'aient reçu des pouvoirs spéciaux à cet effet. Mais, dans ce cas, ils ne sont que de simples envoyés d'étiquette.

Du corps diplomatique. — On appelle *corps diplomatique* la réunion des agents diplomatiques accrédités par les différents Etats auprès d'un même gouvernement ; il ne constitue pas une personne morale ; il est la réunion de personnes absolument indépendantes les unes des autres entre lesquelles il existe seulement un certain lien de solidarité.

Du ministre des affaires étrangères. — Le ministre des affaires étrangères est dans chaque Etat le chef hiérarchique des agents diplomatiques. Son rôle est

---

peuvent être autorisés à prendre le titre de conseiller d'ambassade ou de légation pour les mettre sur un pied de parfaite égalité avec les agents de même ordre des autres pays.

double : d'une part, il négocie avec les envoyés des puissances étrangères ; d'autre part, il adresse des *instructions* à ses agents diplomatiques à l'étranger.

Les *instructions* que le ministre des affaires étrangère adresse à ses agents sont de deux sortes : les unes sont un *exposé général*, fait à l'agent, au moment où il va prendre possession d'un poste nouveau, des relations de l'Etat qu'il représente avec l'Etat auprès duquel il est accrédité et de la ligne de conduite générale qu'il devra suivre ; les autres sont relatives à une affaire *déterminée* et à une légation spéciale.

Les instructions générales, jadis très employées à l'époque où les communications étaient longues et difficiles, ne sont plus guère en usage. Elles ont pour les gouvernements cet inconvénient qu'elles les mettent dans la nécessité d'avoir une ligne politique coordonnée et tracée à l'avance. Les moyens de correspondre aujourd'hui sont si variés, et si rapides en même temps, qu'on préfère attendre les événements et fournir des instructions au fur et à mesure des difficultés qui se présentent.

Agents et commissaires. — En dehors des agents diplomatiques proprement dits, les Etats envoient souvent à l'étranger des *agents* et *commissaires*.

Tantôt, ce sont des *agents* chargés de faire à l'étranger une commande de vivres, d'armes ou de navires.

Tantôt, ce sont des *agents secrets*, chargés d'une mission scientifique : tels que les savants qu'un Etat envoie à l'étranger pour opérer des fouilles ou pour étudier les institutions du pays.

Ces deux classes d'agents n'ont aucun caractère diplomatique ; ils n'ont aucun des droits et immunités des agents diplomatiques. Ainsi ils sont soumis aux lois et à la juridiction territoriale.

Tantôt enfin, ce sont des *commissaires* qu'un Etat délègue officiellement pour prendre part à des commissions, telles que les commissions relatives aux postes et télégraphes, à la protection internationale des œuvres d'art ou de littérature, etc., etc.

Ces derniers agents se rapprochent beaucoup plus des agents diplomatiques proprement dits. Ils ne sont pas assimilés à eux cependant, et s'ils jouissent des immunités diplomatiques, ce n'est que par un *acte de courtoisie* de l'Etat auprès duquel ils sont envoyés.

§ 3. — Nomination. Installation des agents diplomatiques. Fin des missions diplomatiques.

I. — **Nomination des agents diplomatiques** (1). — La nomination des agents diplomatiques est réglée par les lois intérieures de chaque Etat. C'est à chacun d'eux dans son entière souveraineté qu'il appartient de déterminer quelle classe d'agents diplomatiques il accréditera auprès de telle puissance étrangère. S'il s'agit d'un Etat puissant ou d'un Etat avec lequel ses relations sont fréquentes et qu'il a intérêt à honorer, il lui adressera un ambassadeur (2). S'il s'agit au contraire d'un Etat secondaire ou d'un Etat avec lequel ses relations sont moins suivies et moins étroites, il ne lui enverra qu'un ministre résident ou même un chargé d'affaires. Un Etat n'est même pas obligé d'envoyer à un autre Etat des agents du même rang que ceux qui sont accrédités par cet Etat auprès de lui. Ainsi la Suisse n'envoie à la France qu'un agent diplomatique de deuxième classe, tandis que la France accrédite auprès du gouvernement fédéral un ambassadeur. Cependant, par un sentiment naturel de courtoisie, les Etats se font un devoir de s'adresser réciproquement des agents appartenant à la même classe.

Chaque Etat est également libre de fixer, comme il l'entend, les conditions requises pour être nommé aux emplois d'agents diplomatiques, et de désigner pour chaque poste l'agent auquel il donne pouvoir de le représenter à l'étranger.

Mais, si l'Etat auquel des agents diplomatiques sont adressés n'est pas dans son droit de refuser de recevoir aucun agent, il peut, pour des raisons personnelles, refuser de recevoir celui qui lui est adressé. Pour éviter ces refus, de nature à causer un trouble dans les relations internationales, il est d'usage que le gouvernement, avant de désigner officiellement l'agent

---

(1) L'entrée dans la carrière diplomatique et consulaire a lieu à la suite d'un concours organisé au ministère des affaires étrangères et réglementé par le décret du 15 mai 1925.

(2) C'est ce que la France a fait en transformant en ambassade sa légation à Bruxelles (juillet 1919).

diplomatique, fasse pressentir le gouvernement étranger sur son choix : et la nomination n'a lieu que lorsqu'on a l'assurance que la personne désignée est considérée comme *persona grata* par l'Etat près duquel elle doit être accréditée.

II. — **Installation des agents diplomatiques.** — Dès que la nomination de l'agent diplomatique est définitive et officielle, il revêt le caractère de la fonction qui lui est confiée par rapport à l'Etat qui le nomme. Mais, à l'égard de l'Etat auprès duquel il est accrédité, ce caractère n'existe, sa mission ne commence réellement qu'à partir du moment où il a été installé dans ses fonctions par la présentation de ses lettres de créance.

Des lettres de créance. — Les lettres de créance sont des actes officiels servant à constater le caractère de l'agent diplomatique et à certifier les pouvoirs qui lui sont donnés pour représenter l'Etat à l'étranger. Elles expriment le désir du maintien des relations pacifiques et amicales entre les deux Etats ; et indiquent les noms, les titres et les qualités de l'agent qu'elles concernent.

Les lettres de créance remises aux trois premières classes d'agents diplomatiques sont signées par le chef de l'Etat qui les accrédite, et adressées au chef de l'Etat auprès duquel ils sont accrédités. Les lettres de créance des chargés d'affaires, au contraire, sont signées par le ministre des affaires étrangères qui les accrédite et adressées au ministre des affaires étrangères auprès duquel ils sont accrédités.

Lorsqu'un même agent représente plusieurs Etats, ou lorsqu'il est accrédité auprès de plusieurs Etats, il faut des lettres de créance spéciales, soit pour chaque Etat auprès duquel il est accrédité, soit pour chaque Etat qui l'accrédite.

Remise des lettres de créance. — Dès son arrivée sur le territoire étranger, l'agent diplomatique doit en faire notification au ministre des affaires étrangères et lui faire parvenir en même temps copie de ses lettres de créance. Cette notification est importante, parce que c'est sa date qui donne à l'agent diplomatique son rang de préséance à l'égard des agents étrangers de la même classe.

Puis l'agent diplomatique est admis à remettre en

audience solennelle ses lettres de créance au chef de l'État auprès duquel il est accrédité.

La remise solennelle des lettres de créance a lieu suivant un cérémonial, que chaque État règle en toute souveraineté et qui varie suivant les différentes classes d'agents diplomatiques. Dans cet ordonnancement l'État doit éviter tout ce qui serait de nature à porter atteinte à la dignité ou pourrait froisser les susceptibilités de l'État étranger.

III. — **Fin des missions diplomatiques.** — *Mission spéciale.* — Lorsque la mission dont est chargé l'agent diplomatique est une mission spéciale et temporaire, l'accomplissement de cette mission met fin à son mandat. C'est ce qui a lieu, par exemple, pour les envoyés d'étiquette ou de cérémonie.

Mission permanente. — Quant aux missions permanentes, elles peuvent prendre fin, soit d'une façon régulière, soit d'une façon irrégulière.

Fin normale de la mission diplomatique. — La mission prend fin d'une *façon régulière* dans les hypothèses suivantes :

1º Par la mort de l'agent diplomatique.

2º Par le rappel de l'agent diplomatique. Dans ce cas, les lettres de créance qui avaient été remises à l'agent diplomatique cessent de produire leur effet dès la notification du rappel au gouvernement étranger. Si l'agent était accrédité près du souverain lui-même, il prendra congé de lui, dans une audience solennelle dont le cérémonial est réglé d'une façon spéciale par chaque État. Dans cette audience solennelle, le souverain remet à l'envoyé des *lettres de récréance* adressées au souverain de l'État qu'il représente, pour constater que sa mission a pris fin.

3º Lorsque, sans être déplacé, l'agent diplomatique est gratifié par son gouvernement d'un titre supérieur, c'est comme une nouvelle mission qui commence, et de *nouvelles lettres de créance* doivent lui être remises, en la nouvelle qualité qui lui a été conférée.

4º Lorsque le souverain auprès duquel l'envoyé était accrédité vient à mourir ou à abdiquer, ou est détrôné, à la suite d'une révolution intérieure il est d'usage de confirmer ses pouvoirs par des lettres de créance nouvelles.

5º Il en est de même quand c'est le souverain qui

avait accrédité l'agent diplomatique auprès d'un souverain étranger qui vient à mourir, abdique ou est détrôné. Celui qui succède doit, dans l'usage, confirmer par des lettres de créance nouvelles les pouvoirs des agents diplomatiques qu'il maintient dans leur poste.

En droit, dans le quatrième et le cinquième cas, on pourrait soutenir que la mission ne reçoit aucune atteinte par suite du changement de souverain, puisque l'Etat reste le même et que c'est l'Etat en définitive que l'agent diplomatique représente.

Cependant, l'usage d'adresser, dans ces circonstances, des lettres de créance nouvelles est constant ; il se justifie dans la pratique par cette circonstance que la présentation de ces lettres de créance est une occasion pour le souverain nouveau de s'affirmer et d'entrer en relations avec les représentants des autres Etats.

Fin irrégulière de la mission diplomatique. — La mission diplomatique finit d'une *manière irrégulière* :

1º Lorsqu'un tort grave est porté à l'Etat que l'envoyé spécial représente ou qu'il est porté atteinte à sa personne même par l'Etat auprès duquel il est accrédité. Dans ce cas, le souverain qu'il représente peut lui donner l'ordre de *demander ses passeports* et de *rompre les relations diplomatiques* avec l'Etat étranger. Lui-même, s'il y a péril en la demeure, peut, sous sa responsabilité personnelle, sans attendre l'ordre de son gouvernement, demander ses passeports et rompre les relations. Mais, dans ce dernier cas, si l'agent est désavoué par son gouvernement, les relations diplomatiques seront censées n'avoir pas été rompues.

2º En cas de guerre déclarée entre deux Etats, les agents diplomatiques accrédités par l'un des belligérants auprès de l'autre doivent demander leurs passeports et quitter le territoire.

3º Lorsqu'un agent diplomatique s'est rendu coupable d'un tort grave envers l'Etat auprès duquel il est accrédité, cet Etat peut lui remettre ses passeports et le forcer à quitter son territoire, sans attendre d'avoir demandé et obtenu le rappel régulier de son gouvernement. Mais ce n'est que dans des circonstances exceptionnelles et pour des faits de manquements graves commis par l'agent diplomatique que l'Etat auprès duquel il est accrédité agira avec cette rigueur extrême. Car en prenant une semblable détermination, il s'expose à une demande d'explications de la part du gouvernement qui a accrédité l'agent diplomatique et à une réparation, si les explications fournies sont jugées insuffisantes.

Suspension de la mission diplomatique. — Il y a *suspension* et non *fin* de la mission diplomatique :

1° Lorsque des raisons personnelles, telles que la maladie, empêchent, pendant un temps, l'agent diplomatique de rejoindre son poste et de remplir ses fonctions.

2° Lorsqu'une révolution intérieure éclate au sein d'un Etat, tant que l'issue n'en est pas certaine.

3° Lorsque des difficultés surgissant entre deux Etats ont pour conséquence d'entraîner une interruption momentanée et non une rupture définitive des relations diplomatiques entre les deux Etats.

Dans tous les cas, la mission diplomatique reprend lorsque l'une de ces causes a disparu, sans qu'il y ait besoin de nouvelles lettres de créance.

§ 4. — Des attributions. — Des immunités. — Des honneurs et du rang de préséance. — Des obligations des agents diplomatiques.

a) *Attributions des agents diplomatiques.*

Deux ordres d'attributions. — Les agents diplomatiques ont certaines attributions qui leur sont propres et d'autres qui leur sont communes avec les consuls.

Attributions propres. — Les attributions propres de l'agent diplomatique consistent :

1° A représenter auprès de l'Etat étranger l'Etat qui l'a accrédité. En cette qualité il est l'intermédiaire entre son gouvernement et le gouvernement étranger ;

2° A négocier au nom de son Etat avec les Etats étrangers ;

3° A observer en secret et à surveiller assidûment le gouvernement auprès duquel il réside.

Cette dernière fonction est la plus délicate des attributions qui incombent à l'agent diplomatique. Il doit tenir son gouvernement au courant des actes et même des intentions de l'Etat étranger. Pour cela il lui faut voir, interroger, apprendre beaucoup. Mais il doit le faire sans se rendre indiscret et sans se livrer à des démarches compromettantes.

Peut-il aller dans son désir de fournir des renseignements précieux à son pays, sur la force militaire, sur les secrets de la défense et sur les projets politiques d'un adversaire jusqu'à employer la corruption envers les sujets ou les agents de l'État sur le territoire duquel il exerce ses fonctions ? Cette question est controversée. En tout cas, il est universellement accepté qu'un agent diplomatique travaille à s'instruire de ce qui se passe dans les pays où il réside, sans commettre une offense contre l'ordre public et que ses investigations professionnelles ne sauraient dégénérer en délit pourvu qu'il les accompagne d'un peu d'adresse et de quelques précautions (1).

Attributions communes aux agents diplomatiques et aux consuls. — Les agents diplomatiques partagent avec les consuls la mission de *protéger leurs nationaux*, résidant à l'étranger, contre les actes de vexations et d'arbitraire dont ils pourraient être victimes de la part des autorités locales.

D'autre part, ils sont investis ainsi que les consuls de certaines fonctions d'officiers publics à l'égard de leurs nationaux. Ils peuvent célébrer le mariage, recevoir un testament, délivrer des passeports. Ils sont assistés dans ces fonctions ou plutôt suppléés la plupart du temps par le chancelier.

Dans certains pays hors chrétienté, ils ont, comme les consuls, des droits de juridiction sur leurs nationaux en vertu de traités spéciaux. Nous renvoyons pour tous les détails de la matière à ce que nous dirons plus loin à propos des consuls.

*** b) Des immunités diplomatiques.

Définition. — On entend par immunités diplomatiques certaines prérogatives, exorbitantes du droit commun, qui sont reconnues aux agents diplomatiques pour leur assurer toute l'indépendance nécessaire au libre exercice de leurs fonctions (2).

---

(1) Extrait d'un article de M. Clunet déjà cité, paru dans le *Droit* des 9 et 10 mai 1887.

(2) Ces immunités ont été consacrées par un décret de la Convention nationale en date du 13 ventôse an II, par

Enumération. — Les immunités dont jouissent les agents diplomatiques sont :

1° L'inviolabilité de la personne ;

2° L'inviolabilité de la demeure, des papiers, de la correspondance et des courriers ;

3° L'exemption de la juridiction criminelle ;

4° L'exemption de la juridiction civile ;

5° L'exemption des impôts ;

6° Le droit au libre exercice du culte.

Fondement des immunités diplomatiques. — Les immunités diplomatiques reposent sur un double fondement :

1° Les agents diplomatiques sont les représentants d'Etats indépendants et souverains. Comme les Etats qu'ils représentent, ils ne doivent dépendre, ni du souverain chez qui ils sont envoyés ni de ses tribunaux.

« Ils sont la parole du prince qui les envoie, disait Montesquieu (1), et cette parole doit être libre. »

2° Les immunités dont jouissent les agents diplomatiques sont une nécessité de leurs fonctions. Ils ne pourraient s'acquitter de la mission dont ils sont chargés, avec la dignité, la sûreté et la liberté qu'elle exige, s'ils se trouvaient dans une dépendance quelconque à l'égard du souverain territorial.

Le droit romain disait déjà *ne impediatur legatio* et Montesquieu exprimait la même pensée en ces termes : « Aucun obstacle ne doit les empêcher d'agir... On pourrait leur supposer des dettes, s'ils pouvaient être arrêtés pour dettes. »

Personnes qui ont droit aux immunités diplomatiques. — Ont droit aux immunités diplomatiques (2) :

---

lequel elle « interdit à toute autorité constituée d'attenter en aucune manière à la personne des envoyés des gouvernements étrangers ; les réclamations qui pourraient s'élever contre eux seront portées au Comité de salut public, qui seul est compétent pour y faire droit ».

(1) Montesquieu, *Esprit des lois*, XXVI, chap. XXI.

(2) Une loi du 2 décembre 1903 accorde les immunités diplomatiques aux membres non français d'un tribunal arbitral siégeant en France.

1° Le chef de la légation, sa femme et les membres de sa famille (1).

2° Les personnes qui composent sa suite officielle, telles que les conseillers et secrétaires d'ambassade.

Dans la pratique, on les étend au personnel non officiel de la légation, secrétaires particuliers, domestiques. Cette extension ne peut se justifier que par un sentiment de courtoisie.

Les membres de la famille n'en bénéficient que tout autant qu'ils habitent l'hôtel de l'ambassade et qu'ils n'ont pas une situation indépendante.

Il faut enfin observer que l'agent diplomatique peut toujours renoncer pour son personnel non officiel à la protection résultant des immunités diplomatiques et laisser la justice locale agir librement contre l'un de ses membres qui aurait commis un crime ou un délit.

1° Inviolabilité de la personne de l'agent diplomatique. — L'inviolabilité de la personne est une garantie qui a de tous temps été reconnue comme un privilège essentiel des agents diplomatiques. Les Romains disaient : *sancti habentur legati.*

Elle consiste en ce que le gouvernement auprès duquel ils sont accrédités doit prendre des mesures pour empêcher qu'aucune attaque, aucune agression ne puisse les atteindre, et pour prévenir toute injure qui pourrait entacher leur honneur ; et lorsque, malgré les mesures prises, un délit a été commis contre la personne ou contre la dignité de l'agent diplomatique, le gouvernement doit ordonner des poursuites et le coupable doit être puni sévèrement (2).

---

(1) Sa propre indépendance ne serait pas entière s'il pouvait être menacé dans les objets de son affection. Bonfils, *op. cit.*, p. 395.

(2) Ce devoir a été violé par l'Allemagne au début des hostilités de la guerre de 1914. Avant son départ de Berlin, après la déclaration de guerre, l'ambassadeur de Russie fut injurié par la foule et le personnel de l'ambassade fut outragé et frappé. A l'égard de l'ambassadeur français à Berlin, M. Jules Cambon, le gouvernement allemand usa de mesures vexatoires. On lui refusa la liberté de rentrer en France par la Hollande et la Belgique, on l'obligea à quitter le territoire allemand par le Danemark sans lui assurer le retour en France par mer. Au passage du train

La plupart des législations renferment des dispositions spéciales pour réprimer les attaques dont peuvent être victimes les agents diplomatiques.

C'est ainsi que la loi sur la presse du 29 juillet 1881, dans son article 37, punit d'une façon rigoureuse « l'outrage commis publiquement envers les ambassadeurs et ministres plénipotentiaires, envoyés, chargés d'affaires ou autres agents diplomatiques accrédités près du gouvernement de la République ».

L'inviolabilité dont jouit l'agent diplomatique le met aussi à l'abri de toute attaque et de toute offense de la part du gouvernement étranger. Si ce gouvernement méconnaissait son devoir et se laissait aller à commettre, soit une voie de fait, soit une injure à l'égard du représentant d'une autre puissance, il devrait réparer le tort qu'il a causé en fournissant des explications à cette puissance ou en lui faisant des excuses. Autrement, il s'exposerait à de graves mesures de rigueur de la part de l'Etat dont il aurait ainsi méconnu les droits.

Cas où cesse l'inviolabilité de la personne de l'agent diplomatique. — L'agent diplomatique ne peut pas invoquer le privilège de l'inviolabilité, lorsqu'il s'est attiré par sa faute ou par un acte personnel les voies de fait ou les attaques dont il a été victime.

C'est ce qui a lieu : 1° lorsqu'il est blessé ou tué dans un duel par son adversaire qu'il avait provoqué ou dont il avait accepté la provocation ; 2° lorsqu'il se mêle à une émeute populaire et se trouve malmené, bousculé par la foule et repoussé avec elle par les

---

au canal de Kiel, des soldats envahirent les wagons ; les voyageurs furent obligés de rester dans leur compartiment, fenêtres et rideaux fermés. Devant chaque portière restée ouverte se tenait un soldat, face aux voyageurs, revolver en main, le doigt sur la gâchette, pendant une demi-heure. A quelque distance de la frontière danoise, l'ambassadeur dut verser 4.500 fr. en or pour le prix de son voyage, sous peine de ne pouvoir l'achever. C'était mal répondre au procédé courtois de la France qui avait mis à la disposition du baron Schœn, ambassadeur d'Allemagne à Paris, un wagon spécial qui l'a transporté jusqu'à Berlin et que les Allemands ont restitué avec la plus mauvaise grâce possible.

charges de cavalerie ; 3° lorsqu'il fait paraître un ouvrage et subit les attaques de la critique.

2° Inviolabilité de la demeure de l'agent diplomatique. — La demeure personnelle de l'agent diplomatique est inviolable. Nul ne peut y entrer sans son autorisation. Même si un crime a été commis à l'intérieur de l'ambassade, que l'auteur ou la victime soit une des personnes de la suite de l'ambassadeur ou un sujet de l'Etat territorial, aucune autorité judiciaire du pays ne peut prétendre pénétrer dans l'ambassade pour y faire des perquisitions et opérer une arrestation. Il en est de même lorsqu'un national du pays, coupable d'un crime ou d'un délit, se réfugie à l'hôtel de l'ambassade, les autorités locales ne peuvent l'y poursuivre. Elles doivent s'adresser à l'ambassadeur et lui demander la livraison du coupable. L'ambassadeur doit, en principe, faire droit à cette demande ; il ne faut pas, en effet, qu'il se serve de ses immunités pour faire de son hôtel un lieu d'asile pour les malfaiteurs qui s'y réfugient.

Faut-il considérer l'hôtel de l'ambassade comme territoire étranger ? — On a dit souvent, pour justifier cette inviolabilité de la demeure de l'agent diplomatique, qu'elle devait être considérée comme *territoire étranger*. Nous estimons qu'il vaut mieux éviter une pareille comparaison, parce qu'il n'y a qu'analogie et non pas identité parfaite entre les deux choses. En effet, si cette identité existait, pour que l'agent diplomatique pût faire la livraison des coupables réfugiés dans son hôtel, il devrait suivre la procédure et observer toutes les règles de l'*extradition*. Or, il n'en est rien. C'est donc qu'il n'y a pas assimilation complète entre les deux situations. L'inviolabilité de la demeure de l'agent diplomatique, comme toutes les autres immunités, est une des nécessités de sa fonction. L'indépendance dont il a besoin serait illusoire sans cette garantie (1).

(1) Dans ce sens un arrêt de la Cour de Paris du 1er mars 1922 (D. P. 1923.2.59), « que si l'hôtel d'une ambassade ou d'une légation doit être tenu pour inviolable, il fait néanmoins avec toutes ses dépendances partie du territoire français ». En conséquence, elle a déclaré nul un mariage

Inviolabilité de la correspondance diplomatique. —
La même inviolabilité s'étend aux meubles, aux papiers, à la correspondance de l'agent diplomatique,
aux courriers qu'il peut adresser à son gouvernement
pour le service de sa mission. Malheureusement, il est
arrivé bien souvent que le secret de la correspondance
a été violé. Pour éviter d'être victime de pareilles
indiscrétions, le diplomate, au lieu d'adresser ses
dépêches en lettres usuelles, *en clair*, les]adresse[en
employant des caractères particuliers dont la signification est connue seulement de lui et de son gouvernement, qu'on appelle *chiffres* ; la dépêche est dite
chiffrée. Chaque gouvernement a ainsi un vocabulaire
particulier et auprès de chaque ministre des affaires
étrangères, il existe un service spécial, gardien du
chiffre, dont la mission est de traduire en chiffres les
dépêches que le ministre veut faire parvenir à ses
agents à l'étranger et de traduire au ministre les dépêches chiffrées que lui adressent ses agents à l'étranger. Mais encore avec le chiffre la sécurité n'est pas
parfaite, parce qu'on a bien souvent essayé et bien
souvent on est parvenu à *déchiffrer le chiffre.* Au
XVIIIe siècle, le cabinet de Vienne avait acquis une
triste célébrité par l'habileté avec laquelle il était
arrivé à surprendre ainsi le secret des cours étrangères.
Il faut noter qu'aujourd'hui ces indiscrétions se produisent plus rarement ; quoi qu'il en soit, elles doivent
être considérées, lorsqu'elles arrivent, comme un
manquement aux règles du droit des gens.

3° **Exemption de la juridiction criminelle.** — *En
quoi elle consiste.* — L'agent diplomatique n'est pas
soumis aux lois pénales ni à la juridiction criminelle de
l'Etat auprès duquel il est accrédité. S'il commet un
crime ou un délit, il ne peut être l'objet d'aucune
mesure de rigueur de la part des autorités locales ;
celles-ci ne pourront ni l'arrêter, ni le soumettre à des
mesures d'instruction, ni le faire passer en jugement.
Tout ce que pourra faire le souverain territorial sera
de solliciter son rappel de son gouvernement. Il pourra,
en outre, si l'acte commis par l'agent diplomatique est
attentatoire à l'honneur et à la sécurité de l'Etat, lui

---

simplement religieux célébré dans la chapelle de l'église
grecque annexe de la légation de Grèce à Paris.

remettre ses passeports et l'obliger à quitter son territoire, ainsi que nous l'avons dit plus haut.

A qui elle profite. — L'exemption de la juridiction
criminelle s'étend même à la famille et à la suite non
officielle de l'agent diplomatique, avec les restrictions
que nous avons déjà indiquées. Donc, lorsqu'une de
ces personnes se rend coupable d'un crime ou d'un
délit, elle ne peut être arrêtée par les autorités locales,
ni passer en jugement devant les tribunaux de l'Etat
étranger. Mais comme ces personnes n'ont pas droit
à l'immunité directement, en vertu d'une qualité qui
leur est propre, mais indirectement, parce qu'elles se
rattachent à l'agent diplomatique et dans l'intérêt de
ce dernier, on admet que l'agent diplomatique peut
livrer le coupable aux autorités locales et consentir à
ce qu'il soit jugé, et s'il est condamné, à ce qu'il exécute
sa peine.

Droit du souverain territorial. — Dans le cas où il
invoque le bénéfice des immunités diplomatiques pour
soustraire une personne de sa suite à la justice territoriale, le gouvernement étranger a le droit d'exiger
que le coupable soit jugé par ses juges naturels, conformément à sa loi nationale. Dans ce cas l'agent diplomatique devra prendre toutes les mesures nécessaires
pour faire conduire le coupable dans son pays.

Exemption en matière de témoignage. — A l'exemption de la juridiction criminelle, on peut rattacher
l'immunité dont jouit l'agent diplomatique en matière
testimoniale. On ne peut l'assigner comme témoin
devant un tribunal. Tout ce qu'on peut lui demander,
c'est de formuler son témoignage par écrit, et s'il s'y
refuse, on ne dispose d'aucun moyen pour l'y contraindre (1).

*L'agent diplomatique peut-il exercer un droit de juri-
diction sur les agents de sa suite ?* — Pourrait-il juger
lui-même, en admettant que la loi nationale lui confère
un semblable pouvoir ? non : ce serait une atteinte
trop grave portée à la souveraineté territoriale, et elle
ne serait pas justifiée par la raison de l'indépendance
nécessaire dont l'agent diplomatique a besoin pour
remplir sa mission. Son indépendance est suffisamment
sauvegardée en ce que lui et les personnes de sa suite

---

(1) Dans ce sens, consulter un arrêt de la Cour de cassation du 19 janvier 1891.

échappent à la juridiction territoriale ; il n'est nullement nécessaire de lui attribuer un pouvoir propre
de juridiction.

Tout ce qu'il peut faire en pareille occurrence, ce
sera de recueillir tous les éléments d'information pour
permettre que le coupable soit jugé dans son pays ; il
pourra, par exemple, l'interroger, recevoir le témoignage des personnes de la légation ; mais il ne pourra
pas citer devant lui les témoins étrangers à sa suite ;
car, en le faisant, il exercerait un acte de juridiction ;
il devra pour cela faire appel au concours des autorités
locales.

4° **Exemption de la juridiction civile.** — L'agent
diplomatique échappe aussi à la juridiction civile.
Ainsi, en France, l'article 14 du Code civil, aux termes
duquel un étranger peut être traduit devant les tribunaux français pour les obligations qu'il a contractées
envers un Français, ne s'applique pas aux agents diplomatiques. Et la jurisprudence ne distingue pas en
quelle qualité il a agi (1). Même lorsque c'est en sa
qualité de simple particulier qu'il a contracté une
obligation, par exemple en empruntant une somme
d'argent, les tribunaux se déclarent incompétents. Il en
est ainsi, parce que le jugement de condamnation
qu'ils pourraient prononcer entraînerait contre l'agent
diplomatique des mesures de contrainte directe ou
indirecte, telles que contrainte par corps ou saisie, de
nature à porter atteinte à sa dignité ou à son indépendance. Est-ce à dire pour cela que l'agent diplomatique peut refuser de donner satisfaction à ses
créanciers ? Nullement, seulement ces derniers devront
recourir à la forme diplomatique. Ils adresseront une
demande au ministre des affaires étrangères de leur
pays qui transmettra la réclamation au gouvernement
étranger.

_____

(1) Dans ce sens, voir notamment tribunal de la Seine
du 23 mars 1907, D. P. 1907.2.281 ; Paris, 25 avril 1907,
D. P. 1907.1.285. Cette jurisprudence est critiquée par
beaucoup d'auteurs qui voudraient limiter l'immunité
de la juridiction civile aux seuls actes qui rentrent dans
l'exercice de la fonction (Consulter sur cette question une
note très documentée de M. Politis dans D. P. 1907.2.
281, et une très bonne thèse de M. Damiron, Paris, 1908).

L'exemption de la juridiction civile s'étend à toutes les personnes de sa suite. Mais l'agent diplomatique peut renoncer pour elles à cette immunité et permettre qu'elles soient jugées par les tribunaux locaux. D'ailleurs, lorsque ces personnes invoquent l'exemption de la juridiction pour échapper aux poursuites dirigées contre elles devant la justice territoriale, l'Etat étranger peut exiger de leur gouvernement qu'il fasse statuer par les autorités judiciaires dont ces personnes dépendent sur les demandes de leurs créanciers.

Cas où cesse l'exemption de la juridiction civile. — *Enumération.* — Dans certains cas, par exception, les tribunaux civils se déclarent compétents à l'égard des agents diplomatiques :

1º Lorsqu'il s'agira d'une action réelle concernant un immeuble possédé par l'agent diplomatique ; mais en supposant qu'il ne l'habite pas et qu'il n'est pas le siège de la mission.

2º Lorsque l'agent diplomatique a saisi les tribunaux locaux d'une action, il est obligé de se conformer à la décision qui sera rendue ; et s'il perd le procès qu'il a engagé, il sera condamné au paiement des frais au profit de la partie adverse. Mais il ne peut être forcé de répondre à une demande reconventionnelle que formerait contre lui le défendeur. Parce qu'une demande reconventionnelle n'est pas un simple moyen de défense invoqué par l'adversaire, elle contient le principe d'une demande nouvelle.

L'agent diplomatique peut-il renoncer pour lui-même à l'immunité de juridiction et se laisser assigner devant les tribunaux civils de l'Etat étranger ? — La question est controversée.

Certains auteurs partent de l'idée que l'immunité de juridiction constitue à l'égard d'un agent diplomatique une règle d'ordre public international ; il en résulte que l'incompétence est *ratione materiæ* et que le tribunal doit la prononcer d'office, alors même que l'intéressé ne l'invoque pas et même y renonce formellement (1).

D'autres auteurs estiment, au contraire, que l'agent diplomatique peut renoncer valablement à l'immunité de juridiction comme à un privilège de faveur établi en considération de la nature de ses fonctions : mais cette

(1) Dans ce sens, Bonfils, *op. cit.*, nº 960.

renonciation doit être formelle. On ne saurait l'induire d'une présomption quelconque de volonté. Ainsi, le fait de s'être laissé condamner par défaut et de n'avoir pas protesté contre cette sentence ne saurait être considéré comme une acceptation certaine et régulière de la juridiction territoriale.

La jurisprudence la plus récente admet la validité de la renonciation à condition qu'elle soit certaine et régulière (Cass., 19 janvier 1891, D. P. 91.1.9 ; Civ., 3 août 1921, D. P. 1925.1.87) (1). D'après une décision du tribunal de la Seine du 23 mars 1907, déjà citée, la renonciation ne serait régulière qu'avec une autorisation du gouvernement étranger ; un arrêt de la Cour de Paris du 2 mai 1912 ajoute que cette autorisation est présumée dans un débat privé (D. P. 1916. 1.66) (2).

Lorsque l'agent diplomatique d'un Etat étranger est un national de l'Etat près duquel il est accrédité, peut-il réclamer l'exemption de la juridiction ? — La question se posera bien rarement en pratique. Elle s'est cependant élevée en 1874 devant le tribunal civil de la Seine à l'occasion du ministre plénipotentiaire de l'Etat du Honduras, de nationalité française, qui avait été assigné comme membre de la commission de l'emprunt. Le tribunal de la Seine, par un jugement du 21 janvier 1875, confirmé en appel par la Cour de Paris, se déclara incompétent et avec raison. Il importe peu, en effet, que l'agent diplomatique se rattache par sa nationalité

---

(1) L'arrêt constate « qu'il importe peu que l'obligation contractée par l'agent diplomatique l'ait été à une date antérieure ou postérieure à son entrée en fonctions ; qu'il suffit qu'il soit investi de son caractère officiel au moment où des poursuites sont dirigées contre lui ».

(2) La Chambre criminelle de la Cour de cassation a décidé que le gouvernement des Etats-Unis avait pu valablement renoncer à l'immunité de juridiction pénale accordée à ses consuls par la convention passée avec la France le 23 février 1853 parce que ce privilège a été accordé à ces agents non dans leur intérêt personnel, mais pour sauvegarder l'indépendance de l'Etat qui les a accrédités (Crim., 25 septembre 1919, D. P. 1921.1.5). Sa décision aurait été vraisemblablement la même s'il s'était agi d'un agent diplomatique.

à l'Etat auprès duquel il est accrédité : sa qualité d'agent diplomatique lui donne droit aux immunités qui sont conférées aux représentants des autres Etats.

5° **Exemption d'impôts**. — Les agents diplomatiques sont exempts du paiement de tout impôt personnel et direct (1) ; de même l'immeuble qu'un Etat possède à l'étranger pour sa mission diplomatique n'est pas soumis à l'impôt foncier. Mais l'agent diplomatique est soumis à cet impôt pour les immeubles qui peuvent lui appartenir en propre ; il doit acquitter les droits de douane, d'octroi, payer les droits d'enregistrement et d'une façon générale toutes les contributions indirectes. Mais en pratique, par un sentiment de courtoisie (2), l'exemption de l'impôt est poussée plus loin que n'exigerait la théorie : ainsi, on dispense en fait l'agent diplomatique de la perception des droits de douane. Cette franchise existe de plein droit pour tout ce que l'agent diplomatique emporte avec lui, lorsqu'il pénètre sur le territoire et s'applique notamment à la fameuse « valise diplomatique ». Pour tous les objets qui sont expédiés dans la suite, la franchise n'est accordée qu'autant qu'une demande spéciale est adressée au ministre des affaires étrangères. L'exemption d'impôt s'étend comme les autres immunités au personnel de la mission.

---

(1) La loi du 25 juin 1920, confirmant d'ailleurs sur ce point les lois antérieures du 15 juillet 1914, du 30 décembre 1916 et du 29 juin 1918, n'exempte de l'impôt général sur le revenu les ambassadeurs et autres agents diplomatiques étrangers que dans la mesure où les pays qu'ils représentent concèdent des avantages analogues aux agents diplomatiques français. Même règle pour les consuls et agents consulaires (art. 6).

(2) Au point de vue des droits d'octroi, la ville de Paris accorde l'exemption aux agents diplomatiques seulement pour les objets qui, comme les boissons, sont soumis à un droit au profit du Trésor et à une taxe d'octroi. Elle refuse la franchise pour les objets de consommation qui ne sont frappés que d'un droit d'octroi, par exemple pour le vinaigre (Délibération du Conseil municipal de Paris du 8 mai 1879).

6° Exercice du culte. — L'agent diplomatique a le droit d'exercer librement son culte, ainsi que les membres de sa famille et les gens de sa mission. A cet effet il lui est permis de faire construire une chapelle et d'y faire procéder par un ecclésiastique aux offices divins et même d'y admettre les compatriotes qui habitent le territoire étranger, quoique ne faisant pas partie de la mission. Mais le droit à l'exercice du culte ne saurait permettre à l'agent diplomatique de se livrer à des manifestations publiques, telles que processions, sonneries de cloches, etc...

c) Des honneurs et du rang de préséance.

Honneurs : Cérémonial diplomatique. — Les honneurs que les Etats accordent à leurs représentants respectifs sont comme un signe du respect qu'ils se doivent à eux-mêmes. Il ne faut pas se dissimuler cependant que cette question a beaucoup perdu de l'importance qu'elle avait autrefois, et qu'aujourd'hui leur inobservation est rarement l'occasion de conflits entre les Etats.

Le cérémonial qu'on observe à l'égard des agents diplomatiques varie suivant l'usage des pays ou des cours. Il y a cependant certaines prérogatives qui sont reconnues partout aux ambassadeurs et aux nonces ou légats du pape. Lorsqu'ils arrivent par mer, ils ont droit au salut des navires de guerre et au salut des forteresses ; lorsqu'ils arrivaient par terre, jadis ils avaient droit à une entrée solennelle ; mais cet usage n'est plus observé en pratique.

En outre, les ambassadeurs, nonces et légats ont le droit d'avoir un attelage de six chevaux ; ils ont droit aux honneurs militaires ; pendant la cérémonie de présentation, ils ont le droit de se couvrir, si le souverain se couvre. Ils ont le droit, dans leur salle de cérémonie, d'avoir un dais sous lequel est placé le portrait en pied de leur souverain.

Enfin, ils partagent avec les autres agents diplomatiques le droit de pouvoir placer les armes de leur Etat au-dessus de la porte d'entrée de leur hôtel.

Rang de préséance. — Entre les agents diplomatiques le rang de préséance a été ainsi établi dans le *règlement général de Vienne* du 19 mars 1815 et le *pro-*

tocole d' Aix-la-Chapelle du 21 novembre 1918. Entre agents diplomatiques de puissances différentes, la préséance résulte de la classe à laquelle ils appartiennent ; et lorsqu'ils sont de la même classe, de la date de la notification de leur arrivée au ministère des affaires étrangères ou de l'ordre alphabétique des puissances.

Cependant, en ce qui concerne les nonces et les légats du pape, les ambassadeurs des puissances catholiques leur ont toujours cédé le pas ; le règlement du Congrès de Vienne et celui d'Aix-la-Chapelle n'ont apporté aucune dérogation à cet usage : il doit être suivi encore aujourd'hui, bien que le Saint-Siège ait perdu tout pouvoir temporel.

Mais les puissances non catholiques, l'Angleterre notamment, se sont toujours élevées contre cette préséance accordée aux représentants du Saint-Siège et refusent de l'observer.

Il faut enfin noter qu'une semblable prérogative n'appartient aux internonces à l'égard des ministres de deuxième classe, même des puissances catholiques.

Entre les agents diplomatiques d'une même puissance, l'ordre de préséance est déterminé par les instructions du souverain qui les accrédite telles qu'elles résultent de leur lettre de créance.

d) *Des obligations des agents diplomatiques.*

Distinction. — Les agents diplomatiques ont des obligations à l'égard de l'Etat qui les accrédite et à l'égard de l'Etat auprès duquel ils sont accrédités.

A l'égard de l'Etat qui les accrédite, les obligations des agents diplomatiques peuvent se résumer dans le devoir de remplir, en mandataires fidèles et consciencieux, la mission dont ils sont chargés.

A l'égard de l'Etat auprès duquel ils sont accrédités, leurs obligations peuvent se ramener à ce devoir de ne rien faire qui puisse porter atteinte à l'honneur ou aux intérêts de cet Etat. Ainsi, ils doivent éviter de contrevenir aux lois de police et d'ordre public ; ils ne doivent faire aucun acte d'hostilité à l'égard du gouvernement et ne se mêler à aucune intrigue de ses ennemis intérieurs. Ils ne doivent pas user de l'inviolabilité dont jouit leur demeure, pour en faire un lieu d'asile pour les coupables que recherche la police locale ; ils doivent au contraire les livrer.

Les agents diplomatiques de l'Allemagne se sont rendus coupables de manquements graves aux devoirs de leurs charges en en faisant les agents les plus actifs de propagande et même d'espionnage sur le territoire même du pays auprès duquel ils étaient accrédités. Il en a été ainsi aux Etats-Unis, en Espagne et dans la République Argentine.

Sanction. — Si l'agent diplomatique manque à ses devoirs envers l'Etat auprès duquel il est accrédité, il ne peut être l'objet d'aucune mesure de contrainte personnelle, mais nous savons que cet Etat peut solliciter son rappel et même, dans les cas graves, lui remettre ses passeports et l'obliger à s'éloigner.

C'est ce qui a eu lieu aux Etats-Unis pour l'attaché militaire allemand von Papen et pour l'attaché naval allemand Boy Ed ; et en Argentine pour le ministre allemand, comte de Luxbourg. De même les Etats-Unis exigèrent le départ de M. Dumba, ambassadeur d'Autriche-Hongrie, accusé de vouloir fomenter des grèves dans les usines américaines fabriquant des munitions pour les Alliés.

CHAPITRE III. — DES CONSULS.

Notions préliminaires.

Définition. — Les consuls sont des agents qu'un Etat entretient dans les places de commerce et, plus spécialement, dans les ports maritimes d'un autre Etat, pour protéger les intérêts de ses sujets qui voyagent, veiller à la conservation de leurs droits et même remplir à leur égard certaines fonctions administratives, notariales ou judiciaires.

Origine historique. — **Rome.** — On ne doit pas rechercher l'origine historique du consulat à Rome dans le *préteur pérégrin*. Le préteur pérégrin n'était pas, en effet, comme nos consuls actuels, un fonctionnaire envoyé par un Etat sur le territoire d'un autre Etat, mais un magistrat *romain*, comme le *préteur urbain*, et ses fonctions n'étaient pas, comme celles de nos consuls, de protéger les intérêts et les droits de ses nationaux, mais simplement d'administrer la justice à l'égard des *pérégrins*.

Grèce. — L'institution grecque des πρόξενοι présente au contraire, une analogie très grande avec l'institution moderne du consulat. On entendait par πρόξενοι les citoyens d'un Etat qu'un autre Etat chargeait de recevoir et de protéger ses marchands et ses autres sujets qui séjournaient ou s'établissaient dans leur pays. Le but de l'institution grecque des πρόξενοι était donc identique à celui de l'institution moderne, la protection à l'étranger des nationaux d'un Etat. Mais à la différence des consuls actuels, les πρόξενοι n'étaient pas revêtus d'un *caractère officiel*, leur intervention auprès des autorités de leur pays était *purement officieuse*.

Moyen âge. — L'origine exacte de l'institution du consulat remonte au moyen-âge. A cette époque les commerçants étrangers qui s'établissaient dans une ville étaient *parqués dans certains quartiers*, formant ainsi comme une société distincte. Ils élisaient entre eux un chef, dont la mission était double : 1° les représenter à l'égard de l'Etat étranger et défendre contre lui leurs intérêts ; 2° leur rendre la justice.

Transformation de l'institution du Consulat dans les temps modernes. — Cette institution devait se transformer au fur et à mesure que se transformait la notion de la souveraineté des Etats.

D'une part, en effet, les Etats sont devenus plus jaloux de l'exercice de leur souveraineté sur leur propre territoire : ils admettent difficilement que des étrangers puissent y exercer des actes d'autorité. Les fonctions judiciaires étaient ainsi destinées à disparaître. Elles devenaient d'ailleurs chaque jour moins nécessaires, à mesure qu'avec les progrès de la civilisation, la justice était rendue dans la plupart des Etats d'une façon régulière et offrait aux étrangers plus de garantie. Elles ne devaient subsister que dans les pays réputés réfractaires à la civilisation, tels que les *Pays d'Extrême-Orient* et les *Echelles du Levant*.

D'autre part, les Etats ont compris que leur devoir était d'étendre leur protection sur leurs sujets qui voyagent à l'étranger et qui s'y établissent pour faire le commerce ; — leur devoir en même temps que leur intérêt ; et ils ont nommé eux-mêmes des fonctionnaires, les *consuls*, pour les représenter à l'étranger auprès de leurs nationaux qui y sont établis. C'est par cette double transformation — résultat d'une évolution lente — que l'institution actuelle des consulats est sortie de la pratique du moyen âge.

Sources de la matière. — Pour connaître l'organisation et les attributions des consuls, il faut consulter : 1° la législation de l'Etat qui envoie les consuls ; 2° la législation de l'Etat qui les reçoit : 3° les traités spéciaux sur la matière qu'on appelle *conventions consulaires* et les clauses qui sont insérées parfois dans les traités de commerce.

Division de la matière. — Nous diviserons la matière en quatre paragraphes :
§ 1. — De l'organisation du personnel consulaire.
§ 2. — De la nomination, de l'installation des consuls ; de la fin des missions consulaires.
§ 3. — Des droits et immunités des consuls.
§ 4. — Des attributions générales des consuls.
Appendice. — I. Prérogatives et attributions spéciales des consuls dans les Echelles du Levant et dans les pays d'Extrême-Orient. II. Différences entre les consuls et les agents diplomatiques.

§ 1. — Organisation du personnel consulaire.

Remarque préalable. — L'organisation du personnel consulaire n'est pas la même dans toutes les législations. Cependant, dans tous les pays, les consuls sont des fonctionnaires nommés par le gouvernement, sauf aux Etats-Unis où le titre de consul est conféré à des commerçants non investis d'un caractère officiel. Nous nous contenterons de faire connaître l'organisation du personnel consulaire d'après la loi française.

Etablissement consulaire. — **Arrondissement consulaire.** — On entend par *établissement consulaire* l'ensemble des consulats qui sont établis sur un même territoire étranger.

On entend par *arrondissement consulaire* l'étendue du territoire sur lequel s'exerce l'autorité du consul.

Hiérarchie consulaire. — La hiérarchie consulaire comprend :
1° Les consuls généraux ;
2° Les consuls ;
3° Les vice-consuls ;
4° Les consuls suppléants et les élèves consuls.

Caractère commun. — Tous sont fonctionnaires de l'Etat et sont nommés par décret du chef de l'Etat sur présentation du ministre des affaires étrangères. En conséquence, pour faire partie du corps consulaire, il faut être de nationalité française et les fonctions consulaires sont incompatibles avec la profession de commerçant.

Des consuls généraux. — Autrefois, d'après l'article 3 de l'ordonnance du 20 août 1833, le consul général était placé à la tête d'un établissement consulaire et avait sous ses ordres tous les consuls qui y étaient établis. *Il n'en est plus ainsi aujourd'hui.*

Le consul général a un ressort absolument distinct et indépendant de celui des consuls ; il n'a plus d'autorité sur les consuls qui font partie du même établissement consulaire. Le titre de consul général est attaché soit à la localité, soit à la personne même du consul. Ainsi, certains fonctionnaires de la direction des affaires commerciales au ministère des affaires étrangères ont le titre de consuls généraux.

Consuls. — Les consuls sont répartis en deux classes entièrement personnelles. Ainsi que nous l'avons dit, ils ne sont plus sous la dépendance des consuls généraux. Mais ils sont rattachés aux agents diplomatiques qui sont accrédités auprès de l'Etat sur le territoire duquel est situé leur arrondissement consulaire. Ce lien est d'abord très peu important ; il ne se fait sentir que pour les relations entre le consul et les autorités centrales de l'Etat étranger, ainsi que nous le dirons plus loin.

Consuls suppléants. — Jusqu'au décret du 21 février 1880, près des consuls étaient placés des *élèves consuls*, tant pour les suppléer que pour faire l'apprentissage du métier consulaire ; le décret du 21 février 1880 les a maintenus sous le nom de *consuls suppléants*.

Vice-consuls. — Les vice-consuls ne sont pas, comme semblerait le faire croire leur titre, des agents placés à côté des consuls pour les aider et les suppléer au besoin au cas d'empêchement ; ce sont des agents placés à la tête de postes indépendants. Mais ils diffèrent des consuls, en ce qu'ils ne sont pas assistés d'*un chancelier*, et que, d'autre part, leurs attributions, quoique beaucoup augmentées depuis le décret du 19 janvier 1881, sont moins importantes que celles des consuls. Jusqu'aux décrets du 31 mars 1882 et du 8 septembre 1883, il y avait deux sortes de *vice-consuls* : ceux qui faisaient partie de la carrière et ceux qui n'en faisaient pas partie. Cette distinction a disparu depuis ces décrets ; il n'y a plus aujourd'hui que des vice-consuls appartenant à *la carrière*.

Agents consulaires. — Dans les localités trop peu importantes pour qu'on y envoie un consul ou même un vice-consul, le consul dans l'arrondissement duquel elles sont situées peut, avec l'agrément du ministre des affaires étrangères, déléguer à un *agent consulaire* certaines de ses attributions. Il n'a aucun caractère public, ne touche aucun traitement et ne jouit d'aucune prérogative.

Chanceliers. — Les chanceliers sont des fonctionnaires qui remplissent les fonctions de secrétaire ou greffier du consul et qui, de plus, sont investis de certaines attributions notariales que nous ferons connaître plus loin. D'après l'ordonnance de 1833 (art. 20), ils étaient nommés tantôt par leur gouvernement, tantôt par le consul. Aujourd'hui, les chanceliers, répartis en trois classes, sont tous nommés par décret du Président de la République (1).

Critiques formulées contre l'organisation actuelle du consulat. — Projets de réforme. — Depuis un certain

---

(1) Par décret du 11 octobre 1892, les chanceliers de 1re classe ont le titre de vice-consuls. Ils peuvent sans condition de durée de service, dans leur classe, être nommés vice-consuls. Ils prennent rang dans le cadre de ces agents à la date de leur nomination comme chanceliers de 1re classe.

nombre d'années on a soulevé des critiques en France contre l'organisation des consulats et on a émis des projets de réforme. Une commission fut nommée en 1883 pour les examiner ; elle était présidée par le président de la Chambre de commerce de Paris.

Le principal grief dirigé contre cette organisation était que le *consul fonctionnaire* s'occupait beaucoup plus du côté administratif et politique que du côté commercial de sa mission, pour lequel, d'ailleurs, il n'avait aucune aptitude. Il serait plus utile, a-t-on dit, pour le commerce d'exportation, de charger des fonctions de consuls des commerçants ; ils sont plus à même que tout autre de fournir des indications utiles aux commerçants de France et de leur montrer la voie des débouchés nouveaux. Comme complément logique des réformes proposées, on demandait d'enlever le service des consulats au ministère des affaires étrangères pour le rattacher au ministère du commerce.

Ces projets n'ont pas abouti. Les objections qu'ils ont fait naître au sein de la commission étaient bien de nature à les faire écarter.

On a fait remarquer, avec raison, que la fonction principale du consul est de protéger les intérêts des nationaux qui séjournent à l'étranger. Ils ne sont pas et ne doivent pas être, comme on l'a prétendu, les agents d'affaires des commerçants. Or des *consuls commerçants* n'auraient pas une autorité suffisante pour défendre les droits et les intérêts de nos nationaux auprès des autorités locales étrangères.

Et puis, les consuls sont obligés de remplir à l'égard de leurs nationaux certaines fonctions administratives, souvent fort délicates ; dans certains pays, nous verrons qu'ils ont des attributions judiciaires assez étendues. Les *consuls commerçants*, étrangers aux connaissances juridiques, pourraient bien difficilement remplir ces fonctions.

Mais, même en se plaçant au point de vue purement commercial, il n'est pas certain que les *consuls commerçants* fourniraient au commerce de la métropole des renseignements meilleurs que ceux qui lui sont fournis par les consuls actuels. Car, ou bien on aurait comme consuls des commerçants qui n'auront pas réussi dans leurs affaires, bien mal placés dès lors pour aider les autres de leurs conseils ; ou bien les commerçants qui seraient nommés consuls ayant fait prospérer leurs affaires à l'étranger se garderaient bien d'attirer des nationaux dans le lieu où ils seraient établis, de peur de se créer ainsi des concurrents redoutables.

Enfin, on peut ajouter que les commerçants qu'on chargerait des fonctions de consuls auraient sans doute une compétence particulière pour la branche de commerce qu'ils exploitent, mais seraient aussi incompétents que nos consuls actuels pour les matières du commerce qui leur sont étrangères.

D'ailleurs, ce qui prouve, mieux que tous ces raisonnements, le vice de la réforme proposée, c'est le résultat de l'expérience faite par quelques Etats étrangers, notamment l'Angleterre et la Belgique. — En Angleterre, en 1858 et 1872, on a eu recours à des commerçants pour les fonctions de consuls. On a dû y renoncer, l'expérience ayant démontré qu'il était dangereux de permettre aux consuls de faire du commerce.

Un grief plus sérieux contre l'organisation du consulat en France consiste dans les changements trop fréquents dont nos consuls sont l'objet. Lorsqu'ils ont séjourné quelque temps dans un poste, qu'ils sont parvenus à bien posséder la langue du pays, qu'ils en connaissent bien les habitudes commerciales et l'état économique, qu'ils pourraient commencer à rendre quelques services, c'est à ce moment qu'on les nomme ailleurs. Pour éviter cet inconvénient, on a proposé d'organiser l'avancement sur place (1).

Organisme créé en vue de développer le commerce extérieur de la France. — En vue de répondre à l'insuffisance de nos consulats au point de vue commercial,

---

(1) Il faut lire dans l'*Europe Nouvelle* (nos 10 à 16 de 1920) l'étude très complète de M. Henri Mylès sur la question consulaire. Il aboutit à trois conclusions intéressantes : 1° Il convient, dit-il, de spécialiser les consuls en six grandes zones : germanique, britannique, latine, slave, chinoise et arabe ; 2° Le consulat français doit être pour les Français une étape vers le pays étranger où il est installé et pour les étrangers une étape vers la France ; 3° Le consulat français doit avoir comme annexes nécessaires : une chambre de commerce française et un club français ou « maison de France ».

la loi du 7 novembre 1908 a créé six postes d'attachés commerciaux pour être placés auprès d'une mission diplomatique ou d'un groupe de missions diplomatiques. Cette institution ayant donné de bons résultats, on a cherché à la perfectionner. C'est l'objet de la loi du 25 août 1919. Tout un organisme est créé, rattaché au ministère du commerce.

1° Un organe central, qui existait déjà, l'office national du commerce extérieur, est érigé en établissement public. Il a pour mission de fournir aux industriels et négociants français tous les renseignements propres à développer le commerce extérieur.

2° Des organes locaux : des offices commerciaux français à l'étranger, ayant pour objet d'établir des relations commerciales entre les producteurs français et les acheteurs étrangers en vue de faciliter les échanges.

3° Enfin, deux classes d'agents : a) des attachés commerciaux, placés auprès d'une mission diplomatique ou d'un groupe de missions politiques, pour étudier et traiter sous le contrôle du chef de la mission diplomatique l'ensemble des questions économiques intéressant la mission ; b) des agents commerciaux, placés soit auprès des postes diplomatiques, soit auprès des postes consulaires ou des groupements de postes consulaires, chargés de l'étude, de la défense et de l'extension des intérêts économiques français dans le ressort de leur circonscription.

§ 2. — De la nomination, de l'installation des consuls, de la fin des missions consulaires.

De la nomination des consuls. — La nomination des consuls émane du pouvoir exécutif de l'Etat qui les envoie. Mais, pour qu'un Etat puisse ainsi établir des consuls sur le territoire d'un autre Etat, il faut que ce dernier y consente. Ce consentement résulte soit d'une stipulation expresse, insérée dans un traité de commerce ou dans une convention consulaire, soit de la simple pratique observée par cet Etat.

Admission des consuls. — *Principe.* — L'admission des consuls étrangers sur le territoire d'un Etat peut être faite avec certaines restrictions. Par exemple, un Etat peut admettre les consuls des autres Etats sur toute l'étendue de son territoire, à l'exception d'un ou plusieurs points qu'il désigne. C'est ainsi que l'Allemagne n'admettait pas les consuls étrangers en Alsace-Lorraine. A l'inverse, un Etat peut n'admettre l'établissement de consuls étrangers que dans certaines villes ou dans certains ports, qu'il désigne d'une façon limitative. C'est ce qui a lieu en Chine.

Mais ces restrictions doivent être faites d'une façon générale pour tous les Etats étrangers. Un Etat manquerait aux règles de courtoisie qui doivent régir les relations des Etats entre eux, s'il refusait d'admettre sur certains points de son territoire seulement les consuls d'un Etat déterminé, ou s'il ne consentait à recevoir que les consuls qui lui sont envoyés par telle ou telle puissance.

Stipulations du traité de Versailles. — L'art. 279 du traité de Versailles fait un devoir à l'Allemagne d'admettre dans toutes ses villes ou dans tous ses ports les consuls généraux, consuls, vice-consuls ou agents consulaires dont la nomination lui sera notifiée, avec faculté d'y exercer leurs fonctions conformément aux règles et usages habituels.

Installation du consul : de la patente et de l'exequatur. — Les consuls ne sont pas munis, comme les agents diplomatiques, de lettres de créance, et leur installation ne donne pas lieu à des solennités comme celle des agents diplomatiques ; les consuls sont munis d'une *patente* ou *commission* ou *lettre de provision*, et ils sont installés par l'exequatur qui leur est conféré par le gouvernement étranger.

La *patente, commission* ou *lettre de provision* d'un consul est le document officiel, signé par le chef de l'Etat auquel l'agent appartient, qui exprime le titre et les pouvoirs qui lui sont conférés. L'original de la patente est remis par la voie diplomatique au gouvernement du pays sur le territoire duquel le consul est appelé à résider.

Le gouvernement étranger peut ou bien agréer la nomination du consul, ou refuser de l'agréer. Dans le premier cas, il lui accorde l'exequatur ; dans le second cas, il le lui refuse. L'*exequatur* est l'acte par lequel le gouvernement donne l'ordre aux autorités du pays de reconnaître le consul envoyé par un Etat étranger et de le laisser remplir ses fonctions. En France, l'exequatur est accordé par un décret du Président de la République, rendu sur la proposition du ministre des affaires étrangères.

L'État peut refuser d'accorder l'exequatur au consul nommé par un autre État, lorsque la présence de cet agent sur le territoire serait une cause de troubles.

Fin de la mission consulaire. — La mission du consul prend fin :

1° Par sa mort ;
2° Par son changement de résidence ;
3° Par sa destitution ou sa mise à la retraite ;
4° Par le retrait de l'exequatur.

Du retrait de l'exequatur. — Le gouvernement étranger, qui est libre de refuser l'exequatur à un consul, peut également le lui retirer lorsque l'agent a manqué à ses devoirs envers lui, par exemple en se mêlant aux intrigues des partis politiques. Mais il est rare que le gouvernement use de cette rigueur à l'égard du consul ; d'ordinaire il sollicite de son gouvernement son déplacement ou sa révocation.

Les conventions consulaires déterminent d'ordinaire les cas dans lesquels il y aura retrait de l'exequatur du consul et contiennent cette clause qu'il ne sera opéré qu'après que le gouvernement offensé aura fait agréer les motifs de sa détermination par celui auquel appartient le consul.

Quid du changement de gouvernement ? — Les pouvoirs des consuls ne cessent pas comme ceux des agents diplomatiques et en conséquence ils n'ont pas besoin d'être renouvelés, en cas de changement de souverain ou de renversement par une révolution politique.

Quid en cas de guerre ? — Lorsqu'une guerre ou une crise quelconque, moins grave, interrompt les relations diplomatiques entre deux États, la mission consulaire n'est pas nécessairement interrompue : les agents consulaires peuvent rester à leur poste, même après le départ des agents diplomatiques qui représentent leur État. Ils ne sont forcés d'abandonner leur poste qu'en vertu de décisions des autorités locales ou d'ordres de leur gouvernement, ou lorsqu'à raison des circonstances ils sont dans l'impossibilité de remplir les devoirs de leur charge. Alors il est dans l'usage qu'ils confient la protection de leurs nationaux à un consul d'une nation amie.

Dr. int. pub. 25

Départ du consul. — Quand un consul quitte définitivement son poste, il n'a pas, comme les agents diplomatiques, à remettre au gouvernement étranger des lettres de rappel, ni des lettres de récréance à en recevoir. Même, le gouvernement étranger n'est prévenu de son départ que par la demande de l'exequatur qui lui est faite pour son successeur. Cependant, il est d'usage que le consul donne avis de son changement aux autorités de sa résidence.

Les fonctions consulaires sont simplement suspendues, au cas de maladie ou de congé régulier du consul ; il est suppléé, dans ce cas, soit par un consul suppléant, soit par le chancelier, soit par tout autre agent désigné à cet effet.

** § 3. — Des immunités des consuls.

Idée générale. — Les immunités qui sont reconnues aux consuls ne sont pas aussi étendues dans tous les États ; elles varient aussi avec les conventions consulaires. On ne peut donc poser ici que des règles générales, en faisant connaître quelques particularités soit des lois étrangères, soit des conventions consulaires.

Distinction entre les actes de la fonction et les actes personnels. — Un point certain, c'est que les immunités diplomatiques ne s'appliquent pas aux consuls. Pour déterminer les immunités des consuls, il faut distinguer les actes concernant la fonction et les actes personnels du consul.

Pour les actes concernant sa fonction, le consul est inviolable comme l'agent diplomatique ; il échappe au statut territorial. Pour ces actes, le consul ne peut être recherché par la justice locale. Tout ce que peut faire l'État étranger, c'est retirer l'exequatur au consul, ou solliciter son déplacement ou sa destitution de son gouvernement.

De même, sont inviolables les *archives consulaires* ; le gouvernement local ne peut s'en emparer. Cette règle n'est pas observée également par tous les États, l'Angleterre notamment. Elle n'accorde aucun avantage, aucune indemnité aux consuls qu'elle reçoit dans ses ports : c'est ainsi qu'on a vu, il y a quelques années, saisir et vendre les archives du consulat général de France à Londres, comme gage de l'impôt dû par le propriétaire de la maison louée pour le service de la chancellèrie.

Pour leurs actes personnels, les consuls sont entièrement soumis au statut territorial. C'est ainsi que, pour les crimes et les délits qu'ils commettent, ils peuvent être poursuivis devant les tribunaux du lieu de leur résidence. Cependant, en vertu des clauses insérées dans les conventions consulaires (convention franco-grecque de 1876), les consuls sont dispensés de la prison préventive, sauf dans les cas graves.

En principe, rien ne s'oppose à ce que les consuls soient cités comme témoins devant les tribunaux. Cependant un certain nombre de conventions consulaires les dispensent de cette obligation (convention franco-italienne, convention franco-russe).

Rien ne s'opposerait non plus à ce qu'ils soient soumis au paiement des impôts. Cependant dans la plupart des Etats ils sont exempts des impôts directs, mais soumis aux contributions indirectes.

Enfin, on reconnaît aux consuls le droit de mettre au-dessus de leur porte d'entrée les armes de l'Etat qu'ils représentent.

Règles d'étiquette et de préséance. — Le cérémonial diplomatique ne s'applique pas aux consuls. Lorsqu'ils sont invités à des cérémonies officielles, ils sont classés entre eux suivant leur grade et, à égalité de grade, d'après la date à laquelle l'exequatur leur a été conféré.

Rapports des consuls et des autorités étrangères. — Les consuls peuvent communiquer directement avec les autorités locales, non avec les autorités centrales du pays où ils exercent leurs fonctions. Lorsqu'ils ont des réclamations à formuler auprès des autorités centrales, ils doivent s'adresser aux agents diplomatiques accrédités par leur gouvernement et les faire parvenir par leur intermédiaire.

§ 4. — Attributions des consuls.

Double qualité du consul. — Comme les agents diplomatiques, le consul a une double qualité : il est à la fois agent d'observation et agent d'exécution.

I. *Le consul agent d'observation.* — Comme agent d'observation, le consul doit transmettre à son gouvernement des renseignements soit commerciaux, soit politiques sur l'État sur le territoire duquel il réside. C'est à raison de cette fonction du consul que quelques esprits novateurs voudraient que les consuls soient recrutés parmi les commerçants. Mais ce n'est là qu'une faible partie de ses attributions, ainsi que nous allons le voir.

II. *Le consul agent d'exécution.* — Comme agent d'exécution, le consul a des attributions nombreuses, importantes et délicates.

Nous les rangerons sous trois rubriques :

a) Rapports du consul avec ses nationaux établis à l'étranger ;

b) Rapports du consul et de la marine marchande ;

c) Rapports du consul et de la marine de guerre.

a) *Rapports du consul avec ses nationaux établis à l'étranger.*

Comment le consul connaît ses nationaux. — *Du passeport et de l'immatriculation.* — Tant que le passeport fut d'un usage normal, le consul était appelé à viser les passeports des Français arrivant dans le pays étranger, et à en délivrer à ceux qui rentraient en France, et ainsi des relations s'établissaient entre les consuls et leurs nationaux.

Mais en temps de paix le passeport est peu employé ; le consul ne connaît ses nationaux que lorsque ceux-ci se font inscrire sur le *registre matricule* qui est tenu dans la chancellerie de chaque consulat.

L'article premier de l'ordonnance du 28 novembre 1833 fait un devoir à tout Français résidant à l'étranger de se faire *immatriculer* sur les registres du consulat, dans le délai de trois mois (1).

Utilité pratique de l'immatriculation. — Il semble, à prendre à la lettre les termes de cet article, que la sanction consisterait en ce que, sans l'accomplissement de cette formalité, les Français ne pourraient point prétendre à la protection de leur consul.

Il n'en est rien cependant ; même non immatriculés, les Français ont droit à être protégés par leur consul.

---

(1) Consulter à ce sujet le décret du 30 novembre 1909 et le décret du 13 septembre 1910.

Voici les deux avantages (1) pratiques que le Français a de se faire immatriculer :

1° Le certificat d'immatriculation fera foi de sa qualité de Français jusqu'à preuve contraire ;

2° Certains privilèges sont réservés aux Français immatriculés : notamment, celui de figurer comme témoins dans les actes reçus par le consul ou le chancelier, de posséder un navire de commerce portant pavillon français, etc...

Attributions du consul à l'égard de ses nationaux. — A l'égard de ses nationaux, le consul a des attributions diverses (2) :

1° Il exerce une mission de protection et de contrôle ;

2° Il remplit les fonctions d'officier de l'état civil ;

3° Il fait l'office de notaire ;

4° Il est investi de certains pouvoirs en matière judiciaire.

1° **Mission de protection et de contrôle.** — 1° *Mission de protection.* — Le consul doit protéger ses nationaux à l'étranger. C'est là sa fonction principale. Elle oblige le consul à intervenir auprès des autorités locales, pour empêcher que ses compatriotes ne soient victimes d'abus de pouvoir ou de déni de justice, ou pour obtenir la réparation qui leur est due légitimement quand ils ont eu à souffrir soit de l'un, soit de l'autre. Il peut, dans ce but, faire parvenir ses réclamations aux autorités centrales, mais seulement, ainsi que nous l'avons dit, par l'intermédiaire de l'agent diplomatique français.

Le consul doit veiller au rapatriement de ses natio-

---

(1) Avant la loi du 26 *juin* 1889 *sur la nationalité*, l'immatriculation avait cette autre utilité que les Français qui s'y étaient conformés évitaient la perte de nationalité résultant de la *perte de l'esprit de retour*. Cette utilité a disparu sous l'empire de la loi de 1889, qui a supprimé l'établissement à l'étranger sans esprit de retour comme cause de la perte de la qualité de Français.

(2) Voir le tarif des droits à percevoir dans les chancelleries diplomatiques et consulaires dans l'article 14 et l'annexe II, loi du 31 décembre 1920.

naux qui sont dans l'impossibilité de faire les frais du retour en France.

Le devoir de protection qui incombe au consul ne va pas cependant jusqu'à l'obliger à défendre leurs intérêts devant la justice étrangère.

2° *Mission de contrôle.* — La mission de contrôle du consul se manifeste en trois ordres de matières : la *délivrance* ou le *visa des passeports*, la *légalisation d'actes*, l'*exécution de la loi militaire.*

Délivrance ou visa des passeports. — Les consuls peuvent délivrer des passeports aux Français, après s'être assurés de leur qualité et de leur identité ; d'autre part, ils apposent leur visa sur les passeports délivrés en France aux Français qui viennent s'établir dans le lieu de leur résidence (ordonnance du 25 octobre 1833, art. 1 et 2). Ils peuvent aussi délivrer des passeports pour la France aux étrangers qui leur en demandent (art. 4). Enfin, ils visent les passeports délivrés pour la France à des sujets étrangers par les autorités étrangères (art. 5).

Légalisation d'actes. — Les actes authentiques reçus à l'étranger par les autorités locales doivent être légalisés par le consul français pour avoir pleine force probante en France.

Pour ce qui est des actes sous seing privé, le consul n'est pas tenu de les légaliser, sauf le cas où ces actes ont été revêtus de la légalisation des autorités locales étrangères ou des agents consulaires ou diplomatiques du pays où le consul est établi ; dans ce cas, le consul doit légaliser la signature de ces fonctionnaires.

En tous cas, la signature du consul doit elle-même être légalisée par le ministre des affaires étrangères en France ou par son délégué.

Au point de vue du service militaire. — Au point de vue du service militaire, le consul a une mission importante, il doit transmettre à ses nationaux les ordres de départ dont ils sont l'objet ; dresser la liste des Français qui séjournent sur le lieu de sa résidence, pour qu'ils soient soumis à l'âge voulu au tirage au sort ; d'une façon générale, il doit veiller à ce qu'un Français ne puisse pas, en séjournant à l'étranger, échapper aux obligations du service militaire (Circulaire ministérielle du 16 juin 1873).

2° **Attributions du consul comme officier de l'état**

civil. — C'est l'article 48 Code civil qui pose le principe des attributions du consul comme officier de l'état civil.

Il peut dresser en cette qualité des actes de naissance, de décès, de mariage, des reconnaissances d'enfant naturel, opérer la transcription des jugements d'adoption, lorsque l'adoptant est domicilié à l'étranger, etc...

L'ordonnance du 23 octobre 1833 s'occupe spécialement de cet ordre d'attributions ; elle astreint le consul à toutes les règles prescrites par le Code, pour la rédaction des actes de l'état civil.

Ainsi, il doit tenir un ou plusieurs registres en *double* : l'un de ces registres reste déposé à la chancellerie du consulat ; et l'autre est transmis au ministre des affaires étrangères pour être déposé aux archives du ministère.

De plus, le consul doit envoyer au ministre des expéditions des actes, au fur et à mesure qu'il les reçoit.

Du mariage des Français. — Le consul est compétent pour célébrer le mariage de deux Français ; mais il n'est pas compétent pour célébrer le mariage de deux étrangers, ni d'un Français et d'un étranger. La compétence est en effet purement *personnelle* ; elle n'existe qu'à l'égard de ses nationaux, à la différence de celle de maire d'une commune, qui est *territoriale*.

Cependant la loi du 3 novembre 1902 a apporté une dérogation importante à cette règle en autorisant les agents diplomatiques et consulaires français à procéder à la célébration des mariages entre un Français et une étrangère, dans certains pays qui seront déterminés par décrets. Cette loi a modifié dans ce sens l'article 170 du Code civil. Elle a été complétée par un décret du 29 décembre 1901 qui a énuméré les pays auxquels cette réforme s'applique. Ce sont : la Turquie, la Perse, l'Egypte, le Maroc, Mascate, Siam, la Chine et la Corée.

3º **Attributions notariales du consul.** — *Utilité pratique.* — Les attributions notariales du consul sont très utiles à divers points de vue :

Elles le sont d'abord pour tous les nationaux établis à l'étranger, qui ne connaissent pas la langue du pays, et, pour ce motif, ne peuvent s'adresser, pour faire rédiger leurs actes, aux autorités locales.

Et puis, les actes ainsi passés devant le consul ont en France la force probante des actes authentiques et sont revêtus de la force exécutoire.

Enfin, par un acte passé devant un consul, une hypothèque conventionnelle peut être établie sur les immeubles situés en France, tandis qu'il n'en est pas ainsi pour les actes passés devant les autorités locales étrangères (art. 2128 C. civ.).

Dans les consulats où il existe un chancelier, ce n'est pas le consul lui-même, c'est le chancelier qui fait fonction de notaire. Le chancelier peut recevoir certains actes seul, certains actes avec l'assistance du consul.

Étendue des attributions notariales. — La compétence du chancelier doit être examinée *ratione materiæ* et *ratione personæ*.

Compétence ratione materiæ. — *Ratione materiæ* le chancelier est compétent pour recevoir tous les actes qui sont retenus en France par les notaires.

Un doute s'est cependant élevé en ce qui concerne le testament. L'ordonnance de 1681 sur la marine attribuait bien compétence au chancelier pour recevoir les testaments des Français à l'étranger. Mais le Code civil n'a pas reproduit cette disposition dans son article 999. De son silence on pouvait conclure à l'abrogation de l'ordonnance de 1681. Ce n'est cependant pas l'opinion qui a prévalu.

Compétence ratione personæ. — En principe, ainsi que nous l'avons dit, les consuls n'ont qu'une compétence purement personnelle à l'égard de leurs nationaux.

Cependant, de nombreuses conventions consulaires ont reconnu compétence aux consuls français pour recevoir les actes faits par des étrangers lorsqu'ils doivent produire leurs effets en France.

4° Attributions du consul en matière judiciaire. — Dans les pays de chrétienté, la juridiction des consuls est exceptionnelle.

Ils peuvent faire des enquêtes relativement aux crimes ou délits commis en pleine mer sur les navires français, ou sur les crimes ou délits commis à bord d'un navire mouillé dans un port étranger, lorsque les autorités locales ne réclament pas la connaissance de l'affaire.

Ils peuvent être saisis des difficultés qui s'élèvent entre le capitaine et l'équipage d'un navire de commerce pour le paiement de la solde.

Enfin, ils peuvent être chargés d'une *commission rogatoire* par un tribunal français, à l'effet de recueillir les éléments de preuve d'un crime ou d'un délit commis à l'étranger et dont le coupable est arrêté en France.

Mais, si le consul ne peut juger les litiges qui s'élèvent entre ses nationaux, il peut être par eux choisi comme *arbitre*. — La sentence que rendra en cette qualité le consul ne sera exécutoire en France qu'après avoir été revêtue de la formule d'exequatur par le président d'un tribunal français, comme une sentence arbitrale ordinaire (Instruction ministérielle 23 novembre 1833).

Notons, en dernier lieu, que le consul sert d'agent de transmission pour les significations judiciaires concernant les Français établis dans le lieu de sa résidence. La signification de ces actes a lieu, d'après l'article 69 du Code de procédure civile, au parquet du procureur de la République du tribunal compétent : celui-ci les adresse au ministre des affaires étrangères, qui les transmet à nos consuls à l'étranger. Le consul doit faire parvenir ces actes aux intéressés, sans frais ni formalité de justice, à titre de simple renseignement.

b) *Rapports du consul et de la marine marchande.*

Analyse de l'ordonnance du 29 octobre 1833. — Les consuls doivent exercer une protection toute particulière, dans l'intérêt général du commerce extérieur, sur les navires français qui voyagent à l'étranger et abordent dans les ports de leur résidence.

L'ordonnance du 29 octobre 1833 est relative à cette matière : elle comprend 78 articles divisés en six titres. Nous allons en faire une rapide analyse.

Titre Ier. — *Notions générales.* — Les consuls doivent veiller à ce qu'il ne soit pas fait abus du pavillon français à l'étranger ; à ce qu'aucune importation ou exportation n'ait lieu dans les ports de leur résidence contrairement aux lois et aux règlements de la France en matière de douanes (articles 1, 4).

Titre II. — *Arrivée des navires.* — Au plus tard dans les vingt-quatre heures de son arrivée au lieu de destination, le capitaine doit se présenter devant le consul, lui faire son rapport de mer et déposer entre ses mains, à l'appui, un certain nombre de pièces (art. 10 à 16).

Titre III. — Séjour des navires. — Pendant tout le temps que les navires de commerce français résident dans un port ou une rade de son arrondissement, le consul exerce sur eux un droit de police, à moins qu'il ne s'y trouve un bâtiment de l'Etat (art. 19, 22, 23, 25 et 26).

Notons enfin que le consul intervient pour le règlement des avaries éprouvées par le navire (art. 28, 29), et que son autorisation est nécessaire pour que le capitaine puisse faire certains actes tels que : avances ou acomptes aux gens de l'équipage, emprunt à la grosse sur le navire, vente ou mise en gage de marchandises, au cas de l'article 234 du Code de commerce, vente du navire, engagement des gens de mer (art. 28, 29, 30, 32, 33, 40, 71).

Titre IV. — Départ des navires. — Lorsque des navires, destinés pour le long cours, armeront ou réarmeront dans leur arrondissement, les consuls doivent veiller à ce qu'ils soient soumis, avant de prendre charge, à la visite prescrite par le Code de commerce (art. 225). Le capitaine prêt à prendre la mer doit remettre au consul un état exact des marchandises composant sa cargaison (art. 44) et se faire délivrer par le consul un certificat constatant l'époque de son arrivée et celle de son départ, ainsi que la nature et l'état de son chargement (art. 45).

Il pourra contraindre le capitaine à recevoir à son bord soit les matelots naufragés ou délaissés à rapatrier, soit les coupables de crimes ou délits, qui doivent être jugés par les tribunaux français (art. 51, 52) et se charger des dépêches qu'il adresse aux ministres et aux administrations publiques en France (art. 53).

Titre V. — Des navires naufragés. — Lorsqu'un navire français a été victime d'un naufrage ou d'un échouement, le consul dans l'arrondissement duquel le sinistre se sera produit devra prendre, de concert avec les autorités locales, toutes les mesures nécessaires pour assurer le sauvetage des personnes, ainsi que celui des marchandises et du navire. L'ordonnance entre dans de longs détails sur les dispositions que devra prendre le consul. Nous renvoyons à la lecture de ses articles 55 à 78.

Titre VI. — Des armements en course et des prises. — Sans portée aujourd'hui.

c) *Rapports du consul et de la marine militaire.*

Analyse de l'ordonnance du 7 novembre 1833. — C'est l'ordonnance du 7 novembre 1833 qui s'occupe de cette nouvelle branche des attributions du consul ; elle est divisée en cinq titres :

Le titre Ier, sous la rubrique « Dispositions générales », s'occupe de questions sans aucun intérêt juridique : il y est traité du passage du consul à bord des navires de guerre, pour se rendre à son poste ou rentrer en France, et des visites officielles à faire entre les consuls et les officiers de la marine militaire, suivant le grade de chacun d'eux (art. 1 à 5).

Titre II. — De l'arrivée et du séjour des bâtiments. — Dès qu'un navire de guerre apparaît dans les limites de sa résidence, le consul doit remettre au commandant de ce navire le *droit de police* sur les navires de commerce français ancrés dans la rade ou dans le port, à moins que le navire de guerre ne doive reprendre la mer dans un délai de moins de huit jours (art. 10). En cas de relâche, ou lorsque des bâtiments de guerre viennent en mission ou en station, le consul doit pourvoir à leurs besoins de toute nature. A cet effet, il passe les marchés nécessaires en présence de l'agent du bord chargé de la comptabilité (art. 11 à 14).

Titre III. — Du cas d'appel aux forces navales. — Lorsque, d'après la situation politique du pays, le consul le croira nécessaire, dans l'intérêt de l'Etat ou pour la sûreté des personnes et la conservation des propriétés françaises, il pourra faire appel aux forces navales qui se trouvent en rade ou dans les parages peu éloignés. Il doit toujours en rendre compte au ministre de la marine (art. 16 à 21).

Titre IV. — Dispositions éventuelles à prendre après le départ du bâtiment. — 1° A l'égard des marins laissés à terre pour maladie, le consul pourvoira à l'acquittement des dépenses que leur traitement aura occasionnées et assurera leur retour en France sur les navires de l'Etat ou de commerce (art. 23).

2° A l'égard des ancres, chaînes, embarcations, etc., abandonnées par un bâtiment, en cas d'appareillage subit, le consul prendra les mesures convenables pour les conserver, et si leur transport en France était trop coûteux, il les fera vendre aux enchères et mettra le produit de la vente à la disposition du ministre de la marine (art. 24 à 26).

3º A l'égard des navires naufragés ou condamnés pour innavigabilité, il prendra des mesures analogues (art. 27).

Titre V. — *Des prises.* — 1º Navires arrêtés pour piraterie en vertu de la loi du 11 avril 1825 ou pour traite des noirs en vertu de la loi du 4 mars 1831.

Si cela est nécessaire, le consul fera vendre le navire et la cargaison ; et le prix de vente restera déposé dans la caisse de la chancellerie au profit de qui il appartiendra (art. 28 à 30).

2º Prises effectuées]en temps de guerre.

Le consul exercera, si les traités le permettent, les attributions exercées en France par l'administrateur de la marine (art. 31).

APPENDICE I. — PRÉROGATIVES ET ATTRIBUTIONS SPÉCIALES DES CONSULS DANS LES PAYS HORS CHRÉTIENTÉ.

Idée générale. — Dans les pays hors chrétienté, les consuls ont des prérogatives et des attributions spéciales. Ces prérogatives et ces attributions leur ont été d'abord reconnues (1), soit en vertu de conventions appelées *capitulations*, soit en vertu d'usages ayant acquis force de lois dans les Echelles du Levant et dans les Etats de Barbarie. Elles ont été ensuite étendues aux pays d'Extrême-Orient, en vertu de traités conclus avec la Chine (24 octobre 1844). Des traités spéciaux les ont également appliquées à la Perse, à l'Imanat de Mascate et à l'Ethiopie (traité du 10 janvier 1908). C'est en exécution de ce dernier traité que la loi du 16 novembre 1909 a été promulguée, étendant les pouvoirs des consuls français à l'égard des ressortissants et des protégés français en Ethiopie.

Ce régime des capitulations, qui constitue une grave atteinte à la souveraineté de l'Etat qui y est soumis, disparaît lorsque cet Etat présente des garanties qui rendent son maintien superflu. Il en est ainsi soit lorsque le territoire dont il s'agit tombe sous le protec-

---

(1) On désigne ainsi les conventions accordant des privilèges particuliers aux ressortissants d'un Etat sur le territoire d'un autre Etat.

torat d'une grande puissance européenne, comme en Tunisie, au Maroc, soit lorsqu'un État de civilisation chrétienne se forme comme puissance indépendante, comme en Roumanie, en Serbie et en Bulgarie, après le traité de Berlin de 1878, soit enfin quand l'État lui-même s'assimile les principes de la civilisation moderne, comme le Japon, qui s'est débarrassé de la juridiction des consuls européens par différentes conventions qui sont entrées en vigueur depuis 1899.

Dans tous les pays où le régime des Capitulations subsiste, les consuls jouissent d'immunités analogues à celles qui appartiennent aux agents diplomatiques. Ils ne sont pas soumis aux lois et à la juridiction territoriales ; leur personne et leur domicile sont inviolables. Ils sont exempts de toute espèce de taxes ou d'impôts.

Division de l'appendice. — Nous nous occuperons successivement : du régime en vigueur en Turquie, en Chine, en Egypte et au Siam.

I. — **Turquie.** — *Avant le traité de Lausanne du 24 juillet 1923.* — En vertu de diverses Capitulations concédées par la Sublime Porte à la France dont la première date de 1535 entre François 1er et Soliman 1er, et la dernière de 1740 (1), les Français jouissaient en Turquie de privilèges collectifs, de privilèges personnels et de privilèges de juridiction ; en sorte que « le Français en Orient... éprouvait en quelque sorte l'impression du chez soi » (2).

Les privilèges collectifs consistaient en ce que l'ensemble des Français résidant en Turquie formait une collectivité à part sous le nom de « nation française » élisant parmi eux deux députés qui assistaient le consul et soustraite à l'action des autorités locales. Aux termes de l'ordonnance du 3 mars 1781, le consul exerçait sur cette collectivité des attributions administratives, ayant des pouvoirs de police, et droit exorbitant, le droit d'expulsion à l'égard de ses nationaux.

---

(1) *Europe Nouvelle* de 1924, p. 1028.

(2) Achille Mestre, « L'étranger en Turquie, d'après le traité de Lausanne », p. 179 de la *Revue politique et parlementaire* du 10 août 1923.

Les privilèges personnels étaient les suivants : liberté de locomotion, liberté de commerce, liberté religieuse et enfin, exemption d'impôts sauf des taxes foncières.

Les privilèges de juridiction présentaient un aspect négatif et positif : négatif, c'était l'exclusion de la compétence des tribunaux ottomans entre Français, en matière civile, commerciale et répressive, sauf en ce qui concerne les procès relatifs aux immeubles ; positif, c'était, dans les mêmes conditions, l'attribution de compétence aux consuls français. La loi du 28 mai 1836 réglait sur ce dernier point la procédure à suivre pour l'instruction et le jugement, la compétence du tribunal consulaire et le départ de compétence entre ce tribunal et la Cour d'Aix.

Dans les procès entre étrangers de nationalité différente, c'est le consul du défendeur qui était compétent pour juger.

Enfin, lorsqu'un procès s'élevait entre un Français et un Ottoman, la compétence était reconnue au tribunal ottoman ; mais le drogman ou interprète du consulat français avait le droit d'assister à toutes les phases du procès et sa signature était nécessaire pour la validité de la sentence.

A Constantinople et dans certaines grandes villes fonctionnaient des tribunaux mixtes pour juger en matière commerciale les procès entre étrangers et ottomans.

Depuis le traité de Lausanne du 24 juillet 1923. — Nous l'avons déjà dit, les Capitulations ont été abolies en Turquie « à tous les points de vue » par l'article 28 du traité (1).

Donc, pour les Français, plus de privilèges d'aucune sorte, ni collectifs, ni individuels. La Turquie a recouvré la plénitude de la souveraineté territoriale. Les conditions d'établissement des Français en Turquie sont

---

(1) Depuis quand ? Est-ce depuis le 1er octobre 1914 comme le prétendent les Turcs ou depuis la mise en vigueur du traité de Lausanne ? Les négociateurs n'ont pu s'entendre sur ce point ; on ne l'a pas tranché. « Ce n'est ni heureux ni pratique au point de vue juridique. Tout le traité est malheureusement conçu dans cet esprit ». Mestre, *op. cit.*, p. 193.

réglées conformément au droit des gens moderne. Ils sont assujettis à tous les impôts applicables aux ressortissants turcs (art. 8 de la convention annexe). Ils peuvent être expulsés par mesure de police (art. 7). Ils relèvent désormais des tribunaux locaux ; à l'exception cependant de tout ce qui touche au statut personnel et aux successions mobilières ; pour ces matières, ils sont justiciables, non plus des consuls français, dont le pouvoir de juridiction est supprimé, mais des tribunaux de France (art. 14 à 18).

Quelle garantie remplace celles que nous accordaient les anciennes Capitulations au point de vue judiciaire ? Une ombre de garantie consistant dans l'institution, pendant cinq ans au plus, de conseillers légistes dont ni le nombre ni le ressort, ni les attributions ne sont nettement définis dans la déclaration unilatérale du gouvernement turc qui accompagne la convention relative à la compétence judiciaire.

Ces conseillers, qui seront fonctionnaires turcs, seront choisis sur une liste de jurisconsultes appartenant à des États neutres dressée par la Cour permanente de justice internationale de la Haye (art. 1er). Ils auront leur siège les uns à Constantinople, les autres à Smyrne. Ils participeront aux travaux des commissions législatives et seront chargés de suivre sans s'immiscer dans l'exercice des fonctions de magistrats, le fonctionnement des tribunaux et d'adresser des rapports au ministre de la justice. Ils pourront recevoir des plaintes sur l'administration de la justice, l'exécution des peines et l'application des lois ainsi que sur les abus auxquels pourraient donner lieu les visites domiciliaires et les arrestations dont ils devront être avisés sans délai (art. 2). « Cette organisation n'est qu'un trompe l'œil qui consacre une diminution très sensible des garanties judiciaires accordées à l'étranger » (1).

II. — **Régime en vigueur en Chine**. — *Origine historique*. — La Chine s'est ouverte assez tard au commerce européen. Au xixe siècle, de nombreuses conventions sont signées par la France pour réglementer l'établissement de nos nationaux et pour déterminer

---

(1) A. Mestre, *op. cit.*, p. 200.

la juridiction de nos consuls : notamment, le traité du 24 octobre 1844 et le traité de Tien-Tsin du 27 juin 1858.

Les concessions françaises. — On entend par concession en Chine un certain territoire sur lequel un État européen peut établir ses nationaux et sur lequel peuvent vivre d'ailleurs, souvent en plus grand nombre, d'autres étrangers ou des indigènes (1). Ce territoire n'est pas exterritorialisé : il reste territoire chinois. Le consul français forme avec des notables une administration ou municipalité, qui s'occupe de la voirie et de l'exécution des travaux publics.

Juridiction consulaire. — Le consul français est seul compétent pour juger ses nationaux, soit au civil, soit au criminel. Pour les procès entre Français et Chinois, un tribunal mixte a été institué à Chang-Haï le 20 avril 1869. Il est composé du consul français et d'un fonctionnaire chinois.

Différences entre l'ancien régime turc et le régime chinois. — 1° En Turquie, les actions immobilières échappaient à la juridiction consulaire ; elles en relèvent en Chine.

2° En Turquie, le consul était incompétent pour les délits commis au détriment d'un ottoman. En Chine, même dans ce cas, il y a compétence du consul.

3° La juridiction consulaire en Turquie était rattachée pour l'appel à la Cour d'Aix et en Chine à la Cour de Saïgon.

III. — **Tribunaux mixtes d'Égypte.** — *Institution.* — Ces tribunaux ont été institués en 1875 pour exercer une partie du pouvoir de juridiction conféré au consul par les capitulations antérieures.

Organisation. — Il existe trois tribunaux de première instance à Alexandrie, au Caire et à Mansourah et une cour d'appel à Alexandrie. Chaque tribunal comprend des juges indigènes et étrangers, tous nommés par le khédive.

Compétence. — *Ratione materiæ* : toutes les matières, sauf les questions relatives au statut personnel des étrangers, qui sont toujours de la compétence du consul. *Ratione personæ* : procès entre étrangers et

_____

(1) Sauf cependant à Pékin depuis 1901, pour le quartier occupé par les légations, où les Chinois n'ont pas le droit de résider.

indigènes ; entre étrangers de nationalité différente ; entre étrangers de même nationalité en matière immobilière.

Les tribunaux mixtes appliquent des Codes mixtes qui ont été rédigés par un Français, inspirés du droit français et qui ont été acceptés par les puissances intéressées.

Les consuls ont conservé compétence pour les affaires concernant exclusivement leurs nationaux, sauf les actions immobilières, ainsi que pour les questions de statut personnel, le statut matrimonial et successoral, même si les plaideurs sont de nationalité différente.

IV. — **Conventions avec le Royaume de Siam des 13 février 1904 et 23 mars 1907**. — Par ces conventions, la France a abandonné le pouvoir de juridiction qui appartenait à ses consuls en ce qui concerne les sujets et protégés français d'origine asiatique. Ils se trouvent désormais soumis aux tribunaux locaux. Toutefois ceux d'entre eux qui ont été inscrits au consulat avant le 23 mars 1907 jouissent d'un régime spécial jusqu'au moment de la promulgation des différents Codes siamois. Ils deviennent justiciables des Cours dites internationales ; mais le consul peut toujours évoquer l'affaire à tout moment de la procédure lorsque le défendeur rentre dans la catégorie ci-dessus visée. L'affaire est alors jugée par la Cour consulaire de Bangkok, sauf appel à la Cour de Saïgon, ou par les tribunaux consulaires de l'intérieur, sauf appel devant la Cour consulaire de Bangkok. Ces juridictions consulaires ont été réglementées par un décret du 17 septembre 1908.

Quant aux citoyens français ils restent soumis jusqu'à nouvel ordre à la juridiction consulaire (1).

***APPENDICE II. — DIFFÉRENCES ENTRE LES AGENTS DIPLOMATIQUES ET LES CONSULS.

Il y a des différences nombreuses entre les agents diplomatiques et les consuls (2).

---

(1) Lire dans la *Revue politique et parlementaire* de 1924, p. 116, « Un nouveau traité franco-siamois », par M. Ernest Outrey.

(2) Parmi les règles qui leur sont communes, nous pou-

1º *Différence capitale.* — La différence capitale est la suivante : les agents diplomatiques ont pour mission principale de *représenter* un Etat auprès d'un autre Etat ; le rôle des consuls n'est pas de représenter l'Etat, mais de *protéger les intérêts* privés des nationaux établis à l'étranger.

2º Les agents diplomatiques sont accrédités *auprès du gouvernement étranger* par des *lettres de créance* ; les consuls ne *sont pas accrédités* auprès du gouvernement étranger, ils ne sont pas munis de lettres de créance, mais d'une *patente* ou *commission* qui constate leur qualité et l'étendue de leurs pouvoirs.

3º Les agents diplomatiques entrent en fonctions après la *remise solennelle de leur lettre de créance* au souverain territorial ; les consuls à partir du moment où l'*exequatur* leur est accordé par le gouvernement étranger.

4º La mission diplomatique cesse par la *mort* ou le *changement* de souverain et par la *guerre* ; il n'en est pas de même de la mission consulaire.

5º Lorsqu'un agent diplomatique est déplacé, il reçoit de son gouvernement des *lettres de rappel* dont il fait remise solennelle au souverain près duquel il est accrédité, qui lui remet en échange des *lettres de récréance*. L'usage des lettres de rappel n'existe pas pour les consuls ni celui des lettres de récréance.

6º Les agents diplomatiques jouissent d'immunités considérables qui ne sont pas accordées aux consuls.

SECTION II. — DES TRAITÉS

Notions générales.

Sens large et sens étroit du mot traité. — Le mot traité est employé, en droit international, tantôt en un sens large, tantôt dans un sens restreint.

Dans un sens large, on entend par traité tout accord entre deux ou plusieurs Etats, touchant leurs intérêts

---

vons noter la suivante : c'est que, d'après un décret du 19 avril 1894, il est interdit aux agents ou fonctionnaires des services diplomatique et consulaire de contracter mariage sans l'autorisation du ministre des affaires étrangères.

politiques ou économiques, quelle qu'en soit la forme et quelle que soit l'importance des engagements qu'il renferme.

Dans un sens restreint, on entend par traité un accord international ayant un caractère solennel et portant soit sur un ensemble de questions complexes, soit sur des questions spéciales et déterminées, d'une importance considérable.

Ainsi entendu, le traité est opposé aux autres sources des engagements d'Etats : conventions, déclarations, cartels, protocoles, notes et lettres (1).

Convention. — La convention ne diffère du traité qu'en ce qu'elle est moins solennelle dans la forme, et qu'au fond elle a pour objet des questions plus simples et de moindre importance ; ainsi on dit : un traité de paix, un traité de commerce, une convention postale, une convention consulaire.

Déclaration. — On entend par déclaration un acte par lequel deux ou plusieurs Etats arrêtent de concert la ligne de conduite qu'ils ont décidé de suivre dans une affaire déterminée, ou proclament solennellement adopter telle règle comme principe de leur droit public.

Comme exemple on peut citer : la déclaration de Pilnitz, par laquelle les puissances coalisées de l'Europe prirent l'engagement de combattre la Révolution française ; et la déclaration de Paris du 16 avril 1856, qui a posé les principes fondamentaux du droit des gens maritime.

Cartel. — On donne le nom de cartels aux conventions purement militaires qui sont conclues, en temps de guerre, entre commandants des deux armées belligérantes.

Ils ont pour objet une suspension d'armes, une capitulation ou bien l'échange des prisonniers.

Protocole (2). — Le protocole est le compte rendu ou

---

(1) Les accords conclus entre les Etats européens et la Turquie prennent le nom particulier de capitulations.

(2) Le mot protocole a un autre sens. Il désigne les règles concernant l'étiquette, les préséances et la courtoisie qu'il convient d'observer dans les cérémonies et les rela-

procès-verbal des conférences tenues entre les ministres plénipotentiaires de différentes puissances. Il constitue une source d'engagements pour les Etats, dans la mesure des résolutions prises par leurs représentants au cours de la conférence.

Lettres et notes. — Les lettres entre souverains et les notes entre les membres du gouvernement des Etats peuvent également être employées comme moyen de constater des engagements internationaux.

On entend par note verbale une note écrite, préparée par un agent diplomatique et dont il donne lecture au gouvernement auprès duquel il est accrédité, sans lui en laisser copie. C'est un procédé employé pour parer aux dangers de l'improvisation.

Division de la matière. — Dans les développements qui vont suivre, nous nous occuperons exclusivement des traités proprement dits, dont il faudra étendre les règles aux conventions qui ne sont que des traités de moindre importance.

Nous diviserons la matière en cinq chapitres :
1° De la négociation ;
2° De la ratification ;
3° De l'exécution ;
4° De la fin ;
5° De la classification des traités.

CHAPITRE PREMIER. — DE LA NÉGOCIATION DES TRAITÉS.

Division du chapitre. — Les traités sont aux Etats ce que les contrats sont aux simples particuliers. Comme les contrats, les traités sont soumis pour leur validité à des conditions de fond et à des conditions de forme.

Dans un premier paragraphe, nous allons étudier les conditions de fond ; dans un deuxième paragraphe, les conditions de forme ou la procédure des négociations.

---

tions officielles. C'est ainsi qu'au ministère des affaires étrangères il existe un service du protocole dont le chef a également le titre d'introducteur des ambassadeurs.

§ 1. — Conditions de fond.

Enumération. — Les conditions de validité touchant au fond sont pour les traités comme pour les contrats de droit civil :

1° La capacité des parties contractantes ;
2° Un objet licite ;
3° Une cause licite ;
4° Le consentement.

1° *Capacité des parties contractantes.*

Double point de vue. — La capacité de négocier soulève une double question d'ordre différent : une question de *droit international* et une question de *droit constitutionnel*. La question relevant du droit international est la suivante : *Quels Etats sont capables de conclure des traités* ? La question relevant du droit constitutionnel est celle-ci : Dans chaque Etat, *qui a qualité pour engager l'Etat* ?

1re question : Quels Etats sont capables de conclure des traités ? — En principe, les Etats souverains seuls ont, dans toute la plénitude, la capacité de conclure des traités.

Les Etats mi-souverains ou protégés ont la jouissance du droit de négociation, mais ils n'en ont pas le libre exercice. Ils ne peuvent conclure des traités que par l'intermédiaire de l'Etat suzerain ou protecteur, ou tout au moins sous son contrôle et avec son consentement.

Dans une confédération d'Etats, des traités peuvent être conclus directement par chacun des Etats confédérés, pourvu qu'ils ne portent pas atteinte au pacte fédéral.

Au contraire, dans l'Etat fédéral, aucun traité ne peut être conclu que par le gouvernement fédéral. La constitution fédérale peut seulement autoriser les Etats à conclure, par l'*intermédiaire du gouvernement fédéral*, certaines conventions concernant leurs intérêts particuliers.

C'est ainsi que la constitution fédérale suisse de 1874 (article 9) autorise les cantons à conclure, par l'intermédiaire du gouvernement fédéral, des traités relatifs à l'économie politique, aux rapports de voisinage ou de police, pourvu qu'ils ne renferment rien de contraire aux droits de l'Etat fédéral et des autres cantons.

L'Allemagne de 1871 se séparait encore sur ce point des Etats fédéraux. Dans le silence de la constitution de 1871, la Prusse s'était reconnu le droit de conclure *directement* des traités avec les puissances étrangères, sans passer par l'intermédiaire des autorités centrales, et cet exemple avait été suivi par la Bavière.

2e question : Qui a qualité pour conclure des traités au nom de l'Etat ? — Cette question est du domaine du droit constitutionnel de chaque pays. C'est au chef suprême de chaque Etat qu'il appartient de conclure des traités. Mais il est rare que les chefs d'Etat dirigent eux-mêmes les négociations.

En général, ils délèguent leurs pouvoirs à des agents diplomatiques qu'ils munissent, à cet effet, d'un mandat spécial et authentique, connu sous le nom technique de « *pleins pouvoirs* ».

Cette délégation diffère essentiellement du mandat civil ; en effet, tandis que l'acte fait par le mandataire, dans les limites du mandat qui lui a été donné, engage directement et immédiatement le mandant, même contre son gré, l'engagement pris par un agent diplomatique, en vertu de la délégation qu'il a reçue de son gouvernement, n'est pas par lui seul obligatoire pour l'Etat qu'il représente ; il ne le devient que par la *ratification*. Ainsi que nous le dirons plus loin, cette ratification est, en général, donnée valablement par le chef de l'Etat ; dans certains cas cependant, la loi constitutionnelle exige, en outre, l'intervention du pouvoir législatif.

2° et 3° *Objet et cause licites.*

Comparaison avec les contrats. — Comme les contrats entre particuliers, les traités doivent avoir un objet ou une cause licites.

Sont nuls, comme contraires au droit international, les traités qui auraient pour objet l'établissement ou la protection de l'esclavage, qui violeraient le principe de la liberté de la mer, ou qui refuseraient toute sécurité aux étrangers (1),

(1) Bluntschli, *op. cit.*, art. 411.

4° Consentement.

Comparaison avec les contrats. — Le consentement est une condition aussi essentielle aux traités qu'il est un élément indispensable à la validité des contrats du droit civil.

Le consentement n'existe que lorsque toutes les parties contractantes sont tombées d'accord sur tous les points qui font l'objet de la négociation et que la volonté de s'obliger est certaine.

Les vices du consentement, erreur, dol, violence, qui sont des causes de nullité des contrats entre simples particuliers, ne sauraient être considérés comme susceptibles d'invalider les traités publics des Etats.

L'erreur est bien difficile à admettre en pratique, en présence des formalités qui entourent la procédure des négociations et qui sont de nature à l'écarter complètement : telles que les instructions adressées par chaque gouvernement à son représentant, les conférences où les propositions respectives des parties sont échangées, et les procès-verbaux où sont relatés les résultats des délibérations de chaque séance. On ne peut guère soutenir non plus que le consentement d'un Etat ait été surpris à l'inexpérience de son représentant.

Quant à la violence exercée par un Etat à l'égard d'un autre Etat pour lui extorquer un engagement, on ne saurait en général y voir une cause de nullité des traités ; autrement aucun traité de paix ne pourrait subsister, car c'est toujours sous l'influence des circonstances et sous la pression du vainqueur que l'Etat vaincu consent à signer un pareil traité.

Pour qu'un traité fût nul pour cause de violence, il faudrait supposer que des violences graves aient été dirigées contre la personne même du plénipotentiaire, qui n'a signé, par exemple, que pour échapper à des menaces de mort, hypothèse heureusement tout à fait théorique.

Exemple de traité nul : Traité de Brest-Litowsk du 3 mars 1918. — Le malheureux traité de Brest-Litowsk du 3 mars 1918, qui a consacré l'effondrement de l'empire russe, peut être cité comme exemple de traité nul pour deux causes : défaut de consentement et défaut de qualité de l'un des négociateurs.

Défaut de consentement ! Car il n'a pas été le résultat d'une négociation précédée d'un armistice. Il a été imposé par un ultimatum du commandement militaire allemand, alors que ses troupes continuaient à marcher sur Pétrograd.

Défaut de qualité de la part des négociateurs ! Car les commissaires du peuple n'étaient pas plus qualifiés pour traiter au nom de la Russie que la Rada fugitive n'était à ce moment-là en mesure de représenter l'Ukraine.

§ 2. — Conditions de forme ou procédure des négociations.

Des trois phases des négociations. — La manière dont une négociation doit être conduite dépend entièrement de la volonté des gouvernements. Elle peut donc varier suivant les cas. Il est cependant certaines règles de procédure généralement suivies par les diplomates que nous allons sommairement indiquer.

On peut dégager dans toute négociation trois phases distinctes :

Première phase : Ouverture des négociations ;
Deuxième phase : Discussion et délibération ;
Troisième phase : Clôture des négociations.

1re Phase : Ouverture des négociations. — Production et échange des pleins pouvoirs. — La première formalité à laquelle les négociateurs procèdent consiste à établir d'une manière authentique leur caractère et leur qualité respective. C'est ce qui a lieu par la production et l'échange des « *pleins pouvoirs* », c'est-à-dire du titre officiel qui constate le mandat dont sont investis les représentants des diverses puissances entre lesquels s'engage la négociation. La forme dans laquelle sont rédigés les « pleins pouvoirs » varie avec les gouvernements ; ils doivent indiquer les noms et qualités du représentant officiel de l'État et l'objet précis de la mission qui lui a été confiée.

2e Phase : Discussion et délibération. — Immédiatement après la production et l'échange des pleins pouvoirs, la discussion commence. Chacune des propositions qui font l'objet de la négociation est discutée et soumise à l'approbation des plénipotentiaires ; puis il est voté sur l'ensemble de la négociation. Tant que l'adhésion sur l'ensemble n'a pas été donnée par les plénipotentiaires, ils peuvent se dédire même des propositions acceptées par eux et retirer les notes ou les communications qu'ils ont produites au nom de leur gouvernement.

Du protocole. — Après chaque séance, un procès-verbal est dressé qui relate toutes les opinions émises au cours de la discussion, celles qui ont été rejetées et celles qui ont été adoptées. Ce procès-verbal reçoit le nom de *protocole*. Pour faire foi de son contenu, il doit être signé par tous les négociateurs.

La nature et la portée juridique des engagements qui résultent d'un protocole sont déterminées par ses termes mêmes.

Il n'est pas toujours dressé de protocole. Quand l'objet de la négociation est très simple et nettement défini, on se dispense d'en rédiger un. C'est ce qui a lieu notamment après une guerre courte, décisive, et n'ayant qu'une importance secondaire.

Au contraire, le protocole est utile et doit être dressé lorsque l'intérêt de plusieurs Etats est en jeu, ou lorsque les questions discutées sont complexes et d'ordre technique et que la négociation s'est prolongée pendant plusieurs séances. Il est important, dans ce cas, de bien préciser le sens des déclarations faites et des engagements pris.

3e Phase : Clôture des négociations. — Lorsque la discussion des questions soumises aux plénipotentiaires est épuisée, soit que l'entente ait pu se faire entre eux, ou qu'ils n'aient pu aboutir à l'adoption de propositions identiques, la négociation est terminée. Il est dressé un procès-verbal appelé *protocole de clôture*.

Procédure suivie pour le traité de Versailles du 28 juin 1919. — On sait comment a été négocié le traité de Versailles. Une conférence, comprenant les représentants des puissances alliées et associées, s'est tenue à Paris du mois de janvier au mois de mai 1919, qui a arrêté les termes du projet de traité qui a été remis en séance solennelle au Palais du Trianon, à Versailles, aux représentants de l'Allemagne. Ceux-ci ont eu un délai pour l'étudier, le discuter et l'accepter ou le rejeter. Il n'y a pas eu de discussion verbale et contradictoire. Les observations ont été présentées par écrit et il y a été répondu de même. Après quoi, mis en demeure de faire connaître sa décision par oui ou par non, sous menace de la reprise des hostilités, après consultation de l'Assemblée constituante siégeant à Weimar, le gouvernement allemand a envoyé des délégués chargés de signer le document diplomatique. La cérémonie de la signature a eu lieu le 28 juin 1919, à Versailles, dans la Galerie des Glaces.

Rédaction du traité. — Lorsque les négociateurs ont pu s'entendre et conclure un traité au nom de leur gouvernement respectif, il est procédé à la rédaction du traité.

Le traité débutait toujours autrefois par une invocation à la divinité « *au nom de Dieu tout puissant* ». Dans les conventions on se contentait de mettre : « *au nom de la très Sainte Trinité* ». C'est ce qu'on appelait le *préambule* du traité ou de la convention.

Ce sont les préambules des actes de Berlin de 1885 et de Bruxelles de 1891. On ne les trouve plus dans les traités les plus récents, notamment dans le traité franco-allemand du 4 novembre 1911.

Le traité de Versailles contient un préambule assez court, où il est rappelé que l'Allemagne a sollicité l'armistice le 11 novembre 1918 et que les puissances alliées et associées sont désireuses de mettre fin à la guerre provoquée par les empires centraux par une paix solide, juste et durable.

Après le préambule, vient la désignation des chefs d'État au nom desquels le traité est conclu ; on indique ensuite les noms, titres et qualités des représentants diplomatiques qui ont conduit les négociations. Puis est rédigé le corps même du traité formulé article par article. On indique le délai pour la ratification (1), le lieu et la date auxquels le traité a été conclu. Enfin le traité porte la signature et le sceau des négociateurs.

Comme les contrats du droit privé, les traités sont en principe rédigés en autant d'originaux qu'il y a de

---

(1) Le traité de Versailles de 1919 n'impose pas un délai de rigueur pour la ratification. Il se borne à dire que le dépôt des ratifications sera effectué à Paris le plus tôt possible.

parties intéressées (1). Sur l'exemplaire remis à chaque puissance, cette puissance est désignée en tête et son plénipotentiaire signe le premier sur cet exemplaire ; les autres puissances sont désignées à la suite et les signatures de leurs ministres sont apposées en suivant l'ordre alphabétique des puissances ou d'après l'ordre désigné par le sort. C'est cette règle qui est connue sous le nom d'*alternat*.

Incidents de la procédure des négociations. — La procédure des négociations peut offrir, comme incidents intéressants : l'intervention d'une tierce puissance qui n'est pas engagée dans la négociation ouverte. Suivant que cette intervention se produira au cours des négociations, ou lorsque les négociations auront abouti à la conclusion d'un traité de paix, on l'appellera *bons offices*, *approbation*, *adhésion* ou *accession*.

Des bons offices. — On donne le nom de bons offices aux démarches amiables, pacifiques, par lesquelles une puissance tierce essaie d'aplanir les difficultés qui s'élèvent au cours d'une négociation, ou de renouer des pourparlers interrompus.

Les bons offices sont ou offerts spontanément, ou donnés à la suite d'une demande adressée par l'un des négociateurs à l'Etat qui les procure.

Sauf stipulation contraire, il est bon de noter que l'Etat qui a prêté le concours de ses bons offices n'engage en rien sa responsabilité. Il entend jouer le rôle de simple courtier, de « *courtier honnête* », suivant un mot historique, qui rapproche les parties et les aide à conclure, mais ne s'engage pas lui-même.

Approbation. — L'approbation est le jugement favorable que les puissances étrangères portent sur le traité conclu par deux ou plusieurs autres Etats. Cette approbation n'impose aucune obligation aux Etats qui la donnent, ni aucun droit aux Etats qui la reçoivent. Elle a seulement pour effet d'accorder plus de solennité au traité et de l'entourer de garanties

(1) Cependant le traité de Versailles de 1919 a été fait en un seul exemplaire, déposé aux archives du gouvernement de la République française. Des expéditions authentiques ont été remises à chacune des puissances signataires.

de solidité plus grandes, par l'hommage qu'elle contient.

Adhésion. — L'adhésion est l'assentiment formel qu'un Etat donne soit aux engagements pris, soit aux principes formulés dans un traité auquel il est resté étranger. L'adhésion est plus que l'approbation : elle ne crée pas, il est vrai, de droit, ni d'obligation pour personne ; mais elle renferme la manifestation formelle de la part de l'Etat adhérent de respecter les termes de l'arrangement conclu et d'y conformer sa conduite.

Accession. — L'accession est l'acte par lequel un Etat déclare prendre à sa charge les engagements arrêtés entre deux ou plusieurs Etats et faire son profit personnel des avantages que le traité est susceptible d'offrir.

Par cette intervention postérieure, l'Etat se trouve placé dans la même situation qu'une partie contractante ; il a les mêmes droits et il est tenu des mêmes obligations.

L'accession n'est possible que si une clause expresse du traité l'a autorisée. Cette clause se rencontre souvent dans les traités qui posent un principe de droit international ou qui sont relatifs au fonctionnement des services publics internationaux. C'est là un procédé commode pour généraliser la portée de stipulations arrêtées d'abord entre deux ou plusieurs Etats seulement.

Nous trouvons une pareille clause à la suite de la déclaration de Paris du 16 avril 1856, des conventions monétaires, postales et télégraphiques conclues dans ces dernières années et des conventions signées à la Conférence de la Haye en 1899 et en 1907.

*** CHAPITRE II. — DE LA RATIFICATION DES TRAITÉS.

Définition. — La ratification est l'acte par lequel l'autorité compétente donne l'approbation officielle aux conventions qui ont été stipulées en son nom par les agents diplomatiques qu'elle avait munis à cet effet de ses pleins pouvoirs.

C'est seulement par la ratification que l'Etat est

engagé ; jusque-là il n'y a pas encore de traité obligatoire, ou, pour mieux dire, il n'y a pas encore de traité à proprement parler, mais un *projet de traité*.

Différence entre le mandat civil et les pleins pouvoirs.
— Nous avons déjà fait remarquer qu'il y avait une différence importante entre le mandat du droit civil et la délégation résultant des pleins pouvoirs donnés à un agent diplomatique de négocier au nom de son gouvernement. Le mandataire engage directement le mandant. L'agent diplomatique n'engage au contraire son gouvernement que sous réserve de la ratification que celui-ci peut à son gré accorder ou refuser.

Cette différence peut s'expliquer par la différence qui sépare les contrats du droit privé des traités publics.

Les contrats ont une portée restreinte ; ils ont pour objet des intérêts nécessairement limités quant à la personne et quant au temps. Au contraire, les traités publics se réfèrent aux intérêts permanents de toute une nation, ils peuvent avoir sur son existence et sur ses destinées une influence capitale.

Voilà pourquoi on réserve au pouvoir suprême le droit de les rendre définitifs et d'engager la parole de l'Etat.

Division du chapitre. — Nous déterminerons dans trois paragraphes :

1º Qui a qualité pour ratifier les traités ;

2º Quelles sont les conditions requises pour la validité de la ratification ;

3º Comment s'opère l'échange des ratifications et quels en sont les effets.

** § 1. — Qui a qualité pour ratifier les traités.

Règle générale. — C'est la constitution de chaque Etat qui détermine quelle est l'autorité compétente pour ratifier les traités. Cette question est donc du ressort du droit constitutionnel. Cependant, comme elle est intéressante à connaître au point de vue international, nous allons rapidement passer en revue la constitution des principaux Etats : France, Angleterre, Etats-Unis, Allemagne, Russie, Suisse.

France. — En France, d'après la loi constitutionnelle du 16 juillet 1875, art. 8 § 1, le Président de la République négocie et ratifie les traités ; il en donne connaissance aux Chambres, aussitôt que l'intérêt et la sûreté de l'Etat le permettent.

Par exception, la ratification du chef du pouvoir exécutif ne peut avoir lieu qu'avec l'assentiment du pouvoir législatif, en ce qui concerne les traités de paix, de commerce, les traités qui ont pour but *direct et immédiat* d'engager les finances de l'Etat (1) ; ceux qui sont relatifs à l'état des personnes et au droit de propriété des Français à l'étranger, à la cession, à l'échange ou à l'adjonction de territoire.

Angleterre. — En Angleterre, le souverain a en principe le pouvoir de ratifier les traités. Il doit seulement les communiquer au Parlement, qui n'a d'autre droit que celui de renverser les cabinets dont la politique extérieure ne lui plairait pas.

Par exception, les traités de commerce qui modifient des tarifs de douane, ceux qui modifient le territoire du royaume et des colonies, qui créent de nouvelles charges pour l'Etat et les citoyens, ou dérogent aux lois et coutumes en vigueur, ne peuvent être ratifiés que par un vote du Parlement.

Etats-Unis. — Aux Etats-Unis, le Président ne peut ratifier les traités qu'avec le concours du Sénat, dont l'autorisation, rendue à la majorité des deux tiers des membres, est nécessaire (2).

––––––––––

(1) Par exemple un traité accordant des subsides à un Etat étranger. Dans ces cas, le pouvoir législatif autorise le Président de la République à ratifier. Mais celui-ci peut ne pas user de la permission qui lui est donnée et ne pas ratifier. C'est ainsi que, pour la convention de Londres du 20 janvier 1914 pour la sauvegarde de la vie humaine en mer, la loi du 4 juillet 1920 a autorisé le Président de la République à la ratifier et, à l'heure où nous écrivons, novembre 1925, le décret de ratification n'a pas encore paru. Peut-être même ne paraîtra-t-il jamais !

(2) Le rôle du Sénat américain est différent de celui des Chambres appelées en France à autoriser la ratification d'un traité. En France, le Parlement accorde ou refuse

Allemagne. — D'après la constitution du 11 août 1919, les traités sont conclus au nom du Président de la République. Mais ils doivent être ratifiés par l'Assemblée nationale et par la Commission des Etats.

Russie. — En Russie, avant la Révolution de 1917, le tsar, souverain absolu, négociait et ratifiait tous les traités, sans exception.

Sous le régime bolcheviste, les traités doivent être ratifiés par le Congrès des Soviets.

Suisse. — En Suisse, d'après la constitution fédérale du 29 mai 1874, c'est au Conseil fédéral qu'il appartient de conclure les traités, soit au nom de la Confédération, soit au nom des cantons, pour les objets spéciaux sur lesquels il leur est permis de faire des conventions spéciales. Mais la ratification est donnée par l'assemblée fédérale, en qui réside le pouvoir législatif en Suisse.

Cependant, en vertu d'une loi émanant de l'initiative populaire (avril 1921), tous les traités conclus pour une durée supérieure à quinze ans doivent être soumis à la ratification du peuple.

** § 2. — Conditions requises pour la validité de la ratification.

Enumération. — Pour que la ratification soit valablement donnée, la réunion des conditions suivantes est nécessaire :

1° Il faut qu'elle n'apporte *aucune restriction* ni *aucune modification* au traité.

La ratification est irrégulière, lorsqu'elle est faite sous condition, ou qu'elle exclut l'une des stipulations du traité, ou lorsqu'elle modifie le libellé ou le sens des articles qui ont été arrêtés par les plénipotentiaires.

---

son autorisation, sans pouvoir apporter aucune modification au traité. Au contraire, le Sénat américain, comme grand conseil de gouvernement, a droit de prendre une part directe à la conclusion même du traité. Il peut donc y proposer des amendements. Dans le cas où il use de cette faculté, il faut procéder à de nouvelles négociations entre les puissances intéressées sur les modifications demandées.

L'Etat auquel une ratification irrégulière est proposée peut en décliner l'échange, la refuser, ou tout au moins l'ajourner ;

2° Il faut qu'elle porte sur l'*ensemble* du traité ;

3° Elle doit être adressée en *autant d'originaux* qu'il y a de parties contractantes ;

4° Elle doit être produite et échangée dans les délais convenus.

Dans le cas où un retard, dû à un cas de force majeure, se produit dans l'échange des ratifications, un échange de notes a lieu entre les gouvernements intéressés pour expliquer le retard et une convention spéciale intervient pour proroger les délais.

Ratification incomplète. — On dit que la ratification est incomplète lorsqu'un traité, pour lequel la sanction législative est nécessaire, a été approuvé par le chef de l'Etat, mais a été rejeté par le Parlement.

Quelle est la valeur d'une semblable ratification ? La question est discutée. Dans une première opinion, admise jusqu'à ces dernières années, on considérait le traité comme non avenu, pour défaut de pouvoir du chef de l'Etat. Mais aujourd'hui l'opinion opposée paraît prévaloir.

La nécessité de l'intervention des Chambres pour la ratification des traités est une règle d'ordre constitutionnel qui peut entraîner la responsabilité du chef d'Etat qui y contrevient, mais qui n'a aucune influence sur la valeur du traité lui-même. Autrement, il pourrait y avoir des surprises pour les agents diplomatiques ignorant les règles constitutionnelles d'un autre Etat.

§ 3. — Echange des ratifications et ses effets.

Comment s'opère l'échange des ratifications. — Dans les délais convenus (1), sauf l'exception de force majeure ou de prorogation de délais, on procède à l'échange des ratifications.

_____

(1) Ces délais sont très variables : généralement un an (Acte de Berlin de 1885), ou 4 semaines (Traité de Paris du 30 mars 1856), ou 3 semaines (Traité de Berlin de 1878), ou 10 jours (Traité de Francfort du 10 mai 1871). Absence de délai dans le traité de Versailles de 1919.

Rigoureusement, l'acte qui constate la ratification doit reproduire textuellement toutes les stipulations du traité qu'il a pour but de sanctionner. Cependant, en Allemagne, on se borne à transcrire l'intitulé, le préambule, le premier et le dernier article du traité, le nom des plénipotentiaires et la date de l'apposition des signatures.

Il n'est pas nécessaire de produire les pleins pouvoirs pour faire l'échange des actes de ratification. Un délégué quelconque des gouvernements intéressés peut l'opérer. L'agent diplomatique accrédité auprès du souverain du pays avec lequel cet échange a lieu peut, en vertu de ses attributions générales, sans être muni d'un mandat spécial, échanger des actes de ratification.

Effet de la ratification. — La ratification des traités a pour effet de rendre le traité exécutoire. Le traité contient en général une clause qui détermine le moment à partir duquel il entrera en vigueur. C'est d'ordinaire à partir de l'échange des ratifications du traité ; les parties peuvent aussi faire remonter les effets de leurs stipulations au jour même de la signature du traité, lui donnant ainsi un effet rétroactif. Exceptionnellement, il peut être stipulé que le traité sera mis de suite à exécution, sans attendre les ratifications.

Refus de ratification. — Lorsque la ratification est refusée, le traité ne peut entrer en vigueur ; il est non avenu. Exemple : le traité de Versailles pour les Etats-Unis, le Sénat américain ayant refusé sa ratification (1).

Le refus de ratification est chose grave : c'est en effet le désaveu du représentant qu'on avait honoré de sa confiance et il peut être interprété, au désavantage du gouvernement qui la refuse, comme un signe de faiblesse et de versatilité.

Grâce à la rapidité des communications qui permet aux négociateurs de demander des instructions à leur gouvernement respectif, avant de donner leur adhé-

---

(1) *Cas de ratification conditionnelle.* — La Chambre n'a consenti à autoriser la ratification de la convention de Washington relative à la journée de huit heures que sous la condition de sa ratification par l'Allemagne (séance du 8 juillet 1925, *Officiel* du 9).

Dr. int. pub. 27

sion définitive aux stipulations du traité, le refus de ratification est rare.

CHAPITRE III. — DE L'EXÉCUTION DES TRAITÉS ET DES GARANTIES QUI PEUVENT L'ASSURER.

Diverses espèces de garanties. — Chaque Etat doit veiller à l'exécution des traités qu'il a passés avec les Etats étrangers et est responsable de leur inexécution.

Les garanties qui assurent l'exécution des traités sont les unes purement morales, les autres réelles et effectives.

Garanties morales. — Les *garanties morales* reposent entièrement sur la foi due aux traités, sur le serment et la parole donnée.

Ces garanties n'ont d'efficacité qu'en raison directe de la confiance que l'Etat qui la promet a su inspirer par la façon dont il a rempli ses engagements antérieurs envers d'autres Etats. Elles n'ont d'autre sanction que la mauvaise renommée internationale qui s'attache aux Etats qui ont failli à leurs engagements.

Garanties réelles et effectives. — Les *garanties réelles et effectives* de l'exécution des traités sont : les otages, l'hypothèque, les garanties financières et l'engagement d'une tierce puissance.

1° **Otages.** — La constitution d'otages est un procédé de garantie des traités qui était très en usage dans les temps anciens ; en cas d'inexécution du traité, le pays auquel des otages avaient été remis avait le droit de vie et de mort sur eux.

La pratique des otages est assez rare dans les temps modernes ; d'autre part, il n'est plus permis aujourd'hui, comme autrefois, d'ôter la vie aux otages, quand le traité n'est pas exécuté. L'Etat qui les possède ne peut que les retenir et les empêcher de retourner dans leur patrie, à charge de les entretenir à ses frais, avec les égards dus à leur rang.

C'est le désir que l'Etat, qui livre un de ses nationaux en otage, peut avoir de le voir retourner dans sa patrie, qui le décidera à observer fidèlement le traité.

2° **Hypothèque.** — *Principes généraux.* — Il y a constitution d'hypothèque, en droit public, lorsqu'un Etat accorde à un autre Etat la possession d'une par-

tie de son territoire pour assurer l'exécution des engagements qu'il a contractés envers lui.

Au moyen âge, les constitutions d'hypothèque
comme garanties des traités étaient plus fréquentes
qu'aujourd'hui. Elles avaient une certaine analogie,
quant au but, avec les hypothèques du droit civil :
elles garantissaient le paiement des créances pécuniaires d'État à État. C'est ainsi que souvent les villes
du moyen âge ont accru leur territoire, en prêtant
sur hypothèque aux seigneurs du voisinage.

Elles ne sont guère en usage, dans les temps modernes, que pour garantir le paiement de l'indemnité de
guerre que, dans le traité de paix, le vaincu s'est
engagé à payer au vainqueur (1).

Lorsque le traité garanti par la constitution d'une
hypothèque n'est pas exécuté, l'État créancier a le
droit de garder à titre définitif les territoires dont la
possession lui a été concédée.

*Différences entre l'hypothèque du droit public et
l'hypothèque du droit privé.* — 1° L'hypothèque du
droit privé est constituée par un acte notarié et portée
à la connaissance des tiers par voie d'inscription sur
des registres. — L'hypothèque du droit public résulte
du traité lui-même et est rendue publique de la même
manière que le traité ;

2° L'hypothèque du droit privé n'implique pas la
possession de l'immeuble sur lequel elle porte par le
créancier hypothécaire ; au contraire, en droit public,
l'État créancier acquiert par la constitution d'hypothèque la possession des territoires hypothéqués ;

3° L'hypothèque du droit privé porte sur la propriété de l'immeuble ; en droit public, l'hypothèque a
pour objet la souveraineté du territoire ;

4° La garantie que procure l'hypothèque du droit
privé se traduit, au cas de non-paiement, par la mise
en vente aux enchères publiques de l'immeuble hypothéqué ; en droit public, elle se traduit par l'annexion
même du territoire hypothéqué.

*Application dans le traité de Versailles du 28 juin
1919.* — Pour garantir son exécution, le traité de Versailles a conféré aux Alliés :

---

(1) Ainsi, d'après le traité de Francfort du 10 mai 1871,
certains départements français furent occupés pour garantir le paiement de l'indemnité de cinq milliards.

1° Le droit d'occupation de la rive gauche du Rhin et des têtes de pont sur la rive droite du fleuve ;

2° Un privilège de premier rang sur tous les biens et ressources de l'empire et des États allemands pour le règlement des réparations et autres charges résultant du traité (art. 248).

3° **Garanties financières.** — Il arrive quelquefois qu'un État donne à un autre État des garanties financières pour assurer le paiement des intérêts de sa dette ou le remboursement d'un capital emprunté ; à cet effet, il lui délègue le droit de percevoir en son nom le produit de certains impôts, douanes, ou autres droits constituant les sources de ses revenus. C'est ainsi que, par plusieurs conventions passées avec la France et l'Angleterre, l'Egypte et la Turquie ont affecté au paiement de leurs créanciers les revenus de certains biens et de certains impôts (1).

4° **Garantie fournie par une tierce puissance.** — La garantie fournie par une tierce puissance à l'effet d'assurer l'exécution d'un traité peut être accessoire ou principale.

La *garantie* est dite *accessoire* lorsqu'elle est donnée par une tierce puissance dans l'intérêt exclusif de l'un des États contractants, elle-même étant absolument désintéressée à l'exécution du traité.

La *garantie* est dite *principale* lorsque plusieurs puissances, tant dans l'intérêt de l'Etat garanti que dans leur intérêt propre et en vue du maintien de l'ordre international, prennent sous leur protection un certain ensemble de droits ou d'institutions sociales et politiques organisés dans un traité.

Comme exemple historique de garantie principale, on peut citer la *neutralité de la Belgique*, que les puissances européennes se sont engagées à maintenir par le traité de 1839.

La différence entre la garantie principale et la garantie accessoire est la suivante :

En cas de garantie accessoire, le garant ne peut intervenir que : 1° si l'Etat au profit duquel la garantie a été établie réclame son intervention ; 2° si les circonstances en vue desquelles la garantie a été stipulée se produisent.

_____

(1) Bonfils, *op. cit.*, n° 843.

En cas de garantie principale, au contraire, le garant est seul juge de l'opportunité de son intervention. Il peut intervenir lorsqu'il le juge convenable, sans qu'il ait besoin d'attendre d'être sollicité à cet effet par l'Etat garanti.

Obligation du garant. — Différence avec la caution. — Le garant diffère de la caution. La caution est tenue d'exécuter l'obligation dont est tenu le débiteur principal, en son lieu et place, lorsque celui-ci ne l'exécute pas lui-même. Le garant, au contraire, promet simplement d'user de son influence pour amener un Etat à l'exécution de ses engagements, en appuyant auprès de lui ses réclamations.

Il n'est tenu d'interposer ainsi son autorité que lorsque l'Etat garanti a besoin d'être secouru, dans la mesure où le secours est indispensable, dans les limites du bien fondé de ses prétentions et de ce qu'autorise le droit international.

Lorsque plusieurs Etats ont donné leur garantie collective, ils doivent être ensemble sommés d'intervenir d'un commun accord, pour que l'ordre des choses garanti par eux soit maintenu.

En cas de désaccord entre eux, chacun est tenu de garantir le traité selon l'interprétation qu'il lui donne.

CHAPITRE IV. — DE LA FIN DES TRAITÉS.

Enumération. — Les traités prennent fin à la suite des circonstances suivantes :

1º Lorsque l'engagement qu'il renfermait a été *exécuté* ;

2º Lorsque le traité a été conclu pour un *temps déterminé* et que le *terme fixé est arrivé.*

Cependant, le traité peut contenir une clause de renouvellement, d'après laquelle, à défaut de manifestation contraire de volonté, le traité sera considéré comme prorogé d'année en année par *tacite reconduction.*

3º Lorsque, le traité étant conclu pour un temps indéfini, les parties contractantes sont *d'accord* pour le *modifier* ou l'*anéantir.*

4º Lorsque l'Etat au profit duquel des avantages ont été établis dans un traité *renonce librement* à l'exercice de ces avantages.

Ainsi, un Etat restitue une province dont il avait

exigé la cession, comme condition de la signature du traité de paix.

5° Lorsqu'un des *États contractants n'exécute pas ses engagements* et viole le traité conclu, l'autre État peut se considérer comme dégagé des promesses qu'il a faites et regarder le traité comme anéanti.

Il n'en est pas ainsi des contrats privés ; l'inexécution du contrat par l'une des parties ne suffit pas pour amener par elle seule la résolution du contrat ; il faut que la résolution du contrat soit prononcée par les tribunaux (art. 1184). C'est qu'il n'y a pas de juges internationaux dont la mission consisterait à trancher les litiges entre les États.

On pourrait bien répondre que dans les rapports des États il y a un autre moyen de ramener à exécution les engagements violés, c'est la guerre. L'objection ne serait pas sérieuse ; d'une part, en effet, une guerre n'est pas toujours de bonne politique ; et puis elle n'aboutit pas nécessairement au résultat désiré. La victoire peut favoriser précisément la puissance qui a refusé d'exécuter le traité.

6° Lorsque le traité a été conclu sous une *condition résolutoire* et que la condition vient à s'accomplir.

7° Lorsque les *usages nouveaux* des États sont en *désaccord* avec le traité conclu à une époque antérieure.

Par exemple, un traité passé entre deux États, en vue de la réglementation de l'esclavage, ne lierait plus ces États, aujourd'hui que l'esclavage est considéré chez tous les peuples civilisés comme une institution contraire au droit des gens.

8° Lorsque l'*exécution* d'un traité est devenue tout à fait *impossible* en vertu de cette règle de droit : « A l'impossible nul n'est tenu. »

*** 9° Lorsque le traité est *dénoncé* par l'un des contractants.

Dénonciation des traités. — La *dénonciation* d'un traité est l'acte par lequel une des puissances contractantes fait savoir à l'autre qu'elle entend ne plus observer dans l'avenir les clauses du traité.

Dans les traités à résultats continus, successifs et indéfinis, il est d'usage d'insérer une clause formelle réservant à chaque partie la faculté de dénonciation. C'est ce qui a lieu notamment dans les traités de commerce.

** De la clause « rebus sic stantibus ». — *Définition.*

— C'est une clause sous-entendue dans tous les traités conclus sans détermination de durée, aux termes de laquelle un traité doit cesser de s'appliquer lorsqu'il se produit des changements tels que le traité n'eût pas été conclu si la situation née de ces changements avait existé au moment de la négociation (1).

Portée exacte de cette clause. — La clause *rebus sic stantibus* a-t-elle pour effet d'autoriser la dénonciation unilatérale d'un traité, ou bien cette dénonciation est-elle subordonnée à l'accord des parties contractantes ? La question est discutée.

En faveur de la première opinion, on invoque cet argument qu'exiger une entente commune pour la résiliation du traité aboutirait indirectement à supprimer la faculté de dénonciation et à ne pas admettre d'autre cause d'extinction des traités que le consentement mutuel des parties.

A l'appui de la seconde interprétation on dit que c'est porter atteinte à la force obligatoire des traités que d'en subordonner le maintien à la volonté unilatérale d'une seule partie. C'est à ce résultat, dit-on, qu'aboutirait l'adoption de la première interprétation.

En pratique, c'est l'une ou l'autre solution qui a triomphé suivant les circonstances, ainsi que l'on s'en rendra compte par les deux exemples suivants :

Application de la clause au régime de la mer Noire 1870-1871. — En 1870, la Russie, à la faveur des événements, s'appuya sur la clause *rebus sic stantibus* pour se déclarer dégagée des prescriptions du traité de Paris de 1856, établissant la neutralisation de la mer Noire. En présence des protestations de l'Angleterre, elle dut consentir à la réunion d'une conférence qui aboutit au traité de Londres du 13 mars 1871, dont nous avons parlé ailleurs. Dès leur première réunion, les plénipotentiaires éprouvèrent le besoin d'affirmer que « c'est un principe essentiel du droit des gens qu'aucune puissance ne puisse se libérer des engagements d'un traité ni en modifier les stipulations qu'à la suite de l'assentiment des puissances contractantes au moyen d'une entente amicale ».

_____

(1) Par exemple, un traité établissant le protectorat. L'État protecteur peut dénoncer les traités conclus précédemment par l'État protégé comme inconciliables avec le nouvel état de choses.

Dans ce premier exemple, l'application de la clause *rebus sic stantibus* fut subordonnée au concours de volonté des puissances contractantes.

Application de la clause à l'annexion de la Bosnie et de l'Herzégovine, en 1908. — C'est l'interprétation contraire qui prévalut en 1908. L'Autriche-Hongrie ayant, à la faveur des troubles intérieurs survenus à Constantinople, proclamé l'*annexion pure et simple de la Bosnie et de l'Herzégovine*, l'expression de cette volonté unilatérale fut acceptée par les grandes puissances et on n'éprouva pas le besoin de provoquer un accord préalable sur ce point.

De la confirmation des traités. — Pour assurer le maintien et le respect des traités anciens, il est d'usage de les rappeler dans les conventions nouvelles que les Etats passent entre eux : c'est ce qui a eu lieu pour le traité d'Utrecht de 1714, qui a été consacré dans les traités qui ont suivi et dont les traités de 1814 font encore mention. C'est ce qu'on appelle la *confirmation des traités*.

La confirmation des traités se produit aussi lorsqu'à la suite d'une guerre, la forme de l'Etat est modifiée ou qu'à la suite d'une révolution intérieure le gouvernement a été renversé.

De la réconciliation des traités. — La réconciliation des traités consiste dans la nécessité où se trouve un Etat qui passe un traité de respecter les engagements qu'il avait contractés dans des traités antérieurs envers un autre Etat. Le traité nouveau ne saurait infirmer les droits acquis à des Etats qui y restent étrangers. C'est une conséquence de la règle de droit que les conventions ne sauraient nuire aux tiers.

C'est ainsi que le traité de juin 1890, par lequel l'Angleterre s'est fait consentir par l'Allemagne la faculté d'établir son protectorat sur Zanzibar, n'a pas annulé la déclaration de 1862, par laquelle la France et l'Angleterre s'engageaient à garantir l'indépendance de ce royaume. Un arrangement particulier a été conclu à cet effet entre la France et l'Angleterre, le 5 août 1890.

CHAPITRE V. — DE LA CLASSIFICATION DES TRAITÉS.

Distinction. — On a proposé plusieurs classifications

des traités (1). Nous adopterons la distinction des traités en traités relatifs aux intérêts politiques des Etats et en traités relatifs aux intérêts matériels, intellectuels et économiques (2).

§ 1. — Des traités relatifs aux intérêts politiques des Etats.

Définition. — Par traités politiques nous entendons ceux qui ont trait aux relations des gouvernements entre eux et ont pour objet l'existence, l'honneur ou l'intégrité des Etats.

Enumération. — Les traités politiques sont les traités de paix, d'alliance, d'amitié, de subsides, de garantie, de neutralité, de cession de territoire, de limites et les concordats.

1º **Traité de paix.** — Le traité de paix est celui par lequel deux Etats en guerre l'un contre l'autre déterminent les conditions auxquelles les hostilités cesseront.

Nous ne faisons que le mentionner ici ; nous en parlerons en détail quand nous traiterons de la guérre, dans notre dernière partie (3).

2º **Traité d'alliance.** — Un traité d'alliance est celui par lequel un Etat s'engage vis-à-vis d'un autre Etat à lui prêter son concours, l'appui de son crédit et même de ses forces militaires, pour la réalisation d'un but politique.

Diverses espèces d'alliance. — *Trois sortes.* — On peut distinguer trois espèces de traités d'alliance : 1º le traité d'alliance générale ; 2º le traité d'alliance offensive et défensive ; 3º le traité d'alliance pure et simple.

---

(1) Dans notre première édition, nous avions adopté une distinction des traités en généraux et spéciaux, empruntée à MM. Funck-Brentano et Sorel ; mais la nouvelle distinction nous paraît plus claire et moins vague.

(2) Nous laissons de côté les conventions militaires qui ne sont, en somme, que des incidents de la guerre, et qui seront traitées à son occasion.

(3) Voir *infrà.*

Traité d'alliance générale. — C'est celui par lequel deux ou plusieurs États s'engagent réciproquement à suivre en tout la même politique, à servir les mêmes intérêts, à avoir les mêmes droits et les mêmes devoirs. Il établit le lien le plus étroit entre les Etats, sans cependant leur enlever leur indépendance respective d'Etats souverains.

Ces sortes d'alliance sont très rares. L'histoire nous en offre cependant un exemple fameux dans le célèbre Pacte de famille conclu le 15 août 1761 entre les quatre branches de la maison de Bourbon qui régnaient en France, en Espagne, à Naples et à Parme. Par ce traité, la France et l'Espagne déclaraient qu'elles regarderaient à l'avenir comme leur ennemie toute puissance qui le deviendrait de l'une ou de l'autre de leurs couronnes. Elles s'engageaient à regarder, en guerre comme en paix, comme leurs propres intérêts, ceux de la couronne alliée ; à traiter de la paix en commun ; à soutenir en tous les objets, sans exception, la dignité et les droits de leurs maisons ; à se confier leurs négociations et leurs alliances ; à suivre une politique conforme dans leurs rapports avec les Etats étrangers ; à accorder enfin à leurs sujets respectifs les mêmes avantages dans les deux royaumes.

Traité d'alliance offensive ou défensive. — Les alliances offensives ou défensives sont conclues en vue d'une guerre imminente ou déclarée ; on les appelle aussi pour cela des alliances militaires. Elles ont pour but l'union des forces militaires de deux ou de plusieurs Etats en vue d'un résultat commun.

L'alliance est dite offensive quand elle a pour objet une guerre d'agression, entreprise afin d'obtenir une étendue plus grande de territoire ou une situation prépondérante dans le concert des Etats.

L'alliance est dite défensive lorsqu'elle a pour but de repousser une attaque injuste et de sauvegarder des droits acquis et l'état de choses existant.

L'alliance offensive ou défensive peut être limitée quant à son objet, c'est-à-dire que les Etats peuvent ne se promettre leur appui respectif que dans telle éventualité qu'ils indiquent. Ils déterminent alors d'une façon précise les *casus fœderis* en dehors desquels ils entendent conserver leur entière liberté. Ils peuvent, au contraire, se promettre leurs concours respectifs dans toutes les circonstances qui pourraient se produire.

Les alliés déterminent aussi l'étendue du secours qu'ils s'engagent à fournir : ou bien ils promettent le concours de toutes leurs forces militaires de terre ou de mer, ou bien ils n'entendent fournir qu'une partie seulement de leurs forces.

Traité d'alliance pure et simple. — Il y a alliance pure et simple entre deux Etats lorsqu'ils se déclarent prêts à suivre une ligne de conduite conforme à leurs intérêts communs. La clause d'alliance se rencontre souvent dans les traités de paix sous la forme suivante : Il y aura désormais *paix et alliance* entre les Etats contractants. Cette clause est purement explétive. Dans certains cas, au contraire, une déclaration d'alliance fait l'objet d'un traité particulier entre deux ou plusieurs gouvernements. Il peut, suivant les circonstances, amener des résultats considérables.

Un exemple célèbre d'un traité de ce genre est celui de la Sainte-Alliance, conclu à Aix-la-Chapelle, le 15 novembre 1818, entre l'Autriche, la Prusse et la Russie. Par ce traité, les signataires se déclaraient fermement décidés à ne s'écarter, ni dans leurs relations, ni dans celles qui les lient aux autres Etats, du principe d'union intime qui avait présidé jusque-là à leurs rapports et intérêts communs, union devenue plus forte et indissoluble par les liens de fraternité chrétienne que les souverains avaient formés entre eux. Cette union devait avoir pour objet le maintien de la paix générale fondé sur le respect religieux des traités.

Causes qui influent sur les alliances des Etats. — Les causes qui influent sur les alliances des Etats ne sont plus aujourd'hui tout à fait les mêmes qu'autrefois. Autrefois, les liens de parenté qui unissaient les souverains, ou les sentiments d'amitié et de sympathie personnelle qui les animaient, étaient de puissants motifs d'alliance entre les Etats. Il n'en est plus de même aujourd'hui, les liens de parenté ou d'amitié entre les souverains sont un facteur avec lequel il faut compter encore aujourd'hui, sans doute, mais ils ne suffisent pas pour faire ou défaire les alliances entre les Etats. L'identité des intérêts, la confiance qu'inspirent la sagesse et la stabilité d'un gouvernement fort, l'affinité des mœurs et des caractères de la nation, voilà les causes les plus puissantes des alliances chez les peuples modernes.

3° **Traité d'amitié.** — Le traité d'amitié est celui par lequel deux États constatent les bonnes relations qui existent entre eux et la sympathie qu'ils éprouvent l'un pour l'autre.

A la différence du traité d'alliance, il n'oblige pas les États contractants à se prêter un appui effectif à un moment donné.

Le pacte d'amitié est souvent joint à un traité d'alliance : « Il y a amitié et alliance entre tels États ». Il ne constitue alors qu'une redondance inutile. Joint à un traité de paix, il a au contraire une portée ; il signifie que les deux belligérants entendent non seulement mettre fin aux hostilités, mais encore se réconcilier d'une façon entière et sans arrière-pensée.

4° **Traité de subsides.** — Le traité de subsides est celui par lequel un État s'engage envers un autre État à lui fournir, en temps de guerre, soit une partie des troupes qui lui sont nécessaires, soit des munitions ou des bâtiments de guerre ou même des secours pécuniaires moyennant une indemnité en argent qui lui sera fournie à une époque déterminée.

Deux remarques importantes doivent être faites en ce qui concerne le traité de subsides :

1° Il ne constitue pas une alliance au sens propre du mot ; il n'est même pas par lui-même un traité d'amitié. L'État qui fournit des subsides vend son concours à celui auquel il les fournit ; l'allié, au contraire, n'a droit à aucune rétribution pécuniaire pour l'appui qu'il donne ; il peut seulement réclamer, en cas de besoin, et dans les termes de l'alliance conclue, un appui identique de l'État qu'il a secouru.

2° Il doit être considéré comme un acte d'hostilité de la part de l'État qui fournit des subsides à l'encontre du belligérant qu'il aide ainsi à combattre ; en sorte qu'il ne peut plus réclamer les bénéfices de la neutralité.

Cet État est donc l'ennemi de l'État contre lequel il fournit des subsides, sans être cependant l'allié de celui auquel il vient en aide.

5º **Traité de garantie**. — *Son objet*. — Le traité de garantie peut avoir pour objet soit la possession des territoires occupés par les Etats contractants, soit l'éxécution d'un traité, soit le maintien d'une certaine forme de gouvernement.

Garantie de territoire. — La garantie de territoire peut être contenue comme clause accessoire dans un traité d'alliance offensive ou défensive ; elle peut aussi faire l'objet d'un traité indépendant. Dans ce cas, elle équivaut à une alliance défensive.

Garantie de traité. — La garantie de l'exécution d'un traité peut être renfermée dans le traité même qu'elle est destinée à renforcer, ou faire l'objet d'un traité spécial ; dans les deux cas, la garantie produit les mêmes effets. Nous les avons étudiés à l'occasion de l'exécution des traités. Nous renvoyons à ce que nous avons dit sur ce point à cet endroit (1).

Garantie du gouvernement. — Enfin, par le traité de garantie, les Etats peuvent prendre l'engagement de maintenir contre les ennemis intérieurs la forme actuelle de leur gouvernement respectif ou du gouvernement d'un Etat.

Le traité de garantie ayant pour objet le maintien du gouvernement respectif des deux Etats est un véritable traité d'alliance conclu contre les ennemis du dedans. On a blâmé avec raison un pareil procédé de gouvernement, comme contraire au principe fondamental de la souveraineté nationale et, d'autre part, comme inutile. Lorsque ce sont deux Etats étrangers qui s'unissent pour maintenir le gouvernement d'un autre Etat, sans son consentement, il y a un fait d'intervention qui est contraire au principe de l'indépendance réciproque des Etats.

6º **Traité de neutralité**. — *Distinction*. — On peut distinguer deux sortes de traités de neutralité : 1º ceux qui sont relatifs à la neutralité perpétuelle ; 2º ceux qui concernent le neutralité temporaire.

Neutralité perpétuelle. — On entend par traité de neutralité perpétuelle un traité par lequel un Etat s'engage à ne jamais faire la guerre à un autre Etat, et à ne jamais prendre part à la guerre déclarée entre deux Etats étrangers. De leur côté, les autres puissances

_____

(1) Voir *suprà*, p. 420 et suivantes.

garantissent cette neutralité, c'est-à-dire qu'elles s'engagent à la respecter et à la faire respecter par ceux qui tenteraient de la violer.

Ce traité fait naître ainsi des obligations respectives à la charge des Etats déclarés perpétuellement neutres et à la charge des autres Etats.

Nous avons vu que trois Etats se trouvaient placés en 1914 dans un état de neutralité perpétuelle : la Suisse, la Belgique et le Grand-Duché de Luxembourg. Nous avons indiqué quelles conséquences résultaient pour eux de cette neutralité et quelles charges incombaient aux Etats garants. Nous renvoyons aux développements que nous avons donnés (1).

Neutralité temporaire. — On entend par traité de neutralité temporaire un traité que les États passent ensemble pour déterminer la ligne de conduite qu'ils s'engagent à suivre à l'égard des belligérants. Ce traité peut avoir pour objet une union de neutres dans le but de se défendre contre les entreprises hostiles des belligérants, comme la ligue de neutralité armée de 1780, ou enfermer l'engagement de la part des Etats neutres de ne point intervenir, même par la voie pacifique, entre les deux belligérants sans s'être avertis ou s'être concertés préalablement, comme la *ligue des neutres* formée en 1870 par l'Angleterre, l'Autriche, l'Italie et la Russie.

Traité de neutralisation. — Aux traités de neutralité on peut joindre les traités par lesquels deux Etats, soit au début d'une guerre déclarée, soit dans l'éventualité lointaine d'une guerre dans l'avenir, neutralisent certains territoires ou certains ouvrages dus au travail de l'homme. Comme exemple de neutralisation, on peut citer l'accord tacite entre la Prusse, l'Autriche et le Danemark dans la guerre de 1863-1864, pour localiser les hostilités dans les limites du Jutland et du Sleswig ; l'acte du 2 novembre 1865, article 21, qui a neutralisé le Danube, et le traité du 29 octobre 1888, qui a neutralisé le canal de Suez.

7° **Traité de cession de territoire.** — Le traité de cession de territoire est celui par lequel un Etat renonce

---

(1) Voir *suprà*, p. 244 et suivantes.

à son droit de souveraineté sur une portion de son territoire au profit d'un autre État.

La cession de territoire peut intervenir en temps de paix ou à la suite d'une guerre. En temps de paix, elle peut avoir pour raison d'être un contrat de vente ou d'échange, ou constituer le prix d'un service rendu ou la compensation d'un avantage. A la suite d'une guerre, la cession de territoire peut être la condition imposée, par le vainqueur au vaincu, au rétablissement de la paix.

Le traité de cession détermine les conditions dans lesquelles la cession sera opérée, s'il sera nécessaire qu'un vote préalable de la population ait lieu en faveur de la cession, quel sera l'effet de la cession sur la nationalité des habitants et sur les dettes, etc...

8º **Traité de limites.** — C'est celui par lequel deux États voisins déterminent la ligne séparative de leur territoire respectif.

Ce traité est souvent accessoire à un traité de paix ou de cession de territoire. Il apparaît aussi parfois comme un contrat principal et indépendant, soit que les parties contractantes, en signant le traité de paix ou de cession de territoire, renvoient à un accord postérieur les difficultés que soulève la délimitation de frontière, soit que deux États décident de délimiter leurs frontières. Lorsque deux États limitrophes sont séparés par un cours d'eau ou par une chaîne de montagnes, nous avons dit, en étudiant le territoire de l'État, que le thalweg ou la ligne de faîte étaient pris comme points de départ. S'il n'existe ni rivière, ni montagne, entre les deux États qu'il s'agit de délimiter, les représentants des deux États s'inspireront des usages ou de leurs convenances réciproques.

9º **Concordats.** — Nous nous bornons à mentionner ici les concordats. Nous en avons suffisamment parlé à l'occasion de la papauté en droit international.

§ 2. — Traités relatifs aux intérêts matériels, intellectuels et économiques des États.

Définition. — A la différence des traités politiques, les traités dont nous allons parler n'ont pas trait aux relations des gouvernements des différents États entre eux, et ils n'ont pas pour objet la sauvegarde des

droits et des intérêts des Etats considérés en eux-
mêmes, comme corps politiques, indépendants et souverains. Ils ont pour but d'assurer la satisfaction des
besoins matériels, intellectuels et économiques, des
individus dont chaque Etat est composé : par exemple,
le règlement des successions, la défense contre les
épidémies, la sauvegarde de la propriété littéraire,
artistique, industrielle, les relations de production et
d'échange entre les divers pays, etc...

Deux formes principales. — Ces traités peuvent
affecter deux formes différentes :

Ou bien ils contiennent des engagements réciproques entre deux ou plusieurs Etats, et font naître purement et simplement des droits et des obligations au
profit et à la charge de chacun d'eux : ce sont les *traités
ordinaires.*

Ou bien ces traités établissent un lien plus étroit
entre les Etats contractants, en constituant une sorte
d'association relativement à l'objet qui fait la matière
de la convention ; ce sont les *traités d'unions internationales.*

Il faut noter que cette distinction est essentiellement
contingente : nous voulons dire par là que ce qui fait
aujourd'hui l'objet d'un traité ordinaire peut devenir
demain la matière d'une union internationale, de même
qu'à l'inverse une union internationale peut prendre
fin, pour faire place à un traité ordinaire.

a) *Traités ordinaires.*

Enumération. — Dans l'*état actuel* des relations internationales, les traités ordinaires, relatifs aux intérêts
matériels, intellectuels ou économiques des Etats, sont
les suivants : traités de commerce, d'établissement, de
voisinage, de secours, d'indemnité, les traités relatifs
à l'administration de la justice, les conventions consulaires, les traités relatifs au règlement des successions
et les conventions sanitaires.

1° Traité de commerce. — *Définition.* — Un traité
de commerce est celui par lequel deux Etats règlent
les conditions dans lesquelles se fera l'échange des produits entre les nationaux des deux pays. Le but de ce
traité est d'amener, par des concessions réciproques

que se font les Etats contractants, un abaissement de la moyenne des droits d'entrée fixés par leur tarif général.

Stipulations essentielles. — Les traités de commerce contiennent nécessairement des stipulations relatives à l'importation et à l'exportation des marchandises, au transit, à la faculté d'entrepôt, etc. Le tarif qu'ils établissent est appelé tarif conventionnel.

Stipulations accidentelles. — Quelquefois, les traités de commerce contiennent des stipulations particulières relatives à la navigation maritime, à la navigation fluviale, à l'établissement et à la juridiction des consuls, à la condition des ressortissants des deux Etats contractants sur leur territoire respectif. Mais ces stipulations ne font pas partie intégrante du traité de commerce ; elles forment des traités accessoires, entièrement distincts du traité de commerce ; elles règlent des points particuliers et sont soumises à des règles spéciales que nous ferons ultérieurement connaître.

Clause de la nation la plus favorisée. — La clause de la nation la plus favorisée est une clause, généralement inscrite dans les traités de commerce, et d'après laquelle chaque signataire du traité se fait reconnaître le droit de profiter des abaissements de tarifs et de tous les avantages commerciaux que l'autre Etat pourrait dans la suite accorder à un Etat étranger. Elle se rencontre dans les traités de commerce, parce que, autrement, par des concessions plus avantageuses faites à un Etat concurrent, l'un des Etats pourrait voir bouleverser toute l'économie du traité de commerce qu'il a signé et être privé indirectement du profit qu'il espérait en retirer.

Durée des traités de commerce. — Les traités de commerce sont essentiellement temporaires. C'est là une conséquence forcée des fluctuations qui se produisent dans les phénomènes de production et d'échange.

Lorsque le terme pour lequel le traité a été conclu vient à échéance, les Etats signataires peuvent : ou bien le dénoncer ; — le traité indique un délai dans lequel la dénonciation devra être faite ; c'est d'ordinaire l'année qui précède l'expiration du terme ; — ou bien le proroger d'un commun accord pour une nouvelle période, ou bien le modifier. Si les deux parties contractantes ont laissé passer le délai de dénonciation sans agir, le traité continue à produire ses effets par suite de la tacite reconduction.

2° **Traité d'établissement.** — C'est un traité par lequel deux Etats déterminent la condition juridique de leurs nationaux sur leur territoire respectif. Ces traités souvent se contentent de leur reconnaître la liberté d'aller et de venir, la liberté de conscience, le droit de faire le commerce, le droit de posséder des biens. Dans ce cas, leur portée est bien restreinte ; car ce sont là en effet des droits dont aucun Etat ne refuse l'exercice aux étrangers. Quelquefois, ces traités emportent concession de l'exercice des droits civils réservés en général aux nationaux, soit d'une façon absolue, soit seulement sur certains points.

Nous pouvons citer comme exemples les traités conclus par la France avec l'Espagne le 6 février 1882, avec la Serbie le 10 janvier 1883, actuellement périmés, qui accordent aux sujets des Etats contractants la plénitude de l'exercice de tous les droits civils, le traité d'immigration et d'émigration signé à Rome entre la France et l'Italie le 30 septembre 1919.

3° **Traités de voisinage.** — Les rapports de voisinage peuvent amener les deux Etats limitrophes à conclure des traités relatifs à l'exploitation des forêts, à la constitution ou au mode d'exercice de servitudes internationales, ou des traités de navigation.

Les traités de navigation peuvent être relatifs soit à la navigation fluviale, soit à la navigation maritime. Les traités de navigation fluviale déterminent, sur les fleuves qui séparent ou qui traversent plusieurs Etats, les droits respectifs des riverains du fleuve ; ils règlent le péage, le transit des navires, la police de la navigation. Nous renvoyons, sur tous ces points, aux détails que nous avons donnés en traitant des fleuves internationaux.

Les traités de navigation maritime règlent les conditions dans lesquelles les navires des Etats contractants seront admis dans les eaux territoriales, les droits d'entrée et de pilotage dans les ports, le cabotage le long des côtes et enfin l'exercice du droit de pêche.

4° **Traité de secours.** — C'est un traité par lequel chacun des Etats s'engage réciproquement à fournir aux nationaux de l'autre Etat sur son territoire l'assistance pécuniaire ou en nature que réclame leur état d'infirmité et d'indigence. Il peut entraîner l'obligation spéciale de fournir aux indigents de l'autre Etat les moyens de se faire rapatrier ; cette obligation de rapatriement est surtout pratiquée à l'égard des sujets qu'un naufrage a jetés sur les côtes d'un Etat étranger, dénués de toutes ressources.

5° **Traité d'indemnité.** — C'est un traité par lequel deux Etats règlent le montant de la réparation d'un dommage qui a pu être causé par l'un des Etats au détriment de l'autre.

6° **Traités relatifs à l'administration de la justice.** — *Diverses sortes.* — Sous cette rubrique on peut ranger : 1° les traités de juridiction ; 2° les traités relatifs à l'exécution des jugements ; 3° les traités relatifs à l'assistance judiciaire ; 4° les traités d'extradition.

Traité de juridiction. — C'est celui par lequel deux Etats déterminent la compétence de leurs tribunaux respectifs pour les procès concernant un national et un étranger ou deux étrangers. Exemple : le traité avec la Suisse du 15 juin 1869.

Ce traité écarte à l'égard des Suisses l'article 14 du Code civil, d'après lequel le défendeur étranger, même non domicilié en France, peut être assigné par un Français devant le tribunal français.

Il dispense le Suisse qui plaide en France contre un Français de fournir au préalable la caution *judicatum solvi* prescrite par l'article 16.

Enfin, il écarte à l'égard des Suisses l'exception d'incompétence tirée de l'extranéité, que la jurisprudence française permet aux tribunaux de soulever, lorsqu'un procès s'élève entre deux plaideurs étrangers.

Les mêmes avantages sont réciproquement accordés par la Suisse aux Français sur son territoire.

Traité relatif à l'exécution des jugements. — On sait qu'un jugement rendu par les tribunaux d'un Etat n'est pas de plein droit exécutoire sur le territoire d'un autre Etat : il faut, pour qu'il puisse être mis à exécution, qu'il ait été revêtu de la formule d'exequatur par les tribunaux locaux. Le traité relatif à l'exécution des jugements n'a pas pour objet de rendre exécutoires *de plano* les jugements prononcés par des tribunaux étrangers. Car une pareille convention porterait atteinte à la souveraineté de l'Etat qui consentirait à la signer. Elle a seulement pour but de déterminer quels sont les pouvoirs du tribunal chargé de revêtir de l'exequatur la sentence étrangère, en lui reconnaissant ou lui refusant le droit de réviser au fond cette sentence, et en indiquant les motifs pour lesquels il peut ne pas permettre son exécution.

Comme exemple, nous pouvons encore citer le traité franco-suisse du 15 juin 1869 dont nous venons de parler. Ce traité enlève la faculté de révision aux tribunaux français pour les jugements rendus en Suisse et dont on demande l'exequatur en France.

Citons dans le même ordre d'idées la convention signée à Londres le 2 février 1922 entre la France et la Grande-Bretagne pour faciliter les actes de procédure entre personnes résidant sur leurs territoires respectifs (*Officiel* du 20 juin 1922).

Traité relatif à l'assistance judiciaire (1). — C'est un traité par lequel deux Etats accordent réciproquement à leurs sujets respectifs le droit de recourir au bénéfice de l'assistance judiciaire, pour soutenir les procès qu'ils peuvent avoir devant les tribunaux d'un Etat étranger.

Traité d'extradition. — C'est un traité par lequel deux Etats s'engagent à se livrer réciproquement les coupables, qui, après avoir commis un crime ou un délit sur le territoire de l'un d'eux, se sont réfugiés sur le territoire de l'autre.

7° Conventions consulaires. — On entend par conventions consulaires les conventions relatives à l'établissement, aux pouvoirs de juridiction et aux immunités des consuls d'un Etat sur le territoire d'un autre Etat. Ces conventions sont très nombreuses ; tantôt

---

(1) La France a conclu de nombreuses conventions relatives à l'assistance judiciaire : avec l'Italie, 19 février 1870 ; avec la Bavière, 11 mars 1870 ; avec la Belgique, 22 mars 1870 ; avec le Luxembourg, 22 mars 1870 ; avec l'Allemagne, 20 février 1884, etc., etc. Toutes ces conventions sont rédigées à peu près dans les mêmes termes. Il est à noter qu'elles dispensent toutes l'étranger demandeur qui a obtenu le bénéfice de l'assistance judiciaire de la caution *judicatum solvi*.

elles font l'objet d'un accord international principal et indépendant ; tantôt au contraire, elles forment les stipulations accessoires d'un traité de commerce.

Les *capitulations* sont les conventions consulaires conclues par les Etats européens avec la Turquie et les Etats barbaresques. Elles accordent aux consuls européens des pouvoirs de juridiction très étendus sur leurs nationaux qui habitent les échelles du Levant.

8° **Conventions relatives au règlement des successions.** — Ces conventions se trouvent la plupart du temps insérées dans les conventions consulaires. Elles déterminent la loi qui régit la dévolution de la succession et les pouvoirs des consuls à l'égard de leurs nationaux respectifs. C'est ainsi que, d'après les conventions conclues par la France avec divers Etats (1), le consul est le représentant de ses nationaux pour prendre toutes les mesures conservatoires relativement aux biens qui leur sont échus par succession ; quant à la loi qui régit la dévolution des biens, c'est en général la *lex rei sitæ* pour les immeubles, la loi nationale du défunt pour les meubles.

9° **Conventions sanitaires.** — Les conventions sanitaires ont pour but l'établissement de mesures communes, concertées entre les Etats contractants, en vue de sauvegarder la santé publique et de combattre les épidémies, notamment le choléra asiatique.

La première idée d'une entente internationale sur cette matière remonte à 1851 et revient à la France. Diverses conférences sont tenues successivement à cet effet, en 1851 et en 1859, à Paris, en 1865, à Constantinople, en 1874, à Vienne, en 1884, à Washington, en 1885, à Rome. Mais la préoccupation des intérêts commerciaux empêche d'obtenir des résultats appréciables malgré la création d'un *conseil supérieur de santé* à Constantinople et d'un *conseil sanitaire maritime* en Egypte.

Un accord sérieux ne s'est réalisé que dans le cours de

---

(1) Avec l'Autriche le 11 décembre 1866, avec la Russie le 1er avril 1874, avec la Serbie le 18 juillet 1883, avec le Mexique le 27 novembre 1884, avec l'Equateur le 12 mai 1888.

ces dernières années, à Venise, en 1892, à Dresde, en 1893, à Paris, en 1894 et de nouveau à Paris, en 1903 et en 1912 (convention de Paris du 17 janvier 1912, *Officiel* du 21 octobre 1920). Comme conséquence de cette dernière convention, un office international d'hygiène publique a été installé à Paris le 15 février 1919. Il a une mission d'information, pour la marche des épidémies, et de contrôle sur l'exécution des mesures prescrites.

b) *Traités d'unions internationales.*

Définition. — Une union internationale est une sorte d'association qui se forme entre plusieurs Etats, relativement à un objet déterminé, dans le but de soumettre leur territoire respectif à un régime uniforme, soit au point de vue de l'organisation et du fonctionnement de certains services publics (douanes, postes et télégraphes, système monétaire, etc.), soit au point de vue de la législation à appliquer sur certaines matières spéciales (propriété littéraire, artistique, industrielle, poids et mesures, etc.).

Les unions internationales sont des formes toutes modernes de traités. Elles affirment d'une façon saisissante la communauté et la solidarité des Etats, en resserrant leurs liens juridiques sur certains points déterminés ; et elles tendent à accroître le bien-être des peuples en levant les obstacles résultant des barrières naturelles que les frontières des Etats apportent aux initiatives individuelles.

Traits caractéristiques des unions internationales. — Les unions internationales sont caractérisées par les traits suivants :

1º Ce sont des conventions qui se forment, en général, entre un nombre assez considérable d'Etats ; le nombre de deux est toujours dépassé. De plus, pour étendre le bénéfice de l'union aux Etats non signataires, le traité renferme presque toujours une clause d'accession, qui laisse la porte ouverte aux Etats qui voudraient se soumettre aux obligations contenues dans la convention.

2º Ces traités ont pour conséquence de faire considérer le territoire des divers Etats contractants comme le territoire d'un même Etat, et de lui appliquer des règles à peu près uniformes, pour la matière qui forme l'objet des dits traités.

3° La souveraineté des Etats n'est nullement amoindrie par ces sortes de traités. Les parties contractantes se réservent, en effet, de prendre elles-mêmes, sur leur territoire respectif, les mesures nécessaires à l'exécution des décisions arrêtées en commun.

4° L'union a un organe commun qui, sous le nom de bureau international, est surtout un organe de transmission, servant d'intermédiaire entre les différents Etats de l'union et chargé de préparer les conférences périodiques.

D'après l'article 24 du traité de Versailles de 1919, tous les bureaux internationaux antérieurement établis par traités collectifs seront, sous réserve de l'assentiment des parties, placés sous l'autorité de la Société des Nations.

Enumération. — Les principales unions internationales sont :

L'union douanière (1), l'union monétaire latine, l'union des poids et mesures, l'union universelle des postes, l'union télégraphique, l'union des chemins de fer, l'union pour la protection des œuvres littéraires, artistiques, industrielles.

1° **Union douanière.** — Le traité d'union douanière est celui par lequel deux ou plusieurs Etats confondent leurs intérêts économiques, en supprimant entre eux toute ligne de douanes et en suivant des règles identiques dans leur trafic avec les Etats étrangers : en sorte que, à partir de la signature du traité, les divers Etats qui composent l'union douanière ne forment plus, sous le rapport du commerce extérieur, qu'un seul Etat, et n'ont qu'une seule frontière. A la frontière de l'union, les droits de douane sur les produits des Etats étrangers sont perçus par les Etats et répartis ensuite entre eux suivant des bases que le traité détermine.

---

(1) On peut rattacher à l'union douanière l'union internationale fondée par un traité du 5 juillet 1890 entre 30 Etats, pour la publication des tarifs douaniers, dans le but de les faire connaître le plus promptement possible, Un bureau international est établi à Bruxelles.

Conséquences économiques et politiques de l'union douanière (1). — Les conséquences politiques et économiques qui résultent de l'union douanière varient suivant le rapport de puissance des Etats entre lesquels elle est conclue.

Lorsque l'union douanière lie ensemble deux ou plusieurs Etats d'égale puissance et d'égales ressources, elle produit les meilleurs résultats, au point de vue économique, parce qu'elle développe d'une façon uniforme la production industrielle, par le stimulant que crée la libre concurrence des produits des Etats de l'union, et qu'elle ouvre des débouchés nouveaux au commerce par la suppression de toute barrière des douanes dans l'intérieur du territoire de l'union. Au point de vue politique, elle n'altère en rien les droits de souveraineté et d'indépendance respective des divers Etats de l'union. Lors, au contraire, que l'union douanière se forme entre un Etat puissant et des Etats faibles, elle aboutit, au point de vue industriel, à l'exploitation des petits Etats par l'Etat plus fort et, au point de vue politique, elle dégénère en une union politique sous l'hégémonie despotique de l'Etat le plus puissant. L'histoire du Zollverein allemand en est un exemple fameux.

*** De l'union douanière allemande ou Zollverein. *Distinction.* — On peut distinguer trois choses dans l'histoire de l'union douanière allemande : 1° l'histoire de sa formation successive ; 2° son organisation jusqu'en 1866 ; 3° sa transformation définitive après 1886 sous la suprématie de la Prusse.

1° *Histoire de la formation successive du Zollverein.* — On sait que le Congrès de Vienne avait organisé au centre de l'Europe la confédération germanique composée de trente-neuf Etats, séparés les uns des autres par des barrières de douane, qui paralysaient l'industrie et entravaient le commerce. Plusieurs tentatives furent faites auprès de la Diète germanique pour apporter un remède à cet état de choses. Elles n'aboutirent pas.

---

(1) Nous ne pouvons mieux faire que de renvoyer aux développements, vraiment remarquables, donnés par MM. Funck-Bruntano et Sorel, *op. cit.*, p. 166 à 176.

C'est alors que la Prusse se mit à la tête du mouvement qui devait aboutir à la formation d'une vaste association douanière. Plus que tout autre Etat elle souffrait de l'existence des douanes multiples, ayant ses Etats enclavés, les uns du côté de l'Elbe, et les autres du côté du Rhin.

En 1818, elle réforma son système douanier sur les bases suivantes : 1° plus de prohibition pour l'importation des produits étrangers, mais droit protecteur modéré de 10 à 15 % établi d'après la mesure, le poids et le degré de fabrication ; 2° plus de droit de sortie pour l'exportation des produits nationaux ; 3° à l'intérieur du pays, suppression des douanes.

En 1819, la Prusse conclut, après beaucoup de difficultés, une union douanière, qui reçut le nom de *ligue prussienne*. Son exemple fut suivi par la Bavière et le Wurtemberg, qui formèrent en 1827 la *ligue bavaroise* ; et en 1828 par les Saxe Royale et Ducale, la Hesse-Cassel et bien d'autres principautés qui formèrent la *ligue thuringeoise*.

Enfin, en 1833, grâce à une persévérance et à une habileté remarquables, le gouvernement prussien réussit à fondre ces diverses unions en une seule union douanière ou Zollverein. Elle prit de plus en plus d'importance et finit, soit par l'accession des Etats tout d'abord réfractaires, soit par des traités, par englober en 1855 toute l'Allemagne, sauf le groupe des Etats du Nord, composé des deux Mecklembourg, des trois villes hanséatiques, du Holstein et de l'Autriche.

Elle formait ainsi une association de trente-quatre Etats, d'une étendue de 16.504 lieues carrées, et d'une population de trente-cinq millions d'âmes.

L'Autriche s'était tout d'abord tenue à l'écart du mouvement dont la Prusse avait pris l'initiative. Elle finit par comprendre la faute qu'elle avait commise en mesurant les conséquences politiques qui sortiraient de ce mouvement au profit de la Prusse. Elle essaya de briser le Zollverein ou d'y prendre sa place. Mais elle fut repoussée dans sa tentative par la Prusse dirigée par M. de Bismarck, et elle ne put obtenir qu'un traité conclu en 1853 avec cette puissance.

2° *Organisation du Zollverein jusqu'en* 1866. — Les Etats qui composaient le Zollverein supprimaient dans l'intérieur de l'union toutes les barrières de douane ; ils reportaient les bureaux de douanes vers les frontières extérieures des États de l'union, pour les produits venant des États étrangers. La perception des droits sur ces derniers produits était laissée à l'administration de chacun des États sur la limite de leur territoire respectif, suivant un plan uniforme déterminé de concert par tous les associés. Le tarif, identique pour tous les États, était précisément basé sur les principes du tarif établi par la Prusse en 1818.

Le produit des droits de douane ainsi perçu était réparti entre tous les États de l'union, proportionnellement à la population.

Un point important à noter, c'est que le Zollverein ne constituait pas une *personne du droit public*, il n'avait pas d'organe de gouvernement. Les États de l'union conservaient leur pleine et entière indépendance ; aussi, une modification ne pouvait être apportée au régime douanier, une convention ne pouvait être conclue avec les États étrangers, que par les États eux-mêmes, dont le consentement unanime était indispensable.

3° *Transformation du Zollverein à partir de* 1866. — Il en fut autrement après les événements de 1866. On sait que l'Autriche vaincue fut exclue de l'Allemagne.

L'Allemagne fut séparée en deux tronçons : au Nord, la Confédération des États du Nord sous la présidence de la Prusse, et les États du Sud. Le Zollverein fut reconstitué par un traité conclu à Berlin, le 8 juillet 1867, entre les deux fractions séparées de l'Allemagne. Les bases de la nouvelle union douanière étaient bien différentes. Désormais, le Zollverein constituait une véritable *personne du droit public*, superposée aux États, dont elle était distincte. Il avait deux organes centraux : le *Conseil fédéral douanier* (Zollbundesrath), composé des représentants des États de l'Union, et le *Parlement douanier* (Zollparlament), composé des représentants du peuple, se décomposant ainsi : 1° les membres du Reichstag de la Confédération du Nord ; 2° des députés spécialement nommés par le suffrage universel dans les États du Sud.

Le parlement douanier représentait le pouvoir législatif ; le conseil fédéral, le pouvoir exécutif et administratif. Les décisions étaient prises à la majorité des voix et non plus à l'unanimité. Mais la haute direction appartenait au roi de Prusse. C'était lui seul qui avait qualité pour conclure, au nom du Zollverein, des traités de commerce ou de navigation avec les Etats étrangers.

Depuis 1871, le Zollverein a cessé d'exister ; il n'avait plus de raison d'être, tous les Etats de l'Allemagne, ceux du Nord comme ceux du Midi, formant un seul empire sous la présidence de la Prusse, et les douanes ayant été déclarées, dans la constitution, comme relevant de la législation d'empire (1).

Les *résultats politiques* du Zollverein allemand ont été :

1º D'avoir aidé puissamment à l'unité de l'Allemagne ;

2º D'avoir assuré la suprématie à la Prusse sur les autres Etats allemands.

Au point de vue économique, il a eu pour effet de développer d'une façon considérable en Allemagne l'industrie et le commerce, et de faciliter le travail d'unification de la législation commerciale. C'est ainsi qu'on aboutit à la rédaction d'un Code de commerce applicable à tout l'empire.

2º **Union monétaire latine.** — Les conventions monétaires ont pour objet l'adoption d'un régime monétaire identique par les Etats contractants, en sorte que les pièces de monnaie qu'ils émettent, ayant même titre, même poids, même diamètre, ont cours légal sur le territoire des Etats.

En 1865, le 23 décembre, fut conclue entre la France, la Belgique, l'Italie et la Suisse, une convention monétaire connue sous le nom d'*union monétaire latine*.

Le principe fondamental de l'union était l'adoption du système monétaire français, tel qu'il résultait de la loi organique du 7 germinal an XI, avec le double étalon or et argent. L'union restait ouverte à tous les

---

(1) Cependant le territoire d'empire n'était pas en tous points identique au territoire douanier. Ainsi, certaines parties du territoire allemand étaient restées étrangères au régime douanier de l'Allemagne, jusqu'à ces dernières années, Hambourg, notamment, jusqu'en 1888. A l'inverse, le grand-duché de Luxembourg, qui était en dehors du territoire d'empire, participait cependant, d'après le traité de 1867, au régime douanier de l'Allemagne.

Etats non signataires, qui pouvaient y entrer par voie d'accession, sous réserve du consentement unanime des Etats de l'union. C'est ainsi qu'en 1868, la Grèce a adhéré à l'union. Cette convention était conclue pour quinze ans, jusqu'au 1er janvier 1878, avec faculté de tacite reconduction par périodes de quinze années. En 1878, une conférence s'ouvrit à Paris à laquelle prirent part non seulement les Etats de l'union, mais d'autres Etats encore. A la suite de cette conférence, la convention fut prorogée pour une période de six années. Une nouvelle conférence se réunit en 1885 ; elle donna lieu à des difficultés, amena des tiraillements entre les membres de l'union ; et ce n'est que grâce à une transaction que, le 6 novembre 1885, la convention fut renouvelée pour cinq ans, avec faculté de tacite reconduction. La Belgique n'y adhéra que le 12 décembre 1885.

Cette convention a été modifiée à son tour par une nouvel arrangement conclu à Paris, le 15 novembre 1893, et promulgué par décret du 24 mars 1894. Dans le but d'obvier à l'émigration persistante de ses monnaies divisionnaires, l'Italie a obtenu des autres membres de l'union l'engagement de retirer de la circulation les pièces d'argent italiennes de 2 francs, 1 franc, 0 fr. 50, 0 fr. 20, qui se trouvaient sur leur territoire, et de les lui remettre, moyennant l'engagement respectif que le gouvernement italien contractait de les reprendre et d'en rembourser la valeur, dans certaines conditions déterminées. Par l'effet de cet arrangement, les pièces dont il s'agit ont cessé d'avoir cours légal en dehors de l'Italie, dans les autres Etats formant l'union monétaire.

Une autre modification a été apportée à la convention le 29 octobre 1897, le 15 novembre 1902, le 4 novembre 1908 et le 25 mars 1920.

3° **Union pour les poids et mesures.** — Ces conventions ont pour but l'adoption par les Etats contractants d'un même système de poids et mesures. L'Académie des sciences, en 1869, prit l'initiative de convoquer à Paris une conférence, à l'effet de faire adopter par les Etats étrangers les bases de notre système métrique. La conférence, réunie à Paris en 1870, dut s'ajourner à raison des événements politiques. Elle tint ses séances en 1872 et adopta certaines règles scientifiques concernant le mètre et le kilogramme. Une nouvelle conférence, en 1875, aboutit à la convention du 20 mai 1875, qui créa un *bureau international des poids et mesures,* dont le siège est à Saint-Cloud. Il a pour mission de surveiller la confection des prototypes du mètre ou du kilogramme demandés par les autres pays. Cette convention a été modifiée le 17 octobre 1907.

4° **Union postale universelle.** — Elle a pour but de régler entre deux ou plusieurs Etats les conditions dans lesquelles s'effectuera, d'un pays dans l'autre, le transport des lettres et des objets confiés au service de la poste.

L'histoire des conventions postales peut être divisée en deux périodes bien distinctes : la première qui s'étend jusqu'en 1874, la seconde qui commence en 1874.

Jusqu'en 1874, on rencontre une série de conventions isolées conclues entre des Etats déterminés.

Au contraire, en 1874, est fondée *l'union générale des postes* comprenant 22 Etats, remplacés en 1878 par *l'union universelle des postes,* dans laquelle entrent tous les Etats de l'Europe et de l'Amérique et une grande partie des Etats de l'Asie.

Sur toute l'étendue du territoire de l'union, les correspondances circulent librement moyennant le paiement d'une taxe aussi uniforme que le permettent les convenances de chaque Etat, avec cette réserve cependant que chaque Etat ne pourra appliquer qu'un seul et même tarif aux correspondances échangées avec le Etats de l'union.

· Cette convention d'union universelle, améliorée sur quelques points de détail par un traité conclu à Lisbonne le 21 mars 1885, a été augmentée d'une façon considérable à la suite du Congrès tenu à Vienne au mois de mai 1891. Les conventions qui sont sorties de ce Congrès sont relatives à l'échange des valeurs déclarées, des colis postaux, des mandats de poste, du service du recouvrement et des livrets d'identité. Ces conventions portent la date du 4 juillet 1891 et sont applicables à partir du 1er juillet 1892. Toutes ces conventions ont été remplacées par la convention postale universelle de Madrid du 30 novembre 1920, qui a fait place à son tour à la convention signée à Stockholm le 28 août 1924 (1).

L'union postale a pour organe permanent le *bureau international des postes*, établi à Berne, sous la surveillance du gouvernement suisse. Il n'a pas d'autorité propre. Son rôle consiste à servir d'intermédiaire entre les administrations des divers États de l'Union. Il instruit les réformes proposées ; prépare les documents pour les conférences périodiques ; émet au besoin des avis lorsqu'on le consulte.

5° **Union télégraphique.** — Elle a pour but d'assurer la transmission des dépêches d'un État dans un autre, ou à travers un État intermédiaire. Une entente internationale est encore plus nécessaire pour le service des télégraphes que pour celui des postes. Il faut s'entendre sur les appareils à employer, sur les signes conventionnels, sur les heures d'ouverture et de fermeture des bureaux. Aussi est-on arrivé à créer l'union télégraphique avant que l'union postale ne fût formée. L'union télégraphique date de 1865 : elle a donné lieu à de nombreuses conférences, notamment en 1868, en 1872, en 1875, en 1879, en 1885 et en 1890. Elle comprend moins d'États que la convention postale ; ainsi les États-Unis n'en font pas partie. Elle a pour organe un *bureau international* siégeant à Berne et ayant les mêmes attributions que le bureau postal.

On peut rattacher à l'union télégraphique la convention du 3 novembre 1906 sur la télégraphie sans fil.

6° **Union relative aux chemins de fer.** — Elle a pour but de régler les conditions dans lesquelles s'effectue, à travers les territoires des autres États, le transport des voyageurs et des marchandises, la construction des ponts et des gares dans les zones frontières, le raccordement des lignes entre les États voisins, etc...

Des conventions isolées liaient la France avec la Bavière, l'Espagne, la Prusse, l'Italie, la Suisse. On a essayé de former, entre les États, une union identique à celle qui existe pour le service des postes et télégra-

---

(1) Elle porte la signature de 83 représentants d'États ou de territoires ayant, au point de vue postal, une administration particulière.

phes. Quatre conférences ont été réunies dans ce but à diverses époques, en 1878, en 1881, en 1886 et en 1890. Le 1er octobre 1890, a été signé, pour trois ans, avec clause de tacite reconduction, un traité d'union international concernant 125.000 kilomètres de voie ferrée, entre l'Allemagne, l'Autriche, la Belgique, la France, l'Italie, le Luxembourg, la Russie et la Suisse. Une convention additionnelle a été signée le 19 septembre 1906. Un bureau international est établi à Berne.

7º **Union pour la protection de la propriété littéraire et artistique.** — Elle a pour but d'assurer dans les pays étrangers la protection des œuvres littéraires et artistiques, en empêchant leur reproduction sans le consentement de l'auteur ou de ses ayants droit.

En France, les étrangers ont toujours vu leurs œuvres protégées par la législation interne. Ainsi la loi du 19-24 juillet 1793 leur accordait la même protection qu'aux Français, pour les œuvres qu'ils avaient fait paraître en France. Le décret du 28 mars 1852 a été plus loin, et a étendu la protection aux œuvres des auteurs étrangers, parues même à l'étranger. Mais cette conduite généreuse ne fut pas suivie par les autres Etats et, pour défendre les œuvres nationales contre la contrefaçon à l'étranger, la France conclut plusieurs conventions avec la Russie en 1861, avec la Suisse en 1864, avec l'Espagne en 1880, etc. Cette dernière convention a servi de type aux conventions que la France a conclues dans la suite avec l'Allemagne et avec la Suède.

En 1886, le 9 septembre, après plusieurs conférences tenues à Paris, puis à Berne, une union a été formée pour la protection du « droit des auteurs » (1). En font partie : l'Allemagne, la France, le Grande-Bretagne, la Belgique, l'Espagne, l'Italie, Haïti, la République de Libéria, la Suisse et la Tunisie ; les Etats-Unis, ni la Russie (2), ni l'Autriche, n'ont encore adhéré à l'Union.

_____

(1) On s'est servi à dessein de cette expression, en évitant de prononcer le mot propriété pour vaincre les répugnances de l'Allemagne, qui n'admet pas que le droit d'auteur constitue une véritable propriété.

(2) La France a passé avec la Russie, le 14 avril 1912, un traité pour la protection des œuvres littéraires et artistiques (*J. off.* du 9 juin 1912).

Cette convention accorde aux sujets de chacun des Etats contractants le droit d'invoquer sur le territoire de l'union le traitement fait aux nationaux par la législation interne, sans que toutefois ces avantages puissent leur être accordés pendant un temps plus long que celui pendant lequel existe leur droit dans leur pays d'origine. En sorte que la convention ne se suffit pas à elle-même : elle doit être combinée avec la législation de chaque pays. Il faut d'autre part ajouter que cette convention a voulu simplement assurer un minimum de protection. Elle ne fait pas disparaître les traités particuliers conclus entre certains Etats de l'union en ce qu'ils auraient de plus avantageux pour les auteurs, et n'empêche pas d'en conclure d'autres dans l'avenir.

La convention de Berne du 9 septembre 1886, déjà amendée par une déclaration interprétative du 4 mai 1896, a été remplacée pour les seize Etats contractants par la convention de Berlin du 13 novembre 1908, qui résout des questions nouvelles, notamment en ce qui concerne les phonographes et les cinématographes. Elle a été complétée par un protocole additionnel signé à Berne par 18 Etats le 20 mars 1914.

L'union littéraire et artistique a comme organe un *bureau international* établi à Berne et placé sous l'autorité du gouvernement suisse.

8° **Union pour la protection de la propriété industrielle et commerciale.** — Elle a pour but de protéger à l'étranger les brevets d'invention, les dessins et modèles de fabrique et le nom commercial.

En 1883, le 20 mars, une convention d'union pour la protection de la propriété industrielle et commerciale a été signée entre onze Etats et elle a reçu l'adhésion d'autres Etats.

Cette convention repose sur les mêmes bases que la convention d'union pour la propriété littéraire et artistique. La protection qu'elle établit consiste en ce que les sujets de chacun des Etats contractants jouissent dans les Etats de l'Union, en ce qui concerne les brevets d'invention, les dessins, les modèles, les marques de fabrique et de commerce et le nom commercial, des mêmes avantages que les lois respectives des Etats accordent actuellement et accorderont par la suite aux nationaux, à la condition de se conformer aux exigences qui leur sont imposées par la législation interne.

Un *bureau international* pour la protection de la propriété industrielle est établi à Berne sous l'autorité de la Suisse.

Depuis la formation de l'union, des conférences ont été tenues, à Rome en 1886, à Madrid en 1891. Par une loi du 13 avril 1892, la France a ratifié les trois premiers protocoles de la conférence, sur la répression des fausses indications de provenance de marchandises, sur l'enregistrement des marques de fabrique ou de commerce au bureau international, etc...

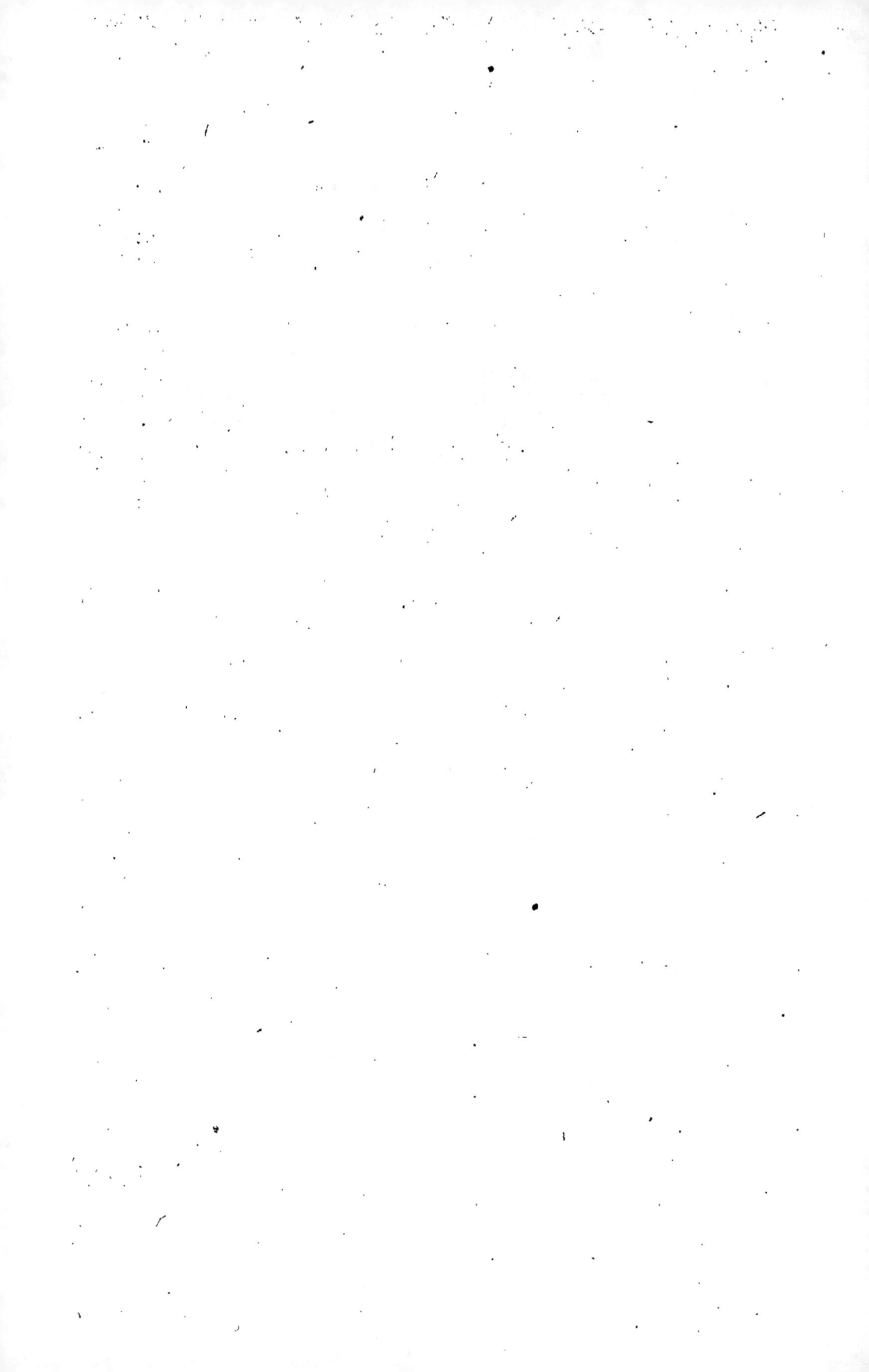

CINQUIÈME PARTIE

DES LITIGES INTERNATIONAUX

—

Division de la Vᵉ partie. — Nous diviserons la cinquième partie en deux titres :

Titre préliminaire. — Des litiges internationaux et des divers moyens de les trancher.

Titre II. — De la guerre.

TITRE PRÉLIMINAIRE

Des litiges internationaux et des divers moyens de les trancher.

Causes des litiges internationaux. — Les litiges internationaux peuvent avoir des causes multiples.

Ils peuvent résulter :

1º D'une atteinte portée à l'honneur ou à la dignité d'un Etat ;

2ᶜ De la violation d'un traité ;

3º De la méconnaissance par un Etat des droits d'un autre Etat, ou du trouble apporté par un Etat à une situation de fait acquise à un autre Etat ;

4º Enfin, un litige peut naître à la suite de la violation des principes du droit international dans la personne d'un citoyen étranger. C'est ce qui se produit lorsqu'un Etat refuse de protéger les droits des citoyens d'un autre Etat, en laissant impunis les délits ou les crimes dont ils sont victimes, ou en ne leur accordant pas la réparation qui leur est due, pour les dommages qui leur sont causés.

Dans tous ces cas, il y a un trouble apporté à l'ordre international. Ce trouble ne prendra fin que lorsque l'Etat lésé dans sa dignité, dans ses droits, ou dans l'intérêt privé de ses nationaux, aura reçu pleine satisfaction. Mais comment arriver à déterminer la responsabilité de l'Etat coupable, l'amener à reconnaître ses torts et, cela fait, le forcer à fournir la juste réparation du dommage causé ?

Différence entre le droit interne et le droit international au point de vue du mode de trancher les litiges. — C'est ici qu'apparaît bien nettement, et d'une façon concrète, la différence entre le droit interne et le droit international. Lorsque, dans l'intérieur d'un Etat, un conflit s'élève entre deux nationaux de cet Etat, ce conflit est tranché par les tribunaux organisés à cet effet, et dont la sentence peut être ramenée à exécution, par l'emploi de la force publique si cela est nécessaire.

Il ne peut en être ainsi des conflits entre les Etats. Les Etats étant souverains et indépendants, il n'y a pas et il ne peut y avoir au-dessus d'eux un pouvoir judiciaire chargé de trancher les conflits qui peuvent naître entre eux, et dont ils seraient tenus, sous peine d'y être contraints par la force, d'observer les décisions.

C'est à l'Etat lésé à se faire rendre justice à lui-même par l'Etat qui lui a causé un préjudice.

Première conférence de la paix. — *Son but.* — En vue d'organiser la solution pacifique des litiges internationaux, d'assurer par là le maintien de la paix générale dans le monde et enfin d'arriver à la réduction des armements militaires qui épuisent les finances des grands Etats européens, une conférence a été réunie à la Haye sur l'initiative du tsar Nicolas II, du 18 mai au 29 juillet 1899.

Mode de travail. — La conférence, dans laquelle vingt-sept Etats (1) s'étaient fait représenter, se divisa en trois commissions :

La première, chargée de la limitation des effectifs et des budgets militaires.

La seconde, ayant pour mission de déterminer les lois de la guerre.

La troisième, devant établir des règles pour la solution pacifique des conflits internationaux.

Résultats. — Les résultats des travaux de ces com-

---

(1) On refusa d'y admettre le Transvaal, pour ne pas déplaire à l'Angleterre, et on ne pensa pas à inviter le pape, pour ne pas mécontenter l'Italie.

missions ont été : trois conventions, trois déclarations
et un certain nombre de vœux.

1° *Conventions.* — La première convention, ayant
pour objet le règlement pacifique des conflits internationaux, comprend soixante et un articles répartis
en quatre titres.

La seconde convention est relative aux lois et coutumes de la guerre sur terre. Le règlement annexé à cette
convention comporte soixante articles répartis en
quatre sections.

La troisième convention est faite pour l'adaptation
à la guerre maritime des principes de la convention
de Genève du 22 août 1864.

2° *Déclarations.* — Par la première, les puissances
contractantes consentent pour une période de cinq
ans à l'interdiction de lancer des projectiles et des
explosifs du haut des ballons ou par d'autres modes
analogues nouveaux.

La seconde contient interdiction d'employer des
projectiles qui ont pour but unique de répandre des
gaz asphyxiants ou délétères.

La troisième porte interdiction de se servir de balles
qui s'épanouissent ou s'aplatissent facilement dans
le corps humain.

Aucune de ces trois déclarations n'a été acceptée
par l'Angleterre.

3° *Vœux.* — Enfin l'acte final de la conférence de
la Haye se termine par l'expression de vœux :

Pour la révision de la convention de Genève de
1864 ;

Pour la réglementation des droits et des devoirs des
neutres ;

Pour la réglementation de l'emploi de nouveaux
types et calibres de canons et fusils de marine ;

Pour la limitation des forces armées de terre et de
mer et des budgets de guerre ;

Pour assurer l'inviolabilité de la propriété privée
dans la guerre maritime.

Pour régler la question du bombardement des ports,
villes et villages par une force navale.

*** Seconde conférence de la paix (1907). — *Date* (1).

----

(1) En 1902, le grand État-Major allemand avait publié
à l'usage des officiers de l'armée allemande un manuel

— Une seconde conférence de la paix s'est ouverte à la Haye le 15 juin 1907, cette fois sur l'initiative du Président des Etats-Unis, M. Roosevelt. Ses travaux se sont prolongés jusqu'au 18 octobre 1907. Quarante-quatre Etats étaient représentés à cette conférence.

Division en commissions. — La conférence s'est divisée en quatre commissions de la façon suivante :

1re Commission : Arbitrage, commission d'enquête internationale et questions annexes. Présidence : M. Léon Bourgeois (France).

2e Commission : Amélioration dans le régime des lois et coutumes de la guerre sur terre, ouverture des hostilités, droits et obligations des neutres sur terre et questions y relatives. Présidents : MM. Beernaert (Belgique) et Asser (Pays-Bas).

3e Commission : Bombardements des ports, des villes et villages par une force navale, par des torpilles, régime des navires belligérants dans les ports neutres ; complément à l'adaptation à la guerre maritime de la convention de Genève. Président : le comte Tornielli (Italie).

4e Commission : Transformation des bâtiments de commerce en bâtiments de guerre, propriété privée sur mer, contrebande de guerre et blocus, destruction en cas de force majeure des prises neutres, dispositions de la guerre sur terre qui seraient applicables à la guerre maritime. Président : M. de Martens (Russie).

Résultats. — Les résultats de cette conférence ont été plutôt médiocres. Trois grands problèmes se posaient : la limitation des armements ; l'inviolabilité de la propriété privée dans la guerre maritime et l'arbitrage obligatoire. Aucun d'eux n'a été tranché par suite de l'opposition que l'Allemagne et l'Autriche-Hongrie ont faite à toutes les propositions et à toutes les tentatives de l'Angleterre et de la France.

---

des lois de la guerre continentale (Kriegsbrauch im land Kriege) ; or, dans ce manuel, non seulement il n'était pas fait mention du règlement arrêté à la Haye en 1889, mais encore sur plus d'un point il se mettait en opposition avec lui. On se disposait à demander aux Allemands des explications à ce sujet au début de la conférence de 1907, lorsqu'ils proposèrent d'édicter des sanctions pénales pour assurer le respect du règlement de 1889. C'était par là même reconnaître le caractère obligatoire de ce règlement.

A défaut de la solution de ces grandes questions, la conférence a traité une série de points secondaires. Il en est résulté :

1° Treize conventions ;

2° Une déclaration ;

3° Quatre vœux.

Conventions signées à la Haye. — Voici quelles sont les conventions signées à la Haye :

1° Convention pour le règlement pacifique des conflits internationaux (signée par 31 Etats) ;

2° Convention concernant la limitation de l'emploi de la force pour le recouvrement des dettes contractuelles (27 États) ;

3° Convention relative à l'ouverture des hostilités (31 Etats) ;

4° Convention concernant les lois et coutumes de la guerre sur terre (32 Etats) (1) ;

5° Convention concernant les droits et les devoirs des puissances et des personnes neutres en cas de guerre sur terre ;

6° Convention relative au régime des navires de commerce ennemis au début des hostilités (30 Etats) ;

7° Convention relative à la transformation des navires de commerce en bâtiments de guerre (29 Etats);

8° Convention relative à la pose des mines sous-marines automatiques de contact (25 Etats) ;

9° Convention concernant le bombardement par des forces navales en temps de guerre (29 Etats) ;

10° Convention pour l'adaptation à la guerre maritime des principes de la convention de Genève (32 Etats) ;

11° Convention relative à certaine restriction à l'exercice du droit de capture dans la guerre maritime (29 Etats) ;

12° Convention relative à l'établissement d'une cour internationale des prises (22 Etats) ;

13° Convention concernant les droits et les devoirs des puissances neutres en cas de guerre maritime.

_____

(1) Cette convention a été ratifiée par l'Allemagne le 27 novembre 1909, sous réserve de l'article 44, relatif à la défense pour les belligérants d'obliger la population d'un territoire occupé à fournir des renseignements sur les moyens de défense de l'adversaire.

Déclaration. — Elle a pour but l'interdiction de lancer des projectiles et des explosifs du haut des ballons ou par d'autres moyens analogues. Elle est consentie pour une période allant jusqu'à la fin de la troisième conférence de la paix.

Elle a été acceptée par 22 Etats, notamment par l'Autriche-Hongrie et la Grande-Bretagne. Elle a été repoussée par l'Allemagne, la France, l'Italie, le Japon, la Russie, etc...

Vœux. — La conférence a émis quatre vœux :

1° Elle recommande aux puissances signataires l'adoption d'un projet annexe de convention pour l'établissement d'une cour de justice arbitrale et sa mise en vigueur dès qu'un accord sera intervenu sur le choix des juges et la constitution de la cour.

2° Elle émet le vœu qu'en cas de guerre, les autorités compétentes, civiles et militaires, se fassent un devoir tout spécial d'assurer et de protéger le maintien des rapports pacifiques et notamment des relations commerciales et industrielles entre les populations des Etats belligérants et les pays neutres.

3° Elle émet le vœu que les puissances règlent par des conventions particulières la situation, au point de vue des charges militaires, des étrangers établis sur leurs territoires.

4° Elle émet le vœu que l'élaboration d'un règlement relatif aux lois et aux coutumes de la guerre maritime figure au programme de la prochaine conférence et que, dans tous les cas, les puissances appliquent autant que possible, à la guerre sur mer, les principes de la convention relative aux lois et coutumes de la guerre sur terre (1).

---

(1) Nous engageons vivement nos lecteurs à consulter la brochure de M. Pillet sur les deux conférences de la Haye, chez Dumoulin, éditeur, 5, rue des Grands-Augustins. D'après le savant professeur, les conférences de la Haye auront prouvé une fois de plus l'impossibilité de résoudre par les seules lumières de la raison les problèmes les plus importants pour l'avenir de l'humanité. En ce sens, elles auront été presque inutiles, presque néfastes ; il vaut mieux laisser sommeiller certaines questions que de les soulever imprudemment. Ce qui demeure acquis à la suite

Préparation d'une troisième conférence de la paix. — La conférence recommande aux puissances la réunion d'une troisième conférence de la paix qui pourrait avoir lieu dans une période analogue à celle qui s'est écoulée depuis la précédente conférence. Et pour en faciliter les travaux, un comité préparatoire pourrait être chargé deux ans auparavant d'en arrêter le programme.

Or, au moment où l'on songeait à réaliser ce projet généreux, a éclaté, comme un coup de foudre, la guerre européenne de 1914.

La Conférence navale de Londres (4 décembre 1908-26 février 1909). — *Son but.* — La Conférence navale de Londres se rattache étroitement à la deuxième Conférence de la Haye de 1907. En effet, l'article 7 de la convention du 18 octobre 1907, relative à l'établissement d'une Cour internationale des prises, stipule qu'en l'absence des dispositions d'un traité, la Cour doit juger les appels qui viennent devant elle conformément aux règles du droit international généralement reconnues. C'est pour fixer ces règles que la conférence s'est tenue, du 4 décembre 1908 au 26 février 1909. Elle comprenait les représentants des huit puissances maritimes visées par l'article 15 de la convention du 18 octobre 1907, plus l'Espagne et la Hollande, en tout dix puissances.

Son œuvre. — Elle a abouti à la déclaration du 26 février 1909 relative au droit de la guerre maritime qui complète heureusement la célèbre déclaration de Paris du 16 avril 1856. Toutes les questions mises à l'étude y ont été solutionnées, sauf deux d'entre elles sur lesquelles on n'a pu s'entendre : 1° celle de la transformation des navires de commerce en bâtiments de guerre et de leur transformation en pleine mer ; 2° celle de savoir si la nationalité ou le domicile des

---

de ces réunions, c'est que tout projet de désarmement est voué à l'insuccès ; c'est ainsi que l'on n'obtiendra pas des puissances qu'elles se lient à l'arbitrage comme mode de solution des litiges internationaux même les plus insignifiants. Et tout le bruit qui pourra être fait pour masquer cet insuccès n'aboutira qu'à rendre la déconvenue plus éclatante.

propriétaires devrait être adopté comme élément dominant pour décider si la propriété est propriété ennemie.

Son importance. — Le principal mérite de la nouvelle déclaration est de substituer à la diversité et à l'obscurité des règles suivies jusque-là l'uniformité et la fixité de règles claires et précises. Quant à ces règles en elles-mêmes, pour les apprécier il ne faut pas les examiner isolément et séparément, il faut les voir dans leur ensemble, parce qu'elles forment une œuvre de transaction et de concessions mutuelles.

Enumération des questions traitées. — Les questions traitées à la conférence de Londres sont les suivantes :

1. — Du blocus en temps de guerre.
2. — De la contrebande de guerre.
3. — De l'assistance hostile.
4. — De la destruction des prises neutres.
5. — Du transfert de pavillon.
6. — Du caractère ennemi.
7. — Du convoi.
8. — De la résistance à la visite.
9. — Des dommages-intérêts.

Nous les étudierons au fur et à mesure des matières qu'elles concernent.

Cette déclaration n'a été ratifiée ni par la France ni par l'Angleterre.

Après avoir été un moment appliquée au début de la guerre de 1914 par ces deux États, elle a été mise de côté, dans la suite.

SECTION I. — DES SOLUTIONS PACIFIQUES

Divers procédés pour arriver à une solution pacifique.
— Un litige international peut être dénoué d'une façon pacifique :

1º Par voie de négociations directes ;
2º Par voie d'arbitrage ;
3º Par le moyen des bons offices ou de la médiation ;
4º Par voie de commission internationale d'enquête;
5º Par la procédure spéciale mise en œuvre dans la Société des Nations.

Nous consacrerons à chacun de ces moyens un paragraphe spécial.

§ 1. — Solution pacifique par voie de négociations directes.

Diverses formes de négociations directes. — Les négociations directes en vue de la solution d'un litige peuvent consister dans l'échange de notes diplomatiques, ou dans la réunion d'une conférence ou d'un congrès.

a) **Echange de notes diplomatiques.** — L'échange de notes diplomatiques est un procédé employé, lorsque le litige est de peu d'importance, intéresse deux Etats exclusivement, et est relatif à un objet bien déterminé. C'est ce qui a lieu, par exemple, lorsqu'un Etat réclame à un autre Etat la réparation d'un dommage causé à ses nationaux par le fait de ses agents.

La négociation est alors suivie de chaque côté par le ministre des affaires étrangères de l'un des Etats et le représentant diplomatique accrédité auprès de son souverain par l'autre Etat.

b) **Réunion d'une conférence ou d'un congrès.** — Lorsque les négociations intéressent plusieurs Etats, qu'elles ne sont pas relatives à un seul objet, mais à un ensemble de points concernant la politique des divers Etats, il y a lieu de réunir une conférence ou un congrès.

Différences entre un congrès et une conférence. — Au point de vue juridique, il n'y a aucune différence entre un congrès et une conférence. Mais, dans la pratique, les congrès diffèrent des conférences en ce que le nombre des Etats réunis est plus considérable, en ce qu'ils sont plus solennels, ont une plus grande portée et s'occupent de régler les questions les plus importantes de la politique internationale.

Exemples historiques de congrès et de conférences. — Comme exemples de congrès, on peut citer au XIXe siècle le congrès de Vienne de 1815, le congrès d'Aix-la-Chapelle en 1818, le congrès de Paris en 1856, le congrès de Berlin en 1878.

Comme exemples de conférences citons : la conférence de Londres en 1871, la conférence de Berlin en 1885, la conférence anti-esclavagiste de Bruxelles en 1890, les conférences de la paix, tenue à la Haye en 1899 et en 1907, la conférence d'Algésiras en 1906.

Malgré son importance, la réunion de plénipotentiaires tenue à Paris pour conclure la paix en 1918-1919 a pris modestement le titre de Conférence de la paix et non de congrès.

Solutions qui peuvent résulter des négociations directes. — Trois ordres de solution peuvent être la suite des négociations directes entre les Etats en litige :

Un désistement, un acquiescement ou une transaction.

Le *désistement*, c'est la renonciation d'un Etat à l'exercice du droit qu'il prétendait avoir. L'*acquiescement*, c'est la reconnaissance par un Etat des prétentions émises par un autre Etat.

La *transaction* est une convention par laquelle les deux Etats mettent fin au litige pendant, ou préviennent un litige à naître, à l'aide de concessions réciproques (1).

*** § 2. — De l'arbitrage.

Définition. — Il y a arbitrage lorsque deux Etats, ne pouvant résoudre par voie de négociation directe un litige qui les sépare, chargent des juges de leur choix de le terminer sur la base du respect du droit, par une sentence que les deux parties s'obligent à l'avance à exécuter de bonne foi (art. 15, 1re convention de la Haye).

Caractères essentiels. — Il importe d'insister sur les deux caractères essentiels de l'arbitrage :

1º C'est un *acte judiciaire*. L'arbitre n'est pas un négociateur qui propose une solution, qui tente de faire accepter une combinaison. C'est un *juge* qui rend une sentence.

2º C'est un *acte obligatoire*. En consentant à remettre la solution du conflit à des arbitres, les Etats se sont par cela même engagés implicitement à exécuter leur sentence. Ils ne sauraient après coup se soustraire à cette obligation.

Textes à consulter. — Sur cette matière, il y a lieu de consulter :

_____

(1) Article 2044 C. civ.

1º La convention de la Haye du 29 juillet 1899 ;
2º La convention de la Haye du 18 octobre 1907 remplaçant la précédente ;
3º Le projet annexe au premier vœu de la deuxième conférence de la paix relative à l'établissement d'une Cour de justice arbitrale.

Division de la matière. — Relativement à l'arbitrage, nous étudierons successivement les trois points suivants :

a) Des éléments constitutifs de l'arbitrage ;
b) De la sentence arbitrale ;
c) Histoire de l'arbitrage dans le passé ; de l'arbitrage dans l'avenir.

a) *Eléments constitutifs de l'arbitrage.*

Enumération. — Pour qu'un arbitrage puisse se produire, trois conditions sont requises :
1º Une convention préalable ou compromis ;
2º Un objet susceptible d'arbitrage ;
3º La nomination d'un ou de plusieurs arbitres qui acceptent.

1ʳᵉ condition : Convention préalable ou compromis. — La convention préalable ou compromis est l'acte par lequel deux Etats s'accordent pour déférer la solution d'une contestation à un ou plusieurs arbitres et s'engagent à exécuter la sentence qui sera rendue.

D'après l'article 17 de la première convention de la Haye, le compromis peut être conclu pour des contestations déjà nées ou pour des contestations éventuelles. Dans le premier cas, le compromis précise nettement la question à résoudre et trace les limites du rôle dévolu aux arbitres. Tantôt, c'est une question de principe que les parties intéressées confient aux arbitres le soin de résoudre. C'est ce qui a lieu, lorsque l'étendue du dommage causé n'est pas contestée, mais que l'Etat qui en est l'auteur refuse de reconnaître sa responsabilité.

Tantôt, c'est une question de fait qui est soumise aux arbitres. L'Etat qui a causé le dommage, pour lequel une réclamation est soulevée, se reconnaît bien tenu de le réparer, mais il conteste que le dommage ait l'étendue que lui donne l'Etat lésé.

2e condition : Objet susceptible d'arbitrage. — Toute question peut-elle faire l'objet d'un arbitrage ? Dans notre précédente édition, nous avions affirmé comme une règle de principe que les questions d'ordre purement politique, celles qui mettent en jeu l'existence, l'indépendance et l'intégrité d'un Etat ne peuvent être réglées par des arbitres. De même pour les questions qui touchent à l'honneur et à la dignité des gouvernements. Seules ressortiraient de l'arbitrage les questions touchant aux questions d'ordre juridique ou aux intérêts purement pécuniaires des Etats (art. 13 du traité de Versailles).

Depuis, sous l'influence de l'atmosphère créée par la Société des Nations, les idées ont évolué et on voit maintenant des Etats consentir à soumettre à l'arbitrage toutes sortes de conflits sans aucune distinction. Exemple : les traités de Locarno du 16 octobre 1925 dont nous parlons en dernière heure.

3e condition : Nomination d'un ou de plusieurs arbitres qui acceptent. — Les Etats sont libres de désigner, comme ils veulent, la personne de l'arbitre ou des arbitres. Si cette désignation n'a pas été faite par le compromis, elle devra l'être, suivant le mode indiqué dans le compromis, par un acte postérieur.

Cette désignation peut être faite de diverses façons. On peut nommer un seul arbitre ou plusieurs. On peut choisir comme arbitre soit un souverain (1), soit un simple particulier, jurisconsulte ou diplomate, soit une assemblée, telle qu'une faculté de droit, un tribunal, etc.

Dans ce dernier cas, un véritable tribunal arbitral sera formé. Les Etats intéressés peuvent désigner eux-mêmes les arbitres ou les faire désigner par d'autres Etats.

Désignation d'un sur-arbitre. — Lorsque les Etats ne peuvent se mettre d'accord sur le choix des arbitres, chacun d'eux en désigne un nombre égal; deux, par exemple, puis les arbitres ainsi nommmés choisissent à leur tour un *sur-arbitre*, pour empêcher le partage des

---

(1) Comme exemple récent de la désignation d'un souverain comme arbitre, on peut citer la convention d'arbitrage relative à l'île Clipperton signée à Mexico le 2 mars 1909, entre la France et le Mexique, qui a désigné comme arbitre le roi d'Italie Victor-Emmanuel III.

voix, qui rendrait toute solution impossible. Lorsqu'ils
ne peuvent s'entendre à ce sujet, le choix du sur-
arbitre est confié à une puissance tierce désignée d'un
commun accord par les parties. Si l'accord ne s'établit
pas sur ce point, chaque partie désigne une puissance
différente et le choix du sur-arbitre est fait de concert
par les puissances ainsi désignées (art. 32, convention
de la Haye).

Il peut y avoir encore désignation d'un sur-arbitre,
lorsque l'arbitrage est exercé par un tribunal arbitral.
Le sur-arbitre sera chargé alors de présider le tribunal
et de diriger les débats.

**Différences entre les souverains et les particuliers
désignés comme arbitres. — Inconvénients de la désignation des souverains.** — 1º Le souverain désigné
comme arbitre n'examine pas en personne la difficulté
qui lui est soumise, il délègue le pouvoir de la trancher
à de hauts fonctionnaires ou à une commission en qui
il a confiance. Il n'intervient directement que pour
apposer sa signature au bas de la sentence arbitrale.
Au contraire, les particuliers, jurisconsultes, ou diplomates, corps savants, tribunaux, etc., qui sont désignés
comme arbitres, ne peuvent pas déléguer leur mandat
à d'autres ; parce que c'est à raison de leurs connaissances personnelles qu'ils ont été choisis ;

2º L'arbitrage d'un souverain offre moins de garantie que celui de particuliers, précisément parce que ceux
qu'il charge de préparer la sentence, demeurant inconnus et n'assumant aucune responsabilité, peuvent
apporter un soin moins scrupuleux à l'accomplissement de leur mission que des savants qui ont été
choisis à raison de leur science juridique et qui sont
responsables aux yeux de tous du jugement qu'ils ont
charge de rendre ;

3º Lorsque c'est un souverain qui est désigné comme
arbitre, on est obligé de lui laisser une pleine liberté
d'allure. Lorsque ce sont des particuliers, on peut assigner un délai pour la sentence et indiquer certains
points qui devront être plus spécialement étudiés ;

4º On peut ajouter que, lorsqu'une sentence arbitrale
est rendue par un souverain, la nation contre laquelle
la sentence a été rendue peut éprouver du ressentiment
contre le souverain et, par voie de conséquence, contre
la nation qu'il représente. Pareil danger n'est pas à

craindre lorsque la sentence est rendue par des particuliers.

De la Cour permanente d'arbitrage. — *Son caractère.* — Dans le but. de faciliter le recours immédiat à
l'arbitrage, la convention de la Haye stipule, dans son
article 20 (art. 41, 2ᵉ conférence), qu'une cour permanente d'arbitrage, ayant son siège à la Haye, serait
nstituée pour statuer sur les litiges. C'est moins un
tribunal destiné à fonctionner d'une manière régulière
qu'une liste de noms de personnes compétentes désignées, à raison de quatre au maximum, par les puissances signataires. C'est sur cette liste que les arbitres
pourront être choisis, en cas de conflit devant être terminé par un arbitrage (art. 21 à 24) (art. 41 à 50,
2ᵉ conférence). D'ailleurs, les puissances restent libres
de choisir d'autres arbitres que ceux qui composent la
Cour permanente.

Bureau international. — Un bureau international
établi à la Haye sert de greffe à la Cour. Ce bureau est
l'intermédiaire des communications relatives aux réunions de celle-ci. Il a la garde des archives et la gestion
de toutes les affaires administratives (art. 22 de 1899 ;
art. 43 de 1907).

Conseil administratif permanent. — Ce conseil est
composé des représentants diplomatiques des puissances contractantes accrédités à la Haye et du ministre des affaires étrangères des Pays-Bas, qui remplit
les fonctions de président. Il a la direction et le contrôle. du bureau international (art. 49 de 1907).

**Vœu de la deuxième conférence : Cour de justice
arbitrale.** — La conférence de 1907 a voulu aller plus
loin. Elle a voulu constituer une cour de justice arbitrale, fonctionnant en droit international à la manière
d'un tribunal ordinaire et capable de fonder une jurisprudence sur les questions touchant au droit des gens.
Elle n'a pu sur ce point aboutir à une convention. Elle
s'est bornée à émettre un vœu auquel est annexé un
projet de convention en trente-cinq articles dont
l'adoption est recommandée aux puissances.

Cour permanente de justice internationale. — Nous
avons dit plus haut que la Société des Nations avait
abouti à la constitution d'une cour permanente de

justice internationale. Nous renvoyons sur ce point à nos développements antérieurs.

Ces deux cours se complètent : la Cour de la Haye s'occupe surtout des questions d'arbitrage et de négociation et la Cour permanente de justice, des questions de droit strict et de fait.

b) *De la sentence arbitrale.*

Procédure à suivre. — Lorsque le compromis trace les règles de procédure auxquelles le tribunal arbitral doit se conformer, il faut s'y référer entièrement.

Si le compromis est muet sur ce point, le tribunal arbitral règle lui-même la façon dont il entend procéder, en s'inspirant pour cela des règles du droit civil. Il peut ouvrir une enquête, ordonner une expertise, opérer une descente sur les lieux. Il détermine la forme et la production des pièces justificatives, indique si les parties seront admises à soutenir oralement leurs conclusions devant le tribunal, ou si elles ne pourront les formuler que par écrit, dans des mémoires.

Pouvoirs du tribunal. — Le tribunal arbitral a qualité pour trancher toutes les questions accessoires qui peuvent se rattacher à la solution du litige. Ainsi, lorsqu'une des parties en cause soutient que certaines conclusions présentées par l'autre partie n'entrent pas dans les termes du compromis et excèdent la compétence du tribunal arbitral, celui-ci devra statuer tout d'abord sur cette question de compétence (1). C'est dans ce sens que se prononce l'article 48 de la convention de la Haye (art. 73 de 1907).

Condition de validité de la sentence arbitrale. — Pour que la sentence arbitrale soit valable, il faut qu'elle soit prise à la majorité des voix. Il faut que tous les arbitres désignés aient assisté à tous les débats (art. 78 de 1907).

_____

(1) *Contrà*, Bonfils, n° 951. D'après le savant auteur, les arbitres ne peuvent pas statuer eux-mêmes sur leurs pouvoirs et déterminer les limites de leur compétence. Un mandataire ne pourrait pas fixer lui-même la portée et l'étendue de son mandat. Si des doutes se produisent, les arbitres doivent en référer à leurs mandants.

Dr. int. pub.   30

Caractères de la sentence arbitrale. — La sentence arbitrale présente trois caractères principaux :

1° Elle est *obligatoire* pour les deux parties. Elle tire ce caractère de la convention même des parties qui, par le compromis, se sont engagées par avance à exécuter la sentence des arbitres auxquels elles ont laissé le soin de trancher leur différend.

2° Elle est en *dernier ressort* ; aucune voie de recours n'est possible contre elle. Ce second caractère résulte, comme le premier, de l'obligation contractée par les deux Etats, dans le compromis, de respecter la décision des arbitres (art. 81 de 1907).

3° Elle diffère d'une sentence judiciaire proprement dite en ce qu'à côté des considérations purement juridiques elle s'inspire de considérations d'ordre politique et diplomatique. C'est en cela qu'elle se rapproche de la médiation (1).

Exécution de la sentence arbitrale. — La sentence arbitrale est obligatoire ; mais elle ne peut pas, comme un jugement, être ramenée à exécution par l'emploi des moyens coercitifs. Le tribunal arbitral n'a pas à sa disposition une force publique pour assurer l'observation de son jugement. C'est à chaque Etat engagé dans le litige à faire exécuter dans sa pleine souveraineté, chacun en ce qui le concerne, la sentence rendue.

Tout différend qui peut surgir entre les parties concernant l'interprétation et l'exécution de la sentence doit être, sauf stipulation contraire, soumis au tribunal qui l'a rendue (article 82 de 1907).

Cas de nullité de la sentence arbitrale. — La sentence arbitrale est nulle, et la partie contre laquelle elle a été rendue peut se refuser à la subir, dans les cas suivants :

1° Lorsqu'elle porte sur des questions n'ayant pas trait au litige, ou sur des choses qui n'ont pas été demandées ;

---

(1) « Il y a entre la sentence arbitrale et l'arrêt d'un tribunal une différence essentielle, différence aussi profonde que celle qui existe entre l'équité et la justice » (Léon Bourgeois, discours à la séance d'inauguration à la Haye des travaux de la session préparatoire constitutive de la Haute-Cour de justice internationale, 26 juin 1920).

2º Lorsqu'elle a été prononcée par des arbitres se trouvant dans une situation d'incapacité, soit de fait, soit de droit : par exemple, si l'un des arbitres choisis avait dans la solution du litige un intérêt que les parties ignoraient ;

3º Lorsqu'une des parties n'a pas été entendue, ou n'a pas été mise à même de justifier de ses droits ;

4º Lorsque l'une des parties n'a pas agi de bonne foi.

Mais la partie contre laquelle la sentence est rendue ne saurait l'attaquer, soit parce qu'elle est contraire au droit ou à l'équité, soit parce qu'elle lèse ses intérêts.

Révision de la sentence arbitrale. — La révision de la sentence arbitrale peut être demandée en vertu d'une clause du compromis si un fait nouveau a été découvert de nature à exercer une influence décisive sur la sentence. Le compromis indique le délai. La demande en révision est adressée au tribunal arbitral qui a rendu la décision attaquée (art. 83 de 1907).

c) *Histoire de l'arbitrage dans le passé. De l'arbitrage dans l'avenir.*

De l'arbitrage dans le passé. — On peut dire que l'arbitrage est une institution que l'on retrouve à l'origine même des peuples. En Grèce, par exemple, lorsqu'une difficulté s'élevait entre deux villes, avant d'en venir aux mains, on soumettait le différend au *tribunal des Amphyctions*, qui souvent prévenait le conflit en rendant une sentence, ou en faisant accepter un arrangement par les parties. Au moyen âge, les cas d'arbitrage sont nombreux, en Italie surtout, pour mettre fin aux luttes des petits Etats d'Italie et d'Allemagne touchant la souveraineté et l'indépendance. Les arbitres sont choisis à cette époque parmi les docteurs des célèbres Universités de Bologne et de Padoue.

Plus tard, lorsque l'évêque de Rome parvient à s'assurer la domination morale et religieuse dans le monde, il impose son arbitrage à tous les princes chrétiens pour empêcher les luttes qui peuvent surgir entre eux. C'est ainsi que le pape Alexandre VI termine en 1493 les différends entre les Portugais et les Espagnols qui se disputaient alors la possession du nouveau monde, par une sentence arbitrale demeurée célèbre, consistant à partager la terre en deux parties égales, d'un pôle à l'autre, et à attribuer chacune d'elles à l'une et à l'autre nation.

*** Affaire de l'Alabama. — Dans ce siècle, le cas le plus considérable d'arbitrage est sans contredit l'affaire de l'*Alabama*, tant à raison de l'importance des deux Etats en cause et de l'étendue de la réclamation qu'à raison de l'intérêt des questions qui furent soulevées et résolues.

Dans la guerre de Sécession américaine (1861 à 1865), les Etats-Unis du Nord avaient beaucoup souffert des coups portés par les corsaires des Etats confédérés du Sud auxquels les chantiers maritimes anglais procuraient la plus large assistance. Le plus fameux de ces navires, l'*Alabama*, construit à Liverpool, avait pu sortir de ce port le 29 juillet 1862, comme pour un voyage d'essai, malgré un avis officiel donné par le gouvernement américain sur sa destination probable ; et il avait reçu en mer son armement, son équipement et son capitaine muni d'une commission officielle. Jusqu'au jour où il fut coulé au large de Cherbourg, l'*Alabama* fit subir de graves dommages au commerce américain en détruisant un grand nombre de navires.

La paix signée, le gouvernement des Etats-Unis adressa une demande d'indemnité au gouvernement anglais, le rendant responsable des dommages qui lui avaient été causés pendant la guerre, parce qu'il n'avait pas observé les lois de la neutralité en permettant à l'un des belligérants de faire construire des navires dans ses ports et en lui fournissant des munitions de guerre. Après des discussions qui se prolongèrent plusieurs années, le *traité de Washington* fut signé le 8 mai 1871. Par ce traité, les deux gouvernements convinrent de soumettre le litige à un tribunal arbitral composé de cinq membres nommés : par le président des Etats-Unis, la reine d'Angleterre, le roi d'Italie, le président de la Confédération suisse et l'empereur du Brésil. Le traité fixait trois règles (1)

---

(1) Ces règles, connues sous le nom de *règles de Washington*, sont les suivantes. Le gouvernement neutre est tenu :

1° D'user de toute vigilance pour empêcher, dans sa juridiction, l'équipement et l'armement de tout vaisseau qu'il a des motifs raisonnables de croire destiné à croiser

résumant la conduite des neutres dans la guerre maritime ; le tribunal devait examiner, à l'égard de chaque
corsaire des confédérés, si ces règles n'avaient pas été
méconnues par l'Angleterre.

Le tribunal arbitral ainsi composé se réunit à Genève
le 15 décembre suivant et rendit sa sentence le 14 septembre 1872.

A quatre voix de majorité contre une (celle de l'arbitre choisi par la reine d'Angleterre), le tribunal arbitral admit le bien fondé des réclamations des Etats-
Unis et fixa à une somme de 15 millions 500.000 dollars en or l'indemnité que l'Angleterre serait tenue de
lui payer.

*** Affaire des pêcheries de la mer de Behring. —
L'affaire des pêcheries restera également célèbre dans
l'histoire de l'arbitrage, à côté de l'affaire de l'*Alabama*.
— Jusqu'en 1866, les deux rives de la mer de Behring
appartenaient à la Russie : la rive du Kamtchatka, en
Asie, la rive bordant le territoire d'Alaska en Amérique. Par un ukase du 14 septembre 1821, le tsar
Alexandre Ier déclara que cette mer devait être considérée comme une mer fermée, soumise à la souveraineté de la Russie, et que désormais le droit de pêche et
de navigation y était réservé aux seuls sujets russes,
jusqu'à 100 milles des côtes, c'est-à-dire depuis le
détroit de Behring jusqu'au 45°50 de latitude nord.
Devant les protestations de l'Angleterre et des Etats-
Unis, la Russie dut céder et admettre la liberté de la

---

ou à faire la guerre contre une puissance avec laquelle il
est en paix, et aussi d'user de la même diligence à empêcher de quitter le domaine de sa juridiction tout vaisseau
destiné à croiser ou à faire la guerre, ce navire ayant été
dans ladite juridiction adapté en tout ou en partie à des
usages de guerre ;

2° De ne permettre à aucun des belligérants de faire
de ses ports ou de ses eaux la base de ses opérations maritimes contre l'autre, ni de s'en servir pour augmenter
ou renouveler ses approvisionnements militaires, ses armes,
ou pour recruter des hommes ;

3° D'employer toute vigilance dans ses propres ports
et dans ses eaux, et à l'égard de toute personne de sa
juridiction, pour empêcher toute violation des obligations
et des devoirs qui précèdent.

mer de Behring, qui n'est qu'un prolongement de l'Océan Pacifique, par deux traités du 17 avril 1824, avec les Etats-Unis, et du 28 février 1825, avec l'Angleterre.

En 1866, la Russie a cédé aux Etats-Unis le territoire d'Alaska ; en 1870, les Etats-Unis ont abandonné à une compagnie privilégiée le monopole exclusif de détruire 100.000 phoques choisis parmi les jeunes mâles sur les îles Prybilof, situées au milieu de la mer de Behring.

Or, en 1878, en 1884 et surtout en 1886, des navires canadiens s'étant livrés à la chasse des phoques dans la mer de Behring, la compagnie de l'Alaska éleva des plaintes auprès du gouvernement des Etats-Unis, qui fit saisir, en 1886, trois schooners britanniques ; d'autres saisies eurent lieu en 1887 et 1889.

A l'appui de ces prétentions sur l'exercice d'un droit de souveraineté sur la mer de Behring, les Etats-Unis invoquaient deux arguments :

1° Ils s'appuyaient sur l'ukase de l'empereur Alexandre Ier, et soutenaient que, comme successeurs de la Russie, ils pouvaient exercer les droits dont la Russie avait affirmé l'existence dans cet acte. — L'Angleterre répondait qu'elle avait protesté contre l'ukase impérial, et que la Russie avait reconnu le bien fondé de cette protestation par le traité du 28 février 1825 ;

2° Ils prétendaient que la chasse en mer, telle que l'exerçaient les pêcheurs canadiens, était *contrà bonos mores*, parce que, détruisant une grande quantité de femelles, ils faisaient courir un danger très grave à l'espèce des otaries, et devaient en amener promptement la disparition complète.

Après un échange actif de notes entre les deux gouvernements, il fut convenu, sur la proposition de l'Angleterre, que la question serait soumise à un tribunal arbitral ; le compromis fut signé le 29 avril 1892.

Le tribunal arbitral composé de sept membres, réuni à Paris, sous la présidence du membre français, baron de Courcel, rendit sa sentence à la date du 15 août 1893.

La sentence arbitrale a donné tort, comme il fallait s'y attendre, aux prétentions des Etats-Unis ; elle a proclamé le principe de la liberté de la pleine mer et limité le droit de souveraineté des Etats-Unis sur la mer qui les borde à la distance ordinaire de trois milles.

Une nouvelle mission donnée aux arbitres. — Mais le rôle du tribunal arbitral de Paris ne devait pas se borner à rendre une sentence. L'article 7 du compromis — prévoyant le cas où le tribunal arbitral ne reconnaîtrait pas aux Etats-Unis un droit exclusif de souveraineté sur la mer de Behring — donnait mission aux arbitres de faire un règlement pour la pêche des phoques en pleine mer.

Les Etats-Unis ayant succombé sur la question litigieuse, le tribunal de Paris a dû remplir la mission qui lui était confiée ; il a rédigé le règlement prévu par l'article 7 ; de ce côté les Etats-Unis obtiennent entière satisfaction (1). Le règlement porte, en effet, interdiction de la pêche en haute mer dans une zone de 60 milles autour des îles Prybilof, et interdiction complète de la pêche pendant une notable partie de l'année dans une grande portion du Pacifique nord (2).

« C'est là une mission tout à fait nouvelle donnée aux arbitres, et qui est sans précédent dans l'histoire de l'arbitrage. Elle ne peut être qu'approuvée, en ce qu'elle témoigne d'un désir très grand de conciliation ; mais une pareille clause est très grave, en ce qu'elle charge les arbitres de déterminer les limites de la souveraineté des Etats qui ont un différend ensemble ; d'autre part, la décision arbitrale se réfère au passé, tandis que le règlement à établir par les arbitres concerne l'avenir ; on comprend dès lors qu'un Etat hésite à accepter l'insertion d'une pareille clause dans un compromis. En y donnant son adhésion, l'Angleterre a fait preuve d'un esprit d'abnégation qui ne lui est pas habituel ».

Affaire des déserteurs de Casablanca (3). — L'affaire des déserteurs de Casablanca est un troisième exemple important d'arbitrage en raison du retentissement

_____

(1) En sorte que, a pu dire M. Renault, « il a semblé que les deux parties triomphaient, l'une pour la décision relative au passé, l'autre pour celle concernant le règlement de l'avenir ». *Revue générale de droit international public,* 1894, janvier, p. 44 et suiv.

(2) Renault, *op. cit.*

(3) Consulter sur cette affaire D. P. 1911.2.177 et la note de M. G. Gidel.

qu'elle a eu en Europe. Le 28 septembre 1908, à Casablanca, des gendarmes français arrêtèrent six déserteurs de la légion étrangère (3 Allemands, 1 Autrichien, 1 Russe et 1 Suisse), au moment où ils allaient s'embarquer sur un navire allemand, sous la protection du secrétaire et d'un garde marocain du consulat allemand. Cette arrestation provoqua une rixe au cours de laquelle les agents du consulat allemand furent maltraités. D'où conflit entre la France et l'Allemagne : la France se plaignant de l'intervention officielle de l'Allemagne pour favoriser la désertion dans son armée d'occupation au Maroc ; l'Allemagne reprochant à la France les voies de fait employées par ses agents pour s'opposer à l'exercice de son droit de protection à l'égard de ses nationaux. Après des discussions assez longues, les deux Etats finirent par accepter de soumettre leur différend à un arbitrage, le 24 novembre 1908. Le tribunal arbitral était composé de cinq membres choisis parmi les membres du tribunal permanent de la Haye, chaque puissance litigante devait désigner deux juges arbitres, dont un seulement parmi ses nationaux. Les quatre arbitres ainsi choisis devaient élire un président. Le tribunal ainsi composé se réunit à la Haye le 1er mai 1909 et rendit sa sentence le 22 mai suivant. Le tribunal a accordé gain de cause à la France sur le terrain du droit, en décidant que le consul allemand ne devait pas couvrir de sa protection les déserteurs de la légion étrangère, même de nationalité allemande. Mais il donna tort à la France pour les voies de fait commises par ses agents.

Mouvement des idées en faveur de l'arbitrage. —Le traité de Washington et là solution pacifique qui en a été la suite ont été le point de départ d'un mouvement très important d'idées en faveur de l'arbitrage, comme moyen de trancher les litiges internationaux sans avoir recours aux armes.

En Angleterre, en juillet 1873, une résolution fut votée à une forte majorité par la Chambre des Communes, sur la proposition de M. Henri Richard, pour permettre au gouvernement de se mettre en communication avec toutes les puissances, dans le but d'améliorer le droit international et d'instituer un système d'arbitrage international permanent et général.

Le 23 novembre suivant, M. Mancini faisait voter

une proposition analogue par la Chambre des députés italienne, pour inviter le gouvernement à faire des efforts pour rendre l'arbitrage un moyen accepté et fréquent de résoudre, suivant la justice, les controverses internationales dans les matières susceptibles d'arbitrage.

Des résolutions identiques ont été prises dans la suite par les assemblées législatives d'autres pays, le 21 mars 1874 par la deuxième Chambre de la Diète suédoise, le 17 juin 1874 par la Chambre des représentants et en 1875 par le Parlement belge.

D'autre part, les associations privées ne sont pas restées en arrière. L'Institut de droit international élaborait, dans la session du mois d'août 1875, un projet de règlement détaillé sur la procédure arbitrale internationale (1).

Enfin, la conférence de la paix, tenue à la Haye en 1899, a fait faire à la question de l'arbitrage un pas important en déterminant les règles juridiques de l'arbitrage international.

L'article 27 de la convention porte : « Les puissances signataires considèrent comme un devoir, dans le cas où un conflit aigu menacerait d'éclater entre deux ou plusieurs d'entre elles, de rappeler à celles-ci que la Cour permanente leur est ouverte.

« En conséquence, elles déclarent que le fait de rappeler aux parties en conflit les dispositions de la présente convention et le conseil donné, dans l'intérêt supérieur de la paix, de s'adresser à la Cour permanente ne peuvent être considérés que comme actes de bons offices. »

Mais, soit en 1899, soit en 1907, à la Haye, la question de l'arbitrage obligatoire a subi un échec par suite de l'opposition de l'Allemagne à tout projet de ce genre.

Conventions récentes en vue de l'arbitrage. — La France a signé des traités d'arbitrage permanent avec l'Angleterre, le 14 octobre 1903, avec l'Italie, le 26 dé-

---

(1) En fait, l'arbitrage a été usité pour cinq causes principales : 1° conflits relatifs à des territoires coloniaux ; 2° conflits relatifs à des dommages causés à des étrangers ; 3° conflits relatifs à l'interprétation d'un traité ; 4° conflits relatifs à la condition des surfaces maritimes ; 5° conflits relatifs à la neutralité (M. Leseur à son cours).

cembre 1903, avec l'Espagne, le 25 février 1904, avec les Etats-Unis, le 10 février 1908 prorogé le 19 juillet 1923. D'après ces traités, ces Etats s'engagent à soumettre à la Cour permanente de la Haye les différends d'ordre juridique ou relatifs à l'interprétation des traités, à la condition qu'ils ne mettent en cause ni les intérêts vitaux, ni l'indépendance ou l'honneur des Etats contractants.

Citons encore le traité signé le 18 septembre 1907 entre l'Italie et la République Argentine déclarant l'arbitrage obligatoire pour l'interprétation des traités et d'un principe de droit international, réserve faite cependant des questions de nationalité. Rappelons enfin que les tentatives faites par l'Angleterre et la France, à la deuxième conférence de la paix, pour la signature d'une convention générale d'arbitrage obligatoire, ont échoué devant l'attitude intransigeante de l'Allemagne.

Des traités d'arbitrage ont été conclus sous le nom de traités de paix américains entre les Etats-Unis d'une part et différents Etats européens d'autre part, Grande-Bretagne, France, Russie, etc., le 15 septembre 1914, pour régler pacifiquement tous les conflits sans aucune exception, même ceux qui pourraient concerner l'honneur et les intérêts vitaux des puissances contractantes. Le différend doit être soumis à l'examen d'une commission internationale permanente. Cette commission comprend cinq membres. Chaque pays nomme deux membres dont un seul est un national. Le cinquième membre qui préside est nommé d'accord par les deux gouvernements. Les Etats contractants conviennent de ne se livrer l'un envers l'autre à aucun acte d'hostilité durant l'examen auquel doit procéder la commission et avant le dépôt de son rapport. Le travail de la commission peut durer un an. La commission franco-américaine comprend : un Français et un Belge pour la France, un Américain et un Argentin pour les Etats-Unis, et elle est présidée par le ministre des affaires étrangères des Pays-Bas.

Conclusion. De l'avenir de l'arbitrage. — Que faut-il penser du rôle réservé dans l'avenir à l'arbitrage international ? Ce serait se faire illusion que d'y voir un procédé infaillible de solution, dans toutes les difficultés internationales.

D'une part, en effet, nous savons qu'il y a certaines questions que les Etats hésitent à soumettre à l'arbitrage. Ce sont celles qui touchent à l'honneur et à la dignité d'un peuple et les questions politiques.

D'autre part, on ne peut admettre que les Etats aliènent ainsi leur liberté d'allure et s'engagent à l'avenir à porter devant un tribunal arbitral les difficultés à naître dans l'avenir. Ce serait une atteinte portée à la souveraineté et à l'indépendance des Etats. Ce n'est pas tout ; il n'y a pas d'exemple dans l'histoire qu'une sentence arbitrale n'ait pas été observée. C'est que l'arbitrage avait été accepté par les deux Etats pour une affaire déterminée, en pleine connaissance de cause. Il n'en serait plus de même le jour où l'arbitrage serait constitué à l'avance, pour une difficulté à naître.

Tout ce qu'on peut dire, c'est qu'un moment viendra où, sous l'influence des idées des jurisconsultes et aussi à raison des horreurs des guerres futures, — causées par la présence sous les armes d'un nombre d'hommes plus considérable et de l'emploi d'engins meurtriers de plus en plus perfectionnés — la coutume s'établira peu à peu d'elle-même, dans les relations des Etats, de s'en remettre à l'arbitrage pour la solution des questions qui peuvent être tranchées par ce procédé. Ce sera l'œuvre du temps et du progrès de la civilisation.

Fonctionnement automatique de l'arbitrage d'après M. Pillet (1). — D'après M. Pillet, toutes les conventions d'arbitrage signées jusqu'ici ne constituent pas un succès pour la cause de la paix internationale parce que toutes elles contiennent un vice commun. C'est d'obliger les parties contractantes, en cas de conflit, à conclure un nouvel accord pour recourir à l'arbitrage, désigner les arbitres, fixer le lieu de leur réunion et organiser la procédure. Dès lors rien de plus facile à l'Etat qui redoute le jugement qu'il s'est engagé à subir que de soulever des difficultés et d'empêcher le compromis d'aboutir.

D'après le savant professeur, la cause de la paix ne sera sérieusement garantie que le jour où il sera possible à un Etat d'aller devant les arbitres comme on va devant un tribunal. Il suffirait pour cela de reconnaître, à l'Etat qui se plaint de la violation d'un droit, la

_____

(1) *Op. cit.*, p. 43.

faculté de demander le renvoi de l'affaire devant des arbitres qui seraient désignés par tous les membres de la Cour permanente ou qui seraient tirés au sort parmi eux. Les arbitres fixeraient eux-mêmes le lieu de leur réunion et les détails de la procédure qui serait suivie devant eux. Il y aurait alors un fonctionnement automatique de l'arbitrage, qui ne serait plus laissé à la bonne volonté des parties contractantes.

Application de l'arbitrage dans le traité de Versailles : le tribunal arbitral mixte. — Le traité de Versailles du 28 juin 1919 a fait une application de l'arbitrage dans son art. 304. Cet article institue un tribunal composé de deux arbitres nommés par les deux parties intéressées sous la présidence d'un surarbitre nommé, à défaut d'accord sur son choix, par le Conseil de la Société des Nations.

Il a pour mission de trancher différentes questions contentieuses, notamment de régler les contrats d'avant guerre et la réparation des dommages aux biens français en Allemagne.

*** § 3. — De la médiation et des bons offices.

Définition. — La médiation est l'acte d'un Etat qui intervient amicalement dans le différend entre deux Etats, en vue de le terminer par un arrangement amiable (1).

La médiation peut être offerte ou demandée.

Caractère juridique. — Le médiateur est un *conseiller* ; son rôle consiste, après avoir examiné les causes et l'objet du différend, à *suggérer* aux parties la solution qui, d'après lui, paraît être la plus sage et la plus utile (2).

---

(1) Comme exemple de médiation, on peut citer celle qui fut exercée par le pape en 1885, au sujet du différend relatif aux îles Caroline, qui s'était élevé entre l'Allemagne et l'Espagne. L'arrangement proposé par le pape fut accepté par les deux parties dans le traité de Rome du 20 décembre 1885.

(2) C'est ce qui est très bien exprimé dans les articles 4 et 6 de la convention de la Haye. Art. 4 : « Le rôle de médiateur consiste à concilier les prétentions opposées et

Bons offices et médiation. — La médiation ne doit pas être confondue absolument avec les *bons offices* ; il y a une différence de degré entre eux. La médiation est une ingérence plus accentuée que les bons offices. Dans le cas de médiation, la tierce puissance prend part directement aux négociations et arrête les bases d'un arrangement. Dans les bons offices, elle se borne à user de son influence près des Etats pour les amener à une entente, sans prendre une part directe aux négociations ou aux arrangements qui vont intervenir. La convention de la Haye, en employant les deux expressions de bons offices et de médiation, paraît bien avoir tenu compte de la différence que nous signalons.

Différences entre médiation et intervention. — La médiation ne doit pas être confondue avec l'intervention.

1º Le médiateur n'impose ni son entremise, ni sa manière de voir. Au contraire, l'Etat intervenant cherche à imposer sa volonté.

2º Le médiateur agit dans un but désintéressé, tandis que l'intervention est faite dans l'intérêt personnel de l'intervenant.

Différence entre la médiation et l'arbitrage. — Par ce qui précède on voit les différences capitales qui séparent la médiation de l'arbitrage.

1º Le médiateur, avons-nous dit, est un *conseiller* ; l'arbitre, au contraire, est un *juge*. Le médiateur indique aux parties un moyen de *conciliation*, un *arrangement*. L'arbitre rend une *sentence*. Les parties sont libres d'accepter les propositions formulées par le médiateur, elles sont tenues d'exécuter la sentence rendue par l'arbitre. En un mot, la médiation est une véritable *négociation diplomatique*, tandis que l'arbitrage est un *acte* essentiellement *judiciaire*.

2º La médiation peut se produire pour toute espèce de questions, même pour celles qui touchent à l'honneur ou à la dignité d'un Etat et pour celles qui ont

à apaiser les ressentiments qui peuvent s'être produits entre les Etats en conflit ». Art. 6 : « Les bons offices et la médiation soit sur le recours des parties en conflit, soit sur l'initiative des puissances étrangères au conflit, ont exclusivement le caractère de conseil et n'ont jamais force obligatoire. »

un caractère purement politique. Nous avons vu, au contraire, que ce sont là des questions qui échappent à l'arbitrage.

Vœu contenu dans la déclaration du Congrès de Paris de 1856. — La médiation est un moyen si heureux de prévenir les conflits entre les Etats que le vœu suivant a été émis, le 15 avril 1856, par les grandes puissances de l'Europe, réunies en congrès à Paris : « MM. les Plénipotentiaires n'hésitent pas à exprimer « au nom de leur gouvernement le vœu que les Etats « entre lesquels s'élèverait un dissentiment sérieux, « avant d'en appeler aux armes, eussent recours, tant « que les circonstances l'admettraient, aux bons offices « d'une puissance amie. » Ce n'est là qu'un vœu, n'engageant nullement la conduite des Etats, ainsi que l'a bien fait ressortir le plénipotentiaire français, M. le comte Waleski. Mais c'est un vœu qu'il est important de noter, au point de vue du mouvement des idées. Il est bon aussi de faire remarquer que ce vœu n'a guère eu d'influence sur le cours des événements, car c'est précisément dans cette période, de 1856 à 1871, que se sont produits les conflits les plus sanglants du XIXᵉ siècle.

Conventions de la Haye de 1899 et de 1907. — *Dispositions générales.* — Les conventions de la Haye de 1899 et de 1907 pour le règlement pacifique des conflits contiennent des dispositions importantes sur les bons offices et la médiation.

Dans son article 2, les puissances signataires conviennent, avant d'en appeler aux armes, d'avoir recours, en tant que les circonstances le permettront, aux bons offices ou à la médiation d'une ou plusieurs puissances amies. En outre, dit l'article 3, les puissances signataires jugent utile qu'une ou plusieurs puissances étrangères au conflit offrent de leur propre initiative, même pendant le cours des hostilités, leurs bons offices ou leur médiation, en tant que les circonstances s'y prêtent. L'article a soin d'ajouter que l'exercice de ce droit ne peut jamais être considéré par l'une ou l'autre des parties en litige comme un acte peu amical.

Forme spéciale de médiation. — L'article 8 des conventions de 1899 et de 1907 organise une forme spéciale de médiation. En cas de différend grave compromettant la paix, les Etats en conflit choisissent respectivement une puissance à laquelle ils confient la mission d'entrer en ropport direct avec la puissance choisie d'autre part, à l'effet de prévenir la rupture des relations pacifiques. Pendant la durée de ce mandat, dont le terme, sauf stipulation contraire, ne peut excéder trente jours, les Etats en litige cessent tout rapport direct au sujet du conflit, lequel est considéré comme déféré exclusivement aux puissances médiatrices. Celles-ci doivent appliquer tous leurs efforts à régler le différend. En cas de rupture effective des relations pacifiques, ces puissances demeurent chargées de la mission commune de profiter de toute occasion pour rétablir la paix.

§ 4. — *** Commission internationale d'enquête.

Origine historique. — Ce mode de règlement des litiges internationaux est une création originale de la conférence de la Haye de 1899, due à l'initiative de la Russie (art. 9 à 36 de 1907).

En quoi elle consiste. — Lorsqu'un litige provient d'une divergence d'appréciation sur des points de fait, les Etats intéressés peuvent désigner des commissaires, ayant des connaissances techniques, pour procéder à une constatation des faits, entendre des témoins et présenter un rapport sur la solution à donner à l'affaire.

Comparaison avec l'arbitrage et la médiation. — La commission internationale d'enquête tient à la fois de l'arbitrage et de la médiation sans se confondre absolument avec eux.

Elle tient de l'arbitrage par son objet, par sa procédure, par sa composition et par la convention qui la rend applicable, et qui ressemble au compromis.

Elle tient au contraire de la médiation et se sépare de l'arbitrage, en ce que la commission d'enquête ne rend pas de décision ; elle se borne à indiquer une solution que les Etats intéressés sont libres de suivre ou de ne pas observer.

Exemple historique. — Un exemple remarquable de commission d'enquête s'est produit dans l'affaire du Dogger Bank (10 octobre 1904). La flotte russe se dirigeant, par la mer du Nord, vers le Japon, tira sur une flottille de pêcheurs anglais parmi lesquels elle crut reconnaître des torpilleurs japonais, en vue du Dogger Bank, à 180 milles du port de Hull. L'opinion publique en Angleterre fut très excitée, et un moment on put craindre un conflit. La France suggéra et fit accepter l'idée de la réunion d'une commission internationale. Elle fut composée de cinq amiraux de différents pays sous la présidence de l'amiral Fournier et tint séance à Paris. Elle entendit des témoins et rédigea un rapport à la suite duquel le gouvernement russe accorda à l'Angleterre l'indemnité qu'elle réclamait.

§ 5. — Procédure organisée au sein de la Société des Nations.

Renvoi aux développements antérieurs. — Cette procédure consiste soit dans l'application des art. 15, 16 et 17 du Pacte, soit dans la mise en œuvre des moyens énoncés au protocole mort-né de Genève du mois de septembre 1924. Sur ce point, nous n'avons qu'à renvoyer aux développements que nous avons consacrés à cette matière (*suprà* pages 54 et 162).

SECTION II. — SOLUTIONS VIOLENTES

Diverses sortes de solutions violentes. — Lorsque l'Etat lésé n'a pu obtenir satisfaction, ni par l'emploi des négociations directes, ni par l'intervention d'une puissance étrangère, il n'y a plus, pour se faire rendre justice, qu'à recourir aux moyens violents.

Il y a trois sortes de solutions violentes :
1º La rétorsion ;
2º Les représailles ;
3º La guerre.

CHAPITRE PREMIER. — DE LA RÉTORSION.

Définition. — Il y a rétorsion lorsqu'un Etat, éprouvant un préjudice par suite d'une mesure prise à l'égard de ses ressortissants par un autre Etat, applique à cet Etat une mesure analogue.

Le point essentiel à observer est que l'acte qui donne lieu à la rétorsion doit être un acte qui, tout en blessant l'équité, n'ait rien de contraire au droit des gens.

Le but de la rétorsion est d'amener l'Etat étranger à revenir sur la mesure qu'il a prise en lui faisant éprouver par l'emploi des mêmes procédés un dommage identique à celui qu'il a infligé à autrui.

Exemples pratiques. — On peut citer comme causes légitimes de rétorsion le fait d'un Etat d'augmenter démesurément les droits d'entrée ou de transit établis sur les produits d'un autre Etat, de façon à en supprimer ou à en diminuer les débouchés, ou encore le fait d'un Etat d'accorder aux créanciers nationaux un privilège sur les créanciers étrangers (1).

La rétorsion est-elle légitime ? est-elle utile ? — La rétorsion est certainement légitime. En l'employant, un Etat ne fait qu'agir en vertu de son droit de souveraineté, et l'Etat contre lequel il use ainsi de rétorsion ne peut se plaindre, puisqu'on ne fait que lui appliquer les procédés que lui-même emploie à l'égard de son voisin.

Mais, si la rétorsion est légitime, on ne peut pas dire qu'elle soit bien pratique et bien utile. « Un diplomate (2) peut s'en servir comme menace ou moyen de faire aboutir une négociation ; mais l'Etat qui en fait usage se cause à lui-même tout autant de préjudice qu'à l'Etat étranger. Il porte, en outre, atteinte à l'unité de sa législation, et décrète une mesure qu'il reconnaît être mauvaise dans l'espoir fort incertain d'amener l'Etat voisin à des idées meilleures. »

*** CHAPITRE II. — DES REPRÉSAILLES.

Définition. — Les représailles sont des actes de vio-

---

(1) Bluntschli, *op. cit.*, art. 505.

(2) Dans le domaine du droit civil français, nous pouvons citer une décision de notre Code qui nous a valu une mesure de rétorsion à l'étranger. On sait qu'aux termes de l'article 14 du Code civil, un étranger peut être assigné devant un tribunal français, alors même qu'il n'a pas son domicile en France. C'est là une dérogation à la règle de compétence *actor sequitur forum rei*. Par mesure de rétorsion, la juridiction italienne, en vertu de l'article 150, § 3 du Code de procédure italien, décide que les tribunaux italiens seront compétents pour juger les procès dans les-

lence exercés par un Etat à l'égard d'un autre Etat qui s'est rendu coupable d'une injustice.

Le but des représailles est de réprimer, par l'emploi de la force, la violation du droit des gens, soit *directement*, en reprenant la chose dont on a été injustement dépouillé (1), soit *indirectement*, en infligeant au gouvernement qui en est l'auteur un préjudice tel que, pour le faire cesser, il soit obligé d'accorder la réparation légitime du tort injustement causé.

Voici, par exemple, un Etat qui s'empare de navires appartenant à un autre Etat : l'Etat ainsi lésé usera de représailles, soit en reprenant par la force les navires saisis, soit en s'emparant à son tour de navires appartenant à l'Etat coupable, ou en occupant un territoire placé sous son autorité.

Différences entre les représailles et la rétorsion. — 1.º Les représailles ont pour but de venger une injustice ou la violation d'un droit. La rétorsion est motivée par un acte que l'Etat étranger est en droit de faire, mais qui cause un préjudice à un autre Etat ;

2º Les représailles consistent dans des voies de fait, des actes de violence : saisie de navires, occupation de territoire, etc... La rétorsion se produit sous forme de mesure législative gouvernementale. Telle par exemple une loi augmentant le tarif des douanes pour les importations d'un Etat étranger ;

3º La rétorsion suppose l'application à un Etat du même procédé et de la même règle dont il a usé à l'égard d'un autre Etat. Les représailles n'impliquent pas cette identité de moyens et de procédés. On peut, par exemple, user de représailles contre un Etat qui a commis une saisie injuste de navires, en occupant un territoire qui lui appartient.

Différences entre les représailles et la guerre. — 1º Les représailles constituent une *guerre limitée* ; elles produisent des conséquences restreintes à leur

---

quels sont défenseurs des étrangers, dont la législation contient une disposition analogue à notre article 14.

(1) Cette première forme de représailles est rigoureusement conforme à l'étymologie même du mot. Représailles vient, en effet, de « *reprehendere* » — Bluntschli, *op. cit.*, art. 500.

objet, tandis que la guerre produit des conséquences générales dans les relations des deux belligérants : par exemple, elle annule les traités qui existaient entre eux.

2º Les représailles ne présentent pas le caractère de réciprocité de la guerre ; elles ne sont pratiquées que d'un seul côté.

Qui a qualité pour exercer des représailles ? — Dans notre ancien droit, lorsqu'un simple particulier avait été victime d'un abus de pouvoir de la part d'un Etat étranger, il pouvait se faire délivrer par son gouvernement des *lettres de représailles* grâce auxquelles il était autorisé à se venger de l'injustice soufferte, en s'attaquant non seulement à l'Etat coupable, mais même à la personne et aux biens des sujets de cet Etat. Les représailles étaient *générales* ou *spéciales*, suivant que l'autorisation délivrée par le gouvernement était ou non limitée à certaines personnes ou à un lieu déterminé (1).

Il n'en est plus ainsi aujourd'hui. Désormais, les particuliers doivent rester étrangers, soit activement, soit passivement, aux actes de représailles.

C'est à l'Etat lésé seul qu'il appartient de venger, par des actes de violence, l'injustice qui a pu être commise par un autre Etat.

D'autre part, les simples particuliers ne doivent souffrir, ni dans leur personne, ni dans leurs biens, des actes de représailles. Ces actes doivent être dirigés contre les biens de l'Etat et nuire à l'Etat seulement considéré comme personne du droit des gens.

Des diverses espèces de représailles. — Nous avons déjà vu que les représailles étaient *directes* ou *indirectes*, suivant que les actes de violence exercés contre l'Etat coupable avaient pour but d'obtenir la réparation de l'injustice commise, directement ou indirectement.

On distingue encore les représailles *négatives* et *posi-*

---

(1) C'est ainsi que Calvo raconte qu'en 1677, Louis XIV accorda à deux armateurs de Bordeaux, auxquels les Anglais avaient capturé quatorze navires, des lettres de représailles sur les biens des sujets du roi d'Angleterre, jusqu'à concurrence de la valeur desdits navires. *Op. cit.*, t. III, p. 598.

tives. Les représailles négatives consistent dans l'inobservation des engagements contractés (1). Les représailles positives sont des actes de violence ou de contrainte, tels que le blocus pacifique ou commercial et
l'embargo, dont nous allons parler (2).

*** Blocus pacifique ou commercial. — C'est un

moyen de contrainte indirecte, consistant à investir
un port de commerce d'un Etat et à y empêcher, soit
l'entrée, soit la sortie des navires et des marchandises.

C'est un acte de représailles dont la légitimité a été
contestée (3), parce qu'il ne porte pas seulement atteinte aux intérêts de l'Etat contre lequel il est dirigé, mais
cause aussi un dommage, souvent considérable, aux
autres Etats qui ne peuvent plus entretenir de relations
commerciales avec le port mis ainsi en état de blocus.

Exemples historiques de blocus. — La première

application du blocus pacifique ou commercial a été
faite en 1827 par la France, l'Angleterre et la Russie,
qui mirent le blocus devant *Navarin* pour faire cesser
les massacres qui étaient commis en Grèce. En 1850,
l'Angleterre mit le blocus devant les ports de la Grèce
pour appuyer les réclamations d'un de ses sujets, le
juif portugais Pacifico. La France intervint ; un arbitrage eut lieu ; tout compte fait, la créance de Pacifico
s'élevait à 150 francs ! En 1885, au cours de l'expédition du Tonkin, la France mit aussi le blocus devant
l'île de Formose, à Foutchéou. Plus récemment enfin,
en 1886, les grandes puissances européennes, sauf la
France, employèrent le blocus comme moyen d'inti-

---

(1) On en trouve un exemple remarquable dans l'affaire de l'emprunt silésien en 1751. Frédéric II, refusant
de rembourser aux banquiers anglais le montant de l'emprunt fait à la Silésie et qui venait à échéance, en réponse
au jugement des tribunaux de prises anglais, prononça la
confiscation des marchandises françaises transportées
sur des navires prussiens, au cours de la guerre entre l'Angleterre et la France.

(2) Ces deux expressions jurent d'être ensemble ; blocus
pacifique veut dire blocus en temps de paix par opposition
au blocus de guerre.

(3) *Annuaire de l'Institut de droit international*, 1887-
1888.

midation vis-à-vis de la Grèce. Mais ce blocus a été moins rigoureux que les blocus précédents, en ce qu'il n'interdit l'entrée et la sortie des ports bloqués qu'aux navires grecs seulement.

Conditions requises pour que le blocus soit régulier. — Pour que le blocus soit régulier, deux conditions sont requises :

1º Il faut qu'il ait été notifié aux Etats neutres ;
2º Il faut qu'il soit effectif.

Nous nous bornerons à indiquer ici ces deux conditions, nous réservant de les développer plus tard en étudiant le blocus en cas de guerre.

Effets du blocus. — Le blocus a pour effet d'interdire l'entrée du port bloqué aux navires de tous les Etats (1). Ce n'est qu'à cette condition qu'il peut être efficace.

Mais supposons qu'un navire viole le blocus, comment sera-t-il traité ? Sur ce point, il y a divergence entre la doctrine française et la doctrine anglaise.

La *doctrine française* proclame que les navires qui violent le blocus peuvent être saisis, séquestrés ; mais ils doivent être rendus à la fin du blocus ; ils ne peuvent être *confisqués* que s'il y a déclaration de guerre.

La *doctrine anglaise* applique, au contraire, au blocus pacifique les mêmes règles qu'au blocus en cas de guerre, et déclare que les navires qui le méconnaissent peuvent être confisqués.

C'est la doctrine française qui a été appliquée en 1886, les navires grecs ont été séquestrés, mais non confisqués. C'est aussi dans le sens de cette doctrine que s'est prononcé l'Institut de droit international en 1887 (2).

Embargo. — L'embargo est la saisie pratiquée par un Etat sur les propriétés, soit d'un autre Etat, soit des nationaux d'un autre Etat, et en particulier sur

_____

(1) Cependant l'Institut de droit international, en 1888, a voté une résolution d'après laquelle les navires de nationalité étrangère ne sont pas tenus de respecter le blocus pacifique.

(2) *Annuaire de l'Institut de droit international*, 1887-1888, p. 308.

les navires de commerce qui se trouvent ancrés dans un de ses ports ou dans une de ses rades.

Lorsque l'embargo est ainsi mis par un Etat sur la propriété privée, pour cause de représailles, il constitue un abus de la force. Car, ainsi que nous l'avons établi, les actes de représailles ne peuvent pas porter atteinte aux particuliers, ceux-ci doivent rester étrangers aux différends qui s'élèvent entre les Etats.

C'est un procédé dont on trouve cependant des exemples dans l'histoire des temps modernes. En 1813 (1), la France frappa d'embargo la marine portugaise, lors de ses démêlés avec l'infant Don Miguel. C'est ce moyen dont se servirent l'Angleterre et la France en 1839, pour forcer la Hollande à reconnaître l'indépendance de la Belgique.

Embargo civil ou arrêt du prince. — L'*embargo civil,* qu'on appelle encore *arrêt du prince,* est bien différent de l'embargo proprement dit que nous venons d'étudier. C'est une défense faite aux navires qui se trouvent dans un port d'en sortir. Elle peut avoir pour but de faciliter des recherches de police ou d'empêcher que des nouvelles politiques importantes soient répandues par les navires qui quitteraient leur mouillage. Ce n'est pas là un acte de représailles. C'est une simple mesure de précaution qui n'a rien que de très légitime.

TITRE II

De la guerre.

NOTIONS GÉNÉRALES.

Définition. — La guerre est un ensemble d'actes de violence, exercés par un Etat à l'encontre d'un autre Etat, pour le forcer à se soumettre à sa volonté.

Conditions requises pour qu'il y ait guerre. — *Deux conditions.* — De la définition que nous venons de donner, il suit que deux conditions doivent se trouver réunies, pour qu'il y ait guerre proprement dite :

1º Il faut un ensemble d'actes de violence ;

2º Il faut que la lutte s'engage entre deux Etats.

---

(1) Calvo, *op. cit.,* p. 609.

1º *Ensemble d'actes de violence.* — Un seul acte de violence ne suffit pas pour constituer la guerre. Il peut être seulement un acte de représailles, ainsi que nous l'avons déjà indiqué. Il n'y a guerre que lorsque l'ensemble des forces armées de deux pays entre en lutte.

2º *Lutte engagée entre deux Etats.* — C'est là un point fondamental à observer dans la théorie de la guerre. Il a été mis en relief pour la première fois par Jean-Jacques Rousseau, au XVIIIe siècle. La guerre ne peut naître qu'entre les Etats. Elle ne peut pas exister entre particuliers, ou entre un Etat et des particuliers.

Cas particulier : Reconnaissance comme belligérants.
— *Position de la question.* — Lorsqu'une province ou une colonie se soulève contre l'Etat dont elle dépend, en vue de se séparer pour constituer un Etat nouveau, elle peut obtenir sa reconnaissance comme belligérant, dès qu'elle a constitué une armée régulière et un gouvernement doué d'une vitalité suffisante. Cette reconnaissance peut lui être accordée tant de la part de l'Etat contre lequel la lutte est engagée que de la part des autres Etats.

Applications historiques. — On en peut citer deux exemples principaux. En 1815, les Etats-Unis reconnaissent la qualité de belligérants aux colonies espagnoles soulevées contre leur métropole. En 1861, dans la guerre de Sécession américaine, la qualité de belligérants fut reconnue aux Etats confédérés du Sud.

Différences avec la reconnaissance d'Etat. — La reconnaissance de belligérants diffère de la reconnaissance d'un Etat nouveau à deux points de vue :

1º Elle est provisoire. Elle ne dure que tant que la lutte se poursuit. Si la guerre d'indépendance aboutit, elle se transforme en reconnaissance d'un Etat nouveau; si elle échoue, elle cesse de produire ses effets dans l'avenir.

2º Elle est limitée quant à ses effets aux règles à suivre au point de vue de la guerre.

Utilité pratique de cette reconnaissance. — Elle est utile à ceux qui luttent pour leur indépendance, en ce qu'elle leur assure en cas de capture le traitement réservé aux prisonniers de guerre. Et elle est utile également à l'Etat menacé dans son intégrité, en ce qu'elle peut ainsi exiger des autres Etats le respect du devoir de neutralité quant au blocus sur mer et à la répression de la contrebande de guerre.

Cas·où cette reconnaissance ne se conçoit pas. — La reconnaissance comme belligérants ne se conçoit pas lorsqu'on se trouve en présence d'un mouvement politique tendant à changer simplement la forme du gouvernement et non à créer un État nouveau. Mais, d'après certains auteurs américains, il pourrait dans ce cas y avoir lieu à reconnaissance des révolutionnaires comme insurgés. C'est le cas, par exemple, de ce navire russe *Protokim* dont l'équipage révolté parcourut pendant.quelque temps la mer Noire.

But et caractère de la guerre. — Le but de la guerre est d'établir le droit du plus fort, c'est-à-dire de déterminer entre les deux Etats qui luttent ensemble lequel sera assez puissant pour forcer l'autre à subir sa volonté.

La guerre n'est pas la sanction du droit des gens ; on ne peut pas la comparer à un moyen de procédure, à un procès entre deux parties. Car il arrive souvent que, dans la guerre, celui qui succombe avait le bon droit de son côté. La guerre produit des conséquences juridiques importantes et nombreuses ; mais, par elle-même, elle n'est pas un droit. C'est un fait brutal dans la vie des peuples.

La guerre est un mal considérable ; ses effets sont désastreux même pour le vainqueur, non seulement à cause des victimes qu'elle fait et des richesses qu'elle détruit, mais aussi parce qu'elle marque un arrêt dans l'existence intellectuelle, économique et commerciale des nations. Et ces effets désastreux de la guerre ne sont pas limités aux Etats qui sont en lutte ; nous verrons qu'ils se répercutent sur les puissances qui gardent la neutralité.

Cependant, c'est là un mal qu'il est presque chimérique de penser voir disparaître un jour. L'idéé de paix perpétuelle, de désarmement universel est un beau rêve ! Mais tant, qu'il existera au monde des Etats indépendants, il est à craindre que la guerre ne disparaisse pas du monde, l'arbitrage et la médiation étant impuissants à éteindre tous les conflits.

Diverses espèces de guerre. — Suivant la cause pour laquelle la guerre est entreprise, on distingue : les guerres offensives et défensives, les guerres politiques et les guerres de religion, les guerres de conquête et les guerres d'indépendance.

Nous dirons un mot seulement de la guerre offensive et de la guerre défensive.

Guerre offensive et défensive. — Il y a guerre *offensive* de la part d'un Etat qui prend les armes le premier et attaque un autre Etat qui vivait en paix avec lui.

Il y a guerre *défensive* de la part d'un Etat qui prend les armes pour repousser l'ennemi qui attaque.

L'intérêt pratique de cette distinction se présente, lorsque l'un des Etats belligérants a passé avec une tierce puissance un traité d'alliance purement défensive.

C'est ainsi que, dans la guerre de 1914, l'Italie, liée à l'Allemagne et à l'Autriche-Hongrie par le traité de la triple alliance ayant un caractère purement défensif, a refusé d'assister ses deux alliées par les armes et s'est déclarée neutre, en invoquant comme raison que la guerre qui était faite à la France et à la Russie était une guerre d'agression, ne rentrant pas dans le *casus fœderis* prévu par le traité.

Mais, en fait, cette distinction sera toujours bien délicate à faire, parce qu'il est rare que l'un des belligérants accepte de passer pour être l'agresseur. D'autre part, il peut très bien arriver que celui des deux adversaires qui le premier a pris les armes ait agi seulement dans le but de venger une offense ; et dans ce cas, bien qu'il ait commencé la lutte, on doit dire qu'il ne l'a entreprise que pour se défendre.

Causes justes et causes injustes de guerre. — **Des prétextes de guerre.** — *Exposé général.* — La cause d'une guerre est juste lorsqu'elle est conforme au droit international ; elle est injuste lorsque le droit international la réprouve.

On peut indiquer comme cause juste de la guerre toute atteinte portée à l'indépendance d'un Etat ou à l'intégrité de son territoire, une offense à sa dignité et à son honneur, le refus d'un Etat de remplir ses engagements envers un autre Etat, etc...

Il n'y a pas un simple intérêt théorique à rechercher si la guerre entreprise par un Etat a une cause juste ou injuste. La légitimité de la guerre importe au contraire beaucoup, tant pour déterminer l'attitude des puissances alliées à l'un des belligérants que pour décider celle des puissances neutres.

Si la guerre est injuste, les alliés de celui qui a commencé la lutte peuvent se refuser à lui prêter leur concours ; les neutres observeront à son égard une neutralité hostile ; et même, si quelques-uns des Etats neutres se sentent menacés dans leurs intérêts par la guerre entreprise, ils peuvent sortir de leur neutralité et se joindre à la puissance attaquée pour repousser l'agression dont elle a été victime.

Voilà pourquoi, dès le début de la guerre, les belligérants ont l'habitude de rédiger un manifeste pour justifier leur conduite aux yeux des puissances neutres et se concilier l'opinion publique internationale.

Mais il est souvent difficile de démêler les véritables causes d'une guerre et, en conséquence, de juger de sa légitimité, parce que les gouvernements souvent n'osent pas les avouer, les dissimulant et donnant, pour raison de leurs actes, des motifs tout à fait secondaires ou purement imaginaires.

Ce sont ces motifs secondaires ou imaginaires qu'on appelle les *prétextes de guerre*.

Il faut d'ailleurs ajouter que le caractère juste ou injuste de la guerre n'influe en rien sur la façon dont les belligérants doivent se comporter. Même dans une guerre injuste, on doit observer les lois et les usages de la guerre.

Exemple tiré de la guerre de 1914 (1). — Le prétexte invoqué par l'Allemagne pour déclarer la guerre à la France, dans la note verbale remise par M. de Schœn, ambassadeur d'Allemagne à Paris, à M. Viviani, ministre des affaires étrangères, était de prétendus actes d'hostilités commis par des aviateurs français dans la région de l'Eiffel et sur le chemin de fer de Carslruhe

_____

(1) Lire à ce sujet un cynique, mais courageux article tout de même, du grand journaliste allemand, Maximilien Harden, dans sa revue, *La Zukunft*, où il écrit : « Cette guerre, nous l'avons voulue, nous devions la vouloir... L'Allemagne ne fait pas cette guerre pour punir des coupables ou pour libérer des peuples opprimés... Elle la fait en raison de la conviction immuable que ses œuvres lui donnent droit à plus de place dans le monde et à de plus larges débouchés pour son activité. L'Espagne et les Pays-Bas, la France et l'Angleterre ont saisi, colonisé de grands territoires, les plus fertiles du monde. L'heure de l'Allemagne a maintenant sonné et elle doit prendre sa place de dirigeante dans le monde » (novembre 1914).

à Nuremberg. La cause véritable de cette guerre, il faut la chercher dans les convoitises de tout un peuple pour envahir et démembrer la France, qu'une propagande pangermanique savamment organisée lui présentait comme une riche proie, facile à saisir et à garder. C'est une guerre d'agression, *fraîche et joyeuse*, entreprise avec ce cri significatif : « Deutschland uber alles. »

Des lois de la guerre. — *Définition.* — On entend par lois de la guerre l'ensemble des règles que les belligérants sont tenus de suivre dans la conduite des hostilités (1).

Sources. — Ces règles résultent de trois sources différentes :

1º La coutume ;
2º Les lois ou règlements intérieurs de chaque Etat ;
3º Les traités.

1º *La coutume.* — C'est la source originaire et la source la plus abondante des lois de la guerre.

Dans les idées primitives, la guerre anéantissait tous les droits et tous les devoirs. C'était une lutte effroyable qui légitimait toutes les cruautés, toutes les destructions. Les Romains avaient formulé cette doctrine dans cette phrase énergique : *adversus hostem æterna auctoritas.* Peu à peu, sous l'influence des écrits des philosophes et des jurisconsultes, des idées de justice et d'humanité se sont fait entendre, et insensiblement, par un accord tacite des peuples, certaines coutumes se sont établies dans la manière d'employer la force. Ces coutumes, étant acceptées et pratiquées par tout le monde, ont fait naître de véritables obligations et par suite ont créé des droits.

---

(1) « Ce qui prouve, a dit M. Renault, que nous avons bien conscience de l'existence d'un véritable droit entre les peuples, malgré la lutte violente dans laquelle ils sont engagés, c'est que nous sommes plus irrités par un acte réputé injuste, que nous n'hésitons pas à qualifier de crime, que par un fait normal de guerre, même entraînant de grosses conséquences pour les choses ou les personnes. L'exécution sommaire, par un belligérant, d'un habitant inoffensif nous émeut plus « que la mort de centaines de soldats dans un engagement régulier » (Discours prononcé à la séance publique annuelle des cinq Académies, le 26 octobre 1914).

2° *Lois ou règlements intérieurs*. — Il existe en général dans tous les pays des lois ou règlements intérieurs déterminant la conduite à tenir par les officiers et leurs troupes en cas de guerre. En France, diverses ordonnances ou décrets (1) s'occupent de la question. On peut citer en outre un manuel très utile à consulter, qui porte le titre suivant : *Manuel de droit international à l'usage des officiers des armées de terre*, dont la 3e édition a paru en 1884. Il a été remplacé en 1915 par un autre manuel du lieutenant Jacomet, publié sous la direction historique de l'état-major de l'armée.

Aux Etats-Unis, un véritable code officiel a été rédigé au cours de la guerre de Sécession de 1863, contenant les instructions à suivre pour les armées en campagne (2).

En Allemagne, en 1902, a été publié par les soins du grand état-major général un manuel des lois de la guerre continentale qui a été traduit en français par Paul Carpentier. Répudiant les règles posées par la conférence de la Haye de 1893, ce manuel distingue les lois de la guerre, qui comprennent les règles en usage chez les peuples civilisés et la raison ou nécessité de la guerre qui autoriserait l'emploi des moyens d'attaque ou de défense prohibés par le droit des gens toutes les fois que cela serait nécessaire pour atteindre le but de la guerre. Cette doctrine conduit à faire dépendre le droit de la guerre de l'arbitraire absolu des chefs militaires.

3° *Traités*. — Les traités concernant les pratiques de la guerre sont :

1° La déclaration du 16 avril 1856 concernant la guerre maritime ;

2° La convention de Genève du 22 août 1864 pour l'amélioration du sort des militaires blessés dans les armées en campagne, remplacée par celle du 6 juillet 1906 ;

_____

(1) On peut indiquer : le décret du 24 décembre 1811 relatif à l'organisation et au service des états-majors des places ; l'ordonnance du 3 mai 1832 sur le service des armées en campagne ; le décret du 13 octobre 1865 sur le service dans les places de guerre et dans les villes de garnison.

(2) Il est dû au docteur Lieber, un Allemand émigré aux Etats-Unis.

3º La déclaration de Saint-Pétersbourg du 11 décembre 1868 sur l'emploi des projectiles explosibles ;

4º Les conventions et déclarations signées à la Haye en 1899 et en 1907 au cours des conférences de la paix et que nous avons indiquées plus haut (p. 452).

Ces conventions et déclarations ont été inspirées par deux documents importants :

a) Un projet de déclaration internationale sur les lois et les coutumes de la guerre établi en 56 articles à la suite d'une conférence tenue à Bruxelles en 1874 ;

b) Un projet de codification des lois de la guerre sur terre en 86 articles, adopté par l'Institut de droit international dans sa session d'Oxford en 1880. Il a été complété en ce qui concerne la guerre maritime par un manuel adopté par l'Institut de droit international à sa session d'Oxford du mois d'août 1913 ;

5º La déclaration du 26 février 1909 relative au droit de la guerre maritime arrêtée à la Conférence navale de Londres de 1908-1909 (1). Elle n'a aucune valeur internationale, n'ayant pas été ratifiée. L'Angleterre et la France l'ont publiée comme un acte de législation intérieure qu'elles se proposent d'observer en se réservant d'y apporter les changements jugés indispensables à leurs intérêts. En France, c'est par le décret du 6 novembre 1914 que la déclaration de Londres a été rendue applicable, mais, postérieurement, au mois de juillet 1916, la France et l'Angleterre ont été d'accord pour renoncer complètement à la déclaration de Londres (Décret du 7 juillet 1916).

6º Le traité de Washington du 6 février 1922 sur l'emploi des submersibles et des gaz asphyxiants.

---

(1) Cette déclaration a été signée à Londres à la suite d'une conférence tenue dans cette ville sur l'initiative de l'Angleterre de décembre 1908 à février 1909. Pour faciliter les négociations, on n'a réuni dans cette conférence que les représentants de dix Etats : les six grandes puissances européennes, les Etats-Unis, le Japon, et deux puissances secondaires, la Hollande et l'Espagne. L'Angleterre a été chargée d'obtenir l'adhésion des autres puissances. A la différence des conventions de la Haye, qui comportaient le système des réserves, la déclaration de Londres est indivisible. Les puissances contractantes doivent l'accepter entièrement ou pas du tout.

Division de la matière. — Nous diviserons l'étude de la guerre en sept sections : ·

1re section : De la guerre continentale ;

2e section : De la neutralité dans la guerre continentale ;

3e section : De la guerre maritime ;

4e section : De la neutralité dans la guerre maritime;

5e section : Des prises maritimes ;

6e section : De la guerre aérienne ;

7e section : Fin de la guerre.

SECTION I. — DE LA GUERRE CONTINENTALE

Division de la première section. — Nous diviserons notre première section en cinq chapitres, de la façon suivante :

Chapitre premier : De la déclaration de guerre.

Chapitre II : Des opérations de guerre. ·

Chapitre III : Du cas spécial de l'occupation d'un territoire ennemi.

Chapitre IV : Des relations entre les belligérants.

Chapitre V : Sanction des règles de la guerre. Des représailles.

CHAPITRE PREMIER. — DE LA DÉCLARATION DE GUERRE.

Définition. — La déclaration de guerre est l'acte par lequel un Etat manifeste son intention de cesser les relations pacifiques avec un autre Etat et de commencer contre lui la lutte armée.

Une déclaration de guerre est-elle nécessaire ? — *Position de la question.* — Cette question n'est pas résolue d'une façon certaine à l'heure actuelle dans la doctrine. Les auteurs anglais estiment qu'une déclaration de guerre n'est pas nécessaire. Les auteurs français sont d'un avis différent.

Exposé de l'opinion négative. — Ceux qui estiment qu'une déclaration de guerre n'est pas nécessaire ne vont pas jusqu'à prétendre qu'il soit permis en pleine paix à un Etat de se jeter sur un autre Etat sans avertissement préalable. Ils disent ceci : La guerre n'éclate pas inopinément. Elle est précédée d'une période plus ou moins longue pendant laquelle les deux gouvernements discutent. Suivant la tournure et le caractère des négociations, chaque État peut s'attendre à une rupture et à l'imminence de la lutte armée. Dans ces conditions, une déclaration préalable d'hostilité est inutile.

Exposé de l'opinion affirmative. — Ceux qui considèrent la déclaration de guerre comme indispensable n'exigent pas un acte solennel comme au temps des Fétiaux, mais ils demandent que le commencement des hostilités soit précédé par une manifestation de volonté non équivoque d'avoir recours aux armes. A l'appui de cette opinion on invoque les arguments suivants :

1º La rupture des négociations et des relations diplomatiques n'amène pas nécessairement la guerre.

2º La guerre entraîne une perturbation dans les relations des Etats ; il importe aux intéressés que le passage de l'état de paix à l'état de guerre soit connu.

3º La déclaration de guerre est nécessaire pour avertir les Etats neutres et les mettre à même d'exercer leurs droits et d'observer leurs devoirs.

Exemple tiré de la guerre russo-japonaise. — Le 6 février 1904, le ministre du Japon à Saint-Pétersbourg remettait au comte Lamsdorff deux notes dont la deuxième se terminait par ces mots : « En adoptant cette mesure (la rupture des relations diplomatiques), le gouvernement impérial se réserve le droit de recourir à toute action indépendante qu'il pourra estimer la meilleure pour consolider et défendre sa situation menacée ». Deux jours après, le 8 février, deux torpilleurs japonais commençaient les hostilités en faisant sauter deux navires de guerre russes dans la baie de Port-Arthur. L'opinion publique, en France, a accusé le Japon de perfidie dans cette affaire. En Angleterre, on a soutenu au contraire que la note japonaise du 6 février contenait une déclaration de guerre suffisamment précise, quoique implicite.

Exemple tiré de la guerre franco-allemande de 1914. — L'Allemagne a formellement violé le principe relatif à la déclaration de guerre en faisant pénétrer ses troupes sur le territoire français en quatre endroits différents, avant toute déclaration de guerre.

Convention de la Haye de 1907. — La convention de la Haye de 1907 pose le principe formel que les hostilités ne doivent pas commencer sans un avertissement préalable et non équivoque qui aura soit la forme d'une déclaration de guerre motivée, soit celle d'un ultimatum avec déclaration de guerre conditionnelle (article premier).

En outre, elle prescrit la notification de la guerre aux Etats neutres (art. 2).

Division du chapitre. — Nous étudierons dans trois paragraphes :

§ 1. — A qui il appartient de faire la guerre.
§ 2. — Les formes de la déclaration de guerre.
§ 3. — Les effets de la déclaration de guerre.

§ 1. — A qui il appartient de faire la guerre.

Double point de vue de la question. — Cette question, comme celle de savoir à qui il appartient de faire les traités, tient par un côté au droit international et par un côté au droit constitutionnel. C'est au *droit international* à déterminer quels sont les Etats qui peuvent faire la guerre ; mais c'est au *droit constitutionnel* à dire quel est le pouvoir chargé dans chaque Etat de déclarer la guerre.

Quels Etats peuvent faire la guerre. — *Principe.* — Le droit de guerre appartient à tout Etat indépendant. Il a droit à l'observation des lois de la guerre au point de vue actif comme au point de vue passif.

Etats à union personnelle. — Dans ce cas, chaque Etat conserve le droit de guerre. Et lorsque l'un des Etats est en guerre, l'autre n'y est pas nécessairement. Il en était ainsi autrefois, lorsque l'Angleterre et le Hanovre avaient le même souverain.

Il peut y avoir guerre entre les deux Etats formant une union personnelle. Cela peut arriver notamment si l'un des Etats se met en rébellion contre son souverain.

Etats à union réelle. — Dans ce cas, le droit de guerre n'appartient qu'à l'Etat formé par l'union : il n'appartient pas à chacun des Etats séparément.

Cependant, si l'un des Etats voulait se séparer par la force de l'autre Etat, cette lutte violente, entre les deux parties de l'union, devrait être considérée comme une guerre véritable. C'est ce qui aurait pu se produire au moment de la séparation de la Suède et de la Norvège.

Confédération d'Etats. — Une confédération d'Etats peut déclarer la guerre à un autre Etat : dans ce cas, tous les Etats confédérés sont belligérants.

S'il y a lutte entre deux Etats confédérés, cette lutte doit être considérée comme une guerre internationale. Il en fut ainsi de la lutte entre la Prusse et l'Autriche en 1866.

Enfin, lorsqu'un des Etats confédérés est en guerre avec un autre Etat pour ses intérêts particuliers, la Confédération n'entre pas nécessairement dans la lutte. C'est ce qui arriva en 1859 pour la guerre d'Italie, où l'Autriche était engagée pour ses possessions italiennes ; la Confédération germanique observa la neutralité.

Etat fédéral. — L'Etat fédéral seul a le droit de guerre. Si on a des griefs à faire valoir contre un des Etats fédérés, c'est à l'Etat fédéral qu'on doit s'adresser.

Etats perpétuellement neutres. — Ils n'ont pas le droit de faire la guerre. Mais alors peuvent-ils refuser impunément de donner satisfaction aux justes réclamations d'un autre Etat ? Non ; en pareil cas, l'Etat lésé devra s'adresser aux Etats garants de la neutralité. Si la réclamation est fondée, les Etats garants obligeront l'Etat neutre à y faire droit. Dans le cas contraire, ils le défendront contre une agression injuste.

Si l'Etat neutre est attaqué, il doit faire appel aux puissances garantes et recourir aux armes pour défendre son territoire.

Etats vassaux ou protégés. — Un Etat vassal ou protégé ne peut pas déclarer la guerre et on ne peut pas non plus lui déclarer la guerre. On doit s'adresser à l'Etat suzerain ou protecteur.

Au cas de lutte entre l'Etat vassal ou protégé et l'Etat suzerain ou protecteur, il faudrait appliquer les règles de la guerre internationale.

Enfin, une guerre déclarée à l'Etat suzerain ou protecteur rejaillirait-elle sur l'Etat vassal ou protégé ? Cela dépend de l'intimité des liens existants entre les deux Etats.

La guerre s'étendrait à l'Etat vassal ou protégé dans le cas où il serait tenu de fournir un contingent de

Dr. int. pub. **32**

troupes à son suzerain ou dans le cas où son territoire serait occupé militairement par les troupes de l'Etat suzerain ou protecteur.

Qui a qualité dans chaque Etat pour déclarer la guerre ? — C'est là une question de droit interne qui dépend de la constitution de chaque Etat.

En France, d'après l'article 9 de la loi constitutionnelle du 16 juillet 1875, le président de la République ne peut déclarer la guerre sans l'assentiment préalable des deux Chambres.

Aux Etats-Unis, tandis que pour les traités il suffit de l'accord du président de la République et du Sénat, l'intervention du Congrès est indispensable pour déclarer la guerre.

En Allemagne, d'après la constitution de 1871, le consentement du Conseil fédéral était nécessaire « à moins d'attaque contre le territoire ou les côtes de la confédération ».

En Italie et en Angleterre, le souverain a bien, en théorie, le droit de déclarer la guerre. Mais c'est là un pouvoir qui n'a rien de réel. Le souverain est à la merci du Parlement qui, en refusant les crédits que nécessitent les opérations militaires, peut empêcher la guerre d'avoir lieu.

§ 2. — Formes de la déclaration de guerre.

Usages anciens. — Dans les temps anciens, la déclaration de guerre était entourée de formes solennelles. A Rome, c'étaient des magistrats spéciaux, les *fétiaux,* qui étaient chargés de cette mission.

Au moyen âge, un messager spécial remettait des *lettres de défi* au souverain contre lequel la guerre était entreprise, et les hostilités ne pouvaient commencer que le troisième jour après que cette formalité était accomplie.

Usages modernes. — Aujourd'hui, aucune forme déterminée n'est requise pour la déclaration de guerre. Elle peut résulter de tout acte manifestant clairement l'intention de la part d'un Etat d'entrer en lutte avec un autre Etat. Le plus souvent, la déclaration de guerre résultera de la remise d'une note par l'agent diplomatique de l'Etat qui déclare la guerre au ministre des affaires étrangères de l'Etat ennemi. C'est dans cette forme qu'a été faite la déclaration de guerre entre la France et la Prusse le 19 juillet 1870, entre la France et l'Allemagne le 3 août 1914.

De l'ultimatum. — L'ultimatum (1) est l'acte par lequel un Etat fait connaître quelles sont ses dernières propositions d'arrangement, ses dernières concessions, indiquant que si, dans un certain délai, il ne reçoit pas de réponse, ou s'il reçoit une réponse négative ou une réponse dilatoire, il prendra les armes pour obtenir satisfaction.

C'est une *déclaration de guerre éventuelle*, qui devient déclaration pure et simple, par l'expiration du délai, sans que l'Etat auquel l'ultimatum était adressé ait accédé aux propositions qui y étaient contenues.

Parfois l'ultimatum ne contient pas l'indication d'un délai, ou bien l'Etat qui l'adresse se réserve simplement la faculté d'aviser, au cas de refus opposé à ses propositions. Dans ce cas, l'ultimatum ne peut être considéré comme une déclaration de guerre.

Du rappel des agents diplomatiques. — Le simple rappel des agents diplomatiques ne suffit pas pour constituer une déclaration de guerre, s'il n'est accompagné d'aucun acte indiquant nettement la volonté du gouvernement duquel cette mesure émane de commencer les hostilités. Certains traités de commerce renferment une clause par laquelle la rupture entre les deux Etats contractants ne sera censée exister qu'après le rappel ou le départ de leurs agents diplomatiques respectifs. Un semblable traité existe entre la France et le Brésil (1827).

Des actes qui accompagnent la déclaration de guerre. — Deux actes suivent d'ordinaire immédiatement la déclaration de guerre : la publication de la guerre et le manifeste aux neutres.

Publication de la guerre. — C'est l'acte par lequel les Etats belligérants portent la déclaration de guerre à la connaissance de leurs nationaux, et leur tracent

_____

(1) De *ultimum verbum*, dernière parole.

les règles de conduite qu'ils auront à suivre dans la guerre qui va commencer (1).

C'est là un *acte de gouvernement intérieur*, à la différence de la déclaration de guerre et du manifeste aux neutres, qui sont des *actes diplomatiques* relevant du droit international.

Manifeste aux neutres. — C'est l'acte par lequel les Etats belligérants notifient aux Etats neutres l'état de guerre qui commence. Cet acte est indispensable pour faire naître les obligations des neutres à l'égard des belligérants.

Dans ce manifeste, les Etats belligérants exposent les motifs du différend qui les oblige à en venir aux mains, et s'efforcent de s'attirer les sympathies des neutres et de l'opinion publique, en plaidant la légitimité de leur cause (2).

---

(1) En France, dans la guerre de 1914, la publication de la guerre a été remplacée par deux actes : une proclamation du gouvernement aux Français au moment de la mobilisation générale, le 1er août, et un message adressé aux Chambres par le Président de la République, le 4 août.

(2) Dans la guerre franco-allemande de 1914, le manifeste aux neutres a été publié au *Journal officiel* du 6 août 1914 et un exemplaire a dû en être remis aux représentants diplomatiques des puissances accréditées à Paris. Il est ainsi conçu :

« Le gouvernement impérial allemand, après avoir laissé ses forces armées franchir la frontière et se livrer, sur le territoire français, à divers actes de meurtre et de violence, après avoir violé la neutralité du Grand-Duché de Luxembourg au mépris des stipulations de la convention de Londres du 11 mai 1867 et de la convention V de la Haye du 18 octobre 1907, sur les droits et devoirs des puissances et personnes neutres en cas de guerre sur terre (art. 1 et 2), conventions signées de lui ; après avoir adressé un ultimatum au gouvernement royal de Belgique, tendant à exiger le passage des troupes allemandes par le territoire belge en violation des traités du 19 avril 1839, également signés de lui, et de la susdite convention de la Haye :

« A déclaré la guerre à la France le 3 août 1914 à dix-huit heures quarante-cinq minutes.

« Le gouvernement de la République se voit, dans ces

*** § 3. — Effets de la déclaration de guerre.

Enumération des divers effets de la déclaration de guerre. — La déclaration de guerre produit des effets :

1º En ce qui concerne les traités ;
2º En ce qui concerne la personne ;
3º En ce qui concerne les biens ;
4º En ce qui concerne le commerce des nationaux qui habitent le territoire de l'Etat ennemi et les contrats entre les deux belligérants.

1º Effets de la déclaration de guerre en ce qui concerne les traités. — Il faut distinguer deux sortes de traités : les traités conclus en vue de la paix et les traités conclus en vue de la guerre.

1º *Traités conclus en vue de la paix.* — La question est discutée. D'après certains auteurs, les traités entre les belligérants sont seulement suspendus pendant la durée de la guerre. D'après d'autres au contraire, les traités seraient annulés et une clause spéciale devrait être insérée dans le traité de paix pour les remettre en vigueur. Il en est ainsi pour les traités de commerce, d'union douanière, d'amitié, de subsides, etc...

C'est ainsi, que par le fait de sa déclaration de guerre à la France, l'Allemagne a déchiré le traité de Francfort qui lui transférait la souveraineté sur l'Alsace et la Lorraine. De ce fait ces deux provinces ont cessé de faire partie de l'empire allemand et se sont trouvées placées dans la même situation que les autres parties du territoire français occupées par les troupes allemandes (1).

2º *Traités conclus en vue de la guerre.* — Les traités conclus en vue de la guerre commencent au contraire à produire leur plein et entier effet à partir de la déclaration de guerre.

Il en est ainsi d'abord de traités liant les belligérants

---

conditions, obligé de son côté de recourir à la force des armes.

« Il a, en conséquence, l'honneur de faire savoir par la présente au gouvernement de... (*nom de l'Etat auquel la notification est faite*) que l'état de guerre existe entre la France et l'Allemagne à dater du 3 août 1914, dix-huit heures quarante-cinq minutes. »

(1) Bonfils, *op. cit.*, p. 360.

réciproquement, en ce qui concerne la conduite des hostilités. Telles sont par exemple la convention de Genève, la déclaration de Paris de 1856, etc.

Il en est de même des traités que l'un des belligérants avait conclus avec une tierce puissance en prévision de la guerre déclarée, par exemple les traités d'alliance, de garantie ou de subsides. Pour déterminer les effets produits par les traités de cette seconde espèce, il faut distinguer : les rapports des deux alliés entre eux, et les rapports de l'allié et de l'autre belligérant.

Dans les rapports des deux alliés, le traité est obligatoire de plein droit, sans soulever aucune difficulté lorsque l'alliance est conclue d'une façon absolue et sans restriction d'aucune sorte.

Lorsqu'au contraire l'alliance est limitée à certaines causes spéciales, il peut y avoir discussion sur le point de savoir si la lutte engagée rentre dans les prévisions du traité d'alliance et constitue un *casus fœderis*.

Cette difficulté se présentera, par exemple, en cas d'alliance défensive. Il pourra y avoir doute sur le véritable caractère de la guerre que soutient le belligérant qui réclame le secours de son allié.

Dans les rapports de l'allié de l'un des belligérants et de l'autre belligérant il pourra se produire de deux choses l'une : ou bien l'allié attaquera le belligérant, en exécution de son pacte d'alliance. Il devra pour cela lui adresser au préalable une déclaration de guerre.

Ou bien l'allié gardera une attitude indécise, en attendant l'issue des premières rencontres. Dans ce cas, le belligérant, s'il connaît l'existence du traité d'alliance, et s'il se sent assez fort, peut attaquer l'allié de son ennemi, après une déclaration préalable de guerre. S'il se défie de ses forces et ne se sent pas de taille à lutter contre deux ennemis à la fois, il usera de diplomatie pour paralyser le traité d'alliance de son adversaire.

2° Effets de la déclaration de guerre en ce qui concerne la personne des nationaux de l'un des belligérants qui habitent le territoire ennemi. — Pour déterminer les effets de la déclaration de guerre, en ce qui concerne la personne des nationaux de l'un des belligérants qui habitent le territoire ennemi, il faut partir de ce principe que la déclaration de guerre ne doit pas produire d'*effets rétroactifs* dans le passé, mais doit produire des effets dans l'avenir seulement. C'est ce point de départ qui nous fera connaître quelles mesures l'Etat peut prendre à l'égard des nationaux ennemis et quelles mesures lui sont interdites.

Mesures que le gouvernement peut prendre à l'égard des nationaux ennemis. — Le gouvernement peut, à son gré, ou bien les expulser, ou bien les laisser séjourner sur son territoire. Il prendra l'un ou l'autre parti, suivant les nécessités de la défense du pays. Il peut aussi, tout en leur permettant le séjour sur son territoire, leur interdire l'accès de certaines villes, des places fortes notamment ; ou même les cantonner dans une certaine région. Les nationaux ennemis, qui continuent à séjourner, malgré la déclaration de guerre, sur le territoire étranger, peuvent se placer sous la protection diplomatique d'une puissance neutre.

Pendant la guerre de Crimée, les sujets russes purent séjourner en France et en Angleterre : on accorda même la liberté aux Autrichiens en France, pendant la guerre de 1859. Au contraire, en 1870, le gouvernement français usa de la faculté d'expulsion à l'égard des Allemands parce que leur présence sur notre territoire pouvait être un danger sérieux pour la défense nationale.

Mesures que le gouvernement ne peut pas prendre à l'égard des nationaux ennemis. — Le gouvernement ne peut pas faire prisonniers, retenir de force sur son territoire les nationaux ennemis qui s'y trouvent au moment de la déclaration de guerre. Ils y étaient venus pendant la paix, sur la foi des traités : ils doivent conserver le droit qu'ils avaient de s'en retourner dans leur pays : sinon, on ferait produire à la déclaration de guerre un effet rétroactif.

Faut-il étendre cette solution aux miliciens ennemis, c'est-à-dire aux hommes qui, par leur âge, sont appelés à servir dans l'armée ennemie ? On peut dire, pour justifier une solution négative, que l'on ne peut imposer comme devoir à un Etat de rendre à un adversaire un élément de force pour le combattre : d'autant plus que les recrues qu'il lui fournira ainsi seront de précieux auxiliaires de lutte contre le pays qu'ils ont habité et qu'ils connaissent.

Il est cependant conforme au principe de la non-rétroactivité de la déclaration de guerre de décider qu'on ne doit pas empêcher les miliciens ennemis de rejoindre leurs corps respectifs. Cette solution est aussi la plus sage en politique. Car retenir ces militaires malgré eux (1) présenterait un double inconvénient.

D'une part, on s'exposerait à subir la même mesure de la part de l'ennemi ; d'autre part, ce serait s'imposer à soi-même la surveillance d'hommes auxquels le patriotisme pourrait faire un devoir de nuire à l'Etat qui les a empêchés de courir à la défense de leur pays.

Aussi, dans les traités de commerce, il est d'usage d'insérer une clause d'après laquelle, au cas de guerre entre les Etats contractants, un délai sera accordé à leurs sujets respectifs pour sortir du territoire ennemi.

Cette dernière solution a été suivie par la France et par l'Allemagne en 1870.

Mesures édictées par la France à l'occasion de la guerre franco-allemande de 1914. — Dès le jour de la déclaration de guerre, le gouvernement français a rendu un décret portant la date du 2 août 1914, pour régler la situation des étrangers résidant sur le territoire. D'après l'article 2 de ce décret, les étrangers ressortissants à l'Allemagne et à l'Autriche-Hongrie ont dû évacuer la région du Nord-Est, ainsi qu'une partie de la région du Sud-Est de la France. On leur laissa la faculté soit de sortir du territoire national, soit de se retirer dans l'intérieur du pays, où du travail leur serait donné si possible. En fait, on leur a permis de partir de France jusqu'avant la fin du premier jour de la mobilisation. Ceux qui n'avaient pas quitté Paris à ce moment ont été transportés, par voie ferrée, sur des points de refuge provisoire situés dans l'ouest de la France où on a dû pourvoir à leur logement et à leur nourriture. Quant aux autres étrangers, ils ont été autorisés, après enquête individuelle, à conserver leur domicile en recevant à cet effet un permis de séjour.

3° **Effets de la déclaration de guerre en ce qui concerne les biens des nationaux ennemis.** — Par application du principe que la déclaration de guerre n'a pas d'effets rétroactifs, il faut décider que les biens des nationaux ennemis ne doivent subir aucune atteinte de la part de l'Etat sur le territoire duquel ils se trou-

---

(1) Funck-Brentano et Sorel, p. 255.

vent. On n'admet plus que cet Etat ait le droit de les confisquer ni même de les mettre sous séquestre.

Cette solution est vraie, quelle que soit la nature des biens : meubles ou immeubles. Elle a été cependant plus lente à être admise pour les navires. Pendant très longtemps, chaque Etat belligérant se reconnaissait le droit de mettre la main sur les navires de l'Etat ennemi, qui se trouvaient dans ses ports au moment de la déclaration de guerre. Cette doctrine a été abandonnée définitivement. Aujourd'hui, en cas de guerre, les Etats belligérants accordent un délai aux navires de l'ennemi ancrés dans leurs ports pour en sortir librement. Le respect des biens des nationaux ennemis n'est pas seulement conforme aux principes, il est aussi dicté par l'intérêt bien entendu des Etats. D'une part, en effet, l'Etat qui userait de violence à l'égard des propriétés ennemies sur son territoire exposerait ses nationaux à de cruelles représailles pour les biens qu'ils peuvent posséder sur le territoire de l'autre Etat. D'autre part, les intérêts économiques des nations sont aujourd'hui tellement enchevêtrés que les mesures préjudiciables, prises par un Etat à l'égard des nationaux ennemis, produisent des contre-coups fâcheux à l'égard de ses propres nationaux (1). C'est cette doctrine qui a été observée par la France en 1870 et en 1914. Elle a permis aux navires allemands de sortir en toute sécurité de nos ports.

4° **Effets de la déclaration de guerre en ce qui concerne le commerce et les contrats entre les deux belligérants.** — *Principe.* — La déclaration de guerre rend illicite tout commerce avec l'ennemi. Cette interdiction s'applique au commerce maritime comme au commerce terrestre. Mais elle n'est observée en pratique, d'une façon rigoureuse, que pour le commerce sur mer, où elle a pour sanction la confiscation et la prise des navires. Cependant, rien n'empêche les Etats belligérants de s'entendre pour permettre à leurs nationaux respectifs de continuer leurs relations commerciales. C'est ainsi que pendant la guerre de Crimée, de 1854 à 1856, les Français et les Anglais purent faire le trafic

---

(1) Il est certain, par exemple, que si nous ruinions les armateurs anglais, nos banquiers en subiraient le contre-coup (M. Renault à son cours).

de leurs marchandises, sur les navires neutres, avec les ports russes non bloqués.

La déclaration de guerre rend également illicites les contrats entre les sujets des deux belligérants. Cette interdiction s'applique notamment aux assurances sur la propriété et le commerce de l'ennemi, à la négociation de lettres de change, à l'envoi de fonds dans le pays ennemi, etc...

Application dans la guerre de 1914. — C'est par application de ces principes que le décret du 27 septembre 1914 a déclaré interdit tout contrat avec les sujets allemands et autrichiens. Pour assurer l'exécution de ce principe, diverses circulaires ministérielles, notamment des 8 et 13 octobre 1914, ont ordonné la saisie et la mise sous séquestre, à titre purement conservatoire, de toutes marchandises, de tous deniers et généralement de toutes les valeurs mobilières et immobilières des maisons allemandes, autrichiennes et hongroises, pratiquant commerce, industrie ou agriculture en France.

L'interdiction pour les Français d'entretenir des relations d'ordre économique avec les sujets d'une puissance ennemie a été sanctionnée par la loi du 4 avril 1915 (emprisonnement d'un an à cinq ans et amende de 500 à 20.000 francs).

CHAPITRE II. — DES OPÉRATIONS DE GUERRE.

Deux principes fondamentaux. — Deux principes fondamentaux dominent le droit des gens en temps de guerre et doivent être mis en relief. Nous en trouverons de nombreuses applications dans la suite :

1° La guerre est une lutte entre les deux Etats. En conséquence, les opérations de guerre doivent être dirigées contre les *forces organisées* de l'Etat et non contre les simples particuliers ;

2° La guerre légitime tous les *actes nécessaires*, c'est-à-dire ceux qui tendent à détruire le plus promptement possible les forces organisées de l'Etat ennemi, pourvu qu'ils ne soient entachés ni de déloyauté, ni d'injustice, ni de cruauté.

Au contraire, la guerre proscrit toute rigueur inutile, ainsi que toute action déloyale, injuste ou barbare. Ces deux principes ont été reconnus par l'Institut de droit international (*Les lois de la guerre sur terre*, art. 1 et 4).

Division du chapitre II. — Nous diviserons notre chapitre II en trois paragraphes, de la manière suivante :

§ 1. Des belligérants et des non-belligérants.

§ 2. Des moyens de nuire à l'ennemi.

§ 3. Des droits et des devoirs des belligérants à l'égard de la personne de l'ennemi.

§ 1. — Des belligérants et des non-belligérants.

Des belligérants. — Ont droit à la qualité de belligérants :

1° Les armées organisées ;

2° Les corps de volontaires, corps francs ou francs-tireurs, lorsqu'ils réunissent les cinq conditions suivantes :

a) D'être reconnus et autorisés par le gouvernement de l'Etat pour lequel ils prennent les armes ;

b) D'avoir à leur tête un *chef responsable* ;

c) D'avoir un signe *distinctif*, fixe et reconnaissable à distance ;

d) De porter les armes *ouvertement* ;

e) De se conformer dans leurs opérations aux lois et aux coutumes de la guerre.

Ces conditions sont expressément exigées par le projet de la conférence de Bruxelles de 1874 (art. 8) et par la convention de la Haye (article premier).

3° Les citoyens valides compris dans une *levée en masse*, pourvu que cette levée soit *organisée* conformément aux règles précédentes.

On peut citer comme exemple d'une mesure de ce genre le décret de la délégation de Tours du 2 novembre 1870, qui mobilisait tous les hommes valides de vingt et un à quarante ans (1).

----

(1) Dans la guerre de 1870, les Allemands violèrent cette règle à deux reprises, dans des circonstances mémorables, à Bazeilles et à Châteaudun. A Bazeilles, petit village situé près de la Meuse, à 8 kilomètres de Sedan, le 31 août 1870, les habitants, voyant venir l'ennemi, revêtirent leurs uniformes de gardes nationaux et aidèrent l'armée à repousser un corps bavarois et une division prussienne. La résistance fut vaincue : l'ennemi entra à Bazeilles, et, pour punir la population de s'être défendue, mit le feu au village. Pas une maison ne resta debout. Les

Lorsque la levée en masse ne remplit pas les conditions précédentes, les habitants dont elle est composée ont-ils droit à la qualité de belligérants ?...

Question discutée ! L'opinion qui prévaut est que la population d'un territoire non occupé qui, à l'approche de l'ennemi, prend spontanément les armes pour combattre les troupes d'invasion sans avoir eu le temps de s'organiser, doit être considérée comme belligérante si elle respecte les lois et les coutumes de la guerre.

C'est dans ce sens que se prononce le projet de Bruxelles de 1874 (art. 10). C'est aussi la solution que préconise l'Institut de droit international (art. 2, 4°)(1). Cette solution est également celle de la convention de la Haye (art. 25 de 1899 à 1907).

4° Ainsi que nous l'avons constaté plus haut, dans une guerre civile, le parti qui se soulève a droit à la qualité de belligérant lorsqu'il a pu organiser une armée avec des chefs reconnus et constituer un gouvernement régulier.

Des combattants et des non-combattants. — Les forces armées des parties belligérantes peuvent se composer de combattants et de non-combattants (officiers d'administration ou d'intendance, personnel sanitaire, ecclésiastique, etc.). En cas de capture par l'ennemi, les uns et les autres ont droit au traitement des prisonniers de guerre (art. 3, convention de la Haye, 1907).

Intérêt pratique de la distinction des belligérants et des non-belligérants. — Le non-belligérant doit s'abste-

_____

femmes, les enfants furent brûlés ou égorgés. — Châteaudun fut attaqué le 18 octobre 1870 par les Allemands, au nombre de 12.000, et défendu par la garde nationale sédentaire et un corps de francs-tireurs. Les défenseurs de la ville ne purent tenir qu'une demi-journée : le soir, les Allemands y pénétrèrent. Ils mirent tout à feu et à sang, incendiant les maisons après les avoir pillées, tuant les malades à coups de fusil et de revolver, ou les brûlant vifs dans leur lit, enlevant, pour être conduits prisonniers en Allemagne, des infirmes, des vieillards et de tout jeunes gens. V. Calvo, t. III, p. 132 et 134.

(1) Calvo, p. 132. Funck-Brentano et Sorel, p. 268. *Manuel de droit international à l'usage des officiers de l'armée de terre*, p. 30.

nir de tout acte d'hostilité envers l'ennemi. S'il manque à ce devoir, et s'il est pris les armes à la main, il est traité comme un criminel. Il n'est pas fait prisonnier ; on le fait passer devant un conseil de guerre et, la plupart du temps, on le fusille.

Au contraire, le belligérant, capturé par l'ennemi, doit être fait prisonnier de guerre.

§ 2. — Des moyens de nuire à l'ennemi.

Division du paragraphe. — Nous étudierons : *a*) les règles générales ; *b*) le siège et le bombardement.

a) *Règles générales.*

Trois règles fondamentales. — Pour déterminer les règles que les belligérants doivent suivre en ce qui concerne les moyens de nuire à l'ennemi, il suffit de développer les trois idées fondamentales qui forment la base du droit des gens en temps de guerre.

1re règle. — **La guerre est une lutte entre les forces organisées des deux belligérants** (1). — En conséquence, il est interdit de s'attaquer aux populations des territoires traversés ou occupés, qui, de leur côté, doivent éviter de faire actes de combattants.

2e règle. — **La guerre légitime tous les actes nécessaires, mais proscrit les rigueurs inutiles.** — M. Fauchille a excellemment exprimé cette règle en disant que tout le droit de la guerre était dominé par deux principes : le principe de nécessité et le principe d'humanité et qu'il y avait lieu de proscrire tout acte qui serait contraire aux lois de l'humanité sans être utile

---

(1) Ce principe a été proclamé par J.-J. Rousseau dans son Contrat social (L. I, Chap. IV) dans les termes suivants : « La guerre n'est point une relation d'homme à homme, mais une relation d'Etat à Etat, dans laquelle les particuliers ne sont ennemis qu'accidentellement, non point comme hommes, ni même comme citoyens, mais comme soldats, non point comme membres de la patrie, mais comme ses défenseurs. »

ou nécessaire au but de la guerre (*op. cit.*, II, nᵒˢ 1009 et 1079). En conséquence il est interdit :

1º D'employer des armes, des projectiles ou des matières propres à causer des souffrances superflues ou à aggraver les blessures. Notamment, des projectiles d'un poids inférieur à 400 grammes, explosibles ou chargés de matières fulminantes ou inflammables (Convention de Saint-Pétersbourg du 11 décembre 1868) ;

2º De mutiler ou de tuer un ennemi qui s'est rendu à discrétion ou qui est hors de combat ;

3º De déclarer qu'il ne sera pas fait de quartier ;

4º De commettre des destructions ou d'incendier des propriétés ennemies, lorsque les nécessités de la guerre ne le commanderaient pas ; ces règles sont consacrées par l'article 23 de la convention de la Haye de 1907.

Nous avons vu, en outre, que, par trois déclarations annexées à ladite convention, certaines puissances se sont interdit dans leurs rapports respectifs :

1º De lancer des projectiles et des explosifs du haut des ballons ou par d'autres moyens analogues nouveaux, pour une période allant jusqu'à la fin de la troisième conférence de la paix ; ni la France, ni l'Allemagne, ni l'Angleterre n'ont adhéré à cette déclaration ;

2º D'employer des projectiles qui ont pour but unique de répandre des gaz asphyxiants ou délétères (1) ;

3º De se servir de balles qui s'épanouissent ou s'aplatissent facilement dans le corps humain (2).

Dans les tranchées de l'Aisne, les Allemands ont forcé des habitants à demeurer avec eux pour se préserver des attaques de l'ennemi. Bien plus, ils envoyaient les femmes leur chercher des vivres dans le village, en gardant comme otages leurs enfants, qu'ils

---

(1) L'art. 171 du traité de Versailles a interdit la fabrication et l'importation en Allemagne des lance-flammes et gaz asphyxiants dont l'emploi est prohibé à la guerre. — Voir également art. 135 du traité de St-Germain avec l'Autriche et art. 82 du traité de Neuilly avec la Bulgarie. De même le traité de Washington du 6 février 1922 (Voir *supra*, p. 493).

(2) La France a protesté contre l'emploi de ces balles par l'Allemagne dans la guerre de 1914 (22 août 1914).

menaçaient de tuer si les femmes revenaient les mains vides.

3e règle. — La lutte doit être loyale. — La ruse est permise, non la perfidie. — La distinction qu'on fait, en droit international, entre la ruse et la perfidie correspond à la distinction que les jurisconsultes romains faisaient, dans le droit privé des contrats, entre le *dolus bonus* et le *dolus malus*. Il est difficile de donner un critérium pour distinguer la ruse de la perfidie ; on ne peut procéder que par voie d'énumération.

Actes interdits comme perfides. — Il est interdit :

1º D'attenter traîtreusement à la vie de l'ennemi, en mettant sa tête à prix ;

2º De violer la parole donnée, par exemple en rompant un armistice ou en méconnaissant un sauf-conduit accordé à l'ennemi ;

3º De se servir des insignes de la croix de Genève pour protéger un convoi de munitions ;

4º D'abuser du drapeau de parlementaire, par exemple en recevant par une décharge l'ennemi qui se présente sur la foi du drapeau arboré, comme l'ont fait à maintes reprises les Allemands, dans la guerre de 1914, notamment à Liège et sur l'Yser ;

5º De se servir de poison ou d'armes empoisonnées (art. 2, convention de la Haye, 1899 et 1907) ;

6º De tromper l'ennemi en faisant usage de son uniforme, de son drapeau ou de son pavillon (Déclaration de Bruxelles, 1874, art. 13 ; convention de la Haye, 1899, art. 23).

Actes permis comme impliquant simple ruse. — 1º Il est permis de tromper l'ennemi sur la force de ses troupes, par exemple en allumant un grand nombre de feux de bivouac.

2º Il est permis de le tromper sur les mouvements d'un corps d'armée, par exemple en simulant la fuite pour l'attirer dans une embuscade (1).

3º Il est permis de le tromper en répandant de fausses nouvelles, soit au moyen de dépêches supposées ou de journaux fabriqués, soit par l'entremise de personnes qui, feignant d'être transfuges, entretiennent des *intelligences doubles*.

---

(1) Dans ce sens, Calvo, *op. cit.*, p. 152 ; Bluntschli, *op. cit.*, nº 565.

4° Il est permis, pour être renseigné sur les forces et les mouvements de l'ennemi, de se servir d'espions (art. 29, convention de la Haye).

Violation de ces principes dans la guerre de 1914. — Ces principes, consacrés par la convention de la Haye de 1907, ont été systématiquement violés par les troupes austro-allemandes, soit en Belgique, soit en France, dans la guerre de 1914. Elles ont mené les hostilités avec la barbarie et la perfidie les plus grandes, cherchant, par tous les moyens possibles, à terroriser les populations des territoires envahis, par les incendies, les pillages des boutiques et des maisons particulières, par les tortures morales et physiques et par les massacres des femmes, des jeunes filles, des enfants et des vieillards, achevant les blessés sur le champ de bataille, tirant sur des ambulances, faisant marcher devant les troupes des femmes et des enfants pour déboucher des villages sur le champ de bataille, abusant des insignes de la Croix-Rouge pour protéger des convois de munitions ou pour amener des renforts dans les tranchées, faisant revêtir à leurs troupes les uniformes des armées alliées pour les mieux surprendre, etc...

Il est impossible de citer tous les faits précis de cet ordre qui ont été relevés et constatés. Ils ont été constatés dans des documents officiels (1). Des volumes

_____

(1) Une commission d'enquête a été constituée par le gouvernement français pour constater les violations du droit des gens commises par les troupes allemandes en France. Le rapport de cette commission a été publié au *Journal officiel* du 7 janvier 1915. Voici sa conclusion : « On peut dire que jamais une guerre entre nations civilisées n'a eu le caractère sauvage et féroce de celle qui est en ce moment portée sur notre sol par un adversaire implacable. Le pillage, le vol, l'incendie et le meurtre sont de pratiques courantes chez nos ennemis ; et les faits qui nous ont été journellement révélés, en même temps qu'ils constituent de véritables crimes de droit commun, punis par les Codes de tous les pays des peines les plus sévères et les plus infamantes, accusent dans la mentalité allemande, depuis 1870, une étonnante régression. »

Lire également les deux brochures de notre éminent compatriote et ami d'enfance J. Bédier, professeur au seraient nécessaires pour relater toutes les horreurs et les infamies commises par les troupes allemandes en Belgique et en France. Bornons-nous à quelques exemples empruntés au rapport officiel du préfet de Meurthe-et-Moselle du 17 août 1914. A Badonvillers, onze personnes ont été assassinées, dont la femme du maire. Soixante-dix-huit maisons ont été incendiées méthodiquement avec du pétrole et des cartouches spéciales. Après le pillage de la ville, l'église a été canonnée et démolie ; quinze otages, dont le juge de paix, ont été emmenés le 15 août. A Bréménil, cinq personnes ont été assassinées, dont un vieillard de soixante-quatorze ans ; un jeune homme, blessé il y a quelques jours, alité, a été brûlé dans sa maison avec sa mère âgée de soixante-quatorze ans.

En Belgique, la Commission officielle d'enquête sur l'observation des lois de la guerre signale que le 12 août, après le combat de Haarlen, les Allemands ont achevé à coups de revolver dans la bouche le commandant Van Damen, qui était grièvement blessé. Le 9, à Osnidel, ils avaient achevé le commandant Knapen, déjà blessé. Les Allemands ont tiré sur des ambulanciers, des médecins et des voitures d'ambulance ; ils ont marché au combat de Boncelles précédés du drapeau belge.

Et ces crimes contre le droit des gens et contre l'humanité ne doivent pas être considérés comme des faits isolés, imputables à des soldats aveuglés par le feu et par le sang. Ils sont commandés par les chefs et font partie d'un système mûrement conçu et méthodiquement exécuté. Cela résulte : 1° des carnets trouvés sur les officiers et sur les soldats tués, blessés ou prisonniers, qui contiennent à cet égard des aveux formels; 2° de l'ordre du jour d'un général allemand von Stenger, de la 58e brigade d'infanterie allemande, le 28 août 1914, déclarant que l'armée ne devait pas laisser d'ennemi vivant derrière elle et ne devait pas faire de prisonniers ; de passer par les armes tous ceux qui tombent entre leurs mains, isolés ou en groupe, et d'achever les blessés, que ceux-ci soient armés ou sans armes ; 3° d'un article publié dans le *Tag* de Berlin par le

---

Collège de France : *Les crimes d'après les témoignages allemands* et *Comment l'Allemagne essaie de justifier ses crimes.*

général von Disfurh, déclarant que « tout ce que feront nos soldats pour faire du mal à l'ennemi, pour attacher la victoire à leurs drapeaux, tout cela sera bien fait et tout est justifié d'avance !...On nous traite de Barbares, qu'importe ! nous en rions » ; 4º d'un ordre du jour de l'empereur Guillaume II trouvé sur des prisonniers allemands en Russie, disant ceci : « Si vous êtes contraints de vous retirer de Pologne, n'épargnez ni une ville ni une maison ; que la terre soit nue sous le pied ». Doctrine conforme en tous points à celle de M. de Bethmann-Holweg, chancelier de l'Empire, osant dire au Reichstag que, quand on est embarrassé, on s'en tire comme on peut, et que nécessité n'a pas de loi.

Les intellectuels de l'Allemagne, au nombre de quatre-vingt-treize, ont bien essayé de nier, contre l'évidence, les faits de barbarie et de perfidie reprochés aux troupes austro-allemandes. Les universités françaises ont fait à ce factum la réponse qui convenait (1).

De l'espionnage. — *Règle.* — L'espionnage est considéré comme une pratique licite de la guerre (2).

Chaque belligérant a le droit de se servir d'espions comme instrument d'information ; mais il a aussi le droit de se défendre contre ceux que son adversaire envoie auprès de lui, en les punissant de peines sévères (3).

_____

(1) Détachons-en la fin : « Il ne suffit pas... de dire : « Vous connaissez notre enseignement ; il n'a pu former une nation de barbares ». Nous savons quelle a été la valeur de cet enseignement. Mais nous savons aussi que, rompant avec les traditions de l'Allemagne de Leibnitz, de Kant et de Gœthe, la pensée allemande vient de se déclarer solidaire, tributaire et sujette du militarisme prussien et qu'emportée par lui elle prétend à la domination universelle... Les universités françaises, elles, continuent de penser que la civilisation est l'œuvre non pas d'un peuple unique, mais de tous les peuples ; que la richesse intellectuelle et morale de l'humanité est créée par la variété et l'indépendance nécessaires de tous les génies nationaux. Comme les armées alliées, elles défendent, pour leur part, la liberté du monde. »

(2) On a dit : Il y a perfidie de la part de l'espion et non de la part de l'Etat qui l'emploie.

(3) Il y a plutôt légitime défense que punition propre-

On peut dire que l'Allemagne a usé de cette arme avec une habileté consommée. Soit avant, soit pendant la guerre, elle avait couvert la Belgique, la France, l'Angleterre, d'un merveilleux réseau d'espionnage qui lui a rendu les plus grands services et contre lequel les Alliés ont eu beaucoup de mal à se défendre. On peut dire que tous les Allemands établis à l'étranger étaient autant d'espions à la solde de leur pays.

Définition de l'espion. Trait caractéristique. — L'espion est l'individu qui, agissant clandestinement ou sous de faux prétextes, recueille ou cherche à recueillir des informations sur les plans et les ressources de l'ennemi, avec l'intention de les communiquer à la partie adverse (1). Le trait caractéristique de l'espion est la *dissimulation* ; l'espion est un ennemi qui se cache.

Personnes qui ne doivent pas être traitées comme espions. — Ne doivent pas être traités comme espions :

1º Les militaires envoyés en reconnaissance au delà des lignes ennemies, pourvu qu'ils soient revêtus de l'uniforme. L'ennemi peut tirer dessus ou les faire prisonniers. S'ils sont en civil, ils peuvent être traités comme espions.

2º Les individus envoyés en ballon pour transmettre les dépêches ou pour entretenir la communication entre les diverses parties d'un territoire ou d'une armée. En 1870, les Allemands ont été sur le point de traiter les aéronautes d'espions. C'eût été contraire au droit des gens, puisqu'ils remplissaient leur mission ouvertement.

3º Les courriers porteurs de dépêches et les messagers chargés de commissions verbales, pourvu que, s'ils sont militaires, ils soient revêtus de leur uniforme ou, n'étant pas militaires, ils voyagent ouvertement en leur qualité (2).

Traitement réservé aux espions. — L'espion qui est

---

ment dite. Au contraire, lorsque l'espion est un national qui trahit son pays, il commet un crime de lèse-patrie ; c'est un châtiment véritable qu'il mérite.

(1) Art. 19 de la déclaration de Bruxelles, art. 29 ; convention de la Haye de 1899 et de 1907.

(2) Art. 22 de la déclaration de Bruxelles ; art. 24 lois de la guerre de l'Institut de droit international ; art. 29, précité, convention de la Haye de 1899 et 1907.

capturé n'est pas fait prisonnier : il est passible du conseil de guerre et est condamné conformément aux lois en vigueur dans l'armée qui l'a saisi ; en général il est puni de mort. Le châtiment peut paraître rigoureux, si l'on tient compte du courage déployé et du sentiment patriotique qui fait agir l'espion. Il faut pourtant reconnaître aux belligérants le droit de l'appliquer pour se protéger contre les pratiques de l'espionnage.

Cependant on doit donner aux espions deux garanties :

1° Ils ne peuvent être punis que s'ils sont pris en flagrant délit (1).

Ainsi, l'espion qui a rejoint l'armée à laquelle il appartient et qui est capturé plus tard par l'ennemi n'a pas à répondre de ses actes antérieurs d'espionnage (art. 31, 5e Convention de 1907) ;

2° Aucun individu accusé d'espionnage ne doit être puni qu'après être passé en jugement. Un officier, quel que soit son grade, ne peut ordonner l'exécution sommaire des individus accusés ou pris en flagrant délit d'espionnage. Il importe qu'il en soit ainsi pour prévenir les abus auxquels donnent lieu trop souvent en temps de guerre les accusations d'espionnage (art. 30, 5e convention de 1907).

b) *Du siège et du bombardement.*

Définition.— Le siège est l'investissement mis devant une ville, pour l'amener à se rendre, en interceptant ses moyens de communication et de ravitaillement au dehors. Le bombardement est un moyen d'attaque consistant à lancer contre la ville assiégée des projectiles, bombes, obus, etc., pour vaincre la résistance de ses habitants.

---

(1) Et cela pour une raison de droit et pour une raison de fait. Raison de droit : la répression de l'espionnage est un acte de légitime défense ; or la légitime défense cesse lorsque le fait est accompli. Raison de fait : autrement, des erreurs judiciaires seraient à craindre. Ce qui est vrai de l'espion n'est pas vrai du traître. On peut toujours lui demander compte de son crime de trahison (M. Renault à son cours).

Quelles localités peuvent être assiégées ou bombardées. — *Principe.* — En principe le siège et le bombardement ne peuvent être dirigés que contre les localités qui sont défendues et non contre les localités qui ne sont pas défendues (art. 25, 5e convention de la Haye) (1).

La question de savoir si une localité est défendue ou non est une pure question de fait. Une ville peut être fortifiée et n'opposer à l'ennemi aucune résistance ; on devra alors la considérer comme une localité qui ne se défend pas. Au contraire, on devra traiter comme se défendant une ville ouverte qui, à l'approche de l'ennemi, organise sa défense au moyen d'ouvrages militaires ou de barricades.

Violation commise par les armées allemandes en 1914. — Les armées allemandes ont plus d'une fois violé cette règle dans la guerre de 1914, notamment à Pont-à-Mousson (2), à Arras, à Armentières, à Reims, à Soissons, etc... A Paris, placé cependant bien loin de la

---

(1) Ce texte est ainsi conçu : « Il est interdit d'attaquer ou de bombarder, par quelque moyen que ce soit (donc par le moyen d'un avion), des villes, villages, habitations ou bâtiments qui ne sont pas défendus ».

(2) Le gouvernement français a protesté auprès des puissances signataires des conventions de la Haye, dans les termes suivants : « Le 11 août, à 3 h. 30, le 12 août, de 10 à 12 heures, et le 14 août, de 1 heure à 6 heures, sans aucune sommation ni avertissement préalable, la ville de Pont-à-Mousson, ville ouverte et non défendue, a été bombardée par les forces allemandes dans les conditions suivantes : Le bombardement a été effectué au moyen de canons placés et dissimulés de l'autre côté de la frontière. Un aéronef, ayant pris position au-dessus des batteries, permettait de rectifier le tir. Celui-ci a porté plus particulièrement sur l'hôpital, monument historique régulièrement signalé par le drapeau de la Croix-Rouge. Les obus tombés dans la ville ont tué sept personnes et en ont blessé huit autres, toutes des femmes et des enfants... On cherche en vain le but de ce bombardement : il n'a été précédé d'aucune sommation de reddition ni d'aucune occupation par les forces ennemies, qui ne se sont même pas présentées devant la localité. Il constitue donc un acte de cruauté inutile. »

zone des armées combattantes, des aéroplanes allemands sont venus maintes fois jeter des bombes qui ont
tué des femmes, des enfants, des vieillards et provoqué
un commencement d'incendie à la toiture de Notre-
Dame.

**L'assiégeant doit-il laisser sortir de la ville assiégée
la population inoffensive ?** — Le commandant de la
ville assiégée expulse souvent de la ville la population
inoffensive, femmes, vieillards, enfants, pour pouvoir
se défendre plus longtemps et pour faire échapper ces
personnes aux horreurs du siège. L'assiégeant peut-il
s'opposer à leur sortie ? Oui, s'il considère ce refus
comme nécessaire à ses opérations militaires, en ce que
la présence de ces « bouches inutiles » amènera plus vite
la famine et affaiblira la force de résistance de l'assiégé.
Dans le cas où l'assiégeant refuse ainsi de laisser passer
la population inoffensive que l'assiégé a expulsée, ce
dernier doit lui rouvrir les portes de la ville.

Le commandant des forces japonaises assiégeant
la forteresse allemande de Tsing-Tao a autorisé et
même facilité le départ des femmes et des enfants
avant de procéder au bombardement.

**Le bombardement doit-il être précédé d'un avertisse-
ment préalable ?** — Il est humain que l'assiégeant aver-
tisse l'assiégé qu'il va commencer le bombardement.
Cette notification a pour but de permettre aux non-
combattants, aux femmes, vieillards, enfants, de pourvoir à leur sûreté. Ajoutons qu'en pratique cet usage
est généralement suivi (1). Ce n'est pas, cependant, une
obligation pour l'assiégeant. Il peut avoir intérêt à
agir inopinément, par surprise, parce qu'une attaque
soudaine peut troubler profondément l'assiégé, le
démoraliser et l'amener à se rendre. Ainsi, en 1870, le
bombardement de Paris n'a pas été précédé d'un avertissement aux autorités. Les représentants des Etats
neutres se trouvant dans la capitale adressèrent une
note de protestation à M. de Bismarck. Celui-ci répondit qu'aucune règle n'obligeait l'assiégeant à une notification préalable.

---

(1) C'est la solution consacrée par l'art. 26 de la convention de la Haye de 1899 et 1907.

L'article 27 de la 5ᵉ convention de la Haye pose à ce sujet la règle suivante : « Le commandant des troupes assaillantes, avant d'entreprendre le bombardement, et sauf le cas d'attaque de vive force, devra faire tout ce qui dépend de lui pour en avertir les autorités. »

Quel doit être l'objectif du bombardement ? — *Principe.* — En principe, le bombardement doit être dirigé contre les forts et les citadelles de la ville assiégée.

Il ne doit pas s'attaquer aux monuments, aux églises, aux hôpitaux, sauf le cas où ces édifices servent aux assiégés pour abriter des troupes ou des munitions, ou pour examiner les positions de l'ennemi.

Ce principe est formellement consacré par l'article 27 de la 5ᵉ convention de la Haye de 1907.

Violation du principe en 1914. — Ce principe a été systématiquement violé par les Allemands dans la guerre de 1914 toutes les fois que l'occasion s'est présentée pour eux de le faire. Bornons-nous à citer : la destruction de Louvain et de sa merveilleuse bibliothèque ; celle de la cathédrale de Reims où les Allemands eux-mêmes avaient installé leurs blessés qu'ils avaient abandonnés dans leur retraite précipitée ; l'hôtel de ville d'Arras, les halles et l'hôtel de ville d'Ypres et tant d'autres monuments historiques. A Reims, le quartier commercial a été détruit ainsi que dans le Nord les usines et les établissements industriels, systématiquement, pour abattre des concurrents et les ruiner.

Est-il permis de bombarder l'intérieur des villes ? — Cette question est controversée.

Dans une première opinion (1), on décide que le bombardement de l'intérieur des villes est illicite.

On invoque comme argument l'un des principes que nous avons posés, d'après lequel la guerre est une lutte entre les forces organisées des belligérants et doit laisser en dehors la population civile. Or ce serait s'attaquer directement à elle que de bombarder les maisons particulières.

Dans une seconde opinion qui est professée en Allemagne, le bombardement des maisons particulières

_____

(1) Dans ce sens, Calvo, p. 138 et suiv. ; Bluntschli nº 544 *bis.*

doit être considéré comme licite, parce que c'est le moyen le plus efficace pour amener la ville à se rendre par les souffrances endurées par la population civile, inoffensive.

Cette opinion doit être rejetée. Car elle s'inspire de cette idée inadmissible que le but de la guerre doit être de faire le plus de mal à l'adversaire par tous les moyens possibles. Elle conduirait à justifier les pires horreurs — massacres de femmes, d'enfants, de blessés, de prisonniers de guerre, — sous le prétexte que la terreur qui en résulterait serait de nature à démoraliser l'adversaire et à l'abattre. Cette idée, qui a inspiré les troupes allemandes dans la guerre de 1914, doit être rejetée comme indigne d'un peuple civilisé.

D'après une troisième opinion, le bombardement de l'intérieur d'une ville est un moyen extrême d'attaque dont l'ennemi ne doit user qu'à la dernière extrémité et comme suprême ressource. Il devra d'abord chercher à l'investir et à réduire la ville par la famine et, s'il recourt au bombardement, il devra s'attaquer aux forts et aux ouvrages de défense de la ville, avant d'infliger aux habitants mêmes de la ville les horreurs d'un bombardement (1).

Du bombardement de destruction. — *Définition.* — A côté du bombardement d'occupation dont nous, avons parlé jusqu'ici, et qui a pour but d'amener la reddition d'une localité en vue de l'occuper, il y a lieu de distinguer le bombardement de destruction qui, opéré à longue distance, tend simplement à détruire les objets visés par ledit bombardement.

Ses conditions de licéité. — Comme ce bombardement ne tend pas à entraîner l'occupation d'une localité déterminée, mais à affaiblir la puissance militaire de l'ennemi, il peut, à la différence du bombardement d'occupation, s'appliquer aussi bien à une localité qui se défend qu'à celle qui ne se défend pas. Et il n'est pas nécessaire de le faire précéder d'un avertissement préalable. En revanche il ne peut porter que sur les éléments de la force militaire de l'ennemi : ouvrages et établissements militaires, dépôts d'armes, usines de guerre, voies ferrées stratégiques, etc... (2).

(1) Dans ce sens, Pillet, *op. cit.*, nᵒˢ 60 et suiv.
(2) Lire sur cette question l'étude très documentée de

§ 3. — Des droits et des devoirs à l'égard de la personne de l'ennemi.

Idée générale. — Le but de la guerre étant la destruction des forces de l'Etat ennemi, on a le droit d'en tuer ou d'en blesser les défenseurs, tant qu'ils ont les armes à la main. Mais, aussitôt qu'ils les posent et qu'ils se rendent, on n'a plus sur eux droit de vie et de mort ; on ne peut que s'emparer de leur personne et les faire prisonniers.

Division du paragraphe. — Nous nous occuperons, dans ce paragraphe :
a) Des prisonniers de guerre ;
b) Des blessés, des malades et des morts, d'après la convention de Genève.

a) *Des prisonniers de guerre* (1).

Qui peut être fait prisonnier de guerre ? — Peuvent être faits prisonniers de guerre :
1º Les individus (officiers ou soldats) qui font parties des forces armées belligérantes ;
2º Les messagers, porteurs de dépêches officielles et qui accomplissent ouvertement leur mission, ainsi que les aéronautes chargés d'observer l'ennemi ou d'entretenir les communications entre les diverses parties de l'armée ou du territoire ;
3º Les chefs d'Etat, membres du gouvernement ou hauts fonctionnaires, dont les services peuvent être d'une utilité particulière pour l'Etat duquel ils relèvent, lorsqu'ils sont pris sur le théâtre de la guerre, sans être munis de sauf-conduits (2) ;

M. Fauchille dans la *Revue générale du droit international public*, année 1917, p. 56 et suiv.
(1) Cette matière a fait l'objet en France d'un règlement du 9 mai 1859 modifié par un décret du 21 mars 1893. Elle a également été réglée par la convention de la Haye de 1899.
(2) On peut citer le cas de Napoléon III fait prisonnier le 1er septembre 1870 à la reddition de Sedan, qui fut interné au château de Wilhelmshœhe, près de Cassel.

4° Les personnes qui suivent une armée, sans en faire partie, telles que les correspondants de journaux, les vivandiers, fournisseurs, etc... Cependant, elles ne peuvent être gardées en captivité que lorsque leur présence dans le camp ennemi est un danger pour l'Etat qui les fait prisonnières (1).

Par exception, les déserteurs qui sont pris dans les rangs ennemis, ayant porté les armes contre leur patrie, ne sont pas traités comme prisonniers, mais comme des criminels. Ils sont passibles des tribunaux répressifs, jugés et condamnés comme traîtres.

De qui relève le prisonnier ? — Le prisonnier de guerre ne relève ni de l'individu qui l'a pris, ni du chef du corps d'armée auquel cet individu peut appartenir. Il ne peut donc, pour prix de sa liberté, offrir, ni à l'un, ni à l'autre, une rançon. Il relève du gouvernement de l'Etat ennemi, qui, seul, peut décider de son sort (art. 4, 5e convention de la Haye de 1907).

Caractère de la captivité. — La captivité n'est ni une peine, ni un acte de vengeance ; c'est un séquestre temporaire infligé à l'ennemi qui s'est rendu ou dont on s'est emparé, pour le mettre dans l'impossibilité de prendre part à la lutte.

Traitement des prisonniers. — L'Etat n'a pas le droit de mettre à mort ses prisonniers ni celui de les réduire en esclavage, comme l'admettaient les anciens. Il peut seulement prendre des mesures de précaution pour empêcher qu'ils ne retournent dans leur pays.

A cet effet, ils peuvent être assujettis à l'internement dans une ville, une forteresse, un camp ou une localité quelconque, avec obligation de ne pas s'éloigner au delà de certaines limites déterminées. Mais ils ne peuvent être enfermés que par mesure de sûreté indispensable (2).

Ils conservent la propriété de tout ce qu'ils peuvent avoir sur eux au moment de leur capture ; on ne peut

(1) Art. 21, 22 Institut international ; art. 5 convention de la Haye de 1907.

(2) Art. 66 Institut international, et art. 5 convention de la Haye.

leur enlever que leurs armes, leurs chevaux et les papiers militaires (1).

Ils doivent être traités avec humanité et avec les égards dus à leur grade militaire s'ils font partie de l'armée, ou à leur position officielle ou sociale, s'ils n'en font pas partie.

En conséquence, ils sont obligés, s'ils sont interrogés à ce sujet, de faire connaître leurs noms et leurs qualités. Dans le cas où ils ne le feraient pas, ils pourraient être privés de tout ou partie des avantages accordés aux prisonniers de leur catégorie (art. 65 Institut international et art. 9 convention de la Haye de 1907).

Entretien des prisonniers. — Le gouvernement au pouvoir duquel se trouvent des prisonniers est chargé de leur entretien.

A défaut d'une entente sur ce point entre les parties belligérantes, les prisonniers sont traités, pour la nourriture et l'habillement, sur le même pied de paix que les troupes du gouvernement qui les a capturés (2).

Les officiers reçoivent la solde à laquelle ont droit les officiers de même grade du pays où ils sont retenus, à charge de remboursement par leur pays (art. 17).

Travail des prisonniers. — Les prisonniers, sauf les officiers, peuvent être employés à des travaux d'utilité publique, pourvu qu'ils n'aient rien d'humiliant pour leur grade ou pour leur position, et qu'ils soient rémunérés d'une façon équitable. Dans certains pays, l'Etat fait une retenue sur le montant du salaire du prisonnier, pour recouvrer les frais qu'il a faits pour son entretien. En France, au contraire, les règlements n'autorisent pas un prélèvement de ce chef (3).

Enfin les prisonniers ne peuvent être astreints, d'aucune manière, à prendre une part quelconque aux

---

(1) Règle constamment violée par les Allemands dans la guerre de 1914. A l'entrée des troupes allemandes à Bruxelles, le 21 août 1914, on a pu voir deux officiers belges, menottes aux mains, attachés aux étriers des uhlans.

(2) Art. 69 Institut international et art. 7 convention de la Haye.

(3) Règlement du 6 mai 1859 (art. 46, 53, 54).

opérations de guerre, ni contraints à des révélations sur leur pays ou sur leur armée (1).

Evasion de prisonniers. — Contre un prisonnier fugitif, on peut, après sommation, faire usage des armes.

S'il est repris avant d'avoir pu rejoindre son armée ou quitter le territoire soumis au capteur, il est passible seulement de peines disciplinaires ou soumis à une surveillance plus sévère.

Mais si, après avoir réussi à s'échapper, il est capturé de nouveau, il n'est passible d'aucune peine pour sa fuite antérieure (2).

Du prisonnier sur parole. — Le prisonnier sur parole est celui auquel l'ennemi laisse sa liberté moyennant l'engagement qu'il ne prendra plus part à la lutte. C'est un véritable contrat qui se forme entre le prisonnier et l'Etat ennemi.

Le prisonnier, laissé ainsi en liberté, ne peut pas prendre les armes, mais il peut être employé à lever et instruire les recrues, à travailler aux fortifications des places non assiégées, à remplir des fonctions civiles ou diplomatiques. Le gouvernement ennemi n'est pas obligé d'accéder à la demande du prisonnier réclamant sa mise en liberté sur parole. Un prisonnier ne peut pas, de son côté, être contraint d'accepter sa liberté sur parole. Il peut même se faire que les règlements de l'armée à laquelle il appartient l'obligent à refuser de souscrire à un pareil contrat.

Voyons ce qui arriverait si, malgré cette interdiction, un officier était mis en liberté sur parole. Il contreviendrait au règlement militaire de son pays et encourrait de ce chef une peine disciplinaire. Mais son gouvernement aurait-il le droit de tenir pour nul et non avenu le contrat qu'il a ainsi passé indûment avec l'ennemi, et en conséquence l'obliger à prendre part à la lutte ? Non : il doit respecter la parole donnée.

Le prisonnier qui, après avoir été libéré sur parole,

_____

(1) Art. 70, 71, Institut international.
(2) Art. 68 Institut international ; art. 8 convention de la Haye.

est repris les armes à la main n'a plus droit à être traité comme un prisonnier de guerre. Il est passible des tribunaux et en général il est puni de mort (1-2).

(1) Art. 31, 32, 33 déclaration de Bruxelles. Art. 204 Code français de justice militaire. Art. 10 à 12 convention de la Haye.

(2) *Bureaux de renseignements et sociétés de secours.* — La convention de la Haye a favorisé l'organisation de bureaux de renseignements et de sociétés de secours dans l'intérêt des prisonniers de guerre. Nous nous bornerons à reproduire les articles qui y sont relatifs.

Art. 14. — Il est constitué, dès le début des hostilités, dans chacun des Etats belligérants, et, le cas échéant, dans les pays neutres qui auront recueilli des belligérants sur leur territoire, un bureau de renseignements sur les prisonniers de guerre. Ce bureau, chargé de répondre à toutes les demandes qui les concernent, reçoit de divers services compétents toutes les indications nécessaires pour lui permettre d'établir une fiche individuelle pour chaque prisonnier de guerre. Il est tenu au courant des internements et des mutations, ainsi que des entrées dans les hôpitaux et des décès. Le bureau de renseignements est également chargé de recueillir et de centraliser tous les objets d'un usage personnel : valeurs, lettres, etc., qui seront trouvés sur les champs de bataille ou délaissés par des prisonniers décédés dans les hôpitaux et ambulances et de les transmettre aux intéressés.

Art. 15. — Les sociétés de secours pour les prisonniers de guerre, régulièrement constituées devant la loi de leur pays et ayant pour objet d'être des intermédiaires de l'action charitable, recevront de la part des belligérants, pour elles et pour leurs agents dûment accrédités, toute facilité dans les limites tracées par les nécessités militaires et les règles administratives pour accomplir efficacement leur tâche d'humanité. Les délégués de ces sociétés pourront être admis à distribuer des secours dans les dépôts d'internement, ainsi qu'aux lieux d'étapes des prisonniers rapatriés, moyennant une permission personnelle délivrée par l'autorité militaire et en prenant l'engagement par écrit de se soumettre à toutes les mesures d'ordre et de police que celle-ci prescrirait.

Art. 16. — Les bureaux de renseignements jouissent de la franchise de ports. Les lettres, mandats et articles

*** b) *Des blessés et des malades. Convention de Genève du 22 août 1864.*

Histoire de la convention de Genève. — De tout temps, on s'est préoccupé du sort des militaires mis hors de combat par la maladie ou les blessures reçues. Les Etats belligérants, d'ordinaire, faisaient à ce sujet des conventions pour la durée de la campagne.

La convention conclue à Genève, le 22 août 1864, « pour l'amélioration du sort des militaires blessés dans les armées en campagne », a eu pour effet de transformer en obligations positives et juridiques des règles que l'humanité commandait, mais dont l'observation était facultative pour les Etats belligérants. L'idée première de cette convention revient à un Genevois, M. Dunant, qui, frappé de l'état lamentable du champ de bataille de Solférino, fit paraître une brochure intitulée *Un souvenir de Solférino*, où il émit le vœu qu'une convention fût signée entre les Etats pour la protection des malades et des blessés militaires. L'ouvrage eut un grand retentissement et le vœu qu'il exprimait fut entendu par les gouvernements. En 1863, une conférence se réunit à Genève. Elle s'occupa seulement des malades et des blessés. L'année suivante, une conférence nouvelle eut lieu et elle aboutit à la conclusion

---

d'argent, ainsi que les colis postaux destinés aux prisonniers de guerre ou expédiés par eux, seront affranchis de toutes taxes postales, aussi bien dans leur pays d'origine et de destination que dans les pays intermédiaires. Les dons et secours en nature destinés aux prisonniers de guerre sont admis en franchise de tous droits d'entrée et autres ainsi que des taxes de transport sur les chemins de fer exploités par l'Etat.

Dans la guerre de 1914, où un très grand nombre de prisonniers ont été faits de part et d'autre, c'est le Comité international de la Croix-Rouge de Genève qui s'est chargé de faire les démarches nécessaires auprès de chacun des belligérants, de façon à fournir aux familles intéressées tous les renseignements sur le lieu d'internement des prisonniers en vue de faciliter la correspondance et les envois d'argent et d'effets. Il s'en est acquitté avec un dévouement digne du plus grand éloge.

de la convention du 22 août 1864. Les Etats qui n'étaient pas représentés y adhérèrent successivement les années suivantes. En sorte que l'on peut considérer cette convention comme une règle de droit des gens, universellement reconnue.

Cette convention a été complétée dans une nouvelle conférence, réunie à Genève le 20 octobre 1868, à l'aide d'articles additionnels, et a été étendue à la guerre maritime. Mais cette convention additionnelle n'a pas été *ratifiée* par les gouvernements représentés à la conférence.

Elle a été observée, cependant, par la France et l'Allemagne en 1870.

Elle a été reproduite presque textuellement dans la troisième convention de la Haye de 1899, que nous avons mentionnée plus haut (1).

Enfin, la convention de 1864 a été revisée dans une conférence tenue à Genève en 1906, où trente-six Etats étaient représentés. Elle a été remplacée par une convention du 6 juillet 1906, ratifiée par la France le 24 juillet 1913.

Appréciation de la convention de Genève. — La convention de Genève a réalisé un grand progrès ; elle a rendu déjà de grands services et elle est appelée à en rendre davantage encore à l'avenir à raison des victimes plus nombreuses que, dans les guerres futures, feront les nouveaux engins de destruction.

Objets de la convention de Genève. — Elle s'occupe de trois ordres d'idées :

1º Des blessés et des malades ;
2º Des ambulances et des hôpitaux ;
3º Du personnel sanitaire.

1º *Des blessés et des malades.*

Règle générale. — Les militaires blessés ou malades doivent être recueillis et soignés à quelque nation qu'ils appartiennent. Il y a égalité de traitement entre les blessés ou les malades des deux nations en guerre. C'est

---

(1) Voir *suprà*, page 455.

l'application de l'adage latin : *Hostes dum vulnerati fratres* (art. 6) (1).

Situation des blessés ou malades soignés par l'ennemi après leur guérison. — *Solution donnée par la convention de 1864.* — La convention de 1864 (2) faisait une distinction entre ceux qui étaient désormais incapables de reprendre les armes et ceux qui étaient en état de le faire.

Les premiers devaient être renvoyés dans leur pays ; quant aux autres, ils pouvaient également être mis en liberté sous la condition de ne pas reprendre les armes pendant la durée de la guerre.

Convention additionnelle de 1868. — La convention additionnelle de 1868, dans son article 5 (3), a été plus loin encore : elle a fait une obligation de renvoyer dans leur pays, après guérison, même les militaires qui seraient reconnus capables de recommencer la lutte, sous la réserve cependant des officiers dont la possession importerait au sort des armes et sous la condition, toutefois, de ne pas reprendre part à la guerre.

Critique de la convention de Genève. — On a critiqué

---

(1) C'est l'application de la belle devise de la Croix-Rouge « Inter arma caritas ».

(2) L'article 6 est ainsi conçu : « Les commandants en chef auront la faculté de remettre immédiatement aux avant-postes ennemis les militaires blessés pendant le combat, lorsque les circonstances le permettront et du consentement des deux parties. Seront renvoyés dans leurs pays ceux qui, après guérison, seront incapables de servir. Les autres pourront également être renvoyés à la condition de ne pas reprendre les armes pendant la durée de la guerre. »

(3) Cet article est ainsi conçu : « Par extension de l'article 6 de la convention de 1864, il est stipulé que, sous la réserve des officiers dont la possession importerait au sort des armes, et dans les limites fixées par le deuxième paragraphe de cet article, les blessés tombés entre les mains de l'ennemi, lors même qu'ils ne seraient pas reconnus incapables de servir, *devront* être renvoyés dans leur pays après leur guérison, ou plus tôt si faire se peut, à la condition toutefois de ne pas reprendre les armes pendant la durée de la guerre. »

avec juste raison cette disposition de la convention de Genève.

Les malades ou blessés une fois guéris doivent être traités comme des prisonniers de guerre quand ils se trouvent chez l'ennemi. Désormais, en effet, ils sont astreints au service militaire, comme les autres soldats qui n'ont pas été blessés. Il n'y a aucune raison, en droit, de les traiter différemment et de leur accorder un privilège.

Il faut dire la même chose pour les militaires qui sont reconnus incapables de porter les armes si, à raison de leurs capacités intellectuelles, ils peuvent être dangereux pour l'ennemi. Ils pourront être retenus comme prisonniers.

Ajoutons, d'ailleurs, que, dans la guerre de 1870, l'article 6 de la convention de Genève n'a été observé dans ses termes par aucun des deux belligérants.

Révision de 1906. — La révision de 1906 a modifié cette solution. Elle décide que les blessés et les malades tombés au pouvoir de l'ennemi doivent être considérés comme des prisonniers de guerre.

Des morts. — *Convention de* 1864. — La convention de Genève était muette en ce qui concerne les morts. Mais il était admis qu'ils devaient être respectés dans leur personne et dans les biens qu'ils portent sur eux ; qu'on devait leur donner une sépulture convenable, sans distinction de nationalité ; enfin, qu'avant de les ensevelir, on devait s'assurer, autant que faire se pourra, de leur identité pour donner avis de mort à l'armée ennemie (1).

Révision de 1906. — Ces règles ont été consacrées formellement par la convention de 1906.

2° *Des ambulances et des hôpitaux.*

Définition. — On entend par hôpitaux des établissements sanitaires permanents et fixes.

On entend par ambulances des établissements sanitaires, temporaires et mobiles, qui suivent les troupes sur le champ de bataille pour y recevoir les malades

_____

(1) Pour faciliter la recherche de l'identité des soldats morts, chaque soldat français porte une plaque de métal où son nom est gravé.

Dr. int. pub. 34

et les blessés. La convention de 1906 évite les expressions d'ambulances et d'hôpitaux pour employer celles de formations sanitaires mobiles et établissements fixes de santé.

Sort des ambulances et des hôpitaux. — *Convention de* 1864. — La convention de 1864 disait que les ambulances et les hôpitaux étaient déclarés neutres. Cette expression a été critiquée avec raison. S'ils étaient neutres, l'ennemi qui occupe le territoire ne pourrait pas y pénétrer.

Mais alors comment exercerait-il son droit de surveillance et de contrôle ?

Convention de 1906. — La convention de 1906 s'exprime d'une façon plus exacte en disant qu'ils doivent être respectés et protégés : respectés, c'est-à-dire qu'on ne devra pas tirer sur eux ; protégés, c'est-à-dire que, quand l'adversaire est vaincu et bat en retraite, on devra veiller sur eux.

Cas où cesse l'immunité. — *Termes équivoques de la convention de* 1864. — La convention de 1864 s'exprimait d'une façon équivoque en disant que « l'inviolabilité cessait si les ambulances ou les hôpitaux étaient gardés par une force militaire ». Elle voulait dire par là que ces établissements ne devaient pas être occupés par des troupes dans un but offensif ou défensif.

Convention de 1906. — La convention de 1906 dit plus exactement que la protection due aux formations et établissements sanitaires cesse si l'on en use pour commettre des actes nuisibles à l'ennemi.

Différence entre le matériel des hôpitaux et celui des ambulances. — Le matériel des hôpitaux (charpie, lits, instruments, bandages, etc.) reste soumis aux lois de la guerre. Ils peuvent être confisqués par l'ennemi qui occupe le territoire où ils sont situés ; les personnes attachées à ces hôpitaux ne pourront, en se retirant, emporter que les objets qui sont leur propriété particulière. Au contraire, le matériel des ambulances est déclaré insaisissable (art. 4).

Aussi a-t-on commis une faute grave, à la reddition de Metz, en 1870, en répartissant le matériel des ambulances entre les divers hôpitaux de la ville. C'est le contraire qu'on aurait dû faire.

Insigne de Genève. — *Sa composition.* — Il y a un insigne destiné à indiquer les objets qui sont placés sous la protection de la convention de Genève ; il se compose d'une croix rouge sur fond blanc. Il a été tiré du drapeau suisse, dont on a interverti les couleurs.

Convention du Croissant rouge. — Dans la guerre entre la Russie et la Turquie (1877-1878), cette dernière puissance demanda et obtint que la croix fût remplacée par le croissant, de peur que les musulmans ne voulussent pas respecter l'emblème de la religion chrétienne. C'est ce qu'on a appelé la *Convention du Croissant rouge* (1).

Concours du drapeau national et de la croix de Genève. — Le drapeau national du belligérant doit (2), en toute circonstance, accompagner le drapeau de la convention. Cependant, pour qu'il n'y ait pas de méprise possible à distance, le drapeau pourra être de moindre dimension et placé au second rang.

Emploi de l'insigne. — L'insigne de Genève ne peut être employé que pour protéger ou désigner les formations et établissements sanitaires, le personnel et le matériel protégés par la convention. Les gouvernements ont pris l'engagement de faire interdire l'emploi de cet insigne comme marque de fabrique et de réprimer les abus qui pourraient en être faits en temps de guerre (art. 27 de 1906).

3° *Du personnel sanitaire.*

Ce qu'il comprend. — Le personnel sanitaire comprend (3) : les médecins militaires, les infirmiers, les

---

(1) En 1906, à Genève, la question n'a pas été soulevée par les Etats non chrétiens représentés à la conférence, Japon, Siam, Perse ; la Turquie n'y avait pas envoyé de plénipotentiaire. Pour ménager les susceptibilités de ces Etats, l'article 18 porte que le choix des États signataires était exempt de toute considération religieuse.

(2) Il doit en être ainsi même lorsque l'ambulance est fournie par un Etat neutre. Lorsqu'une ambulance est momentanément aux pouvoirs de l'ennemi, on supprime tout drapeau national pour ne plus laisser que la croix rouge (art. 21 de 1906).

(3) L'article 9 de la convention de 1906 emploie une

conducteurs chargés du transport du matériel de santé et des voitures d'ambulances, les pharmaciens, les aumôniers, les sœurs de charité, etc. La convention de Genève leur accorde des droits, mais leur impose des devoirs corrélatifs.

Protection du personnel sanitaire. — L'article 2 de la convention de 1864 disait qu'ils participent aux bénéfices de la neutralité. La nouvelle convention dit plus justement qu'ils doivent être respectés et protégés. En conséquence :

1º Ils ne peuvent être l'objet d'aucun acte d'hostilité ;

2º Ils ne peuvent pas être faits prisonniers.

Lorsque l'ennemi occupe un territoire sur lequel ils exercent leurs fonctions, ils peuvent ou bien continuer à soigner les blessés dans l'ambulance qu'ils desservent, ou bien demander à être remis aux avant-postes de l'armée dont ils font partie, par les soins de l'armée occupante (art. 3). Cependant le renvoi de ces personnes dans leur armée peut présenter un danger pour l'ennemi. Elles peuvent, en effet, fournir sur l'armée d'occupation qu'elles quittent des renseignements qui seraient très utiles aux commandants de l'armée qu'elles vont rejoindre. Aussi, dans la pratique, cet article de la convention n'est pas observé rigoureusement. Dans la guerre de 1870, les médecins ont bien été libres de rejoindre leur armée ; mais ils ont dû, pour cela, faire un détour par la Suisse ou la Belgique, au lieu d'être conduits aux avant-postes les plus rapprochés.

Devoirs du personnel sanitaire. — Le personnel sanitaire a pour devoirs :

---

expression très large pour le désigner : « Le personnel exclusivement affecté à l'enlèvement, au transport et au traitement des blessés et malades, ainsi qu'à l'administration des formations et établissements sanitaires, les aumôniers attachés aux armées seront respectés et protégés en toute circonstance ; s'ils tombent entre les mains de l'ennemi, ils ne seront pas traités comme prisonniers de guerre. Ces dispositions s'appliquent au personnel de garde des formations et établissements sanitaires. »

1º De soigner les blessés et les malades à quelque nationalité qu'ils appartiennent ;

2º De ne pas faire acte d'hostilité. Cependant, s'ils sont attaqués, ils ont le droit de se défendre. Voilà pourquoi on doit laisser des armes à leur disposition pour s'en servir en cas d'agression. Pour les préserver à distance des coups de l'ennemi, les membres du personnel sanitaire portent un *brassard* marqué de la croix de Genève.

Sociétés privées de secours aux blessés. — *Silence de l'ancienne convention.* — L'ancienne convention de Genève n'en faisait pas mention. Elles étaient peu nombreuses et peu importantes à cette époque. Depuis, elles se sont développées ; aussi la nouvelle convention a cru indispensable d'en parler.

Convention de 1906 (art. 10). Conditions de leur protection. — La convention de 1906 subordonne l'assimilation du personnel des sociétés de secours au personnel officiel à la réunion de deux conditions :

1º Que la société soit reconnue et autorisée par son gouvernement ;

2º Que le gouvernement ait notifié à l'autre, avant tout emploi effectif, les noms des sociétés autorisées.

Sociétés de secours françaises. — Il existe en France trois sociétés reconnues (Décret du 19 octobre 1892). Ce sont : 1º la Société Française de Secours aux Blessés ; 2º l'Union des Femmes de France ; 3º la Société des Dames de France. Depuis le 21 janvier 1907, il existe, en outre, un Comité central formé des représentants de ces trois sociétés pour représenter la Croix-Rouge française dans ses rapports internationaux.

A Genève existe un Comité international qui sert de lien entre les sociétés de secours de tous les pays et qui organise des conférences périodiques tous les cinq ans. Il est composé exclusivement de Genevois et, depuis quarante-trois ans, il a le même président, M. Gustave Moynier, celui qui, avec M. Dunant, avait provoqué la conférence de 1863.

Emploi des sociétés d'un Etat neutre. — Cette question, non résolue en 1864, a été tranchée en 1906. D'après l'article 11 de la nouvelle convention, une société reconnue d'un Etat neutre ne peut prêter le concours de son personnel et de ses formations sanitaires qu'avec l'assentiment préalable de son propre gouvernement et l'autorisation du ·belligérant lui-même auquel il est offert.

Matériel des sociétés de secours. — D'après l'article 16 de la convention de 1906, le matériel des sociétés de secours est considéré comme propriété privée et, comme tel, respecté en toute circonstance, sauf le droit de réquisition reconnu aux belligérants, suivant les usages de la guerre.

Sanction des infractions à la convention de Genève. — L'art. 28 de la convention de 1906 est ainsi conçu : « Les gouvernements signataires s'engagent à prendre ou à proposer à leurs législatures, en cas d'insuffisance de leurs lois pénales militaires, les mesures nécessaires pour réprimer en temps de guerre les actes individuels de pillage et de mauvais traitements envers des blessés et malades des armées, ainsi que pour punir, comme usurpation d'insignes militaires, l'usage abusif du drapeau et du brassard de la Croix-Rouge ». En conséquence, le gouvernement français a fait voter par le Parlement la loi du 24 juillet 1913, qui a remanié les articles 249 et 266 du Code de justice militaire pour l'armée de terre, de façon à y faire rentrer les infractions à la convention de Genève.

Violations de la convention de Genève commises par l'Allemagne dans la guerre. — Nous l'avons déjà dit, mais il est très important de le répéter, nombreuses et cruelles ont été les violations commises par l'Allemagne, au nom de la « Kultur » allemande, aux règles de la convention de Genève, dans la guerre de 1914 :

1° Abus de la Croix de Genève pour protéger des convois et des combattants ;

2° Obus lancés systématiquement sur des édifices couverts par le drapeau de la Croix-Rouge, à Reims, à Arras et dans beaucoup d'autres endroits ;

3° Un certain nombre de médecins et d'infirmiers faits prisonniers et retenus longtemps en Allemagne ;

4° Sépulture refusée aux soldats morts dans plus d'un cas.

CHAPITRE III. — DU CAS SPÉCIAL DE L'OCCUPATION D'UN TERRITOIRE PAR L'ENNEMI.

Distinction entre invasion et occupation. — *Critérium.* — Il ne faut pas confondre l'invasion et l'occupation. Il y a invasion lorsqu'un belligérant pénètre sur le territoire de son adversaire.

L'occupation suppose quelque chose de plus. Elle suppose que l'adversaire a été délogé et refoulé et que l'envahisseur a réussi à substituer son autorité à la sienne (art. 42 convention de la Haye, 1907).

Intérêt pratique. — En cas d'invasion, la population peut prendre les armes pour se défendre et elle aura droit à la qualité de belligérant sous les conditions indiquées plus haut : elle peut couper les ponts, détruire les lignes télégraphiques, etc. Au contraire, en cas d'occupation, nous verrons que les habitants du territoire occupé doivent s'abstenir d'entraver de quelque façon que ce soit les opérations de guerre de l'occupant sous des peines sévères.

Moment auquel commence l'occupation ennemie. — L'occupation existe lorsque deux conditions sont réunies :

1º Lorsque le gouvernement légal est mis dans l'impossibilité d'exercer son autorité sur le territoire, par le fait de l'envahisseur ;

2º Lorsque l'envahisseur est en mesure d'y exercer sa propre autorité.

L'occupation ne s'étend qu'aux territoires où l'autorité de l'envahisseur est établie et en mesure de s'exercer (art. 42, la Haye, 1907).

Division du chapitre. — Nous étudierons dans quatre paragraphes :

1º Les effets de l'occupation sur l'exercice de la souveraineté ;

2º Ses effets sur la personne des habitants ;

3º Ses effets sur leurs biens ;

4º Ses effets sur les biens de l'Etat.

§ 1. — Effets de l'occupation sur l'exercice de la souveraineté.

Principe général. — L'occupation d'un territoire par l'ennemi n'enlève pas à l'Etat envahi son droit de souveraineté ; mais, en fait, tant qu'elle dure, elle en suspend l'exercice au profit de l'envahisseur, dans les limites où l'exigent les nécessités de la guerre.

En sorte que le territoire occupé se trouve soumis

en droit à la souveraineté de l'Etat envahi et *en fait* à la souveraineté de l'occupant (art. 43, la Haye, 1907).

Conséquences de la souveraineté de droit de l'Etat envahi. — *Subdivision.* — Ces conséquences se produisent : 1° au point de vue de la législation ; 2° au point de vue de l'organisation administrative et judiciaire.

1° *Au point de vue de la législation.* — Les lois civiles et pénales de l'Etat envahi continuent à recevoir leur application sur le territoire occupé par l'ennemi. L'occupant ne peut les abroger que si elles sont incompatibles avec l'ordre des faits amenés par la guerre.

La jurisprudence française a fait application de cette doctrine en ce qui concerne les lois de douane. La Cour de Metz, par un arrêt en date du 29 juillet 1871 (1), a décidé que les départements occupés à titre provisoire par l'ennemi durant la guerre de 1870-1871 n'ont pas cessé, spécialement en ce qui concerne l'application des lois de douane, de faire partie du territoire français et d'être régis par la loi française, et cela même pendant le temps durant lequel l'ennemi a procédé à son profit à la perception des impôts. En conséquence, elle a déclaré légitimes les poursuites dirigées après le rétablissement du service de la douane française, contre les introductions faites en fraude desdites lois pendant l'occupation, encore même qu'elles auraient été tolérées par les autorités étrangères commandant dans ces départements.

Dans le même ordre d'idées, nous pouvons citer un arrêt de la Cour de Nancy, du 27 août 1872 (2), qui a déclaré punissable, aux termes du Code forestier, le fait d'un sujet français qui, pendant l'occupation de la Lorraine par les Prussiens, s'était rendu adjudicataire d'une coupe de bois des forêts de l'Etat mise en vente par l'ennemi et l'avait exploitée sans l'autorisation de l'administration française.

2° *Au point de vue de l'organisation administrative et judiciaire.* — *Maintien des autorités locales.* — L'occupation laisse subsister l'organisation administrative et judiciaire, telle qu'elle fonctionnait antérieurement. Seuls en pratique, les fonctionnaires ayant un carac-

_____

(1) D. P. 1871.2.132.
(2) D. P. 1872.3.185.

tère et un rôle politiques, tels que les préfets, sont remplacés par une autorité militaire de l'armée ennemie.

Le maintien des autorités locales est un bien, tant pour l'ennemi dont elles facilitent la tâche que pour les habitants paisibles dont elles protègent les intérêts. En droit, les autorités locales continuent de relever du pouvoir central du pays occupé. C'est en son nom que sont rendues les décisions judiciaires. Une difficulté s'est élevée sur ce point à Nancy pendant l'occupation allemande. L'empire était tombé, la République avait été proclamée, mais pas encore reconnue par le gouvernement allemand. La Cour de Nancy mit en tête de ses arrêts la formule « au nom du peuple français ». L'autorité allemande prétendit imposer à la Cour de libeller ses arrêts « au nom des hautes puissances allemandes occupant la Lorraine et l'Alsace ». La Cour, réunie en assemblée solennelle, protesta contre une pareille prétention, refusa de s'y soumettre et, à l'unanimité, déclara que, sans abdiquer ses fonctions, elle décidait de s'abstenir provisoirement (1).

Conséquences de la souveraineté de fait de l'occupant. — *Conséquences générales.* — L'autorité du pouvoir légal passant de fait entre les mains de l'occupant, celui-ci doit prendre toutes les mesures qui dépendent de lui en vue de rétablir et d'assurer autant qu'il est possible l'ordre et la vie publique (art. 43, la Haye, 1907).

Les autorités locales et les habitants du territoire doivent se soumettre aux autorités militaires de l'armée d'occupation. Mais celles-ci ne doivent pas abuser de leur pouvoir en exigeant d'eux un serment de fidélité, ou en leur imposant l'accomplissement d'actes que la loi ou leur conscience repousse (art. 45, la Haye, 1907).

Si les autorités locales, à l'approche de l'ennemi, se

_____

(1) Ont été déclarées illégales les juridictions créées par l'autorité allemande dans certaines villes françaises occupées par les armées allemandes au cours de la guerre, alors que les tribunaux français étaient en état de fonctionner et fonctionnaient en fait régulièrement. En conséquence, les jugements rendus par ces tribunaux ne peuvent produire en France aucun effet direct ou indirect (Douai, 15 mai 1919 ; Nancy, 8 janvier 1920, D. P. 1920.2.145).

retirent, l'occupant pourra organiser une administration nouvelle pour les remplacer, soit avec des éléments militaires pris dans son armée, soit en faisant appel aux notables habitants du territoire.

L'occupant peut interdire l'exécution des lois et des règlements de l'Etat dont il a envahi le territoire, en tant qu'elle serait contraire aux nécessités de la guerre. Par exemple, il peut empêcher l'application des lois de conscription militaire et mettre obstacle au départ des hommes qui voudraient se rendre à l'appel du gouvernement central.

Il a le droit de prendre toutes les mesures qu'il juge convenables pour assurer le maintien de l'ordre et de la vie publique sur le territoire envahi.

Enfin, on doit reconnaître compétence aux conseils de guerre de l'envahisseur pour réprimer tous les actes attentatoires à la sécurité de son armée commis par les habitants du territoire occupé (art. 43, 44 et 45, convention de la Haye de 1899 et de 1907) (1).

Perception des impôts. — En ce qui concerne les impôts, l'occupant a deux droits corrélatifs (2) :

1° Le droit d'empêcher la perception de l'impôt au profit de l'Etat dont il détient une portion du territoire.

---

(1) En 1870, les Allemands abusèrent de ce droit en proclamant le régime de la *loi martiale* sur l'étendue du territoire qu'ils détenaient ; cela voulait dire que la détermination des faits punissables, la peine à appliquer et la procédure à suivre étaient laissées à l'arbitraire absolu du commandant de l'armée d'occupation (Bonfils, *op. cit.*, n° 1173).

(2) Doit-on reconnaître à l'occupant un droit analogue sur les créances de l'Etat envahi à l'égard des particuliers ? Deux points sont admis par tous les auteurs : 1° L'occupant peut empêcher l'acquittement de ces créances aux mains de l'Etat ennemi ; 2° Il n'a pas le droit de contraindre les débiteurs de cet Etat à payer avant l'échéance. Mais peut-il les obliger à verser le montant des dettes échues entre ses mains ? La question est très controversée. Il semble que l'affirmative s'impose, du moment que l'on reconnaît à l'envahisseur le droit de faire main basse sur toutes les sommes d'argent qui se trouvent dans les caisses publiques. Nous renvoyons pour les détails de la controverse à l'ouvrage de M. Bonfils, n°s 1192 et 1193.

2° Le droit de percevoir l'impôt à sa place.

Ce dernier droit, qui doit être reconnu à l'envahisseur, lui impose le devoir d'affecter les sommes qu'il percevra aux frais d'administration. du pays. Il y contribuera dans la mesure déterminée par les nécessités du moment et par les lois de finances en vigueur.

Mais il ne doit pas les affecter aux besoins de son armée. C'est par des procédés spéciaux, que nous étudierons plus loin, les réquisitions et les contributions de guerre, qu'il assure l'existence et l'entretien de ses troupes (art. 48, la Haye, 1907).

L'occupant doit se borner à percevoir les impôts établis par le souverain légitime ; il ne peut pas créer des impôts nouveaux.

Quant au mode de perception des impôts établis, l'occupant doit, en principe, suivre les règles déterminées par les lois de l'Etat dont il occupe le territoire. Mais la plupart du temps, les fonctionnaires préposés au service du recouvrement des impôts auront résigné leur emploi ; il serait impossible au vainqueur d'improviser un personnel nouveau qui soit au courant du service et puisse percevoir le produit des impôts indirects ou de taxes d'un mécanisme compliqué.

Dans ce cas, la perception se fera par *équivalence*. Le rendement de toutes les contributions directes ou indirectes sera évalué pour le territoire occupé ; cette somme sera répartie entre les arrondissements, puis entre les communes, enfin entre les habitants dans chaque commune

Violation des principes précédents au cours de la guerre de 1914. — En pleine guerre les empereurs d'Allemagne et d'Autriche ont, le 6 novembre 1916, fait proclamer à Varsovie la constitution d'un royaume indépendant de Pologne comprenant la partie de la Pologne russe occupée par les empires du Centre. Le but, d'ailleurs à peine déguisé, de cette comédie était la constitution d'une armée polonaise destinée à combattre pour les empires centraux et à suppléer à l'insuffisance de leurs effectifs décimés sur les champs de bataille.

C'est une nouvelle violation du droit international. Les puissances qui font la guerre peuvent occuper des territoires et en gouverner les populations, mais elles ne peuvent pas, tant que la paix n'a pas fait renaître la faculté d'émigrer, découper des terres en royaumes et traiter les gens en serfs.

C'est contraire à l'article 45 du règlement de la Haye, qui porte qu'il est interdit de contraindre la population d'un territoire occupé à prêter serment à la puissance ennemie.

Semblable violation du droit international a été commise en Belgique par la division du pays en deux territoires administratifs séparés, wallon d'un côté, flamand de l'autre, et par la constitution du conseil des Flandres formé grâce à la complicité d'un petit groupe de Belges d'origine flamande, traîtres à leur pays, désignés sous le nom d'activistes.

§ 2. — Effets de l'occupation sur la personne des habitants.

Contrat tacite entre l'occupant et les habitants du territoire. — Par le fait de l'occupation d'un territoire ennemi, un contrat tacite se forme qui fait naître des obligations respectives à la charge de l'occupant et des habitants du territoire occupé.

L'occupant a pour devoir essentiel d'assurer le maintien de l'ordre et la vie sociale et de ne porter aucune atteinte au respect des personnes.

Les habitants du territoire, en échange, sont tenus de ne commettre aucun acte d'hostilité contre les autorités militaires de l'ennemi, et de ne causer aucune entrave, ni directe, ni indirecte, à leurs opérations de guerre.

Ce contrat est rarement respecté de part et d'autre. Tantôt, c'est la population qui se laisse aller à des actes de violence à l'égard de l'ennemi, tantôt c'est l'ennemi qui s'attaque à la population civile.

Le contrat n'est pas également garanti contre ces deux causes d'inexécution. Lorsque c'est la population civile qui méconnaît son engagement tacite, elle encourt des châtiments souvent terribles de la part de l'occupant. Au contraire, lorsque c'est ce dernier qui viole le contrat en commettant des abus de pouvoir à l'égard de la population, il n'existe d'autre sanction que celle qui résulte de la réprobation que ces actes peuvent soulever dans l'opinion publique internationale.

a) **Du respect de la personne des habitants. Conséquences qui en résultent.** — Le respect de la personne
des habitants inoffensifs est aujourd'hui un principe
fondamental du droit des gens de la guerre continentale. Il en résulte :

1º Que l'occupant ne peut ni les massacrer, ni les
faire prisonniers ;

2º Que c'est pour lui un devoir absolu de faire respecter l'honneur et les devoirs de famille ainsi que les
convictions religieuses et l'exercice des cultes. Il doit
réprimer, en conséquence, les violences, le rapt et le
viol, dont ses soldats se rendent coupables, comme
constituant des crimes (art. 46, la Haye, 1907).

3º Qu'il ne peut contraindre les habitants à faire
aucun acte qui soit contraire à leurs sentiments patriotiques : par exemple, il ne peut les obliger à porter les
armes contre leur patrie, en les enrôlant dans son armée, ni les contraindre à lui prêter un serment de fidélité, ni les forcer à donner des renseignements sur l'armée de l'autre belligérant ou sur ses moyens de défense
(art. 44, la Haye, 1907) (1).

Restriction au principe du respect de la personne. —
Réquisition de services personnels. — Il est une mesure,
contraire au respect de la personne des habitants paisibles, qui est autorisée par les règlements militaires
de tous les Etats et que la conférence de Bruxelles n'a
pas osé proscrire, c'est la réquisition de services personnels. On reconnaît à l'occupant le droit de requérir
des guides pour le conduire à travers le pays ennemi,
et des ouvriers pour faire les travaux urgents, que seul
il ne peut exécuter.

Cependant la réquisition de services personnels ne
peut s'exercer qu'à deux conditions :

1º Il ne faut pas que le service constitue un acte
d'hostilité *directe et immédiate* contre la patrie ;

2º Il ne faut pas que ce service expose les individus
requis au même danger que les combattants. Ainsi
l'ennemi peut employer des ouvriers, pris dans la
population du territoire qu'il occupe, pour exécuter
des travaux de terrassement et de fortification, dans

---

(1) L'Allemagne, en ratifiant la 4e convention de la
Haye le 27 novembre 1909, a formellement écarté cet article de sa ratification.

les localités où la lutte ne se poursuit pas ; mais il ne peut pas les envoyer aux tranchées ou sur le champ de bataille, les exposant ainsi au feu de leurs compatriotes (1).

En 1870 et dans la guerre de 1914, les Allemands ont fait un abus de ce droit de réquisition. Il serait bon que cette pratique disparût dans les guerres à venir.

b) **Obligations. des habitants vis-à-vis de l'occupant.** — Les habitants ne doivent commettre aucun acte d'hostilité à l'égard de l'ennemi. Ils doivent observer une attitude indifférente et neutre.

Il est d'usage que les autorités militaires fassent connaître à la population les actes dont elle devra s'abstenir, en indiquant les pénalités qu'elle encourt en cas d'infraction.

Sanction de l'obligation des habitants. — 1° *Des otages.* — On entend d'une façon générale, par otage une personne qui est remise en garantie d'une promesse ou d'un traité. Lorsque la promesse n'est pas exécutée ou que le traité est violé, on ne reconnaît plus aujourd'hui le droit de l'Etat lésé de mettre à mort l'otage. Il peut seulement le retenir comme prisonnier.

Dans les guerres de 1870 et de 1914, il a été fait un abus des otages par les autorités militaires allemandes. Elles s'en sont servies comme d'un moyen d'intimidation pour prévenir les actes d'hostilité de la part de la population. C'est ainsi qu'en 1870, pour arrêter les tentatives de déraillement, le commandant de la troisième armée allemande donna l'ordre de faire accompagner les trains par des habitants connus et jouissant de la considération générale. On les plaçait sur la locomotive, de façon à ce qu'ils fussent les premières victimes, si un accident se produisait. On espérait ainsi mettre un terme à la malveillance des habitants.

Le premier président de la Cour de Nancy, ayant refusé d'obéir à une injonction pareille, fut amené sur la locomotive par quatre gendarmes. On ne saurait trop blâmer de pareils abus de la force (2).

_____

(1) *Manuel de droit international*, p. 110 et suiv.
(2) Calvo, *op. cit.*, p. 174.

2° *Moyens de répression.* — Les moyens de répression que l'ennemi peut employer pour châtier les actes d'hostilité de la population civile peuvent être directs ou indirects.

Ils sont directs lorsqu'ils frappent le coupable lui-même ; ils sont indirects lorsqu'ils portent sur des innocents, par mesure de vengeance et pour servir d'exemple. Les moyens de répression indirects sont injustes ; on ne saurait trop les réprouver.

Les Allemands en ont abusé en 1870. C'est ainsi que, le pont de Fontenoy ayant été détruit par des francs-tireurs, le préfet allemand, placé à la tête du département de la Meurthe, réquisitionna cinq cents ouvriers pour réparer le pont. Ils refusèrent de se rendre à cette injonction. Alors le préfet déclara au maire de Nancy que si le lendemain, 24 janvier, à midi, cinq cents ouvriers des chantiers de la ville ne se trouvaient pas à la gare, prêts à se mettre à l'œuvre, les surveillants et un certain nombre d'ouvriers seraient saisis et fusillés sur place (1).

§ 3. — Effets de l'occupation sur les biens des habitants.

Principe fondamental. — Respect de la propriété privée. — Le principe fondamental du droit des gens moderne, en ce qui concerne la guerre continentale, est le respect de la propriété privée à laquelle il ne doit être porté atteinte que lorsque les opérations militaires l'exigent impérieusement. C'est là une conséquence de cette règle, déjà bien souvent énoncée, que la guerre est dirigée non contre les simples particuliers, mais contre les forces organisées de l'Etat, et que son but est, non de faire le plus de mal possible à l'adversaire, mais, en établissant la supériorité de sa puissance militaire, de le soumettre à sa volonté (art. 46-47, la Haye, 1907).

Il n'en a pas toujours été ainsi ; à Rome et même chez les peuples modernes, jusqu'à ces derniers temps, les biens de l'ennemi étaient considérés comme étant de bonne prise. C'est seulement au dix-neuvième siècle que le respect de la propriété privée a été reconnu, par tous les Etats civilisés, comme un principe nécessaire.

---

(1) Calvo, *op. cit.*, p. 183.

Conséquences qui résultent du principe du respect de la propriété privée. — Ce principe engendre les conséquences suivantes :

1° *Interdiction des destructions inutiles*. — L'ennemi doit s'abstenir des destructions inutiles, c'est-à-dire de celles qui ne doivent pas aider au succès de ses opérations militaires.

Par exemple l'incendie des habitations, la dévastation des récoltes dans le seul but de vengeance ou pour nuire à l'ennemi sont contraires au droit des gens.

La conduite des troupes françaises qui, sous Louis XIV, portèrent la ruine et la dévastation dans tout le Palatinat, soulève encore aujourd'hui l'indignation des historiens et des jurisconsultes.

2° *Interdiction du butin et du pillage*. — Le butin et le pillage sont interdits. — Il y a une certaine différence entre le butin et le pillage.

Le butin est l'*appropration collective* ; le pillage est l'*appropriation individuelle*, capricieuse et violente.

On a essayé de légitimer le pillage, en disant que c'est quelquefois le seul moyen d'exciter le courage des soldats et de les pousser à un effort décisif. Il n'en est rien : le pillage n'est ni honorable, ni juste, ni utile.

Il n'est pas honorable, car il est contraire à l'honneur militaire d'exciter les soldats à remplir leur devoir en leur offrant de devenir brigands (1).

Il n'est pas juste, parce que ce ne sont pas les particuliers qui font la guerre ; on ne peut donc pas donner leurs vies et leurs biens en prime aux passions brutales des soldats (2).

Il n'est pas utile, parce que, d'une part, il porte un coup fatal à la discipline de l'armée, et que, d'autre part, il expose les envahisseurs aux justes représailles de la population (3).

Répression du vol. — Les vols qui sont commis, pendant la guerre, au détriment d'un habitant, peuvent être l'objet de poursuites après les hostilités. En 1870, un objet fut volé par un soldat prussien à un Français et vendu à un autre Français. Après la guerre, le propriétaire revendiqua la chose dont il avait été

(1 et 2) Bluntschli, *op. cit.*, art. 661.
(3) M. Renault à son cours.

injustement dépossédé. Il en obtint la restitution et l'acheteur fut puni (Cass., 15 décembre 1872) (1).

Du cas spécial d'une maison abandonnée. — Lorsqu'une maison est abandonnée par son propriétaire à l'approche de l'ennemi, certains auteurs ont prétendu que l'envahisseur avait le droit d'y entrer, même par la force, et de mettre tout au pillage, parce que, par sa faute, l'habitant avait manqué au devoir d'hospitalité.

Nous ne saurions admettre un pareil système. L'ennemi, qui occupe le territoire, a bien le droit de pénétrer, même avec violence, par effraction, dans les maisons abandonnées, d'y loger et d'utiliser pour sa nourriture les ustensiles et les provisions qu'il peut y trouver. Car, en prenant la fuite, le propriétaire n'a pas pu échapper aux réquisitions militaires. Mais l'ennemi n'a le droit ni de s'approprier les objets cachés ou non, tels que pendules, bijoux, argent, etc., ni de les détruire.

Violation de ces principes par l'Allemagne en 1914. — Ces principes ont été violés d'une façon systématique par les Allemands, en Belgique et en France, dans la guerre de 1914.

1° Le pillage des maisons particulières a été non seulement toléré, mais réglementé et opéré méthodiquement. Des bons de pillage ont été distribués aux soldats. Les maisons ont été dévalisées. Des voitures de déménagement ont emporté en Allemagne les meubles, objets d'art, collections. On peut citer notamment le château du baron de Baye dans la Marne, près de Champaubert, soigneusement dépouillé sur l'ordre et pour le compte d'un des plus illustres personnages officiels de l'empire ;

2° Des maisons particulières, des usines, des établissements ont été détruits par les obus allemands, sans aucune nécessité au point de vue des opérations militaires, comme à Louvain, à Reims, à Arras, à Ypres et dans multitude d'autres localités, toujours sous le mensonger prétexte que des civils ont tiré sur les troupes. Les maisons respectées par les obus ont été en maints endroits brûlées avec une méthode sauvage à l'aide de pompes incendiaires à pétrole, de

_____

(1) S. 1872.1.44.

Dr. int. pub. 35

grenades et de pastilles inflammables qui font partie de l'équipement de campagne du soldat allemand (1 et 2).

3° A Lille, pendant l'occupation, des déportations en masse ont été opérées ; des jeunes filles ont été arrachées à leur famille, envoyées en Allemagne, livrées sans défense aux pires promiscuités.

Des restrictions au principe du respect de la propriété privée. — On peut les ranger sous les trois chefs suivants :

---

(1) Voici la proclamation publiée par le général von Mehring, commandant de la place de Valenciennes, en septembre 1914 : « J'ai été forcé d'employer les mesures les plus rigoureuses de la loi martiale contre la ville d'Orchies. Dans cette localité furent commises les plus terribles atrocités. En en tirant les conséquences, j'ai détruit toute la ville. L'ancienne ville d'Orchies, ville de 5.000 habitants, n'existe plus. Les maisons, l'hôtel de ville et l'église sont anéantis. »

(2) « Dans la plupart des endroits où nous avons fait notre enquête, nous avons pu nous rendre compte que l'armée allemande professe d'une façon constante le mépris le plus complet de la vie humaine, que ses soldats et même ses chefs ne se font pas faute d'achever les blessés, qu'ils tuent sans pitié les habitants inoffensifs des territoires qu'ils envahissent et qu'ils n'épargnent, dans leur rage homicide, ni les femmes, ni les vieillards, ni les enfants... De même que la vie humaine, la liberté des gens est, de la part de l'autorité militaire allemande, l'objet d'un absolu dédain. Presque partout, des citoyens de tout âge ont été arrachés à leurs foyers et emmenés en captivité. Beaucoup sont morts ou ont été tués en route. Plus encore que le meurtre, l'incendie est un des procédés usuels de nos adversaires. Il est couramment employé par eux, soit comme élément de dévastation systématique, soit comme moyen d'intimidation. L'armée allemande, pour y pourvoir, possède un véritable matériel, qui comprend des torches, des grenades, des fusées, des lampes à pétrole, des baguettes de matière fusante, enfin des sachets contenant des pastilles composées d'une poudre comprimée très inflammable. Sa fureur incendiaire s'affirme principalement contre les monuments qui représentent un intérêt d'art ou de souvenir » (Rapport précité).

1º Destructions et confiscations nécessitées par les opérations militaires ;
2º Droit de réquisition ;
3º Droit de contribution.

1º *Destructions et confiscations nécessitées par les opérations militaires.*

Règle générale. — Le respect de la propriété privée en temps de guerre est limité par les nécessités de la guerre. Les destructions et les confiscations faites par l'envahisseur sont légitimes, lorsqu'elles servent au succès de ses armes.

C'est ainsi, nous l'avons vu, que, dans un siège, le bombardement peut avoir pour objectif les maisons particulières, si, par ce moyen, l'assaillant peut espérer obtenir une reddition plus rapide de la place.

Souvent, dans l'attaque ou la défense d'une position, l'on sera amené à abattre les arbres d'un parc, d'un jardin, ou à raser des habitations particulières.

Enfin, dans ses marches et contre-marches, l'armée ennemie ravagera des plantations et détruira des récoltes. Ce sont là les conséquences fatales de la guerre.

Quant aux confiscations, elles sont permises, lorsqu'elles portent sur des objets qui peuvent servir dans la lutte ; telles sont les armes, les munitions de guerre.

Y a-t-il droit à indemnité ? — Les habitants du territoire occupé qui ont souffert des dommages matériels dans leurs biens, par suite des opérations militaires, ont-ils droit à une indemnité ? Non, disait-on, avant 1914. Il y a là un cas de force majeure, qu'on peut comparer à un phénomène de l'ordre physique, tel qu'une grêle, une inondation, et dont aucun État ne saurait être déclaré responsable.

Cette question avait été soulevée, en France, devant l'assemblée nationale, à la suite des désastres causés à la fortune privée par l'occupation allemande. M. Thiers refusa de reconnaître aux victimes de la guerre un véritable droit de créance contre l'État : il déclara qu'il y avait seulement pour lui une obligation morale à leur accorder un secours. C'est dans ce sens que furent rendues diverses lois, ouvrant des crédits pour venir en aide aux familles nécessiteuses éprouvées par la guerre, et cela sans distinction de nationalité (Lois des 6 septembre 1871, 7 avril 1873, 28 juillet 1874). Il n'en est plus ainsi aujourd'hui. Le droit à une indemnité a été reconnu : par la loi du 26 décembre 1914 (art. 12) et par la loi du 17 avril 1919.

2° *Du droit de réquisition.*

Définition. — On entend par réquisition l'acte par lequel le commandant de l'armée d'occupation contraint les habitants à la prestation de certains services personnels ou des choses matérielles dont il peut avoir besoin pour l'entretien ou la marche de son armée.

Double objet. — Il suit de là que la réquisition peut avoir deux objets :

1° Des services personnels, par exemple lorsqu'on requiert des ouvriers pour réparer un pont ;

2° Des choses matérielles, telles que logement, vivres, chevaux, voitures, etc.

Caractère et fondement. — La réquisition est un véritable droit pour l'ennemi. On peut lui donner un double fondement :

1° *Les nécessités de la guerre.* — En théorie, chaque armée devrait être pourvue de tout ce qui est nécessaire à sa subsistance. Mais cela est impossible dans la pratique, à raison du nombre considérable d'hommes dont elle se compose et des mouvements imprévus et rapides qui la séparent souvent de ses approvisionnements.

2° *La souveraineté de fait* qu'il exerce sur le territoire occupé.

Conditions auxquelles doit être subordonné l'exercice des réquisitions. — L'exercice du droit de réquisition doit être subordonné aux conditions suivantes :

1° Il faut qu'il soit prescrit par le commandant de l'armée d'occupation.

Les officiers inférieurs ne peuvent agir que pour assurer l'exécution des réquisitions prescrites, et procéder qu'en vertu d'une délégation et sous la responsabilité du commandant (1).

---

(1) C'est ce que décide l'ordonnance du 3 mai 1842, articles 15, 42, 155.

2° Il faut qu'il ait pour objet des choses absolument indispensables, soit à la subsistance, soit aux mouvements de l'armée.

L'armée allemande a commis des abus en cette matière pendant les guerres de 1870 et de 1914, en réclamant invariablement comme objets de réquisition des cigares pour les soldats, des vins fins, notamment du champagne, pour les officiers.

3° Il faut que, en échange de la prestation de l'objet requis, un récépissé soit délivré à l'habitant. Ce récépissé a une grande importance ; si l'envahisseur est repoussé et en définitive vaincu, il servira à déterminer l'indemnité de guerre qu'il devra payer au vainqueur, et si c'est lui qui l'emporte dans la lutte il servira à l'habitant pour obtenir de son gouvernement un secours en proportion des réquisitions qu'il aura eu à subir.

Ne faut-il pas aller plus loin et reconnaître à l'habitant le droit de réclamer de l'ennemi une indemnité pécuniaire pour le prix des réquisitions faites ? Quelquefois, en pratique, l'ennemi indemnisera lui-même l'habitant ; et, en le faisant, il agira sagement, parce que plus facilement il obtiendra les choses dont il a besoin, et, d'autre part, il ménagera les susceptibilités de la population. Mais tous les auteurs sont d'accord pour reconnaître que ce n'est pas pour lui une obligation stricte.

L'article 52 de la convention de la Haye de 1907 dit que les prestations en nature seront autant que possible payées au comptant, sinon elles seront constatées par des reçus.

Contre qui peut être exercé le droit de réquisition ? — Il peut être exercé contre tout habitant du territoire occupé, même contre les nationaux des États neutres.

D'après quelle loi le droit de réquisition est-il exercé ? — C'est là une question qui est controversée. Deux principaux systèmes ont été proposés, qui, l'un et l'autre, ont soulevé des objections.

Premier système. — L'occupant doit appliquer la loi du souverain territorial.

Ainsi, en 1870, les armées allemandes auraient dû appliquer la loi française sur les réquisitions militaires qui réglemente ce droit en temps de paix, au profit des armées nationales opérant des grandes manœuvres sur les habitants des territoires qui en sont le théâtre. C'est aujourd'hui la loi du 3 juillet 1877 complétée par le décret réglementaire du 3 août de la même année.

Ce système a soulevé une objection pratique et une objection théorique.

L'objection pratique est que l'ennemi ne peut employer les procédés de son adversaire qu'avec beaucoup de difficultés, les connaissant très imparfaitement, ou ne les connaissant pas du tout.

L'objection théorique est que les réquisitions sont plus larges quand elles visent les nationaux que lorsqu'elles visent l'ennemi.

Deuxième système. — L'occupant peut suivre sa propre loi. Ce système n'est pas plus satisfaisant que le premier. Il soulève la même objection théorique.

La Conférence de Bruxelles de 1874 a voulu trancher la difficulté ; mais elle a donné une formule trop vague en disant « que l'ennemi ne demandera aux communes ou aux habitants que des prestations et services en rapport avec les nécessités de la guerre généralement reconnues, en proportion avec les ressources du pays » (art. 40 du projet).

Enfin, la convention de la Haye de 1907, sans trancher formellement la question, a indiqué que l'exercice du droit de réquisition devait être soumis à une double limitation : 1° les besoins de l'armée d'occupation ; 2° les ressources du pays qu'on ne doit pas épuiser et réduire à la famine (article 52).

3° *Des contributions de guerre.*

Définition. — La contribution de guerre est une somme d'argent que l'ennemi force les habitants du territoire envahi à lui payer.

Il y a cette différence entre la réquisition et la contribution que la réquisition a pour objet des choses en nature, tandis que la contribution porte sur une somme d'argent.

Fondement du droit de contribution. — Autrefois on justifiait la contribution de guerre en disant que c'était le rachat du pillage. Il ne peut plus en être ainsi aujourd'hui, puisque le pillage, loin d'être un droit pour le vainqueur, est considéré comme un crime du droit des gens.

On ne peut pas dire non plus que la contribution soit une avance sur l'indemnité que le vaincu devra, la guerre terminée, payer au vainqueur ; parce que l'envahisseur peut être définitivement repoussé et, loin d'être créancier d'une indemnité de guerre, avoir au contraire à indemniser lui-même son adversaire (1).

Le droit de contribution ne peut être légitimé que dans un cas, lorsqu'il est substitué au droit de réquisition. Par exemple, au lieu de faire des réquisitions en nature, l'envahisseur lève une contribution en argent et il emploie l'argent ainsi obtenu à payer les denrées, les services dont il a besoin.

La contribution de guerre, ainsi entendue et pratiquée, est préférable à la réquisition, tant pour les habitants, parce qu'elle pèse d'une façon égale sur tous, que pour l'ennemi lui-même, parce qu'il obtiendra facilement, en offrant de payer, les vivres et les services dont il aura besoin.

Conditions auxquelles doit être subordonné l'exercice des contributions de guerre. — Mais, pour que l'exercice du droit de contribution soit légitime, il faut (art. 51, la Haye, 1899 et 1907) :

1º Qu'elle soit ordonnée par le chef de l'armée d'occupation ;

2º Qu'elle soit proportionnée aux ressources du pays et soit indispensable à l'entretien de l'ennemi. La contribution serait un abus de la force si l'ennemi s'en servait pour payer ses soldats, pour remplir ses caisses ou pour satisfaire la cupidité de ses troupes ;

3º Qu'elle soit constatée par un reçu donné à l'habitant qui l'a acquittée.

La contribution comme moyen de répression. — La contribution de guerre a été quelquefois employée comme moyen de punir les attentats commis par les

_____

(1) *Manuel de droit international*, p. 128. « Impossible, dit M. Fauchille, de justifier les contributions pécuniaires. Elles servent uniquement à remplir les caisses de l'ennemi et à favoriser la cupidité des chefs. Elles doivent être condamnées par tout esprit soucieux de la justice. » (*Op. cit.*, II, nº 1224).

habitants du territoire contre l'armée d'occupation. C'est là, nous l'avons déjà dit, une pratique regrettable ; elle a pour effet de faire supporter à des innocents la faute du vrai coupable.

Des abus graves ont été commis ainsi dans la guerre de 1870 par les Allemands. Le général commandant la troisième division de réserve, dans sa proclamation datée de Boulzicourt (Ardennes), le 10 décembre 1870, déclare que « les communes seront responsables des dégâts causés sur leur territoire aux télégraphes, aux chemins de fer, aux ponts et aux canaux » ; qu'une contribution leur sera imposée, et, en cas de non-paiement, on les menace d'incendie (1).

A la suite de la destruction du pont de Fontenoy (2), une contribution de guerre de 10 millions de francs fut décrétée et une petite commune fut imposée pour un million.

La convention de la Haye de 1907 interdit de semblables procédés en déclarant, dans son article 50 : « Aucune peine collective, pécuniaire ou autre, ne pourra être édictée contre les populations, à raison de faits individuels dont elles ne pourraient être considérées comme solidairement responsables. »

Abus commis par l'Allemagne en 1914. — De nombreux abus ont été commis par l'Allemagne en matière de contribution de guerre dans toutes les grandes villes qu'elle a occupées en France ou en Belgique, à Bruxelles, à Anvers, à Lille, à Amiens, à Reims. Dans une petite commune de l'Aisne, sous prétexte que des débris de verre auraient été semés sur une route pour crever les pneumatiques des automobiles militaires, le général von Bülow aurait exigé une contribution de guerre de vingt millions de francs, sous la menace de détruire le château de Marchais, appartenant au prince de Monaco. Par un juste retour des choses d'ici-bas et à titre de représailles légitimes, les généraux russes ont exigé des villes qu'ils ont occupées dans la Prusse orientale des contributions de guerre de même importance que celles qui ont été imposées aux villes occupées en Belgique ou en France.

_____

(1) Calvo, op. cit., p. 222.
(2) V. suprà, p. 543.

§ 4. — Effets de l'occupation sur les biens de l'Etat envahi.

a) **Meubles.** — Le principe est que l'armée d'occupation peut s'emparer de toute propriété mobilière de l'Etat qui peut servir à ses opérations militaires. Elle doit, au contraire, respecter les choses dont la possession est sans influence sur l'issue de la guerre.

En conséquence, on reconnaît à l'armée d'occupation le droit de s'emparer du trésor de guerre, de toutes les sommes (1) existant dans les caisses publiques, des armes et des munitions de guerre, des magasins de vivres, des chevaux, des voitures, etc. (art. 53, convention de la Haye).

Chemins de fer. — L'occupant peut s'emparer du matériel roulant des chemins de fer, qu'ils appartiennent à des compagnies privées ou à l'Etat. Il peut prendre en mains le service des transports ; utiliser le chemin de fer pour les mouvements de ses troupes, et même pour les besoins des simples particuliers. Mais il ne peut pas retenir le matériel comme butin de guerre. A la conclusion de la paix, il devra le restituer. Bien plus, il doit tenir compte aux compagnies privées des profits qu'il a pu tirer de l'exploitation, pendant le temps de l'occupation. Au contraire, pour les lignes appartenant à l'Etat, l'envahisseur a le droit de conserver les bénéfices que l'exploitation lui a procurés, pendant tout le temps de son occupation, comme conséquence du droit de jouissance qui lui appartient sur le domaine de l'Etat envahi, ainsi que nous le dirons plus loin.

Télégraphes. — L'occupant a le droit de s'emparer des appareils télégraphiques ; car c'est un moyen de communication qui est d'un puissant secours pour les opérations militaires.

Pour ce qui est des télégraphes sous-marins, on avait proposé de les neutraliser en temps de guerre, pour cette raison qu'ils ne sont pas seulement au ser-

(1) Mais, en théorie, l'envahisseur doit respecter les fonds appartenant à de simples particuliers, dépôts dans les caisses d'épargne, à la Caisse des dépôts et consignations, etc...

vice des Etats belligérants et que permettre de les détruire serait porter atteinte aux intérêts des Etats qui restent étrangers à la lutte. Cette proposition n'a pas été acceptée. La convention de Paris, en 1884, relative à la protection des câbles sous-marins, article 15, a formellement décidé que les mesures qu'elle organisait cessent en temps de guerre. Cette solution se comprend très bien. Le télégraphe peut être une arme puissante aux mains des belligérants. Il faut reconnaître à l'ennemi le droit de le faire disparaître pour affaiblir les moyens d'action de son adversaire.

Œuvres d'art. — Quant aux collections artistiques, aux richesses littéraires et scientifiques qui se trouvent dans les musées, dans les bibliothèques, l'armée envahissante doit les respecter comme la propriété privée de l'ennemi, parce que la possession de ces objets ne peut en rien servir aux opérations de la guerre. L'envahisseur ne doit ni les détruire, ni s'en emparer, à titre de butin.

b) **Immeubles.** — C'est toujours la même règle qu'il faut appliquer : l'ennemi peut s'emparer des immeubles qui peuvent servir à ses opérations militaires ; il doit au contraire respecter ceux qui ne servent, ni de près, ni de loin, à la guerre.

Ainsi, lorsque les opérations militaires l'exigent, les ponts peuvent être détruits, les villes démantelées.

Mais on doit laisser intacts les monuments qui constituent les œuvres de la paix : tels que les églises, les hôpitaux, les établissements scientifiques ou philanthropiques, etc. (art. 56, convention de la Haye).

Biens du domaine privé. — **Forêts domaniales.** — A raison de la souveraineté de fait qu'il exerce sur le territoire, l'occupant peut jouir des biens du domaine privé de l'Etat ennemi, mais seulement comme un usufruitier et un administrateur. Il doit sauvegarder le fonds de ces propriétés et les administrer conformément aux règles de l'usufruit (art. 55, la Haye, 1907).

Il peut s'établir dans les palais nationaux, dans les hôtels de préfecture, dans les ministères, y installer ses troupes, son matériel de guerre, les services de son administration.

Il peut jouir des forêts domaniales, soit en percevant les fruits naturels, soit en se faisant payer le montant des baux ; mais il ne doit pas exercer cette jouissance d'une façon abusive ; c'est au contraire pour l'occupant une obligation d'observer, pour les bois taillis, l'ordre et la quotité des coupes suivant l'aménagement ou l'usage constant des propriétaires, et pour les parties de bois de haute futaie qui ont été mises en coupes réglées, de se conformer aux époques et aux usages établis.

Les baux et les aliénations que l'occupant aurait pu consentir sur ces immeubles ne seraient pas obligatoires pour l'Etat ennemi ; il pourrait refuser de les reconnaître, lorsqu'il reprendra sur son territoire l'exercice de sa souveraineté.

« De plus, il est fondé à demander compte de leurs actes à ceux de ses nationaux qui, au mépris de leurs devoirs et du patriotisme, auraient facilité l'occupation, en traitant volontairement avec l'envahisseur pour l'exploitation des immeubles de l'Etat (1). »

Ces principes ont été appliqués par la jurisprudence française, en 1870, aux contrats passés par l'autorité militaire allemande avec des banquiers de Berlin, relativement à 1.500 chênes, qu'elle avait vendus à raison de 8 thalers ou 30 francs, alors que chacun d'eux valait au moins 150 francs. Un Français, le sieur Hatzfeld, se substitua aux premiers acquéreurs ; puis, la paix signée, refusa de payer le prix convenu. L'affaire fut portée devant la Cour de Nancy qui, par un arrêt du 3 août 1872 (2), déclara la vente nulle, pour cette raison qu'elle avait porté sur la chose d'autrui.

Dans la guerre de 1914-1918 des abus ont été commis par les Allemands. Ils ont opéré des coupes sombres dans des forêts domaniales et communales ; 300.000 hectares de bois ont été détruits.

CHAPITRE IV. — DES RELATIONS ENTRE
LES BELLIGÉRANTS.

Division du chapitre. — Nous allons étudier dans deux paragraphes :

---

(1) *Manuel de droit international*, p. 115.
(2) Dalloz, 1872.2.203 ; *Revue de droit international*, 1871, p. 337, 1873, p. 252 ; *Journal de droit international privé*, 1874, p. 126.

1° Les organes des relations entre les belligérants :
2° Les conventions militaires.

§ 1. — Organes des relations entre les belligérants.

Idée générale. — Tant que la guerre dure, les forces des Etats belligérants se trouvant concentrées dans leurs armées respectives, ce sont les chefs de ces armées qui représentent les Etats dans leurs relations entre eux.

Ce sont eux qui concluent les conventions militaires, mais dans la pratique ils ne conduisent pas eux-mêmes les négociations. Ils chargent de ce soin des envoyés spéciaux qu'on appelle des parlementaires.

Des parlementaires. — Un parlementaire est une personne, civile ou militaire, que le chef d'un corps d'armée envoie auprès du chef de corps ennemi, pour lui faire des propositions relativement à la conduite des hostilités.

Il s'annonce de loin par des signes extérieurs ; il est accompagné d'un clairon ou d'un tambour, et précédé d'un drapeau blanc, indiquant ses intentions conciliantes.

Caractères. — Différences avec l'agent diplomatique. — Le parlementaire est revêtu d'un caractère diplomatique. Il diffère cependant, sur des points importants, de l'agent diplomatique ordinaire.

1° Le parlementaire est inviolable, comme l'agent diplomatique ; l'ennemi qui tirerait sur lui commettrait un crime de droit des gens. Il ne peut non plus être fait prisonnier.

Mais cette inviolabilité est moins étendue que celle qui protège l'agent diplomatique.

L'ennemi auprès duquel il est envoyé a le droit de prendre toutes les mesures que la prudence commande, pour l'empêcher de découvrir le secret de ses opérations et d'être renseigné sur sa force numérique et sur l'état de ses troupes. Il est communément d'usage, en conséquence, de lui bander les yeux, à l'aller comme au retour, pour lui faire traverser les lignes ennemies. On peut lui interdire toute communication avec d'autres personnes qu'avec le commandant en chef. Enfin, mesure plus grave, lorsque, par suite d'une circonstance fortuite, le parlementaire a découvert des faits de nature à nuire à l'armée de son adversaire s'il était renvoyé immédiatement auprès du chef qui l'a détaché en mission, il peut être retenu aussi longtemps que les opérations militaires l'exigeront.

2° Le parlementaire qui abuse de sa situation pour exercer des actes d'espionnage cesse d'être inviolable et peut être puni comme espion.

3° L'armée ennemie peut se refuser à recevoir un parlementaire. Elle peut avoir intérêt à le faire, lorsqu'elle espère, par une action prompte et énergique, venir rapidement à bout de son adversaire (1).

*** § 2. — Conventions militaires.

Caractères généraux. — Différences entre les conventions militaires et les conventions internationales. — On peut ramener à trois les caractères qui distinguent les conventions militaires des conventions internationales.

1° Les conventions militaires sont conclues par les chefs de corps d'armée, tandis que les conventions internationales sont conclues par des agents diplomatiques ;

2° Les commandants de corps d'armée ont, en leur seule qualité, le pouvoir de conclure des conventions ; tandis que les agents diplomatiques doivent, pour entreprendre une négociation, être munis des pouvoirs spéciaux du souverain qu'ils représentent ;

3° Les conventions militaires sont obligatoires par elles-mêmes ; les conventions internationales ordinaires ne sont obligatoires que lorsqu'elles ont été revêtues de la ratification du chef de l'Etat ; quelquefois même, nous le savons, la sanction législative est nécessaire.

Diverses espèces de conventions militaires. — Les conventions militaires ont pour objet la suspension d'armes, l'armistice, la capitulation, l'échange de prisonniers.

1° **De la suspension d'armes. —** *Définition.* — La suspension d'armes est une convention par laquelle

---

(1) Toutes ces règles sont consacrées par la convention de la Haye de 1907, art. 32, 33, 34.

les commandants des deux armées en présence s'entendent pour cesser le combat, pendant un temps très court, quelques heures, un jour au plus, et sur un point déterminé.

But. — Le but de la suspension d'armes est de permettre de porter secours aux blessés tombés sur le champ de bataille, de relever les morts et de les ensevelir, ou bien encore de laisser aux commandants la facilité de demander et de recevoir les instructions de l'autorité supérieure.

Forme. — Elle est conclue par les commandants des deux armées et ne produit d'effets qu'à l'égard des troupes qu'ils ont sous leurs ordres.

Elle est conclue verbalement ; elle peut même être tacite, mais elle offre alors peu de garantie, aucun engagement ferme n'étant pris, et le temps pendant lequel doit durer la suspension d'armes n'étant pas déterminé.

2° **De l'armistice.** — L'armistice est, comme la suspension d'armes, une convention ayant pour but la cessation des hostilités ; mais, entre les deux conventions, il y a des différences importantes à noter.

Différences entre la suspension d'armes et l'armistice. — 1° La suspension d'armes est une convention essentiellement militaire ; c'est un incident passager de la lutte. L'armistice au contraire est une convention ayant surtout un caractère politique. C'est un acheminement vers la conclusion définitive de la paix.

En conséquence, tandis que le commandant de corps d'armée a qualité, en vertu de son titre même et de ses attributions militaires, pour conclure une suspension d'armes, l'armistice, au contraire, est conclu au nom de l'Etat, par un représentant diplomatique, muni de pouvoirs spéciaux à cet effet ; et cette convention n'est obligatoire qu'autant qu'elle est ratifiée par le chef de l'Etat.

2° La suspension d'armes est une mesure purement locale ; elle ne s'applique qu'aux troupes sous les ordres des commandants qui l'ont conclue, et ne s'étend qu'au territoire occupé par ces troupes. Au contraire, l'armistice peut être général ou local ; habituellement, étant stipulé au nom de l'Etat, il s'applique à tout le territoire de l'Etat. Cependant, comme les Etats sont souverains et indépendants, rien ne les empêche d'exclure du bénéfice de l'armistice certaines parties du territoire ou certains corps de l'armée ennemie.

C'est ainsi que, dans la guerre de 1870, l'armistice consenti par l'Allemagne excluait formellement l'armée de l'Est.

3° La suspension d'armes a une durée très courte, quelques heures, un jour ou plusieurs jours ; l'armistice a une durée plus longue, une ou plusieurs semaines et même un mois.

L'armistice conclu entre la France et l'Allemagne le 28 janvier 1871 pour une période de 21 jours fut prolongé ensuite jusqu'au 11 mars suivant.

4° La suspension d'armes est conclue verbalement, quelquefois elle est tacite : l'armistice est toujours rédigé par écrit et n'est jamais tacite.

Effets de l'armistice. — *Effet principal.* — L'effet de l'armistice est de suspendre les hostilités de part et d'autre.

Pour éviter les occasions d'engagement entre les deux armées ennemies, il est d'usage de les séparer par une zone neutre. Dans l'armistice conclu en 1871, entre la France et l'Allemagne, cette zone comprenait le terrain entre les forts et la place de Paris.

Actes interdits. — Tant que dure l'armistice, il est interdit à chacun des belligérants de prendre sur le théâtre même de la guerre aucune mesure offensive ou défensive, à laquelle son adversaire aurait pu s'opposer ou chercher à s'opposer, si la lutte n'avait pas cessé. Tout doit rester, sur le théâtre de la guerre, dans l'état qui existait au moment où les hostilités ont été interrompues. S'il en était autrement, en effet, l'armistice aurait pour effet de favoriser l'un des combattants au détriment de l'autre.

Ainsi le vainqueur ne peut pas occuper de nouvelles positions, pénétrer plus avant sur le territoire ennemi.

L'armée vaincue ne peut pas, à la faveur de l'armistice, réparer les ouvrages de défense ou en construire de nouveaux, faire entrer dans la ville assiégée de nouvelles recrues ou opérer sa retraite (1).

Actes permis. — Au contraire, il est permis à chacun des belligérants de prendre, loin du théâtre de la guerre,

---

(1) Voir cependant en sens contraire *Manuel de droit international*, p. 62, et M. Renault à son cours.

toutes les mesures d'attaque ou de défense que son adversaire n'aurait pu empêcher même si la lutte durait encore.

Ainsi, ils peuvent appeler sous les drapeaux et instruire de nouvelles troupes, fabriquer des armes, fortifier les villes non encore assiégées, etc.

Du ravitaillement des places fortes. — L'armistice ne fait pas cesser l'investissement des villes qui étaient assiégées, au moment où il est conclu, puisque les choses doivent être laissées dans l'état où elles se trouvent à ce moment précis. L'armistice ne permet pas, de plein droit, le ravitaillement. Pour qu'il soit possible, il faut qu'une clause spéciale de la convention l'autorise.

Tout dépendra des nécessités de la guerre. Si le ravitaillement ne doit pas avoir pour effet d'augmenter la force de résistance des assiégés, l'assiégeant violerait les lois de la guerre en le refusant, parce qu'il commettrait une cruauté inutile. Mais si l'assiégeant espère réduire la place par la famine, s'il considère le refus du ravitaillement comme le moyen le plus sûr d'abréger la durée du siège, en prenant cette mesure, il agit légitimement.

Fin de l'armistice. — L'armistice prend fin :

1º Par l'expiration du délai pour lequel il a été conclu, sans qu'une dénonciation soit nécessaire ;

2º Lorsque l'armistice a été conclu pour un temps indéterminé, par la notification que l'un des belligérants adresse à l'autre qu'il a l'intention de reprendre les hostilités ;

3º Par la violation de l'armistice. Lorsqu'un des belligérants fait un acte contraire à la convention d'armistice, son adversaire a le droit de le dénoncer et de recommencer la lutte.

Cependant, lorsque la violation de l'armistice est le fait de simples particuliers qui ont agi sans être ni autorisés, ni favorisés par l'autorité militaire, l'Etat, dont ils dépendent, ne saurait en être rendu responsable ; il n'y a pas lieu dans ce cas à dénoncer l'armistice. Le belligérant qui en a été victime peut seulement demander la condamnation du coupable et la réparation du dommage causé (1).

_____

(1) La plupart de ces règles sont consacrées par la convention de la Haye de 1907, art. 36 à 41.

3º **De la capitulation.** — *Définition.* — La capitulation est une convention par laquelle un corps de troupes ou une place forte se rend à l'ennemi, et qui détermine les conditions de cette soumission.

L'intention de capituler est indiquée par un pavillon blanc qu'on arbore. Les négociations commencent immédiatement, par l'entremise des parlementaires.

Caractère. — La capitulation a un *caractère exclusivement militaire*, comme la suspension d'armes. Elle est conclue par les commandants des corps de troupes ou de la place assiégée ; leur parole suffit, sans qu'il y soit besoin de la ratification du chef de l'Etat. Mais, en la donnant, ils engagent leur responsabilité vis-à-vis de leur gouvernement.

Conditions de la capitulation. — *Distinction.* — La capitulation peut être faite sans condition ou sous certaines conditions.

Capitulation sans condition. — La capitulation sans condition accordait autrefois au vainqueur le droit de vie et de mort sur ceux qui se rendaient ainsi à merci. Il n'en est plus de même aujourd'hui. Le vainqueur doit se borner à les faire prisonniers.

Dans la guerre de 1870, on peut citer comme exemple de capitulation sans condition celui de la ville de Phalsbourg. Après avoir détruit tout ce qui pouvait servir de trophée à l'ennemi, le commandant lui ouvrit les portes de la ville. L'ennemi lui fit les meilleures conditions possibles (1).

Capitulation sous conditions. — Habituellement la capitulation est faite sous certaines conditions. Elles sont relatives au respect de la personne et des biens des habitants inoffensifs, au sort des officiers et des soldats, à la remise des armes, des munitions et de la place elle-même. Mais elles ne peuvent jamais avoir pour objet la constitution administrative ou politique du territoire.

Des honneurs de la guerre. — Pour rendre hommage au courage déployé dans la lutte par celui qui capitule, l'ennemi lui accorde souvent ce qu'on appelle les honneurs de la guerre.

Ils peuvent être plus ou moins étendus, suivant ce qu'exigent les nécessités de la guerre.

---

(1) *Manuel de droit international*, p. 64.

Dr. int. pub.   **36**

Tantôt ils consistent pour l'armée vaincue à défiler devant le vainqueur enseignes déployées et au son des trompettes, avec armes et bagages, et de se retirer où bon lui semblera.

Tantôt, après le défilé, le vainqueur désarme le vaincu et exige de lui l'engagement de ne plus prendre part à la lutte pendant toute la durée de la guerre.

Tantôt enfin, après le défilé, le vainqueur retient prisonnières les troupes qui ont capitulé. En général, cependant, les officiers sont laissés en liberté sur parole. Mais nous savons que les règlements militaires de certains pays défendent à l'officier d'accepter ce tempérament.

Quant aux drapeaux, ils doivent être livrés au vainqueur s'ils existent encore. Celui qui capitule a le droit de les détruire avant la capitulation ; il ne peut plus le faire quand la capitulation a été conclue.

Exemples de capitulations dans la guerre de 1870-71. — La guerre de 1870-71, entre la France et l'Allemagne, offre de nombreux exemples de capitulations parmi lesquels on peut citer notamment, outre celui de Phalsbourg, dont nous avons déjà parlé, ceux de Sedan, de Strasbourg, de Metz et de Belfort.

Les conditions de ces diverses capitulations sont à peu de chose près les mêmes.

. La capitulation de Sedan du 2 septembre 1870 a servi de modèle aux autres ; on peut ramener ses conditions aux trois propositions suivantes :

1º L'armée vaincue est faite prisonnière à l'exception des officiers et des fonctionnaires ayant rang d'officiers, qui consentent à donner par écrit leur parole d'honneur de ne plus porter les armes contre l'Allemagne pendant la durée de la guerre. Ceux-ci peuvent conserver leurs armes et leurs effets personnels ;

2º Remise doit être faite, au général victorieux, de la place ou de la forteresse, de tout le matériel de guerre, armes, drapeaux, munitions, etc.

3º Faculté est laissée aux médecins militaires de rester pour soigner les blessés et les malades.

La capitulation de Belfort du 15 février 1871 fut faite à de meilleures conditions encore. D'après l'article premier, la garnison de Belfort obtenait de quitter la place avec les honneurs de la guerre en conservant ses armes, ses bagages, son matériel de guerre et les archives militaires. Le matériel appartenant à la place devait seul être remis.

La capitulation de Paris, ayant été conclue en même temps que l'armistice général, a présenté le caractère d'une convention politique, plutôt qu'une convention purement militaire. Elle a été conclue non par les chefs des deux armées belligérantes, mais par les ministres des affaires étrangères des deux pays.

4° **Echange de prisonniers de guerre ou cartel.** — Les Etats belligérants ne sont pas tenus d'échanger leurs prisonniers. Pour que cet échange ait lieu, il faut qu'il intervienne entre eux une convention spéciale qui reçoit le nom particulier de *cartel*.

Cette opération offre un égal intérêt pour les deux Etats ; ils se déchargent ainsi de l'entretien de leurs prisonniers et recouvrent les hommes qui sont retenus par l'ennemi.

L'échange des prisonniers a lieu à égalité de grade, homme contre homme, blessé contre blessé, sans distinguer l'arme à laquelle ils appartiennent, soit cavalerie, soit infanterie, soit artillerie, etc.

A défaut de prisonniers d'un rang égal, on peut convenir d'échanger un nombre déterminé de personnes d'un grade inférieur contre une personne d'un rang ou d'un grade supérieur.

A moins de stipulations contraires, les prisonniers mis en liberté à la suite d'un cartel d'échange ne peuvent plus prendre part à la lutte jusqu'à la fin de la guerre.

Comme exemple de cartel d'échange de prisonniers de guerre, on peut citer celui qui a été passé au cours de la guerre de 1914, entre la France et l'Allemagne, le 26 avril 1918 (*J. off.* du 12 mai 1918).

De la protection de certaines personnes ou de certaines choses. — Pour terminer avec les relations des belligérants, il nous reste à dire quelques mots de certaines mesures qui peuvent être prises par les commandants d'armée, pour la protection de certaines personnes et de certaines choses. Nous voulons parler des sauf-conduits, des licences de commerce et des sauvegardes.

1° *Des sauf-conduits.* — Un sauf-conduit est une permission que le commandant d'une armée accorde à une personne (correspondants de journaux, agents diplomatiques, etc.) de circuler librement sur le territoire qu'il occupe et entre ses lignes d'opérations sans être inquiétée.

Le sauf-conduit ne peut être délivré que par le commandant militaire. Mais une fois délivré, tant qu'il n'a pas été annulé, il produit son effet, même si le commandant qui l'a accordé vient à être tué ou à être remplacé à la tête de ses troupes. Car il ne repose pas sur une autorisation personnelle de celui qui le délivre, mais sur son caractère officiel (1).

Le sauf-conduit ne peut servir qu'à celui auquel il a été délivré ; à ce point de vue, on peut dire qu'il est essentiellement personnel. D'autre part, il ne peut être utilisé par lui que sur le territoire occupé par le commandant qui l'a accordé.

Si le sauf-conduit n'a été accordé que pour un délai déterminé, à l'expiration de ce délai, il perd de plein droit toute efficacité. Cependant, si, par suite d'un cas de force majeure, le porteur d'un sauf-conduit n'a pu quitter le territoire occupé, il ne devra lui être fait aucun mal.

2° *Des licences de commerce.* — On entend par licence de commerce l'autorisation accordée par les chefs militaires à certaines personnes de transporter des marchandises et de trafiquer librement sur le territoire qu'ils occupent et à travers les lignes de l'armée.

A la différence du sauf-conduit, qui est personnel, la licence est transmissible, parce qu'elle est moins donnée en vue de la personne du commerçant qu'à raison de la marchandise elle-même qu'il est autorisé à transporter.

Cependant, si on abusait d'une licence de commerce, pour pénétrer dans le camp de l'ennemi, et se procurer des renseignements sur des opérations militaires, on pourrait être traité comme espion.

3° *Des sauvegardes.* — On entend par sauvegarde la protection que le commandant d'un corps d'armée accorde à certaines personnes ou à certaines choses (édifices, monuments, bibliothèques).

Il y a deux espèces de sauvegarde :

1° La sauvegarde accordée *par écrit*, qui consiste simplement dans l'ordre donné par le commandant

---

(1) Bluntschli, art. 675 ; Calvo, *op. cit.*, p. 319.

militaire à ses troupes de ne pas commettre d'actes d'hostilité à l'égard des personnes ou des choses qu'il veut protéger ;

2º La sauvegarde *réelle* ou *en nature*, qui consiste à faire garder par des soldats le territoire protégé, pour le mettre à l'abri des entreprises de l'armée ou des maraudeurs. Ces soldats sont inviolables. L'ennemi ne doit pas les faire prisonniers ; il doit les renvoyer sains et saufs, lorsqu'il parvient à déloger son adversaire des positions qu'il occupait.

CHAPITRE V. — SANCTION DES LOIS DE LA GUERRE.

Différents cas à envisager. — Lorsque l'un des belligérants a violé les lois de la guerre, celui qui en a été victime doit d'abord faire constater d'une façon formelle cette violation et rechercher si elle est intentionnelle ou si elle est le résultat d'un cas fortuit ou de force majeure.

Cela fait, il doit essayer de découvrir le coupable et, s'il parvient à le saisir, le faire passer en jugement et lui appliquer les lois pénales.

Mais si le vrai coupable ne peut être atteint, ou si la responsabilité de l'acte incriminé ne pèse pas sur un seul homme, mais incombe au chef de l'armée, il faut avant tout demander à l'Etat dont il dépend de mettre fin aux violations de droit commun en faisant au besoin appel à l'opinion des Etats neutres.

Ce n'est qu'au cas où la juste réparation du dommage n'est pas accordée que l'on peut recourir aux représailles.

Des représailles. — *Définition*. — Les représailles en temps de guerre sont, comme les représailles en temps de paix, des actes de violence servant de répression à des violations du droit des gens.

Caractères. — Elles sont toujours regrettables et ne doivent être employées qu'à la dernière extrémité, et dans le cas de nécessité absolue : d'une part, parce qu'elles frappent des innocents pour des coupables et, d'autre part, parce qu'elles font dégénérer la guerre en une lutte sauvage et barbare (pillage des édifices, massacre des prisonniers et des otages).

Conditions d'exercice. — On peut poser pour l'exercice des représailles les trois règles suivantes :

1° Les représailles doivent être considérées non comme un moyen de vengeance ou comme un châtiment, mais comme un moyen de contrainte pour forcer son adversaire à rentrer dans la légalité.

En conséquence, elles ne devront faire que le mal nécessaire pour produire ce résultat.

2° Les représailles doivent respecter, dans tous les cas, les lois de l'humanité et de la morale.

3° Elles ne peuvent s'exercer qu'avec l'autorisation du commandant en chef.

Autre sanction : Indemnité pécuniaire. — Une autre sanction plus juridique des lois de la guerre consiste dans une indemnité pécuniaire à réclamer de l'Etat qui peut être considéré comme responsable des violations du droit des gens. Le principe de cette réparation est formellement consacré par l'art. 3 de la 5e convention de la Haye de 1907, dans les termes suivants : « La partie belligérante qui violerait les dispositions dudit règlement (il s'agit du règlement sur les lois de la guerre joint à la convention) sera tenue à indemnité s'il y a lieu. Elle sera responsable de tous les actes commis par les personnes faisant partie de sa force armée. »

C'est à la fin des hostilités et au moment du règlement de compte qui accompagne la signature du traité de paix qu'une demande d'indemnité peut intervenir.

Sanction pénale. — *Consacrée par l'article 28 de la convention de Genève de 1906.* — Nous avons vu plus haut que la convention de Genève de 1906 avait consacré le principe d'une sanction pénale à établir par la législation interne de chaque Etat contractant pour réprimer les infractions à ses règles.

Silence des conventions de la Haye de 1907. — Au contraire les conventions de la Haye de 1907 n'édictent aucune pénalité contre ceux qui contreviennent aux règles qu'elles édictent. D'après l'opinion qui prévaut en France, le silence des conventions de la Haye ne met pas obstacle à la poursuite et à la condamnation en France par les tribunaux français de militaires ennemis qui se sont rendus coupables de faits tombant sous le coup de la loi pénale. C'est ainsi que le conseil de guerre de Rennes a condamné à mort le 26 février 1915 un soldat saxon fait prisonnier, pour pillage en bande, incendie volontaire et assassinat de blessés sur le champ de bataille. D'autres condamnations plus ou moins graves ont été prononcées par d'autres conseils de guerre et, si elles n'ont pas été plus nombreuses, c'est qu'on a craint les représailles de la part de l'Allemagne (1).

Traité de Washington du 6 février 1922. — Ce traité consacre le principe de la responsabilité pénale à l'encontre de celui qui, même agissant sur l'ordre d'une autorité supérieure, viole les règles qu'il édicte.

Essai d'une sanction nouvelle des lois de la guerre. — *Jugement et punition des coupables.* — Les atrocités commises par les armées austro-allemandes dans la guerre de 1914, soit dans la conduite des hostilités, soit dans l'occupation des territoires envahis, ont soulevé une telle indignation dans les consciences du monde entier que le sentiment de l'équité naturelle est froissé que des crimes aussi monstrueux contre l'humanité puissent rester impunis. D'autant plus que la certitude de l'impunité a certainement favorisé le développement des passions mauvaises chez les chefs et chez les soldats. On obtiendrait certainement des uns et des autres le respect du droit des gens par une sanction directe. Elle consisterait à faire juger après la fin des hostilités les chefs d'Etat, les ministres, les généraux et les officiers sur l'ordre ou avec la tolérance desquels des actes criminels auraient été commis, par des conseils de guerre composés d'officiers appartenant aux armées belligérantes et aux armées des pays neutres. Il n'est pas douteux que le fait seul de cette sanction amènerait une amélioration dans la conduite de la guerre. La peur du gendarme serait le commencement de la sagesse pour les chefs des armées ennemies (2).

Traité de Versailles du 28 juin 1919. — Cette solution a été consacrée par le traité de Versailles (art. 227

(1) Consulter sur cette question l'article très documenté de M. Mérighnac dans la *Revue de droit international public* de 1917, p. 5 et suiv.

(2) Dans cet ordre d'idées lire dans le *Matin* du 3 décembre 1916 un article de James M. Beck, ancien attorney général des Etats-Unis, concluant à la réunion d'une Cour suprême de la civilisation pour juger l'Allemagne.

à 230), ainsi que nous l'avons dit plus haut (*suprà*, page 38).

Mais cette partie du traité est restée, comme tant d'autres, hélas ! lettre morte, par suite de la mauvaise foi de l'Allemagne et de la faiblesse inconcevable des Alliés. La Hollande a refusé de livrer le Kaiser et le Kronprinz en se retranchant derrière le droit d'asile pour les crimes politiques et les Alliés ont consenti à laisser juger les officiers coupables par le tribunal suprême de l'empire, qui a rendu des acquittements scandaleux ou prononcé des peines tout à fait ridicules. Et les alliés ont dû renoncer à faire triompher le droit sur ce point également.

SECTION II. — DE LA NEUTRALITÉ DANS LA GUERRE CONTINENTALE

Définition de la section IIe. — Nous diviserons notre section en trois chapitres :
Chapitre Ier : Notions générales sur la neutralité ;
Chapitre II : Devoirs des Etats neutres ;
Chapitre III : Droits des Etats neutres.

***CHAPITRE PREMIER. — NOTIONS GÉNÉRALES SUR LA NEUTRALITÉ.

Définition. — La neutralité est la situation d'un Etat qui ne participe, ni directement, ni indirectement, à une guerre engagée entre deux autres Etats.
Le terme « neutre » vient du mot latin « neuter », qui signifie « ni l'un ni l'autre ». L'Etat neutre est celui qui ne prend part à la guerre ni d'un côté, ni de l'autre.

Condition essentielle de la neutralité. — Etat de guerre. — De cette définition il résulte que la neutralité suppose essentiellement l'état de guerre entre deux Etats. De simples représailles ne suffisent pas pour qu'il y ait neutralité. Ainsi, en 1884, la France use de représailles envers la Chine en détruisant l'arsenal de Fou-Tchéou et en mettant le blocus devant Formose, simples actes de représailles. Aussi les navires français peuvent se ravitailler librement dans le port anglais de Hong-Kong. Il en est de même de la rébellion, tant qu'elle conserve le caractère d'une lutte intérieure et tant que les insurgés n'obtiennent pas d'être reconnus en qualité de belligérants. Double exemple aux Etats-Unis, en 1776, au moment de la guerre d'indépendance, et en 1861 pour la guerre de Sécession.

Déclaration de neutralité. — Pour exister, la neutralité n'a pas besoin de faire l'objet d'une déclaration ; elle est présumée à l'égard des Etats qui ne sont pas directement engagés dans la lutte.

Il peut y avoir cependant doute sur l'attitude d'un Etat ; pour le faire cesser, il fera paraître une déclaration de neutralité où il affirmera son intention de rester étranger à la guerre.

C'est ainsi que, dès le moment de la déclaration de guerre de l'Allemagne à la France, l'Italie, qui était liée à cette puissance par un traité d'alliance défensive, a fait connaître au gouvernement français qu'elle garderait la neutralité (1).

Cette déclaration peut être également utile pour rappeler aux nationaux qu'ils doivent éviter tout acte hostile aux belligérants. C'est ainsi que la France a cru devoir publier au *Journal officiel* du 1er octobre 1911 une déclaration de neutralité au début de la guerre entre l'Italie et la Turquie, à propos de la Tripolitaine.

Diverses formes de neutralité. — La neutralité d'un Etat peut affecter diverses formes. Nous avons vu déjà qu'elle pouvait être perpétuelle et forcée, ou bien volontaire et temporaire ; elle peut en outre être pure et simple ou conditionnelle, armée ou non armée (2). Nous allons l'expliquer.

Neutralité perpétuelle et neutralité temporaire. — La neutralité perpétuelle est la situation d'un Etat qui ne peut jamais déclarer la guerre à un autre Etat.

La neutralité temporaire est l'attitude qu'un Etat

---

(1) D'autres déclarations de neutralité furent faites notamment : par le Siam, le Danemark, la Hollande, la Suède et la Suisse (*Journal officiel* des 5 et 9 août 1914).

(2) On parle quelquefois de « neutralité bienveillante ». Cette expression doit être rejetée comme non juridique. Il n'y a pas de moyen terme entre une neutralité absolue et une neutralité qui ne l'est pas.

a décidé d'observer à l'occasion d'une guerre qui a éclaté entre deux autres Etats.

Différences entre la neutralité perpétuelle et la neutralité temporaire.

— 1° La neutralité perpétuelle est la situation qui existe d'une façon permanente ; la neutralité temporaire, au contraire, peut prendre fin à un moment donné.

2° La neutralité perpétuelle est une situation absolue ; la neutralité temporaire une situation relative et accidentelle.

3° La neutralité perpétuelle est forcée, c'est une restriction apportée à la souveraineté de l'Etat ; la neutralité temporaire est, au contraire, une ligne de conduite qu'un Etat décide de suivre, dans sa pleine indépendance et souveraineté.

4° La neutralité perpétuelle résulte d'un traité ; en général c'est par l'accord des grandes puissances qu'un Etat est placé dans cette condition particulière ; c'est pour cette raison qu'on l'appelle quelquefois « neutralité conventionnelle ». La neutralité temporaire est une situation de fait qui résulte de plein droit de l'attitude prise par un Etat, à l'occasion de la guerre qui a éclaté entre deux autres Etats.

5° La neutralité perpétuelle est garantie par les Etats qui ont été représentés au traité dans lequel la neutralité a été établie. La neutralité temporaire n'est protégée par aucune clause de garantie.

Neutralité pure et simple et neutralité conditionnelle.

— On dit que la neutralité est pure et simple, lorsqu'elle n'est subordonnée à aucune circonstance particulière, ni limitée par aucune restriction. Elle est, au contraire, conditionnelle lorsque l'Etat neutre déclare ne rester étranger à la lutte que si telle autre puissance ne prend pas part aux hostilités, si la lutte reste circonscrite à un certain territoire, ou si son intérêt ne lui commande pas d'intervenir.

Neutralité armée.

— La neutralité prend le caractère d'une neutralité armée lorsque les Etats neutres font des armements dans le but de défendre leur territoire contre les entreprises des Etats belligérants.

C'est pour eux un droit et même un devoir. Comme exemple de neutralité armée, on peut citer la célèbre ligue des neutres formée, en 1780, sur l'initiative de la Russie, entre tous les Etats du Nord de l'Europe, pour assurer la liberté du commerce des neutres sur mer pendant la guerre de l'indépendance des Etats-Unis. Ces Etats s'engageaient à faire respecter les principes posés par eux, même par l'emploi des armes.

Les neutres peuvent aussi armer pour défendre leurs intérêts, au cas où ils seraient menacés par l'un des belligérants, ou compromis par la tournure nouvelle que prend la guerre, afin d'être en mesure d'intervenir si les circonstances l'exigent. Mais ils s'exposent, en agissant ainsi, à ce que l'un des belligérants considère ces armements comme un acte d'hostilité à son égard, et y trouve un prétexte pour leur déclarer la guerre.

Très souvent des Etats neutres peuvent s'armer pour faire respecter leur territoire par les deux belligérants. C'est ce qui s'est produit dans la guerre de 1914-1918. Dès le début, la Suisse et la Hollande ont mobilisé leur armée pour se défendre au besoin contre l'un ou l'autre belligérant.

Neutralisation de territoires par les belligérants. — Les belligérants peuvent, afin de localiser la guerre, neutraliser certaines parties de leur territoire par des traités spéciaux qu'ils concluent pour la durée de la guerre ou pour un temps plus restreint. Dans ce cas, aucun acte d'hostilité ne pourra être exercé, dans les rapports des belligérants, sur les territoires ainsi neutralisés. Le but de ces traités est de faire échapper ces territoires aux horreurs de la guerre.

Dans la guerre entre l'Allemagne et le Danemark (1863-1864), les hostilités ont été localisées au Schleswig et au Jutland, non par suite d'une convention formelle, mais en vertu d'un accord tacite entre les deux belligérants.

Les belligérants peuvent aussi s'engager à respecter le territoire d'un Etat neutre, en se donnant de cet engagement des garanties réciproques.

Ainsi, en 1859, l'Autriche et la France s'engagèrent à respecter les Etats pontificaux : et comme garantie, l'Autriche occupa Ancône et la France, Rome.

Neutralisation de certaines institutions et de certains ouvrages. — Nous avons déjà vu que la convention de

Genève avait neutralité les ambulances, leur matériel ainsi que le personnel sanitaire.

Nous savons d'autre part que les câbles sous-marins n'ont pas pu être neutralisés, parce qu'ils peuvent constituer, en cas de guerre, une arme des plus dangereuses entre les mains des belligérants (1).

Au contraire, le Danube a été neutralisé en vertu de l'acte du 2 novembre 1865 (art. 24). Plus récemment, une convention passée entre toutes les puissances européennes a neutralisé le canal de Suez (29 octobre 1888).

Dans ces différents cas, l'expression de neutralité a été critiquée. En l'employant, on a voulu dire que les ouvrages visés devaient être tenus pour inviolables par les belligérants.

CHAPITRE II. — DES DEVOIRS DES ÉTATS NEUTRES.

Notion fondamentale. — Les devoirs des Etats neutres peuvent être ramenés à deux obligations :

1º La non-participation, soit directe, soit indirecte, à la lutte engagée ;

2º L'impartialité.

Comme conséquence du devoir d'impartialité qui lui incombe, un Etat neutre ne pourrait pas accorder l'accès de ses ports aux navires d'un belligérant et l'interdire aux navires de l'autre belligérant. Ce devoir est affirmé par l'art. 9 de la convention de la Haye, qui déclare que « toutes mesures restrictives ou prohibitives, prises par une puissance neutre à l'égard des matières visées par les art. 7 et 8 (exportation

---

(1) En ce qui concerne les câbles sous-marins, quatre hypothèses peuvent être imaginées : 1º le câble fait communiquer deux parties du territoire d'un des belligérants ; 2º il met en communication le territoire des deux belligérants ; 3º il met en communication le territoire d'un belligérant avec celui d'un Etat neutre ; 4º il met en communication le territoire de deux Etats neutres. Dans les trois premières hypothèses on admet le droit de supprimer la communication et même de détruire le câble lui-même. On décide au contraire dans le dernier cas que le câble doit être respecté par les deux belligérants. M. Renault à son cours.

d'armes et usage des câbles télégraphiques ou téléphoniques), devront être uniformément appliquées par elle aux autres belligérants ».

A qui incombe le devoir de neutralité ? — Le devoir de neutralité incombe à l'Etat neutre, en tant que puissance souveraine. Il est étranger aux simples particuliers, ressortissants de l'Etat neutre. Ainsi, nous verrons que l'Etat neutre ne peut fournir d'armes, de munitions aux belligérants, tandis que de simples particuliers peuvent apporter des armes et des munitions à destination des Etats belligérants, sous réserve du droit pour les derniers de les saisir sur mer comme constituant des objets de contrebande.

Autre conséquence : l'expression de « neutralité bienveillante » que l'on rencontre parfois dans les traités d'amitié ou d'alliance est une expression qu'il faut condamner au point de vue du droit. La neutralité doit en effet être la même à l'égard des deux belligérants, puisque l'Etat neutre doit être impartial.

Division du chapitre. — Nous diviserons notre chapitre en deux paragraphes :

§ 1. Des actes interdits aux Etats neutres et de ceux qu'ils doivent accomplir.

§ 2. Sanction des devoirs de la neutralité.

***§ 1. — Des actes interdits aux Etats neutres et de ceux qu'ils doivent accomplir.

1° Envoi de troupes. — Enrôlements militaires. — L'Etat neutre ne peut pas fournir des troupes à l'un des belligérants, car alors il participerait à la lutte. Il ne peut pas non plus permettre à l'un des belligérants d'établir sur son territoire des bureaux d'enrôlements volontaires. En agissant ainsi, la neutralité serait violée même si l'Etat neutre accordait également à l'autre belligérant la même facilité de recrutement (art. 4, convention de la Haye de 1907).

Dans ce dernier cas, il pourrait y avoir doute. On pourrait soutenir que, du moment que la balance est égale entre les deux ennemis, aucun d'eux ne peut se plaindre de l'autorisation accordée par l'Etat neutre. Il n'en est rien cependant.

Il est certain, en effet, qu'en fait, les enrôlements

volontaires se produiraient en plus grand nombre au profit de l'État qui offre le plus de sympathie aux sujets de l'État neutre ; en sorte que l'État neutre fournirait un contingent inégal d'hommes aux deux belligérants.

Mais, en supposant même que les sujets de l'État neutre se portassent indifféremment à l'appel de l'un ou de l'autre belligérant, la neutralité n'en serait pas moins violée ; le devoir d'impartialité serait bien observé, dans ce cas, mais non le devoir de non-participation à la lutte, puisque l'État neutre prendrait part aux hostilités du côté de chacun des belligérants par les forces qu'il aurait mises à sa disposition.

L'État neutre ne devra pas se borner à proscrire l'établissement sur son territoire de bureaux d'enrôlements volontaires. Si sa législation défend à ses nationaux, sous certaines pénalités, de prendre sans autorisation du service militaire à l'étranger, il devra refuser son autorisation ou sévir contre ceux qui auront contrevenu à la loi.

La convention de la Haye de 1907 déclare d'ailleurs qu'une puissance neutre n'est pas engagée par le fait que des individus passent isolément la frontière pour se mettre au service de l'un des belligérants (art. 6).

2° Fourniture d'armes, de munitions de guerre, etc…

— *Par l'État.* — Il est certain que l'État neutre manquerait à tous ses devoirs en fournissant lui-même des armes, des munitions de guerre, des vivres, etc., à l'un des belligérants ; il lui procurerait en effet, de cette façon, un appui, un secours contre son adversaire, et manquerait à son double devoir d'impartialité et de non-participation.

Par les particuliers. — Mais l'État neutre doit-il faire plus encore ? doit-il interdire à l'industrie privée de vendre aux belligérants des armes, des munitions de guerre, des vivres ou autres objets utiles à leurs armes, ou le transit, et en défendre l'exportation ? Cette question a été soulevée dans la guerre franco-allemande de 1870 ; mais elle a été résolue différemment par les États neutres. Tandis en effet que la Suisse et la Belgique prohibaient l'exportation des armes et des munitions, l'Angleterre et les États-Unis au contraire l'autorisèrent.

L'attitude de l'Angleterre en cette circonstance

donna lieu à de vives réclamations de la part du gouvernement allemand.

Le comte de Granville répondit, au nom de l'Angleterre, que sa conduite était conforme à l'attitude que la Prusse avait observée pendant la guerre de Crimée, qu'elle-même avait autorisé le commerce d'armes avec la Russie.

L'opinion qui prévaut aujourd'hui sur cette question, en pratique et en théorie, est que la vente, le transport, l'exportation, le transit des armes de guerre, des munitions ou autres produits utiles à la guerre, sont licites de la part des sujets des Etats neutres ; les Etats neutres ne sont pas tenus d'y mettre obstacle. Mais les vendeurs et les exportateurs s'exposent à la confiscation de leurs marchandises comme contrebande de guerre de la part du belligérant adverse, lorsqu'elles sont transportées par mer, ainsi que nous l'expliquerons plus loin.

Cette solution se déduit logiquement de ce que les relations commerciales sont maintenues entre les sujets des Etats neutres et des Etats belligérants.

Obliger un Etat neutre à interdire à ses nationaux de fournir des armes et des munitions aux belligérants, ce serait en réalité le contraindre à fournir une assistance indirecte au belligérant le mieux armé au détriment de celui qui était moins préparé à la guerre ; au belligérant privé de la faculté de trafiquer par mer au préjudice de celui qui, ayant la maîtrise de la mer, peut continuer son commerce librement avec les Etats neutres.

Convention de la Haye. — Elle est consacrée par l'article 7 de la convention de la Haye de 1907.

Ce texte est ainsi conçu : « Une puissance neutre n'est pas tenue d'interdire ou de restreindre l'importation ou le transit pour le compte de l'un ou de l'autre des belligérants d'armes, de munitions et en général de tout ce qui peut être utile à une armée ou à une flotte. »

Le texte dit que la puissance neutre n'est pas tenue de le faire. Par là même, il reconnaît implicitement qu'elle a le droit de le faire. La décision qu'elle prendra à cet égard sera un acte politique, dicté à la fois par ses sympathies pour l'un des belligérants et par le souci de ses propres intérêts. Tantôt elle interdira ou limitera soit l'exportation, soit le transit pour tel ou tel produit, pour la raison ou le prétexte que tel produit est indispensable à sa propre consommation ; tantôt elle n'édictera à cet égard aucune mesure restrictive.

Application pendant la guerre de 1914-1918. — Au cours de cette guerre, l'Allemagne s'est efforcée par tous les moyens, soit diplomatiques (memorandum du 4 avril 1915), soit extradiplomatiques (propagande, action directe, grèves fomentées, attentats criminels contre les usines de munitions, etc.) d'arrêter la fourniture des armes aux Alliés de la part des Etats-Unis, alors qu'ils étaient neutres. Elle s'est heurtée au refus formel du gouvernement américain, qui est resté fidèle à la doctrine de la liberté du commerce des neutres affirmée pour la première fois par le Président Jefferson en 1793 et constamment observée depuis comme une règle traditionnelle (1).

Construction et équipement des navires. — Toutefois, une exception importante est faite en ce qui concerne les navires ; un Etat neutre ne peut pas, sans méconnaître ses devoirs, laisser construire et équiper dans ses ports un navire destiné à l'un des belligérants ; il ne peut pas non plus autoriser de la part de ses sujets la vente d'un navire tout armé. Nous avons vu que cette règle a été solennement proclamée à propos de l'*Alabama* par le tribunal arbitral de Genève (2).

Cette distinction entre la fourniture des armes et l'équipement d'un navire paraît illogique au premier abord. Elle se justifie cependant aisément. « Un vaisseau de guerre est une machine toute faite qui peut ouvrir les hostilités dès qu'il a quitté le port neutre ; le territoire neutre a donc servi de base à des opérations hostiles. Une fourniture d'armes est une chose bien différente ; pour qu'elle puisse servir au belligérant, il faut d'abord qu'elle atteigne son territoire » (3).

On peut comparer la fourniture et l'équipement d'un navire de guerre au recrutement d'une troupe sur le territoire d'un Etat neutre.

Ce que nous venons de dire pour la vente d'armes et de munitions de guerre, il faut l'appliquer par un argu-

---

(1) Lire sur cette question l'étude très complète par M. Geouffre de Lapradelle dans la *Revue politique et parlementaire* d'octobre 1915.

(2) Voir *suprà*, p. 468.

(3) Bonfils, *op. cit.*, n° 1873.

ment *a fortiori* à la vente des vivres à l'armée ennemie ; on ne saurait y voir un acte contraire à la neutralité.

3° **Subsides**. — **Emprunts**. — L'Etat neutre ne peut pas fournir des subsides en argent à l'un des belligérants en vue de la guerre. Il ne peut pas non plus autoriser l'un des belligérants à organiser sur son territoire un emprunt ou une souscription publique. En le faisant, en effet, il participerait indirectement à la guerre en venant au secours de l'un des belligérants.

Mais rien n'empêche les simples particuliers de souscrire aux emprunts émis par l'un des Etats en guerre et de lui envoyer de l'argent. Ce sont là des actes isolés, individuels, qui n'entachent nullement la neutralité et que les Etats neutres n'ont même pas à interdire.

4° **Territoire des Etats neutres**. — *Principes généraux*. — L'Etat neutre doit empêcher les belligérants de faire sur son territoire aucun acte qui puisse contribuer au succès de leurs armes.

Ainsi il doit interdire le passage à travers son territoire aux belligérants, même lorsque les voies régulières de communication entre les Etats se trouvent sur son territoire (art. 2 convention de la Haye de 1907) (1).

Il doit s'opposer à ce que son territoire serve de base aux opérations des belligérants et empêcher la poursuite sur son territoire de l'armée vaincue.

Il doit empêcher les aéroplanes d'un belligérant de survoler son territoire, soit pour surveiller, soit pour atteindre le territoire d'un autre belligérant.

C'est ainsi que, le 27 novembre 1914, la Suisse a chargé ses représentants diplomatiques de demander des explications à l'Angleterre et à la France sur le fait que des aéroplanes partis de Belfort auraient survolé certaines parties du territoire suisse pour aller attaquer les ateliers Zeppelin à Friedrischshafen, sur le lac de Constance.

Peut-il permettre à l'un des belligérants d'effectuer sur son territoire la pose d'un câble télégraphique pour

_____

(1) L'article 6 ajoute que la responsabilité d'une puissance neutre n'est pas engagée par le fait que des individus passent isolément la frontière pour se mettre au service de l'un des belligérants.

Dr. int. pub.   37

assurer ses communications ? La question s'est élevée en 1870 : la France voulait établir un câble télégraphique de Dunkerque vers le Nord, en empruntant le territoire anglais ; l'Angleterre s'y refusa, en déclarant que, si elle donnait une semblable autorisation à la France, elle lui fournirait une aide importante et sortirait ainsi de la neutralité.

La convention de la Haye de 1907 (art. 3) a formellement consacré cette solution en ce qui concerne les stations radiotélégraphiques.

Cas particulier de la Grèce. Débarquement des troupes alliées à Salonique le 5 octobre 1915. — Le 5 octobre 1915, alors que la Grèce était neutre, des troupes anglaises et françaises ont débarqué à Salonique pour se porter au secours des Serbes et y sont restées, transformant toute la région en un vaste camp retranché et en une base d'opérations militaires et navales. Le gouvernement allemand a protesté contre ce fait et a cherché à le rapprocher de la violation par elle-même de la neutralité belge pour en tirer une raison d'excuse pour son propre crime. Il est facile de répondre qu'un semblable rapprochement n'est nullement admissible. Les Alliés sont venus en Grèce appelés par le gouvernement grec. alors présidé par M. Venizélos ; il y a eu collaboration des autorités grecques pour le débarquement et pour le départ des troupes alliées pour la Serbie. Ils y sont venus, en outre, en vertu d'un droit véritable, comme puissances protectrices, ayant garanti l'existence, l'indépendance et les institutions constitutionnelles de la Grèce (1).

5° **Des soldats réfugiés sur le territoire neutre.** — L'Etat neutre peut accueillir sur son territoire les troupes de l'un des belligérants qui sont poursuivies par l'ennemi ; en le faisant, il accomplit un acte d'humanité, il ne viole pas les règles de la neutralité. Mais il ne doit pas permettre à ces troupes de s'organiser et de se reformer, pour prendre de nouveau part à la guerre : parce qu'autrement, il favoriserait l'une des parties belligérantes et sortirait de son rôle de neutre. En conséquence, il doit les désarmer, et si cela est nécessaire, les interner.

_____

(1) Lire sur cette question un article du journal *Le Temps* du 19 novembre 1915.

En droit, les soldats, ainsi réfugiés sur le territoire neutre, ne sont pas des prisonniers de guerre, car les belligérants seuls peuvent faire des prisonniers ; mais, en fait, ils sont dans une situation analogue. L'Etat neutre qui accorde asile aux soldats de l'un des belligérants doit leur procurer les vivres, le logement et l'habillement dont ils ont besoin ; mais il a le droit de se faire rembourser toutes ces dépenses par l'Etat auquel ces soldats appartiennent. De son côté, l'Etat neutre doit, après que la paix est rétablie, restituer les armes et munitions de guerre qu'il a enlevées aux réfugiés. Dans la guerre franco-allemande, toute une armée, celle du général Bourbaki, se réfugia sur le territoire suisse et y reçut une généreuse hospitalité (31 janvier 1871) (1).

6° **Prisonniers évadés.** — Les prisonniers de guerre qui sont parvenus à s'évader doivent être laissés en liberté sur le territoire neutre sur lequel ils parviennent. Car si l'Etat neutre les livrait à l'un des belligérants, il l'aiderait à garder ses prisonniers et participerait de cette façon indirectement à la guerre.

7° **Soldats malades ou blessés.** — L'Etat neutre peut, sans compromettre sa neutralité, recevoir des soldats blessés et malades et leur donner des soins. Ceux qui, après guérison, sont capables de reprendre du service militaire seront internés dans les mêmes conditions que les soldats réfugiés. Ceux qui sont dans l'impossibilité de servir pourront être laissés en liberté. L'Etat neutre peut aussi, du moins en général, permettre à un convoi de blessés ou de malades de traverser son territoire, même en empruntant ses moyens de transport ; il doit s'y refuser, lorsque cette autorisation peut avoir pour effet de dégager les chemins et les routes d'un des belligérants.

C'est ainsi que le gouvernement français parvint à faire interdire par la Belgique le transport des blessés même isolés par le territoire belge après la bataille de Sedan. La France avait basé ses réclamations sur ce fait que le transport des blessés par la Belgique facili-

---

(1) Articles 57 à 60, convention de la Haye de 1899 et 11 à 15 de 1907.

tait ou rendait moins difficiles les communications de l'ennemi avec l'Allemagne.

8º Garde des archives. — Protection des sujets des belligérants. — L'Etat neutre peut permettre à ses agents diplomatiques d'accepter le dépôt des archives que leur confie le représentant de l'un des Etats belligérants ou de protéger les sujets de cet Etat qui séjournent pendant la durée de la guerre sur le territoire de l'autre Etat. Il n'y a là en effet, de sa part, aucune participation, ni directe, ni indirecte, aux hostilités.

La neutralité économique dans la guerre de 1914. — Dans la guerre de 1914, la lutte ne s'est pas seulement poursuivie sur les champs de bataille. Elle s'est encore manifestée à l'arrière, dans les usines où l'on fabrique les canons et les munitions, dans les centres industriels et agricoles où l'on prépare tout ce qui est nécessaire à l'équipement et à l'alimentation des troupes. Chaque groupe de belligérants a dû se préoccuper d'empêcher que le groupe adverse ne pût recevoir par l'intermédiaire des Etats neutres limitrophes les matières premières ou les objets manufacturés exportés du pays ennemi. De là des interdictions d'exporter qui pouvaient priver ces mêmes Etats neutres des éléments indispensables à leur propre industrie ou à leur propre alimentation. Deux pays surtout, en raison de leur position géographique, se trouvaient à ce point de vue dans une situation particulièrement difficile : la Hollande et la Suisse. Pour concilier les intérêts en conflit au mieux des intérêts communs, la Hollande a constitué une société qui, avec l'agrément de la France et de l'Angleterre, devait recevoir toutes les marchandises venant d'outre-mer, en s'engageant à s'assurer qu'elles seraient consommées dans le pays même et ne seraient pas réexportées au profit des empires du Centre. Cette société, qui portait le titre de Nederlansche Overzea trust maatschappij, était désignée en pratique par ses trois premières initiales N. O. T. En Suisse, un organe analogue, ayant le même but, a été créé au mois de septembre 1915, sous le nom de Société suisse de surveillance économique, désignée par ses initiales S. S. S. Des arrangements analogues ont été conclus dans le même but par les Alliés avec le Danemark et la Norvège. Seule la Suède s'est refusée à entrer en arrangement sur ce point sous le prétexte qu'il serait en opposition avec sa souveraineté.

§ 2. — Sanction des devoirs de la neutralité.

Cas où l'Etat neutre est responsable. — L'Etat neutre est responsable des actes contraires à la neutralité :

1º Lorsque ces actes ont été commis par ses représentants officiels ;

2º Lorsqu'ils ont été commis par ses nationaux sur son territoire ; parce qu'on peut lui imputer la faute de n'avoir pas organisé une surveillance assez active pour empêcher l'accomplissement de pareils actes.

Au contraire, l'Etat neutre ne saurait être déclaré responsable :

1º Des actes contraires à la neutralité accomplis par ses sujets hors de son territoire ;

2º Du fait d'un des belligérants qui a pénétré par la force sur le territoire neutre.

En quoi consiste la responsabilité des Etats neutres ? — L'Etat neutre auquel est imputable la violation de la neutralité est tenu d'indemniser l'Etat belligérant de tout dommage qu'il en a éprouvé, pourvu que ce dommage soit direct.

Le montant de l'indemnité sera déterminé par une convention conclue par les parties elles-mêmes, si elles peuvent arriver à une entente directe. Si l'Etat neutre refuse de reconnaître le principe du droit à l'indemnité, ou conteste l'étendue du préjudice que prétend avoir souffert le requérant, le conflit pourra être vidé d'après les règles ordinaires. Nous savons que c'est en cette matière que l'arbitrage international offre une utilité pratique considérable, et nous n'avons pas besoin de rappeler le célèbre conflit de l'*Alabama*, entre les Etats-Unis et la Grande-Bretagne, qui fut réglé par voie d'arbitrage.

Si la violation de la neutralité implique une participation active et directe à la lutte, le belligérant qui en est victime peut ne pas se contenter d'une simple indemnité à réclamer après la conclusion de la paix, mais prendre motif de l'attitude de l'Etat neutre pour lui déclarer la guerre.

CHAPITRE III. — DES DROITS DES ÉTATS NEUTRES.

Idée générale. — Source des droits des Etats neutres.
— Les droits des Etats neutres ont une double source :

1° Les droits primitifs et essentiels des Etats, en tant qu'ils ne sont pas limités par les devoirs qui résultent de la neutralité ;

2° Les devoirs dont les Etats belligérants sont tenus à l'égard des neutres.

1re source. — Droits primitifs des Etats en tant qu'ils ne sont pas limités par les devoirs des neutres. — En étudiant les devoirs des neutres à l'égard des belligérants, nous avons indirectement fait connaître les droits que l'état de neutralité leur permet d'exercer. Il nous suffit de les rappeler brièvement.

1° L'Etat neutre continuant à vivre en paix avec chacun des belligérants peut maintenir avec eux ses relations diplomatiques, par l'intermédiaire de ses agents diplomatiques et consulaires.

2° Il peut laisser ses nationaux négocier avec les nationaux des Etats belligérants, pourvu que ce commerce ne soit destiné, ainsi que nous l'avons dit, à procurer ni aide, ni assistance aux Etats belligérants dans leurs opérations militaires.

3° Il peut donner asile aux soldats poursuivis par l'ennemi qui se réfugient sur son territoire, aux soldats faits prisonniers et qui parviennent à s'échapper, aux soldats blessés ou malades, pourvu qu'il agisse dans un but humanitaire, et non pour augmenter les forces de l'un des belligérants.

4° Enfin, il peut permettre à ses agents diplomatiques et consulaires de protéger auprès de l'un des belligérants les nationaux que l'autre Etat peut avoir sur son territoire.

2e source. — Droits des Etats neutres résultant des devoirs des Etats belligérants. — Les Etats belligérants ont pour obligation fondamentale à l'égard des neutres de ne faire aucun acte d'hostilité ; d'où résulte le droit pour les neutres d'exiger des belligérants l'accomplissement de ce devoir.

Inviolabilité du territoire neutre. — Le devoir du belligérant et le droit corrélatif de l'Etat neutre se traduisent notamment par la règle de l'inviolabilité du territoire neutre.

Les belligérants ne doivent pas prendre le territoire neutre pour théâtre de leurs opérations militaires ; ils ne doivent pas y faire passer leurs troupes ; ils doivent, dans la poursuite de l'ennemi, s'arrêter à la frontière de l'État neutre.

Sur ce point encore, la guerre russo-japonaise offre une particularité intéressante. C'est que, dans cette guerre, les belligérants ont pris pour théâtre de leurs opérations militaires précisément les territoires des États neutres, la Mandchourie, appartenant à la Chine, et la Corée, État indépendant.

Sanction des devoirs des belligérants. — Si l'un des belligérants viole la neutralité, en faisant pénétrer des troupes sur le territoire d'un neutre, celui-ci a le droit de les repousser par la force. Il ne fait pas ainsi acte de guerre ; il confirme simplement et maintient sa neutralité.

Il a de plus le droit de réclamer une indemnité pour le dommage qu'il éprouve.

Mais il faut des faits très graves pour que l'État neutre puisse tirer de la violation de la neutralité une cause de guerre contre l'État qui s'en est rendu coupable.

SECTION III. — DE LA GUERRE MARITIME

Division de la section. — La guerre maritime est en principe soumise aux mêmes règles que la guerre continentale. Il est cependant certaines coutumes qui lui sont particulières. Nous allons les étudier en les rattachant à trois ordres d'idées, qui formeront les trois chapitres de cette section :

Chapitre Ier : Effets de la déclaration de guerre ;

Chapitre II : Règles de conduite à l'égard de la personne et des biens nationaux ennemis ;

Chapitre III : Moyens de nuire à l'ennemi.

CHAPITRE PREMIER. — EFFETS DE LA DÉCLARATION DE GUERRE.

Effet spécial. — **Embargo.** — *Pratique ancienne.* — La déclaration de guerre produit, en cas de guerre maritime, tous les effets que nous avons déterminés pour la guerre continentale. Elle produit, en outre, un effet spécial, l'embargo. De tout temps les Etats belligérants se sont reconnu le droit, comme conséquence de la déclaration de guerre, de pratiquer l'embargo, c'est-à-dire de saisir les navires de guerre ou les navires de commerce appartenant à l'ennemi, qui sont mouillés dans leurs ports ou leurs rades, au moment où la guerre éclate.

Cette coutume est injuste : depuis longtemps elle a été critiquée. Elle a le tort de faire produire un effet rétroactif à la déclaration de guerre.

Aussi tend-elle à disparaître de plus en plus dans les guerres modernes.

Pratique moderne. — L'usage s'affirme d'accorder aux navires de l'ennemi, mouillés dans les eaux territoriales de l'adversaire, un certain délai pour rentrer dans les ports de leur pays ou dans les ports des Etats neutres. La France et l'Angleterre ont agi de la sorte dans la guerre de Crimée. Elles accordèrent aux navires russes stationnés dans leurs eaux territoriales un délai de six semaines pour se mettre à l'abri. La même règle a été observée dans la guerre d'Italie en 1859, dans la guerre du Danemark en 1863-64 et dans la guerre d'Allemagne en 1866. On appelle cette faculté laissée aux navires ennemis *indult*.

Dans la guerre hispano-américaine, les Américains accordèrent un mois aux navires espagnols, l'Espagne n'accorda qu'un délai de six jours aux navires américains.

Dans la guerre russo-japonaise, le gouvernement russe a accordé un délai de quarante-huit heures aux navires marchands japonais pour opérer leur chargement et pour sortir des ports russes où ils étaient entrés avant la déclaration de guerre.

Dans la guerre franco-allemande de 1914, le gouvernement français a accordé un délai de sept jours francs aux navires de commerce allemands se trouvant dans les ports français pour gagner leur port de destination ou tel autre port qui leur serait désigné, à l'exception cependant des navires susceptibles d'être transformés en bâtiments de guerre, ou affectés à un service public (décret du 4 août 1914). Même disposition a été prise à l'égard de l'Autriche par une note insérée au *Journal officiel* du 14 août 1914. Quant au gouvernement allemand, par une note remise le 3 août 1914, il a fait connaître qu'il retiendrait quatre navires marchands français dans les ports allemands, mais qu'il les relâcherait si dans les quarante-huit heures la réciprocité lui était accordée.

Convention de la Haye de 1907. — La convention de la Haye a posé les règles suivantes :

1° Un délai doit être accordé pour se retirer librement aux navires de commerce ancrés dans un port ennemi au moment des hostilités.

2° Si un de ces navires n'a pu se retirer à temps, par suite d'un cas de force majeure, il doit simplement être mis sous séquestre pour être rendu à la fin de la guerre.

3° Même traitement est réservé aux navires de commerce qui ont quitté leur dernier port de départ avant le commencement des hostilités et qui sont rencontrés en pleine mer ignorants de l'état de guerre (1).

CHAPITRE II. — RÈGLES DE CONDUITE A L'ÉGARD
DE LA PERSONNE ET DES BIENS
DES NATIONAUX ENNEMIS SUR MER.

** Différence fondamentale entre la guerre continentale et la guerre maritime. — Dans la guerre continentale, nous avons vu qu'il est de principe absolu que les hostilités doivent être dirigées contre les forces organisées des Etats belligérants, et qu'en conséquence, la personne et les biens des simples particuliers étaient inviolables.

Il en est différemment dans la guerre maritime : le respect n'est dû ni à la personne, ni aux biens des non-combattants.

Les navires de guerre de l'un des belligérants peuvent courir sus aux navires de commerce de l'ennemi, faire prisonnier l'équipage et s'approprier les navires, ainsi que les marchandises qu'ils transportent.

_____

(1) Le gouvernement français, par décret du 4 août 1914, a refusé d'appliquer cette règle aux navires de commerce allemands par suite de la réserve faite par le gouvernement allemand aux art. 3 et 4 de la convention VI de la Haye de 1907, qui a édicté cette disposition.

Division du chapitre. — Nous étudierons dans trois paragraphes :

§ 1. Le fondement de la règle et les critiques qu'elle a soulevées.

§ 2. Les conditions d'exercice du droit de prise.

§ 3. La course.

*** § 1. — Fondement de la règle. Critiques qu'elle a soulevées.

Fondement de la règle en ce qui concerne la personne. — Le droit qui appartient aux belligérants de faire prisonniers de guerre les hommes qui composent l'équipage des navires de commerce appartenant à l'ennemi est basé sur les nécessités de la guerre maritime.

En effet, laisser ces hommes en liberté, c'est laisser à l'Etat ennemi un équipage pour d'autres navires de commerce, et en conséquence réduire les effets de la capture.

Bien mieux, ces hommes rompus à la manœuvre et habitués à la vie du bord peuvent être incorporés dans la marine de l'Etat ; inoffensifs aujourd'hui, ils peuvent devenir demain des combattants redoutables. En les retenant prisonniers, l'Etat belligérant les désarme à l'avance, pour les empêcher de lui nuire plus tard ; et on peut dire qu'il s'attaque, en le faisant, aux forces vives de l'ennemi, puisqu'il réduit la réserve de sa marine de guerre.

Critique de la règle en ce qui concerne la personne. — On a critiqué la règle de la guerre maritime concernant la personne des gens de l'équipage des navires de commerce. Puisqu'ils ne prennent aucune part aux hostilités, au moment où leur navire est capturé, c'est un abus de la force que de les faire prisonniers, sous ce prétexte qu'ils pourraient dans la suite être incorporés dans la marine de guerre de l'ennemi. Car, logiquement, il faudrait, dans la guerre continentale, accorder le même droit à l'égard des habitants inoffensifs en état d'être appelés sous les drapeaux.

Cette objection n'est pas, à notre avis, déterminante. Il y a une différence très grande entre les matelots de la marine marchande, qui peuvent être utilisés immédiatement, sans instruction préalable, dans la marine de guerre, et qui, même dans les pays où existe comme en France l'inscription maritime, en font virtuellement partie, et les citoyens susceptibles d'être incorporés dans l'armée de terre, après avoir subi une période préalable, plus ou moins longue, de préparation et d'entraînement. Et l'on comprend dès lors très bien que les nécessités de la guerre légitiment la capture et l'internement des premiers, tandis que les lois de l'humanité font un devoir de respecter la personne des seconds.

Fondement de la règle en ce qui concerne la propriété ennemie. — Nous avons dit que la propriété ennemie sur mer n'a pas droit au respect. Le navire et les marchandises ennemies peuvent être saisis et confisqués(1). On légitime cette coutume de la guerre maritime en disant qu'elle est une nécessité de la lutte entre les deux belligérants. Le respect de la propriété privée sur mer ne se concilie pas avec le but de la guerre qui est d'établir le droit du plus fort. En effet, le commerce maritime est une portion considérable des forces d'un Etat, c'est la source la plus féconde de sa fortune. Si les relations commerciales étaient sauvegardées entre l'Etat belligérant et les Etats étrangers, il pourrait rester indifférent à la destruction de sa flotte de guerre et au bombardement de ses côtes. Pour qu'il soit atteint dans sa richesse, amené à se soumettre aux prétentions du vainqueur, il faut que son commerce soit suspendu ; pour cela, il est de toute nécessité de permettre la capture des navires marchands et des marchandises qu'ils transportent.

Il en est différemment de la propriété privée sur terre ; elle doit être respectée, parce que ce respect se concilie très bien avec le but de la guerre. Nous avons vu en effet qu'il importait au contraire beaucoup à la sécurité de l'armée d'occupation de ne pas violer les propriétés privées en exerçant le pillage et en opérant des destructions pour ne pas susciter contre elles les passions des habitants.

Ce respect trouve d'ailleurs aussi sur terre sa limite dans le droit de réquisition, que nul ne songe à faire

----

(1) On a comparé la capture des navires de commerce à l'occupation du territoire en cas de guerre continentale.

disparaître, et qui constitue cependant une sorte de prise organisée et collective de la propriété privée.

Il est surtout une puissance à l'égard de laquelle le droit de prise est une arme redoutable à laquelle les Etats du continent auraient grand tort de renoncer. C'est l'Angleterre. C'est par là surtout qu'elle est vulnérable : elle qui a la plus grande marine de commerce du monde entier ; elle qui tire toute sa subsistance du dehors et qu'on pourrait affamer en arrêtant ses navires marchands sur mer. Le jour où le droit de prise sur mer serait supprimé, la force militaire de l'Angleterre serait décuplée. N'ayant plus à protéger son commerce, elle utiliserait toute sa flotte de guerre à attaquer les ports et les escadres de l'ennemi.

Critique de la règle en ce qui concerne la propriété ennemie. — On a vivement critiqué la coutume de la guerre maritime autorisant la capture des navires de commerce et de la marchandise ennemie (1).

D'abord, a-t-on dit, cette coutume est contraire à ce principe fondamental du droit des gens que la guerre est une lutte entre les forces organisées des Etats, puisqu'il est permis à chaque belligérant de s'attaquer directement aux biens des particuliers inoffensifs.

On ajoute que le droit de capture n'est nullement, ainsi qu'on l'a prétendu pour le légitimer, une nécessité de la guerre maritime. Ce n'est qu'après la conclusion de la paix que les Etats belligérants peuvent se rendre un compte exact de l'étendue des pertes que l'adversaire a pu causer à leur commerce maritime, et des captures dont leurs nationaux ont été victimes. Ce n'est donc pas l'exercice de cette coutume qui peut déterminer l'un des Etats à faire sa soumission à l'autre. L'histoire, dit-on, le démontre : l'anéantissement de sa marine marchande sous le premier empire n'a pas amené la France à composition ; pour en venir à bout, il a fallu l'écrasement de ses armées de terre sous la coalition des puissances de l'Europe.

---

(1) Au xviiie siècle, Mably l'avait combattue ; l'Assemblée constituante songea à l'abolir. Les Etats-Unis firent campagne dans ce sens en 1856. Et l'Institut de droit international s'est prononcé contre elle.

Réponse tirée de la guerre de 1914. — La réponse à la critique précédente peut être tirée de la guerre de 1914. Le droit d'exercer des prises maritimes a certainement joué un rôle considérable dans cette guerre. Dès le début des hostilités la flotte anglaise massée dans la mer du Nord, la flotte française opérant dans la Méditerranée et l'Adriatique, des croiseurs anglais et français parcourant les autres mers ont isolé complètement l'Allemagne par mer, paralysant sa navigation, frappant son commerce et son industrie de mort, la mettant dans l'impossibilité de recevoir du dehors les approvisionnements nécessaires à son armée et à sa population civile et les matières premières indispensables à la fabrication de ses engins de guerre.

Efforts faits vers la suppression du droit de prise. — Quoi qu'il en soit, des efforts ont été tentés pour la suppression du droit de prise. Au Congrès de Paris en 1856, cette suppression fut proposée. Elle ne fut pas admise par suite de l'opposition de l'Angleterre. On se borna, ainsi que nous le verrons plus loin, à une réglementation précise de ce droit et à l'interdiction de la course. Plus tard, en 1859, une réunion de commerçants tenue à Brême rédigea une protestation contre le maintien du droit de prise et émit le vœu que les diverses puissances maritimes s'entendissent pour prononcer sa suppression.

Dans la guerre de 1866, la Prusse, l'Autriche et l'Italie renoncèrent au droit de prise.

En 1870, au début de la guerre, le roi de Prusse, dans une proclamation du 18 juillet, déclara que les navires français ne pourraient être ni amenés, ni capturés. Mais, la France ayant refusé d'agir de même à l'égard des navires allemands, parce que la supériorité de ses forces navales aurait été ainsi rendue inutile, l'Allemagne dut revenir elle-même à la pratique de la capture.

Nous pouvons encore citer, dans le sens du mouvement des idées vers l'abolition du droit de prise, le traité conclu entre l'Italie et les Etats-Unis, le 28 février 1871, par lequel ils s'engagent à respecter la propriété privée sur mer en cas de guerre. Cependant on a fait observer avec raison que ce traité n'a qu'une portée bien restreinte : parce qu'il stipule pour un cas bien invraisemblable à imaginer.

L'Institut de droit international a émis, en 1877, l'avis suivant :

« L'Institut, en rendant témoignage des progrès faits « par la conscience publique et qui sont constatés par « des faits nombreux et notoires, propose la règle sui- « vante comme une réforme indispensable du droit « international. La propriété privée, neutre ou enne- « mie, naviguant sous pavillon ennemi ou sous pavil- « lon neutre, est inviolable. »

Enfin, nous avons vu que l'acte final de la Conférence de la Haye (1899) contenait un vœu ayant pour objet l'inviolabilité de la propriété privée sur mer.

Conclusion. — Malgré tout, on peut conclure qu'en raison des résultats que l'exercice du droit de prise a permis d'obtenir contre l'Allemagne et l'Autriche en 1914, il paraît bien invraisemblable de supposer que dans l'avenir les puissances maritimes consentent à l'abandon d'un moyen d'action aussi efficace contre un adversaire de moindre valeur.

Peut-être le progrès consistera dans l'avenir à substituer au droit actuel de confiscation et de vente au profit du capteur la saisie et le séquestre des navires ennemis (Dans ce sens de Bœck-Fauchille, II, n° 1382).

§ 2. — Exercice du droit de prise.

En quoi il consiste. — Nous savons en quoi consiste le droit de prise.

C'est le droit pour les navires de guerre de l'un de belligérants de s'emparer des navires de commerce appartenant à l'ennemi, des hommes qui les montent et des marchandises qu'ils transportent.

Sort réservé à l'équipage. — *Principe.* — L'équipage du navire de commerce capturé est traité comme un ennemi qu'on désarme. Il est fait prisonnier et peut être interné, comme les autres prisonniers de guerre, soit dans une place forte, soit dans une ville ouverte à l'intérieur.

Tempérament admis par la deuxième convention de la Haye de 1907. — Cependant, d'après la convention de la Haye, le capitaine, les officiers et les membres de l'équipage ne sont pas faits prisonniers s'ils s'engagent, sous la foi d'une promesse écrite, à ne prendre, pendant la durée des hostilités, aucun service ayant rapport avec les opérations de la guerre.

Les noms des individus ainsi laissés libres sont notifiés par le belligérant capteur à l'autre belligérant. Il est interdit à ce dernier d'employer sciemment lesdits individus (art. 6 et 7).

Cas de marins nationaux d'un Etat neutre. — Lorsqu'un navire de commerce ennemi est capturé par un belligérant, les nationaux d'un Etat neutre qui composent l'équipage sont laissés libres s'ils promettent par écrit de ne pas servir sur un navire ennemi pendant la durée de la guerre (art. 5).

Sort du navire et de la cargaison. — Le navire et la cargaison ennemis deviennent la propriété non de l'équipage vainqueur, mais de l'Etat dont il dépend. L'État peut en disposer librement. Il peut en remettre une partie à l'équipage, ou bien même restituer le navire et la cargaison au légitime propriétaire.

Pas de difficulté donc, lorsque le navire et les marchandises sont ennemis. Mais qu'arrive-t-il quand ce sont des marchandises ennemies transportées sur navire neutre, ou à l'inverse que le navire est ennemi et la marchandise neutre ? Comment distinguer le caractère ennemi du caractère neutre ? Ce sont des questions que nous réservons pour plus tard.

Rançon. — **Otages.** — **Destruction de la prise.** *Principe.* — En principe, il est interdit aux commandants des navires de guerre, par les règlements militaires de la plupart des Etats européens, de s'emparer des navires de commerce de l'ennemi et de leur faire payer une rançon.

Par exception, cette mesure est autorisée, en cas de force majeure, lorsque le navire de guerre ne peut se détourner de sa route pour conduire le navire capturé dans un port. Dans ce cas quelques-uns des officiers ou des matelots peuvent être faits prisonniers comme otages.

Dans le même cas de force majeure, le navire de guerre peut détruire la prise, en coulant bas le navire capturé et sa cargaison.

Application dans la guerre de 1914. — Certains croiseurs allemands ont usé largement de cette faculté dans la guerre de 1914. Ils ont fait une véritable guerre de course soit dans l'Atlantique, soit dans l'Océan Indien, se contentant de couler le navire avec sa cargaison après avoir pris le personnel à son bord pour le débarquer au premier port neutre. Le plus fameux de ces croiseurs est l'*Emden*, qui a fait subir des pertes cruelles à la marine britannique avant de pouvoir être coulé à son tour. Dans la baie du Havre, un sousmarin allemand a obligé l'équipage de deux navires charbonniers anglais à se réfugier sur leurs barques, après quoi il les a fait sauter.

Règles posées par le traité de Washington. — Le traité de Washington du 6 février 1922 a posé les règles suivantes :

1° Un navire de commerce ne peut être saisi avant d'avoir reçu l'ordre, en vue de déterminer son caractère, de se soumettre à la visite et à la perquisition ;

Un navire de commerce ne peut être attaqué que si, après mise en demeure, il refuse de s'arrêter pour se soumettre à la visite et à la perquisition, ou si, après saisie, il refuse de suivre la route qui lui est indiquée.

Un navire de commerce ne peut être détruit que lorsque l'équipage et les passagers ont été préalablement mis en sûreté.

2° Les sous-marins belligérants ne sont en aucune circonstance dispensés des règles universelles ci-dessus rappelées.

Au cas où un sous-marin ne serait pas en mesure de capturer un navire de commerce en respectant lesdites règles, il doit, d'après le droit des gens reconnu, renoncer à l'attaque ainsi qu'à la saisie et laisser le navire de commerce continuer sa route sans être molesté.

3° Les puissances signataires reconnaissent qu'il est pratiquement impossible d'utiliser les sous-marins à la destruction du commerce sans violer, ainsi qu'il a été fait au cours de la guerre 1914-1918, les principes universellement acceptés par les nations civilisées.

L'art. 3 ajoute que tout individu au service de quelque puissance que ce soit, agissant ou non sur l'ordre d'un supérieur hiérarchique, qui violera l'une ou l'autre des règles ci-dessus, sera réputé avoir violé les lois de la guerre et sera susceptible d'être jugé ou puni comme s'il avait commis un acte de piraterie. Il pourra être mis en jugement devant les autorités civiles et militaires de toute puissance dans le ressort de l'autorité de laquelle il sera trouvé (1).

Exceptions au droit de prise. — Les usages de la guerre maritime, consacrés par la convention de la Haye de 1907 (art. 3 et 4), ont exempté du droit de prise :

1° Les bateaux destinés à la *pêche côtière*. — Cette exception a toujours été admise en France.

Elle résulte notamment des édits royaux de 1543 et 1584. Et elle a été suivie par elle dans les guerres modernes. L'Angleterre au contraire n'a considéré la liberté de la pêche en temps de guerre que comme une pure tolérance. C'est ainsi que dans la guerre de Crimée, bien qu'elle fût alliée à la France, ses croiseurs ont détruit les pêcheries et jusqu'aux cabanes de pêcheurs le long des côtes de la mer d'Azof.

L'exception dont nous parlons ne s'applique pas à la grande pêche qui a lieu en pleine mer, telle que celle de la morue, du cachalot, etc.

Enfin, même pour les bateaux destinés à la pêche côtière, l'exception cesse lorsqu'ils ont des armes et font acte d'hostilité.

2° Les navires *chargés d'une mission scientifique* ou d'un *voyage d'exploration*. — C'est ainsi que sous les règnes de Louis XV et de Louis XVI furent protégés les voyages de Bougainville et de La Pérouse.

3° Les navires ayant pour mission les *secours aux blessés*.

Correspondance postale. — La XIe convention de la Haye de 1907 porte, dans son article 1er, que la correspondance postale des neutres ou des belligérants, officielle ou privée, trouvée en mer ou sur un navire neutre ou ennemi, est inviolable. S'il y a saisie du navire, elle doit être expédiée sans retard par le capteur. Cette règle ne s'applique pas, en cas de violation de blocus, à la correspondance qui est à destination ou en provenance du port bloqué.

Au surplus le terme « correspondance postale » ne doit pas s'entendre de tout ce qui est transporté par le

_____

(1) Voir le texte de ce traité dans l'*Europe Nouvelle* du 11 mars 1922, p. 308.

Dr. int. pub.   38

service des postes indistinctement. C'est ainsi que l'inviolabilité ne saurait être appliquée :

1° aux colis postaux ; 2° aux lettres elles-mêmes, lorsqu'ils renferment des objets de contrebande. C'est donc avec raison que pendant la guerre de 1914-1918 on a saisi des lettres contenant des articles de caoutchouc expédiés d'Amérique en Allemagne.

Application à la guerre maritime des principes de la convention de Genève. — *Historique.* — Nous avons dit plus haut que l'application à la guerre maritime des principes de la convention de Genève avait fait l'objet d'articles additionnels à la suite d'une conférence tenue le 28 octobre 1868, mais que ce texte complémentaire n'avait pas été ratifié officiellement par les gouvernements représentés, en sorte qu'il n'avait aucune valeur juridique. Cette lacune a été heureusement comblée par la troisième convention signée à la Haye en 1899, confirmée par la convention de la Haye de 1907.

La convention s'occupe des bâtiments servant au secours des blessés et des naufragés, du sort des blessés et des naufragés et du personnel médical.

a) *Des bâtiments hospitaliers.* — La convention distingue trois sortes de bâtiments hospitaliers :

1° Ceux qui ont été construits ou aménagés par un Etat belligérant spécialement et uniquement en vue de porter secours aux blessés, malades ou naufragés. Leur nom doit être communiqué à la puissance adverse. A cette condition, ils échappent à toute capture (art. 1er). Ce sont les bâtiments-hôpitaux militaires.

2° Ceux qui ont été équipés par des particuliers ou des sociétés. Ils sont également respectés à condition qu'ils soient munis d'une commission officielle de l'Etat belligérant et que leur nom ait été notifié à la puissance adverse (art. 2).

3° Ceux qui ont été équipés par des particuliers ou par des sociétés appartenant à des Etats neutres (1). Ils sont inviolables s'ils remplissent les deux mêmes conditions (art. 3).

Le signe distinctif est : pour les bâtiments-hôpitaux

---

(1) A la différence de ce qui est décidé pour les établissements sanitaires organisés par les neutres sur terre, ces navires hospitaliers gardent leur drapeau national, à côté du drapeau de Genève.

militaires, une peinture extérieure blanche avec une bande horizontale verte de un mètre et demi de largeur ; et pour les autres bâtiments hospitaliers, une peinture extérieure blanche avec une bande horizontale rouge de même largeur (art. 5).

Les belligérants ont, sur tous les navires hospitaliers, droit de contrôle, de visite et de commandement (art. 5).

b) *Des blessés et naufragés.* — Les marins et militaires blessés, malades ou naufragés, à quelque nation qu'ils appartiennent, doivent être protégés et soignés par les capteurs (art. 8). Lorsqu'ils tombent au pouvoir d'un adversaire, ils sont prisonniers de guerre. C'est au capteur qu'il appartient de décider, suivant les circonstances, s'il convient de les garder, de les diriger sur un port de sa nation, sur un port neutre ou sur un port ennemi. Dans ce dernier cas, les prisonniers ainsi rendus à leur pays ne pourront servir pendant la durée de la guerre (art. 9).

c) *Personnel médical.* — Le personnel religieux, médical et hospitalier de tout bâtiment capturé est inviolable et ne peut être fait prisonnier de guerre. Il emporte, en quittant le navire, les objets et les instruments de chirurgie qui sont sa propriété particulière. Ce personnel doit continuer à remplir ses fonctions tant que cela est nécessaire et il peut se retirer ensuite, lorsque le commandant en chef le juge possible. Les belligérants doivent assurer à ce personnel tombé entre leurs mains la jouissance intégrale de son traitement (art. 7).

** § 3. — La course.

Définition. — La course est une pratique de la guerre maritime consistant de la part d'un belligérant à donner à de simples particuliers l'autorisation d'armer en guerre des navires de commerce pour courir sus aux navires de l'autre belligérant.

On appelait l'acte d'autorisation *lettre de marque*, et ceux auxquels il était délivré, *corsaires*.

Le corsaire agissait tant par patriotisme que dans un esprit de spéculation, en vue du profit qu'il espérait retirer des prises.

Utilité de la course. — **Ses inconvénients.** — La

course offrait un grand avantage aux Etats dont la marine marchande était très développée : parce qu'ils pouvaient armer de nombreux navires corsaires et augmenter ainsi leurs forces militaires sur mer.

Elle était indispensable aux Etats qui avaient une marine militaire insuffisante pour défendre leur commerce contre les attaques de l'ennemi (1).

Mais elle donnait lieu à de nombreux abus. Le corsaire reconnaissait bien l'autorité de l'amiral commandan la flotte, mais il ne faisait pas partie de la flotte et faisait l'entreprise à ses risques et périls. Les corsaires faisaient la guerre pour leur propre compte et n'offraient aucune des garanties de la guerre civilisée et de la discipline militaire (2). La course dégénéra souvent en piraterie, compromit la sécurité des neutres et entraîna des conflits entre les Etats (3).

Réglementation de la course. — La course faisait l'objet d'un règlement spécial dans chaque pays. En France, le règlement en vigueur était le décret du 22 mai 1803 (2 prairial an XI) dont les autres Etats avaient emprunté la plupart des dispositions.

1° Le corsaire ne pouvait armer en guerre qu'en vertu d'une autorisation expresse de l'Etat. Cette autorisation était délivrée par le ministre de la marine.

2° Cette autorisation n'était accordée qu'aux nationaux. Toute fraude en cette matière était punie sévèrement : d'abord de l'annulation de la lettre de marque, et, de plus, d'une amende de 6.000 francs.

3° L'autorisation n'était accordée que pour un temps déterminé, six, douze, dix-huit et vingt-quatre mois.

_____

(1) « L'abolition de la course a augmenté d'une manière importante la puissance maritime de l'Angleterre, déjà beaucoup trop formidable pour le bonheur du genre humain. Elle a enlevé à tous les peuples la seule arme à l'aide de laquelle ils pouvaient encore lutter contre le colosse naval, le seul moyen de rétablir une sorte d'équilibre sur l'Océan. Cette concession a été obtenue à l'aide d'une surprise au moyen des grands mots d'humanité et de civilisation. » Hautefeuille : _Droit international maritime_, p. 202.

(2) Bluntschli, _op. cit._, art. 670.

(3) Funck-Brentano et Sorel, p. 406.

4º L'autorisation était subordonnée au dépôt d'un cautionnement pour garantie de leurs actes : 74.000 fr. pour les équipages comprenant plus de 140 hommes, 37.000 francs pour ceux qui n'atteignaient pas ce nombre.

5º Les corsaires étaient soumis à toutes les lois et à tous les règlements qui régissent la marine militaire : en conséquence, ils étaient justiciables, devant les tribunaux maritimes, des crimes et des délits commis par leurs équipages. Les armateurs étaient déclarés responsables solidairement avec les capitaines des navires marchands.

Différence entre le corsaire et le pirate. — *Enoncé.* — Le pirate agit sans l'autorisation d'aucune puissance ; il ne porte aucun pavillon, il n'observe aucune règle, n'est tenu par aucun frein. Le corsaire au contraire agissait avec l'autorisation et pour le compte de l'un des belligérants et nous venons d'indiquer les règles auxquelles il était soumis.

Intérêt pratique. — L'intérêt de la différence était le suivant : le corsaire était un belligérant auxiliaire de l'Etat dont il portait le pavillon : en conséquence, on devait lui appliquer les lois de la guerre. Il avait droit à être fait prisonnier. Au contraire, le pirate est un criminel ; s'il est pris, il n'est pas traité comme prisonnier de guerre. Il est passible des tribunaux répressifs et on lui applique les lois pénales.

Course devenant piraterie. — La course dégénérait en piraterie, le corsaire devenait pirate :

1º Lorsqu'il prolongeait ses opérations au delà du temps pour lequel l'autorisation lui avait été délivrée ;

2º Lorsqu'il recevait des lettres de marque des deux belligérants ;

3º Lorsqu'il violait les coutumes de la guerre ; par exemple en s'attaquant au commerce des neutres.

Abolition de la course. — **Congrès de Paris.** — **Déclaration du 16 avril 1856.** — Aujourd'hui la course est abolie (1). Cette abolition résulte de la déclaration du

(1) Dès la fin du xviiie siècle, des tentatives avaient été faites en vue de l'abolition de la course. Un traité conclu en 1785 entre les Etats-Unis et la Prusse porte que les deux puissances s'engagent à ne pas employer la course

16 avril 1856, signée au Congrès de Paris, sur la proposition du plénipotentiaire français comte Walewski, par les cinq grandes puissances de l'Europe : Autriche, France, Grande-Bretagne, Prusse et Russie. Cette déclaration a été ensuite acceptée par tous les autres Etats d'Europe et quelques Etats d'Amérique ; en sorte qu'on peut considérer la suppression de la course comme un principe désormais obligatoire du droit des gens moderne.

Seuls, l'Espagne, les Etats-Unis et le Mexique se sont refusés à accéder à la déclaration de Paris, en sorte que la course fut pratiquée dans la guerre de sécession américaine ; en sorte que, si une guerre venait à éclater entre un Etat européen signataire de la déclaration, la France par exemple, et les Etats-Unis, les belligérants pourraient encore employer la course comme moyen légitime de lutte.

Les Etats-Unis demandaient la suppression entière du droit de prises maritimes. Nous avons vu que l'Angleterre n'y voulut pas consentir. Du moment que le droit de prise était maintenu, les Etats-Unis se refusèrent à l'abolition de la course ; parce qu'ayant alors une marine de commerce nombreuse et une marine de guerre peu importante, il leur était indispensable, pour mettre leur commerce à l'abri et ruiner le commerce de l'ennemi, de faire appel aux navires corsaires. Et cependant, dans la dernière guerre entre l'Espagne et les Etats-Unis, aucun des belligérants n'a eu recours aux corsaires.

Par un acte du 18 janvier 1908, l'Espagne a déclaré

---

en cas d'une guerre déclarée entre elles. Cependant cette clause ne se trouve pas dans le texte révisé en 1795. Pendant la Révolution française, l'Assemblée législative vota un décret invitant le pouvoir exécutif à négocier avec les puissances étrangères pour faire supprimer dans les guerres qui pourront avoir lieu sur mer les armements en course et assurer la libre navigation du commerce. Des négociations ne produisirent aucun résultat. Une nouvelle tentative fut faite par la France en 1823, lors de son intervention en Espagne, par le président Monroe au nom des Etats-Unis de 1823 à 1830, enfin en 1826 au sein du Congrès de Panama. La question n'était pas assez mûre encore pour recevoir une solution. Il fallut attendre jusqu'en 1856. Calvo, t. III, p. 293 et suiv.

accéder à la déclaration de Paris. Le Mexique y a adhéré à son tour le 13 février 1909. Les Etats-Unis seuls ont refusé de s'y associer.

Remarque intéressante. — L'abolition de la course n'est obligatoire qu'entre les puissances qui ont adhéré à la déclaration de Paris. Il suit de là que dans toute guerre où les Etats-Unis seraient impliqués l'usage de la course serait licite. On aurait donc pu y avoir recours dans la guerre de 1914-1918.

Marine volontaire de la Prusse en 1870. — En 1870, par un décret du 24 juillet, le roi de Prusse invita les particuliers à se mettre, eux et leurs navires, à la disposition du gouvernement pour courir sus aux navires de guerre français, et pour prix de ce service, des primes variant de 10.000 à 50.000 thalers étaient accordées suivant la force et le rang des bâtiments capturés.

La France protesta au nom de la déclaration de 1856, soutenant que la création de cette marine volontaire était une forme déguisée de l'armement en course. Les avocats de la couronne d'Angleterre consultés déclarèrent cette protestation non fondée, en faisant observer que cette marine volontaire, placée sous les ordres des chefs militaires et astreinte à la même discipline que la marine officielle, devait être assimilée aux corps francs de terre dont l'emploi n'est nullement interdit par le droit des gens (1). Nous pensons ajouter qu'en fait le décret du roi de Prusse resta lettre morte et que la marine volontaire ne fut pas organisée.

Utilisation possible des navires de commerce. — D'ailleurs, l'abolition de la course ne met pas obstacle à l'utilisation possible des navires de commerce comme navires combattants, sous la conduite des marins de l'Etat. Une semblable transformation est prévue par toutes les grandes marines en France, en Angleterre, aux Etats-Unis. La 7e convention de la Haye de 1907 consacre la régularité d'une semblable pratique. Pour éviter toute supercherie, elle exige que le belligérant mentionne le plus tôt possible le navire de commerce transformé sur la liste des bâtiments de sa flotte militaire.

---

(1) Dans ce sens MM. Lainé et Renault à leur cours.

Les belligérants ont largement usé de cette faculté dans la guerre de 1914.

CHAPITRE III. — DES MOYENS DE NUIRE A L'ENNEMI.

Idée générale. — Interdiction des cruautés inutiles et des actes perfides. — Comme dans la guerre continentale, la ruse est permise, la perfidie est interdite dans la guerre maritime. Il est interdit de commettre des violences qui ne doivent avoir aucune influence sur l'issue de la lutte.

Nous renvoyons sur ce sujet à tout ce que nous avons dit pour la guerre continentale. Il nous suffit de donner quelques exemples d'actes de perfidie et d'actes de ruse.

Il est permis à un navire, pour échapper à la poursuite de l'ennemi, d'arborer un drapeau supposé : c'est là une simple ruse, mais on ne peut pas employer ce procédé pour surprendre et attaquer son adversaire. Dès que l'attaque commence, le navire doit arborer ses couleurs véritables. Agir autrement, c'est faire un acte de perfidie.

C'est aussi un acte de perfidie de faire des signaux de détresse pour accueillir ensuite à coups de canon le navire belligérant qui se porte à votre secours.

Des moyens d'attaque et de défense. — Les principaux moyens d'attaque et de défense dans la guerre maritime sont :

1º Les prises ;
2º Le blocus ;
3º Le bombardement.

1º **Des prises.** — Nous ne faisons que les mentionner ici : nous savons qu'elles s'appliquent :

1º Aux navires de guerre ;
2º Aux navires de commerce de l'Etat ennemi.

Les navires et leur cargaison appartiennent à l'Etat dont le capteur porte le pavillon ; l'équipage des navires capturés est fait prisonnier.

Nous renvoyons à ce que nous avons dit sur ce point dans le chapitre précédent.

2º **Du blocus. — Définition. — Différences avec le siège. — Effets à l'égard des belligérants.** — Le blocus est l'investissement des côtes et des ports de l'ennemi.

A la différence du siège, le blocus n'a pas pour but de s'emparer des positions sur lesquelles il porte, mais uniquement d'intercepter les communications de l'ennemi avec le dehors afin de ruiner son commerce.

En conséquence, tandis que le siège n'est un moyen légitimement employé dans la guerre continentale qu'à l'égard des places fortes qui se défendent, le blocus est pratiqué tant à l'égard des ports de commerce qu'à l'égard des ports militaires et même il s'applique bien plutôt en fait aux ports de commerce d'après le but qu'il est destiné à atteindre.

L'effet du blocus à l'égard du belligérant est d'entraver son commerce avec le dehors. Il produit son contrecoup à l'égard des Etats neutres et c'est surtout à leur encontre qu'il a des conséquences importantes. Nous les étudierons avec détails dans la section suivante consacrée à la neutralité maritime.

3° **Du bombardement.** — *Convention de la Haye de* 1907. — Le bombardement peut-il avoir pour objectif un port de commerce, une ville côtière non fortifiée ? Il faut résoudre cette question par une distinction. Le bombardement n'est pas licite lorsqu'il ne peut avoir aucune influence sur la conduite des hostilités ; on ne doit pas bombarder uniquement pour le plaisir de le faire. Au contraire, le bombardement est légitime lorsque cette opération est utile, par exemple pour détruire des arsenaux, des navires de guerre ancrés dans le port, lorsque le port de commerce est le nœud de lignes de chemins de fer servant à des transports stratégiques, ou bien lorsque, par ce moyen, on peut obtenir la réquisition de vivres ou de munitions pour la flotte.

Ces règles sont formellement consacrées par la 9e convention de la Haye de 1907. Cette convention reproduit, en outre (art. 5 à 7), les règles consacrées pour la guerre continentale en cette matière.

Violation de ces règles dans la guerre de 1914. — Cette règle a été violée par les Allemands dans la guerre de 1914. Deux de leurs croiseurs, le *Gœben* et le *Breslau*, ont lancé des bombes sur Bône et Philippeville, sans aucune raison militaire.

La question des mines sous-marines. — *Position de la question.* — Cette question a été soulevée au cours de la guerre russo-japonaise. Les belligérants peuvent évidemment employer ce procédé l'un contre l'autre, mais il ne faut pas qu'il se retourne contre les neutres. Ils ne peuvent donc pas les placer dans la haute mer sur le passage possible des navires neutres ; et, d'autre part, pour les mines placées dans les eaux territoriales, le belligérant devrait prendre des mesures pour éviter qu'elles ne soient entraînées par le courant loin de l'endroit où elles ont été placées ou qu'elles puissent éclater longtemps après le moment de la pose.

Convention de la Haye de 1907. — La conférence de la paix de 1907 s'est occupée de cette question et une convention a été signée sur ce point. Elle porte interdiction : de placer des mines amarrées ne devenant pas inoffensives une heure après qu'on en a perdu le contrôle ; de placer des mines amarrées ne devenant pas inoffensives aussitôt après avoir rompu leurs amarres ; l'emploi des torpilles ne devenant pas inoffensives après qu'elles ont manqué leur but ; la pose de mines amarrées au delà d'une distance de trois milles, portée à dix milles pour la protection des ports de guerre et des arsenaux, etc., etc.

Violation de ces règles dans la guerre de 1914. — L'Allemagne a méconnu ces règles dans la guerre de 1914. Elle a semé dans la mer du Nord des mines flottantes qui ont causé la perte de nombreux navires neutres (hollandais, danois, etc.). Il en a été de même dans l'Adriatique de la part de l'Autriche, au détriment des navires italiens qui ont été gravement endommagés, avant l'entrée en guerre de l'Italie.

SECTION IV. — DE LA NEUTRALITÉ DANS LA GUERRE MARITIME

Caractères de la neutralité maritime. — La neutralité en général présente les mêmes caractères et produit les mêmes conséquences dans la guerre maritime que dans la guerre continentale. Elle est cependant soumise à certaines règles particulières très importantes que nous allons faire connaître.

La guerre sur mer, ayant surtout pour objectif de ruiner le commerce de l'ennemi, affecte d'une façon profonde, tant en bien qu'en mal, les intérêts des Etats neutres. D'une part en effet, le commerce qu'ils faisaient avec l'un ou l'autre des belligérants peut se trouver entravé, ou interrompu tout à fait par suite de l'investissement des côtes. De ce chef, ils subissent un préjudice considérable. Mais, d'un autre côté, leur commerce se développe au détriment des Etats belligérants, des débouchés nouveaux s'ouvrent à eux dans les pays où les navires de commerce des belligérants ne peuvent plus pénétrer ; enfin, ils peuvent fournir aux belligérants eux-mêmes des subsistances et tout ce dont ils ont besoin pour leur industrie, partout où les communications ne sont pas empêchées par le blocus.

Division de la matière. — Nous diviserons notre section en quatre chapitres :
Chapitre Ier. — Inviolabilité du territoire maritime des Etats neutres ;
Chapitre II. — Du commerce des neutres ;
Chapitre III. — Des restrictions apportées au commerce des neutres sur mer.

***CHAPITRE PREMIER. — INVIOLABILITÉ DU TERRITOIRE MARITIME DES ÉTATS NEUTRES.

En quoi consiste l'inviolabilité du territoire maritime des Etats neutres. — Elle consiste en ce qu'aucun acte d'hostilité ne peut avoir lieu dans les eaux territoriales des Etats neutres (1). Ainsi, un navire de guerre de l'un des belligérants ne pourra ni exercer le droit de visite, ni opérer la capture d'un navire de commerce appartenant à l'autre belligérant ; deux navires de guerre ennemis ne pourront pas non plus y livrer un combat naval (2).

Sanction de cette inviolabilité. — Lorsque les eaux territoriales d'un neutre n'ont pas été respectées, cet

(1) Pour l'application de cette règle, le décret du 18 octobre 1912 a fixé à 6 milles marins (11.111 mètres) la limite des eaux territoriales françaises.

(2) Dans la guerre russo-japonaise, les Japonais ont violé à plusieurs reprises cette règle : une première fois dans la rade de Chemulpo, où l'escadre japonaise s'acharna après deux navires russes, le *Koreïtz* et le *Variag*, qui s'étaient réfugiés dans ce port neutre avant la déclaration de guerre ; une autre fois en s'emparant, dans le port chinois de Chefou, du contre-torpilleur russe *Le Rozhitelny*.

Etat a droit à la réparation de l'offense qui lui a été faite.

S'il s'agit d'un navire ennemi capturé, il pourra en ordonner la restitution ; mais une question délicate se pose au cas où l'Etat neutre ne formule aucune réclamation. On se demande si le propriétaire du navire capturé pourra faire prononcer par le tribunal des prises la nullité de la capture, en invoquant l'irrégularité commise.

La question est controversée.

Dans un premier système (1), on dit : le navire capturé ne peut pas se plaindre des conditions dans lesquelles la prise a été effectuée. Le droit qu'il prétend violé ne lui appartient pas, mais appartient à l'Etat neutre. Il ne peut donc pas s'en prévaloir à son profit.

Dans un second système, on admet que la prise doit être annulée sur le fondement de l'irrégularité dont elle est entachée.

D'abord, dit-on, l'Etat neutre a intérêt, pour faire respecter dans l'avenir son territoire, à ce que la capture soit anéantie même sur la demande du navire capturé.

Et puis, ce dernier pourrait s'adresser à l'Etat neutre, l'obliger à se plaindre de la violation dont il a été victime auprès de l'Etat belligérant responsable. N'est-il pas plus simple de lui permettre de formuler directement ses griefs devant le tribunal des prises ? C'est dans ce sens que se prononce la jurisprudence française.

*** Du droit d'asile. — Différence entre l'inviolabilité du territoire sur terre et sur mer. — Nous avons vu que dans la guerre continentale l'inviolabilité du territoire était absolue : en ce sens que les forces armées des belligérants ne pouvaient pas pénétrer sur le territoire neutre et que si, dans la lutte, les troupes de l'un d'eux se réfugiaient sur le territoire d'un Etat neutre, cet Etat était dans l'obligation de les désarmer et de les interner jusqu'à la fin de la guerre, pour qu'elles ne puissent plus prendre part de nouveau à la lutte.

Il en est différemment dans la guerre maritime. Les eaux territoriales des Etats neutres sont ouvertes aux navires des deux belligérants. Ils peuvent pénétrer

---

(1) Dans ce sens, Bluntschli, art. 386-3.

dans leurs ports, dans leurs rades. C'est pour eux un véritable droit qu'on appelle le *droit d'asile*, qui est une conséquence de la liberté de la mer. Si un Etat neutre interdisait l'accès de ses côtes à l'un des belligérants, il commettrait à son égard un véritable acte d'hostilité, et sortirait de sa neutralité (1).

Les belligérants ne doivent pas abuser du droit d'asile et le faire servir aux opérations de la guerre. Nous avons dit plus haut qu'ils ne pouvaient se livrer à des actes d'hostilité dans les eaux neutres ; ils ne peuvent pas, non plus, profiter de l'asile qu'ils reçoivent pour compléter leurs armements, renouveler leur équipage, prendre des munitions de guerre. Un Etat neutre qui permettrait à l'un des belligérants de faire un de ces actes lui fournirait une assistance contraire au devoir que lui impose la neutralité.

Ajoutons que le séjour du navire belligérant dans un port neutre ne peut se prolonger indéfiniment. D'après une règle, suivie en Angleterre et qui tend à se généraliser, le délai maximum est de vingt-quatre heures. Au bout de ce temps, si le navire n'est pas en état de reprendre la mer, l'Etat neutre doit le désarmer (2). Cette règle a été consacrée formellement par la 13e convention de la Haye de 1907 (art. 12). Exception est faite pour le cas d'avaries ou en raison de l'état de la mer ; le délai de 24 heures peut être alors dépassé (art. 14). La limitation du séjour dans les ports neutres ne s'applique pas aux navires de guerre exclusivement affectés à une mission religieuse, scientifique ou philanthropique.

Un navire de guerre peut-il se ravitailler dans un port neutre en vivres ou en charbon ? Pour les vivres,

---

(1) Mais l'Etat neutre a le droit de limiter le nombre des navires de guerre qui pourront se trouver en même temps dans ses ports ou rades. La convention de la Haye de 1907 l'a fixé à trois, à défaut d'autres dispositions spéciales de la législation de la puissance neutre (art. 15). La France a porté le nombre à quatre pour les grosses unités et à douze pour les petites (Décret du 18 octobre 1912, art. 3 et 4).

(2) Le délai a été porté à trois fois 24 heures par le décret de 1912. Dans ce délai est compris le temps nécessaire aux formalités administratives et aux pourparlers avec les fournisseurs avant l'embarquement éventuel du combustible (art. 5).

on l'admet généralement par raison d'humanité. Pour le charbon, il y a controverse. En France, le décret précité de 1912 porte, dans son article 8, que les navires belligérants ne peuvent se ravitailler en vivres et en matières consommables que pour compléter leurs approvisionnements normaux du temps de paix. En ce qui concerne le combustible, ils sont autorisés à compléter le plein de leurs soutes proprement dites.

En Angleterre on décide qu'un navire ne peut prendre que juste le charbon nécessaire pour gagner le port national le plus proche (art. 19).

D'après l'article 19 de la 13e convention de la Haye, les navires de guerre belligérants ne peuvent se ravitailler dans les ports neutres que pour compléter leur approvisionnement normal du temps de paix. Ces navires ne peuvent, de même, prendre du combustible que pour gagner le port le plus proche de leur propre pays. Ils peuvent d'ailleurs prendre le combustible nécessaire pour compléter le plein de leur soute, lorsque la loi locale est conçue dans ce sens. L'art. 20 ajoute que le renouvellement de la provision ne peut avoir lieu qu'après un intervalle de 3 mois dans un autre port de la même puissance neutre.

Du cas où des navires appartenant aux deux belligérants sont mouillés dans le port d'un Etat neutre. — Lorsque des navires appartenant aux deux belligérants se trouvent mouillés dans le port d'un Etat neutre, cet Etat devra prendre toutes les mesures que la prudence commande pour empêcher qu'un conflit ne survienne dans ses eaux territoriales.

L'une de ces mesures est la *règle des vingt-quatre heures*. Les navires de guerre des deux belligérants ne peuvent pas sortir ensemble du port neutre où ils sont mouillés ; autrement ils livreraient combat dans les eaux territoriales de l'Etat neutre, ou non loin d'elles. Le navire qui est entré le premier dans le port en sortira le premier. L'autre le suivra à vingt-quatre heures d'intervalle.

Mais pour éviter que le dernier arrivé ne souffre du caprice ou de la mauvaise volonté de son adversaire, on lui permet de quitter son mouillage en prévenant vingt-quatre heures à l'avance de son intention l'autorité compétente du port neutre. Son adversaire en sera avisé et pourra user du droit de priorité qui lui appartient de reprendre la mer.

Séjour des prises dans un port neutre. — En principe, une prise ne peut être amenée dans un port neutre que pour cause d'innavigabilité, de mauvais état de la mer, de manque de provision ou de combustible. Elle doit repartir aussitôt que la cause qui en a justifié l'entrée a cessé. Si elle ne le fait pas, la puissance neutre doit lui notifier l'ordre de partir immédiatement ; au cas où elle ne s'y conformerait pas, la puissance neutre doit user des moyens dont elle dispose par la relâcher avec ses officiers et son équipage et interner l'équipage mis à bord par le capteur (art. 21, 13e convention de 1907). La puissance neutre doit de même relâcher la prise qui aurait été amenée en dehors des conditions prévues par l'article 21 (art. 22). Par tempérament à la rigueur de ces règles, l'art. 32 ajoute qu'une puissance neutre peut permettre l'accès de ses ports et rades aux prises, escortées ou non, lorsqu'elles y sont amenées pour être laissées sous séquestre en attendant la décision du tribunal des prises. Elle peut faire conduire la prise dans un autre de ses ports. Si la prise est escortée par un navire de guerre, les officiers et les hommes mis à bord par le capteur sont autorisés à passer sur le navire d'escorte. Si la prise voyage seule, le personnel placé à son bord par le capteur est laissé en liberté (art. 23).

Cette atténuation aux principes a été adoptée sur la proposition du représentant de l'Italie, le comte Tornielli, pour enlever au capteur tout intérêt à la destruction de la prise, dans le cas où il ne pourrait pas la ramener dans ses propres ports. Cet article a été réservé par l'Angleterre ; il a, au contraire, été accepté par la France qui l'a consacré dans le décret de 1912 (art. 10).

Le droit d'asile doit-il être accordé aux sous-marins ? — La question s'est posée pendant la guerre de 1914 et elle a été résolue dans le sens de l'affirmative par l'Espagne à l'égard du sous-marin allemand l'*U-35*, qui fit un séjour de 24 heures, du 21 au 22 juin 1915, dans le port de Carthagène. En faveur de cette solution on peut invoquer les termes généraux de la convention de la Haye qui, réglementant le droit d'asile, ne fait aucune distinction entre les bâtiments de surface et les autres.

On peut cependant élever un doute sur l'exactitude

de cette solution. En réalité la convention de la Haye n'a pas été faite pour les sous-marins, parce qu'à ce moment il n'était venu à l'esprit de personne qu'il pût jamais y avoir un emploi aussi barbare d'un semblable engin, entre peuples civilisés, au xxᵉ siècle. Il faut donc considérer que la convention est muette à cet égard et se décider d'après les principes généraux de la matière de la neutralité. Or, à ce point de vue, il est impossible d'assimiler le sous-marin aux autres bâtiments de guerre, parce qu'il échappe par sa nature à toute mesure de contrôle officiel de la part de l'Etat neutre auquel il viendrait demander l'hospitalité. « Au bout de vingt-quatre heures on lui enjoint de sortir, et il se dirige en effet vers la haute mer ; mais il plonge un instant et on le perd de vue. Qu'est-il devenu ? »(1). Il attend peut-être la sortie d'un navire ennemi pour le torpiller. C'est ce qui est arrivé pour l'*U-35* qui, au sortir du port de Carthagène, a coulé le vapeur *Hérault*. D'autre part, en changeant de numéro, il peut revenir se ravitailler dans le même port, sans qu'il soit possible de le reconnaître, avant l'expiration du délai de trois mois imposé à tout navire de guerre. Dans ces conditions l'Etat neutre, n'ayant pas les moyens de s'assurer d'une façon certaine que le sous-marin n'abuse pas de son hospitalité, ne peut pas la lui accorder, sans s'exposer à une accusation d'assistance hostile à son profit de la part du belligérant adverse.

Du cas particulier du sous-marin commercial. — La question s'est posée à propos du voyage sensationnel effectué par un sous-marin allemand, le *Deutschland*, au mois de juillet 1916, à travers l'Atlantique, sous prétexte de transporter des matières premières dont l'Allemagne avait à ce moment le plus grand besoin. On s'est demandé s'il devait être traité comme navire de guerre, soumis à la règle des 24 heures, ou si on devait lui réserver le traitement libéral accordé aux navires de commerce. C'est cette dernière solution qui a été adoptée par le gouvernement américain, pour cette raison que ce sous-marin ne portait aucune espèce d'arme de combat. Cette solution a été mise en doute avec raison. Par sa nature même, le sous-marin est un

---

(1) Article de l'*Echo de Paris* du 16 juillet 1916 de Jean Herbette.

engin de guerre et ne peut pas être autre chose (Lire à ce sujet le même article précité de M. J. Herbette).

***CHAPITRE II. — DU COMMERCE DES ÉTATS NEUTRES.

Idées générales. — Quatre hypothèses. — Les Etats neutres sont libres de continuer leur commerce, soit entre eux, soit avec les Etats belligérants. Ils peuvent le faire en transportant leurs marchandises sur leurs propres navires ou sur les navires des belligérants. En sorte que l'on peut imaginer les quatre hypothèses suivantes :

1º Navire ennemi, marchandise ennemie ;
2º Navire neutre, marchandise neutre ;
3º Navire ennemi, marchandise neutre ;
4º Navire neutre, marchandise ennemie.

Les deux premières hypothèses n'offrent aucune difficulté. Le navire ennemi et la marchandise ennemie qu'il transporte sont soumis au droit de prise d'après les coutumes de la guerre maritime.

A l'inverse, le navire neutre doit être respecté, ainsi que la marchandise neutre qu'il transporte.

*** Sort de la marchandise neutre sur navire ennemi et de la marchandise ennemie sur navire neutre. — Mais que décider à l'égard du navire ennemi chargé de marchandise neutre ou du navire neutre chargé de marchandise ennemie ?

Ces deux hypothèses n'ont reçu une solution définitive que depuis le traité de Paris en 1856 ; jusque-là la coutume a été incertaine.

Nous allons étudier : 1º les principes formulés par le Consulat de la mer ; 2º la doctrine française ; 3º la déclaration de Paris de 1856 ; 4º ce qu'il conviendrait de décider aujourd'hui dans les rapports d'un Etat signataire et d'un Etat non signataire de la déclaration de Paris.

1º Principes formulés par le Consulat de la mer (1). —

---

(1) Le Consulat de la mer est un recueil des usages maritimes observés dans la Méditerranée. Il parut dans la seconde moitié du xive siècle à Barcelone en langue catalane.

Dr. int. pub.   39

D'après le Consulat de la mer, le sort du navire ne doit en rien influer sur le sort de la marchandise ; il en résultait les deux conséquences suivantes :

1° La marchandise ennemie sur navire neutre est sujette à confiscation ;

2° La marchandise neutre sur navire ennemi doit être respectée.

Ce système, pratiqué par l'Angleterre, était plein d'inconvénients pour les neutres.

Le belligérant a le droit de visiter tout navire neutre rencontré pour s'assurer de la provenance de la cargaison ; d'où un moyen de troubler le commerce des neutres. La question de savoir à qui appartient la marchandise est difficile à résoudre et sera souvent tranchée en faveur du capteur.

2° **Doctrine française**. — *Ordonnance de* 1681.— L'ordonnance de 1681 applique un système très rigoureux connu sous le nom de système de l'infection hostile. D'après ce système, il suffit qu'il y ait quelque chose d'ennemi à bord pour que tout par contagion soit considéré comme ennemi et déclaré de bonne prise. En conséquence, si le navire était ennemi, les marchandises étaient confisquées, même si elles appartenaient à des neutres, à des nationaux ou à des alliés. Si le navire était neutre, il n'était pas nécessairement respecté ; s'il contenait des marchandises ennemies, il pouvait lui-même être confisqué. C'est ce qu'on exprimait par ces deux proverbes : « Navire ennemi confisque robe d'ami. » « Robe d'ennemi confisque la robe d'ami et le navire » (Ordonnance de 1563, art. 42 ; ordonnance de mars 1584, art. 69 ; ordonnance de 1681, livre III, titre 9, art. 7).

Règlement de 1778. — A partir de 1778, à la suite d'un traité avec les Etats-Unis, dont les règles furent consacrées par un règlement général de la même année, la France adopte des règles plus libérales. Désormais, le caractère du navire influe sur la cargaison ; le sort de l'une est lié au sort de l'autre.

En conséquence :

1° La marchandise ennemie sur navire neutre doit être respectée : navire libre, marchandise libre. C'est ce qu'on a exprimé sous cette formule : « *Le pavillon couvre la marchandise* » ;

2º La marchandise neutre sur navire ennemi peut être saisie.

Navire ennemi, marchandise ennemie. En d'autres termes, le pavillon couvre la marchandise et la confisque.

Cette règle est très favorable aux neutres. D'abord la visite est très simplifiée. Une fois la nationalité du navire vérifiée, il n'y a pas lieu de s'assurer de celle de la cargaison. D'autre part, cette règle est de nature à développer le commerce des neutres, parce que les belligérants seront amenés à faire transporter leurs marchandises par leurs bateaux afin d'éviter la confiscation.

3º **Déclaration de Paris du 16 avril 1856.** — Dans la guerre de Crimée, la France et l'Angleterre, alliées contre la Russie, durent se mettre d'accord sur la ligne de conduite à suivre à l'égard du commerce des neutres sur mer. L'entente se fit pour le plus grand bien des neutres ; on prit dans la théorie de chacun des Etats ce qui lui était le plus favorable. La France adopta la règle anglaise : « que la marchandise neutre sur navire ennemi est inviolable » ; l'Angleterre la règle française : « que le pavillon couvre la marchandise ».

Après la guerre, ces deux règles ont été solennellement proclamées et reconnues par la déclaration de Paris du 16 avril 1856, dans les termes suivants :

1º La propriété ennemie embarquée sous pavillon neutre doit être respectée, sauf la seule exception des articles de contrebande de guerre ;

2º La marchandise neutre est insaisissable, même sous pavillon ennemi. En d'autres termes, le pavillon couvre la marchandise et ne la confisque pas.

4º **Doit-on appliquer les règles de la déclaration de Paris aux Etats non signataires de cette déclaration ?** — Voici deux hypothèses où cette question peut être posée.

Supposez un Etat signataire de la déclaration, la France, par exemple, en guerre avec un Etat non signataire, la Chine.

Un navire de guerre français rencontre en mer un navire neutre chargé de marchandises appartenant à la Chine. Si l'Etat neutre duquel relève le navire est signataire de la déclaration, il pourra invoquer le principe : le pavillon couvre la marchandise, pour empêcher la saisie.

Mais supposons, à l'inverse, que l'ennemi dont la marchandise est ainsi transportée sur navire neutre soit un des signataires de la déclaration, tandis que l'Etat neutre auquel appartient le navire ne soit pas un signataire de cette déclaration. On aurait, semble-t-il, le droit de confisquer la marchandise. Cependant, il n'en est pas ainsi dans la pratique ; on applique même aux Etats non signataires de la déclaration de 1856 la règle : Le pavillon couvre la marchandise.

5° **Comment se détermine le caractère ennemi du navire.** — *La pratique française.* — La règle française était que la nationalité du navire est déterminée par la nationalité du propriétaire du navire et par le pavillon qu'il avait le droit de porter ; on ne se préoc-cupait pas de savoir si, pour partie, le navire apparte-nait à des neutres ou à des ennemis. Par exemple, si un navire a le droit de porter un pavillon neutre, il était respecté, même s'il appartenait pour moitié à des ennemis ; et à l'inverse il était déclaré de bonne prise, même s'il appartenait pour moitié à des neutres. Il y avait indivisibilité du navire dans la bonne comme dans la mauvaise fortune.

La pratique anglaise. — En Angleterre, on admettait la solution la plus favorable au capteur. Si le navire portait le pavillon ennemi, il était de bonne prise même s'il appartenait pour partie à des neutres. Au contraire, lorsqu'il portait le pavillon neutre, on examinait à qui il appartenait et, s'il était pour partie la propriété d'ennemis, il était déclaré de bonne prise pour le tout. Et le caractère ennemi ou neutre du propriétaire du navire se déterminait non par la nationalité du pro-priétaire, mais par son domicile.

Comme en France, on admettait la règle de l'indivi-sibilité, mais en la dirigeant contre le navire capturé.

Déclaration de Londres de 1909, *art.* 57. — La décla-ration de Londres a consacré la pratique française dans son article 57 ainsi conçu : « Le caractère neutre ou ennemi du navire est déterminé par le pavillon qu'il a le droit de porter. »

Elimination, au cours de la guerre de 1914, *de l'art.* 57 *de la déclaration de Londres.* — L'art. 57 de la déclara-tion de Londres a été écarté de la pratique de la guerre maritime, au cours de la guerre européenne de 1914, par deux actes des gouvernements alliés de la Grande-Bretagne et de la France, un ordre en conseil du 20 octobre 1915 et un décret du 23 octobre de la même année. Aux termes de ces textes, s'il est établi que les intérêts dans la propriété d'un navire battant pavillon ennemi appartiennent en fait à des nationaux d'un pays neutre ou allié, ou réciproquement que les intérêts dans la propriété d'un navire battant pavillon neutre ou allié appartiennent en fait à des nationaux d'un pays ennemi ou à des personnes résidant en pays ennemi, le navire sera en conséquence réputé neutre, allié ou ennemi. C'est en somme le retour à la pratique navale traditionnelle de l'Angleterre.

Par un memorandum daté du 7 juillet 1917, l'Angleterre et la France déclarèrent renoncer à toutes les prescriptions de la déclaration de Londres pour s'en tenir aux principes anciennement reconnus en droit international.

Du cas où un navire neutre est affecté à une navigation réservée en temps de paix. — D'après la pratique anglaise consacrée en 1756, un navire perd son caractère neutre lorsqu'il effectue une navigation que l'ennemi réservait avant la guerre aux seuls navires nationaux. La France avait sur ce point une doctrine différente. L'entente n'ayant pas pu se faire à la conférence de 1909, la déclaration de Londres déclare que la question est restée absolument entière, chacun conservant ses positions (art. 57).

Transfert de pavillon. — Que décider si la nationalité du navire est de fraîche date ? En France, depuis 1778, nous refusions d'admettre comme valable l'acquisition de nationalité opérée depuis l'ouverture des hostilités. En Angleterre et aux Etats-Unis, on examinait en fait les conditions dans lesquelles avait eu lieu le transfert de la nationalité.

Cette question a été résolue par la Conférence de Londres à l'aide d'une distinction.

1er cas : Transfert de pavillon avant l'ouverture des hostilités (art. 55). — *Principe.* — *Validité présumée sauf preuve contraire.* — En principe, le changement de nationalité est présumé régulier, mais la preuve contraire est possible : on peut établir que le transfert de

pavillon a été effectué en vue d'éluder les conséquences qu'entraîne le caractère de navire ennemi.

Cas où la preuve contraire n'est pas admise. — Cependant, la preuve contraire n'est pas admise, lorsque
trois conditions sont réunies :

1° Lorsque le transfert a été effectué plus de trente
jours avant l'ouverture des hostilités ;

2° Lorsque le transfert est absolu, complet, conforme à la législation des pays intéressés ;

3° Lorsque le contrôle du navire et le bénéfice de
son emploi ont été transmis en d'autres mains.

Présomption de nullité, sauf preuve contraire. — Il y
a présomption de nullité de transfert, sous réserve de
la preuve contraire, lorsque deux conditions se rencontrent :

1° Si l'acte de transfert ne se trouve pas à bord ;

2° Si le navire a perdu la nationalité belligérante
moins de 60 jours avant l'ouverture des hostilités.

Et dans ce cas la saisie du navire ne pourra pas donner lieu à indemnité, même si elle n'est pas maintenue
par le tribunal des prises.

**2e cas : Transfert de pavillon après l'ouverture des
hostilités** (art. 56). — *Principe.* — *Nullité présumée
sauf preuve contraire.* — En principe le transfert de
pavillon est présumé nul quand il a lieu après les hostilités commencées. Mais on admet la preuve contraire ;
par exemple, le transfert peut résulter d'une transmission par succession.

Cas où la preuve contraire n'est pas admise. — La
preuve contraire n'est pas admise :

1° Si le transfert a été effectué pendant que le navire est en voyage ou dans un port bloqué ;

2° S'il y a faculté de réméré ou de retour ; l'acquéreur n'est alors qu'un prête-nom ;

3° Si les conditions auxquelles est soumis le droit
de pavillon d'après la législation du pavillon arboré
n'ont pas été observées.

**Application des règles du transfert de pavillon dans
la guerre de 1914.** — La question du transfert du pavillon a failli se poser deux fois dans la guerre de 1914.

Une première fois pour des navires de commerce
allemands immobilisés dans le port de New-York, dont
les puissantes Compagnies avaient proposé la vente au

gouvernement américain ; mais il ne fut pas donné suite au marché.

Une seconde fois à propos des deux croiseurs allemands, le *Gœben* et le *Breslau*. Ayant fui en Méditerranée devant l'escadre anglo-française, ils s'étaient réfugiés dans les Dardanelles et là, pour éviter d'être désarmés, ils avaient été vendus au gouvernement turc et maquillés en navires turcs. Vente évidemment nulle que les Alliés n'auraient pas reconnue, même au cas où la Turquie n'eût pas commis la folie de s'allier à l'Allemagne sous l'influence néfaste d'Enver Pacha.

6º **Comment se détermine le caractère ennemi des marchandises.** — *Opinions divergentes.* — En France on fait dépendre ce caractère de la nationalité de son propriétaire. Le propriétaire est-il le sujet de l'un des belligérants, la marchandise est ennemie. C'est le destinataire qui est considéré comme le propriétaire de la marchandise. Mais on admet la validité de la clause aux termes de laquelle l'expéditeur restera propriétaire jusqu'à l'arrivée à destination.

En Angleterre, on considère comme ennemis :

1º Les marchandises appartenant à une personne domiciliée en territoire ennemi. C'est le destinataire qui est traité comme propriétaire, nonobstant toute clause contraire ;

2º Les produits du sol ennemi, tant qu'ils appartiennent au propriétaire du sol, quels que soient son domicile et sa nationalité (1).

Le système français est plus facile à appliquer. Le domicile d'une personne est plus facile à déterminer que sa nationalité. Une personne peut avoir son domicile dans un pays et sa résidence dans un autre pays.

Mais le système anglais est plus logique. C'est au commerce de l'ennemi qu'on s'attaque ; or le commerce ennemi se compose de toutes les maisons établies sur le territoire ennemi, même si le propriétaire est neutre.

Conférence de Londres de 1909. — Il a été impossible de s'entendre sur la solution à adopter sur cette question. L'art. 85 porte que le caractère neutre ou ennemi des marchandises est déterminé par le caractère neutre ou ennemi de leur propriétaire. Mais par là la moitié seulement du problème est résolue. Car à quoi s'atta-

_____

(1) Voir Bonfils, nᵒˢ 1343 à 1361.

cher pour déterminer le caractère neutre ou ennemi du propriétaire ? Il a été impossible d'arriver à un accord sur ce point, les uns proposant comme critérium le domicile et les autres la nationalité.

L'article 59 ajoute que, si le caractère neutre de la marchandise à bord d'un navire ennemi n'est pas établi, la marchandise est présumée ennemie.

Changement de propriétaire (art. 60). — Le caractère ennemi de la marchandise chargée à bord d'un navire ennemi subsiste jusqu'à l'arrivée à destination, nonobstant un transfert intervenu pendant le cours de l'expédition après l'ouverture des hostilités.

Toutefois, si, avant la capture, un précédent propriétaire neutre exerce en cas de faillite du propriétaire ennemi actuel un droit de revendication légale sur la marchandise, celle-ci reprend le caractère neutre.

CHAPITRE III. — DES RESTRICTIONS APPORTÉES A L'ACTION DES NEUTRES SUR MER.

Distinction et division. — Les restrictions apportées à la liberté d'action des Etats neutres sur mer soulèvent différentes questions qui ont été résolues par la Conférence de Londres de 1909 et que nous étudierons dans autant de paragraphes :

1º La contrebande de guerre ;
2º Le blocus ;
3º L'assistance hostile ;
4º Le droit de visite ;
5º La destruction des prises.

*** § 1. — De la contrebande de guerre.

Définition. — On appelle contrebande de guerre les marchandises propres à être utilisées dans la lutte lorsqu'elles sont mises par un neutre à la disposition de l'un des belligérants.

Eléments constitutifs de la contrebande. — Pour qu'il y ait contrebande de guerre susceptible de saisie et de confiscation, il faut deux éléments :

1º Qu'il s'agisse de marchandises d'une certaine espèce ;
2º Que les marchandises soient destinées à l'un des belligérants.

Division. — La conférence de Londres de 1909 a déterminé avec soin :

1° Quels objets sont des objets de contrebande ;

2° Quand la destination de ces objets les rend susceptibles de confiscation ;

3° Quelle est la sanction des règles sur la contrebande.

a) *Objets de contrebande.*

Difficulté de la question. — C'est une question des plus débattues du droit international, parce qu'elle met aux prises les intérêts opposés des belligérants et des neutres, les premiers ayant une tendance naturelle à étendre et les seconds à restreindre la liste des objets de contrebande.

Distinction admise par Grotius. — Grotius, dans son ouvrage *Du droit de la guerre et de la paix*, faisait une distinction qui est restée classique. Il distinguait :

1° Les objets exclusivement destinés à la guerre : armes, munitions. Le commerce est illicite pour les neutres ;

2° Les objets qui ne sont d'aucune utilité pour la guerre : livres, objets d'art ; le commerce en est légitime ;

3° Les objets pouvant servir à la fois à la guerre et à la paix, d'un usage équivoque (*ancipitis usus quæ in bello et extra bellum usum habent*). Les belligérants ne peuvent les saisir qu'en cas de nécessité et moyennant indemnité au propriétaire. Tels sont : les chevaux, les matières premières, les vivres, etc.

Distinction de la conférence de Londres. — La déclaration de Londres fait une triple distinction :

1° Les objets qui forment de plein droit des objets de contrebande absolue ;

2° Les objets de contrebande conditionnelle ;

3° Les objets qui ne peuvent être déclarés de contrebande.

1° Contrebande absolue (art. 22). — L'article 22 énumère limitativement les objets qui forment la contrebande absolue. Ce sont des objets qui servent directement à la guerre : tels que les armes de toute nature.

les effets d'habillement et d'équipement militaires caractérisés, etc.

2° **Contrebande conditionnelle** (art. 24). — Ce sont des objets, limitativement énumérés, qui sont susceptibles de servir aux usages de la guerre comme à des usages pacifiques. Tels sont : les vivres, les fourrages et grains propres à la nourriture des animaux, les aérostats et les appareils d'aviation et pièces détachées pouvant servir à l'aviation, etc.

Remarques communes aux deux sortes de contrebande. — 1° Les objets énumérés par les articles 22 et 24 ont le caractère de contrebande de *plein droit*, c'est-à-dire sans qu'une déclaration des belligérants soit nécessaire.

2° Un Etat peut allonger la liste des objets de contrebande, en y ajoutant d'autres objets susceptibles de servir aux usages de la guerre, au moyen d'une déclaration notifiée aux autres puissances (art. 23 et 25).

3° Un Etat peut, en sens inverse, restreindre en ce qui le concerne la liste des objets de contrebande énumérés dans les articles 22 et 24 à l'aide d'une semblable notification (art. 26).

Guerre de 1914. — Les gouvernements alliés, France et Grande-Bretagne, ont usé largement des droits qu'ils s'étaient reconnus d'allonger la liste des objets de contrebande. C'est ainsi que le coton, qui figure dans l'article 28 comme non susceptible d'être déclaré contrebande de guerre, a été cependant décrété comme objet de contrebande, parce qu'il est indispensable à la fabrication des explosifs. Bien plus, une note du ministre des affaires étrangères de Grande-Bretagne en date du 13 avril 1916 a supprimé la distinction entre la contrebande absolue et la contrebande conditionnelle, « parce que le gouvernement allemand a pris pratiquement le contrôle de tous les articles figurant sur la liste de contrebande conditionnelle, en sorte que maintenant ces articles servent à un usage gouvernemental ».

3° **Objets exclus de la contrebande.** — *Principe.* — Les objets et matériaux qui ne sont pas susceptibles de servir aux usages de la guerre ne peuvent pas être déclarés contrebande de guerre (art. 27).

Liste libre. — Après cette affirmation de principe, la déclaration énumère un certain nombre d'objets dont le commerce sera libre. Cette liste, dite liste libre, est purement énonciative et nullement limitative (art. 28).

Exceptions spéciales (art. 29). — Pour des raisons particulières, on ne peut considérer comme contrebande de guerre :

1° Les objets et matériaux destinés au navire où ils sont trouvés : par exemple des armes destinées à défendre le navire contre les pirates ou à faire des signaux ;

2° Les objets et matériaux servant exclusivement à soigner les malades ou les blessés. Toutefois ils peuvent, en cas de nécessité militaire importante, être réquisitionnés, moyennant une indemnité, lorsqu'ils sont à destination de l'ennemi.

b) *Destination des objets.*

Principe général. — Pour qu'il y ait contrebande de guerre, il faut que les objets traités comme tels soient destinés à l'ennemi. Mais quand peut-on dire que cette condition est réalisée ? La déclaration distingue suivant le caractère de la contrebande.

Contrebande absolue. — Les articles de contrebande absolue sont saisissables s'il est établi qu'ils sont destinés au territoire de l'ennemi ou à un territoire occupé par lui ou à ses forces armées. Peu importe que le transport de ces objets se fasse directement ou exige soit un transbordement, soit un trajet par terre, pour parvenir d'un port neutre jusqu'au territoire ennemi (art. 30). C'est la consécration de la théorie anglaise du voyage continu. On regarde comme ne faisant qu'un tout le trajet suivi par la marchandise. En d'autres termes, c'est la destination de la marchandise qui est envisagée, et non celle du navire.

Et l'article 31 ajoute que la destination est définitivement prouvée dans deux cas : 1° lorsque la marchandise est documentée pour être débarquée dans un port de l'ennemi ou pour être livrée à des forces armées; 2° lorsque le navire ne doit aborder qu'à des ports ennemis ou lorsqu'il doit toucher à un port de l'ennemi ou rejoindre ses forces armées avant d'arriver au port neutre pour lequel les marchandises sont documentées (1).

Contrebande conditionnelle. — Elle est traitée moins rigoureusement que la contrebande absolue à deux points de vue :

1° Une destination à l'ennemi en général ne suffit pas ; il faut une destination à l'usage de ses forces armées ou de ses administrations (art. 33 et 34) ; cette condition ne serait pas réalisée pour des marchandises adressées à des commerçants ou à des industriels ;

2° La doctrine du voyage continu est écartée (2). La contrebande conditionnelle n'est saisissable que si elle

---

(1) Le décret du 12 avril 1916 a ajouté deux autres cas de présomption de destination ennemie, sauf preuve contraire :

1° Lorsque la marchandise est consignée ou remise à ou pour un agent de l'Etat ennemi ; il en est de même si la marchandise est consignée à ou pour une personne ayant au cours de la présente guerre expédié des articles de contrebande en pays ennemi ou occupé par l'ennemi.

2° Lorsque la marchandise chargée sur un navire à destination d'un port neutre de l'Europe est consignée à ordre ou lorsque les papiers de bord n'indiquent pas le consignataire ou encore s'ils indiquent un consignataire dans un pays ennemi ou occupé par l'ennemi.

(2) Une violation de ce principe a eu lieu dans l'affaire du *Carthage*. Ce navire de la Compagnie transatlantique, faisant le service entre Marseille et Tunis, fut arrêté le 15 janvier 1912, par un torpilleur italien, le long des côtes de Sardaigne et amené au fort de Cagliari. Le prétexte était qu'il avait à bord un aéroplane qu'on supposait destiné aux troupes ottomanes en Tripolitaine. Raison inacceptable ! l'aéroplane étant envoyé à M. Duval à Tunis. Cette affaire, soumise au jugement arbitral de la Haye, a donné lieu à une sentence rendue le 6 mai 1913. Le gouvernement italien a été condamné au paiement de 100.000 francs pour les pertes et les dommages éprouvés par les particuliers intéressés, soit 15.000 francs pour la Compagnie transatlantique, 25.000 francs pour l'aviateur Duval, 60.000 francs pour les passagers et les chargeurs.

doit être débarquée dans un port ennemi ; il n'y a pas
à rechercher si d'un port neutre où elle est débarquée
elle doit être expédiée à l'ennemi par terre ou par mer.
Exception faite cependant si le territoire de l'ennemi
n'a pas de frontière maritime (art. 36) (1).

**Modifications édictées par le décret du 6 novembre
1914.** — En vue de rendre plus efficace le blocus économique établi par les flottes alliées contre l'Allemagne
et l'Autriche-Hongrie dans la mer du Nord et dans
l'Adriatique, le gouvernement français a promulgué
un décret apportant certaines modifications aux règles
édictées par la convention de Londres :

1º Le navire neutre, dont les papiers de bord indiquent une destination neutre, et qui, malgré la destination résultant de ses papiers, se rend dans un port
ennemi, reste passible de capture et de confiscation
s'il est rencontré avant d'avoir achevé son voyage suivant (art. 3) ;

2º La destination à l'usage des forces armées ou des
administrations de l'Etat ennemi est présumée si la
marchandise est consignée à vue à un agent de cet
Etat (art. 4) ;

3º Même lorsqu'il s'agit d'un objet de contrebande
conditionnelle, nonobstant la disposition de l'article 35
de la déclaration de Londres, la capture sera possible
si cette contrebande trouvée à bord d'un navire à destination d'un port neutre est consignée à ordre, ou si
les papiers de bord n'indiquent pas le consignataire,
ou encore s'ils indiquent un consignataire dans un
pays ennemi ou occupé par l'ennemi. Dans tous les cas,
il appartient aux propriétaires de la marchandise de
prouver que la destination était innocente (article 5) ;

----

(1) Cette dernière restriction a dû être insérée en souvenir de deux incidents remontant l'un à 1896, l'autre
à 1900. En 1896, dans la guerre de l'Italie contre l'Abys-
sinie, un navire hollandais parti de Rotterdam à destination de Djibouti, chargé d'armes et de munitions, fut capturé par un croiseur italien et amené à Massaouah, parce
que la cargaison était destinée au Négus. En 1900, dans
la guerre du Transvaal, un navire allemand, le *Bundesrat*,
transportant des armes au port de Lorenzo-Marquès, fut
saisi par les Anglais parce que sa destination véritable
était le territoire ennemi.

4º Lorsqu'il est démontré au gouvernement belligérant qu'un gouvernement ennemi tire d'un pays neutre, ou par transit dans un pays neutre, des approvisionnements pour ses forces armées, les mesures nécessaires seront prises pour qu'au regard des navires à destination dudit pays neutre, l'article 35 de la déclaration de Londres (écartant la théorie du voyage continu pour la contrebande conditionnelle) ne soit pas appliqué.

A cet effet, une décision sera publiée au *Journal officiel* et restera en vigueur jusqu'à ce qu'elle soit révoquée ; pendant ce temps, les navires transportant de la contrebande conditionnelle à un port dudit pays neutre ne sont pas exempts de capture (art. 6).

Abandon de la déclaration de Londres à partir du 7 juillet 1916. — Par un mémorandum en date du 7 juillet 1916, les gouvernements alliés ont fait connaître qu'ils se voyaient obligés par les circonstances d'abandonner l'application des règles formulées à Londres en 1909 pour s'en tenir uniquement à l'application des règles anciennement reconnues du droit international. « Ces règles en effet, sans conférer toujours aux neutres de plus larges garanties, ne donnent pas aux belligérants les moyens les plus efficaces pour exercer les droits qui leur sont reconnus. » En même temps que ce mémorandum, le gouvernement français publiait un décret permettant de saisir, comme destinées réellement à l'Allemagne, les marchandises importées dans un pays neutre, lorsque cette importation présente sur les importations normales une disproportion impliquant leur destination hostile ultérieure. On donnait ainsi à la théorie du voyage continu une extension permettant de rendre plus efficaces les mesures de blocus dirigées contre l'Allemagne.

c) *Sanction des règles de contrebande.*

Conditions de la saisie. — La déclaration de Londres pose à ce sujet deux règles : 1º la saisie doit avoir lieu, soit en haute mer, soit dans les eaux des belligérants (art. 37) ; 2º l'acte doit être flagrant. Un navire est saisissable quand il transporte de la contrebande et non pour en avoir transporté. Il en est ainsi comme pour la répression de l'espionnage, pour identité de motif. C'est que la répression de la contrebande de guerre, comme la

répression de l'espionnage, repose sur la légitime défense. Or la légitime défense cesse dès que l'attaque a
pris fin.

Étendue de la saisie. — On peut saisir :

1º Les objets de contrebande (art. 39) ;

2º Le navire qui les transporte s'ils forment, par
leur valeur, par leur poids, par leur volume ou par leur
fret, plus de la *moitié* de la cargaison (art. 40) ;

3º Les marchandises qui appartiennent au propriétaire de la contrebande et qui se trouvent à bord du
même navire (art. 42).

Cas où le navire n'est pas saisissable. — Lorsque le
navire n'est pas saisissable en raison de l'insuffisante
proportion de la contrebande, il peut être conduit dans
un port et conservé pendant l'instruction de l'affaire
devant la juridiction nationale des prises. Dans ce cas,
tous les frais occasionnés au capteur seront à la charge
du navire (art. 41). Cependant le navire peut être
autorisé à continuer sa route, si le capitaine est prêt à
livrer la contrebande au navire belligérant. Le capteur
a d'ailleurs la faculté de détruire la contrebande ainsi
livrée.

*** § 2. — Du blocus.

Rappel de sa notion. — En étudiant les moyens
d'attaque et de défense dans la guerre maritime, nous
avons dit ce que c'était que le blocus, quel but il poursuivait, quelle différence il y avait entre le blocus et
l'investissement d'une place forte sur terre (1).

Mais ce n'est pas seulement à l'égard des belligérants
que le blocus produit ses effets ; c'est aussi, et on
peut dire surtout, à l'égard des neutres dont il inter-
cepte toute relation, toute communication commerciale avec les ports bloqués.

Fondement du droit de blocus. — Le blocus cause un
préjudice considérable aux Etats neutres dont il peut
ruiner le commerce (2). Comment justifier une mesure
aussi exorbitante ?

_____

(1) Voir *suprà*, p. 600.
(2) Ainsi, pendant la guerre de sécession en Amérique,

On a essayé de le justifier en le faisant reposer sur l'espèce de souveraineté qu'un belligérant exerce lorsqu'il occupe les eaux territoriales de son adversaire. Mais cette explication n'est pas exacte. En fait, l'ennemi dont les ports sont bloqués conserve et exerce sa souveraineté sur ses côtes, aussi loin que portent les canons de ses ports du littoral.

D'autre part, le blocus est exercé, non pas seulement le long des côtes, mais aussi sur la pleine mer, par les navires de guerre qui croisent pour empêcher l'accès et la sortie des ports bloqués.

Or, la pleine mer, nous l'avons vu, échappe à tout droit de souveraineté.

On ne peut justifier le blocus qu'en disant qu'il constitue une nécessité de la guerre maritime. Les Etats neutres doivent en supporter les conséquences, pour s désastreuses qu'elles puissent être pour leur commerce parce que c'est là une opération de guerre inévitable et qu'ils sont obligés de subir le contre-coup de la guerre. Le respect du blocus s'impose à eux, comme un devoir découlant de leur état de neutralité. Ils ne doivent commettre aucun acte contraire au blocus, par exemple, en faisant parvenir des approvisionnements au port bloqué, parce qu'ils s'immisceraient ainsi dans les opérations de la guerre, par une assistance hostile.

Qui peut décréter un blocus ? — Tout belligérant, qu'il soit ou non reconnu comme Etat, pourvu que sa qualité de belligérant soit admise, peut valablement décréter un blocus. C'est ainsi qu'en 1861, pendant la guerre de Sécession, la France et l'Angleterre ont reconnu aux confédérés le droit d'établir le blocus.

Dans chaque Etat, quelle est l'autorité compétente pour ordonner cette mesure ? C'est là une question d'ordre interne, qui est résolue différemment par la législation des différents Etats. En principe, c'est au pouvoir exécutif qu'il appartient de prendre cette décision, sauf dans les régions éloignées, où une cer-

---

le blocus des ports du Sud **par** les Etats du Nord a eu pour conséquence de priver l'Europe du coton produit par le territoire des Etats bloqués. Beaucoup d'usines ont dû fermer en Angleterre et en France, privées de matières **premières.**

taine liberté d'allure doit être laissée sur ce point au commandant de l'escadre.

Quels endroits peuvent être bloqués ? — *Principe.* — Nous avons déjà dit plus haut (1) que, à la différence du siège qui ne peut s'attaquer aux villes ouvertes, le blocus pouvait être déclaré indifféremment devant un port militaire ou devant un port de commerce, le blocus ayant pour but d'intercepter les communications commerciales de l'ennemi et non de s'emparer du port bloqué. Bien mieux, c'est presque toujours devant les ports de commerce que cette mesure sera prise pour produire son efficacité.

Il va de soi que le blocus ne peut être mis que devant un port du territoire ennemi ; il ne peut s'appliquer à un port neutre, même s'il servait de débouché à l'un des belligérants qui n'aurait pas d'autre accès sur la mer(2), à moins qu'il ne soit occupé par l'adversaire et pendant le temps de cette occupation.

C'est ce que consacre l'article premier de la déclaration de Londres de 1909, en disant que « le blocus doit être limité aux ports et aux côtes de l'ennemi ou occupés par lui ».

L'article 18 ajoute que les parties bloquantes ne doivent pas barrer l'accès aux ports et aux côtes neutres.

Peut-on bloquer l'embouchure d'un fleuve ? — Oui, lorsque le fleuve tout entier, de sa source à l'embouchure, coule sur le territoire ennemi. — Non, lorsque le fleuve coule sur le territoire d'un Etat neutre ou lorsque, à sa partie supérieure, le fleuve baigne un Etat neutre. Dans ces différents cas, la faculté de blocus doit être refusée aux belligérants parce qu'ils causeraient un dommage trop considérable aux Etats neutres.

On doit donner la même solution, en ce qui concerne les détroits dont le passage est libre, suivant les règles que nous avons indiquées plus haut (3).

---

(1) Voir *suprà*, p. 601.
(2) Tel était le cas du Transvaal, qui n'accède à la mer que par le port portugais de Laurenço-Marquez.
(3) Voir *suprà*, p. 292 et suiv.

Dr. int. pub. 40

Conditions d'exercice du blocus. — Pour que le blocus existe et produise ses effets, trois conditions doivent se trouver réunies :

1° Il faut que le blocus soit effectif ; 2° il faut qu'il soit déclaré ; 3° il faut qu'il soit notifié.

1re condition : il faut que le blocus soit effectif. — *Historique.* — Cette condition a été formulée la première fois dans la ligue de neutralité armée de 1780, dans les termes suivants : « On n'accorde la dénomination de port bloqué qu'à celui où il y a, par la disposition de celui qui l'attaque avec des vaisseaux arrêtés et suffisamment proches, un danger évident d'entrer. »

Mais cette convention fut modifiée sensiblement dans dans le traité de 1801, entre l'Angleterre et la Russie, qui, substituant la particule « ou » à la particule « et », permit d'établir un blocus, soit à l'aide de vaisseaux arrêtés, soit à l'aide de vaisseaux suffisamment proches, au lieu d'exiger l'une et l'autre condition.

De nombreux abus en fait furent commis par les grandes puissances maritimes, surtout par l'Angleterre. Bien souvent on eut recours au *blocus fictif* ou *sur le papier* ou *blocus de cabinet*, consistant dans la proclamation en état de blocus d'un port ou d'une côte, sans qu'il y eût des forces suffisantes pour le faire respecter, et au blocus par *croisière*, consistant à faire croiser des navires de guerre devant les points de la côte décrétés de blocus, pour arrêter des navires neutres qui tenteraient de franchir la ligne du blocus. C'est ainsi qu'en 1806, par ordre en Conseil du 16 mai 1806, l'Angleterre déclara bloquées toutes les côtes de la France, depuis Brest jusqu'à l'embouchure de l'Elbe.

Napoléon Ier répondit à cette mesure par le célèbre décret de Berlin du 21 novembre 1806. Les Iles britanniques étaient déclarées bloquées ; en conséquence, toute espèce de relations était rompue avec elles au point de vue commercial et toute marchandise de provenance anglaise saisie devait être confisquée, etc., etc. C'est ce qu'on a appelé le *blocus continental*. En réponse à cette mesure, l'Angleterre, par un ordre en conseil du 7 janvier 1807, déclara bloqués tous les ports et toutes les places fortes de la France et de ses alliés, en Europe et dans les colonies, blocus sur le papier, irréalisable en fait (1).

Déclaration de Paris du 16 avril 1856. — Le retour de pareils abus n'est plus à redouter aujourd'hui. La déclaration de Paris prohibe le blocus fictif.

D'après elle, « les blocus, pour être obligatoires, « doivent être effectifs, c'est-à-dire maintenus par une « force suffisante pour interdire réellement l'accès du « littoral de l'ennemi ».

Expression reproduite par la déclaration de Londres de 1909 (art. 21).

L'expression « blocus effectif » ne doit être interprétée ni dans un sens trop rigoureux, ni dans un sens trop large. Ainsi, il ne suffira pas, pour qu'il y ait blocus effectif, qu'un croiseur ait empêché accidentellement quelques navires de passer.

Mais, d'autre part, on ne saurait prétendre que le blocus n'est pas effectif, parce qu'un ou plusieurs navires ont pu, soit de nuit, soit de jour, échapper à la vigilance des navires de guerre et franchir la ligne de blocus.

Pour que le blocus soit effectif, il faut, mais il suffit qu'il soit pratiqué par des forces suffisantes pour empêcher le passage *régulier* ou *normal* des navires de commerce, et qu'il y ait un danger grave et réel de la part de ces navires à vouloir le forcer.

La question de savoir si le blocus est effectif est une question de fait (art. 3 de Londres).

Du blocus par croisières. — Le blocus par croisières, c'est-à-dire celui qui est établi à l'aide de navires qui

---

(1) Cet ordre fut complété par un autre ordre en conseil du 11 novembre 1807. Aucun navire ne pouvait plus circuler sur mer sans être allé à Londres ou à Gibraltar pour y décharger ses marchandises et payer un droit de 25 % environ, pour être autorisé à le recharger et à continuer sa navigation. Napoléon répondit par le décret de Milan du 17 décembre 1807 disant que tout navire qui aurait payé une taxe quelconque au gouvernement anglais serait dénationalisé et devenu anglais, donc saisissable. En sorte que les navires neutres étaient dans l'alternative ou d'être confisqués par l'Angleterre s'ils ne payaient pas la taxe, ou d'être saisis par la France s'ils s'étaient mis en règle du côté de l'Angleterre.

croisent devant le port bloqué, pour en empêcher l'entrée, est aussi licite que le blocus par navires arrêtés, à condition qu'il soit réel. En effet la déclaration de 1856 n'a pas reproduit l'expression de « navires arrêtés » contenue dans l'acte de 1780.

D'ailleurs de nos jours, avec la navigation sousmarine, le blocus par « navires arrêtés » est devenu impossible, parce qu'ils offriraient de trop belles cibles pour les sous-marins ennemis.

2e condition : Déclaration du blocus. — La déclaration du blocus doit être faite soit par la puissance bloquante, soit par les autorités navales agissant en son nom.

Elle précise sous peine de nullité :

a) La date du commencement du blocus ;

b) Les limites géographiques du littoral bloqué ;

c) Le délai de sortie à accorder aux navires neutres (art. 9 et 10 de Londres).

3e condition : Notification du blocus. — La déclaration du blocus est notifiée :

1º Aux puissances neutres par la puissance bloquante au moyen d'une communication adressée aux gouvernements eux-mêmes ou à leurs représentants accrédités auprès d'elle ;

2º Aux autorités locales du port bloqué par le commandant de la force bloquante (art. 11 de Londres).

En outre, si le navire qui approche du port bloqué n'a pas connu ou ne peut être présumé avoir connu le blocus, la notification doit être faite au navire même par un officier de l'un des bâtiments de la force bloquante. Cette notification doit être portée sur le livre du bord (art. 16).

Effets du blocus à l'égard des neutres. — *Principe.* — Le blocus a pour effet d'intercepter toute communication entre le port bloqué et la pleine mer. Les navires de commerce ancrés au port au moment où le blocus est établi ne peuvent pas en sortir tant qu'il dure. Les navires qui viennent du dehors ne peuvent pas y pénétrer.

Cette interdiction doit être appliquée impartialement à tous les navires des différents pavillons (art. 5 de Londres).

Tempérament. — Par exception aux rigueurs du blocus : 1° on autorise les Etats neutres à envoyer des navires de guerre dans les eaux bloquées pour la protection de leurs nationaux ; 2° les navires en détresse peuvent aussi pénétrer malgré le blocus et en sortir ultérieurement à la condition de n'y avoir laissé aucun chargement (art. 7 de Londres).

Sanction du blocus.— *Sort du navire et du chargement.* — Le navire reconnu coupable de violation du blocus est confisqué. Le chargement est également confisqué, à moins qu'il ne soit prouvé qu'au moment où la marchandise a été embarquée, le chargeur n'a ni connu, ni pu connaître l'intention de violer le blocus (art. 21).

Conditions de la confiscation du navire. — 1° Il faut que le navire neutre ait réellement forcé ou tenté de forcer le blocus. Il ne saurait être capturé lorsqu'il se dirige vers un port non bloqué, quelle que soit la destination ultérieure du navire ou de son chargement (art. 19). Par là, la conférence de Londres a abandonné la théorie anglaise trop rigoureuse du voyage continu ;

2° Il faut qu'il y ait connaissance réelle ou présumée du blocus (art. 14). Elle est présumée sauf preuve contraire, lorsque le navire a quitté un port neutre postérieurement à la notification à la puissance dont relève ce port (art. 15) ;

3° Il faut que la saisie soit effectuée dans le rayon d'action des bâtiments de guerre chargés de maintenir le blocus (art. 17). Cependant le navire reste saisissable tant qu'il est poursuivi par un bâtiment de la flotte bloquante (art. 20).

Fin du blocus. — Le blocus prend fin lorsqu'il cesse d'être effectif.

Cela peut se produire dans deux circonstances différentes :

1° L'Etat belligérant volontairement renonce à prolonger le blocus ; il doit le notifier comme l'établissement du blocus (art. 13).

2° Les navires qui maintenaient le blocus sont dispersés par l'ennemi et forcés de se retirer.

Une tempête subite ou une attaque de l'ennemi qui disperse temporairement les navires ne met pas fin au blocus (article 4).

Lorsque le blocus a pris fin devant un port, il peut

de nouveau être établi dans le cours de la guerre ; mais pour qu'il en soit ainsi, des notifications nouvelles seront nécessaires (art. 12).

Du droit d'angarie. — Une dernière restriction aux droits des neutres sur mer est le droit d'angarie. C'est la faculté pour les belligérants de requérir les navires neutres qui se trouvent dans leurs eaux territoriales, pour le transport de troupes ou du matériel de guerre ou pour toute autre opération de guerre. Ce droit va même jusqu'à permettre l'immersion des navires, pour empêcher l'accès d'un port ou d'un fleuve. C'est ainsi qu'en 1870, les Prussiens ont fait sombrer près de Duclair six barques anglaises, pour barrer la Seine aux navires de guerre français (1).

C'est une mesure exorbitante à laquelle on ne doit recourir qu'en cas de nécessité absolue et moyennant une indemnité pour le préjudice causé aux neutres.

Certains Etats ont, par des traités spéciaux, renoncé au droit d'angarie ; d'autres ont subordonné l'exercice de ce droit au paiement d'une indemnité.

§ 3. — De l'assistance hostile.

Distinction établie. — En dehors de la violation du blocus et de la pratique de la contrebande, un navire neutre peut prêter à l'un des belligérants une assistance caractérisée par des faits plus précis, que la déclaration de Londres a prévus spécialement. Elle en a fait deux catégories suivant leur gravité et leur a appliqué un régime différent.

1re catégorie : Faits de gravité moindre (art. 45). — *Enumération.* — L'article 45 prévoit deux séries d'actes :

1° Un navire voyage *spécialement* (2) en vue du transport de passagers individuels incorporés (3) dans

_____

(1) Sur réclamation du gouvernement britannique M. de Bismarck délivra un chèque de 200.000 francs, montant de l'indemnité réclamée, afin d'éviter toute difficulté avec le gouvernement anglais.

(2) Et non exclusivement ; par exemple, il s'est détourné de sa route pour effectuer le transport en question.

(3) Il faut supposer qu'ils ont effectivement rejoint

la force armée de l'ennemi, ou en vue de la transmission de nouvelles dans l'intérêt de l'ennemi.

2º Un navire transporte un détachement militaire de l'ennemi ou une ou plusieurs personnes qui, pendant le voyage, prêtent une assistance directe aux opérations de l'ennemi, par exemple en faisant des signaux, pourvu que ce soit à la connaissance soit du propriétaire, soit du fréteur, soit du capitaine.

Sanction. — Dans les deux cas le navire est confisqué, comme au cas de contrebande dépassant la moitié de la cargaison. Mais il ne perd pas sa qualité de navire neutre ; et on doit appliquer la règle que le pavillon couvre la marchandise pour les marchandises trouvées à bord, sauf celles qui appartiennent au propriétaire du navire et qui sont sujettes à confiscation.

2e catégorie : Faits de gravité extrême (art. 46). — *Enumération*. — L'article 46 prévoit, à l'encontre des navires neutres, des faits plus graves :

1º Il prend part directement aux hostilités ;

2º Il est sous les ordres ou sous le contrôle d'un agent officiel du gouvernement ennemi ;

3º Il est affrété en totalité par le gouvernement ennemi (navires charbonniers accompagnant une flotte belligérante) ;

4º Il est actuellement et exclusivement affecté soit au transport des troupes ennemies, soit à la transmission de nouvelles dans l'intérêt de l'ennemi.

Sanction. — Dans le cas de l'article 46, le navire n'est pas seulement confiscable comme dans le cas précédent. Mais il est traité comme un navire de commerce ennemi ; d'où il suit que la marchandise trouvée à bord est présumée ennemie, sauf preuve contraire (art. 59). Cependant il a le droit de discuter le fait qui lui est reproché devant le tribunal des prises.

Sort des belligérants. — Tout individu incorporé dans la force armée de l'ennemi, qui sera trouvé à bord d'un navire de commerce neutre, au cours d'une visite, pourra être fait prisonnier de guerre, que le navire soit saisissable ou non (art. 47 (1).

---

leur corps. Cela ne s'appliquerait pas à des réservistes appelés et rentrant dans leur pays.

(1) Une application de cette disposition fut faite en

§ 4. — Du droit de visite.

Sa justification. — Le droit pour les belligérants de visiter les navires neutres constitue une dérogation au principe de la liberté des mers. Il est facile de le justifier. Les Etats neutres ne sont pas responsables de l'exportation des armes et des munitions que peuvent faire leurs sujets pour le compte d'un des belligérants ou de l'assistance hostile que leurs sujets peuvent accorder sur mer au belligérant adverse. Dès lors, il est indispensable que le belligérant au détriment duquel se ferait cette exportation ou cette assistance hostile puisse se protéger lui-même. D'où le pouvoir de contrôle qu'il exerce sous forme de visite à l'égard des navires neutres. L'exercice du droit de visite suppose l'existence d'une guerre déclarée. Un simple état de représailles ne suffirait pas pour en autoriser l'application.

But du droit de visite. — Le droit de visite a pour but:
1º De permettre aux belligérants de s'assurer de la nationalité des navires portant pavillon neutre, qu'ils rencontrent en mer, parce que ce pavillon peut être mensonger ;
2º De s'assurer que le navire neutre ne transporte pas de la contrebande de guerre ;
3º De connaître la provenance du navire, afin de rechercher s'il n'a pas violé les règles du blocus ;
4º De s'assurer qu'il n'a pas accordé une assistance hostile au belligérant adverse.

Conditions d'exercice du droit de visite. — Les règles à suivre dans l'exercice du droit de visite sont contenues dans le traité des Pyrénées de 1659 entre l'Espagne et la France et dans la convention de la Haye de 1907.

1912, pendant la guerre italo-turque. Un croiseur italien arrêta et amena à Cagliari un paquebot français, *la Manouba*, qui avait à son bord 29 médecins et infirmiers de la société du Croissant-Rouge, qui étaient soupçonnés être des soldats turcs déguisés. L'affaire fut soumise à l'arbitrage. Le gouvernement italien fut condamné à une indemnité pour avoir amené le paquebot à Cagliari au lieu de se borner à se faire délivrer les Turcs suspects.

Navires qui peuvent procéder à la visite. — Les navires de guerre des puissances belligérantes ont seuls le droit de procéder à la visite.

Navires soumis au droit de visite. — Sont soumis au droit de visite tous les navires de commerce des Etats neutres, même les paquebots-poste. Seulement la visite n'en doit être effectuée qu'en cas de nécessité, avec tous les ménagements et la célérité possibles (art. 2, convention XI de la Haye 1907).

Echappent au contraire au droit de visite :

1º Les navires de guerre neutres. Pour s'assurer que le navire qu'il rencontre en mer, portant le pavillon d'un Etat neutre, navigue bien sous ses couleurs véritables, le commandant d'un des Etats belligérants peut hisser son pavillon et tirer un coup de canon, qu'on appelle *coup d'assurance*. Le navire ainsi interrogé doit répondre par une manœuvre identique pour affirmer la sincérité du pavillon qu'il porte ;

2º Les navires de commerce neutres formant un convoi et accompagnés par un ou plusieurs navires de guerre neutres.

Ils sont couverts de la même immunité que les navires de guerre eux-mêmes. La parole de l'officier qui commande le convoi suffit.

Toutefois, si le commandant du navire belligérant qui rencontre en mer un convoi a des raisons graves de soupçonner la présence à bord de contrebande de guerre, il peut faire procéder à la visite des navires suspects par le commandant du convoi (art. 61 et 62).

Lieux où peut être exercé le droit de visite. — Le droit de visite peut être exercé soit sur la pleine mer, soit dans les eaux territoriales des Etats belligérants, mais il ne peut pas l'être dans les eaux territoriales des Etats neutres, parce qu'il constitue un acte d'hostilité. Cette règle est consacrée formellement par l'art. 2 de la convention XIII de la Haye de 1907. On admet qu'il ne peut pas l'être non plus dans les mers éloignées du théâtre de la guerre parce qu'il ne répond alors à aucune nécessité.

Procédure à suivre pour la visite ; différence entre la visite et la perquisition. — Le belligérant qui veut procéder à la visite d'un navire de commerce neutre manifeste son intention en hissant son pavillon et en tirant un coup de canon qu'on appelle *coup de semonce*.

Le navire neutre doit s'arrêter et attendre la visite. Un officier, seul ou accompagné d'un ou de plusieurs hommes de l'équipage, se rend alors à bord et procède à la visite.

La visite consiste dans le simple examen des papiers de bord, acte de nationalité, rôle de l'équipage, journal de bord, etc.

La *perquisition* est une mesure plus rigoureuse que la visite. C'est une recherche faite dans le navire pour contrôler le résultat de la visite. Elle n'est permise que lorsqu'on a des motifs graves de soupçon : par exemple, si l'on constate que les papiers du bord sont faux, ou que le pavillon du navire n'est pas celui de l'Etat dont il dépend.

La visite et la perquisition doivent être conduites avec tous les égards dus à l'Etat dont le navire porte le pavillon. L'Etat belligérant serait responsable envers cet Etat des actes de rigueur et de violence que ses officiers commettraient.

Résistance à la visite. — *Du cas de fuite.* — Dans ce cas, le croiseur peut employer la force pour arrêter dans sa fuite le navire neutre. S'il est avarié ou coulé, il ne pourra pas se plaindre. S'il est arrêté, on ne pourra pas lui faire subir de peine pour sa tentative de fuite, soit qu'il ait commis, soit qu'il n'ait pas commis d'actes contraires à la neutralité.

Du cas de violence (art. 63). — Lorsqu'un navire neutre oppose une résistance violente à l'exercice légitime du droit d'arrêt, de visite et de saisie, il doit être traité comme navire ennemi. En conséquence, il est soumis à la confiscation, même si le navire ne révélait aucun fait contraire à la neutralité.

Quant au chargement, il sera traité comme celui qui serait à bord d'un navire ennemi. En conséquence :

1° La marchandise qu'il transporte sera présumée ennemie sauf preuve contraire ;

2° La marchandise ennemie sera confisquée, parce que la règle que le pavillon couvre la marchandise ne saurait s'appliquer.

§ 5. — Destruction des prises.

Importance de la question. — C'est une question sur

laquelle on n'avait pas pu se mettre d'accord au moment de la deuxième conférence de la Haye de 1907. La déclaration de Londres l'a résolue au mieux des intérêts de tous.

Deux cas sont à considérer : le cas où c'est un navire qui est sujet à confiscation et le cas où c'est seulement la marchandise à bord du navire.

1º **Cas du navire confiscable.** — *Principe général.* —

En principe le navire neutre saisi ne peut être détruit ; il doit être conduit dans un port pour y être statué sur la validité de la prise (art. 48).

Conditions de la destruction exceptionnelle. — Par exception, le navire peut être détruit dans deux cas (art. 49) :

1º Si l'observation de l'article 48 mettait en danger le navire capteur ;

2º Si elle compromettait le succès des opérations dans lesquelles il est actuellement engagé.

En pareil cas les personnes et les papiers du bord devront être transbordés sur le bâtiment de guerre (art. 50).

Garantie contre l'arbitraire (art. 51). — Préalablement à tout jugement sur la validité de la capture, le capteur doit justifier de la régularité de la destruction du navire. Sinon, il est tenu d'indemniser les intéressés, sans qu'il y ait à rechercher si la capture est valable ou non.

Conséquence d'une capture non valable. — Le capteur sera condamné à des dommages-intérêts envers les intéressés si la capture d'un navire neutre, dont la destruction a été justifiée, est ensuite déclarée nulle (art. 52), ou si des marchandises neutres qui n'étaient pas susceptibles de confiscation ont été détruites avec le navire (art. 54).

2º **Cas de marchandises confiscables** (art. 54). — Un

croiseur rencontre un navire neutre portant de la contrebande en quantité insuffisante pour motiver la capture du navire. Il est autorisé, sous les mêmes conditions de l'article 49, à exiger la remise ou à opérer la destruction des objets de contrebande.

SECTION V. — DES PRISES MARITIMES

Idée générale. — Les prises maritimes peuvent être opérées soit à l'égard des belligérants, soit à l'égard des Etats neutres.

A l'égard des belligérants, la prise est, nous l'avons vu, une des opérations de la guerre maritime.

A l'égard des Etats neutres, la prise n'est légitime que dans des cas exceptionnels, comme sanction des devoirs de la neutralité :

1º Lorsqu'un navire neutre prend une part active aux hostilités ;

2º Lorsqu'un navire neutre se livre à la contrebande de guerre ;

3º Lorsqu'un navire neutre cherche à se soustraire au blocus ;

4º Lorsqu'un navire neutre s'oppose à l'exercice du droit de visite.

Des deux phases à observer en matière de prises maritimes. — La capture par elle-même ne confère aucun droit de propriété ; c'est un simple fait, dont la conséquence est uniquement la mise sous séquestre, entre les mains du capteur, de l'objet de la prise. La propriété, soit du navire, soit de la cargaison capturée n'est transférée au capteur que par l'effet du jugement du conseil des prises qui prononce la confiscation.

En sorte qu'il y a deux phases à observer en matière de prises maritimes :

1re phase : la saisie du navire et de la cargaison ;

2e phase : le jugement du conseil des prises.

Remarque importante. — Le terme « prise » est quelquefois employé dans un sens large pour désigner la capture d'un bâtiment de mer quelconque, navire de guerre ou navire de commerce. Mais, à proprement parler, il ne doit servir à désigner que la capture du navire de commerce. En effet, pour un navire de guerre le capteur devient propriétaire immédiatement par le fait seul de la saisie du navire, comme, dans la guerre continentale, pour les armes et les munitions dont il parvient à s'emparer. Tandis que pour les navires de commerce il faut un jugement du tribunal des prises pour en transférer la propriété à l'Etat capteur.

1re *phase* : *De la saisie.*

Formalité de la saisie. — Le belligérant qui a opéré la capture d'un navire doit immédiatement dresser, de concert avec le capitaine du navire capturé, un procès-verbal de saisie qui indiquera : la cause de la saisie, la latitude et la longitude où la saisie a été opérée, le nom et la nationalité du navire, son état ainsi que celui des marchandises qu'il transporte. Inventaire sera dressé du navire et de la cargaison ; les scellés seront apposés sur les papiers du bord, et les écoutilles seront fermées.

Le navire capteur doit conduire le navire capturé dans le port de son Etat le plus proche ; ou bien il l'escortera lui-même ou bien il se bornera à mettre à son bord l'un de ses officiers pour le conduire à destination.

Lorsque la saisie de la cargaison est seule autorisée, au cas par exemple de contrebande de guerre, le belligérant prendra à son bord les marchandises contre un reçu et laissera libre le navire neutre.

Instruction de l'affaire. — Lorsque le croiseur arrive dans un port de son pays avec une prise, une instruction est ouverte immédiatement par les soins de l'autorité administrative ou judiciaire du lieu. Elle se fait remettre toutes les pièces utiles, procès-verbal de saisie, papiers de bord, inventaire ; elle procède à la levée des scellés, fait dresser un inventaire nouveau du navire et de la cargaison ; et au cas où les marchandises sont sujettes à détérioration, elle peut en ordonner la vente et la consignation du prix.

Les résultats de cette instruction préalable sont adressés au conseil des prises, compétent pour statuer.

2e *phase* : *Du jugement des prises.*

Tribunal compétent. — D'après une coutume constante, c'est le tribunal des prises de l'Etat capteur qui est compétent, même lorsque, par suite d'accident de mer, le navire a été obligé de faire relâche dans un port neutre.

Cette compétence existe non seulement à l'égard de l'Etat belligérant, mais aussi à l'égard des Etats neutres.

La création et la composition du conseil des prises

dépendent de la législation intérieure de chaque Etat belligérant ; ce sont des tribunaux spéciaux nommés en vue d'une guerre déterminée.

Critique dirigée contre cette coutume. — On a critiqué avec raison cette coutume qui fait de l'Etat capteur le juge d'une cause dans laquelle il est en même temps partie intéressée ; en sorte qu'il lui est impossible de montrer toute l'impartialité désirable.

L'Institut de droit international, en 1877, dans sa session tenue à Zurich, a proposé de remettre la solution des prises maritimes à des tribunaux mixtes, soit de premier ressort, soit d'appel, composés d'un juge de l'Etat capteur, d'un juge de l'Etat auquel ressortit le défendeur et d'un ou deux juges d'Etats neutres.

Caractère des tribunaux de prises. — On entend dire parfois que ce sont des tribunaux ayant un caractère international et chargés d'appliquer le droit international. C'est là une erreur. Les tribunaux des prises sont des tribunaux nationaux. Et ils jugent les questions internationales, conformément à leur droit national. Quand le droit national est en opposition avec le droit international, c'est le droit national qu'ils doivent appliquer. Mais alors le gouvernement est responsable vis-à-vis des gouvernements étrangers pour n'avoir pas conformé les règles du droit national aux principes du droit international.

Organisation du conseil des prises en France. — L'organisation du conseil des prises en France a varié. En 1854, lors de la guerre de Crimée, et en 1859, à l'occasion de la guerre d'Italie, le conseil des prises fut composé d'un conseiller d'Etat président et de six membres désignés par le gouvernement, dont deux devaient nécessairement être choisis parmi les maîtres des requêtes au Conseil d'Etat. — Un commissaire du gouvernement y était adjoint pour donner ses conclusions sur chaque affaire (Décrets du 3 mai 1856 et du 18 juillet 1864).

En 1870, un conseil des prises a été organisé à l'aide de fonctionnaires du ministère de la justice, de la marine et des affaires étrangères, en vertu du décret du 27 octobre 1870. Il en fut de même en 1914. En appel, c'est l'assemblée générale du Conseil d'Etat qui examine l'affaire, sur le rapport de la section des travaux publics, de l'agriculture et du commerce (art. 7, n° 18, Décret réglementaire du 2 août 1879). Il est statué par décret du chef de l'Etat (1).

Règles de procédure. — De la preuve à fournir. — C'est aussi la législation de l'Etat capteur qui détermine les règles suivant lesquelles l'instance sera conduite, les modes de preuve qui pourront être admis, les formes dans lesquelles ils seront administrés, et de quelle façon le défendeur pourra présenter ses moyens de défense.

Voici cependant une règle consacrée par la coutume internationale : c'est que le fardeau de la preuve incombe non au capteur, mais au capturé.

C'est à ce dernier à démontrer son innocence et à prouver que la saisie a été opérée sans motif légitime et contrairement au droit international.

C'est là une exception exorbitante aux règles ordinaires de preuve, qu'on a critiquée avec beaucoup de raison.

---

(1) Dans un rapport adressé au Président de la République, le président du Conseil des prises fournit des renseignements intéressants sur le fonctionnement de cette juridiction du mois d'août 1914 au 16 novembre 1924. Il a tenu 110 séances et rendu 389 décisions : 150 sont relatives à des captures de navires ; 11 de ces navires étaient accusés d'assistance hostile, 4 de violation de blocus ; les autres étaient de nationalité ennemie. 106 décisions concernent des saisies de contrebande de guerre et 133 portent sur les arrêts de marchandises. « Le Conseil des prises a constaté combien les marins français avaient été respectueux des lois de l'humanité et avec quelle parfaite discipline ils s'étaient conformés aux prescriptions du ministre de la marine sur le sauvetage des équipages et des passagers des navires capturés. » Il constate également que les décisions rendues n'ont soulevé aucune protestation de la part des puissances neutres, qui ont au contraire élevé des objections contre le fonctionnement des cours de prises de certaines puissances alliées jusqu'à demander qu'elles fussent soumises à un arbitrage international (*Officiel* du 7 mars 1924, p. 2303).

Décisions qui peuvent intervenir. — Deux décisions différentes peuvent intervenir :

Ou bien le conseil des prises ordonne la mainlevée de la saisie ;

Ou bien le conseil des prises prononce la confiscation.

Conséquences de la mainlevée de la saisie. — Lorsque la mainlevée de la saisie est prononcée, le navire et sa cargaison, ou le prix de vente si la vente a été ordonnée, doivent être restitués à leurs propriétaires.

Bien mieux, lorsque la saisie a été irrégulière et constitue un abus de la force, le capteur sera en outre condamné à des dommages-intérêts, sauf cependant le cas où la saisie a été motivée par l'allure suspecte du navire (art. 64 de Londres).

Effets du jugement qui prononce la confiscation. — Le jugement qui prononce la confiscation des prises a pour effet d'en transférer la propriété au capteur. Jusque-là il n'avait que la garde et la possession des objets saisis ; désormais, il en est le propriétaire. Le jugement a donc un caractère *translatif* ou *attributif* et non un caractère *déclaratif*.

La propriété des prises devrait être attribuée à l'Etat du navire capteur, puisque c'est en son nom que la capture a été opérée. Mais il était d'usage d'en répartir le profit entre l'Etat, l'équipage du navire capteur, les états-majors généraux et même les troupes de terre qui ont aidé aux opérations de la prise.

Cette répartition faisait l'objet de règlements spéciaux, notamment d'un décret du 1er octobre 1793 et d'un arrêté des Consuls du 9 ventôse an IX.

L'attribution des prises maritimes a été modifiée profondément par la loi du 15 mars 1916, mais seulement pour la durée de la guerre alors en cours. Cette loi accorde la totalité des captures, non plus aux marins capteurs eux-mêmes, mais à tous les invalides de la marine et particulièrement aux blessés de guerre, faisant ainsi bénéficier des prises toute la collectivité maritime (Voir au *Journal officiel* du 7 octobre 1919 les instructions relatives à l'exécution de cette loi, ainsi que l'arrêté pris par voie de conséquence par le commissaire aux transports maritimes et à la marine marchande à la date du 25 juin 1919).

L'attribution de parts de prise aux marins n'avait

jamais été admise au Japon. Elle avait été supprimée aux Etats-Unis en 1899 et en Angleterre en 1911.

De la reprise. — Tant que le conseil des prises n'a pas prononcé la confiscation des objets saisis, le capteur n'a sur eux aucun droit : il peut donc se les voir enlever par la force ; c'est ce qu'on appelle la reprise.

Pourtant, certaines législations n'admettent pas la reprise, même lorsqu'elle s'opère avant la décision du conseil des prises, dans les deux cas suivants :

1º Lorsque la capture est faite depuis vingt-quatre heures ;

2º Lorsque les objets saisis ont été conduits en lieu de sûreté.

En sorte que, dans ces deux cas, bien que le capteur n'ait encore aucun droit, la capture est considérée comme définitive.

Effets de la reprise. — La reprise a pour effet d'annuler l'effet de la capture ; elle ne constitue pas une prise nouvelle.

En conséquence le recapteur ne peut pas s'approprier les objets dont il s'est emparé : il doit les restituer à leur véritable propriétaire. On lui reconnaît seulement un droit de *rescousse*, dont le montant varie avec les législations des divers Etats, pour prix du service rendu.

Cour internationale des prises. 12ᵉ convention de la Haye. — *Caractère juridique.* — La douzième convention de la Haye de 1907 a établi une cour internationale des prises dont la mission serait, en cas de ratification par toutes les puissances signataires, de servir de cour d'appel contre les décisions des tribunaux de prises nationaux.

Composition. — Elle comprend quinze juges ; la présence de neuf juges est indispensable (art. 14).

Les juges nommés par les grandes puissances sont toujours appelés à siéger. Quant aux juges des autres puissances contractantes, ils siègent à tour de rôle pour compléter le tribunal suivant un tableau annexé à la convention. La cour élit son président et son vice-président.

Siège de la Cour. — La Cour siège à la Haye. Le bureau international et le conseil administratif de la cour d'arbitrage ont les mêmes fonctions à l'égard de la cour des prises (art. 21).

Délégation permanente. — Une délégation permanente de trois juges désignés par la cour elle-même remplit les fonctions qui lui sont dévolues dans l'intervalle des sessions (art. 43).

Compétence. — La cour est appelée à statuer comme juridiction d'appel dans un certain nombre de cas prévus par l'article 3, notamment ;

1° Au cas de prises intéressant un Etat neutre ou un de ses nationaux ;

2° Au cas de prises intéressant un belligérant non justifiées en droit ou en fait. Le recours peut être exercé par un particulier ou par un Etat neutre (art. 4). Le délai de recours est de 120 jours (art. 28).

Procédure. — Elle se compose de deux phases : l'instruction écrite et les débats oraux (art. 34 à 44).

L'arrêt est rendu en audience publique.

La partie qui succombe supporte les frais de la procédure plus un centième de la valeur de l'objet litigieux pour contribution aux frais généraux de la cour internationale.

SECTION VI. — LA GUERRE AÉRIENNE (1)

Double emploi possible des aéronefs. — Les aéronefs peuvent être employés dans la guerre à un double point de vue :

Comme moyen d'information, pour se renseigner sur les forces de l'ennemi ;

Comme moyen de nuire à l'ennemi.

Emploi comme éclaireurs. — L'emploi des aéronefs comme éclaireurs au même titre que la cavalerie ne saurait être critiqué aujourd'hui, malgré l'opinion contraire que Bismarck avait émise à ce sujet pendant la guerre de 1870. Cette utilisation est d'ailleurs ancienne. Les Français se sont servis de ballons captifs en 1794 à la bataille de Fleurus.

Le belligérant peut se défendre en tirant sur les aéronefs qui cherchent à pénétrer le secret de ses opérations. Et si l'un d'eux tombe en son pouvoir, il

---

(1) La convention du 13 octobre 1919, que nous avons analysée plus haut, n'a pas réglementé la guerre aérienne.

a le droit de retenir prisonniers ceux qui le montent, mais il ne peut les traiter comme espions (Dans ce sens, la convention de la Haye de 1907, art. 19).

Emploi comme agent offensif. — *Position de la question.* — Peut-on se servir des aéronefs pour faire la guerre dans l'air, comme avec les cuirassés, les torpilleurs et les sous-marins on fait la guerre sur mer ? La question est discutée.

Première opinion. — La guerre aérienne doit être interdite. Ses effets seraient trop graves et compromettraient d'une façon trop sensible la sécurité des non-combattants sur terre et sur mer.

Dans ce sens on peut citer la déclaration de la Haye du 29 juillet 1899 « interdisant de lancer des projectiles et des explosifs du haut des ballons ». Elle a été renouvelée le 18 octobre 1907 par la seconde conférence de la paix. Mais peu d'Etats l'ont acceptée.

Deuxième opinion. — La guerre aérienne doit être admise et ses règles doivent être en grande partie empruntées à la guerre maritime avec laquelle elle présente de nombreux points de contact.

C'est l'opinion qui prévaut aujourd'hui. Les ravages qui peuvent en résulter ne sont pas plus terribles que ceux des torpilles, des obus chargés de mélinite ou des mines sous-marines.

Moyens d'action des aéronefs. — *Principes généraux.* — En supposant admis le principe de légitimité de la guerre aérienne, il y a lieu de déterminer les procédés qu'il est licite d'employer dans cette guerre comme moyens de nuire à l'ennemi.

On doit admettre comme applicables à la guerre aérienne les principes essentiels qui dominent le droit des gens en temps de guerre sur terre comme sur mer :

1º Interdiction de la perfidie ;

2º Interdiction de tout acte inhumain et des cruautés inutiles, tels que l'emploi des projectiles répandant des gaz asphyxiants ou délétères ou l'usage des balles qui s'épanouissent ou s'aplatissent facilement dans le corps ;

3º Interdiction de bombarder par voie aérienne les bâtiments autres que ceux qui ont une affectation militaire ou qui ont une utilité quelconque au point de vue de la puissance militaire de l'ennemi, dépôts d'armes, usines de guerre, voies ferrées, casernes, etc., etc. (1) ;

4° Les règles de la convention de Genève concernant le sort des blessés et des malades.

Pratique suivie dans la guerre de 1914. — L'interdiction de bombarder les villes ouvertes et d'atteindre les habitations et la personne des non-combattants a été violée dès le début de la guerre par l'Allemagne, qui fit bombarder Londres et Paris par ses avions et par ses zeppelins, semant la ruine et la mort dans des populations paisibles éloignées du front de bataille. Les Alliés durent agir de même par mesure de représailles et c'est ainsi que la guerre aérienne s'est poursuivie jusqu'au dernier jour d'une façon féroce contre des êtres inoffensifs qui auraient dû être épargnés.

Peut-on employer la course dans la guerre aérienne ? — L'opinion qui prévaut sur cette question est que la course doit être interdite dans la guerre aérienne comme dans la guerre maritime. Donc un Etat ne pourrait pas délivrer des lettres de marque à un aviateur pour courir sus avec son appareil aux aéronefs soit publics, soit privés de l'Etat belligérant. Mais, de même que dans la guerre maritime, il est loisible à un Etat de transformer un appareil privé en appareil militaire qui ferait la même guerre sous la conduite d'un officier de l'armée régulière.

Droit des belligérants contre les aéronefs. — *Distinction à faire.* — Quel est le droit d'un belligérant contre les aéronefs ennemis qui planent au-dessus de son territoire ou du territoire occupé par ses troupes ?

Certains auteurs distinguent suivant qu'il s'agit d'aéronefs privés ou publics.

Aéronefs publics. — Il faudrait encore, d'après ces mêmes auteurs, sous-distinguer. Le belligérant a le droit de tirer sur les aéronefs militaires et de les détruire par tous les moyens à sa disposition. Il a le droit de capturer les aéronefs civils ; mais il ne doit tirer dessus qu'au cas de refus de s'arrêter ou de se laisser capturer.

Cette distinction, qui peut se défendre au point de vue théorique, ne peut être acceptée au point de vue pratique. Rien ne permet de distinguer l'avion mili-

---

(1) Consulter sur cette question l'étude précitée de M. Fauchille.

taire de l'avion civil et le droit de défense doit être aussi énergique contre l'un que contre l'autre.

Aéronefs privés. — Leur sort est discuté. D'après les uns, ils doivent être respectés comme la propriété privée dans la guerre continentale.

D'après d'autres auteurs, ils sont de bonne prise comme les navires de commerce dans la guerre maritime. L'aviateur peut être fait prisonnier et la marchandise neutre se trouvant à bord doit être respectée.

C'est là une hypothèse purement gratuite. En temps de guerre l'aviation privée disparaît. Il n'y a plus de place dans l'air que pour l'aviation officielle. On l'a bien vu au cours de la guerre de 1914 et il paraît difficile qu'il en soit autrement.

De la neutralité dans la guerre aérienne. — On doit appliquer à la guerre aérienne en manière de neutralité les mêmes règles que dans la guerre maritime.

1º Les belligérants ne doivent se livrer à aucun acte d'hostilité au-dessus du territoire des neutres ;

2º Les aéronefs des belligérants ne peuvent traverser le territoire aérien des États neutres ;

3º L'assistance hostile est interdite aux neutres, comme dans la guerre maritime.

SECTION VII. — FIN DE LA GUERRE

De quelle façon la guerre prend fin. — Normalement, la guerre prend fin par la conclusion d'un traité de paix entre les deux États belligérants.

Par exception, dans certains cas, la guerre peut cesser sans qu'un traité de paix soit signé. C'est ce qui arrive notamment :

1º Lorsque le vaincu, entièrement ruiné, défait, est absorbé par le vainqueur ; comme exemple historique, on peut citer celui du Hanovre qui, après la guerre de 1866, a été incorporé à la Prusse sans traité ;

2º Lorsque les deux belligérants sont également impuissants à faire prévaloir leurs prétentions et à établir le droit du plus fort ; ils cessent les hostilités sans cependant vouloir constater par un traité la fin de la lutte. Cette situation est pleine d'inconvénients, parce qu'elle laisse subsister une grande incertitude sur le fait même de la cessation des hostilités et sur les conséquences juridiques qu'elle entraîne. Aussi, les exemples en sont rares dans l'histoire. On cite cependant le cas de la guerre entre la Pologne et la Suède en 1717, qui se termina par une simple suspension des hostilités (1).

CHAPITRE PREMIER. — DU TRAITÉ DE PAIX.

Définition. — Le traité de paix est une convention par laquelle les Etats belligérants déclarent cesser les hostilités et déterminent, suivant les résultats de la guerre, comment seront réglées leurs prétentions respectives.

§ 1. — Des négociations en vue de la paix.

Médiation possible. — Les négociations en vue de la paix peuvent être directement conduites par les deux Etats intéressés ou bien par un Etat neutre qui offre sa médiation.

En général, le vaincu recherche la médiation d'un Etat neutre parce qu'il espère ainsi obtenir de moins dures conditions de paix ; tandis que le vainqueur l'évite, parce qu'il a plus de chance, dans des négociations directes, de faire triompher ses prétentions.

Quelquefois, un Etat neutre imposera sa médiation aux belligérants et cherchera à faire prévaloir, même par le recours aux armes, les conditions de paix dont il propose l'acceptation.

Diverses phases des négociations. — Que les négociations soient directes ou indirectes, elles passent en général par les trois phases suivantes :
1° Propositions de paix ;
2° Préliminaires de paix ;
3° Traité de paix.

1re phase : Des propositions de paix. — Les propositions de paix peuvent être faites par l'un ou par l'autre belligérant. C'est l'autorité compétente d'après la constitution de l'Etat pour faire la guerre ou la paix qui a seule qualité, par elle-même ou par ses représentants, pour adresser à l'ennemi des propositions de paix.

Ces propositions de paix peuvent être rejetées ou

---

(1) M. Renault à son cours.

acceptées. Si elles sont rejetées, l'état de guerre continue.

Si elles sont acceptées, les négociations vont s'ouvrir en vue de fixer les conditions qui seront imposées au vaincu, et on signera les préliminaires de paix.

Pendant le temps que durent les négociations en vue de la paix, un armistice peut être conclu, ou bien les hostilités peuvent continuer, suivant les nécessités de la guerre.

2e phase : Des préliminaires de la paix. — Les préliminaires de la paix ont pour but de déterminer les bases fondamentales de la paix future (1).

Lorsqu'un armistice n'a pas été antérieurement établi, ils l'établissent. Ils déterminent enfin dans quel délai et dans quel lieu la paix définitive sera conclue.

3e phase : Du traité de paix. — Enfin le traité de paix règle dans ses moindres détails et d'une façon définitive les conditions auxquelles la guerre prendra fin.

Il y a certaines clauses générales qui se rencontrent habituellement dans tous les traités de paix ; il y en a d'autres qui s'y rencontrent d'une façon accidentelle seulement.

§ 2. — Clauses générales des traités de paix.

On peut les ramener aux divers chefs suivants :

---

(1) Ainsi, après la guerre franco-allemande, les préliminaires de la paix ont été signés à Versailles le 26 février 1871 ; la paix n'a été conclue qu'à Francfort, le 10 mai suivant. Dans la guerre de 1914, il y a eu d'abord la convention d'armistice le 11 novembre 1918, puis, après cinq mois d'élaboration par la Conférence de la paix à Paris, remise du projet de traité aux plénipotentiaires allemands à Versailles le 8 mai 1919, enfin la signature du traité de paix à Versailles dans la célèbre galerie des Glaces, le 28 juin 1919. De sorte qu'on peut dire que les préliminaires de paix se sont confondus avec la convention d'armistice qui indiquait que la paix devait avoir pour base les 14 points énoncés par le Président Wilson dans un de ses messages antérieurs.

1° Cessation des hostilités. — Le traité de paix proclame la fin de la guerre, et en conséquence fait cesser tous les actes d'hostilités qu'elle légitimait.

Tout acte de guerre commis après la conclusion de la paix donnerait lieu à une répression ou à un dédommagement pour le préjudice souffert.

L'envahisseur doit remettre à l'Etat envahi les places fortes et les territoires qu'il occupe, suivant les conditions que le traité détermine ; à moins que, par une clause spéciale, il ne s'en soit fait consentir la cession par l'Etat vaincu ou ait été autorisé à les conserver à titre de gage, pour garantir le paiement d'une indemnité de guerre (1).

2° Abandon des prétentions qui avaient été les causes de la guerre. — Le traité contient de la part du vaincu l'abandon des prétentions qui avaient amené la guerre. Sinon, la paix ne serait pas possible, la cause de la guerre persistant toujours. Aussi, quand le traité est muet sur ce point, on l'interprète dans le sens d'un abandon tacite.

3° Amnistie. — *Principe.* — Les actes coupables commis par les habitants du territoire envahi à l'égard de l'envahisseur, ou par l'envahisseur à l'égard des habitants du territoire envahi sont l'objet d'une amnistie complète et ne peuvent plus motiver aucune poursuite et aucune répression, à partir de la conclusion de la paix.

Solution donnée par le traité de Versailles de 1919. — Le traité de Versailles de 1919 a formellement dérogé sur ce point aux précédents historiques. Ainsi que nous l'avons dit plus haut, il met en accusation l'ex-kaiser Guillaume II pour crime contre l'humanité et il réserve formellement le droit de poursuite contre les Allemands qui se sont rendus coupables de crimes contre le droit des gens au cours de cette horrible guerre. Légitime satisfaction donnée au plus élémentaire sentiment de

---

(1) Quelquefois le traité de paix se borne à la constatation de la fin des hostilités. Comme exemple de traité de ce genre, on peut citer le traité de Bukarest du 3 mars 1886, qui a terminé la guerre entre la Bulgarie et la Serbie (M. Renault à son cours).

justice ! Cette sanction est restée lettre morte en pratique jusqu'à ce jour.

4º **Libération des prisonniers de guerre.** — Les prisonniers de guerre doivent être mis en liberté par suite du rétablissement des relations pacifiques. Aucun d'eux ne saurait être retenu à l'étranger pour les infractions qui tiennent exclusivement à leur qualité de prisonniers, telles que : actes d'insubordination, tentative d'évasion, parce que ces mesures de répression, dictées par les nécessités de la guerre, n'ont plus de raison d'être maintenant que la paix est rétablie.

Au contraire, les prisonniers qui ont été jugés et condamnés pour délits de droit commun peuvent être retenus jusqu'à l'expiration de leur peine, nonobstant la signature du traité de paix.

Les gouvernements intéressés prennent de concert les mesures nécessaires pour assurer la remise et le rapatriement de leurs prisonniers respectifs.

5º **Remise en vigueur des traités.** — *Principe.* — Les traités entre les belligérants que la guerre avait suspendus reprennent toute leur efficacité dès que la guerre a pris fin. Le traité de paix contient d'ordinaire une clause formelle sur ce point. Cette clause n'est cependant pas indispensable.

Le rétablissement des traités est la conséquence naturelle de la fin de la guerre. Pour qu'il en soit autrement, il faut : ou bien une clause formelle du traité de paix, dérogeant aux conventions antérieures, ou bien qu'il y ait incompatibilité entre telle clause du traité de paix et telle convention antérieure, cas auquel il y aurait abrogation tacite.

Solution donnée par le traité de Versailles de 1919. — Le traité de Versailles a dérogé sur ce point aux usages suivis jusqu'ici en cette matière.

Il énumère d'une façon précise les traités antérieurement signés avec l'Allemagne qui seront remis immédiatement en vigueur (art. 282). En outre chacune des puissances alliées et associées notifiera à l'Allemagne les autres conventions dont elles exigent le rétablissement, conventions qui ne devront avoir rien de contraire au traité de paix, la Société des Nations devant élucider ce point en cas de divergence d'avis. Toutes les autres conventions seront abrogées (art. 289).

§ 3. — Des clauses accidentelles ou spéciales.

Enumération. — Deux clauses spéciales peuvent se rencontrer dans le traité de paix : 1° l'indemnité de guerre ; 2° la cession du territoire.

1° De l'indemnité de guerre. — *Définition.* — L'indemnité de guerre est une somme d'argent que le vainqueur impose au vaincu l'obligation de lui payer.

But. — L'indemnité de guerre peut être établie dans deux buts différents :

1° Pour permettre au vainqueur de pourvoir aux dépenses générales que la guerre lui a causées : ainsi envisagée, l'indemnité de guerre peut être considérée comme une dernière contribution que le vaincu doit subir, analogue à celles qu'il a eu à supporter pour satisfaire aux besoins immédiats de l'armée envahissante ;

2° Pour enrichir le vainqueur et appauvrir le vaincu.

L'indemnité de guerre établie dans ce second but est un abus de la force, abus d'autant plus condamnable qu'il amène le résultat diamétralement opposé à celui qu'on veut atteindre.

« L'Etat qui croit s'enrichir en emportant des sommes d'argent prélevées sur un Etat étranger se donne un élément de puissance tout artificiel qui disparaît avec l'épuisement du trésor conquis et ne peut se remplacer que par la conquête de nouveaux trésors. Il n'y a pas d'exemples d'un peuple qui ait résisté à la corruption engendrée par des richesses acquises après la guerre. La décadence de l'Espagne n'a pas eu de causes plus efficaces que la conquête de l'Amérique et l'or des galions (1) ».

D'autre part, loin d'abattre la nation, elle peut être au contraire pour elle une cause de force et relèvement. En effet, la nation qui est vivace, forte, animée de sentiments patriotiques, rassemble toute son énergie et toutes ses ressources pour acquitter les charges contractées par l'Etat ; et comme il faut qu'elle retrouve ces ressources en elle-même, les habitudes de travail et d'économie qu'elle acquiert survivent à la cause qui les avait nécessitées (2) et l'aident à se relever.

_____

(1) Funck-Brentano et Sorel, *op. cit.*, p. 324.
(2) *Idem*, p. 325.

Garantie de paiement. — Le paiement de l'indemnité de guerre est en général assuré, soit par des garanties financières, soit par l'occupation d'une portion du territoire du vaincu.

Le traité détermine l'étendue et les effets de l'occupation de territoire consentie comme garantie du paiement de l'indemnité ; il règle notamment la part qui sera faite dans l'exercice de la souveraineté territoriale aux autorités civiles du vaincu et à l'autorité militaire du vainqueur ; il stipule d'ordinaire que l'évacuation aura lieu progressivement au fur et à mesure des paiements partiels.

Quoi qu'il en soit, cette occupation de territoire diffère essentiellement de l'occupation de territoire par des troupes envahissantes dans le cours de la guerre. Elle repose sur un droit consacré par le traité de paix, tandis que l'occupation en temps de guerre n'a d'autre fondement que la force. Elle n'autorise aucune des mesures que les nécessités de la guerre peuvent conduire l'envahisseur à prendre, telles que contribution de guerre, réquisitions, etc...

Exemples historiques. — Le traité de Francfort de 1871 a mis à la charge de la France vaincue le paiement à l'Allemagne d'une indemnité de guerre de cinq milliards. Au contraire le traité de Versailles de 1919 n'a imposé à l'Allemagne aucune indemnité de guerre, même pas en ce qui concerne les dépenses de guerre, que les vainqueurs devront supporter définitivement.

2° **De la cession de territoire.** — La cession de territoire à pour effet de faire passer le territoire cédé sous la souveraineté du vainqueur. Le traité de paix règle en général les conséquences de la cession au point de vue du paiement des dettes, de la nationalité des habitants, et détermine quelquefois l'organisation politique et administrative du territoire cédé.

On s'est demandé si la cession de territoire était valable de la part d'un Etat dont la loi constitutionnelle proclame que le territoire est un, indivisible et inaliénable. Il faut répondre affirmativement à cette question : la cession du territoire constitue en effet une nécessité de la guerre à laquelle l'Etat est obligé de se résoudre pour obtenir la paix et échapper ainsi à la ruine complète.

CHAPITRE II. — DES CONSÉQUENCES DU RÉTABLISSEMENT
DE LA PAIX : DU DROIT DE POSTLIMINIE.

Le rétablissement de la paix, qu'il soit constaté dans
un traité ou qu'il résulte, en fait, seulement de la simple
cessation des hostilités, a pour effet de remettre les
choses dans l'état où elles se trouvaient avant la déclaration de guerre. Le régime de la force cesse de s'appliquer aux relations des deux belligérants. Les droits
dont l'exercice avait été suspendu par suite des nécessités de la guerre reprennent leur vigueur.

Ainsi, l'occupation des territoires envahis par l'ennemi prend fin : l'Etat qui avait été contraint de la
subir pendant la durée de la guerre rétablit sa souveraineté dont l'exercice avait été paralysé. Les mesures
édictées par l'armée ennemie à l'égard de la population
et non encore exécutées au moment où la paix est
rétablie sont annulées : telles sont les réquisitions ou
les contributions de guerre levées sur les habitants.
Les poursuites ordonnées et commencées contre la
population civile pour faits de guerre sont arrêtées ;
les otages sont rendus à la liberté.

Cependant, le rétablissement de la paix ne peut rien
à l'encontre des faits accomplis au cours de l'occupation ennemie ; il ne peut pas faire que les domaines de
l'Etat n'aient été envahis, que les biens des particuliers n'aient été dévastés, détruits. Ce sont là des effets
de la guerre que le rétablissement de la paix est impuis-
sant à faire disparaître.

Quant aux actes de souveraineté que l'ennemi a
accomplis sur le territoire envahi, au cours de l'occupation, ils devront être respectés s'ils n'ont pas excédé
la limite des actes que peut faire un administrateur et
un usufruitier ; ils pourront au contraire être annulés
s'ils excèdent cette limite. C'est ainsi, nous l'avons vu,
que l'aliénation des biens de l'Etat envahi peut être
considérée comme nulle et non avenue.

L'effet produit par le rétablissement de la paix est
connu sous le nom de *postliminie*. Cette expression a
été empruntée au droit romain. Mais dans la législation romaine, le postliminium avait une portée plus considérable que dans le droit moderne de la postliminie.

A Rome, en effet, le postliminium avait pour effet
de rétablir les droits que la captivité avait pour consé-

quence d'anéantir. Aujourd'hui, au contraire, l'Etat et les particuliers n'acquièrent aucun droit nouveau par suite du rétablissement de la paix. Ils recouvrent simplement l'exercice de leurs droits paralysé par les nécessités de la guerre.

———

Table alphabétique des Conférences Congrès, Conventions, Déclarations et Traités insérés dans l'ouvrage.

CONFÉRENCES

CONGRÈS

CONVENTIONS

DÉCLARATIONS

TRAITÉS

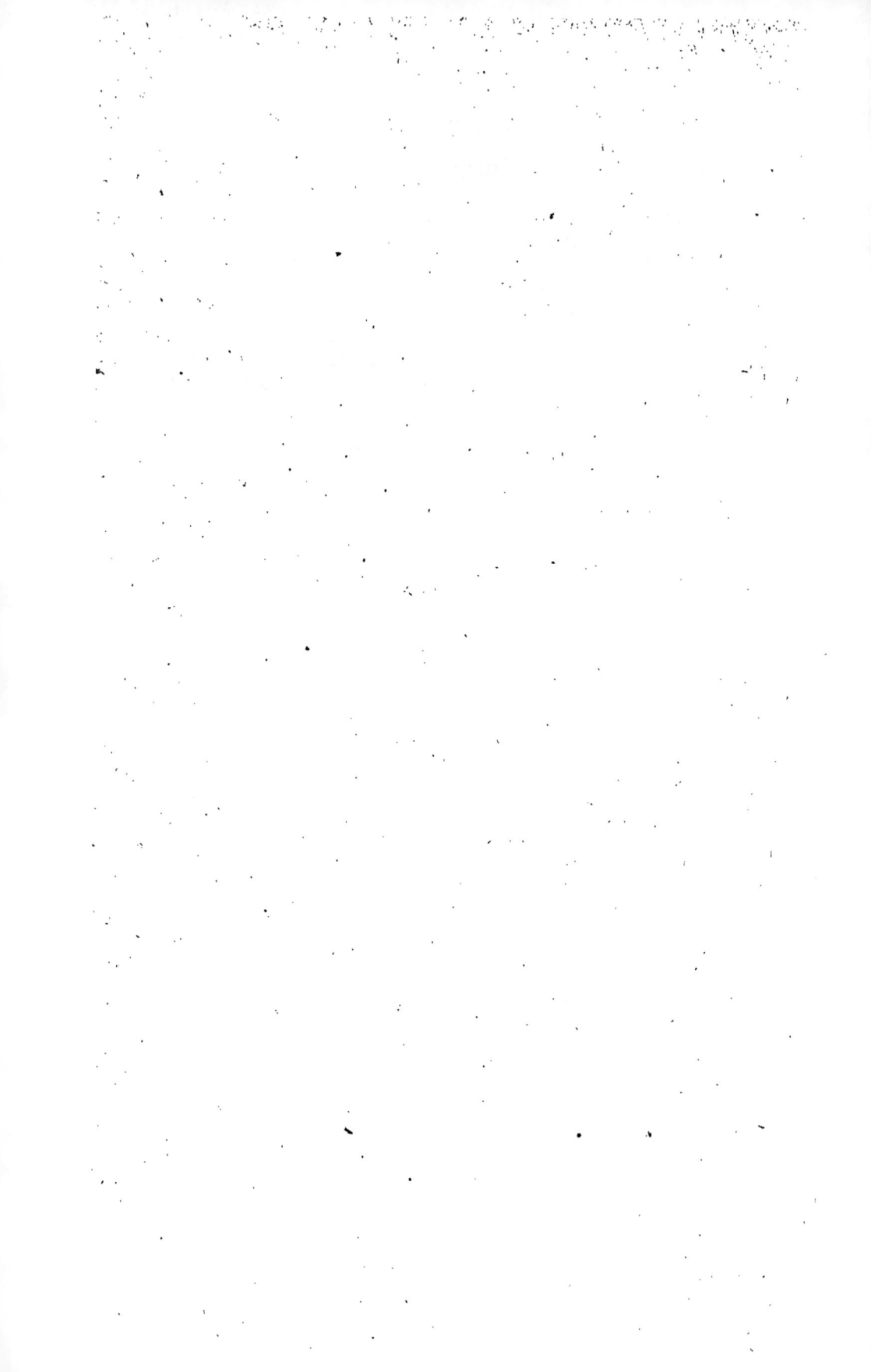

Recueil méthodique des principales questions d'examen.

———

Introduction. — Qu'est-ce que le droit international public ? Qu'est-ce que le droit international privé ? Quel est le domaine du droit international public ? Celui du droit international privé ? Quelles sont les sources du droit international public ?

I. De l'Etat comme sujet du droit international. — *Eléments constitutifs des Etats.* — Qu'est-ce qu'un Etat ? Quels sont les éléments constitutifs de l'Etat ? Qu'est-ce qu'une nation ? Quelles différences y a-t-il entre l'Etat et la nation ? Citez un Etat qui ne constitue pas une nation. Citez une nation qui ne constitue pas un Etat.

Diverses formes des Etats. — Qu'est-ce qu'un Etat simple ? Qu'est-ce qu'un Etat composé ? Quelles sont les diverses formes de la composition des Etats ? Qu'est-ce qu'une union personnelle d'Etats ? Quels en sont les caractères essentiels ? Citez un exemple d'union personnelle. Qu'est-ce qu'une union réelle d'Etats ? Quelle différence y a-t-il entre l'union personnelle et l'union réelle ? Citez des exemples d'union réelle. Qu'est-ce qu'une union incorporée ? Quels en sont les caractères essentiels ? Citez un exemple d'union incorporée. Qu'est-ce qu'une confédération d'Etats ? Qu'est-ce qu'un Etat fédéral ? Quels sont les caractères de l'Etat fédéral ? Quelle est la tendance normale des confédérations d'Etats ? Les Etats-Unis d'Amérique constituent-ils une confédération d'Etats ou un Etat fédéral ? Quelle est la composition du gouvernement fédéral aux Etats-Unis ? A qui appartient le pouvoir exécutif ? Comment est nommé le Président de la République ? A qui est confié le pouvoir législatif ? Comment est nommée la Chambre des représentants ? Comment est nommé le Sénat ? Le Sénat a-t-il un rôle exclusivement législatif ? A qui est confié le pouvoir judiciaire ? La Suisse constitue-t-elle une confédération ou un Etat fédéral ? A-t-elle toujours constitué un Etat fédéral ? Quelle est la composition du gouvernement fédéral en Suisse ? A qui appartient le pouvoir législatif ? Comment est élu le Conseil national ? le Conseil des Etats ? Quel est le président de la confédération ? A qui appartient le pouvoir judiciaire ? Les cantons peuvent-ils conclure des traités ? Quelles ont été les transformations successives subies par l'Allemagne dans le cours du XIXᵉ siècle ? Qu'était la confédération germanique organisée par le Congrès de Vienne de 1815 ? Quel en était l'organe ? Quel était le caractère de la diète de Francfort-sur-le-Mein ? Jusqu'à quelle époque la confédération germanique a-t-elle subsisté ? Par quoi a-t-elle été remplacée ? Quel était le caractère et quelle était la composition de la confédération de l'Allemagne du Nord ? A quelle époque a-t-elle pris fin à son tour ? Par quoi a-t-elle été remplacée ? Quels sont les organes de l'empire allemand créés en 1871 ? Quel est le chef du pouvoir exécutif ? Qu'était le chancelier de l'empire ? Comment se composait le conseil fédéral et quelles en étaient les attributions ? Quel est le régime actuel de l'Allemagne ? Qui exerce le pouvoir exécutif ? le pouvoir législatif ? Quels caractères présente le nouveau gouvernement ? L'Allemagne nouvelle est-elle un Etat fédéral ? Les lænder sont-ils de vrais Etats ? Qu'est-ce qu'un Etat protégé ? Citez des Etats placés sous le protectorat de la France. Quelle est la situation politique de la régence de Tunis au point de vue extérieur ? Quelle est la situation au point de vue de l'administration intérieure ? Quelle est la situation politique de l'Annam et du Tonkin ? A quelle époque la France a-t-elle exercé son protectorat à Madagascar ? Ce protectorat existe-t-il encore ? Quel a été l'effet de cette reconnaissance ? La principauté de Monaco constitue-t-elle un Etat protégé ? Quelle est la situation dans laquelle se trouve la République d'Andorre ?

De la formation, de l'agrandissement et de la fin des Etats. — Quel est le mode normal de la formation d'un Etat ? Citez un exemple d'Etat formé par la fusion de plusieurs petits Etats ; d'un Etat se formant par le soulèvement d'une province ou d'une colonie ; d'un Etat se formant de toutes pièces, sans nuire aux Etats anciens. Qu'est-ce que la reconnaissance d'un Etat ? En quelle forme peut-elle être faite ? A quel moment peut-elle intervenir ? Comment un Etat peut-il s'agrandir ? Quelles sont les diverses causes de la fin des Etats ? Quelles sont les deux théories qui président aux transformations des Etats ? En quoi consiste la théorie de l'équilibre européen ? A quelle époque a-t-elle pris naissance ? Quelle influence exerce-t-elle sur la politique européenne à l'égard de l'empire ottoman ? Qu'est-ce qu'on entend par le principe des nationalités ? Quelle en est l'origine ? Quels sont les éléments constitutifs de la nationalité ? Quelles ont été dans le cours de ce siècle les principales applications de ce principe dans la politique contemporaine ? Que décider au point de vue des dettes publiques lorsqu'un Etat se forme par la réunion de plusieurs autres Etats ? *Quid* lorsqu'un Etat s'incorpore à un autre Etat ? *Quid* lorsqu'une portion de territoire est annexée par un autre Etat ? Faut-il répartir la dette d'après l'étendue du territoire cédé ? le nombre de ses habitants ? ou maintenir les règles de répartition antérieures ? Comment cette question a-t-elle été résolue par le traité de Francfort à l'égard de l'Alsace-Lorraine ? Et par le traité de Versailles ? Que deviennent les traités conclus par un Etat lorsque cet Etat est absorbé par un autre Etat ? *Quid* lorsqu'il s'est fondu avec d'autres Etats pour former un Etat nouveau ? Quel est l'effet de l'annexion d'un territoire sur la nationalité de ses habitants ? Quels sont les divers systèmes qui sont proposés en théorie ? D'après le traité de Turin de 1860, consacrant l'annexion de Nice et de la Savoie à la France, quel est le système qu'on a suivi ? *Quid* d'après le traité de Francfort de 1871, en ce qui concerne l'Alsace-Lorraine ? *Quid* d'après le traité de Versailles ? N'y a-t-il pas désaccord entre le gouvernement français en ce qui concerne ce dernier traité ? Quel moyen les habitants du territoire annexé ont-ils quant à l'exercice du droit d'option ? La femme mariée et le mineur ont-ils un droit d'option personnel ? Comment cette question a-t-elle été résolue en 1860 à l'égard des Sardes ? en 1871 et en 1919 à l'égard des Alsaciens-Lorrains ?

Société des Nations. — Qu'est-ce que la Société des Nations ? Quelle est sa composition d'après le traité de Versailles ? Comment a lieu l'admission d'un Etat nouveau ? Comment s'opère le retrait ? l'exclusion d'un Etat ? Quels sont les organes de la Société des Nations ? De combien de membres se compose le Conseil ? Quel est le rôle respectif du Conseil et de l'assemblée générale ? Où est le siège de la Société ? Quel est le rôle dévolu à la Société ? Quelles mesures le Pacte a-t-il prévues en vue de garantir la paix ? En quoi ces mesures sont-elles insuffisantes ? Qu'avait proposé la France pour les renforcer ? Quelles mesures a édictées le Pacte quant aux engagements internationaux ? Quel rôle est dévolu à la Société quant aux populations arriérées ? Quelles questions sont soumises à la surveillance de la Société des Nations ? Quelle a été jusqu'ici l'œuvre accomplie par la Société des Nations ? Quels sont les organismes auxiliaires de la société ? Qu'est-ce que la Cour permanente de justice internationale ? Quelle est sa composition ? Quelle est sa compétence ? Quelle est sa langue ? Qu'est-ce que le Bureau international du travail ? Quels résultats a-t-il obtenus jusqu'ici ? Notamment quant à la journée de huit heures ?

II. Des droits et des devoirs des États. — Comment divise-t-on les droits et les devoirs des États ? Qu'est-ce qu'on entend par droits absolus ? Qu'est-ce qu'on entend par droits relatifs ou conventionnels ?

Droits absolus des États. — Quels sont les droits absolus des États ? Qu'est-ce qu'on entend par souveraineté ? par indépendance ? Qu'est-ce que la souveraineté intérieure ? Quelle conséquence résulte de la souveraineté intérieure de l'État au point de vue constitutionnel et politique ? Quelle conséquence au point de vue de l'application des lois pénales ? De la souveraineté de l'État faut-il conclure à la non-application sur son territoire des lois étrangères ? Quelles sont les lois étrangères qui doivent recevoir leur application ? Sur quel fondement peut-on faire reposer l'application des lois civiles étrangères ? Quelle conséquence produit la souveraineté de l'État au point de vue de l'exécution des jugements étrangers ? Ont-ils force exécutoire de plein droit ? Emportent-ils de plein droit hypothèque judiciaire ? *Quid* de l'autorité de chose jugée ? Comment en pratique cette question se pose-t-elle ? Quelle conséquence résulte de la souveraineté au point de vue de l'immunité de juridiction ? Quelle est l'étendue de cette immunité ? Est-ce seulement lorsqu'un État étranger est assigné en raison d'un acte d'autorité et de gouvernement que le tribunal devra se déclarer incompétent ? *Quid* lorsqu'un État étranger est assigné pour l'exécution du contrat passé avec un simple particulier ? Quelle est sur ce point la jurisprudence française ? N'y a-t-il pas un cas où l'Etat étranger peut être assigné devant un tribunal français ? Qu'est-ce que la souveraineté extérieure ? Quelles conséquences en résultent ? Quelles sont les restrictions au droit d'indépendance et de souveraineté des Etats ? Qu'est-ce que le droit de conservation et de défense d'un Etat ? En quoi consiste le droit de commerce ? le droit de respect mutuel ?

Des devoirs des Etats. — En quoi consistent les devoirs des Etats ? Les Etats sont-ils responsables ? Dans quel cas apparaît cette responsabilité ? Sont-ils responsables des actes commis par de simples particuliers ? *Quid* du fait de leurs agents ? *Quid* des dommages causés à des étrangers par une insurrection, une guerre civile ? L'insuffisance de la législation interne d'un Etat peut-elle servir à écarter la responsabilité de cet Etat ? Dans quelle affaire célèbre cette question a-t-elle été soulevée et résolue ?

Théorie de l'intervention. — Qu'est-ce que l'intervention ? Est-elle un droit pour un Etat ? Sur quoi a-t-on essayé de l'établir ? Pourquoi faut-il décider qu'elle est en principe contraire au droit des gens ? Sous quelle forme l'intervention d'un Etat peut-elle se produire ? N'existe-t-il pas un Etat à l'égard duquel l'intervention a été longtemps considérée comme un droit ? Indiquer les principales interventions de l'Europe dans les affaires de la Turquie dans le cours du XIXᵉ siècle.

Neutralité perpétuelle. — Qu'est-ce que la neutralité perpétuelle ? Quelle en est l'origine ? Quelle en est la raison d'être ? Quels étaient en 1914 les Etats perpétuellement neutres ? *Quid* de l'Etat du Congo ? Quelle modification la guerre a-t-elle apportées ur ce point ? Quels actes sont interdits aux Etats perpétuellement neutres ? Peuvent-ils conclure un traité d'alliance purement défensive ? une union douanière ? un traité d'amitié ou de commerce ? Peuvent-ils avoir une armée ? Le grand-duché du Luxembourg n'était-il pas à ce dernier point de vue dans une situation particulière ? En quoi consiste l'obligation des puissances garantes ? *Quid* lorsque la garantie est pure et simple ? *Quid* quand la garantie est collective ?

De la papauté en droit international. — Quelle est la double souveraineté qui appartient au pape dans l'histoire ? Quel rôle joue le pape au moyen âge ? Actuellement est-il encore investi de la souveraineté temporelle ? Depuis quelle époque ? Depuis la chute du pouvoir temporel, le pape peut-il être considéré comme un souverain ? Quels sont les représentants diplomatiques du pape ? Quel est le droit de prééminence qui leur appartient ? Quel est le caractère juridique du Concordat ? Constitue-t-il un véritable traité international ? Qu'est-ce que la loi des garanties ? Dans quel but a-t-elle été votée ? Est-ce un traité ? une loi constitutionnelle ? Quelles garanties accorde-t-elle au pape pour assurer l'exercice de sa souveraineté ? Quelles immunités lui confère-t-elle ? Lui reconnaît-elle un droit de souveraineté territoriale ?

III. **Etendue de la souveraineté des Etats.** — *Du territoire des Etats en général.* — Qu'est-ce qu'on entend par territoire ? Quelle est la nature juridique du droit de l'Etat sur son territoire ? Peut-il se produire que deux Etats aient sur le même territoire un droit de souveraineté indivisible ? Citez un cas de cette espèce. Comment divise-t-on le territoire d'un Etat ? Quel intérêt pratique présente la division en territoire colonial et territoire continental ? Qu'est-ce qu'on entend par limites du territoire ? Qu'est-ce que des frontières naturelles ? Qu'est-ce que des frontières artificielles ? Comment s'opère la délimitation d'un territoire par voie de traité ? Quels sont les modes d'acquisition du territoire ? A quelles conditions l'acquisition d'un territoire peut-elle avoir lieu par occupation ? Quelles sont les règles posées sur ce point par l'acte général de la conférence de Berlin de 1885 ? Quelle différence y a-t-il entre la découverte d'un territoire et l'occupation ? Quels sont les cas d'acquisition de territoire par voie d'accession ? A quelles conditions la convention est-elle un mode d'acquisition ? Le vote libre de la population est-il nécessaire ? La prescription doit-elle être admise comme mode d'acquérir en droit international ?
De la mer. — Le principe de la liberté de la mer a-t-il toujours été reconnu ? A quelle époque a-t-il été contesté ? Entre quelles puissances cette question s'est-elle élevée au xviie siècle ? Par quel jurisconsulte était soutenue la prétention de l'Angleterre ? Celle de la Hollande ? Quel est le fondement de la liberté de la mer ? Quelles sont les conséquences qui en résultent ? S'applique-t-elle seulement à la pleine mer ? *Quid* des mers intérieures communiquant avec la pleine mer ?

Quel était le régime de la mer Noire, Bosphore et Dardanelles en 1914 ? Que décide le traité de Lausanne de 1924 ? *Quid* des mers intérieures ne communiquant avec aucune autre mer ? Citez des exemples. Qu'est-ce que la mer territoriale ? Quelle est la nature du droit qui appartient à chaque État sur la mer territoriale ? Quelle est l'étendue de la mer territoriale ? Quel est le régime auquel sont soumis les ports, havres, rades ? Les baies et golfes ? *Quid* des détroits artificiels ou canaux maritimes ? Quel est l'acte qui régit le canal de Suez ? Quelle est l'économie générale de ce traité ? *Quid* du canal de Kiel ?

Des fleuves. — Qu'est-ce qu'on entend par fleuves internationaux ? A quelle époque le principe de la libre navigation sur ces fleuves a-t-il été établi ? Quel est le fondement de ce principe ? Ce principe ne suffit-il pas à lui-même ? Quel est l'acte qui régissait la navigation du Rhin en 1914 ? Et aujourd'hui ? Qu'est-ce qu'on entendait par l'acte de navigation du Danube ? Comment le Danube était-il divisé? Sur le Bas-Danube, quelle était l'autorité souveraine ? Quel est le caractère de la Commission européenne ? Quel est le régime actuel du Danube ? Le principe de libre navigation des fleuves internationaux n'a-t-il pas été étendu aux fleuves de l'Afrique ? Par quel acte ? Quel est le régime auquel sont soumis ces fleuves ?

Des navires. — Qu'est-ce qu'un navire de guerre ? Qu'est-ce qu'un navire de commerce ? Quel est le signe extérieur des navires de guerre ? Quelles différences théoriques séparent le navire de guerre du navire de commerce ? Quelles sont les circonstances auxquelles on s'attache dans chaque Etat pour déterminer la nationalité des navires de commerce ? Peut-on espérer voir l'unité s'établir sur ce point entre la législation des divers Etats ? En France, quelles sont les conditions requises pour qu'un navire soit français ? Comment se fait la preuve de la nationalité du navire ? Que comprennent les papiers du bord ? Quels intérêts pratiques y a-t-il à distinguer le navire national du navire étranger ? Quelle est, en principe, la condition des navires en pleine mer ? Quelles sont les deux exceptions au principe de l'indépendance respective des navires en pleine mer ? Qu'est-ce que la piraterie ? Quelle différence faut-il établir entre la piraterie du droit des gens et celle qui est réprimée par la législation interne de chaque Etat ? Quels sont les éléments constitutifs de la piraterie du droit des gens ? Quel est le droit des navires de guerre à l'égard des pirates ? Qu'est-ce qu'on entend par la traite des noirs ? Peut-on l'assimiler à la piraterie du droit des gens ? Quelles différences fondamentales l'en séparent? A quelle époque la répression de la traite a-t-elle préoccupé pour la première fois les Etats de l'Europe ? Quel est l'acte récent qui s'occupe de cette matière ? Pourquoi les Chambres ont-elles refusé de ratifier l'acte général de la Conférence de Bruxelles ? Quelle est la condition des navires de guerre ancrés dans un port étranger ? Supposez qu'un crime ou un délit se commette à bord, les autorités locales seront-elles compétentes ? Peuvent-elles pénétrer sur le navire pour y chercher un coupable qui s'y est réfugié ? Comment appelle-t-on le bénéfice dont jouit ainsi le navire de guerre ? N'y a-t-il pas des différences entre un navire de guerre et le territoire d'un Etat étranger ? Faut-il assimiler le commandant d'un navire de guerre à un agent diplomatique et lui accorder les mêmes immunités ? *Quid* du navire de commerce ? Jouit-il du bénéfice de l'exterritorialité ? Un crime est commis à bord d'un navire de commerce : dans quels cas les autorités locales sont-elles compétentes ? Peuvent-elles faire une perquisition à bord ? Quelle garantie est accordée dans ce cas ?

Appendice. Servitudes internationales. — Qu'est-ce qu'on entend par servitude internationale ? Citez des servitudes positives, des servitudes négatives. Comment s'établissent les servitudes internationales ? Comment elles s'éteignent ? Parlez de la question des zones franches.

IV. **Des relations pacifiques des Etats.** — *Souverains.* — Quelles sont les immunités des souverains à l'étranger ? En quoi consiste l'immunité de juridiction du souverain ? Peut-il être actionné en justice pour l'exécution des obligations qu'il a contractées dans son intérêt privé ? Quelle est sur ce point la jurisprudence française ? Le souverain détrôné ou qui a abdiqué conserve-t-il ses immunités ? *Quid* du souverain qui voyage *incognito* ?

Agents diplomatiques. — Qu'est-ce qu'on entend par droit de légation ? A quels Etats appartient le droit de légation ? *Quid* des Etats à union personnelle ? *Quid* des Etats à union réelle ? *Quid* d'une confédération d'Etats ? d'un Etat fédéral ? d'un Etat mi-souverain ? A quelle époque et dans quel acte international a été opéré le classement des agents diplomatiques ? En combien de classes sont-ils répartis ? Que comprend la première classe ? Quel est le caractère essentiel des ambassadeurs ? Que comprend la deuxième classe ? la troisième ? La France a-t-elle des ministres résidents ? Quelle différence y a-t-il entre les agents diplomatiques de la quatrième classe et ceux des trois premières classes ? Que comprend le personnel officiel de la mission ? Qu'est-ce que le corps diplomatique ? Qu'est-ce qu'on entend par des agents et commissaires ? Comment a lieu la nomination d'un agent diplomatique ? Dès son arrivée sur le territoire étranger, que doit-il faire ? Comment est installé un agent diplomatique ? Ce qu'on entend par lettre de créance. Comment est effectuée la remise des lettres de créance ? Comment prend fin la mission diplomatique ? Quelles sont les attributions des agents diplomatiques ? Qu'est-ce qu'on entend par les immunités diplomatiques ? Quel en est le fondement ? Quelles personnes jouissent de ces immunités ? En quoi consiste l'inviolabilité de la demeure ? Faut-il assimiler l'hôtel de l'ambassade à un territoire étranger ? L'agent diplomatique peut-il exercer sur les gens de sa suite un droit de juridiction ? En quoi consiste l'immunité de juridiction civile ? Est-ce à dire que le créancier d'un ambassadeur n'ait aucun moyen de se faire payer ce qui lui est dû ? Dans quels cas cesse l'immunité de juridiction ? L'agent diplomatique peut-il renoncer pour lui-même à l'immunité de juridiction ? Lorsque l'agent diplomatique est un national de l'Etat près duquel il est accrédité, peut-il réclamer l'exemption de juridiction ? En quoi consiste l'immunité de juridiction pénale ? *Quid* lorsqu'un agent diplomatique commet une infraction à la loi pénale ? En quoi consiste l'exemption d'impôts ? Cette immunité est-elle indispensable à l'agent diplomatique ? Comment est réglé le rang de préséance entre les divers agents diplomatiques accrédités par différents Etats auprès d'une même puissance ? Quels sont les devoirs de l'agent à l'égard de l'Etat auprès duquel il est accrédité ?

Des consuls. — Qu'est-ce qu'un consul ? Quelle est l'origine historique des consulats ? Faut-il la chercher à Rome ? en Grèce ? Quelle était la situation des étrangers au moyen âge ? Quels caractères présente à cette époque l'institution du consulat ? Quelle est la double transformation qui s'est opérée depuis dans cette institution ? Quelles sont les sources de cette matière ? Qu'est-ce qu'on entend par établissement consulaire ? Qu'est-ce que l'arrondissement consulaire ? Que comprend la hiérarchie consulaire ? Quel est le caractère commun de tous ces agents ? Qu'est-ce qu'un consul général ? un consul ? Quelle différence entre le consul et le vice-consul ? Ce qu'on entend par agents consulaires ? Quelle est l'entrée dans la carrière diplomatique et consulaire ? Qu'est-ce que le chancelier ? Quelles critiques ont été formulées à l'encontre de l'organisation actuelle des consulats ? Quelle objection a-t-on soulevée contre le consul fonctionnaire ? Vaudrait-il mieux avoir des consuls commerçants ? Par qui sont nommés les consuls ? Un Etat est-il contraint d'admettre les consuls qui lui sont adressés par un autre Etat ? Comment ses consuls sont-ils installés ? Qu'est-ce que la patente ? Qu'est-ce que l'exequatur ? Comment prend fin la mission consulaire ? *Quid* du changement du gouvernement ? *Quid* au cas de guerre ? Comment s'effectue le départ du consul ? Les consuls jouissent-ils des immunités diplomatiques ? Quelle distinction doit être faite ? *Quid* pour les actes de la fonction ? *Quid* pour les actes personnels ? L'inviolabilité des archives consulaires est-elle admise par tous les Etats ? Le consul peut-il entrer en relations avec les autorités centrales étrangères ? Quelles sont les attributions du consul comme agent d'observation ? Quelles sont ses attributions comme agent d'exécution ? Comment le consul connaît-il ses nationaux ? Quelle est l'utilité pratique de l'immatriculation ? En quoi consiste la mission de protection du consul ? Quelle est sa mission de contrôle au point de vue du service militaire ? Quelle est la compétence du consul comme officier de l'état civil ? Peut-il instrumenter à l'égard des étrangers ? *Quid* du mariage entre une étrangère et un Français ? Quelle est la raison de douter ? Quelles sont les attributions notariales du consul ? Quelle est l'utilité pratique de ses attributions ? Est-ce le consul en personne qui les exerce ? Le chancelier a-t-il qualité pour recevoir un testament d'un Français ? Quelle est la raison de douter ? Dans quelle forme le testament sera-t-il rédigé ? Quelles sont les attributions du consul en matière judiciaire ? A-t-il des pouvoirs de juridiction dans les pays de chrétienté ? Quelle est l'ordonnance qui s'occupe des rapports du consul avec la marine de commerce ? avec la marine de guerre ? En quoi consistent les attributions du consul à l'égard de la marine de guerre ? Quelles étaient les prérogatives des consuls en Turquie en 1914 ? En quoi consistait leur pouvoir de police ? N'avaient-ils pas aussi des pouvoirs de juridiction? Quelle était la compétence du consul en matière civile et commerciale ? Que décide le traité de Lausanne de 1924 ? Quelles différences séparent les consuls des agents diplomatiques ?

Des traités. — Dans un sens large, qu'est-ce qu'on entend par traité ? Qu'est-ce qu'un traité lorsqu'on l'oppose à une convention ? Qu'est-ce qu'une déclaration ? un protocole ? Quelles sont les conditions requises pour la validité d'un traité ? Quels Etats sont capables de conclure un traité ? *Quid* d'un Etat mi-souverain ? *Quid* des Etats qui composent une confédération d'Etats ? un Etat fédéral ? *Quid* en particulier des cantons suisses ? des Etats d'Allemagne ? Qui a qualité dans chaque Etat pour conclure des traités ? Les vices du consentement sont-ils des causes de nullité des traités comme des contrats de droit privé ? Quelles sont les trois phases par lesquelles passent les négociations ? Qu'est-ce qu'on entend par les pleins pouvoirs ? Quelle différence y a-t-il entre les pleins pouvoirs et le mandat civil ? Qu'est-ce qu'on entend par protocole ? Quelles sont les diverses parties d'un traité ? Dans quel ordre sont désignés les Etats dans la rédaction du traité ? Qu'est-ce qu'on entend par l'alternat ? Quels sont les incidents de la procédure des négociations ? Qu'est-ce que les bons offices ? Qu'est-ce que l'approbation ? Qu'est-ce que l'adhésion ? Qu'est-ce que l'accession ? Quelle utilité pratique présente cette dernière clause ? Ce qu'on entend par la ratification des traités ? Pourquoi est-elle nécessaire ? Qui a qualité pour ratifier les traités ? *Quid* en France ? *Quid* en Angleterre ? *Quid* aux Etats-Unis ? Quelles sont les conditions requises pour que la ratification soit valable ? Comment s'opère l'échange des ratifications ? Quel effet produit-il ? Qu'est-ce qu'on entend par ratification incomplète ? Quel inconvénient présente le refus de ratification ? Quelle garantie assure l'exécution des traités ? Quelle différence y a-t-il entre le garant et la caution ? Quelles sont les causes de la fin des traités ? Quel est l'effet de la guerre sur les traités ? Qu'est-ce que la confirmation des traités ? La réconciliation des traités ? Comment peut-on diviser les traités ? Qu'est-ce qu'un traité général ? Qu'est-ce qu'un traité politique ? Quelles sont les diverses espèces d'alliances ? Quelles sont les causes qui influent sur les alliances des Etats ? Qu'est-ce qu'un traité de subsides ? un traité de neutralité ? Qu'est-ce qu'un traité de commerce ? Qu'est-ce qu'une union douanière ? Quel effet produit-elle au point de vue économique ? au point de vue politique ? Qu'est-ce que le Zollwerein allemand ? Quelle influence a-t-il exercée sur la formation de l'unité allemande ? Qu'est-ce qu'un traité d'établissement ? Qu'est-ce qu'une convention monétaire ? Qu'est-ce que l'union latine ? Qu'est-ce qu'une convention postale ? Qu'est-ce qu'on entend par l'union générale des postes ? A quelle époque a-t-elle été organisée ? Qu'est-ce qu'on entend par conventions télégraphiques ? Quel est le but des conventions relatives à la propriété littéraire et artistique ? Quelle est l'économie générale de l'union conclue pour assurer la protection de cette propriété ?

V. Des litiges internationaux. — *Solutions pacifiques.* — Quels sont les divers procédés pour arriver à une solution pacifique ? Quelle différence existe entre un congrès et une conférence ? Quel effort a été fait en vue d'éviter les solutions violentes dans l'avenir ? Parlez de la première conférence de la Haye. A quelle époque a-t-elle été réunie ? Combien d'Etats y étaient représentés ? Quels ont été ses résultats ? Qui a provoqué la deuxième conférence ? Combien d'Etats y ont figuré ? Qu'est-ce qu'elle a produit ? Qu'est-ce que l'arbitrage ? Quels sont les éléments constitutifs de l'arbitrage ? Qu'est-ce que le compromis ? Toute espèce de question peut-elle faire l'objet d'un arbitrage ? Qui peut être désigné comme arbitre ? Quels inconvénients présente la désignation d'un souverain ? Quand y a-t-il lieu de nommer un sur-arbitre ? Le tribunal arbitral est-il juge de sa compétence ? La sentence arbitrale est-elle obligatoire ? Existe-t-il un moyen de contrainte pour en assurer l'exécution ? Citez un cas considérable d'arbitrage dans les temps contemporains. Quel est l'avenir réservé à l'arbitrage ? Est-il admissible que l'arbitrage supprimera la guerre ? Qu'est-ce que la médiation ? Quelle différence y a-t-il entre la médiation et l'arbitrage ?

Qu'est-ce que la Commission internationale d'enquête ? Depuis quand est-elle organisée ? Sur l'initiative de qui ? Comparez-la à l'arbitrage et à la médiation. Citez un cas d'application de ce moyen.

Solutions violentes. — Quelles sont les diverses formes de solutions violentes ? Qu'est-ce que la rétorsion ? Quel doit être le caractère de l'acte qui motive la rétorsion ? Citez un exemple de rétorsion. Est-elle légitime ? Est-elle utile ? Qu'est-ce que les représailles ? Quelle différence entre les représailles et la rétorsion ? Quelle différence entre les représailles et la guerre ? Qui a qualité pour exercer des représailles ? Qu'est-ce que le blocus commercial ou pacifique ? Produit-il des effets à l'égard des neutres ? Qu'est-ce que l'embargo ? Est-ce une mesure légitime ? Qu'est-ce que l'embargo civil ou arrêt du prince ?

De la guerre. — Qu'est-ce que la guerre ? Quels sont les éléments constitutifs de la guerre ? La guerre est-elle la sanction du droit des gens ? est-elle assimilable à un procès ? Qu'est-ce qu'on entend par cause de guerre ? Qu'est-ce que les prétextes de guerre ? Qu'est-ce qu'on entend par les lois de guerre ? Quelles en sont les sources ? Les traités relatifs à la conduite des hostilités sont-ils nombreux ? Quels sont-ils ? Parlez de la déclaration de Londres. Quels points elle a solutionnés ? Qu'est-ce que la déclaration de guerre ? Dans chaque Etat, qui a qualité pour déclarer la guerre ? *Quid* en France ? *Quid* aux Etats-Unis ? Dans quelle forme a lieu la déclaration de guerre ? Qu'est-ce que l'ultimatum ? Le rappel des agents diplomatiques suffit-il ? Qu'est-ce que la publication de guerre ? Qu'est-ce que le manifeste aux neutres ? Quels effets produit la déclaration de guerre en ce qui concerne les traités ? *Quid* en ce qui concerne la personne des nationaux de l'un des belligérants qui habitent le territoire ennemi ? Peut-on les expulser ? Peut-on retenir les miliciens ennemis? *Quid* en ce qui

concerne les biens des nationaux ennemis ? Peut-on
les confisquer ? *Quid* en ce qui concerne le commerce
et les contrats entre les deux belligérants ? Quels sont
les belligérants ? A quelles conditions les corps francs
ont-ils droit à la qualité de belligérants ? Quel intérêt
pratique y a-t-il à distinguer les belligérants des non-
belligérants ? Quelles sont les règles fondamentales
des opérations de guerre ? Qu'est-ce qu'il faut entendre par la ruse ? la perfidie ? Quels actes sont interdits comme perfides ? Quels actes sont permis comme
actes de ruse ? Qu'est-ce que l'espionnage ? Quel est
le trait caractéristique de l'espion ? Les aéronautes
doivent-ils être traités comme espions ? *Quid* des
militaires envoyés en éclaireurs ? Quel est le traitement réservé aux espions ? Quelles garanties doivent
être accordées à l'espion ? Qu'est-ce que le siège ? le
bombardement ? Quelles villes peuvent être assiégées ou bombardées ? L'assiégeant doit-il laisser sortir la population paisible ? Le bombardement doit-il
être précédé d'un avertissement préalable ? Quel peut
être l'objectif du bombardement ? Est-il permis de
bombarder l'intérieur des villes ? Qui peut être prisonnier de guerre ? Quel est le traitement des prisonniers de guerre ? A qui incombe l'entretien des prisonniers de guerre ? Le prisonnier peut-il être astreint
au travail ? *Quid* lorsqu'un prisonnier s'évade ? S'il
est capturé de nouveau, est-il passible d'une peine
pour sa fuite antérieure ? Qu'est-ce que le prisonnier
sur parole ? Tout officier peut-il accepter sa liberté sur
parole ? *Quid* si un officier accepte sa liberté sur parole
malgré les règlements militaires de son pays ? *Quid* si un
prisonnier sur parole est repris les armes à la main ?
Quel est l'objet de la convention de Genève ? Qu'est-ce
qu'elle décide à l'égard des blessés et des malades ?
Quelle est la situation des blessés et des malades traités chez l'ennemi après leur libération ? Quelle critique
a soulevée à ce sujet la convention de Genève ? Qu'est-
ce qu'une ambulance ? Qu'est-ce qu'un hôpital ? En
quoi consiste la neutralité des hôpitaux et des ambulances ? Quelle différence y a-t-il entre le matériel des
hôpitaux et celui des ambulances ? Que comprend
le personnel sanitaire ? Quelle protection lui est accordée ? Quelles sont ses obligations ? Peut-il conserver
ses armes ? Quels effets produit l'occupation du territoire par l'ennemi ? En ce qui concerne l'exercice de

la souveraineté ? Les autorités locales sont-elles maintenues ? *Quid* des autorités judiciaires ? *Quid* de la
perception des impôts ? Comment l'occupant perce-
vra-t-il l'impôt ? Peut-il établir des impôts nouveaux ?
Quel effet produit l'occupation à l'égard de la personne
des habitants ? Quelles sont les obligations de l'occupant à l'égard des habitants ? des habitants à l'égard
de l'ennemi ? Ce contrat tacite est-il sanctionné de
part et d'autre d'une façon égale ? N'y a-t-il pas une
restriction au respect de la personne des habitants ?
En quoi peut consister la réquisition des services personnels ? Quels sont les moyens de répression en cas
de violation des obligations des habitants ? Quels
effets produit l'occupation du territoire des habitants ?
Quel est le principe fondamental de la guerre continentale sur ce point ? Quelles conséquences résultent
du principe du respect de la propriété privée ? Qu'est-
ce que le butin ? le pillage ? Quel est le droit de l'occupant au cas d'une maison abandonnée par son propriétaire ? Quelles sont les restrictions apportées au
respect du droit de propriété ? Qu'est-ce que le droit
de réquisition ? Quel en est le fondement juridique ?
A quelles conditions est subordonné l'exercice du
droit de réquisition ? D'après quelle loi est-il exercé ?
Qu'est-ce que la contribution de guerre ? Quel est
le fondement du droit de contribution ? A quelles
conditions est subordonné l'exercice des contributions de guerre ? La contribution de guerre peut-elle
être exercée comme moyen de répression ? Quels
effets produit l'occupation à l'égard des biens de
l'Etat envahi ? Peut-on reconnaître à l'occupant un
droit d'usufruit et d'administration sur les immeubles de l'Etat ennemi ? Quels sont les organes des
relations des belligérants ? Quelle différence y a-t-il
entre un parlementaire et un agent diplomatique ?
Quels sont les caractères généraux des conventions
militaires ? Quelles différences y a-t-il entre les conventions militaires et les conventions internationales ?
Qu'est-ce que la suspension d'armes ? Quelle différence y a-t-il entre la suspension d'armes et l'armistice ? Quels effets produit l'armistice ? Le ravitaillement des places fortes est-il la conséquence nécessaire
de l'armistice ? Qu'est-ce que la capitulation ? Quelles
différences avec les autres conventions militaires ?
Qu'est-ce qu'on entend par les honneurs de la guerre ?

Dr. int. pub.   43

Qu'est-ce que des représailles en temps de guerre ?
A quelles conditions sont-elles subordonnées ?

Neutralité de la guerre continentale. — Qu'est-ce que
la neutralité ? Quelles sont les diverses formes de la
neutralité ? Quelles différences y a-t-il entre la neutralité perpétuelle et la neutralité temporaire ? Quels
sont les deux éléments essentiels de la neutralité ?
Quels actes sont interdits aux Etats neutres ? Peuvent-ils autoriser des enrôlements volontaires sur
leur territoire ? En quel cas l'Etat neutre est-il responsable de la violation de sa neutralité ? Quels sont
les droits de l'Etat neutre ? En quoi consiste l'inviolabilité du territoire des Etats neutres ? *Quid* lorsque
l'Etat neutre sort de la neutralité ? *Quid* quand un
Etat belligérant viole la neutralité de l'Etat neutre ?

Guerre maritime. — Quelle est la différence fondamentale entre la guerre maritime et la guerre continentale ? Pourquoi la personne des non-combattants
sur mer n'est-elle pas respectée ? Pourquoi n'est pas
respectée non plus la propriété privée sur mer ? En
quoi consiste le droit de prise ? Le navire capteur
peut-il rançonner le navire capturé ? Peut-il le détruire ? Qu'est-ce que la course ? Quelle différence
sépare le corsaire du pirate ? Dans quels cas le corsaire dégénérait en pirate ? A quelle époque la course
a-t-elle été abolie ? Pourquoi les Etats-Unis ont-ils
refusé d'adhérer à la déclaration de Paris ? Qu'est-ce
que le blocus ? Qu'est-ce que le bombardement ?
Quelle différence y a-t-il entre le blocus et le siège ?

Neutralité de la guerre maritime. — En quoi consiste
l'inviolabilité du territoire neutre sur mer ? Différence
avec la guerre continentale. *Quid* lorsqu'un navire
est capturé dans les eaux neutres ? la capture est-elle
annulable ? Qu'est-ce qu'on entend par la règle des
vingt-quatre heures ? Quel est le sort de la marchandise neutre sur navire ennemi et de la marchandise
ennemie sur navire neutre ? Comment cette question était-elle résolue par le Consulat de la mer et par
l'Angleterre ? Quelle était la doctrine française ?
Comment la question a-t-elle été tranchée par la déclaration de Paris en 1856 ? Comment distingue-t-on
le caractère ennemi du navire et des marchandises ?
Que décide la conférence de Londres ? Quelles restrictions sont apportées à l'action des neutres sur mer ?
Qu'est-ce que la contrebande de guerre ? A quelles

conditions y a-t-il contrebande saisissable ? Quels objets étaient considérés comme tels par la déclaration de Londres ? Quelle est la sanction de l'interdiction de la contrebande de guerre ? Dans quel cas le navire peut-il être confisqué ? Qu'est-ce que le blocus ? A quelle époque ces conditions ont été posées ? Quel est le but de la visite en temps de guerre ? Quels navires peuvent procéder à la visite ? Quels navires y sont soumis ? Quelle différence existe entre la visite et la perquisition ? A l'égard de quels navires le droit des prises maritimes peut être exercé ? Dans quel cas à l'égard des neutres ? Quelles sont les deux phases à observer en cas de prises maritimes ? Quel est l'effet de la saisie ? Rend-elle le capteur propriétaire ? Quand devient-il propriétaire ? A qui appartient le jugement des prises ? A qui incombe le fardeau de la preuve ? Quelles décisions peuvent intervenir ? Quand sera prononcée la mainlevée de la saisie ? Quel droit appartient dans ce cas au navire capturé ? Quand y a-t-il confiscation du navire et de la cargaison ? Au cas de blocus, à quelles conditions peut-elle se produire ? Quand y a-t-il confiscation du navire seul ? Quand confiscation de la cargaison seule ? Qu'est-ce que la reprise ?

Fin de la guerre. — Qu'est-ce que les préliminaires de paix ? Quelles sont les clauses normales des traités de paix ? les clauses spéciales et accidentelles ? Qu'est-ce que le droit de postliminie ?

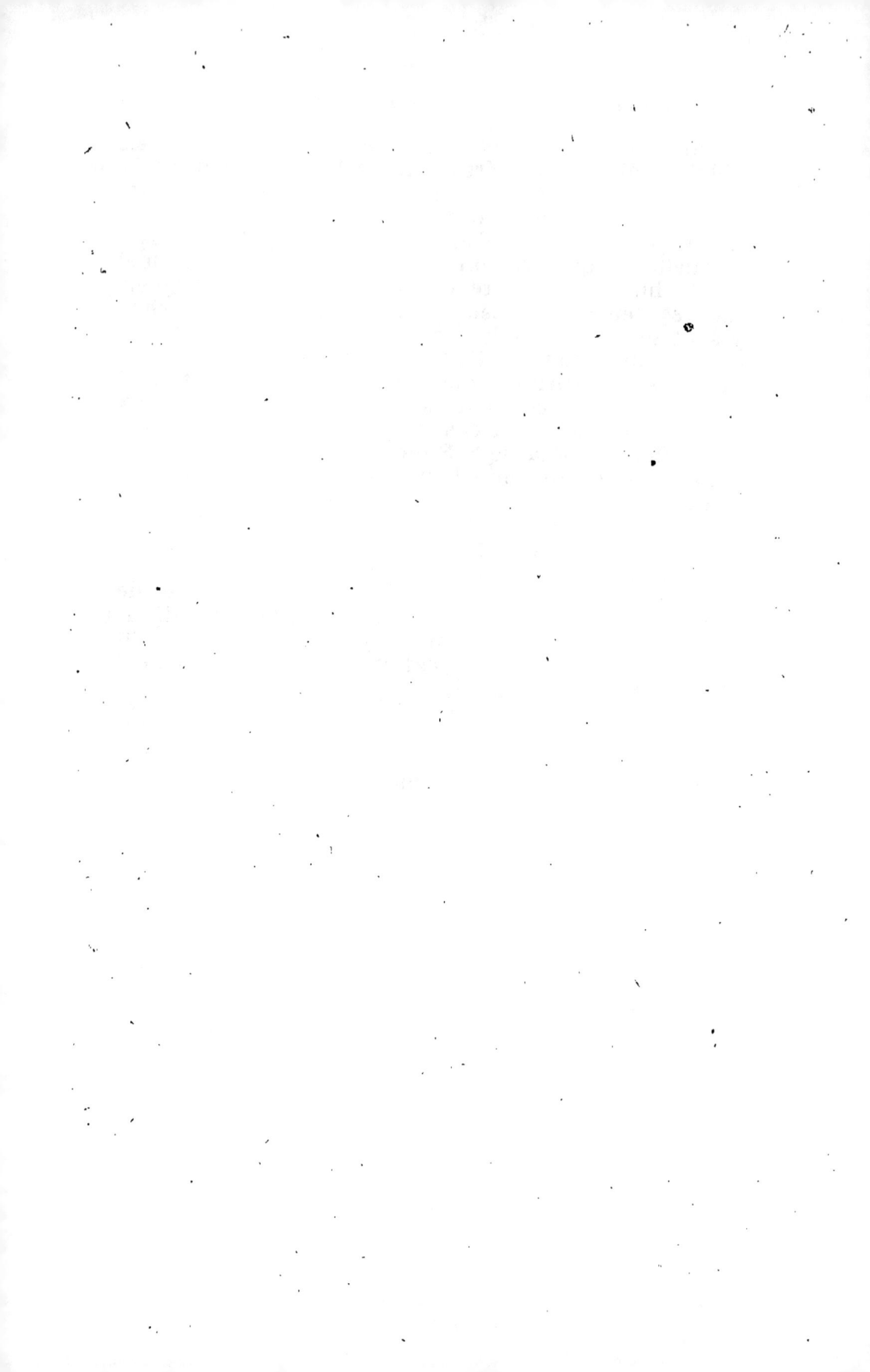

DERNIÈRE HEURE

I. — **Convention du 17 juin 1925, concernant le contrôle du commerce international des armes, munitions et matériels de guerre (1).**

Origine de cette convention. — Cette convention est le résultat d'une conférence qui s'est tenue à Genève au sein de la S. D. N. du 4 mai au 17 juin 1925. Quarante et un Etats y ont été représentés, y compris les Etats-Unis, l'Allemagne et la Turquie, quoique ne faisant pas partie de ladite S. D. N. ; seule des grandes puissances, la Russie soviétique n'y a pas pris part.

Objet de la convention. — L'objet de la convention est d'organiser une surveillance internationale sur le matériel de guerre en vue d'empêcher tout trafic clandestin de ce matériel. Cette convention est destinée à remplacer la convention signée à Saint-Germain-en-Laye le 10 septembre 1919 entre les principales nations alliées ou associées sur un objet analogue et que les Etats-Unis ont refusé de ratifier pour diverses raisons et notamment parce qu'elle impliquait une ingérence constante des organes de la Société des Nations à laquelle ils entendent rester étrangers.

Elle ne saurait se suffire à elle-même. Elle devra être complétée : 1° par un accord international réglementant la fabrication privée des armes de guerre ; 2° et surtout par un acte diplomatique résolvant la question de la sécurité pour tous les Etats, grands et petits.

Tant que l'organisation internationale de la paix restera à l'état de projet, la convention qui vient d'être signée ne pourra produire sa pleine efficacité et recevoir son complet développement.

---

(1) Consulter l'*Europe Nouvelle* des 9 mai et 11 juillet 1925.

Différentes catégories d'instruments de mort. — Dans son art. 1er, la convention s'est attachée à bien définir les engins de guerre qu'elle avait pour objet de réglementer et qu'elle a classés en cinq catégories :

I. Instruments exclusivement conçus et destinés à la guerre sur terre, sur mer ou dans les airs.

II. Instruments pouvant être utilisés à la guerre ou à d'autres usages.

III. Navires de guerre et leur armement.

IV. Aéronefs et leurs moteurs.

V. Poudres et explosifs. Armes et munitions ne rentrant pas dans les deux premières catégories.

Mesures diverses édictées. — 1° *Pour les articles de 1re catégorie.* — Ces articles ne peuvent être exportés en principe qu'au profit de l'Etat importateur, sous réserve de l'exception prévue par l'art. 3 et moyennant une autorisation du pays exportateur constatée par une licence (art. 1er et 4).

2° *Pour les articles de la 2e catégorie.* — Ces articles peuvent être, en principe, expédiés même à de simples particuliers, mais sous le couvert d'un document d'exportation émanant du gouvernement du pays exportateur ou visé par lui (art. 5).

Pour les articles des deux premières catégories, les puissances contractantes s'engagent à publier dans les deux mois qui suivent l'expiration de chaque trimestre un relevé statistique de leur commerce extérieur (art. 6).

3° *Pour les navires de guerre et leur armement.* — Les Etats contractants s'engagent à publier, dans les deux mois qui suivent la fin de chaque trimestre, un état relatif à tout navire de guerre construit, en construction ou à construire pour le compte du gouvernement d'un autre Etat, avec toutes les caractéristiques détaillées quant au navire et quant à son armement suivant les détails contenus dans l'art. 7. Même prescription au cas de transfert d'un navire de guerre d'un Etat à un autre.

4° *Pour les aéronefs et leurs moteurs.* — Même obligation de publier dans les six mois qui suivent la fin de chaque trimestre un relevé pour ce trimestre des quantités exportées avec la répartition par pays de destination (art. 9).

5° *Pour les catégories IV et V.* — Ces articles peuvent être exportés sans formalités ni restrictions, sauf ce qui est ordonné pour les zones spéciales (art. 11).

Zones spéciales. — *Détermination.* — Le chapitre III a établi des règles particulières, en ce qui concerne certaines zones spéciales qui sont déterminées par l'article 12 ; ce sont, en gros, la totalité du continent africain sauf certaines parties exclues sur la demande de la France, de l'Angleterre et de l'Espagne, une partie de l'Asie mineure et le Golfe persique.

Régime spécial. — Dans cette zone l'importation des catégories I, II, IV et V n'est autorisée que sous des conditions rigoureuses, spécifiées aux articles 13 et 14. En outre, une surveillance très étroite est organisée tant sur terre que sur mer pour assurer l'observation de ces règles spéciales, par l'annexe II de la convention.

Remarques finales. — 1° En temps de guerre et sous réserve des règles de la neutralité, les stipulations du chapitre II sont suspendues jusqu'au rétablissement de la paix (art. 33).

2° La convention a enregistré et accepté les réserves élevées par les voisins de la Russie (Esthonie, Finlande, Lettonie, Pologne, Roumanie) quant à l'application en ce qui les concerne des art. 6 et 9 tant que la Russie n'aura pas adhéré à ladite convention. Ces Etats ont, en effet, un intérêt évident, n'étant pas producteurs d'armes, à ce que la Russie, qui au contraire fabrique des armes de guerre, ne soit pas au courant de l'état de leur armement révélé par les statistiques d'exportation à destination de ces Etats (art. 29).

3° Enfin, la Convention n'entrera en vigueur que lorsqu'elle aura été ratifiée par quatorze puissances (art. 41).

Cette règle est de nature à retarder indéfiniment la mise en application de cet accord international.

II. — **Protocole concernant la prohibition d'emploi à la guerre de gaz asphyxiants, toxiques ou similaires et de moyens bactériologiques** (1).

Ce protocole a été conclu à Genève en même temps

_____

(1) Voir le texte dans l'*Europe Nouvelle* du 11 juillet 1925, p. 938.

que la convention sur le commerce des armes le 17 juin 1925. L'usage des armes chimiques avait déjà été prohibé par l'un des accords signés à Washington le 6 février 1922.

III. — Coopération franco-espagnole au Maroc.

La Conférence tenue à Madrid au mois de juillet 1925 par les représentants de la France et de l'Espagne, au sujet des événements du Maroc, a abouti à un arrangement dont voici, d'après l'*Europe Nouvelle* du 1er août 1925 (p. 1012), les principales stipulations :

La coopération franco-espagnole devait consister :

1° en une surveillance des frontières terrestres et maritimes de la zone rebelle, de façon à en assurer l'isolement ;

2° à veiller à la stricte neutralité du territoire de Tanger, quartier général et centre diplomatique des rebelles ;

3° à ne pas traiter séparément avec Abdel Krim et à n'engager de négociations de paix avec lui que sur sa demande ;

4° à s'accorder mutuellement droit de suite sur leur zone respective pour les opérations militaires sur terre, sur mer et dans les airs.

Grâce à cette coopération, l'insurrection riffaine a été enrayée, en attendant qu'elle soit complètement vaincue.

IV. La Chine et les puissances.

— En juin 1925, soulèvement à Changaï, grèves dont la cause originaire a été des actes de brutalité d'un contremaître à l'égard d'un ouvrier dans une usine japonaise ; la grève s'étend, par solidarité, aux autres entreprises ; quelques milliers au début, les grévistes deviennent 300.000 rapidement. De Changaï, le mouvement se propage aux autres villes de la côte, notamment Canton, puis remonte à Pékin et dans l'intérieur, à Ouchang et à Han-Kéou. Simple conflit du travail au début, cela devient un conflit politique, d'ordre national et même international.

Mouvement xénophobe comme en 1905, lors de la révolte des Boxers ? Non. Mouvement communiste fomenté par les agents de Moscou ? Pas davantage. En réalité, c'est un mouvement d'émancipation nationale et sociale : nationale, contre l'emprise des puissances étrangères qui ont en Chine des concessions, qui exploitent les chemins de fer, les douanes et les mines ; — sociale, contre l'exploitation de la main-d'œuvre chinoise dans les usines européennes, salaire dérisoire, durée du travail excessive même pour les enfants (12 à 14 heures par jour).

Dès le début, la Chine s'était rangée aux côtés de la France dans la grande guerre, dans un sentiment de droit et de justice. Le traité de Versailles n'a pas répondu à ses aspirations et à ses espérances et elle a refusé de le signer. A Washington, en 1921, on a accordé satisfaction aux revendications de la Chine d'une façon trop parcimonieuse (1). Les accords qui ont été signés à Washington sont les suivants :

1º Traité du 6 février 1922 sur les principes à appliquer à la Chine (Reconnaissance théorique de la souveraineté, de l'indépendance et de l'intégrité territoriale et administrative de la Chine. Principe de la porte ouverte et de l'égalité de chance pour les puissances étrangères).

2º Traité sur les droits de douane en Chine du 6 février 1922.

Ces deux traités ont été ratifiés par la France le 21 août 1925 (*Journal officiel* du 26 août).

3º Traité entre la Chine et le Japon quant à la rétrocession de Chantoum que le traité de Versailles avait attribué au Japon (art. 156 à 158).

En outre, diverses résolutions ont été prises par la Conférence, notamment en ce qui concerne la suppression des postes étrangères en Chine, l'évacuation des garnisons étrangères, le statut du chemin de fer de l'Est chinois, etc.

V. Traité hollando-belge du 3 avril 1925 (2). — *Double objet.* — Ce traité a un double objet :

(1) Consulter à ce sujet l'*Europe Nouvelle* : 1º du 14 janvier 1922, p. 49 et suiv. (l'histoire de Washington) ; 2º du 11 mars 1922, p. 309 et suiv. (texte des traités de Washington) ; 3º du 18 juillet 1925, entièrement consacrée aux affaires de Chine (p. 942 à 970). et dans ce numéro le lumineux article de M. L. Weiss. Cf. Séance de la Chambre du 6 juillet 1925, *Officiel* du 7, p. 3204 et suiv.

(2) On trouvera le texte de cet accord dans l'*Europe*

1º Régler le statut international de la Belgique vis-à-vis de la Hollande ;

2º Établir le régime des voies navigables intéressant les deux pays voisins.

Statut international de la Belgique. — L'article 1er du traité déclare abrogés : 1º l'article 7 du traité conclu à Londres le 19 avril 1839 qui posait le principe de la neutralité perpétuelle de la Belgique ;

2º l'article 14 du même traité portant que le port d'Anvers « continuera d'être uniquement un port de commerce ».

Déjà, sans doute, l'article 31 du traité de Versailles avait aboli la neutralité perpétuelle de la Belgique. Mais ce texte n'avait pas de valeur à l'égard de la Hollande, qui ne figure pas au nombre des États signataires du traité de Versailles. D'où, en ce qui la concerne, la nécessité d'un accord spécial.

Régime des voies navigables. — C'est la partie la plus étendue du traité (art. 2 à 9).

Nous nous bornerons à signaler les points suivants :

1º L'affirmation du principe de la liberté de navigation et du principe de l'égalité de traitement, « de telle sorte qu'aucune distinction ne soit faite entre les ressortissants, les biens et le pavillon de l'État riverain lui-même et les ressortissants, les biens et le pavillon de tout autre État » (art. 3) ;

2º La création d'une commission mixte composée en nombre égal de représentants des deux États, ayant pour mission de statuer sur tout ce qui concerne les intérêts de la navigation, dont les décisions devront être approuvées par les deux gouvernements ou, à défaut d'accord, devront être soumises à un collège arbitral (art. 4).

3º Les règles à suivre pour l'écoulement des eaux des Flandres belges à travers le territoire de la Hollande, le régime des canaux existants et les nouveaux canaux à construire (art. 2, 4 et 6).

4º La réglementation du pilotage (art. 4, p. 9) et du droit de pêche (art. 4, p. 11).

VI. La question des dettes interalliées. — Cette question a été l'occasion de deux négociations restées jus-

---

Nouvelle du 22 août 1925, p. 1125, qui contient également un article très documenté à ce sujet, p.1113 à 1117.

qu'ici sans résultat : la première avec le gouvernement britannique, au mois d'août 1925, la seconde avec le gouvernement américain, en septembre 1925 (1).

Notons simplement que d'après les arrangements conclus à l'heure où nous écrivons (17 novembre 1925), la Grande-Bretagne ne paiera aux Etats-Unis que 76 % environ de sa dette, la Belgique que 45 % et l'Italie 25 ½ %. La France est en droit de réclamer un traitement au moins égal à celui que le gouvernement italien vient d'obtenir.

VII. **La sixième assemblée de la Société des Nations** (2). — Elle s'est tenue à Genève du 7 au 26 septembre. Quarante-neuf Etats, sur cinquante-cinq Etats membres de la Société, étaient représentés. Elle a tenu dix-neuf séances plénières.

Enterrement solennel, avec fleurs et couronnes tressées par de nombreux orateurs, du fameux protocole sur l'arbitrage, la sécurité et le désarmement, acclamé avec une touchante unanimité en 1924, sous les efforts conjugués de la Grande-Bretagne, de ses Dominions et de l'Italie, telle a été la caractéristique de cette assemblée « moins brillante, moins impressionnante que celle de l'année précédente ! »

Toutefois, elle a adopté : 1° une résolution prévoyant la mise à l'étude au sein d'une commission spéciale du problème économique ; 2° la création d'un Comité préparatoire, chargé d'étudier les questions d'ordre économique qui pourraient par la suite être portées devant une Conférence internationale.

Presque simultanément se tenait, à Genève également, la trente-cinquième session du Conseil (du 2 au 28 septembre 1925). Il a eu à s'occuper de deux principales questions : 1° celle du rétablissement financier et économique de l'Autriche ; 2° celle plus irritante de Mossoul. Très embarrassé de départager les prétentions rivales de l'Angleterre et de la Turquie à la suite du rapport du Comité chargé d'en préparer la solution, le Conseil, pour gagner du temps, a renvoyé

_____

(1) Voir les détails que nous donnons à ce sujet dans notre *Manuel de législation financière*, 2ᵉ éd., p. 525.

(2) Consulter : le résumé mensuel de septembre 1925, p. 214 et suiv., et l'*Europe Nouvelle* du 26 septembre 1925.

pour avis deux points de droit à la Cour permanente de justice internationale.

Notons enfin qu'un incident de frontière entre Grecs et Bulgares, qui aurait pu déchaîner une nouvelle guerre, a été heureusement résolu pacifiquement, grâce à l'intervention du Conseil de la Société des Nations, réuni immédiatement à Paris par son président en exercice, M. Aristide Briand, du 26 au 30 octobre 1925 (Résumé mensuel d'octobre, p. 270 et suiv.).

VIII. **Les accords de Locarno.** — On entend par là une série d'accords négociés à la suite d'une Conférence germano-alliée, tenue à Locarno en Suisse du 5 au 16 octobre 1925. Ils se composent de neuf documents (1) :

1° Un protocole, où sont résumés les travaux de la Conférence et où est affirmé l'espoir que le pacte rhénan de sécurité réciproque et les conventions d'arbitrage relatives aux frontières orientales de l'Allemagne raffermiront la paix et la sécurité en Europe et seront de nature à hâter d'une manière efficace le désarmement prévu par l'article 8 du pacte de la Société des Nations ;

2° Un traité par lequel l'Allemagne, la Belgique, la France, la Grande-Bretagne et l'Italie garantissent le *statu quo* territorial rhénan, la frontière franco-germano-belge et le maintien de la zone rhénane démilitarisée en vertu des art. 42 et 43 du traité de Versailles (rive gauche du Rhin et 50 kilomètres sur la rive droite);

3° Quatre conventions d'arbitrage passées d'une part par l'Allemagne et, d'autre part, respectivement, par la France, la Belgique, la Pologne et la Tchécoslovaquie, en vue du règlement pacifique de tous les litiges qui viendraient à surgir entre ces différents pays ;

4° Deux accords conclus entre la France et la

---

(1) *Le Temps* du 21 octobre 1925. Lire dans la *Revue politique et parlementaire* de novembre 1925 un article de M. Joseph Barthélemy « après Locarno, vers les Etats-Unis d'Europe » dont voici la conclusion : « J'ai la conviction qu'il faut suivre la politique de Locarno parce que c'est la seule possible... Une autre politique eût été plus fructueuse, notamment pour les réparations. Mais cette politique est morte, elle ne revivra pas... Nous abandonnons un idéal de justice pour nous résigner au possible » (p. 256).

Pologne, la France et la Tchécoslovaquie, s'engageant à se prêter mutuellement aide et assistance au cas où l'un des Etats contractants viendrait à souffrir de la part de l'Allemagne d'un manquement à ses engagements, accompagné d'un recours aux armes qui n'aurait pas été provoqué ;

5° Enfin une déclaration relative à l'interprétation de l'article 16 du pacte de la Société des Nations, précisant que, pour la contribution qui pourrait être demandée à l'Allemagne, contre un Etat coupable d'agression, il serait tenu compte, comme pour tous les autres Etats, de sa situation militaire et de sa position géographique.

Notons encore : 1° Que tous les documents diplomatiques ont été rédigés en une seule langue, le français (1) ; 2° Qu'ils doivent être définitivement signés à Londres le 1er décembre 1925 ; 3° Qu'ils n'entreront en vigueur que du jour où l'Allemagne sera devenue membre de la Société des Nations ; 4° Qu'ils ne portent aucune atteinte aux droits et obligations résultant du traité de Versailles.

Puissent ces accords être vraiment le prélude d'une détente morale entre les nations et faire régner la paix véritable entre les Etats de l'Europe !

Faisons encore cette remarque. C'est que dans toutes les négociations que la France a entreprises depuis l'armistice, c'est auprès du gouvernement conservateur britannique, et tout particulièrement auprès du ministre des Affaires étrangères, M. Chamberlain, que la France a rencontré l'appui le plus loyal, le plus sincère et, peut-on ajouter, le plus amical ; il en avait été tout autrement auprès des gouvernements précédents, soit libéraux avec M. Lloyd George, soit travaillistes avec M. Mac Donald. Il est juste aussi d'ajouter que, dans ces dernières tractations, la France avait eu la chance d'être représentée par un des plus grands diplomates actuels, celui qu'on peut sans flatterie appeler le Talleyrand de la troisième République.

IX. **Suite des accords de Locarno.** — Comme suite

---

(1) Lire à ce sujet dans *Le Temps* du 27 août 1925 un article intéressant de M. Max de Foucauld.

aux accords de Locarno et pour se conformer à ce qu'on a appelé « l'esprit de Locarno », la Conférence des ambassadeurs, dans sa réunion du 14 novembre 1925, a fixé au 1er décembre le début de l'évacuation de la zone de Cologne qui devra être complètement achevée au 1er février 1926 et a arrêté un ensemble de mesures destinées à atténuer le régime de l'occupation des territoires rhénans.

De son côté le gouvernement allemand devra : 1° ratifier l'accord de Locarno à la date du 1er décembre 1925.

2° Accorder satisfaction aux Alliés sur les quatre points restés encore en litige quant à l'état de désarmement du Reich :

a) Modification du statut du général Von Seckt comme commandant en chef de l'armée allemande et suppression du grand état-major reconstitué ;

b) Interdiction de toute instruction militaire pour les associations sportives et universitaires ;

c) Abolition de tout ce qui donne un caractère nettement militaire à l'organisation de la police (notamment son casernement) ;

d) Interdiction de tout entraînement des troupes à l'emploi des armes défendues par le traité de Versailles.

Donc, une fois de plus la France et ses alliés auront fait preuve envers l'Allemagne d'une bienveillance sans précédent. « Si, après cela, cette politique... devait se révéler impuissante, la responsabilité en incomberait à l'Allemagne seule, et c'est elle qui apparaîtrait aux yeux du monde entier comme résolue à faire obstacle aux plus louables efforts pour fonder la paix durable, tout comme elle fut coupable en 1914 de la guerre à laquelle elle s'était préparée pendant des années et qu'elle déchaîna à l'heure la plus favorable à ses desseins » (1).

X. **Amendements au Pacte de la Société des Nations.** — Des amendements aux articles 6, 12, 13 et 15 du Pacte de la Société des Nations, consignés dans un protocole du 5 octobre 1921, ont été ratifiés par la France le 1er septembre 1925 (*J. off.* du 5).

_____

(1) *Le Temps* du 16 novembre 1925.

Art. 6. — L'amendement a pour objet de répartir les dépenses de la Société entre ses divers membres. La Grande-Bretagne et la France y participent pour 90 unités alors que le Japon et l'Italie n'y contribuent que pour 65 unités seulement.

L'amendement aux articles 12, 13 et 15 a pour objet d'ajouter le règlement judiciaire par la Cour permanente de justice internationale ou toute autre juridiction ou Cour désignée par les parties intéressées aux moyens pacifiques indiqués par le texte originaire (solution arbitrale ou intervention du Conseil de la Société).

XI. **Territoire de Memel.** — Convention signée à Paris — entre les puissances intéressées le 8 mai 1924, ratifiée le 25 août 1925, transférant à la Lithuanie les droits appartenant à l'Allemagne sur le territoire de Memel.

Ce territoire de Memel constituera sous la souveraineté de la Lithuanie une unité jouissant de l'autonomie législative judiciaire, administrative et financière conformément au statut fixé dans l'annexe I.

XII. **Addition à la page 155.** — Après la 4e ligne, rétablir le paragraphe suivant dont l'indication a été omise au texte :

§ 1er. — **Règles constitutives de la Société des Nations.**

XIII. **Affaire de Mossoul.** — La Cour permanente de justice internationale a prononcé sa décision sur les questions qui lui ont été posées par le conseil de la Société des Nations dans la question de Mossoul.

La Cour est d'avis :

1o Que la décision à prendre par le conseil, en vertu de l'article 3, paragraphe 2, du traité de Lausanne, sera obligatoire pour les parties et constituera la détermination définitive de la frontière entre la Turquie et l'Irak ;

2o Que la décision devra être prise par le conseil à l'unanimité, les représentants des deux parties (Turquie et Angleterre) prenant part au vote, mais leurs voix ne comptant pas dans le calcul de l'unanimité (Consulter à ce sujet le résumé mensuel de la S. D. N. d'octobre 1925, p. 276).

XIV. Rapprochement russo-polonais. — Il faut lire dans la *Revue politique et parlementaire* de novembre 1925, p. 304, un article de M. J. Blociszewski sur le rapprochement russo-polonais, manifesté par la récente visite de M. Tchitchérine à Varsovie, du 27 au 29 septembre 1925. « L'amitié de la Pologne est destinée, dit-il, à préserver la Russie des entreprises britanniques, comme l'amitié du gouvernement de Moscou doit sauvegarder la Pologne des entreprises de l'Allemagne, qui la menace militairement et qui la bloque économiquement. » Et la France ne peut que s'en réjouir. « Il est évident qu'une Pologne vivant en bonne intelligence avec la Russie est une alliée plus intéressante qu'une Pologne menacée sur toutes ses frontières. »

XV. Ratification de la Convention postale. — La Convention postale universelle, signée à Stockolm, le 28 août 1924, a été ratifiée par la France le 10 octobre 1925. On en trouvera le texte complet à l'*Officiel* du 18 novembre 1925 (V. *suprà*, p. 446).

XVI. Relations internationales et T. S. F. — Grâce à la T. S. F. il n'y a plus ni temps, ni distance pour les communications entre les hommes, aucun point du globe terrestre qui soit inaccessible. « Dans le même temps et comme pour donner toute sa valeur à notre dernière conquête surgit une grande idée : l'idée de l'unité humaine, de la solidarité qui relie les nations entre elles, de l'interdépendance de toutes les parties de l'univers. »

Lire sur cette question le numéro de l'*Europe Nouvelle* du 21 novembre 1925 qui est consacré tout entier à la radiotéléographie et à la radiophonie (p. 1530 à 1580).

XVII. Le pacte de Locarno a été signé à Londres le 1er décembre 1925 comme il avait été convenu.

TABLE ANALYTIQUE DES MATIÈRES

Dr. int. pub. 44

TROISIÈME PARTIE

DE L'ÉTENDUE DE LA SOUVERAINETÉ DES ÉTATS

PREMIÈRE SECTION. — *Du territoire des Etats en général.*

IIe SECTION. — *De la mer.*

IIIe SECTION. — *Des fleuves.*

TABLE ALPHABÉTIQUE DES MATIÈRES

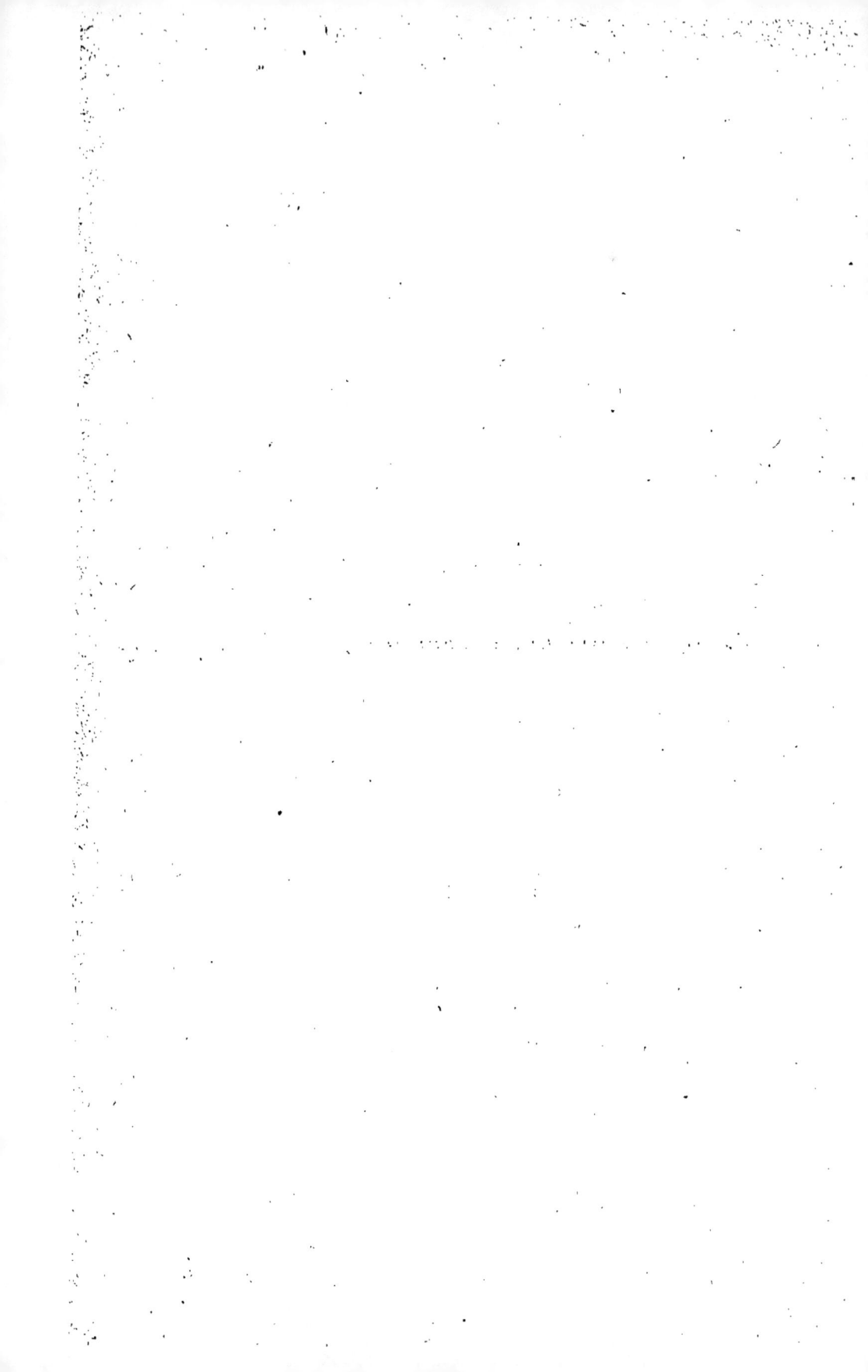

DROIT INTERNATIONAL PUBLIC

RÉSUMÉ

EN

TABLEAUX SYNOPTIQUES

RÉSUMÉ EN TABLEAUX SYNOPTIQUES

Définitions et divisions.	Le *droit interne* est celui qui s'applique sur le territoire de chaque État. Le *droit international* est celui qui préside aux relations des États ou des sujets des divers États entre eux. Il se divise en droit international public ou droit des gens, et en droit international privé. *Domaine du droit international public* : Il s'occupe des États en eux-mêmes. Il détermine : leurs éléments constitutifs, leur formation, leur développement et leur fin ; leurs droits et leurs devoirs ; leurs relations pacifiques ; les litiges internationaux ; enfin, il tranche le conflit des lois criminelles (controversé). *Domaine du droit international privé* : Il s'occupe de la nationalité ; de la condition des étrangers en France ; du conflit des lois civiles. *Différences entre le droit interne et le droit international public* : 1° Le droit interne s'applique à l'intérieur de chaque État ; le droit international, aux relations extérieures des États ; 2° les sujets du droit interne sont les sujets de chaque État ; les sujets du droit international sont les États eux-mêmes ; 3° dans l'intérieur de chaque État il y a un législateur, des juges et des gendarmes ; au contraire, pas d'autorité supérieure aux États ; en conséquence, le droit international n'a pas de sanction.
Sources du droit des gens.	1° *Traités* (traité proprement dit, conventions, déclaration, etc.) forment le droit des gens écrit. 2° *Coutumes internationales* forment le droit des gens non écrit ou coutumier. 3° *Doctrine des jurisconsultes* : Institut de droit international fondé à Gand en 1873. Institut américain de droit international (1915). 4° *Lois des États* (au point de vue de la représentation à l'étranger et de l'exercice du droit de négociation). 5° *Décision des tribunaux* (en matière de prises maritimes).

Histoire du droit des gens.	1re période : *Antiquité grecque et romaine.*	1° Exclusivement national. 2° État normal des relations extérieures, la guerre ; à Rome, *Fétiaux*, magistrats chargés de déclarer la guerre et de conclure les traités. Deux coutumes barbares : droit d'aubaine et droit de naufrage. *Faits qui influent sur le droit des gens.*
	2e période : *Moyen âge.*	1° Christianisme ; le pape médiateur et arbitre suprême ; 2° les croisades ; 3° la chevalerie ; 4° la réforme ; 5° les grandes découvertes qui soulèvent la question de la liberté des mers avec Grotius (1583-1645).
	3e période : *De la paix de Westphalie (1648) à la Révolution française (1789).*	1° *Traité de Westphalie* mettant fin à la guerre de Trente Ans : proclamant la liberté religieuse dans les relations internationales ; les protestants entrent dans le droit des gens ; le pape déchu de son rôle de médiateur et d'arbitre suprême. 2° *Traité des Pyrénées* (1659) sert encore de base aux relations territoriales de la France et de l'Espagne, règle le mariage de Louis XIV et de Marie-Thérèse. 3° *Traité d'Utrecht* (1714). La France perd Terre-Neuve, mais conserve le droit de pêche sur les côtes ; la Prusse reconnue comme royaume. Gibraltar acquis par l'Angleterre.
	4e période : *De la Révolution française à nos jours.*	La Révolution établit le principe de liberté, d'égalité, de souveraineté nationale ; supprime le droit d'aubaine. *Congrès de Vienne* (1815) organise l'Europe d'après le principe de l'équilibre européen. Pentarchie formée par Angleterre, Autriche, France, Prusse et Russie. En 1829, indépendance de la Grèce ; en 1830, indépendance de la Belgique. *Congrès de Paris* (1856) pose le principe du droit des gens maritime. En 1866, dissolution de la Confédération germanique remplacée par la Confédération de l'Allemagne du Nord. En 1871, l'Empire allemand constitué. En 1878, Congrès de Berlin. En 1899, première conférence de la paix à la Haye. En 1907, seconde conférence de la Haye. En 1911, conflit marocain provoqué par l'Allemagne. En 1914, guerre européenne déchaînée par l'Allemagne et sa complice l'Autriche-Hongrie. En 1917, effondrement de la Russie. Révolution bolcheviste. Le 11 novembre 1918, armistice sollicité par l'Allemagne vaincue. Conférence de la paix tenue à Paris à partir du 18 janvier 1919. Le 28 juin 1919, signature à Versailles du traité de paix avec l'Allemagne.

Résumé du traité de Versailles.	1° *Clauses territoriales.*	Alsace-Lorraine rendue à la France. Bassin de la Sarre occupé pendant 15 ans par la France ; après quoi, plébiscite ; la propriété des min concédée à la France. Pologne reconnue indépendante. Dantzig ville libre. Plébiscite pour une partie de la Haute-Silésie. Sleswig Nord. Plébiscite.
	2° *Restitutions.*	Colonies allemandes réparties entre les Etats capables de les administrer. De tout ce que les Allemands ont pillé et volé pendant la guerre.
	3° *Réparations.*	L'Allemagne reconnaît le principe de sa responsabilité. Elle s'engage à réparer les dommages causés pour une somme à fixer par une Commission. Les dépenses de guerre non restituées. Pas d'indemnité de guerre.
	4° *Sanctions.*	Mise en accusation de Guillaume II. Mise en jugement des officiers et fonctionnaires allemands coupables.
	5° *Garanties pour l'avenir.*	1° Réduction de l'armée allemande. 2° Limitation du matériel de guerre sur terre et sur mer. 3° Démilitarisation de la rive gauche et de la rive droite du Rhin jusqu'à 50 kilomètres du fleuve. 4° Traité d'alliance défensive signé par la Grande-Bretagne et les Etats-Unis avec la France au c d'attaque non provoquée de l'Allemagne. Ce traité n'a pas été ratifié.

Ire PARTIE. — De l'Etat comme sujet du droit international.

I. Eléments constitutifs de l'Etat.

Définition : L'Etat est une communauté d'hommes établie d'une façon permanente sur un territoire déterminé, soumise à un gouvernement, indépendante et souveraine.
1° Réunion d'hommes.
2° Habitant le même territoire.
3° Soumise au même gouvernement.
4° Indépendante et souveraine.

Définition de la nation : Réunion d'hommes ayant la même origine, les mêmes mœurs et les mêmes aspirations.
Différence entre l'Etat et la nation : L'Etat éveille l'idée d'un lien politique, la nation l'idée d'un lien moral. Il peut y avoir u Etat sans nation (Autriche-Hongrie), ou une nation sans Etat (Pologne).

II. Classification des Etats.	1. D'après leur composition.	1° *Etats simples.*	Ceux qui sont en possession d'une unité parfaite et forment un tout homo gène et indivisible (Belgique, France, Italie, Espagne).
		2° *Etats composés.*	**1° Union personnelle.** *Définition :* Situation de 2 Etats placés so l'autorité d'un même souverain pour la dur de son siège, tout en conservant une perso nalité distincte, à l'intérieur et à l'extérieu *Caractères :* 1° situation temporaire ; 2° chaq Etat conserve son individualité au dedans au dehors ; seul point commun, le souverai *Exemple :* Jusqu'en octobre 1908, Belgique Etat libre du Congo.
			2° Union réelle. *Définition :* Situation de 2 Etats placés po toujours sous l'autorité d'un même souverai en conservant une personnalité distincte l'intérieur, mais ne formant qu'un seul Et au point de vue extérieur. *Caractères :* 1° situation perpétuelle ; 2° chaq Etat conserve son individualité à l'intérieu mais la perd au profit de l'union, à l'extérieu *Exemple :* Autriche-Hongrie, jusqu'en 1918.

			3° Union incorporée.	*Définition* : Situation de plusieurs Etats dont la personnalité est absorbée à l'intérieur et à l'extérieur par la personnalité qui appartient à l'union. *Caractères* : 1° perpétuelle ; 2° absorption des Etats qui ne conservent une certaine individualité que quant à l'administration et à la législation civile. *Exemple* : Royaume-Uni de Grande-Bretagne composé de 3 Etats : Angleterre, Irlande, Ecosse.
II. Classification des Etats (*suite*).	1. D'après leur composition (*suite*).	2° *Etats composés* (suite).	4° Confédération d'Etats et Etat fédéral.	*Définition* : Associations politiques entre plusieurs Etats, pour la défense d'intérêts communs. *Caractères de la Confédération d'Etats* : 1° chaque Etat conserve sa souveraineté intérieure et extérieure, pouvant avoir une représentation diplomatique, conclure des traités ; 2° il n'y a pas de gouvernement de la confédération superposé au gouvernement des Etats. *Caractères de l'Etat fédéral* : 1° chaque Etat perd sa souveraineté extérieure au profit de l'Etat fédéral ; 2° l'Etat fédéral a un gouvernement propre superposé au gouvernement de chacun des Etats. Tendance des confédérations d'Etats vers l'Etat fédéral. *Etats-Unis d'Amérique* : de 1770 à 1787, c'est une confédération d'Etats ; depuis 1787, c'est un Etat fédéral. *Composition du gouvernement fédéral* : 1° pouvoir exécutif : Président de la République élu pour 4 ans au suffrage universel à deux degrés ; 2° pouvoir législatif : Chambre des représentants, élue par le peuple ; Sénat élu par le gouvernement des Etats ; 3° pouvoir judiciaire : Cour suprême s'occupant des intérêts généraux des Etats dans leurs rapports entre eux et avec les puissances étrangères. *Suisse* : jusqu'en 1848, c'est une confédération ; depuis 1848, un Etat fédéral. *Composition du gouvernement fédéral* : 1° pouvoir législatif : diète fédérale composée du conseil national élu par le suffrage universel et du conseil des Etats élu par l'assemblée du peuple dans chaque canton ; 2° pouvoir exécutif : conseil fédéral composé de 7 membres

II. Classification des Etats (suite).			
1. D'après leur composition (suite).	2° Etats composés (suite).	4° Confédération d'Etats et Etat fédéral (suite).	nommés pour 3 ans par la diète ; le présid[ ] du conseil, élu pour un an, est le présid[ ] de la fédération ; 3° pouvoir judiciaire : bunal fédéral suisse siégeant à Lausa[ ] statue sur les différends entre les cantons; Allemagne : quatre transformations successi[ ] 1° de 1815 à 1866, confédération germani[ ] sous la présidence de l'Autriche ; 2° de 1[ ] à 1871, confédération de l'Allemagne du N[ ] sous la présidence de la Prusse ; 3° de[ ] 1871, empire allemand ; 4° Empire répu[ ] cain allemand. Organes de l'empire allemand de 1871 : 1° de Prusse, président de la fédération a[ ] titre d'empereur allemand ; 2° chancelier[ ] l'empire, président du conseil des ministres[ ] Prusse et du conseil fédéral ; 3° conseil féd[ ] composé des représentants des Etats et co[ ] tituant : une chambre haute, un conseil gouvernement et un tribunal ; 4° Reichs[ ] composé de députés élus au suffrage unive[ ] direct. Actuellement, constitution du 11 août 19[ ] un président, une assemblée nationale et [ ] commission des Etats.
2. D'après leur souveraineté.	1° Etats souverains. — Ceux qui jouissent de la pleine indépendance, au point de vue intérieur[ ] extérieur.		
	2° Etats mi-souverains.		Définition : Ceux qui se trouvent dans un lien de dépendance plus ou mo[ ] étroit à l'égard d'un autre Etat. Etats vassaux : Egypte à l'égard de la Turquie, jusqu'en 1914. Etats protégés de la France : 1° la Tunisie, en vertu du traité de Bardo[ ] 12 mai 1881 ; 2° l'Annam, le Tonkin et le royaume du Cambodge, vertu des divers traités de 1863, 1874, 1884 et 1885 ; 3° le Maroc en ve[ ] du traité de Fez de 1912. République d'Andorre : est placée sous la protection indivise de la Fra[ ] et de l'évêque d'Urgel.
3. D'après la forme du gouvernement.	1° Etats monarchiques (droit commun en Europe).		1° Monarchie absolue (Russie), jusqu'en 1917. 2° Monarchie constitutionnelle (Italie, Grande-Bretagne, etc.).
	2° Républiques (France, Suisse).		1° Démocratique. 2° Aristocratique.
4. D'après leur puissance.	1° Grandes puissances. 2° Etats secondaires.		Depuis 1867, l'Italie a été reconnue comme telle : en sorte qu'en Euro[ ] 6 grandes puissances : Angleterre, Allemagne, Autriche-Hongrie (j[ ] qu'en 1918), France, Italie, Russie, formant une exarchie. Hors d'Europ[ ] Etats-Unis et Japon.

II. Formation, agrandissement et fin des Etats.

1. Comment un Etat se forme, grandit et meurt.

a) *Formation.*

1er mode : au détriment d'Etats anciens.

1er cas : Province ou colonie qui se déclare indépendante (Etats-Unis, 1770, Grèce, 1827, Belgique, 1830).
2e cas : Etat mi-souverain devient souverain (Roumanie, Serbie, 1878 à 1882).
3e cas : Transformation d'une confédération (Allemagne, en 1866).
4e cas : Union de plusieurs Etats pour en former un seul ; soit par une fusion complète (Italie) ; soit par juxtaposition (Autriche-Hongrie) ; soit par superposition (Empire allemand de 1871).

2e mode : par l'organisation de territoires nouveaux.

1º République de Libéria sur la côte occidentale d'Afrique (1885).
2º Congo belge fondé par l'Association internationale africaine (1885).

Reconnaissance d'un Etat nouveau : Acte par lequel la formation de cet Etat est acceptée par les Etats anciens. C'est un acte politique dépendant de l'appréciation souveraine de chaque gouvernement. Elle peut être collective (dans un congrès), ou individuelle, formelle ou tacite.

b) *Agrandissement.*

1er cas : Incorporation ou absorption d'un Etat étranger (Hanovre, Hesse électorale absorbés par la Prusse en 1866).
2e cas : Annexion d'un territoire (Nice et Savoie annexées par la France en 1860, Alsace-Lorraine annexée par l'Allemagne en 1871).

c) *Fin.*

1º Dissolution d'une confédération.
2º Réunion de plusieurs Etats en un seul.
3º Incorporation d'un Etat à un autre.

2. Théories qui président aux transformations des Etats.

1º *Equilibre européen.*

Définition : Théorie d'après laquelle le rapport des forces des Etats européens doit être établi d'une façon suffisamment égale pour qu'aucun ne puisse dominer les autres.
Applications : Au XVIIe siècle, Richelieu contre maison d'Autriche. Europe contre Louis XIV ; au XIXe siècle, Europe contre Napoléon Ier ; traités de Vienne ; politique actuelle des grandes puissances à l'égard de l'empire ottoman.

2º *Principe des nationalités.*

Définition : Principe en vertu duquel les Etats doivent être formés par les nationalités.
Origine : Théorie moderne ; a pris naissance en Italie ; exposée par Mancini.
Eléments de nationalité : Frontières naturelles, communauté de race, de langue, de mœurs, mais surtout volonté humaine, identité de sentiments et d'aspirations.
Applications : Indépendance de la Grèce, de la Belgique, unité italienne, unité allemande.

3º *Droit des peuples de disposer d'eux-mêmes.*

Origine historique : Philosophie du XVIIIe siècle. Contrat social. Révolution française.
Applications : Principe méconnu par le congrès de Vienne en 1815 ; consacré au contraire par le traité de Versailles de 1919.

III. Formation, agrandissement et fin des Etats (*suite*).	**3. Conséquences juridiques des transformations des Etats.**	1° *Sur la dette publique.*	1er cas : Etat se formant par la réunion de plusieurs Etats (Italie) succède aux dettes des Etats anciens dont il se forme. 2e cas : Etat absorbe un autre Etat (Hanovre absorbé par la Prusse) même solution. 3e cas : Etat démembré par le soulèvement d'une province qui se forme en Etat indépendant ou par la perte d'une portion de territoire. En général l'Etat qui se forme ou qui s'agrandit ainsi supporte une partie de la dette de l'Etat démembré. Laquelle ? à défaut de traité, c'est celle qui était supportée antérieurement par la province qui se détache ou est annexée (Controverse, v. p. 133).
		2° *Sur les traités.*	1er cas : Etat se formant par le soulèvement d'une province ou d'une colonie (Etats-Unis, Belgique). L'Etat nouveau ne peut invoquer, ni se voir opposer les traités conclus par l'Etat ancien au détriment duquel il se forme. 2e cas : Etat nouveau se forme par la fusion de plusieurs Etats ; même solution. 3e cas : Etat absorbé par un autre Etat ; même solution. 4e cas : Etat démembré par la perte d'une province ou d'une colonie. Les traités qu'il a conclus restent intacts.
		3° *Sur les institutions politiques.*	1er cas : Un Etat nouveau se forme. En principe, il peut se donner les institutions qu'il veut (Etats-Unis). Quelquefois c'est le Congrès qui a présidé à la formation de l'Etat qui lui donne sa constitution politique (Grèce, Belgique). 2e cas : Incorporation d'un Etat ou annexion d'un territoire.
		4° *Sur l'exécution des jugements.*	1er cas : Jugement rendu par un tribunal du pays démembré, avant l'annexion ; n'est pas exécutoire de plein droit sur le territoire annexé. 2e cas : Jugement rendu par un tribunal du pays annexant, avant l'annexion ; est exécutoire sur le territoire annexé. 3e cas : Jugement rendu par un tribunal du pays annexé, avant l'annexion est exécutoire sur le territoire de l'Etat démembré après l'annexion. 4e cas : Jugement rendu par un tribunal de l'Etat démembré avant l'annexion ; n'est pas exécutoire après l'annexion, sur le territoire annexé.
		5° *Sur la poursuite des crimes et délits.*	1er cas : Crime commis sur le territoire annexé, le coupable se réfugie sur le territoire de l'Etat démembré avant l'annexion. Il ne pourra être poursuivi par les autorités judiciaires du territoire annexé, après l'annexion. 2e cas : Crime commis sur le territoire de l'Etat annexant, le coupable se réfugie sur le territoire annexé, avant l'annexion. Il pourra être poursuivi, après l'annexion, par les autorités judiciaires du territoire de l'Etat annexant.
		6° *Sur la nationalité des habitants.*	1er cas : *Transformations des Etats qui ne modifient pas la nationalité des habitants :* a) Etat fédéral formé par la réunion de plusieurs Etats indépendants. Les habitants de ces Etats conservent leur nationalité première et en acquièrent une nouvelle, celle de l'Etat fédéral. b) Union réelle ou personnelle de 2 Etats. Les habitants de chaque Etat conservent leur nationalité propre. c) Etat placé sous le protectorat d'un autre Etat ; même solution.

2ᵉ cas : *Transformations des Etats qui modifient la nationalité des habitants :*
  a) Fusion de plusieurs Etats en un seul ; exemple : Italie.
  b) Etat incorporé à un autre Etat ; exemple : Hanovre.
  c) Annexion de territoire.

1ʳᵉ *question :* Personnes atteintes dans leur nationalité, Controverse. Opinion dominante : les sujets de l'Etat démembré qui au moment de l'annexion avaient leur domicile sur le territoire annexé.

Application : 1° Traité franco-sarde de 1860 (Annexion de Nice et de la Savoie à la France) se rattache au domicile ; 2° Traité franco-allemand de 1871, relatif à l'Alsace-Lorraine. D'après l'interprétation acceptée par la France, se rattache à l'origine jointe ou non au domicile. D'après l'Allemagne, il se rattache aussi au domicile.

2ᵉ *question :* Conditions auxquelles les personnes atteintes dans leur nationalité peuvent la recouvrer. En général 2 conditions : 1° émigration ; 2° déclaration d'option.

Application : Dans le traité franco-sarde et franco-allemand.

3ᵉ *question :* Un droit d'option personnel appartient-il à la femme mariée et au mineur ? En théorie, oui, la femme l'exerce avec l'autorisation du mari ; le mineur dans l'année de sa majorité.

Application : Traité franco-sarde l'accorde à la femme ; silence pour le mineur, divergence entre la jurisprudence française et italienne. Silence du traité franco-allemand. Conflit. Traité de Versailles de 1919 : l'option du mari entraîne celle de la femme ; et l'option des parents celle des enfants de moins de 18 ans.

III. Formation, agrandissement et fin des Etats (*suite*).	3. Conséquences juridiques des transformations des Etats (*suite*).	6° *Sur la nationalité des habitants* (suite).	De l'annexion de territoire.	

Définition : C'est un groupement formé entre un certain nombre d'Etats indéterminé pour développer la coopération entre les nations et leur garantir la paix et la sûreté (art. 1 à 26 du traité de Versailles).

IV. De la Société des Nations.	Sa composition.	1° *Membres originaires.*	*a)* Les 27 Etats alliés ou associés, y compris les dominions britanniques et l'Inde.
			b) 12 Etats désignés pour y être admis sur leur demande.
		2° *Membres admis à deux conditions..*	*a)* Acceptation des deux tiers des membres de l'assemblée.
			b) Garantie de sa bonne foi.
		Retrait.	Possible moyennant préavis de deux ans.
		Exclusion.	Prononcée par l'assemblée contre un membre qui a violé un engagement du pacte.
	Ses organes.	1° *Assemblée.*	Se compose des représentants des membres de la Société.
			Pas plus de trois membres et pas plus d'une voix par Etat.
			Se réunit à des époques fixées et lorsqu'il y a lieu.

11.

IV. De la Société des Nations (*suite*).	**Ses organes** (*suite*).	*2° Conseil.*	Onze membres (Septembre 1922). 1° Cinq grandes puissances. 2° Six aux membres désignés par l'assemblée. Se réunit au moins une fois par an.
		Règle commune.	En principe, décisions prises à l'unanimité. Pour les questions de procédure, majorité suffit.
		3° Secrétariat.	Secrétaire général. Secrétaires et employés.
	Son siège.	Genève !	
	Sa nature juridique et sa mission.	*Deux conceptions extrêmes.*	1° Etat supranational, ayant pouvoir législatif et exécutif. 2° Grande alliance permanente, ne portant pas atteinte à la souverain.. des Etats. Solution intermédiaire consacrée à Versailles.
		Objet de sa mission.	Garantir le maintien de la paix. Faire régner la justice. Assurer le respect des traités. Protéger les populations arriérées. Exécuter de nombreuses missions prévues au traité.
		Mesures propres à garantir la paix.	1° Limitation des armements. 2° Engagement de respect et de garantie mutuels. 3° Règlement pacifique des conflits soit par voie d'arbitrage soit par v.. d'examen par le conseil. 4° Projet de protocole de Genève de septembre 1924 (non ratifié).
		Mesures édictées à l'égard d'engagements internationaux.	1° Enregistrement au secrétariat. 2° Révision des traités d'une application difficile. 3° Nullité des ententes antérieures incompatibles.. Reconnaissance de.. doctrine de Monroe.
		Tutelle sur les populations arriérées.	Mandat donné à des Etats de les gouverner. Rapport annuel sur l'exécution du mandat.
		Questions soumises à sa surveillance.	Conditions du travail. Traitement des populations indigènes. Commerce des armes et munitions, etc., etc.
		Missions nombreuses dans le traité de Versailles.	Protection de la ville libre de Dantzig. Surveillance des différents plébiscites. Droit d'investigation en Allemagne, etc., etc.

IIe PARTIE. — Des droits et des devoirs des Etats.

Caractère juridique de l'Etat : C'est une personne morale ayant des droits et des devoirs.
Deux sortes de droits : 1° absolus ou fondamentaux ; 2° relatifs ou conventionnels (résultant des traités).

I. Droits absolus des Etats.	**1. Droit de souveraineté et d'indépendance.**	*Définition* : La souveraineté est le droit qui appartient à l'Etat d'agir librement à l'intérieur et à l'.. térieur. — L'indépendance est le droit qui appartient à tout Etat d'écarter l'immixtion d'un au.. Etat dans ses affaires intérieures et dans ses relations extérieures.	
		a) Conséquences de la souveraineté intérieure.	1° *Au point de vue constitutionnel et politique.* — Droit pour chaque E.. de se donner la forme de gouvernement qui lui convient, de faire .. lois et règlements obligatoires sur l'étendue de son territoire ; de dét.. miner les conditions auxquelles la nationalité sera acquise, etc. 2° *Au point de vue de l'application des lois pénales.* — Les lois péna.. s'appliquent à tous les habitants du territoire. Lorsque le coupable p.. vient à gagner la frontière, l'extradition doit être demandée.

I. Droits absolus des Etats (*suite*).

1. Droit de souveraineté et d'indépendance (*suite*).

a) Conséquences de la souveraineté intérieure (suite).

3° *Au point de vue de l'application des lois civiles.* — Il semblerait logique d'appliquer aux étrangers en France la loi civile française. Mais inconvénients pour l'état et la capacité des personnes qui changeraient avec les déplacements ; aussi on admet dans une certaine mesure l'application de la loi étrangère.

4° *Au point de vue de l'exécution des jugements émanant des tribunaux étrangers.* — Ils ne produisent en France de plein droit, ni force exécutoire, ni hypothèque judiciaire. Ce serait contraire à l'indépendance de l'Etat. Exequatur donné par un tribunal français est nécessaire. Produisent-ils autorité de chose jugée ? C'est-à-dire le tribunal auquel on demande l'exequatur peut-il réviser ou non le jugement ? (Question controversée).

5° *Au point de vue de l'immunité de juridiction des Etats.* — 1er cas. — Etat étranger recherché pour un acte d'autorité et de gouvernement. Incompétence du tribunal. — 2e cas. — Etat étranger recherché pour l'exécution d'un contrat (controverse). L'opinion de la jurisprudence française est que le tribunal est compétent.

Exception à l'immunité de juridiction en matière réelle immobilière.

b) Souveraineté extérieure.

Se manifeste dans les relations extérieures des Etats.

Entraîne comme conséquences : 1° le droit de légation active et passive ; 2° le droit de négociation ; 3° le droit de guerre.

Différences entre la souveraineté intérieure et extérieure : 1° la souveraineté intérieure peut exister sans la souveraineté extérieure (Union réelle, Etat fédéral) ; 2° la souveraineté intérieure existe de plein droit ; dès que le gouvernement de l'Etat est organisé, la souveraineté extérieure doit être reconnue.

Restriction au droit de souveraineté et d'indépendance.

1° Exterritorialité des navires de guerre.
2° Immunités diplomatiques.
3° Neutralité perpétuelle de certains Etats.
4° Servitudes internationales.
5° Entrée dans la Société des Nations.

2. Droit de conservation et de défense.

Conséquences : Droit pour chaque Etat de prendre toutes les mesures qu'il juge utiles, pour assurer sa conservation et sa défense. — Contre les ennemis du dedans, établir des lois pénales, des tribunaux répressifs, des prisons ; contre les ennemis du dehors, élever des forts, armer des navires, mettre sur le pied de guerre la nation valide.

Limites de ce droit : Il a pour limite le droit égal de défense appartenant aux autres Etats. Un Etat ne doit pas chercher dans une diversion à l'extérieur le moyen de sauver son gouvernement, etc.

Projet de désarmement général, dans le but de dégrever le budget de la guerre qui pèse sur les Etats de l'Europe. Projet chimérique. Conférences de la paix tenues à la Haye en 1899 et en 1907. Expérience de la Société des Nations.

3. Droit d'égalité.

Egalité de droit, consistant en ce que tous les Etats, petits ou grands, ont tous en principe les mêmes droits et sont tous soumis aux mêmes obligations.

Inégalité de fait, résultant de leur étendue, de leurs ressources industrielles et agricoles et de leurs forces militaires (grandes puissances et Etats secondaires). Application à la Conférence de la paix (1919) et dans la Société des Nations.

4. Droit de commerce.

Droit pour les Etats d'établir entre eux des relations commerciales, sans qu'une autre puissance puisse s'y opposer. Ce droit n'est pas incompatible avec le droit d'interdire l'entrée de certaines marchandises ou de les soumettre au paiement des taxes douanières.

5. Droit au respect mutuel.

Consiste dans les égards que chaque Etat a le droit d'exiger des autres Etats, en ce qui concerne sa personnalité physique ou politique et sa dignité morale (droit au respect de sa frontière, au respect de sa constitution, au respect de ses insignes et de ses emblèmes).

II. Devoirs absolus des Etats.	1. En quoi ils consistent.		Ils sont corrélatifs aux droits. Ils consistent dans l'obligation stricte qui incombe à chaque pay[s] respecter les droits des autres Etats.
	2. De la responsabilité des Etats.		*Principe de la responsabilité* : Les Etats sont responsables des manquements qu'ils commettent à l[eurs] devoirs, en raison de leur indépendance et de leur souveraineté.
		Etendue de cette responsabilité.	a) *Actes commis par les agents de l'Etat.* L'Etat est toujours responsa[ble] Il doit suivant les cas une réparation ou une satisfaction (Incident[s de] frontière : affaire Schnœbelé ; affaire Raon-l'Etape). b) *Actes commis par de simples particuliers.* L'Etat n'en est responsable [que] lorsqu'ils sont dus à la complicité ou à la négligence de l'administrat[ion]. c) *Emeutes ou insurrections.* L'Etat n'en est pas responsable : ce sont [des] cas de force majeure. *L'insuffisance de la législation interne est-elle [une] excuse pour un Etat ?* Non (Affaire de l'*Alabama*).

Définition : L'intervention est le fait par un Etat de s'immiscer de sa propre autorité dans les affaires d'un autre Etat indé[pen]dant, pour lui imposer sa manière de voir sur une question concernant sa politique intérieure ou extérieure.

III. Théorie de l'intervention.		Eléments constitutifs.	1° Immixtion dans les affaires d'un autre Etat indépendant. 2° Immixtion par la seule volonté de l'Etat intervenant. 3° Immixtion tendant à *imposer* une certaine manière de voir. Diplomatique (officielle ou officieuse). Armée.
	1. De l'intervention au point de vue juridique.		*Principe général* : Devoir de non-intervention pour les Etats, comme conséquence de la souverain[eté.]
		Exceptions.	1re opinion. L'intervention n'est jamais légitime. 2e opinion. L'intervention est licite quand elle est motivée par l'exer[cice] du droit de conservation de l'Etat intervenant. Droit consacré au profit de la Société des Nations dans la sphère de [son] activité.
	2. De l'intervention au point de vue historique.	1° *Intervention dans les affaires intérieures.*	a) *En matière constitutionnelle.* L'Europe coalisée contre la Révolut[ion.] Puis traité de la Sainte-Alliance. b) *En matière financière.* En Portugal, en Egypte, en Grèce, en Turq[uie.] c) *En matière administrative.* Conférence d'Algésiras pour régler la po[litique] au Maroc.
		2° *Intervention dans les affaires extérieures.*	Exemple de l'intervention de l'Europe dans la guerre entre la Chine e[t le] Japon.
	3. De l'intervention des puissances européennes dans les affaires de la Turquie.		*Situation particulière de la Turquie* : Les puissances européennes avaient le droit d'intervenir d[ans] les affaires intérieures et extérieures de l'empire ottoman, qui était ainsi tenu en tutelle et a[vait] perdu le droit de s'organiser librement.
		Histoire de l'intervention européenne en Turquie.	1° Indépendance de la Grèce (1827-1830). 2° Lutte du pacha d'Egypte Mehemet-Ali contre le sultan (1840). 3° Guerre de Crimée, Congrès de Paris (1854 à 1856). 4° Massacre en Syrie (1860). Soulèvement en Crète (1866). 5° Guerre russo-turque. Congrès et traité de Berlin (1878).
		Situation actuelle de la Turquie.	Elle a été reconnue pleinement indépendante par le traité de Lausa[nne] du 24 juillet 1924.

Définition : Situation politique d'un Etat auquel il est toujours interdit de faire la guerre à un autre Etat. — Restriction imp[or]tante au droit de souveraineté.

IV. De la neutralité perpétuelle.

Origine : Création de la diplomatie moderne. — Etablie en général à la fin d'un congrès.

Causes : 1° protéger des Etats faibles dont l'existence est nécessaire à l'équilibre européen ; 2° placer un tampon entre deux E[tats] rivaux et puissants.

Etats perpétuellement neutres : 1° Suisse (1815) ; 2° Belgique (1831) ; 3° Luxembourg (1867).

La neutralité perpétuelle de la Belgique et celle du grand-duché du Luxembourg ont cessé d'exister.

IV. De la neutralité perpétuelle (*suite*).	**Effets de la neutralité perpétuelle.**	1° *Actes interdits.*	Ils ne peuvent faire la guerre à un autre Etat, ni faire aucun acte, conclure aucun engagement, dont l'effet pourrait être d'amener la guerre. Exemple : se porter garant de la neutralité d'un autre Etat ; conclure une alliance, une union douanière.
		2° *Actes permis et même commandés.*	Ils peuvent conclure des traités de commerce, d'amitié, entretenir une armée, dans un but défensif ; repousser les attaques dont ils sont l'objet de la part d'autres Etats. Cependant le Luxembourg ne pouvait entretenir d'armée.
		3° *Obligation des puissances garantes.*	Ils doivent intervenir lorsque la neutralité est menacée ou violée : individuellement, si la garantie est individuelle ; en se concertant, si elle est collective.

Depuis 1870, le Pape n'est plus qu'un souverain spirituel : il a perdu son pouvoir temporel.

V. De la papauté en droit international.	**1. Conséquences de la souveraineté spirituelle du pape.**	1° *Droit de légation active.*	C'est-à-dire droit d'envoyer auprès des Etats des agents diplomatiques. Ces agents sont les nonces et légats appartenant à la 1re classe ; les internonces à la 2e classe. Les nonces et les légats ont un droit de prééminence sur les agents diplomatiques des puissances catholiques.
		2° *Droit de légation passive.*	C'est-à-dire droit de recevoir des agents diplomatiques ; en sorte qu'auprès du Vatican il y a un corps diplomatique distinct de celui qui est accrédité près du Quirinal.
		3° *Droit de conclure des concordats.*	Sont-ce de véritables traités ? point controversé. Il faut répondre affirmativement : parce que ce sont des actes conclus par deux personnes revêtues de la souveraineté internationale, sur des questions d'ordre public.
	2. Loi italienne des garanties (18 mai 1871).	*Caractère juridique.*	Ce n'est ni un traité, ni une loi constitutionnelle, mais une loi ordinaire.
		1° *Garanties accordées au Pape.*	1° Dotation de 3.225.500 francs de rente annuelle. 2° Jouissance de certains palais et immeubles. 3° Droit d'avoir des administrations dont les bureaux et les papiers sont inviolables. 4° Protection spéciale pour assurer la liberté des élections pontificales.
		2° *Prérogatives reconnues au Pape.*	1° Inviolabilité. 2° Immunité de juridiction des palais et lieux de résidence du pape et des lieux où siège un conclave. 3° Droit aux honneurs royaux. 4° Droit de recevoir et d'accréditer des agents diplomatiques.

IIIe PARTIE. — De l'étendue de la souveraineté des Etats.

Définition : Le territoire est l'espace sur lequel chaque Etat exerce sa souveraineté.
Nature juridique de l'Etat sur son territoire : Ce n'est ni un droit de propriété, ni un droit de domaine éminent ; mais un droit de souveraineté.
Division du territoire : 1° continental, colonial ; 2° domaine terrestre, maritime, fluvial ; 3° domaine aérien.
Limites du territoire : Frontières naturelles (fleuves, montagnes), artificielles (poteaux).
Détermination des limites du territoire : 1° d'après un traité dit de limites ; 2° par la coutume.

. Du territoire des États en général.	**Mode d'acquisition du territoire.**	1° *Occupation.*	*Définition* : Mode d'acquérir la propriété d'une chose *nullius* par la prise de possession. *Historique* : Pendant très longtemps, confusion d'occupation et de la simple découverte. Les principes modernes résultent de l'acte général de Berlin du 26 février 1885 rédigé à la suite de la conférence du Congo.

I. Du territoire des Etats en général *(suite)*.	**Modes d'acquisition du territoire** *(suite)*.	1° *Occupation* (suite).	Conditions requises.

1° Territoire n'appartenant à personne.
2° Prise de possession réelle et effective par l'exercice du droit de souveraineté.
3° Notification aux autres puissances.

2° *Accession*.
1° Alluvion.
2° Avulsion.
3° Ile ou îlot.

3° *Convention*.
Résultant en général d'un traité de paix.
Le vote des populations est nécessaire. Applications diverses dans le traité de Versailles de 1919.

4° *Prescription*.
Doit être admise, sinon la légitime possession d'un territoire pourrait, toute époque, être remise en question.
Conditions. 1° Possession réelle par l'exercice de la souveraineté.
2° Durée indéterminée.

II. De la mer.

1. Principe de la liberté de la mer.

Historique : Discuté au XVII° siècle entre l'Angleterre et la Hollande (Grotius et Selden), aujourd'hui reconnu.

Conséquences.
a) Droit à la libre navigation.
b) Droit à la pêche.
c) Indépendance respective des navires sur mer.

2. Etendue d'application du principe.

1° *A la pleine mer* : Sans restriction.
2° *A la mer intérieure communiquant avec la pleine mer* : Cependant elle peut être fermée ; lorsque tout le littoral appartient au même Etat et que le détroit est assez resserré pour être commandé par les forces des deux rives.
Application à la mer Noire : Ouverte aux navires de commerce venant de la haute mer et pouvant recevoir les navires de guerre des deux Etats riverains, Turquie et Russie. Réglementation nouvelle dans le traité de Lausanne.
3° *Détroits naturels.*
a) Faisant communiquer une mer libre avec une mer fermée. L'Etat qui domine la mer fermée peut fermer le détroit.
b) Faisant communiquer deux mers libres ; détroit libre.
Application : 1° Au Bosphore et aux Dardanelles ouverts aux navires de commerce, et sous certaines conditions aux navires de guerre, d'après le traité de Lausanne du 24 juillet 1923; 2° aux détroits de la Baltique : droit de péage perçu par le Danemark à Elseneur, supprimé en 1867.

3. Exceptions au principe.

1° *Mer intérieure ne communiquant pas avec la pleine mer.*
Exemples : mer Caspienne, mer Morte, est sous la souveraineté de l'Etat riverain.

2° *Mer territoriale.*
Portion de mer qui baigne les côtes d'un Etat.
Droit de l'Etat sur sa mer territoriale : droit de souveraineté ; moins étendu cependant que sur son territoire. Il ne peut interdire la navigation aux navires étrangers.
Etendue : variable suivant les pays.

3° *Ports, havres, rades.*
4° *Golfes, baies.*
Dépendant du territoire de chaque Etat ; et soumis à sa souveraineté.
Même solution, lorsqu'ils n'ont pas une étendue trop considérable et peuvent être défendus par le feu des canons placés sur les deux rives.

5° *Détroits artificiels ou canaux maritimes.*
Dépendent de la souveraineté de l'Etat territorial, à moins qu'il ne consente à laisser le libre passage, comme l'Egypte pour le canal de Suez. Régime de navigation établi par le traité du 29 octobre 1888. Régime du canal de Kiel établi par le traité de Versailles du 28 juin 1919.

III. Des fleuves.

1. Fleuves internationaux ou communs.

Définition : Ceux qui coulent sur le territoire de plusieurs Etats qu'ils traversent ou séparent.

Principe de libre navigation.

Origine historique : Appliqué par le traité de Paris de 1814 au Rhin ; étendu par le Congrès de Vienne de 1815 aux autres fleuves ; appliqué au Danube par le Congrès de Paris de 1856.

Fondement : Conséquence de la liberté de la mer.

Conséquence : Droit pour les Etats de faire naviguer leurs navires de commerce sur le fleuve.

Caractère : C'est une liberté conventionnelle qui doit être mise en œuvre par des traités.

Application.

1° *Au Rhin* : Traité de Paris du 30 mai 1814 ; convention de Mayence de 1831 ; convention de Mannheim de 1868. Traité de Versailles de 1919.

2° *Au Danube* : Traité de Paris du 30 mars 1856. Traité de Londres du 13 mars 1871 ; traité de Berlin du 13 juillet 1878 ; traité du 10 mars 1883 ; traité de Versailles de 1919.

3° *A l'Escaut* : Traité du 15 avril 1839 et du 3 avril 1925.

4° *A l'Elbe* : Traité du 23 juin 1821 et du 22 juin 1871. Traité de Versailles de 1919.

5° *Au Congo et au Niger* : Acte général de Berlin de 1885.

2. Fleuves nationaux.

Définition : Ceux qui coulent sur le territoire d'un seul Etat.

Principe : Ils sont soumis à la pleine et entière souveraineté de l'Etat riverain qui peut en interdire l'accès aux navires étrangers.

IV. Des navires.

1. Des navires en général.

Navire de guerre : Possédé par un Etat et commandé par les officiers de la marine militaire ; a pour signe extérieur le pavillon national à la poupe et une flamme au grand mât.

Navire de commerce : Appartenant à un simple particulier, pour opérer le transport des marchandises ou des voyageurs et commandé par des officiers ne faisant pas partie de la marine militaire de l'Etat.

Nationalité du navire de commerce : Ces conditions varient avec les Etats. En France, actuellement 2 conditions : 1° appartenir pour moitié à un Français ; 2° avoir les officiers et trois quarts de l'équipage français.

Papiers du bord : Certaines pièces que le capitaine d'un navire de commerce doit avoir ; ce sont : 1° acte de propriété ; 2° acte de francisation ; 3° rôle de l'équipage ; 4° connaissements, etc.

Intérêt à connaître la nationalité des navires : 1° En temps de paix, pour la navigation réservée ; 2° en temps de guerre, pour savoir s'ils sont belligérants ou neutres.

2. Condition des navires en pleine mer.

a) Principe.

Ils sont comme des fractions flottantes de l'Etat dont ils portent le pavillon. *Conséquences* : 1° chaque Etat étend sa souveraineté sur ses navires en pleine mer ; 2° aucun autre Etat ne peut exercer sur eux un acte d'autorité.

b) Exceptions.

1° *Piraterie* : Consiste dans le fait des navires qui attaquent les autres navires pour s'emparer de leur cargaison ou rançonner les personnes. C'est un crime du droit des gens. Les navires de guerre ont le droit d'arrêter les navires soupçonnés de piraterie et de les capturer si les soupçons sont confirmés.

2° *Traite des Noirs* : Ne saurait en principe être assimilée à la piraterie du droit des gens. Pour cela une convention diplomatique est nécessaire. Traités de 1831 et 1833 entre la France et l'Angleterre reconnaissant le droit de visite à leurs navires ; n'ont pu être renouvelés en 1841.

Acte général de la conférence anti-esclavagiste de Bruxelles du 2 juillet 1890 remplacé par la Convention du 10 septembre 1919.

IV. Des navires (suite).	3. Condition des navires dans un port étranger.	a) Navires de guerre.	*Exterritorialité* : Le navire de guerre est considéré comme portion flotta du territoire de l'Etat dont il porte le pavillon. *Conséquences* : 1° Il échappe à la juridiction civile pour les dettes contra tées à son occasion (indemnité pour abordage) ; 2° les crimes et dé commis à bord échappent à la juridiction locale ; 3° les autorités loca ne peuvent pas pénétrer à bord. *Différence entre le navire de guerre et le territoire étranger* : 1° Lorsqu coupable se réfugie à bord du navire, pas d'extradition, expulsion p et simple de la part du capitaine ; 2° l'extradition a lieu pour les ma déserteurs dans des conditions particulières.
		b) Navires de commerce.	Pas d'exterritorialité. *Situation particulière* : Incompétence des tribunaux locaux : 1° pour discipline intérieure du navire ; 2° pour les crimes et délits commis à b entre gens de l'équipage. Compétence des tribunaux locaux : 1° lors l'ordre a été troublé dans le port ; 2° lorsque leur intervention a sollicitée ; 3° lorsque le crime ou délit a été commis entre gens de na nalité différente ou n'appartenant pas au navire.
Appendice : Des servitudes internationales.	Diverses espèces.	1° Positives.	1° Droit de passage. 2° Droit de tenir garnison. Sur le territoire d'un autre Etat. 3° Droit d'exercer la justice.
		2° Négatives.	1° Défense faite à un Etat d'avoir des forteresses sur certains points son territoire. 2° Défense d'exercer la juridiction à l'égard des nationaux d'un autre E
	Comment elles s'établissent.		1° Traités diplomatiques ; traité de Versailles de 1919. 2° Possession immémoriale.
	Comment elles s'éteignent.		1° Renonciation expresse ou tacite résultant de non-usage. 2° Consolidation.

IVᵉ PARTIE. — Des relations pacifiques des Etats.

Iʳᵉ SECTION. — ORGANES DES RELATIONS DES ÉTATS

Définition : Le souverain ou chef d'Etat est la personne à laquelle est confiée la direction suprême des intérêts généraux de l'E
Le souverain jouit de toutes les immunités dont jouissent les agents diplomatiques.
Le fondement de ces immunités est le respect dû à la souveraineté de l'Etat dont il est la personn cation vivante.

I. Du souverain.	Immunités des souverains.		1° *Au point de vue pénal* : Il ne peut être poursuivi pour les crimes ou dé qu'il peut commettre.
		Immunité de juridiction.	2° *Au point de vue civil.* 1° Actes de gouvernement. Le tribunal doit déclarer incompétent. 2° Actes personnels. Le tribunal est compét (opinion de la jurisprudence. Controverse Exception à l'immunité de juridiction pour les actions réelles relatives a immeubles qu'il possède sur le territoire d'un autre Etat.
	Cas où cessent les immunités des souverains.		1° Lorsque le souverain abdique ou est détrôné. 2° Lorsqu'il entre au service d'un Etat étranger. Quand le souverain voyage incognito, il ne reçoit pas les honneurs auxquels son rang lui donne dr mais il conserve son droit aux immunités. Il n'a qu'à se faire connaître pour éviter tout acte de ju diction de la part des autorités étrangères.

Des agents diploma-tiques.

1. Droit de légation et diplomatie.

1º *Droit de légation.*

Définition : Droit qui appartient à un Etat d'envoyer (légation active) ou de recevoir (légation passive) des agents diplomatiques.

A quels Etats il appartient : 1º Etats souverains l'ont sans restriction ; 2º Etats mi-souverains ou protégés perdent le droit de légation active, mais ont en général le droit de légation passive ; 3º Etats à union personnelle ont le droit de légation active et passive ; 4º Etats à union réelle n'ont pas le droit de légation active et passive ; 5º Etat fédéral, les divers Etats qui le composent perdent le droit de légation active et passive (exception : l'empire allemand de 1871).

2º *Diplomatie.*

Définition : C'est l'ensemble des règles concernant les relations des Etats entre eux.

La connaissance de ces règles constitue la science diplomatique, et leur pratique, l'art de la diplomatie.

2. Des quatre classes d'agents diplomatiques.

Classement établi par le règlement général du Congrès de Vienne du 19 mars 1815 combiné avec la résolution du Congrès d'Aix-la-Chapelle du 21 novembre 1818.

1re classe : Ambassadeurs, légats ou nonces du pape (caractère représentatif).

2e classe : Envoyés extraordinaires et ministres plénipotentiaires.

3e classe : Ministres résidents.

4e classe : Chargés d'affaires (à la différence des trois premières classes, ils sont accrédités non par le souverain auprès d'un autre souverain, mais par le ministre des Affaires étrangères d'un Etat, auprès du ministre des Affaires étrangères d'un autre Etat).

Personnel de la légation.

1º Officiel.
- Conseillers.
- Secrétaires.
- Attachés ou élèves.
- Attachés militaires ou navals.
- Secrétaires, interprètes ou drogmans.
- Chancelier, aumônier, courriers.

2º Non officiel.
- Membres de la famille.
- Domestiques.
- Médecins, secrétaires particuliers, etc.

3. Organisation des missions diplomatiques.

1º *Nomination des agents diplomatiques.*

Dépend des lois intérieures et des règlements propres à chaque Etat.

Cependant, pour éviter un refus de recevoir un agent de la part de l'Etat étranger, le gouvernement s'assure que le candidat qu'il se propose de nommer sera *persona grata.*

2º *Installation des agents diplomatiques.*

Elle a lieu par la remise des lettres de créance au souverain auprès duquel l'agent est accrédité.

Les lettres de créance sont des actes officiels servant à constater le caractère de l'agent diplomatique et à certifier les pouvoirs qui lui sont donnés pour représenter l'Etat étranger.

La remise des lettres de créance a lieu en audience solennelle.

3º *Fin des missions diplomatiques.*

1º Fin normale.
- 1º Mort de l'agent.
- 2º Rappel (lettre de rappel).
- 3º Mort ou abdication du souverain.
- 4º Elévation de l'agent à un titre supérieur (nouvelles lettres de créance nécessaires).

2º Fin irrégulière.
- 1º Tort grave porté à l'Etat que l'agent représente.
- 2º Guerre déclarée.

111

II. Des agents diplomatiques (suite).	3. Organisation des missions diplomatiques (suite).	3° *Fin des missions diplomatiques* (suite).	2° Fin irrégulière (suite).	3° Tort grave porté par l'agent à l'Etat a... duquel il est accrédité.
		1° *Attributions.*	1° Attributions propres.	1° Représenter leur Etat auprès de l... étranger. 2° Négocier. 3° Observer.
			2° Attributions communes aux agents diplomatiques et aux consuls.	1° Protéger leurs nationaux. 2° Exercer certaines fonctions d'officier p... (mariage, testament, etc.).
	4. Attributions. Immunités, honneurs et rang de préséance, obligations des agents diplomatiques.		*Fondement.*	1° Les agents diplomatiques sont les repr... tants d'Etats indépendants et souver... comme les Etats qu'ils représentent ils do... jouir d'une pleine indépendance. 2° Les immunités sont une nécessité de... fonctions ; sans elles ils ne pourraient agir... la dignité et la liberté dont ils ont beso...
			Personnes auxquelles elles appartiennent.	1° Agents diplomatiques. 2° Personnel officiel de la suite. 3° Personnel non officiel. On les lui étend... sentiment de courtoisie. Mais l'agent dipl... tique peut toujours y renoncer pour u... membres de sa suite non officielle.
		2° *Immunités diplomatiques.*	En quoi elles consistent.	1° *Inviolabilité de la personne*, consistant... que les attaques dont peut être victim... agent diplomatique ont un caractère d... gravité particulière. 2° *Inviolabilité de la demeure*, consistant... que les autorités locales ne peuvent y... trer sans le consentement de l'agent d... matique. Mais il ne faut pas la considérer comme po... du territoire étranger. 3° *Exemption de la juridiction criminelle*, co... tant en ce que l'agent diplomatique éch... aux lois pénales et à la juridiction crim... de l'Etat étranger. 4° *Exemption de la juridiction civile*, consis... en ce que l'agent diplomatique ne peut... poursuivi pour les obligations qu'il a con... tées ; la réclamation doit avoir lieu par... diplomatique. 5° *Exemption d'impôts*. Elle porte sur les im... directs. C'est une immunité résultant... courtoisie internationale, mais non indis... sable. 6° *Exercice des cultes*. Droit pour l'agent d... matique de faire construire une chape... d'y faire célébrer son culte.

Des agents diploma-tiques (*suite*).	**4. Attributions. Immu-nités, honneurs et rang de préséance, obligations des agents diplomatiques** (*suite*).	3° *Honneurs et pré-séance.*	Les honneurs rendus aux agents diplomatiques sont réglés par les usages des pays et des cours. Quant au rang de préséance, il est déterminé par la classe ; et entre agents de la même classe par la date de la notification de l'arrivée au ministre des Affaires étrangères de l'Etat près duquel il est accrédité.
		4° *Obligations.*	A l'égard de son Etat, obligation de remplir sa mission en mandataire fidèle et consciencieux. A l'égard de l'Etat étranger, obligation de ne rien faire qui puisse porter atteinte à l'honneur et aux intérêts de cet Etat. S'il manque à son obli-gation, son rappel peut être demandé à son gouvernement et même on peut, dans des cas graves, lui remettre ses passeports et le forcer à s'éloi-gner.

Définition : Ce sont des agents qu'un Etat entretient dans les places de commerce et plus spécialement dans les ports maritimes d'un autre Etat pour protéger les intérêts de ses sujets qui y voyagent, veiller au respect de leurs droits et même remplir à leur égard certaines fonctions notariales, administratives et judiciaires.

Origine historique : Rien de semblable à Rome ; en Grèce, l'institution des προξενοι ressemblerait à celle du consulat ; mais son origine remonte exactement au moyen âge. A cette époque, les étrangers étaient parqués dans certains quartiers, élisaient un chef pour défendre leurs intérêts auprès des autorités locales et leur rendre la justice.

Aujourd'hui, les consuls sont nommés par les gouvernements de chaque Etat ; ils n'ont plus, sauf dans certains pays, des pouvoirs de juridiction.

Sources de la matière : La législation intérieure des Etats et les conventions consulaires.

III. Des consuls.	**1. Organisation du personnel consulaire.**		*Etablissement consulaire* : C'est l'ensemble des consulats établis sur un même territoire étranger.
			Arrondissement consulaire : C'est l'étendue du territoire sur lequel s'exercent les pouvoirs du consul.
		Hiérarchie consulaire.	1° Consuls généraux. 2° Consuls. 3° Vice-consuls. 4° Consuls suppléants et élèves consuls. 5° Chanceliers, agents consulaires.

Critiques contre cette organisation : Le consul fonctionnaire n'est pas à même de renseigner le commerce sur les débouchés qu'il peut trouver à l'étranger ; projet pour nommer les consuls commerçants. Critiques inexactes.

1° *Admission et nomination des consuls.* — La nomination des consuls émane du pouvoir exécutif de l'Etat qui les envoie ; leur admission sur le territoire étranger dépend de cet Etat qui peut n'admettre des consuls que sur certains points seulement.

	2. Organisation de la mission consulaire.		2° *Installation des consuls.* — Les consuls sont munis d'une patente ou commission, c'est-à-dire d'une pièce signée par le chef de l'Etat et qui exprime le titre et les pouvoirs qui leur sont conférés. Pour que le consul puisse exercer sa fonction, il faut que le gouvernement étranger lui accorde l'exe-quatur. Pas de remise de lettre de créance.
		3° *Fin de la mission consulaire.*	1° Mort. 2° Changement de résidence. 3° Destitution ou mise à la retraite. 4° Retrait de l'exequatur. La guerre ni le changement de gouvernement ne mettent fin à la mission consulaire. Pas de lettre de rappel ni de lettre de récréance.

	3. Immunités du consul.	1° *Actes de la fonction*	Le consul est inviolable ; il échappe au statut territorial pour ses ac[tes]. Les archives consulaires sont inviolables, sauf cependant en Angle[terre]. Le consul ne jouit d'aucune immunité. Il peut être poursuivi devant [les] tribunaux civils ou criminels. Il est cependant dispensé de la prison p[ré]ventive, dispensé de fournir son témoignage en justice.
		2° *Actes personnels.*	
III. Des consuls (*suite*).		*Deux ordres d'attributions.*	1° *Le consul agent d'observation* : Chargé de faire parvenir à son gouver[ne]ment des renseignements commerciaux et politiques.
		2° *Le consul agent d'exécution.*	1° Rapports du consul avec ses nationaux. 2° Rapports du consul et de la marine m[ar]chande. 3° Rapports du consul et de la marine de guer[re].
	4. Attributions du consul.	1° *Dans ses rapports avec ses nationaux.*	*Question préalable* : *Comment le consul connaît ses nationaux ?* Par l[a] inscription sur le registre matricule du consulat. Intérêts à se faire imm[a]triculer : 1° pour avoir la preuve de la nationalité ; 2° pour jouir de c[er]tains privilèges (être témoins, etc., etc.).
		1° *Mission de protection et de contrôle.*	1° *Protection* : Contre les abus de pouvoir [des] autorités étrangères. A cet effet le consul [est] en relations avec les autorités locales. Il n'[est] en relations avec les autorités centrales q[ue] par l'intermédiaire des agents diplomatiqu[es]. 2° *Contrôle* : Délivrance des passeports, lég[ali]sation d'actes, service militaire.
		2° *Attributions d'officier de l'état civil.*	Le consul reçoit les déclarations de naissanc[e,] décès, procède au mariage des Français. Compétence personnelle.
		3° *Attributions notariales.*	Exercées en pratique par le chancelier du cons[u]lat. Très utiles pour les Français qui ne co[n]naissent pas la langue du pays et aussi po[ur] constitution d'hypothèque. *Quid* du testament ? Le chancelier peut le rec[e]voir en présence du consul et de deux témoi[ns] (controverse).
		4° *Attributions judiciaires.*	Très restreintes dans les pays de chrétienté. E[n]quête sur les crimes ou délits commis en plei[ne] mer, ou dans la mer territoriale, lorsque [les] autorités locales n'en réclament pas la co[n]naissance. Transmet les significations d'actes aux França[is] établis à l'étranger.
		2° *Dans ses rapports avec la marine marchande.*	Ordonnance du 29 octobre 1833. Il empêche l'abus du pavillon français ; reçoit le rapport du capitaine, da[ns] les 24 heures de son arrivée, exerce sur les navires en rade un droit [de] police, sauf lorsqu'il existe des navires de guerre ; réclame à l'autori[té] locale les marins déserteurs ; intervient pour le règlement des avari[es] du navire ; autorise le capitaine à faire certains actes (avances aux ge[ns] de l'équipage, emprunt à la grosse, etc.).

.I. Négociation des traités (*suite*).	2. Conditions de forme ou procédure des négociations.	1re *phase* : *Ouverture des négociations.*	Les négociations s'ouvrent par la production et vérification des pleins pouvoirs. On entend par là le titre officiel qui constate le mandat dont son investis lés représentants des Etats contractants.
		2e *phase* : *Discussion et délibération.*	Chaque proposition est discutée et soumise à l'approbation des plénipoten tiaires ; puis on vote sur l'ensemble. Après chaque séance un procès-verbal ou *protocole* est rédigé.
		3e *phase* : *Clôture des négociations.*	Un protocole de clôture est dressé ; et lorsque les plénipotentiaires ont pu s'entendre, le traité est rédigé.
		Trois parties.	1° Préambule. 2° Corps du traité. 3° Signature.
		Incidents de la procédure.	1° Des bons offices d'une tierce puissance. 2° De l'approbation. 3° De l'adhésion. 4° De l'accession.

II. Ratification des traités.

Définition : C'est l'acte par lequel l'autorité compétente donne l'approbation officielle aux conventions qui ont été stipulées en son nom par les agents diplomatiques qu'elle avait munis à cet effet de ses pleins pouvoirs.

Différence entre le mandat et les pleins pouvoirs : Le mandataire engage directement le mandant ; l'agent diplomatique n'engage son gouvernement que sous réserve de la ratification que celui-ci peut à son gré accorder ou refuser.

1. Qui a qualité pour ratifier les traités ?
C'est une question de droit constitutionnel.
France : En principe, c'est le Président de la République ; dans certains cas, intervention des Chambres nécessaire (traités de paix, de commerce, etc.).
Angleterre : En principe, c'est le souverain, sauf certains traités : de commerce, etc.
Etats-Unis : Président avec l'assentiment du Sénat à la majorité des deux tiers.

2. Conditions de validité.
1° Elle ne doit apporter aucune restriction ni modification au traité.
2° Elle doit porter sur l'ensemble du traité.
3° Elle doit être dressée en autant d'originaux qu'il y a de parties intéressées.
4° Elle doit être produite et échangée dans les délais convenus.

3. Echange des ratifications et de ses effets.
Comment il s'opère ? par l'intermédiaire d'un agent diplomatique ; il n'est pas nécessaire qu'il soit muni de pleins pouvoirs.
Refus de ratification : Le traité est considéré comme non avenu.
Effet de ratifications échangées : Le traité produit ses effets ; quelquefois il est stipulé que le traité sera mis à exécution sans attendre l'échange des ratifications.

III. Des garanties d'exécution des traités.

1. Garanties morales.
1° Foi due aux traités.
2° Serment.
3° Parole donnée.
Elles n'ont d'autre sanction que la mauvaise renommée qui s'attache aux Etats qui violent leurs engagements.

2. Garanties réelles.
1° *Otages* : En cas d'inexécution du traité.
2° *Hypothèque* : Lorsqu'un Etat accorde à un autre Etat la possession d'une portion de son territoire pour assurer l'exécution du traité. Au cas d'inexécution, l'Etat annexera le territoire donné en hypothèque (Controversé).

3. Garantie fournie par une tierce personne.
1° *Accessoire* : Lorsqu'elle est donnée dans l'intérêt de l'un des Etats contractants.
2° *Principale* : Lorsque plusieurs Etats, tant dans leur intérêt que dans l'intérêt de l'Etat garanti, prennent sous leur protection un ensemble de droits ou d'institutions politiques (Exemple : neutralité de la Suisse).
Obligation du garant : Il promet simplement d'user de son influence pour amener l'Etat à l'exécution de ses engagements.

IV. Fin des traités.
1° Par l'exécution de l'engagement du traité.
2° Par l'expiration du terme.
3° Par la renonciation d'un Etat aux avantages d'un traité.
4° Par la violation du traité.
5° Par l'arrivée de la condition résolutoire.
6° Par la dénonciation du traité.

V. Classification des traités.

1. Traités relatifs aux intérêts politiques des États.
1° Traité de paix.
2° Traité d'alliance.
3° Traité d'amitié.
4° Traité de subsides.
5° Traité de garantie.
6° Traité de neutralité.
7° Traité de cession de territoire.
8° Traité de limites.
9° Concordat.

2. Traités relatifs aux intérêts matériels, intellectuels et économiques des Etats.

a) Traités ordinaires.
1° Traité de commerce.
2° Traité d'établissement.
3° Traité de voisinage.
4° Traité de secours.
5° Traité d'indemnité.
6° Traité relatif à l'administration de la justice.
7° Conventions consulaires.
8° Conventions relatives au règlement des successions.
9° Conventions sanitaires.

b) Traités d'unions internationales.
1° Union douanière.
2° Union monétaire latine.
3° Union pour les poids et mesures.
4° Union postale universelle.
5° Union télégraphique.
6° Union relative aux chemins de fer.
7° Union pour la propriété artistique et littéraire.
8° Union pour la propriété industrielle.

Vᵉ PARTIE. — Des litiges internationaux.

TITRE PRÉLIMINAIRE. — DIVERS MOYENS DE TRANCHER LES LITIGES INTERNATIONAUX

I. Solutions pacifiques.

1. Tentatives faites en vue du maintien de la paix.

Première conférence de la Haye.
Réunie du 18 mai au 29 juillet 1899 sur l'initiative du czar Nicolas II comprenant 27 Etats.

Résultats.
1° Trois conventions, sur l'arbitrage, les lois de la guerre et la protection des blessés.
2° Trois déclarations, sur les projectiles de guerre.
3° Plusieurs vœux.
Rien sur le désarmement ni sur la limitation des armées.

Deuxième conférence de la Haye.
Réunie du 15 juin au 18 octobre 1905 sur l'initiative du Président des Etats-Unis Roosevelt, 46 Etats représentés.

1. Tentatives faites en vue du maintien de la paix (suite).

Deuxième conférence de la Haye (suite). — Résultats.
1° Treize conventions.
2° Une déclaration relative aux projectiles.
3° Quatre vœux.
Rien sur la limitation des armements, la protection de la propriété privée dans la guerre maritime et l'arbitrage obligatoire.

Expérience de la Société des Nations. Traité de Versailles de 1919.

2. Négociations directes.
1° Echange de notes diplomatiques.
2° Conférence ou congrès.
Résultats. — Désistement. Acquiescement. Transaction.

I. Solutions pacifiques (suite).

3. De l'arbitrage.

Définition : Il y a arbitrage, lorsque deux Etats, ne pouvant résoudre par voie de négociation directe un litige qui les sépare, chargent des juges de leur choix de le terminer par une sentence que les deux parties s'obligent à l'avance à exécuter.

Caractères.
1° *Acte judiciaire* : L'arbitre n'est pas un négociateur, mais un juge.
2° *Acte obligatoire.*

a) Eléments essentiels.
1° *Compromis* ou convention par laquelle deux Etats défèrent à un arbitre la solution d'un litige.
2° *Objet susceptible d'arbitrage* : Les questions purement politiques sont en général exclues de l'arbitrage.
3° *Nomination d'un ou de plusieurs arbitres qui acceptent* : L'arbitre peut être un souverain, une faculté de droit, un jurisconsulte, etc. La désignation d'un souverain présente plusieurs inconvénients.

b) Sentence arbitrale.
L'arbitre organise la procédure lorsqu'elle n'a pas été réglée par le compromis. Il est juge des questions de compétence soulevées par l'une des parties.
La sentence arbitrale doit être rendue à la majorité.
Caractères.
1° *Elle est obligatoire.* Cependant aucun moyen coercitif ne peut être employé pour la ramener à exécution. C'est à chaque Etat, dans sa pleine souveraineté, à en assurer l'exécution.
2° *Elle est en dernier ressort.*

c) Arbitrage dans le passé et dans l'avenir.
Affaire de l'Alabama : L'Alabama, navire équipé dans le port de Liverpool pendant la guerre de Sécession, fit beaucoup de tort aux confédérés du Nord. Après la guerre, les Etats-Unis réclamèrent une indemnité à l'Angleterre. Par le traité de Washington les deux Etats s'en remirent au jugement de cinq arbitres. Le tribunal arbitral à Genève rendit en 1872 une sentence contre l'Angleterre.
Avenir de l'arbitrage : Est un moyen pratique de vider les litiges internationaux surtout ceux étrangers à la politique et ne touchant pas à l'honneur des Etats ; préconisé par la Conférence de la Haye.

4. De la médiation.
Définition : Il y a médiation lorsqu'une puissance étrangère intervient dans le différend entre deux Etats avec le consentement de ces Etats pour le terminer par un arrangement amiable.
Différences avec l'arbitrage.
1° Le médiateur est un conseiller qui suggère une solution ; l'arbitre est un juge.
2° La médiation peut se produire même pour les questions politiques, et touchant à l'honneur des Etats, non en principe l'arbitrage.

Solutions pacifiques. *(suite).*	4. **De la médiation** *(suite.)*		*Vœu de la déclaration de Paris du 16 avril* 1856, pour que les Etats tentent de terminer les conflits internationaux par la médiation d'une tierce puissance, avant de recourir aux armes.
	5. **Commission internationale d'enquête.**		*Origine historique :* Mode de règlement créé par la Conférence de la Haye de 1899.
			En quoi elle consiste : Nomination de commissaires techniques pour constater les faits, entendre des témoins et faire un rapport sur la solution à donner à l'affaire.
		Caractères juridiques.	Ressemble à l'arbitrage par son objet, sa procédure, sa composition, la convention qui la précède. Ressemble à la médiation en ce qu'elle suggère une solution, mais ne rend pas de décision.
		Exemple historique.	*Affaire du Dogger-Bank :* Barques de pêche coulées par la flotte russe, 31 octobre 1904.
	6. **Moyens employés par la Société des Nations.**		Renvoi à cette matière.

Solutions violentes.	1. **Rétorsion.**			*Définition :* C'est l'acte d'un Etat qui, éprouvant un préjudice par suite d'une mesure prise à l'égard de ses ressortissants par un autre Etat, applique à cet Etat une mesure analogue.
				But : Amener l'Etat étranger à revenir sur la mesure qu'il a prise en lui faisant éprouver, par l'emploi des mêmes procédés, un dommage identique à celui qu'il nous a infligé.
				La rétorsion est-elle légitime ? Oui ; l'Etat qui l'emploie agit en vertu de sa souveraineté.
	2. **Représailles.**			*Définition :* Ce sont des actes de violence exercés par un Etat à l'égard d'un autre Etat qui s'est rendu coupable d'une injustice.
				But : Infliger au gouvernement qui s'est rendu coupable d'une injustice un dommage tel que pour le faire cesser il soit obligé d'accorder la réparation légitime du tort injustement causé.
		Différences entre la rétorsion et les représailles.		1° La rétorsion est motivée par un acte qui nous cause un préjudice, mais que l'Etat étranger avait le droit d'exécuter. 2° La rétorsion consiste dans une mesure législative ou gouvernementale (augmentation du tarif des douanes). Les représailles sont des voies de fait, des actes de violence (saisie de navires, occupation de territoire).
		Différences entre les représailles et la guerre.		Les représailles constituent une guerre limitée, produisant des conséquences restreintes, la guerre produit des conséquences générales.
		Exemples pratiques.	1. Blocus pacifique ou commercial.	*Définition :* Moyen de contrainte indirecte consistant à investir un port de commerce et à y empêcher soit l'entrée, soit la sortie des navires de commerce et des marchandises.
				Conditions. 1° Effectif. 2° Notifié aux Etats neutres.
				Effets. *Doctrine française :* Les navires qui violent le blocus peuvent être saisis : mais confisqués seulement s'il y a guerre déclarée. *Doctrine anglaise :* Ils peuvent être confisqués sans déclaration de guerre.

IV

II. Solutions violentes (suite).	2. Représailles (suite).	Exemples pratiques (suite).	2. Embargo.	Saisie de navires de commerce ancrés dans port d'un Etat. Mesure critiquée parce qu'e s'attaque à la propriété privée. Ne pas confondre avec l'embargo civil ou ar du prince, qui est la défense faite aux navi qui se trouvent dans un port d'en sortir.

TITRE II. — DE LA GUERRE.

Définition : La guerre est un ensemble d'actes de violence exercés par un Etat à l'encontre d'un autre Etat pour le forcer à soumettre à sa volonté.

Notions générales.

Eléments constitutifs.
1° Ensemble d'actes de violence.
2° Lutte engagée entre deux Etats.

But : Etablir le droit du plus fort. Ce n'est pas la sanction du droit des gens.

Diverses sortes.
Guerre offensive ou défensive.
Guerre politique.
Guerre de religion.
Guerre de conquête.
Guerre d'indépendance.

Des lois de la guerre.
1° La coutume.
2° Lois et règlements intérieurs.
3° Traités.
  1° Déclaration de Paris du 16 avril 1856 sur la guerre maritime.
  2° Convention de Genève du 22 août 1864.
  3° Déclaration de Saint-Pétersbourg du 11 décembre 1868 sur l'emploi d projectiles explosibles.
  4° Conventions et déclarations signées à la Haye en 1899 et en 1907.
  5° Déclaration de Londres du 26 février 1909, non ratifiée.

Ire SECTION. — DE LA GUERRE CONTINENTALE

Définition : Acte par lequel un Etat manifeste son intention de cesser les relations pacifiques avec un autre Etat et de commence contre lui la lutte armée.

Indispensable : Pour les belligérants, à raison de la perturbation que la guerre apporte dans les relations des Etats ; et pour le neutres, pour les mettre à même d'exercer leurs droits et d'observer leurs devoirs.

I. Déclaration de guerre.

1. A qui il appartient de faire la guerre.

1° Les Etats qui peuvent faire la guerre.
Question de droit international.
Ce sont les Etats souverains, sauf les Etats perpétuellement neutres.

2° Qui a qualité dans chaque Etat pour déclarer la guerre ?
Question de droit constitutionnel, dépend de la législation interne de chaqu Etat.
France : Président de la République avec l'assentiment du Parlement.
Etats-Unis : Intervention du Congrès est nécessaire.

2. Forme de la déclaration de guerre.

A Rome : Magistrats spéciaux, les fétiaux, chargés de déclarer la guerre.
Usages modernes : Aucune forme déterminée. En général remise d'une note par la voie diplomatique

Actes qui accompagnent la déclaration de guerre.
1° Publication de la guerre : Acte de gouvernement intérieur portant l déclaration de guerre à la connaissance des nationaux.
2° Manifeste aux neutres : Pour leur notifier la déclaration de guerre e plaider auprès d'eux sa cause.

Déclaration de guerre (*suite*).	**3. Effets de la déclaration de guerre.**	1° *Sur les traités.*		1° Traités conclus en vue de la paix : Ils sont suspendus. 2° Traités conclus en vue de la guerre : Ils entrent en vigueur.
		2° *Sur la personne des nationaux ennemis.*		*Idée fondamentale* : La déclaration de guerre ne produit pas d'effet rétroactif. L'Etat peut les expulser ou leur interdire certains points de son territoire. Il ne peut pas les retenir malgré eux (notamment les miliciens ennemis).
		3° *Sur les biens des nationaux ennemis.*		Ils doivent être respectés : l'Etat ne peut ni les confisquer ni les mettre sous séquestre, sauf par mesure de représailles.
		4° *Sur le commerce et les contrats entre belligérants.*		Le commerce entre les deux belligérants est interdit, de même que les contrats (assurances, négociation de lettres de change, etc.).
II. Opérations de guerre.	**Deux principes fondamentaux.**			1° La guerre est une lutte entre deux Etats : en conséquence, les opérations de guerre doivent être dirigées contre les *forces organisées* de l'ennemi, non contre les particuliers. 2° La guerre légitime tous les *actes nécessaires*, pourvu qu'ils ne soient entachés ni de déloyauté, ni d'injustice, ni de cruauté.
	1. Des belligérants et des non belligérants.	*Belligérants.*	1° Armées organisées.	
			2° Corps de volontaires ou francs-tireurs.	1° Ayant à leur tête un chef responsable. 2° Revêtus d'un uniforme. 3° Portant ouvertement les armes. 4° Se conformant aux lois de la guerre.
			Levée en masse organisée.	
		Intérêt pratique de la distinction.		Le belligérant, pris les armes à la main, est fait prisonnier ; le non belligérant est traité en criminel, et en général, après jugement, fusillé.
	2. Moyens de nuire à l'ennemi.	1° *Règles générales.*		1re *règle* : La guerre est une lutte contre les forces organisées de l'ennemi ; défense de s'attaquer à la population inoffensive. 2e *règle* : La guerre légitime les actes nécessaires, non les rigueurs inutiles (emploi de projectiles explosibles de moins de 400 grammes, mutiler les blessés, etc.). 3e *règle* : La ruse est permise (tromper l'ennemi sur ses forces ou les mouvements de ses troupes, etc.). La perfidie est interdite (violer la parole donnée ; abuser des insignes de la convention de Genève).
			De l'espionnage.	Chaque belligérant a le droit de se servir d'espions comme moyen d'information ; et de se défendre contre les espions de son ennemi. *Définition* : L'espion est un individu qui, agissant clandestinement, cherche à recueillir des informations sur les forces, les plans, les mouvements de son adversaire. *Trait caractéristique* : La dissimulation. *Sort réservé à l'espion* : Poursuivi comme criminel ; en général puni de mort ; il doit être pris en flagrant délit ; être passé en jugement.
		2° *Siège et bombardement.*		*Définitions* : Le siège est l'investissement mis devant une ville pour l'amener à se rendre en interceptant ses moyens de communication et de ravitaillement au dehors. Le bombardement est un moyen d'attaque consistant à lancer contre la ville assiégée des projectiles, bombes, obus.

	2. Moyens de nuire à l'ennemi (*suite*).	2° *Siège et bombardement* (suite).	*Villes qui peuvent être assiégées ou bombardées* : Villes fortifiées et non villes ouvertes. *L'assiégeant doit-il laisser sortir de la ville la population inoffensive* ? Oui si cela est nécessaire. *Doit-il faire précéder le bombardement d'un avertissement* ? Non, s'il est u de surprendre la ville. *Peut-on bombarder l'intérieur de la ville* ? Non, d'après la doctrine enseig en France (sauf controverse).
II. Opérations de guerre (*suite*).	3. Droits et devoirs à l'égard de la personne de l'ennemi.	1° *Des prisonniers de guerre.*	1° Qui peut être fait prisonnier.
			1° Soldats et officiers. 2° Messagers, porteurs de dépêches, aéronau 3° Chefs d'Etats, hauts fonctionnaires. 4° Correspondants de journaux, vivandi Mais ils ne peuvent être gardés en capti que lorsque c'est nécessaire à la sécurité l'armée.
			2° Traitement du prisonnier.
			La captivité n'est ni une peine ni un acte vengeance, mais un séquestre temporaire p mettre l'ennemi qui s'est rendu dans l'imp sibilité de reprendre les armes. Les prisonniers doivent être traités avec hu nité et avec les égards dus à leur rang. L entretien est à la charge du gouvernement. peuvent être employés à des travaux d'uti publique qui n'aient rien d'humiliant p eux et n'aient aucun rapport avec les opé tions de guerre. Ils doivent recevoir une ré nération équitable. Contre un prisonnier s'évade on peut faire usage des armes ; après s'être évadé il est repris il n'est passi d'aucune peine pour son évasion. *Prisonnier sur parole* : Celui qui est laissé liberté sous l'obligation de ne pas prendre p à la lutte. S'il est pris les armes à la ma il est en général puni de mort. Cependant prisonnier sur parole peut être employé dehors du théâtre des opérations militai
		2° *Blessés et malades, Convention de Genève, 22 août 1064, modifiée le 6 juillet 1906.*	1° Blessés et malades.
			Doivent être recueillis et soignés à quelque tion qu'ils appartiennent, sur le pied d'égali .Après leur guérison, d'après l'ancienne conve tion, ils devaient être renvoyés dans le foyers sauf les officiers, dont la possession importerait au sort des armes et sous la con tion de ne pas reprendre les armes. D'ap la nouvelle, ils doivent être traités comm prisonniers de guerre.

| II. Opérations de guerre (suite). | 3. Droits et devoirs à l'égard de la personne de l'ennemi (suite). | 2° Blessés et malades. Convention de Genève, 22 août 1864, modifiée le 6 juillet 1906. (suite). | 2° Ambulances et hôpitaux. | *Définition* : Les ambulances sont des établissements sanitaires temporaires et mobiles ; les hôpitaux des établissements permanents et fixes. La convention de 1906 appelle les premiers : formations sanitaires mobiles et les seconds : établissements fixes.
 Sort : Ils sont neutres, disait l'ancienne convention, dit la nouvelle convention. Ils doivent être respectés et protégés.
 Matériel : Celui des hôpitaux reste soumis aux lois de la guerre, celui des ambulances est insaisissable.
 Personnel officiel : Médecins militaires, infirmiers, etc. |
| | | | 3° Personnel sanitaire. | *Personnel volontaire* : Médecins civils, médecins militaires des Etats neutres, sociétés de secours aux blessés reconnues et notifiées à l'autre Etat.
 Droits : N'être l'objet d'aucun acte d'hostilité, ni être faits prisonniers.
 Devoirs : 1° Soigner les blessés même de l'ennemi ; 2° Ne faire aucun acte d'hostilité, sauf s'ils sont attaqués. |

Idée générale : La souveraineté *de droit* appartient à l'Etat envahi, la souveraineté de fait seulement à l'Etat envahisseur.

Du cas spécial de l'occupation d'un territoire par l'ennemi.	1. Effets de l'occupation sur l'exercice de la souveraineté.	1° *Conséquences de la souveraineté de droit de l'Etat envahi.*	1° *Au point de vue de la législation* : Les lois civiles et pénales continuent à s'appliquer. 2° *Au point de vue de l'organisation administrative et judiciaire* : Les fonctionnaires restent en fonctions, sauf ceux ayant un caractère politique (tels que Préfets). C'est en son nom que la justice est rendue.
		2° *Conséquences de la souveraineté de fait de l'Etat envahisseur.*	Les autorités locales et les habitants doivent se soumettre aux autorités militaires de l'armée d'occupation. Elles ont le droit de prendre toutes les mesures convenables pour assurer le maintien de l'ordre et de la vie sociale sur le territoire. En ce qui concerne les impôts, droit de les percevoir, à charge de pourvoir aux frais d'administration du pays.
	2. Effets de l'occupation sur la personne des habitants.		*Contrat tacite entre l'occupant et les habitants du territoire* : L'occupant s'oblige à respecter la personne des habitants ; ceux-ci à ne faire aucun acte d'hostilité.
		1° *Respect de la personne des habitants.*	L'occupant ne peut pas les tuer, les faire prisonniers : il doit réprimer les violences, les meurtres, les attentats aux mœurs commis par les soldats. *Restriction* : Réquisition de services personnels (guides).
		2° *Obligations des habitants.*	Ne pas faire acte d'hostilité. *Sanction* : Moyen de répression direct ou indirect (otages).
	3. Sur les biens des habitants.		*Principe* : Respect de la propriété privée dans la guerre continentale. Interdiction des destructions inutiles, du butin et du pillage.

III. Du cas spécial de l'occupation d'un territoire par l'ennemi (*suite*).

3. Sur les biens des habitants (*suite*).

Exceptions au principe.

1° *Destructions nécessitées par les opérations militaires* (plantations ravagé récoltes détruites, etc.).

2° *Droit de réquisition* : Acte par lequel le commandant de l'armée d'occupation contraint les habitants à la prestation de services personnels de choses matérielles dont il a besoin pour l'entretien ou la marche son armée.

Conditions de légitimité.

1° Etre prescrit par le commandant de l'arm
2° Porter sur des choses indispensables.
3° Etre exercé contre un reçu.

Contributions de guerre ou réquisitions en argent.

4. Sur les biens de l'État envahi.

1° *Meubles* : L'occupant peut s'emparer de ceux qui peuvent servir à ses opérations (armes, appar télégraphiques), mais non des œuvres d'art.

2° *Chemins de fer* : Il a le droit de s'emparer du matériel roulant et de l'exploiter, sauf à le restit après la guerre.

3° *Immeubles* : Il peut détruire si c'est nécessaire ; mais respecter les œuvres de la paix (musées, hô taux, etc.).

Forêts domaniales : L'occupant peut percevoir le produit des coupes d'après les usages locaux ; i un droit d'administration et d'usufruit.

IV. Relations entre les belligérants.

1. Organes de ces relations.

Du parlementaire.

Ce sont les commandants de corps d'armée.

Personne que le chef d'un corps d'armée envoie auprès du chef du co d'armée ennemi pour lui faire des propositions relativement à la condu des hostilités.

Il est inviolable comme l'agent diplomatique. Cependant il peut être rete pendant un certain temps lorsque, par hasard, il a découvert un sec important sur les forces de l'adversaire.

Différences avec les conventions internationales.

1° Conventions militaires conclues par les chefs de corps d'armée ; les co ventions ordinaires, par les agents diplomatiques.

2° Les chefs de corps d'armée ont un pouvoir propre pour conclure l conventions militaires, les agents diplomatiques doivent être munis pleins pouvoirs.

3° Les conventions militaires n'ont pas besoin d'être ratifiées.

Des conventions militaires.

Diverses espèces.

1° *De la suspension d'armes.*

A la différence de la suspension d'armes, l' mistice est une convention militaire aya surtout un caractère politique, pour la concl sion de laquelle des pleins pouvoirs sont n cessaires, et qui doit être ratifié ; suspend l hostilités de part et d'autre ; est général sa convention contraire. Il n'entraîne pas n cessairement le ravitaillement des plac fortes.

2° *De l'armistice.*

3° *De la capitulation.*

Convention essentiellement militaire.

Avec conditions (honneurs de la guerre, etc
Sans conditions (reddition de Phalsbourg 1870).

4° *Echange de prisonniers ou cartel.*

A lieu à égalité de grade, homme contre homm
Les prisonniers mis en liberté ne peuvent pl servir jusqu'à la fin de la guerre.

Sanctions des lois de la guerre. Des repré-sailles.	Lorsque l'auteur d'une violation du droit international ne peut être découvert, pour en empêcher le retour, recourir aux représailles. Elles ne sont pas un moyen de vengeance, mais un moyen de contrainte pour faire rentrer l'adversaire dans la légalité. Elles doivent respecter les lois de la morale et de l'humanité. Elles ne peuvent s'exercer qu'avec l'autorisation du commandant en chef.

11ᵉ SECTION. — NEUTRALITÉ DANS LA GUERRE CONTINENTALE

Définition : C'est la situation d'un Etat qui ne participe ni directement ni indirectement à une guerre engagée entre deux Etats. — Elle se présume et n'a pas besoin de faire l'objet d'une déclaration.

I. Notions générales.	**Diverses sortes.**	1° Neutralité hostile ou bienveillante (expressions à rejeter). 2° Neutralité temporaire et perpétuelle. *Différences* : 1° durée ; 2° la neutralité perpétuelle est forcée, c'est une restriction à la souveraineté d'un Etat ; la neutralité temporaire est volontaire ; 3° la neutralité perpétuelle est garantie par les autres Etats ; pas la neutralité temporaire. 3° Neutralité pure et simple et conditionnelle. 4° Neutralité armée (dans le but de défendre le territoire neutre contre les entreprises des belligérants). Exemple : ligue des neutres en 1780. Neutralité de certains territoires et de certains ouvrages (Danube, Canal de Suez).
II. Devoirs des Etats neutres.	**Deux obligations.**	1° Non participation directe à la lutte engagée. 2° Impartialité.
	1. Actes interdits aux neutres.	1° Envoi de troupes, établissement de bureaux d'enrôlements volontaires. 2° Fourniture d'armes et de munitions de guerre. Doit-il interdire le commerce d'armes à l'industrie privée ? Non, mais il doit interdire l'équipement de navires et la vente de navires armés. 3° Subsides ou souscription aux emprunts émis par l'un des belligérants.
	2. Actes que doivent faire les neutres.	1° Empêcher le belligérant de faire sur son territoire aucun acte qui peut contribuer au succès des armes. *Quid* de la pose d'un câble télégraphique ? Ils doivent s'y refuser. 2° Interner les soldats qui se réfugient sur son territoire.
	3. Actes que peuvent faire les neutres.	1° Recevoir les soldats malades ou blessés et leur donner des soins. 2° Permettre à leurs agents diplomatiques d'accepter le dépôt des archives du représentant de l'un des belligérants et la protection de ses nationaux à l'étranger.
	Sanction des devoirs des neutres.	**1° *Cas où l'Etat neutre est responsable.*** 1° Lorsqu'un acte contraire à la neutralité a été commis par un des agents officiels. 2° Lorsqu'il a été commis par ses nationaux sur son territoire, avec sa tolérance.
		2° *Comment se traduit la responsabilité de l'Etat neutre.* Par le paiement d'une indemnité. Cependant si l'Etat neutre a pris une part directe à la lutte, le belligérant qui en est victime pourra y trouver un *casus belli*.
I. Droits des Etats neutres.		1° Droit de maintenir les relations diplomatiques avec chacun des belligérants. 2° Laisser ses nationaux commercer avec les nationaux de l'un ou de l'autre belligérant. 3° Inviolabilité du territoire neutre. Au cas de violation de son territoire, l'Etat neutre a droit à une indemnité : il peut y trouver la cause d'une déclaration de guerre lorsqu'il s'agit de faits très graves commis par le belligérant.

IIIᵉ SECTION. — DE LA GUERRE MARITIME

I. Effets de la déclaration de guerre.		En principe, ils sont les mêmes que dans la guerre continentale. Cependant pendant longtemps les Etats ont pratiqué l'*embargo* comme conséquence de la déclaration de guerre, c'est-à-dire droit de saisir les navires de guerre ou de commerce ennemis qui sont mouillés dans les ports de l'autre belligérant au moment où la guerre éclate. Cette coutume tend à disparaître ; on accorde généralement un délai aux navires ennemis pour se mettre à l'abri.
	Différence fondamentale entre la guerre continentale et la guerre maritime.	Dans la guerre continentale, respect est dû à la personne et aux biens des non-combattants. Au contraire, dans la guerre maritime, les navires de guerre peuvent faire prisonnier l'équipage des navires de commerce, capturer les navires et les marchandises.
		Fondement de la règle en ce qui concerne les personnes : C'est que les hommes de la marine de commerce sont des marins exercés qui, du jour au lendemain, peuvent être, sans instruction préalable, enrôlés dans la marine de guerre. *Fondement de la règle en ce qui concerne la propriété privée* : C'est que le commerce maritime est la source la plus importante de la fortune d'un Etat ; c'est en essayant de la tarir qu'on peut soumettre l'Etat à sa volonté.
II. Règles de conduite à l'égard de la personne et des biens des nationaux ennemis sur mer. IV.	**Exercice du droit de prises maritimes.**	*En quoi il consiste* : Droit pour les navires de guerre de l'un des belligérants de s'emparer des navires de commerce ennemis, des hommes qui les montent et des marchandises qu'ils transportent. Les hommes sont faits prisonniers, le navire et les marchandises ennemis sont confisqués et attribués à l'Etat capteur par le tribunal des prises.
		Exceptions à la prise. 1° Pour les bateaux destinés à la pêche côtière. 2° Pour les navires chargés d'une mission scientifique. 3° Pour les navires ayant pour but le secours aux blessés (Conventions de la Haye de 1899 et de 1907).
	La course.	*Définition* : Pratique de la guerre maritime consistant de la part d'un belligérant à donner à de simples particuliers l'autorisation d'armer en guerre des navires de commerce pour courir sus aux navires de l'autre belligérant. L'acte d'autorisation s'appelait lettre de marque. *Utilité pratique* : Elle était indispensable aux Etats ayant une marine militaire insuffisante pour défendre leur commerce contre les attaques de l'ennemi.
		Réglementation de la course en France. 1° Il fallait une autorisation de l'Etat, accordée par le ministre de la marine pour un temps limité. 2° Il fallait être Français. 3° Il fallait fournir un cautionnement. 4° Le corsaire était astreint à toutes les lois et règlements de la marine de guerre.
		Différence entre le corsaire et le pirate : Le pirate ne dépend d'aucun Etat, ne porte aucun pavillon, ne reconnaît aucune autorité. *Intérêt pratique de la différence* : Le corsaire était fait prisonnier quand il était capturé ; le pirate passait devant les tribunaux comme criminel.
		Cas où la course dégénérait en piraterie. 1° Lorsque le corsaire prolongeait ses opérations au delà du temps fixé par ses lettres de marque. 2° Lorsqu'il violait les coutumes de la guerre.

Règles de conduite à l'égard de la personne et des biens des nationaux ennemis sur mer (suite).	La course (suite).	*Abolition de la course* : Par la Déclaration de Paris du 16 avril 1856 ; les États-Unis, Espagne, Mexique avaient refusé d'adhérer. Les États-Unis ayant alors une marine militaire peu importante et une marine de commerce considérable n'ont pas voulu consentir à l'abolition de la course, parce que le droit de prise maritime par le fait des navires de guerre était maintenu. L'Espagne y a adhéré en 1908, le Mexique en 1909.
	Même principe général : Interdiction des cruautés inutiles, et des actes perfides.	
K. Moyens de nuire à l'ennemi sur mer.	Moyens d'attaque et de défense.	**1° *Prises maritimes.*** — 1° Des navires de guerre. 2° Des navires de commerce ennemis.
		2° *Blocus.* — *Définition* : Investissement des côtes et ports de l'ennemi. *Différence avec le siège* : Le but du blocus est non de s'emparer des ports mais d'intercepter le commerce de l'ennemi ; en conséquence, tandis qu'on n'assiège que les villes fortifiées, le blocus peut être mis devant les ports de commerce.
		3° *Bombardement.* — Il ne peut s'attaquer aux villes ouvertes.

IVe SECTION. — DE LA NEUTRALITÉ DANS LA GUERRE MARITIME

Inviolabilité du territoire maritime des États neutres.	En quoi elle consiste.	En ce qu'aucun acte d'hostilité ne peut avoir lieu dans les eaux territoriales d'un État neutre.
	Sanction.	*Quid* si un navire ennemi est capturé dans les eaux territoriales d'un État neutre ? pourra-t-il devant le tribunal des prises invoquer cette circonstance pour faire annuler la prise ? (Controverse).
	Droit d'asile. Différence avec la guerre continentale.	A la différence de ce qui a lieu sur terre, il est permis aux forces armées des belligérants de pénétrer dans les eaux territoriales des États neutres, pourvu qu'elles ne s'y livrent point à des opérations de guerre. C'est ce qu'on appelle le droit d'asile. D'après une coutume qui tend à se généraliser, ce séjour ne doit pas se prolonger au delà de vingt-quatre heures.
	Règle des 24 heures.	Lorsque des navires appartenant aux deux belligérants se trouvent mouillés dans le port d'un État neutre, ils ne pourront sortir de leur mouillage qu'en observant un intervalle de 24 heures. Le navire qui est entré le premier dans le port en sortira le premier ; l'autre sortira 24 heures après.
Du commerce des États neutres.	Quatre hypothèses.	1° Navire ennemi transportant de la marchandise ennemie. 2° Navire neutre transportant de la marchandise neutre. 3° Navire ennemi transportant de la marchandise neutre. 4° Navire neutre transportant de la marchandise ennemie.
	Sort de la marchandise neutre sur navire ennemi et de la marchandise ennemie sur navire neutre.	1° *Principes du Consulat de la mer* : Le sort du navire n'influe pas sur celui de la cargaison. Marchandise ennemie confisquée sur navire neutre. Marchandise neutre respectée sur navire ennemi. Principes adoptés par l'Angleterre. 2° *Doctrine française* : Le sort du navire influe sur la cargaison. Marchandise ennemie respectée sur navire neutre. « Le pavillon couvre la marchandise. » Marchandise neutre confisquée sur navire ennemi. 3° *Déclaration de Paris* 1856. Combinaison des deux théories dans l'intérêt des neutres. Marchandise ennemie respectée sur navire neutre. « Le pavillon couvre la marchandise. » Marchandise neutre respectée sur navire ennemi. *Comment connaître le caractère de la marchandise ?* Controverse. 1er système : Nationalité du propriétaire de la marchandise. 2e système : Domicile du propriétaire.

Définition : Ce sont des marchandises propres à être utilisées dans la lutte lorsqu'elles sont mises p[...] un neutre à la disposition d'un belligérant.

Texte : Déclaration de Londres de 1909, non ratifiée, a été écartée à partir du 7 juillet 1916.

III. Restrictions à l'action des neutres.	**1. Contrebande de guerre.**	*a)* Objets de contrebande.	1° Contrebande absolue (armes, équipement). 2° Contrebande conditionnelle (vivres, fourrages, etc.). 3° Objets exclus de la contrebande.
		b) Destination.	*Principe* : Pour être contrebande saisissable, un objet traité comme t[...] doit être destiné à l'ennemi.
			Application du principe. — Très rigoureuse pour la contrebande absolu[...] Théorie anglaise du voyage continu admis[...]
		c) Sanction.	Saisie. — 1° Des articles de contrebande. 2° Du navire, lorsque la contrebande dépass[...] plus de la moitié de la cargaison. 3° Des marchandises qui appartiennent au pr[...] priétaire de la contrebande.
	2. Le blocus.		Le blocus doit être respecté par les neutres comme une nécessité de la guerre. *Textes* : Déclaration de Paris de 1856 et déclaration de Londres de 1909.
		Points susceptibles de blocus.	Les ports ou les côtes de l'ennemi occupés par lui.
		Conditions de validité.	1° Le blocus doit être effectif. 2° Il doit être déclaré. 3° La déclaration doit être notifiée. — *a)* Aux États neutres. *b)* Aux autorités locales du port bloqué.
		Sanction.	Saisie du navire et même de la cargaison, sauf le cas de bonne foi du char[...] geur. — Conditions de saisie du navire. — 1° Violation ou tentative de violation du blocu[...] 2° Connaissance du blocus. 3° Flagrant délit.
	3. Droit de visite.	*But.*	1° Vérifier la nationalité exacte du navire. 2° S'assurer qu'il ne transporte pas de la contrebande de guerre. 3° Connaître la provenance du navire pour chercher s'il n'a pas violé u[...] blocus.
		Exercice du droit de visite.	1° Navires qui peuvent l'exercer ; navires de guerre. 2° Navires soumis à la visite ; navires de commerce. 3° Lieux où elle peut avoir lieu : pas dans les eaux territoriales d'un neutre 4° Procédure : la visite pure et simple consiste dans l'examen des papie[...] du bord. La perquisition est une recherche minutieuse opérée dans le navire ; n'es[...] permise qu'en cas de soupçon grave.

Vᵉ SECTION. — LES PRISES MARITIMES

[c]as où des prises peuvent avoir lieu.	1° *A l'égard des belligérants.*	C'est une des opérations de guerre.
	2° *A l'égard des neutres.*	1° Au cas où un navire se livre à des actes d'hostilité. 2° Lorsqu'il fait acte de contrebande de guerre. 3° Lorsqu'il cherche à violer le blocus.

Deux phases.

1° *Saisie du navire.*
- *Formalité* : Dresser inventaire, mettre les scellés.
- *Instruction de l'affaire* : Par les soins de l'autorité administrative ou judiciaire du lieu où le navire capturé est conduit.

2° *Jugement de prises.*
- *Tribunal compétent* : Celui du navire capteur.
- *Procédure* : La charge de la preuve incombe au navire capturé.
- Décisions possibles.
  - 1° Mainlevée de la saisie.
  - 2° Confiscation.
    - 1° *Du navire et de la cargaison.*
    - 2° *Du navire seul.*
    - 3° *De la cargaison seule.*

3° *Cour internationale des prises.*
- Etablie par la deuxième Conférence de La Haye.
- *Composition* : 19 juges dont neuf sont indispensables.
- *Siège* : La Haye.
- *Compétence* : Recours en appel contre les décisions des tribunaux nationaux des prises.
- *Délai de recours* : 120 jours.
- Procédure.
  - 1° Instruction écrite.
  - 2° Débats oraux.

VIᵉ SECTION. — FIN DE LA GUERRE

Définition : Le traité de paix est une convention par laquelle les Etats belligérants déclarent cesser les hostilités et déterminent, suivant les résultats de la guerre, comment seront réglées leurs prétentions respectives.

Du traité de paix.

1. **Négociations en vue de la paix.**
   - 1ʳᵉ phase : Proposition de paix.
   - 2ᵉ phase : Préliminaire de paix déterminant les bases fondamentales de la paix future.
   - 3ᵉ phase : Conclusion du traité de paix, réglant dans ses moindres détails et d'une façon définitive les conditions auxquelles la guerre prendra fin.

2. **Clauses générales.**
   - 1° Cessation des hostilités.
   - 2° Abandon des prétentions qui avaient été la cause de la guerre.
   - 3° Armistice.
   - 4° Libération des prisonniers.
   - 5° Remise en vigueur des traités.

3. **Clauses spéciales et accidentelles.**
   - 1° Indemnité de guerre.
   - 2° Cession de territoire.

Établissements André BAULLIARD, Saint-Dizier (Haute-Marne). — 1926.

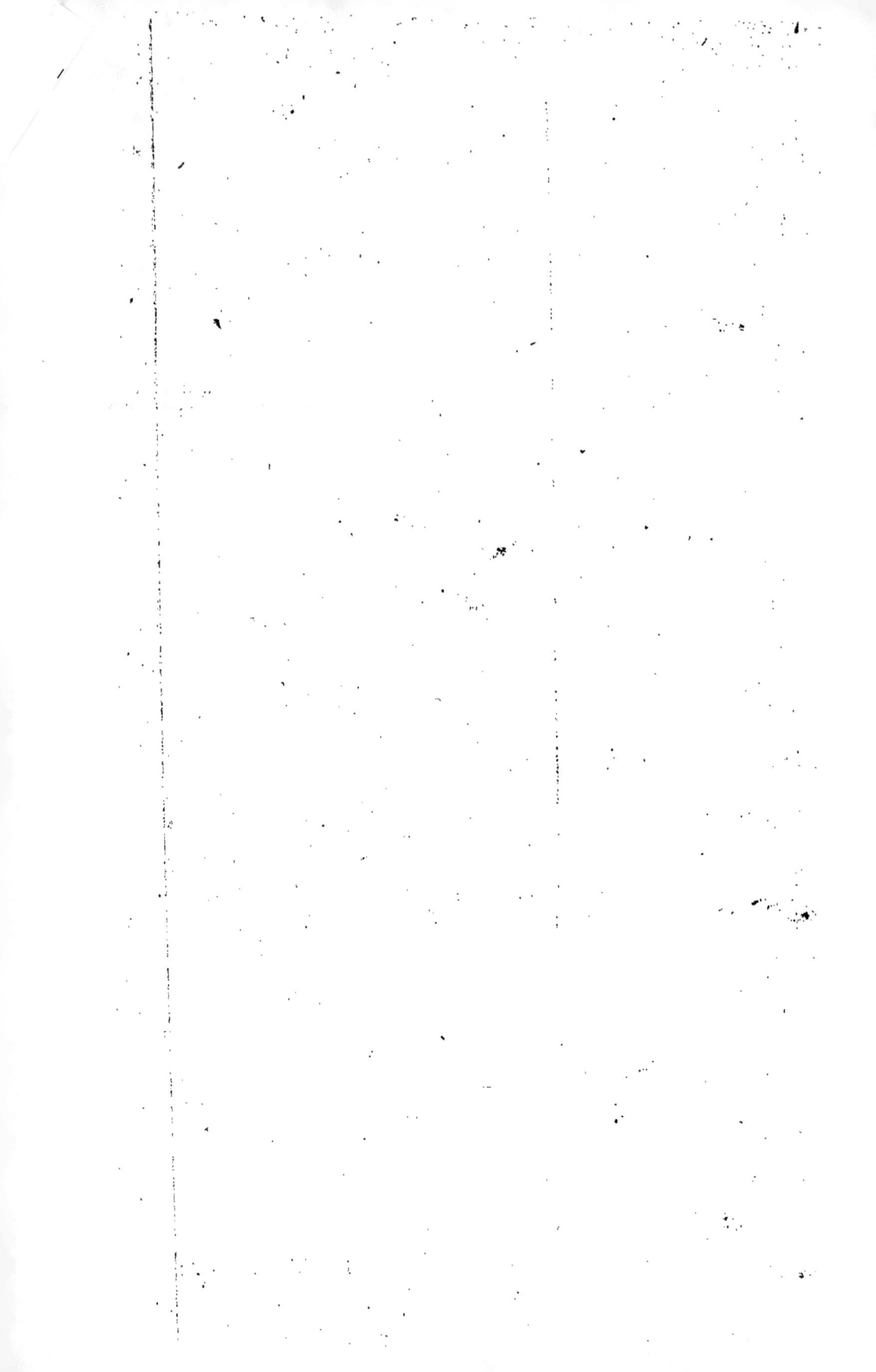

ROUSSEAU et Cie, Éditeurs, 14, rue Soufflot. — PARIS

MANUEL ÉLÉMENTAIRE

DE

DROIT COMMERCIAL TERRESTRE

A L'USAGE DES ÉTUDIANTS EN DROIT DE TROISIÈME ANNÉE

SUIVI D'UN

Résumé en tableaux synoptiques

et d'un

Recueil des principales questions d'examen

Par René FOIGNET

Docteur en droit

HUITIÈME ÉDITION

En collaboration avec M. J. BOITEL, Directeur de l'École J.-B. SAY

1 vol. gr. in-18. — 1925 . . . . 12 fr.

DU MÊME AUTEUR

MANUEL ÉLÉMENTAIRE

DE

DROIT CIVIL

Conforme aux nouveaux programmes

SUIVI D'UN RÉSUMÉ EN TABLEAUX SYNOPTIQUES

ET D'UN

RECUEIL MÉTHODIQUE DES PRINCIPALES QUESTIONS D'EXAMEN

DIXIÈME, ONZIÈME & TREIZIÈME ÉDITION

revue et mise au courant des lois les plus récentes.

3 vol. in-16. 1925. — Prix . . . . 36 fr.
Chaque volume se vend séparément . . . . 12 fr.

Établissements André BRULLIARD, St-Dizier.